法制经济学

FAZHI JINGJIXUE

经济转型和法制改革

蒋爱群 ◆ 著

全国百佳出版社
中央编译出版社
Central Compilation & Translation Press

代 序

当西方世界正在经历深刻的制度危机时刻,新兴经济体这边风景独好。30年不经意间,中国已然成为全球第二大经济体,世界目光在100余年后,再次聚焦于中华民族。中国经济改革经历了你追我赶时期,更加关注公平时期,正在进入转型法制经济时期,前途必将更加明亮与辉煌。

法制经济,两个文明相辅相成,是社会公正、依法治国的基础,关系强国战略理想、可持久发展规划。同时,从某种意义可以说,法制经济建设,是优秀文明文化的表征,关系大国形象和威望,世界和平与发展。蒋爱群的《法制经济学》在这个时候出版,可谓"应时乃发生"。

蒋爱群大学毕业后,长期在军工经济管理岗位和企业技术岗位工作,结合实践,自学社会科学知识,逐渐养成兴趣和爱好。为了将创业者在改革大潮中遭遇的困难从理论上解释清楚,并提出积极的建设性意见,坚持研究和写作25年,终于取得成果。

也许正是因为我们都真诚地贯彻毛泽东的教诲,知识分子走"从实践中来,到实践中去"的道路,因而,在思想上有共鸣之处。例如,对改革进行反思。改革出现问题的一个原因,也许就在于以新自由主义的理念指导改革,以为政府管得越少越好,最好什么都不管,退出竞争领域。这并不符合中国的国情、不符合我们的发展目标。毛主席在1965年说过一段话,"中国不能走资本主义道路,为什么?因为中国底子薄、经济落后、技术落后,如果放开的话,私人资本早晚成为外国人的,中国将来就是依附型的殖民地的资本主义。"

新自由主义"小政府"设想,并不符合国际现状。让主流派艳羡的美国,并不是小社会,吃政府公粮的人数比例(94:1),是中国古代大清朝(900:1)的10倍。美国在全球有1000个军事存在,是野心最大的政府,而且还在不断膨胀。2007年以来的次贷金融危机中,已经动用纳税人几千亿、上万亿美元，货币宽松政策直接或间接用来救华尔街，怎么能说是美国政府不介入、少介入市场？

面对老牌资本主义，我们必须要借助于国家力量制约资本逻辑。特别是，马克思指出，"资本是生产工具"，即可以通过法制改革，来驯化资本成为生产工具，就好像野兽马牛羊被驯化成为工具马牛羊，是一个道理。当资本是工具经济基础，社会主义可以使用它，所不同，社会主义以民生治产之资本工具逻辑，制约资本逻辑。这也就是蒋爱群通过学习马克思"资本是生产工具"理论，结合中国实践，倾力研究的核心内容。

作为一个经济学者需要具备的素质有两条：一是实事求是的科学态度；二是为广大人民的幸福和国家富强服务的立场。当下，人们在问，什么是创新型人才，怎样培育创新型人才？首先，是要有信仰；然后，是对信仰的执着，坚忍不拔；进而，通过科学的思想和行为表达其信仰。蒋爱群可以算做一个例子。我为她鼓掌。

高梁

2011年11月10日

注：高梁，顾准之子，国家发改委经济管理与体制改革研究所研究员

前　言

一、经济转型：劳资合伙两利，共同驯化资本生产工具

关于经济转型，首要任务是：针对当前"粗放市场阶段"，进而明确"社会主义市场经济"必然选择转型升级到共同市场，即中国加入WTO时所梦寐以求的那种"公开、公平、公正"市场。

法：关于公平正义的科学与制度，共同市场是法制市场。

笔者关于"经济转型与法制改革"的研究，围绕"共同市场"展开：

(1) 粗放市场转型共同市场，法制改革是充分必要条件。

(2) 共同市场，劳动与工具相分离，借贷租赁雇用（资本）是治产人获得工具的唯一方式。驯化资本成为生产工具，法制改革是充分必要条件，资本与技术是必要条件。

(3) 科学技术本身只是要素，科技转化为生产力，必需要有资本工具做载体，则法制改革是充分必要条件，资本与技术是必要条件。

(4) 劳资两大阶级合伙驯化资本成为生产工具，阶级之间按合伙法量化的公平分享成果，市民大众是推手，法制改革是充分必要条件，而政治权力和财产权的文化自觉自律是必要条件。

在1978年以来的经济改革历程中，以1984年"拨改贷"为起点，"共同市场"模式已经展开。1998年下半年利息率下降到8%以下之后，资本工具为纽带的经济形式"分期付款购房"、"分期付款创业"像雨后春笋一样发展起来。前后经历了近30年，中国已经有近6亿城镇居民和失去土地的农民自由无产者，市场是他们唯一的谋生场所，他们或贷款创业，或受雇治产劳动，正在自发创建"共同市场和它特有的资本生产工具律法"诉求。市民大众，才是当今经济转型的真正的主体和坚实的推手。只不过由于缺少相关立法保护与限制，这种新兴经济体尚处于稚嫩以至于混沌状态。

与此同时，中国共产党十六届三中全会以来历次决议"更加关注公平正义"，我国家领导人在国际关系中大力宣传"互利共盈"、"互利双赢"、"共同市场"。而对这种以"公平正义"为形而上的市场模式的研究，主流界的跟进远远不够，还停滞在辩论"好市场、坏市场"的初级阶段，还在神话"无形的手"这种微观活动。

驯化资本成为生产工具，渊源于欧洲那些逃亡农奴和光蛋贵族组成的自由民市场，复兴古希腊生产共同体，并创造出它所特有的"资本生产工具"法权关系和政治形式，将个人主义、机械论保护和限制在法律允许的范围内。这更适用于正处于生产方式大转型的第三世界国家民族和地区。

反之，美国式自由主义：美元硬币上钢印的 liberty，表达南方奴隶求解放"先入为主式自由主义"，不能避免丛林准则，自己的自由是他人的地狱。诺贝尔奖抽象的所谓"经济人、产权、效率优先"，利润在政治权力和财产权之间最大化分配完毕，没有了治产债务人权的位置，更不要说普通劳动者平等的权利了，生产者（国）不参与利润分配，就买不起先进工具、借不起钱改良生产，停滞在手工密集古代工具自给经济阶段。

而机械论，不能解决技术转化所必须的廉价、持久的物质载体课题。

二、马克思法制资本论，对中国经济转型的指导作用

马克思指出："每种生产形式都产生出（重点号是笔者所加）它特有的法权关系、统治形式等。"① 正如北京大学法学院贡献田指出，"经济是法律的内容，法律是经济的形式"，② 是内容与形式的里表、共生死关系，已经不仅仅是外在反作用关系。笔者在正义经济学系列之《公平价格与持久效率》中指出，西方变革的核心是禁止高利得（保护和限制资本价格）。2006年中国社科院法学所钱弘道在一次演讲中指出，经济转型关键是制度变革，并认为，"从宏观角度分析法律，就要运用马克思主义的经济方法。……马克思恰恰是法律的经济分析的先驱。"③。本书力求以马克思主义原理为基础，

---

① 《马克思恩格斯选集》，人民出版社1972年版，第二卷第91页。
② 贡献田：《法律基础与思想道德修养》，高等教育出版社2000年出版，第21页。
③ 钱弘道2005年7月28日在社科院的演讲：《在法学和经济学之间》，刊载于文汇报。

并有所前进。

1. 宏观法制经济学的任务

介绍马克思倾力研究的"共同市场";"资本生产工具"法律创新。在前人的基础上,研究资本与技术转化效率最大化,社会主义市场经济可以运用它。

2. 马克思关于法律、民商法

孩童时代组装玩具游戏,零件之间必须遵守"公差与配合",才能装配成功。而组装"资本生产工具",法律公正就是经济要素之间必须遵守的"公差与配合"。

马克思指出:"法律是肯定的、明确的、普遍的规范"。① "没有无义务的权利,也没有无权利的义务。"② 共同市场,民法是规范化的道德阶梯:法律高尚、法律中庸、法律自主、法律禁止。

关于民商法,马克思认为"黑格尔论法哲学,是从主体的最简单的法的关系即占有开始的,这是对的。"③。市场交换"就是说每一方只有通过双方共同一致的意志行为,……可见,他们必须彼此承认对方是私有者"④。例如,如果没有法律约束,要达成"共同一致的意志行为"成本会很高,而惟有"私有者"遵守民商法准则,交易成本低、成交效率高。因此,市场法制应包括:量化公平的法律制度、民事主体制度、物权制度、债关系,其中"量化的公平(法)"是其它三项法律的大前提,往往被疏忽。

3. 法律是经济的形而上

中国经济转型的实质是:"从手工密集产业及其法律形式",转型共同市场和它特有的资本生产工具法律创新。

---

① 《马克思恩格斯全集》,第1卷,第71页。
② 《马克思恩格斯全集》,第16卷,第16页。
③ 《马克思恩格斯选集》,人民出版社1972年版,第二卷第104页。
④ 《资本论》,人民出版社1975年版,第一卷第829页。

> 马克思指出："每种生产形式都创造（重点号是笔者所加）出它特有的法权关系、统治形式等。"① "这种规则和秩序，正好是一种生产方式的社会固定的形式，因而它是相对地摆脱了单纯偶然性和单纯任意性的形式。"② "这种具有契约形式的（不管这种契约是用法律固定下来的）法权关系，是一种反映着经济关系的意志关系。"③ "经济关系反映为法原则"④ "确认单个人之间的现存的，在一定条件下是正常的经济关系"。⑤

马克思在资本论第三卷，区别商业资本高利得（贷）市场，和生产共同体市场。从而判定，中国经济转型的实质是：从商业资本利润最大化的"手工密集产业及其法律形式"，⑥转型资本工具为纽带的"借资治产为主体导向生产方式"，即转型共同市场和它特有的资本生产工具法律创新。

4. 劳动与资本工具，两大阶级可以合作的空间

当两大阶级谁也制服不了谁，为了和平，设立法律是凌驾于阶级之上、调整两大阶级可以合作空间的手段。恩格斯指出："但也例外地有这样的时期，那时相互斗争的阶级达到了这样势均力敌的地步，以致国家权力作为表面上的调停人而暂时得到了对于两个阶级的某种独立性。"⑦ 法律调整阶级关系，说明被压迫阶级"团结"较量有了成果，是社会进步。恩格斯指出，"注定成为现代平等要求的代表者，这就是市民阶级。……大规模贸易，特别是国际贸易，尤其是世界贸易，要求有自由的、在行动上不受限制的商品所有者，对他们来说，是全都平等的权利进行交换。"⑧

---

① 《马克思恩格斯选集》，人民出版社1972年版，第二卷第91页。
② 《马克思恩格斯全集》，第23卷，第102页。
③ 《马克思恩格斯全集》，第25卷，第894页。
④ 《马克思恩格斯选集》，人民出版社1972年版，第四卷第484页。
⑤ 同上书，第248页。
⑥ "但生产型增值税客观上可以抑制企业的固定资产投资，对资本有机构成低和劳动密集型的行业有利。"见高强主编：《领导干部财政知识读本（税收篇）》，经济科学出版社1999年版，第118页。舶来品"生产型增值财税"为意识形态，迄今没有复兴"禁止高利贷四个阶梯法"。
⑦ 《马克思恩格斯选集》人民出版社1972年版，第四卷第166~176页。
⑧ 《马克思恩格斯选集》人民出版社1972年版，第三卷第143~147页。

共同市场、驯化资本生产工具，是生产方式、工具、经济基础，社会主义可以选用它。所不同的是，社会主义以民生为原本逻辑，制约资本逻辑。① 反之，当法律是统治阶级意志的表现，将阻碍生产力的发展，后果是被压迫阶级将暴力反抗打倒推翻一个旧世界。而劳动与吸血鬼资本主义意识形态之间，没有合作空间，无序斗争，两败俱伤。所谓"财产权的本质是效率"，并不彻底，对谁有利的效率？

5. 资本是生产工具

工具，是生产力或生产方式的综合标志。马克思指出："资本，别的不说，也是生产工具，也是过去的、客体化了的劳动。……使生产工具、积累下来的劳动成为资本的那个特殊……"② 资本与技术优先合伙转化为资本生产工具，它的标准样态就是英国用法律固定下来的"博尔顿——瓦特"合伙模式：贷款制造出蒸汽机，才开始"分期付款还本付息"，让瓦特专利获得廉价、丰富、20年期限的长期资本载体，蒸汽机得以转化为企业使用得起的生产力。这种特有的"法权关系"，在成熟国家内部、世界银行、中国对外项目中，迄今适用。这在中国新朝王莽变法叫做"民欲贷财以治产业"。这种法制化生产方式"虽然表达方式甚为复杂，实则甚为简单，应为人所共知。"

6. 等价有偿，量化公平的尺度，禁止高利得（贷）普适

"夫仁政，必自经界始"，扎好各自的篱笆，才有好邻居。西方变革的核心是禁止高利贷，理由很简单：驯化资本成为生产工具的唯一方法是限制资本价格利息率要"适度"，自然得求助于古罗马法"资本是生产工具"、基督教会法禁止高利贷（得）四个阶梯。

以资本生产工具为核心，生产增加了生产预分配和收入再分配环节，工具生产力和劳动生产力双方都得以提高。其关键是三个简明的"公差与配合"尺度：

劳动与制度成本之间，没有共同的尺度，而是采用合伙均衡分配；

资本价格利息率禁止高利贷（得）四阶梯普适，对制度成本各要素也适用；

公定治产劳动报酬四阶梯。

---

① 黄达指出，货币银行学的原理有共性，60年坚持不跟着苏联划分社会主义部分和资本主义部分，而是增加了中国特色的部分。见《黄达：金融学的中国故事》第一财经日报2011年6月3日。

② 《马克思恩格斯选集》，人民出版社1972年版，第二卷第88页。详见本书第二章。

为公平价格法、治产人借贷法、公平价格区分财税法（公共财政）做理论准备。

理论创新：

（1）价值规律。马克思关于劳动作为价值尺度、价值规律的理论。李嘉图等价交换边际理论。

民法关于等价交换允许的范围：禁止高利得（贷）四阶梯普适。

中国什一中正之制。例如汉朝杨恽"贱买贵卖，逐什一之利"价格法，可与西方"等价交换，禁止高利得"价值规律进行换算。

（2）债务人权，债权。

A. 马克思指出，利润来源于所创造的剩余价值；利息来源于利润。普通利润和利息都是不劳而获分享。

B. 出借人是债权人，债权人的收入是利息，禁止高利贷；

C. 借款人是债务权人，有与债权人平等的权利，债务权的收入叫做利得。

企业主债务人权收入 = 利润 − 利息 ≈ 平分利得 ≈ 一个利息率，禁止高利得。

D. 分期付款购置生产线有利，债务权普通收入是固定资产，永久治产责任。

（3）普通剩余价值率，用于支付制度成本，雇用资本与技术的租金。按照汉穆拉比法典之佃农定理，地租为收成的 $1/3 \sim 1/2$，说明3800年前，普通剩余价值率趋向1:1，迄今适用。在共同市场经济中，剩余价值率用于支付制度成本，目的是用来雇用资本生产工具，生产力10倍的发展，年契约积累率是 7.5%。

7. 技术转化为普遍生产力，惟有资本工具是大众化载体，法制改革是要件

马克思指出，"科学技术是生产力"，应当理解为，是一个从不是到是的"矫正"过程。这是由于，技术本身只是要素，需要有载体，要有转化程序。资本生产工具法律创新，为技术提供了廉价、超越时空、超越形态、无限丰富、20年期持久的物质载体，投资技术的力度10倍地增长。驯化资本成为技术的载体，法制改革是充分必要条件，资本与技术只是必要条件。

但是，将未来借给现在，有无限债务资本主义缺陷。

8. 物竞天择，自然选择适度者生存

适度，法（公平正义）。公平允许范围内的效率。

马克思理论的核心是人性、守正、制度。

9. 法律强制共同市场以人为本

中国市场首先是大众谋生的场所，以民生治产为本优化资源配置。

10. 宏观经济结构

参照马克思经济历史阶段划分，当今第三世界的宏观经济结构的划分：借资治产"资本生产工具"经济；手工密集工具自给古代经济；服务经济；失业——再就业经济。

节制无限债务资本主义，求索自然和谐可持久稳定的社会发展道路。

11. 比较文化，增强民族自信

中国历史的什一中正——公平正义周期率的计算。

三、法制经济学的意义

历经30余年经济改革，中国已然成为全球第二大经济体，当此之时，就有人认为，"中国即使没有健全的法律也能发展得很好。"但是中国前阶段粗放式发展，以环境污染、资源浪费为代价，正面临贫富悬殊道德滑坡困境，为国际所不够信任、不太佩服。在此时此刻，转型共同市场法制改革显得尤其重要。

1. 两个文明相辅相成

法制经济建设，也是社会建设，法治国家建设。

共同市场首先在欧洲兴起，国际市场率先使用了西方规则。中国法制经济建设的任务之一，就是效仿其方法，搜集挖掘埋藏在古籍中的相关记载，坊间的相关习俗，按照国际法律逻辑重新加以梳理，以便于大众有亲切感便于接受，降低法律实施成本。

随着世界经济一体化，民商法扁平化，为争取WTO完全市场经济"国民待遇，共同适用"之平等地位，中国急待与国际共同市场法制接轨。越是世界的，越是各民族所共有的，我们有自信在较短的时期内走上法制经济轨道。

2. 比较文化，复兴民族文化自信

世界屋脊，在人类史上留下了她的印记。东麓是人本文化，西麓是神本文化。中华民族生息繁衍之地，是世界唯一的一处可持久自然循环之地缘，养育了世界上唯一的维系5000年、没有断代的可持久地缘文明。

中国是文明型国家,而不是欧洲中世纪那种骑士教会贵族三专制国家。中国古代是自由自耕农商资本国家,① 不是欧洲那种封建领主隶农庄园制。什一中正租息税率,最低的制度成本,决定了中国从古至今是坚守和平不同、独立自主、开放包容的国家,而冷战封锁、不平等国际贸易摩擦,不是中国的错。

中华民族有深厚的合伙文明,是禁止高利贷文化的发祥地,有过王莽变法"贷财以治产业"的尝试,农—商资本,与"资本生产工具"只有半步之遥。经济和文化基础,决定了儒家文化圈可以与西方文明学习互动。近30年来经济改革的中国速度,正在成为新兴经济体的标杆。

中华民族以其地缘可持久文明,民生为重科学为主、什一中正、和平不同,和谐自由、民生人权、协商民主,必将战胜美国利益为核心的宗教本质和liberty海盗文化、奴主自由价值输出殖民主义,必将超越无限债务资本主义;将为国际关系和平民主发展,提供多样性元素。

3. 经济意义

中国经济改革只有30年,已经取得伟大成绩,但还有不完善之处,粗放市场,难免粗鄙。民营企业合同履约率只有30%～40%,每年因为诚信问题造成的损失高达6000亿元人民币;② 还有相当一部分经济体,有待从手工劳动密集工具自给古代经济转型现代经济。从历史的角度,法制经济的序幕才刚刚拉开,将来还会有更大的发展空间,那该是多么辉煌的未来呀!

当今,西方正陷入制度危机,奉"产权最大化"为圭臬的现代西方经济学已经过气,正在被美国大学生所抛弃。而《法制经济学》从形而上的角度复归经济科学的原本目的,并力求有所创新。本书逻辑完整、内容丰富,实用性、可操作性较强,提高做人修为和做事能力,是一本适时的教材。

蒋爱群
于北京长河麦钟桥畔
2011年12月24日

---

① [美] 罗斯科. 庞德:《法律史解释》,华夏出版社1989年版第88~91页。法国卢里按生产与交换,细划分出农商社会和工商社会。参见资本论第三卷,马克思划分有"商业资本——领主庄园农业自给经济"。因此,"农商资本"比较符合中国古代状况。

② 《中国企业信用每年损失达6000亿元》,《经济参考报》2011年5月4日。

目 录

第一卷　法制资本论

第一篇　共同市场的一般规律和理论 ········· 3

第一章　第三种致富技术 ········· 3
　　第一节　共同市场,和它的法律诉求 ········· 3
　　第二节　贷财治产,诉求资本成为生产工具 ········· 5
　　第三节　第三种致富方法——正义致富技术 ········· 7

第二章　驯化资本生产工具,法制改革是要件 ········· 9
　　第一节　资本工具生产力 ········· 9
　　　　一、雇用得起资本生产工具吗? ········· 9
　　　　二、资本生产工具的标准样态 ········· 10
　　　　三、资本生产工具之超越时空集结特征 ········· 13
　　第二节　资本工具,公平对效率的二次激励机制 ········· 14
　　第三节　资本生产工具载体:公平,对科技转化的二次激励机制 ········· 16
　　第四节　劳动与资本工具,两大阶级可以合作的空间 ········· 19
　　第五节　无限债务资本主义的四宗罪 ········· 21
　　　　一、无限制借用未来 ········· 21
　　　　二、殖民主义和无限债务资本主义是孪生兄弟 ········· 23
　　　　三、资本主义自掘坟墓的四大原因 ········· 27

第三章　资本是生产工具:劳动与产权,各自的权利责任 ········· 28
　　第一节　创造财富,劳动是充分必要条件,产权是必要条件 ········· 28

第二节　共同市场，负有工具义务的财产权 …………………… 30
　　第三节　所有权与经营权分离 …………………………………… 34
　　第四节　占有法，对财物的实际利用特加保护 ………………… 36

第四章　合伙分配 ……………………………………………………… 38
　　第一节　债关系之合同预分配、收入再分配 …………………… 38
　　第二节　资本生产工具：合伙预分配，收入再分配 …………… 38
　　　　一、资本生产工具，分期付款强制预分配利润 ……………… 38
　　　　二、资本生产工具，与生产的分配 …………………………… 39
　　第三节　劳动与资本工具合伙分配 ……………………………… 42
　　　　一、劳动与制度成本之间合伙分配 …………………………… 42
　　　　二、制度成本要素，合伙禁止高利得（贷）普适 …………… 44
　　第四节　普通剩余价值率及其用途 ……………………………… 45

第五章　价值规律，与道德情操 ……………………………………… 48
　　第一节　共同市场，量化的价值规律 …………………………… 48
　　　　一、仅劳动和交换二环节，等价交换边际规律 ……………… 48
　　　　二、等价交换法允许的区间：价格在价值上下波动，禁止高利得 …… 50
　　　　三、微观等价交换无形的手，宏观自由放任是杀手 ………… 51
　　第二节　公　平 …………………………………………………… 51
　　　　一、物竞天择"适度"，公平 …………………………………… 51
　　　　二、合伙自力更生，成为真正的人 …………………………… 53
　　第三节　平等自由，超越"奴隶主式自由" ……………………… 55
　　　　一、法的自由 …………………………………………………… 55
　　　　二、人是社会人，自由是社会范畴 …………………………… 58
　　第四节　协商民主，超越奴主黑白民主 ………………………… 61

第六章　商品价值 ……………………………………………………… 64
　　第一节　人为有效物的价值 ……………………………………… 64
　　第二节　正常价值的计算 ………………………………………… 65
　　第三节　劳动价值尺度的根源性、大众性、稳定性 …………… 66

第七章 货币与信用 ·········· 70
第一节 货币，商品价值的普遍中介物 ·········· 70
  一、贵金属货币，及货币的六大职能 ·········· 70
  二、信用纸币，信用票据 ·········· 71
第二节 货币供求价格 ·········· 72
第三节 国际货币 ·········· 73
  一、国际货币兑换汇率 ·········· 73
  二、超主权货币设计 ·········· 74
  三、美元国际结算货币的弊端 ·········· 74
  四、外汇储备控制在 GDP 的 25% ·········· 75
第四节 货币管制 ·········· 77
  一、货币管制是宪法的内容 ·········· 77
  二、货币发行总量控制 ·········· 78
  三、社会融资总量的控制 ·········· 81

第八章 公平价格框架 ·········· 84
第一节 资本生产工具：预先定价正常价值法 ·········· 84
  一、劳动和资本工具，合伙预分配之价格公式 ·········· 84
  二、生产商供给价格公式沿革 ·········· 86
  三、买卖价钱要公平 ·········· 90
  四、买卖的类型 ·········· 91
第二节 价格法计账 ·········· 92
  一、财务制度的法理依据 ·········· 92
  二、生产使用者价格法，购买者价格法 ·········· 93
第三节 供给价格规律 ·········· 95
  一、资本生产工具：供给创造它的需求 ·········· 95
  二、后发展国家三元劳务市场，跳水价格现象 ·········· 96
第四节 短期价格供求波动与控制 ·········· 98
  一、欲望与替代，命脉商品的供给与价格控制 ·········· 98
  二、引起物价短期波动的因素 ·········· 99

第五节　资本生产工具之：货币经济（资本价格、投资总量、就业总量） …… 101

第六节　国际自由霸道贸易价格之"6＋1"构成生产国不参与利润分配手工密集工具自给经济 …… 103

第九章　社会主义，选择共同市场方式 …… 105
第一节　社会主义的共同市场经济 …… 105
第二节　社会资本生产工具：社会主义的生产力表征 …… 106
第三节　"社会主义"意识形态，与生产方式 …… 108

第二篇　利息，利润，还本积累，地租 …… 112

第十章　驯化资本价格利息率禁止高利贷四个阶梯 …… 112
第一节　借方有利润，贷方分享利息 …… 112
第二节　中华什一中正，世界性禁止高利得尺度 …… 116
第三节　法定资本价格利息率的四个阶梯：法律禁止、法律中庸、法定基准、约定 …… 120
　一、法定孳息 …… 120
　二、法定孳息四阶梯各自的尺度 …… 122
第四节　禁止高利贷四阶梯，成为一般尺度 …… 126
第五节　最困难企业决定中立或法定利息率，资本价格——就业率——经济水准 …… 128
第六节　富国资本价格自然低 …… 130
第七节　货币价格，储蓄的名义利息率与实际利息率折算 …… 134
第八节　资本名义价格 …… 137
　一、资本的名义价格与资本市场 …… 137
　二、资本的名义利息率与实际利息率——资本价格通涨指数 …… 139

第十一章　普通利润率 …… 143
第一节　普通利润率，分期付款年供的预算 …… 143
第二节　利润率的衰减与限度 …… 146

第三节　借用资本利润、自有资本利息现象…………………… 148

第十二章　优先还本的积累，与永久治产法………………………… 150
　　第一节　分期付款，还本的积累，债务人权…………………… 150
　　第二节　永久治产产权，优先积累，所有者权益后序…………… 152

第十三章　资本是生产工具，地租在超额利润中收取……………… 156
　　第一节　资本是生产工具：普通利润率优先，地租在超额利润
　　　　　　中收取………………………………………………………… 156
　　第二节　级差地租是自然赐予之物，法定剩余社会化…………… 157
　　第三节　炫富—铺面地租飞涨—实质经济和内需萎缩现象……… 158

第十四章　中介：商业、银行、股市………………………………… 161
　　第一节　生产商销售网制度…………………………………………… 161
　　第二节　合伙委托银行………………………………………………… 162
　　第三节　合伙有限债务责任公司……………………………………… 163
　　第四节　合伙股票市场………………………………………………… 166

第三篇　公平价格区分财税法 ……………………………………… 170

第十五章　公共财税制度……………………………………………… 170
　　第一节　复兴中华民族"税道"，与国际接轨……………………… 170
　　　　一、井田制，井内普通超额利润"税"………………………… 170
　　　　二、财政什一中正，道德伦理…………………………………… 173
　　第二节　公共财政，与社会契约……………………………………… 176
　　　　一、宪法制约公共财政…………………………………………… 176
　　　　二、资本生产工具，财税量能原则……………………………… 179
　　　　三、公共选择，防止官僚主义滥用纳税人的钱………………… 181

第十六章　资本生产工具：债务价格法大于税务价格法…………… 183
　　第一节　资本是生产工具，财税成为价格要素……………………… 183
　　第二节　资本生产工具债务价格法大于税务价格法………………… 184
　　第三节　税率阶梯与借资治产经济、自给经济、失业率…………… 185

第十七章　财税的三大来源和三大用途 ······ 189
第一节　财政三大收入和三大用途 ······ 189
第二节　财政社会保险补贴和公共投资的专用税费 ······ 194
第三节　财政最终消费控制在 GDP 的 10%～15% 准则 ······ 196
第四节　企业所得税、个人所得税、流转税搭配 ······ 197
第五节　"利息+税金"互消长搭配和财政投资尺度的决定 ··· 200

第十八章　直接所得税，间接所得税 ······ 203
第一节　个人所得税，是每个公民（赤贫除外）的义务税 ······ 203
第二节　如何确定所得税起征点 ······ 205
第三节　间接所得税，落在转移不出去的弱势群体身上。2010 年从业人均间接纳税 = 1 万元 ≈ 17% 价外税 × 1.5 人 ······ 207

第十九章　流转税 ······ 209
第一节　营业税、增值税、消费税 ······ 209
一、资本生产工具法，对流转税负的限制 ······ 209
二、营业税 ······ 210
三、增值税 ······ 211
四、消费税 ······ 212
五、营业税、增值税，落在转移不出去的弱势群体身上 ······ 215
第二节　消费型增值税，剔除对中间环节重复征税 ······ 216
一、消费型增值税的 6 项配套政策：保证仅对消费剩余征税 ······ 216
二、消费型增值税减免税目录 ······ 217
三、消费增值税专用于保险补贴和公共事业 ······ 219
四、增值税的缺点 ······ 219
第三节　生产型增值税包袱法，转型手工密集产业 ······ 220
第四节　"包袱法财务制度+生产型增值税"：鲜为人知的六项价外税结构，比营业税沉重 5 倍 ······ 225
一、单纯抵扣增值税 = 17% 的创造价值税 ······ 228
二、17% 馒头税，全民零起点 17% 所得税 ······ 228
三、对贷款投资和折旧费征收 17% 的价外税，资本与技术转化效率二次下降 ······ 229

四、"包袱法财务制度——增值税套餐",工具价值名实相差一倍 … 230
　　　五、生产型增值税62%来源于折旧费、贷款投资,是资本债务空转,
　　　　　财政赤字转嫁到企业账目上;财政收入增长率＝GDP增长率的2
　　　　　倍＝GDP增长率＋17%的折旧、贷款价外税债务＝5000万国有企
　　　　　业职工下岗转手工密集产业 …………………………………… 234
　　　六、包袱内外不平等的税种。国内大中型企业生产型增值税的实际
　　　　　负担,部分比营业税重约5倍,成了无底洞 ………………… 238
　　　七、财政内外财税占GDP份额 ……………………………………… 238
　　第五节　流转税改革 …………………………………………………… 240
　　　一、财税、生产型增值税改革：透明、诚信 ……………………… 240
　　　二、中国财税制度值得商榷的问题 ………………………………… 240

第二十章　当期资本保全：折旧成本 …………………………………… 242
　　第一节　提取折旧费的法理依据和计算 ……………………………… 242
　　第二节　购买者价格法包袱"生产型增值税＋利息"与重置
　　　　　　折旧率计算 …………………………………………………… 244

第四篇　治产劳动者报酬 …………………………………………………… 246

第二十一章　劳动者报酬：合伙预分配制,优先大于果实所有权 …… 246
　　第一节　企业人是经济的主体 ………………………………………… 246
　　第二节　委托合伙式劳动关系 ………………………………………… 249
　　　一、使用劳务契约,用益劳务契约 ………………………………… 249
　　　二、法律关于委托合伙式劳动关系 ………………………………… 250
　　　三、委托合伙,与劳动的三种租赁形式 …………………………… 251
　　第三节　劳动报酬与制度成本之间均衡分配 ………………………… 253
　　第四节　对劳动者特加保护,避免奴隶制之嫌 ……………………… 259
　　第五节　雇主以财产连带责任,劳动保险法 ………………………… 261

第二十二章　公定劳动收入四个阶梯 …………………………………… 264
　　第一节　阶梯工资制度的依据,人类有差别,差别不大 …………… 264
　　第二节　法定工资率四阶梯 …………………………………………… 266

第三节　最低工资率的计算……………………………………… 268
　　　第四节　服务劳动工资，以生产劳动为尺度……………………… 270
　　　第五节　货币名义工资、实际工资………………………………… 272
　第二十三章　制度成本—就业率—工资率—经济水准…………………… 276
　　　第一节　投资——就业——工资率………………………………… 276
　　　　一、资本生产工具：投资，与就业岗位总量——机械自动化岗位
　　　　　　数量与工资率关系较小…………………………………… 276
　　　　二、手工劳动密集产业：资本总量——低工资率，决定就业岗位
　　　　　　数量 ………………………………………………………… 279
　　　第二节　适度提高工资，家庭劳动置换为市场劳动……………… 280
　　　第三节　合伙分配法：劳动阶级地位与工资率…………………… 281
　　　第四节　借资治产与工会…………………………………………… 285
　　　第五节　工资率水准，就业与休闲替代…………………………… 287
　　　第六节　制度成本——工资率——就业率—经济水准…………… 290

第五篇　宏观经济结构………………………………………………… 292

　第二十四章　借资治产经济、工具自给经济、服务经济、失业－再
　　　　　　　就业经济 ………………………………………………… 292
　　　第一节　"资本生产工具"划分经济类型 ………………………… 292
　　　第二节　借资治产经济，与经济周期……………………………… 294
　　　　一、发展母机制造业，重化工农业 ………………………………… 294
　　　　二、产业结构，与就业 …………………………………………… 295
　　　　三、经济周期，与经济危机 ……………………………………… 296
　　　第三节　产业与服务业对半分规律………………………………… 298
　　　第四节　失业—再就业经济：政府、社区和个人的再就业工程 … 300
　　　第五节　国际自由霸道贸易，生产国不参与利润分配，工具
　　　　　　　自给经济…………………………………………………… 303
　第二十五章　国有经济和民营经济………………………………………… 306
　　　第一节　国有经济，是国家政府和社会的支柱…………………… 306

第二节　霸主国自由贸易欺诈，第三世界适度国有资本的必要性…… 308
第三节　国有资本民法经营化…… 311
第四节　后发展表征：私有经济处于幼稚阶段…… 314

第六篇　中国经济文化的多样性…… 317

第二十六章　中华民族地缘可持久文明…… 317
第一节　黄河—黄土高原自然循环构造，人类可持久文明的圣地…… 317
第二节　农商文明早熟，天地人，和为本，2200项顶级科学发明…… 318

第二十七章　什一中正，"有恒产者有恒心"大众化…… 323
第一节　中华民族的文化偶然：井田制生产方式创造出它特有的文化…… 323
第二节　历代租税什一中正律法传承…… 324
　　一、农业税什一中正传承…… 324
　　二、租息税率什一中正的传承…… 325
第三节　国家限田和土地自由买卖租赁私有制传承…… 328
第四节　"什一中正"修复机制，农民起义和公平正义价值观传承…… 330
第五节　中国第三套调节机制：农民与王权约定什一中正，及其履约周期率…… 331

第二十八章　什一中正，自由自耕农商资本经济：创造出它特有的法权关系和政治形式…… 336
第一节　什一中正：自由自耕农工商"邻里相扶持"的市场诉求…… 336
第二节　什一中正：生产方式为本，民主的多样性…… 338
　　一、生产方式，与民主多样性…… 338
　　二、"会社"，花儿一样的民主仪式…… 339
第三节　什一中正，"协商"民主，中性政府的合法性…… 340
　　一、"邻里协商"民主…… 340

二、以五四精神，冲破五四全盘西化屏障 ·············· 345

三、中国古代是农工商资本社会、文明开放型国家，"封建、
封闭、专制"应当淡出了 ······························· 346

第二十九章　中国粗放市场转型法制市场 ················ 350
第一节　独立自主，和平崛起 ··························· 350
第二节　中国经济的多样性 ····························· 353
第三节　民生为道，建设法制经济——法制不健全也能
发展吗？ ······································· 359

第二卷　论法的精神：规范化的道德阶梯

导论　法律是经济的形而上 ······························ 365
第一章　世界经济一体化，民商法扁平化 ················ 365
第一节　经济与民商法，互为里表 ······················· 365
一、每种生产形式都创新出它所特有的法律形式 ·········· 365
二、经济是法律的内容，法律是经济的形而上 ············ 366
第二节　资本生产工具：民商平等法，上升为宪法原则 ······ 368
第三节　世界市场经济一体化，民法需要和可以具备国际性 ·· 371
一、生物进化之学习互动论，对人类也适用 ·············· 371
二、民法需要和可以具备国际性 ······················· 372

第二章　法（law），公平正义 ························· 375
第一节　法（law），准星、规则、公平正义 ·············· 375
第二节　法（law），阶级不可调和的产物；凌驾于阶级之上、
强制调整阶级合作空间，是进步 ················ 377
一、"法"的多个区间范围 ··························· 377
二、公法，寻找阶级之间可以合作的空间，是社会进步 ···· 379
第三节　民法（civil law），"法"调整民事关系 ··········· 381

第四节　民法（Private law），公法特许私有专属权……………… 382
第五节　民法的内容：关于人的法、家业法、民商法、公法
　　　　财产 …………………………………………………………… 385
第六节　公法财产 ………………………………………………………… 386
第七节　中国民法建设值得商榷的问题 ………………………………… 388

第一篇　法律人 ……………………………………………………… 392

第一章　法律权利能力 ……………………………………………… 392
第一节　区别法律权利能力和行为能力 ………………………………… 392
第二节　法律赋予的权利能力 …………………………………………… 393

第二章　法律行为能力 ……………………………………………… 396
第一节　治产人，完全行为能力人标准样态 …………………………… 396
第二节　法律行为 ………………………………………………………… 398
　　一、法律是规范化的道德阶梯 ……………………………………… 398
　　二、道德高尚之法律行为 …………………………………………… 399
　　三、治产之法律中立适度行为 ……………………………………… 400
　　四、法律适度：量化的公平尺度 …………………………………… 401

第二篇　按治产划分物 ……………………………………………… 404

第一章　宪法对物的归类分属 ……………………………………… 404
第一节　宪法物的三大归属：归公、特许归团体、特许归私人
　　　　所有 …………………………………………………………… 404
第二节　特许私有物之历史沿革 ………………………………………… 405

第二章　物的归属与取得 …………………………………………… 407
第一节　区别归属与取得 ………………………………………………… 407
第二节　物（res），按治产分类归属 …………………………………… 408
第三节　物的取得，债法和物权法的内容 ……………………………… 410

第三篇　合伙债关系 …… 412

第一章　合伙债 …… 412

第一节　债关系 …… 412
第二节　合伙债关系 …… 414
第三节　债权人，债务人权 …… 416
第四节　债务人权，平等的权利 …… 417
一、债务人权的历史沿革 …… 417
二、债务人权收入的相关法律 …… 420
三、债务权收入，持久治产责任 …… 421
四、资本是生产工具，对债务人的特别救助 …… 422
第五节　等价有偿债关系：中国价格法值得商榷的问题 …… 424

第二章　借用，是债关系的道德样板 …… 429
第一节　债关系，源头是"借用"习俗（好借好还，再借不难）…… 429
第二节　借用（占有）人法律行为规范 …… 430
第三节　借用，约定所有权与它的权能分离 …… 434

第三章　使用租赁，用益租赁 …… 435
第一节　使用租赁，用益租赁 …… 435
第二节　承租人保有权，法定租金 …… 436

第四章　货币借贷，以治产为本 …… 440
第一节　货币的用益、使用、消费租赁（借贷）…… 440
第二节　禁止高利贷 …… 443
一、禁止高利贷贪婪 …… 443
二、高利贷随财主所欲，与货币供应无关 …… 443
三、中国高利贷现状：误导"市场化等于高利贷"？…… 444
四、"利率不封顶"，新自由主义高利贷陷阱 …… 449
第三节　中国借贷法值得商榷的问题 …… 452

第五章　委托，忠于职守、不争利篡权、竞业禁止 …… 457
第一节　委托规则，委托类型 …… 457

第二节　委托经营，所有权与经营权分离 ………………………… 458
第三节　资本生产工具，委托合伙法改造雇佣关系 ……………… 459

第六章　合伙，共同所有、共同债务责任 ……………………… 461
第一节　关于合伙的一般规定，合伙类型 ………………………… 461
第二节　无限合伙 …………………………………………………… 463
第三节　有限债务责任合伙 ………………………………………… 464
第四节　两合合伙的类型 …………………………………………… 465
第五节　私募基金两合合伙的7个特设篱笆 ……………………… 466
　一、美国私募基金，金融黑市"避法港" …………………… 466
　二、私募基金"创业风险投资代理公司"两合合伙的运作 …… 468

第四篇　物权法 …………………………………………………… 472

第一章　物权法，以治产为本 …………………………………… 472
第一节　治产物权法（Real Right Law） ………………………… 472
第二节　物权的内容 ………………………………………………… 475
第三节　分离的物权的用途，鉴定产权瑕疵 ……………………… 477
第四节　中国物权法值得商榷的问题 ……………………………… 479

第二章　占　有 …………………………………………………… 480
第一节　取得占有 …………………………………………………… 480
第二节　占有权 ……………………………………………………… 482
第三节　占有行为准则 ……………………………………………… 484
第四节　占有人平等的权利 ………………………………………… 486
　一、占有，治产人取得工具的唯一方法 …………………… 486
　二、占有人平等的抗暴权 …………………………………… 488
　三、中国"占有"值得商榷的问题 ………………………… 489

第三章　约定所有权 ……………………………………………… 491
第一节　所有权的内容 ……………………………………………… 491
第二节　所有权需要明确的几个问题 ……………………………… 493

第四章 社会保障之居住权 ······ 497
第一节 居住权 ······ 497
一、公法居住权 ······ 497
二、住房分类供应制度 ······ 499
第二节 公定住房价格计算 ······ 503
一、房价—收入比的计算 ······ 503
二、公定"造价—零售"价格比 ······ 504
三、平均收入家庭租赁住房,最低公平租金计算 ······ 505
第三节 建议中国住房分类供应制度 ······ 507
一、分类供应制度的原则 ······ 507
二、资本房地产市场控制 ······ 507
三、居住权市场 ······ 508
第四节 中国住房问题的探讨 ······ 511
一、比照日本新加坡,中国城镇住房已被供大于求40% ······ 511
二、土地使用权出让金,是财税 ······ 513
三、急缺3000万套社会保障房、空置1300万大户型,谁之过? ······ 515

附:笔者建议设立《治产人借贷法》的提案 ······ 519
主要参考文献 ······ 547
纪　念 ······ 549

第一卷

法制资本论

第一篇 共同市场的一般规律和理论

第一章 第三种致富技术

第一节 共同市场，和它的法律诉求

中国正从粗放市场①向共同市场转型。

中国城镇市场蓬勃发展，有报道，至 2010 年已经有近 6 亿城镇人口和失地农民自由无产者，他们只剩下唯一的一条求生道路：完全通过市场谋生，他们或贷款创业，或替人打工。这在古代中国王莽变法叫做"民欲贷财以治产业"，民俗叫做"亲兄弟明算账"。在中国古代，"搭伙求财，心甘情愿；有盐同咸，无盐同淡"、"搭伙如夫妻，同财同性命"。合伙既可能是为了发财，也可能是如夫妻般合伙的生产生存。而在西方称之为生产共同体市场。

随着世界经济一体化，"国民待遇，共同适用"，为了平等交易，必然走向民商法一体化。先期的欧洲共同体正在成为竞争和攀比的对象，为此，可以采用我们比较熟悉的亚当·斯密、马克思、凯恩斯等西方学者所介绍的西方共同市场为参照，学习和超越，实现经济转型。

欧洲中世纪，地中海沿岸海上贸易繁荣，但是罗马法中的"家长自有权"被自由滥用，"买卖价格第三人作证"为合法不能避免相互欺瞒，贫苦教民对不公平的诉苦多起来，例如法国 13 世纪基督教忏悔录《良心的谴责》，是习惯法禁止市场 14 种贪婪的实证依据。为了增加教会什一税收入，在波罗尼亚神学院里，教士们开始潜心研究古希腊哲学、古罗马法，并对基督教会法进行正反追问，拉开了教会法改革的序幕，最著名的有教皇英诺森三世关于委托合伙的阐述、阿奎那的神学大全、稍后加尔文关于债务人平等权利的学说等。正是 13～14 世纪那次三大复兴运动（古希腊文明、古罗马法、基督教会法改

---

① 李慎明：《不与西方全面对抗，也不埋头国内》环球时报，2011 年 12 月 29 日。

革),为复兴古希腊"合伙"市场,准备了文化和法律条件。而14~16世纪意大利文艺复兴,那次再生(the renaissance),已经是第二次复兴运动了。

罗马法允许奴隶逃到神邸和皇宫周边避难。欧洲中世纪,奴隶制隶农庄园,摇身变为领主制隶农庄园制度,那些逃亡农奴和光蛋贵族寻找新生活,聚集在教堂地缘周围,上帝的子民皆兄弟,逐渐形成以皆兄弟合伙为伦理基础的自由民市场,互为生存条件,被逼迫复兴古希腊生产共同体"合伙"规则。同时,市场分工协作生产出来的商品是附合、混合、加工物,把人们的利益"粘"到了一起,构成个人合伙利益共同体关系,并逐渐形成一套完整的带有com_(系统、结构、合伙)前缀的用语,例如,黑格尔《法哲学原理》书中的基督教会法拉丁语用语:commended(合伙债、委托、会社);commerce(商业),commercial law(商法);company(公司、伙伴、合伙);commodatum[粘有互利准则的"无偿使用(按合同当工具使用)借贷"];货币租赁被定义是法定租金的commodatum(使用借贷),即commodatum with legal fruits。即便free(自由),在共同市场内也被约束在com_范围内,例如,free(或open)market(自由市场),同时被叫做common market(露天、公开、公共、共同市场)。这是一个艰难困苦的漫长过程。

由此可见,共同市场是法制经济,是以com_(合伙、同伴、邻居关系)作为法理基础。英国"合伙与债的杂然交错"简称为"合伙债法"。共同市场,法律是规范化的道德阶梯,法律禁止、法律高尚、法律中庸、法律自主。世界性民法通则"自愿、公平、等价有偿、诚实信用"双赢互利规则,是以com_兄弟般合伙抽象出来的,而不是从古罗马法主人家长绝对自有私有权中抽象出来。现代民法,是生产共同体市场生产方式的法律表现形式。债关系,是从"契约"角度梳理财产关系;物权法是从占有的角度梳理财产关系。

例如,中国《物权法》,其一,宣示无论公有财产、私有财产在法律面前一律平等。其二,宣示转型共同市场方式。官方英文对照:物权法被翻译为:"Rely Right Law",按英国财产法解释,所指示的标准样态,是欧洲中世纪以来的一个例外:公开、公共、共同自由市场,我们可以想象,欧洲共同市场的商人们,这样叫卖:"来买吧,这东西绝对不是偷盗来的、绝对是合法财产"。中国物权法昭示,经济转型的标准样态应是:公开、公共、生产共同体市场,例如欧共体、欧盟样式。

中国共产党十六届三中全会以来,"民生为本,和谐社会,公平正义,互利双赢"的致富技术,正是反映了正在中国迅速崛起的"共同市场"经济的诉求。是生产方式转型，逼迫复兴中学民生为道、西学形制器用的道路。2007年9月在亚太经合组织会议上，胡锦涛主席主张"互利双赢的开放"，理论界有待跟进。

特别需要注意西方殖民主义双重标准。例如，国际霸权之自由市场滥用，资本自私自利最大化，而生产国不参与利润分配，就买不起先进工具、借不起钱改良生产，停滞在手工劳动密集工具自给的古代经济阶段。

第二节 贷财治产，诉求资本成为生产工具

"分期付款"，是以资本为纽带的租赁和延期买卖的混合债关系，分期还本付息的金额，俗称"月供"或"年供"，是"租金＋买价"。这在王莽变法叫做"民欲贷财以治产业"；罗马法叫做"资本是生产工具"。

为什么西北欧变革的核心是"禁止高利贷"？原因很简单，在共同市场上，借贷租赁雇用（资本），是市民获得工具的唯一方式。为了获得工具，自然诉求降低资本的价格，即惟有采用古老的禁止高利贷法，才有可能驯化资本成为生产工具。形象一点，这与将野兽马牛羊驯化成工具马牛羊是一个道理。例如16世纪英国国王为了增加出口，采用法律形式降低资本价格利息率水准，让好青年也借得起钱进行家庭毛纺织业。

因此，生产共同体市场，是两大阶级"合伙"生产方式，为了驯化资本工具以提高生产力，"合伙法"逼迫两大阶级合作，共同分享成果。劳动与资本工具可以寻找合作空间。

在中国当今，毕业求职的学生、下岗的职工、进城的农民工赤手空拳进入市场，他们或贷款创业，或替人打工，借贷租赁雇用（资本），是他们获得工具的唯一方式，他们的诉求与欧洲那些自由市民一样，惟有降低资本生产工具的价格（利息率），他们才有条件贷款创业，提高收入。

中国近代"共同市场"萌芽，源于海归派引进现代经济模式，例如矛盾在《子夜》中描写的产业互助商会等。在上世纪20~30年代，一些海归企业家曾经在小范围试验过西方先进的管理办法。汇丰银行在上海虹口区建设的大陆新村文化小区，可能是较早的分期付款购房模式，鲁迅先生的故居就在那里。但是，由于上世纪20年代末美国10年金融危机期间，高价收购黄金白银，导致中国硬通货大量外流，纸币贬值6万倍，经济破产。

解放初期，国家实施"四马分肥"、工业利润应大于商业利润、禁止高利贷四个阶梯、税法面前人人平等政策，应属于生产共同体法律范畴。

经济改革以来，中国的共同市场，大致起始于1984年"拨改贷"。但是，当时正值美国经济滞涨，美国理根政府－英国撒切尔政府施行金融自由主义，受其影响，中国在1984～1998年上半年的14年间遭遇高利贷，基准利率高达10%～14.5%，农行利率更是高达24%，外国资本在中国放贷利率也高达16%，绝大多数企业和个人还不起贷款。高利贷，不贷款是死，贷款死得更快。再加上1994年以来的三税制，生产型增值税、利息进加价之价税包袱，折算下来，实际是17%的馒头（生计）税，17%的贷款（资本工具）税，制度成本高出一倍，贷款改良生产最小化，导致国有企业亏损面积高达70%，6000万职工转型手工密集产业。

自1998年下半年，利息率下降到8%左右，资本工具开始成为经济的纽带，分期付款贷款购房、分期付款贷款购置装备改良生产有利，像雨后春笋一般迅速发展起来，成为最有生命力的主体导向经济形式。同时，伴随城镇化而来的高房价，已经搅动得13亿人口都在谈论和实践"分期付款式购房"。这其中，分期付款购房，"分期付款购置生产装备创业"模式，实际就是西方所谓共同市场"资本生产工具主义"，中国新朝王莽变法"民欲贷财以治产业"，在2000年后，出现了蝴蝶效应。它必备的7个条件，详细见第二章第二节。有了社会实践和标准样态，把握起来会容易和简便得多。

"分期付款购置固定资产有利"，首先必须签订合同，明确各自的权利责任。毋庸质疑，这是法律过程，现代经济必须依法行为，是法制经济。同时，1998年利息率下降以后，分期付款购买住房才出现蝴蝶效应，这种经济，是在某种公平正义范围内，才会发生同步行动之蝴蝶翅膀共振。说明，法律公正是共同市场经济运行的充分必要条件。

外部，随着世界经济一体化，为争取WTO完全市场经济"国民待遇，共同适用"之平等地位，中国急待与大陆法通融，其核心应是"资本生产工具"法律创新，从有形体工具，向"分期付款货币工具"转型，生产力飞跃发展。

国际霸权，玩来玩去就是"价格杠杆"几个字，汇率、利率、房市、股市、油价、粮价等等，谁掌控了定价权，谁就可以掌握世界经济的命运。就是说，仅凭劳动才智、世界工厂，不一定就能富裕起来，还需要建立公平价格制度，争取国际公平定价权，分配权决定大国命运。

马克思指出，社会是法律的基础。民生以治产为本，治产人借得起钱改良生产、借得起钱创业、创造就业机会，应是借贷法的大众意愿合理依据，和刚性尺度。

综合以上,"借资治产",明示了现代经济的主体和机制,既具备现代气息,同时又具备王莽变法"贷财治产"文化传承性。经济改革30年后,中国的主体经济终于清晰起来,这是每一个完全行为能力人都能够明白和付诸实施的经济形式。

第三节 第三种致富方法——正义致富技术

> 人们获得财富的方法有两种:生产它,或掠夺它。
> 其实,还有第三种致富技术,正义致富技术。
> 当进入共同市场经济,正义致富技术进入了一个全新时代。
> "资本生产工具"法律创新,驯化资本成为生产工具,劳动与资本工具之间可以寻找合作的空间,治产劳动收入争取与生产力同步增长。
> 法制变革成为经济转型的充分必要条件,而资本和技术还只是必要条件。

人们获得财富的方法有两种:生产它,或掠夺它。以人为本,合伙自力更生为真理,掠夺的方法为邪恶。为了和平,生产者雇佣强权遏制强权掠夺,以便专心于生产。

其实,还有第三种致富技术,正义致富技术。所谓正义致富技术,就是针对人们趋利避害本能,为了和平,设立制度势开源节流。

正义致富技术是古老的范畴,在西方记载中,似乎首先由古希腊苏格拉底归纳出来,例如,色诺芬在《经济论——关于财产管理的讨论》问答中,苏格拉底指出,管理的要领是公平正义:象管理自己财产一样管理他人财产;"幸福是你自己的力量挣来的","从事农业在某种意义上是一种享乐";共同厉害关系,共同负担;忠实;奖惩制度;人同此心;法律许可;公平分配;公正的方法来增加我的财富;用剩余财产修饰城市和救济朋友,为高尚的人;富足的人应养活最多的人,等等。在《经济论——雅典的收入》中,问答如何增加雅典的财富:土地;增加居民;授予商人特许权,增加贸易;有计划按货币需求开采银矿;公民的生计,谋求生计;必须和平才能保持和增加收入,等等。以上实际成为欧洲经济法哲学的文化渊源。

中国古代同样有以民生为本的正义致富哲学,例如孟子有曰"民为贵,社稷次之,君为轻";"食色男女",人之本性食色二字;井田制,大同等。战国时期的商君,利用人们"趋利避害"生存本能,设立"制、度、形、势"

分配率，开源节流，让秦国富足。即便个人，在追求致富术的时候，以"有道"把握"适度"，才能够持久富裕幸福，当今先富裕起来的那部分人，正面临致富文化转型。只不过古代属于"道德经济"，理性存，经济存；理性亡，经济亡。富不过三代。

法制自由市场才是"公平、公开、公正"；自由霸道市场＝高利贷（得）

在10年前加入WTO时，人们天真地以为这就与对"自由市场"，"公平、公开、公正"的变革诉求不谋而合，认为将有助于"取消政府对市场的控制、干预。"① 事实果真如此简单吗？首先，WTO本身属于遵守共同规则的市场，不是自由滥用；其二，法的自由市场才是公平、公开、公正市场。反之：

自由滥用市场＝自由霸道市场＝权力、产权高利得（贷）最大化＝生产者不参与利润分配之手工密集工具自给经济。

其三，积10年之经验，WTO是与狼共舞争取公平正义，而不是送给你。

远古，人类为了捕获大型野兽而合作，驯化野兽马牛羊成为工具。

现代，劳资两大阶级通力合作，捕获超越时空无限丰富的"资本"；驯化资本成为价格低廉、大众化、可持久工具，成为技术转化的载体，按照"资本生产工具"准则预分配，10倍提高生产力，创造出果实后公平再分配。

"资本生产工具法"首先在"工具生产力创新"上下功夫，其一，预借未来20年的利润转化为生产工具，生产力10倍地提高。其二，首先创造并使用"利器"，然后才是共同分享果实，劳动者报酬争取与生产力同步提高。其三，20年期合同，法律保护和强制持久经济循环。

老子有曰："治大国若烹小鲜"，对驯化资本也适用。资本的核心是"价格"问题，自然驯化资本的关键是共同市场创造它特有的法权关系：劳资双方合伙禁止资本价格高利得四个阶梯普适的法律创新。

中国近代有过关于节制资本的理论，例如"公私兼顾，劳资两利，四马分肥。"相比之下，这些理论尚停留在直接从收入分配的角度调动积极性：其一，用果实的公平分配提高积极性，劳动生产力提高有限。其二，属于"意识形态"法，理性存，经济存；理性亡，经济亡，不能循环持久。因此，这些曾经有效理论在60年后需要再上一个台阶。

复习题：

1. 试填写一份分期付款贷款购置住房合同，学习计算"月供"。

---

① 许十文：《入世10年，重新认识经济全球化》，《南都周刊》2011年第48期。

第二章　驯化资本生产工具，法制改革是要件

第一节　资本工具生产力

一、雇用得起资本生产工具吗？

工具是生产力的标志。人类有差别，但是差别不大（仅差 1～3 倍）。而人类生产的"工具"，是人类综合生产能力的外在表现，成为生产力的标志。史学家用生产工具表征生产力区分历史时代，例如旧石器时代，新石器时代，青铜器时代，铁器时代。现代，是以资本生产工具为表征，这样一来，古代又可以称之为有形体工具或工具自给经济。

生产工具决定生产力水平，决定商品受众，决定哪些群体有购买能力，然后才是调查市场，回答花样品种数量问题。

萨谬尔森经济学提问并不到位，没有工具何来生产？首先要问的应当是，雇用得起资本做生产工具吗？大众雇用资本做生产工具占支配地位，就是现代大生产经济；大众雇用不起资本做生产工具，就是古代自给生产工具之手工经济。工具形制及其生产力水准在前，然后才是生产什么、为谁生产、生产多少。

以生产袜子为例，手工、有形体工具时代，穷人买不起，就自己织袜，因此生产的袜子只供给少数人，生产量小。当资本是生产工具，通过集资可以制造出高性能机器，尼龙袜子生产能力大幅度提高，大众也买得起袜子穿，目前中国为全世界大众生产袜子，这个变化过程距离现在只有 30 年。

对生产者而言，自私自利的资本不但不下蛋，反而会偷蛋。正是在这个意义上，对第三世界而言，引进资本还不够，还必须引进"运用资本成为生产工具"形制。

二、资本生产工具的标准样态

> 资本生产工具的定义：法律优先鼓励借贷资本做技术的载体，优先资本与技术转化为生产技术装备有利。例如，王莽变法"贷财以治产业"，刘中恒："货币（用益租赁）形态或价值形态的生产资料即资本（生产工具）占支配地位代替实物形态的生产资料占支配地位。"① 吴树青主编《政治经济学》"生产资本"。

1. 资本生产工具历史沿革

商品的用途，其一，可以当作消费工具或生产工具使用；其二，可以储存起来将来消费；其三，贵金属还可以当作普遍中介物"货币"使用；其四，那种希望在未来获得一种进项的商品（capital stock），叫做资本，以资为本，其中：资本自私自利最大化高利贷，资本是掠夺工具。其五，当流动资本使用，在生产中，是支垫转移成本的贷款，没有契约积累功能。其六，货币（租赁）是过去、现在将来的纽带，② 资本转化为生产工具使用。

宏观法制经济学，从"分期付款购置生产装备有利"模式，将生产资料进一步分离为转移成本、消耗成本（例如管理费、利息、税金）和资本生产工具。"资本生产工具"是古老的范畴，例如，汉穆拉比法典，按不同产业设立不同的法定资本价格利息率。古罗马法，commodatum（使用借贷不得取息），约定借钱一定是当作生产工具使用，好借好还，不得用于消费挥霍，违法重刑。③ 公元6世纪，东罗马帝国世俗皇帝查士丁尼，按照不同产业的利润率不同，设立各自行业的法定利息率。13世纪以来，基督教会用合伙法，规避借贷禁止取息法。18世纪，亚当·斯密首先区别流动资本和固定资本，"资本又可以用来改良土地，购买有用的机器和工具，或用来购置无须易主或无须

---

① 刘恒中：《劳动经济制度导论》，中国财政经济出版社2002年版，第27页。括号本文所加。
② 凯恩斯：《就业利息和货币通论》，商务印书馆1983年版，第253页。
③ [查士丁尼]《法学总论》，商务印书馆1996年版第158、159页注①。

进一步流通即可提供利润的东西。这样的资本可称为固定资本",① 固定资本生产力。李嘉图强调:"资本是国家财富中用于生产的部分",但是他没有注意区别周转支垫资本与固定资本。② 黑格尔的合伙使用借贷,合伙法定孳息的使用借贷(commodatum),资本是生产工具。③ 马歇尔"资本物";凯恩斯"持久性资产"。④ 20世纪初,列宁描写的那种"螺旋上升式积累"的资本。

> 马克思指出:"资本,别的不说,也是生产工具,也是过去的、客体化了的劳动。……使生产工具、积累下来的劳动成为资本的那个特殊……"⑤那个特殊,即生产共同体市场。⑥

马克思特别说明,不能抛开特定生产方式,而单独把资本当成永恒的范畴,即先有逃亡农奴自由民共同体市场之生产方式萌芽,然后才有大众诉求建立民法公正秩序,逐渐地,资本生产工具占支配地位。

鉴于上述历史背景,在欧洲文化中,如果不特加说明,资本特指"资本是生产工具"。资本高利贷,被当作是偷盗行为。

2. 资本生产工具的标准样态:世界银行贷款模式

中国外援贷款和国际投资,实施的是世界银行"资本是生产工具"模式,工程严格遵守国际劳工法;财务严格遵守国际会计法,公开透明。中国奉行和平共处五项原则,剔除了西方中心主义在援助项目中的居高临下的傲慢与官僚主义。因此,中国政府、大中型国有企业、涉外企业、海归企业家,对"分期付款购置生产线"模式并不陌生。

18世纪,受到中国、印度之物美价廉棉纺织品的冲击,1771年,英国施行关税壁垒和专利法。这样,市场对外扩张、资本生产工具法、专利法,在这个历史节点上汇合。

---

① 亚当·斯密《国民财富的性质和原因的研究》,商务印书馆1972年出版上卷第255页。
② 李嘉图:《政治经济学及赋税原理》,商务印书馆1972年版,第78页。
③ 黑格尔《法哲学原理》商务印书馆1961年第87页,有偿的使用借贷(commodatum)。
④ 凯恩斯:《就业利息和货币通论》,商务印书馆1983年版,第253页。
⑤ 《马克思恩格斯选集》,人民出版社1972年版,第二卷第88页。
⑥ 同上书第二卷第91页。

> 古希腊人就已经会使用蒸汽动力开关庙宇的大门，但是没有转化为生产力。
>
> 2000年后，1763年，瓦特用了三天时间就把蒸汽机草图画出来了。他同制造商博尔顿结成合伙关系，博尔顿负责筹集长期资金，瓦特得以建设实验室和小型生产线，用了60个工人和11年时间制造出实用的蒸汽机，第13年开始还本付息，第20年本息还清。25年期专利权期间生产出500台。① 博尔顿——瓦特模式，是工业革命的基因，迄今在成熟国家和世界银行适用。

世界银行贷款模式，实际就是对"博尔顿—瓦特"模式的法律化守成：

（1）制度成本，控制在所创造价值的一半左右；禁止高利贷四个阶梯，对制度成本5要素普适，允许相关要素互为消长。保障大多数企业有还本付息能力，借得起钱改良生产。并约定贷款专用于购买或制造先进生产装备生产力。

（2）为保障贷方利益和降低风险，借方的预期平均利润应不低于2倍利息率；在新产品专利期间，利润应不低于4倍利息率。

对这样的项目优先给予贷款；无抵押或以1/3价值财物为抵押，借方未来的资产为抵押品。叫做按揭法（mortgage），不动产抵压或动产质压。

（3）分期付款购置生产线标准样式。借期20年，利息率1/20（若减免利息税，为3.5%），第7年末开始付息（实际周年利息率为1/14），第13年末开始还本（实际周年还本积累率为1/8），第20年末本息还清，收取利息总量不得超过本金。

这样，95%的企业都有还本付息能力、借得起钱改良生产，资本成为大众化普通生产工具。

（4）约定生产线建成、创造出价值、有了剩余价值才开始还本付息。

（5）普通利润优先用于还本付息，土地地租、政府成本、所有者权益在超额利润中收取。

（6）积累法。永久产权的责任：永久治产。监护人监督经理人保值增值，产权人只允许法定孳息。②

---

① 斯塔夫里阿诺斯《全球通史·1500年以后的世界》上海科学院出版社1992年出版第287页。

② ［英］F·H·劳森和B·拉登：《财产法》，中国大百科全书出版社1998年版第十三章。

资产债务买卖传递，所有者可以改变，但是生产线像火炬一样传递，借资治产经济。

（7）劳动者报酬总额占创造价值的比例应在50%左右为尺度，得争取劳动者报酬按7%左右递增。最低工资率与生产力同步增长。

（8）优先还本付息的积累，属于契约强制性积累。周年综合积累率为7.5%左右，其中：当法定孳息率为5%，债务人权契约积累率为5%左右，2.5%为债权人的投向平均偏好。资本生产工具法律创新国家，大致都有20年期按7%递增的自给农业向工业化转型过程。20年期财富翻两番，公式表示：

$$20\ 年内创造财富 = (1+综合积累率)^{20} = (107.5\%)^{20} \approx 4\ 倍$$

分期付款购买资本生产工具，与自有资本比，投资力度增强10倍，20年期资本生产工具财富增长2倍（1倍付息，1倍还本的积累）。

资本与技术固化在债务资产中，无限扩大了资本作为技术的载体的时空，科学技术生产力空前发展。激励向借资治产经济转型。

（9）资本生产工具，法律进入生产领域，法律是经济的形式，是社会与物质合一的生产力，互为里表。

三、资本生产工具之超越时空集结特征

商品具备过去存量、现在、未来使用属性，凯恩斯所指出，货币（租赁）是过去、现在、未来的纽带，[①] 是消费、生产、积累的纽带和替代物。

与自给之有形体工具相比较，资本生产工具具有货币经济的全部特征：

其一，资本流动属性。当存在现代银行，预期利润不小于2倍银行利息率，才值得投资转化为资本生产装备，否则就存银行吃利息。也因此，禁止高利贷四个阶梯可以控制资本流向。

其二，货币总量、资本价格水准，决定投资总量及转化效率、决定就业总量，决定经济水准，即货币经济时代。

其三，资本的价值与价格规则与货币规则相同，必须适度，否则不能避免通涨或通缩的灾难。

其四，资本形体的可变性，可以在货币租赁与资本物（有形体债务）之

---

① 凯恩斯：《就业利息和货币通论》，商务印书馆1983年版，第253页。

间转换。

其五，资本超越时空特征。货币是在空间和时间范围内的普遍物，资本（货币用益租赁）是延时契约，是市场时空的纽带。多头货币储蓄后出租，是把过去借给现在；财政空头信用、债券、股票，是把未来借给现在；而广义的货币租赁，适度人为多投放货币（控制在5%范围内），信心偏好引起物价上升，是把预期未来生产力上升借给现在。

其六，资本所有者是大众储户和股民，分散风险。

货币用益租赁，可以将市场时空范围的资本集中起来使用，建设大型机械自动化生产力，并扩大分工协作空间、时间范围，资本成为工业革命的巨大物质载体。

集资方法：储蓄借贷资本、信用信心资本、合伙委托股东资本、杠杆信用资本。

第二节　资本工具，公平对效率的二次激励机制

古希腊苏格拉底论述公平正义秩序可以增加财富，应是经济、节约学（economy）的起点。而只有在资本生产工具时代，民法公正显示出对效率的二次方激励机制，就是列宁所描写"积累成螺旋线式（二次方图形）上升"现象。

1. 大区间资本价格利息率水准，决定资本生产工具方式的存亡

需要换一种思维，站在资本生产工具价格的角度观察现代经济。例如，欧洲工业革命历史验证，利息率水准变化，会引起三种经济情况：

当利率在10%以上，大众借不起钱改良生产，绝大部分企业破产，或退回手工密集生产工具自给经济。例如欧洲中世纪，地中海沿岸黑暗肮脏的手工业作坊。当利率在10%左右，利率较高，只有少数企业借得起钱改良生产，商业资本主义最大化——生产工具自给经济，例如英国呢绒商。

16世纪的英国，禁止高利贷，利率不得超过10%，为4%~5%左右。英国农场主只要预期有8%~10%的利润，就有还本付息能力，就借得起钱改进工具、改良生产。在这一法律制度保护下，英国租地农场主资本生产工具主义萌芽。

现代，2%~8%的低利率及其借资治产制度，让美国有2700万个企业，

每5个从业人员中，就有一个是企业主，巨无霸飞机、汽车、苹果电脑、微软等都出身于草根，在仓库里起家。美国81%的科研转化，是由私有制小企业实现的。反之，20世纪80年代金融自由主义高息揽储利息率曾高达21.5%（包括通货膨胀因素），让美国许多小农场主因借不起钱、还不起贷款而破产。

2. 小区间，制度成本适度下降，公平对效率的二次方激励机制

制度成本与经济水准。创造价值扣除劳动者报酬剩余的部分，用来支付费用，叫做制度成本。例如，2007年，沈阳一个制袜民营企业家指出，中国制度成本太高，详见封底图示。

当资本是生产工具，在趋向中立适度范围，公平对效率有二次方激励机制。例如，凯恩斯曾经指出，投资引诱对市场有4倍的拉动效应，① 世界银行发展报告《公平与发展：2006年》中指出，税率的下降对经济有4倍（二次方）抬升作用。②

制度成本适度下降，对技术、市场、就业的二次方拓展机制。例如，劳动者报酬总额占所创造价值的份额适度上升并趋向50%左右，逼迫制度成本下降，提高管理与技术水平。制度成本下降，工资率对应提高，则消费增加，推动耐用消费品市场的发展；工资增加，家庭劳动置换为市场劳动，就业机会二次增加，综合经济水准提高。因此，只有在民法公平框架内，才有凯恩斯投资二次方拉动效应。

例如，美国企业制度成本，占企业创造价值的47.2%，生产力在世界前列；西德制度成本曾经下降到50%~33%，实质经济生产力曾经超过美国。日本财政收入占GDP的比例，仅为美国的2/3，实质经济生产力曾经超过美国。韩国1971—1992年经济腾飞其间，制度成本由70%下降到56%，劳动者报酬总额占创造价值的份额，由30%上升到44%，农业人口由70%下降到12%，就业机会由30%上升到98%，高附加出口由15%上升到60%（是4倍），2007年人均GDP曾经达到2万美元。

---

① 凯恩斯：《就业利息和货币通论》，商务印书馆1983年版，第十章边际消费倾向与乘数。

② 世界银行2006年世界发展报告《公平与发展》第177页。

第三节 资本生产工具载体：公平，对科技转化的二次激励机制

1. 人类脑体差别不大，拘束知识产权价格

知识是社会结晶。其一，个人跟着狼是狼孩，跟着人学才有可能成长为人，知识是社会的产物，是历史的积淀，即便"1分偶然发现+99分个人努力"，依然不能说是单纯个人的成果。例如，约翰·罗尔斯在《正义论》中认为，个人的聪明才智，是先天的和社会的，科学成果应当回归社会，再次阐述基督教"上帝赐与大家之物，共同所有"的意思。居里夫人就放弃了专利权，宣布他们夫妇的发明归全世界所有。当然，在实际操作上，为了鼓励创新，可以增加创新劳动的报酬，但是要适度，例如工资差别不超过10倍，专利的利润率不超过20%，时效限制。控制社会贫富差别在一定限度内。其二，有需求，专利才能感应价值态势，需求在前，专利价值在后，专利价格利润率不能超过企业的支付能力，否则企业就买不起，科技只能沦落为取悦富人的雕虫小技或军事用途；其三，分工张扬人类差别一面，协作张扬人类差别不大的一面，可以寻找合作的空间。如果专利无限大、无限长，则技术中介成本太高，协作不能达成，知识的转化率反而最小化。其四，尽管知识产权可以在市场上独立买到，具有独立价格，但是，在计算生产成本预分饼的时候，知识产权的价格不能侵犯劳动生活费用和资本生产工具，否则企业就买不起知识产权，大众就买不起高技术消费品。

2. 平民是技术发明的主体

伟大的人都是从平凡的人走过来的，当他成功之时，头上笼罩上了神圣的光环，而遮住了他平凡的渊源。特别是技术发明，是脑体结合的产物，平民倾向更为明显。例如微软、惠普、戴尔等高科技巨无霸。在美国，国家没有投一分钱的有影响发明创造成果占81%。

3. 资本工具是技术转化的载体

> 马克思指出，科学技术是生产力，但是在英文里，right 可以当动词用，是一个由不是到是，这样的矫正过程。
>
> 科学技术本身是纸上谈兵、试验室里的成果，有可能是要素，但不一定就是生产力本身，需要转化机制的建设，需要有转化载体。科学技术转化为生产力是一个过程。

其一，科学技术本身是无形体物，知识必须有物质载体才能转化为有形体技术装备生产力。

其二，人类已经进入大型科学技术转化阶段，个人劳动剩余价值已经不能胜任技术转化工作，技术转化已经是社会行为。

其三，理性法，例如家族、共同体、政府集中人力物力进行转化工作，但是不能避免理性与非理性周期，大厦在一夜之间倒塌，非借资治产经济。

其四，要想把自私自利最大化的资本引入生产领域，需要设立制度。资本利息率水准及其技术应用状况：

当利率在10%以上，资本就热衷于高利贷，资本不愿意投资生产技术，技术没有普通的载体，只能军用或奢侈消费，许多技术只能滞留在取悦富人的雕虫小技阶段。

当利率在10%左右，利率较高，商人们认为发财靠高利贷或贱买贵卖，生产不过是提供货物的手段，趋向商业资本主义最大化——生产环节不参与利润分配工具自给经济。

当禁止高利贷，利率不得超过10%，而是在2%~8%时，大众（95%的小业主）都借得起钱改良生产，治产人贷款，约定专用于做成技术生产工具，进行预期有利润的生产，这时，资本与技术才"进入生产领域"成为生产力要素。

4. 制度成本适度下降，资本与技术转化效率二次方上升

例如，成熟国家贷款100元，制度保障95%转化为技术生产装备，管理成本被控制在5%以内。生产出利润后才还本付息，在超额利润中支付税金、股息。而在中国，采用消费贷款模式，贷款100元，不管是否建成生产线，本年末即开始付息，三年用贷款支付利率和金融衍生物达贷款的24%，在银台上用贷款支付17%购进固定资产生产型增值税，多级管理费用去贷款的10%~15%。合计，贷款额度只有不到50元能够用于技术转化，投资力度下降一半，可支撑技术含量成二次下降，资本与技术转化效率只剩下25%。再加上3倍国际技术价格壁垒，则效率只剩下8%。尽管中国"劳动生产率——工资率"是世界最高

的，但是二者抵消下来，中国科技成果——投资比，只有美国的1/3，劳动生产率只有成熟国家的10%，这不是劳动者的错，主要在于制度成本太高。

> 公式表示：劳动者报酬总额占企业创造价值30%—67%区间：
> （1）资本与技术转化效率 ≈ $[1-投资的当前制度成本所占份额]^2$
> （2）当制度成本超过案67%，生产者不参与利润分配，工具自给古代经济；
> （3）当劳动者报酬总额超过67%，资本无利可图、不投资产业，工具自给古代经济。

5. 李约瑟难题的答案

李·约瑟难题：中国古代有几千项世界顶级发明创造，为什么没有转化为生产力？中国至19世纪中叶以前GDP占去世界的三分之一，资本可谓丰富，为什么没有转化为生产力？在200年前，已经由亚当·斯密作了回答：中国古代利息率长期停滞在10%，经济长期停滞在大众借不起钱改良生产的"手工密集型"古代经济阶段。

中国古代史验证，资本和技术（A），不是生产力变革（B）的充分条件（如果有A，一定有B；如果没有A，不一定没有B）。

6. 知识自私自利最大化——生产工具自给经济

人类有任性和健忘症这两大原罪。资本和技术都是人使用的工具，是拟人，人有多少原罪，资本和技术就有多少原罪。知识是手段，可以为各种目的服务。技术也是洪水猛兽嫌贫爱富，技术杀人的例子层出不穷。

引诱技术产权犯罪的因素，例如，金融自由主义，美国硅谷就热衷于神话高科技托市套利。高工资可以诱导人们开发应用科学技术的积极性，但是科研很难短期见效，高工资也可以引诱脱离科研，例如金融服务高工资。放纵技术人员欲望无限最大化，但是如果知识产权要价占股份的35%，企业就买不起技术，反而阻碍科学技术转化为生产力，技术沦落成了专利局收取专利申请费的手段。依靠理性积累，可以集中人力物力，但是，一旦进入非理性，例如文革浩劫全部砸烂，苏联解体一夜之间生产力下降50%。禁止高利贷不严格，投机倒把商业利润奇高，专利不专利没有多少区别，就没有兴趣搞技术转化。

第四节　劳动与资本工具，两大阶级可以合作的空间

1. 劳动与工具相分离，被"共同市场"逼迫合作

资本用途广泛，自私自利最大化无经界；而劳动者受到生计和信息不对称、组织结构不对称等等的掣肘，而有经界。劳动与资本之间不可能平等。

当驯化资本成为生产工具，劳动与资本工具之间，才存在合作空间。

共同市场，仅仅以劳动和交换为基础，只要这种生产方式存在，两大阶级谁也消灭不了谁，但是市民又没有其它出路，为了共同生存，必须寻找合作的空间。无产者获得工具的唯一方法是借贷租赁，"资本生产工具"是无产者能够接受的公平正义准则。与此同时，资本家在资本高利贷掠夺工具和"资本生产工具"之间选择，而高利贷引起市民饥寒交迫暴力反抗，逼迫市场内资本家让步。

在欧洲，基督教为了扩大教会什一税收入，争取贫苦教民，特别在上帝的子民兄弟般"合伙生产有利润"的法律制度上下功夫，进行法律创新，客观上平衡两大阶级合作的空间。例如，复兴古罗马法"资本是生产工具"法，让好青年也借得起钱进行家庭毛纺织业。这是一个漫长的艰难困苦反复斗争的过程，但是，当法律规制稳定下来后，学起来就很容易，上百年、几十年就学得会。

由此，是共同市场唯一的生存道路逼迫"资本生产工具"法律创新，两大阶级达成合作，这种生产方式得以发展并占据支配地位。

2. 资本性本恶，法制资本

马克思指出，文明比野蛮脆弱，古代文明被野蛮战争摧毁了多次，保护文明持久的方法，一是建立制度，二是传播。

共同市场，"必需要有一种伦理的标准"。马克思政治经济学批判《资本论》，正是研究共同市场经济及其"法制形式"：

马克思指出，"每种生产形式都产生出它特有的法权关系、统治形式等。"①"这种具有契约形式的（不管这种契约是用法律固定下来的）法权关系，是一种反映着经济关系的意志关系。"②"这种规则和秩序，正好是一种生产方式的社会固定的形式，因而它是相对地摆脱了单纯偶然性和单纯任意性的形式。"③

马克思批判旧的法权关系，"……生产关系或财产关系（这只是生产关系的法律用语）发生矛盾。"④"生产关系作为法的关系，怎样进入了不平衡的发展。例如罗马私法（在刑法和公法中这种情况较少）同现代生产的关系"⑤ 例如，罗马法中，奴隶主绝对所有权滥用，在当今表现为资本所有权欲望无止境，自私自利最大化，"资本来到世间，从头到脚，每个毛孔都滴着血和肮脏的东西"。⑥

我们可以量化马克思认定可以利用资本区间。马克思认同"资本是生产工具"，是在法律约束下"有节制、有度"的货币、资本。认为黑格尔的所有权法哲学理论是正确的，⑦ 他特别赞扬马西的自然利息率理论，赞扬股份制社会资本是私有制在自己躯壳内的自我扬弃。马克思是人权民生的真正捍卫者。

因此，需要对共同市场合伙法和罗马私法绝对所有权区别对待。在共同市场内，统治阶级意志受到被统治阶级生存权约束，法律公正，是共同生存交叉点的表现形式，是社会进步。相对比，马克思批判的是奴隶制废墟领主庄园经济的三专制社会，法律是统治阶级意志的表现，最终将被打倒和废止。

3. 资本生产工具，物质与法律形制互为里表的生产力

没有法律，资本不能成为生产工具，资本生产工具的物质与法律互为里表。

---

① 《马克思恩格斯选集》，人民出版社 1972 年版，第二卷，第 91 页。
② 同上书，第 23 卷，第 102 页。
③ 同上书，第 25 卷，第 894 页。
④ 同上书，第二卷，第 82 页。
⑤ 同上书，第 112 页。
⑥ 《资本论》，人民出版社 1975 年版，第一卷，第 829 页。
⑦ 《马克思恩格斯选集》，人民出版社 1972 年版，第二卷，第 88 页。

生产关系的法权形式对生产力有二次方激励机制，为什么不可以是生产力的一种要素呢？制度势，应是马克思"社会生产力（要素）"所指。

法于阴阳，劳动与制度成本实现权利责任平衡，是资本生产工具的充分必要条件，资本和技术产权是必要条件。

和于术数，量化公平。当制度成本下降到本50%左右，资本价格下降到5%左右，科学技术才可能转化为第一生产力，制度变革是充分必要条件，技术和资本是必要条件。

作为农商资本主义文化传统，特别需要复兴共同市场、合伙、资本生产工具、禁止高利贷，这方面的文化与法律认知。

第五节 无限债务资本主义的四宗罪

一、无限制借用未来

货币租赁是过去、现在、将来的纽带，西方金融创新例如无抵押债务、房地产按揭贷款、准备金率杠杆、无限股票市赢率、债务打包债券、对冲基金等金融衍生物、信用卡超前消费等金融创新，可以无限制透支未来。凯恩斯关于货币是时空纽带理论，为货币经济打开了新的一页，也打开了无限债务资本主义潘多拉的盒子。其一，鼓励扩大政府投资增加就业摆脱经济危机。当不设限制，至2010年，全球各国财政债务47万亿美元，接近全球GDP，仅美国就14.3万美亿元，相当于GDP的90%。其二，他被逼迫建议"美元"作为国际结算单位，当美元与黄金脱钩，全世界经济遭遇美元绑架。

例如，虚拟货币与它所代表的实质经济，为1:1时，货币的价值与价格基本统一，如果金融货币多于实质经济，或者贬值，或者有预期能够实现持平的信心。20世纪60~70年代，美国金融公司利润一直低于非金融公司利润。

自从新金融自由主义以来，各国给金融解除管制，只为更容易赚钱，上世纪80年代以来，金融利润超过了非金融公司，例如法国金融利润，在2001年达到10%，而非金融公司利润下降了3%，后果是金融资产飞快发展，1980年金融资产是世界产出总量的1.2倍，2007年上升到4.4倍。英国上升到7倍。美国依靠国际结算货币地位，在20世纪70年代增长到4~5倍，80年代开始直线上升,在21世纪初,达到9倍。① 美国为首的国际货币杠杆,像脱了缰绳的野马,无限债务资本主义灾难,正笼罩着全球。所谓股神沃伦·巴菲特,在2008年金融危机来临之际,终于说出一句实话,金融衍生品是"金融大规模杀伤性武器"。2004~2007年美国的债务更是以32%的速度递增,柜台债务达到320万亿美元(是GDP的24倍多),其中1%准备金率杠杆230万亿美元,卖掉两个美国也还不清。建立在实质经济基础上的金融大厦越来越高,开始遥遥欲坠。

美国GDP/GNP把债务计算进收入"创新"了1/3的GDP泡沫。

企业股权白条=股市溢价进流动资产→抵押贷款→GDP增加。

现在有人认为美国发行货币总量M3与GDP数量基本接近,因此不存在发行基本货币过量问题,其实不然。按照创造价值总量等价交换规则,以政府财政为担保发行纸币的界限是,年流通货币总量应当与年创造价值总量相等。而美元只有2/3在美国国内流通,其它1/3在以外的地区流通。从货币供求平衡验证,美国GDP实际只有货币总发行量(M3)的2/3,其它是由于计算了债务引起的泡沫。

美国GDP被泡沫放大了1/3,相当于货币多发行5万亿美元:

(1)美国式GDP计算法自身的泡沫因素:其一,家庭妇女创造GDP为0,出去工作赚1000美元,再用这个钱请一保母,共创造GDP为2000美元;其二,企业收入分配包括管理营销费用,但是GDP没有这一项,于是包装上市公司把管理费算做"利润",把贷款算做收入,计算在GDP中;其三,折旧费中,补偿物理磨损部分(5%)可以认定是对过去劳动的补偿,超过5%的技术折旧补偿才是新创造价值分配。同时,萨缪尔森认为美国投资中包括折旧费,有重复记入折旧费之嫌。

(2)2007年进出口逆差7116亿美元,"生产法GDP"相当于把进口的零部件算入本国GDP;"消费支出法GDP"相当于把逆差商品算入本国公民消费GDP。

(3)财政赤字1628亿美元。

(4)军事开支5468亿美元。拐着弯,由驻扎所在国支付费用,估算约占2/3,即从他国直接得到军费或其它资源进项约为3600亿美元,军事直接创

---

① 张夏维《资本主义的真相——自由市场经济学的23个秘密》新华出版社2011年出版。

造 GDP？

（5）信用卡超前消费本息债务占收入的 13%，按消费占 14 万亿美元 GDP 的 70% 用于消费为 1.1 万亿美元。

（6）美国服务业高达 70%，实质经济约占 30%，其股票溢价记入流动资产，20 万亿美元市值，按 5% 即 4000 亿美元记入实质经济股票溢价估算。

（7）现代金融制度，是"受托"机构，只允许征收管理费，金融股本只允许收取普通利润率。以此金融准则，金融利润占美国利润的 40%。金融资本利润超过 7.5% 的部分，金融成本超过 2% 的部分，估算为 5000 亿美元，是将他国财富算到美国账目上。

（8）1200 万黑劳工创造的价值，占 GDP 的 8%，为 1.1 万亿美元；2500 万国外劳动创造的利润，向国外投资利润流回美国，利润率为 14%~39.8%，应不少于 4000 亿美元（2010 年达到 1.6 万亿美元），而不合理的"6+1"价格泡沫更为严重。

（9）国债 9 万亿美元利息转为本金 1575 亿美元，次贷 10 万亿美元没有能力支付利息 5000 亿美元，相当于增加了当前利润约 7000 亿美元。

美国发动石油战争却没有从伊拉克运走一滴油，实际都是为了维护美元坚挺，世界正遭遇货币殖民主义战争。① 超前过度消费，对地球的伤害 1000 年也恢复不了。

当今金融自由主义，资本自私自利最大化，是西方合伙文明的陨落。正是在无限制透支的意义上，资本主义，对有限地球而言，是非循环、非持久经济。必须设立制度节制资本，回归自然。

二、殖民主义和无限债务资本主义是孪生兄弟

世界屋脊在人类发展史上留下了它的印记。东麓是人本文化，民生为重，科学为主，中国从来不关心自己是世界的中心，关心的是如何与其它国家和平相处。

西麓是宗教好战文化。这一半源于原始人兽混沌之普济主义扩张文化，一半源自农奴制的饥饿贫穷。上古时期将争夺食物的对方当作是野兽，或刻意化装成妖魔鬼怪来吓呼对方，应当是妖魔文化的始祖渊源。早期闪族游牧民族生

---

① 《环球军事》2011 年第 8 期：《美国人为何而战？》

存样态，深植于西方文化之中：征服掠夺、弱肉强食、复仇和惩罚狂热，西方文化中迄今拖着一条视他民族为 the other 妖魔鬼怪另类文化的长长尾巴。宗教俘获人心，在上帝面前，人类就是有罪的了。从西罗马帝国衰落与灭亡上千年来，内部领主混战 800 年，外部，基督教文化圈一直处于被动和挨打的境地。古代世界四大战役：亚里山大东进，蒙古人西侵，阿拉伯西侵，十字军八次东侵，现代两次世界大战，欧洲都是主战场。直至基督教会法变革，新教兴起，战胜阿拉伯人不过几百年。史学称为好战的基督教。①

而工业革命以来的好战，就属于"每种生产方式都创造出它特有的政治形式"。无限债务资本主义，必然引发商品无限过剩，有如癌症，逼迫资本家像发了疯一样向外扩张。而宗教输出价值观，打着普济主义旗号，对 the other 烧杀掠夺，为债务过剩资本主义找到了文化借口或道德慰籍，宗教"好战"被无限扩大化。例如，19 世纪，荷兰伊拉斯谟说："与其将他们看成人，不如把他们当作野兽"。②佛朗西斯·德雷克爵士在美洲殖民地宣讲道："他们将得到的是有关我们宗教的知识，而我们将得到的是这一地区所有的那种财富。"③工业革命坚船利炮，让好战文化傲慢和固步自封。基督教文化圈双重标准，在圈内是"共同市场"法则，而圈外人是 the other 野兽垃圾。美国振兴，要靠扳倒中国。④

西方利用 the other 另类政治意识形态，为经济服务，自己的奴隶主自由价值观，大于他人的生命权，发动了四个战场，是世界麻烦的制造者：其一，free 自由霸道意识形态冷战经济；其二，free 自由霸道贸易；其三，货币战争，金融自由主义，货币发行国榨取准租金；其四，霸权战争经济。

（1）"三角贸易霸权"，货币霸权、军事霸权、军工化科技霸权，完整地"世界大循环"。从 1973 年以来，石油美元、黄金美元，国际货币结算单位，美元从每盎司 35 美元，跌至 2011 年 9 月的 1800 美元，贬值 50 倍，平均每年贬值一倍。所榨取货币准租金，与它的军备开支相当。

（2）自第二次世界大战结束以来，绑架联合国以"不合法"、"人权大于

---

① ［美］斯塔夫里阿诺斯：《全球通史·1500 年以后的世界》上海科学院出版社 1992 年出版，第二章二好战的基督教世界 13～14 页。
② 同上。
③ 同上。
④ 《扳倒中国（take china down）来自美国的危险鼓吹》环球时报 2011 年 11 月 19 日。

主权"为话语。二战以来，美国颠覆分裂了35个国家、40个民选领袖（包括暗杀），平均每年颠覆一个国家政府。扶持傀儡，包括专制统治者，在他国获得经济特权。

迄今在140个国家部署了1000个军事存在，对190个国家有政治经济军事牵制。尽管一次也没有真正胜利过，但是发了战争财，每战必增加在他国的军事基地。每战，必导致石油价格波动，所印刷0价值美元得以出货。例如，攻打伊拉克的真正原因，也许是因为萨达姆率先提出石油贸易终结美元结算。美国在伊拉克战争中花了几千亿美元，却并没有从伊拉克运出一滴油，但是，近10年来，石油美元价格经历了35——147——50美元的过山车，摊在了世界经济中。

（3）每届政府至少发动一次战争，都经过国会和"民意"通过。反对者要遭遇监视和开除失去工作。

（4）每次以"保护平民"所发动的单边战争，或挑动民族战争，例如朝鲜战争、越南战争、伊拉克战争、科索沃战争、利比亚战争、两伊战争、中东战争、索马里战乱，造成的平民死亡率为1%~2%，难民逃亡率在10%。还以"这是为民主自由付出的应有代价"为开脱。

（5）1919年以来，全世界发动了近160次经济封锁，二战以后为多数受美国夹持，让无辜普通百姓遭遇缺医少药、缺少教育、饥寒交迫，缩短寿命死亡。

（6）识形态战争，阴谋论。

所谓"结构调整方案"大力削减公共开支、减少政府的作用，导致社会脆弱和腐败合法化，民族矛盾加剧、战争频繁。

南美、亚洲模式，资本市场自由化，导致97金融危机，包括韩国、台湾地区，腐败成上升趋势。

苏联休克疗法，遭遇第三次浩劫（前两次是13世纪蒙古入侵，第二次世界大战德国纳粹入侵），生产力陡然下降50%，20年过去迄今没有完全恢复过来。

颜色民选，被输入自由、民主、人权的国家，带来的反而是政治拉票至上，舍弃民生，陷入政治、民族、民粹主义混乱和战争，一些原本排在前面的国家反而倒退了。美国对谁都不放过，利用所谓自由民主，拆除柏林墙让西德背上东德包袱（修柏林墙也是美国的主意），让法国背上法属殖民地政治避难包袱，压迫日元、马克增值。美国高盛投资公司刻意包装那些不够条件的国家加入，让欧盟背上沉重的包袱，利用所谓"评级"扰乱欧元，企图搞垮欧盟。

当"自由、民主、人权、市场"成为不受制约的民粹主义，实际是通过意识形态设立的碎片化自杀陷阱，以便乘机掠夺他国廉价劳动力、廉价能源，弱而不大乱，诡异的阴谋。

美国不是自由市场

政治金融自由主义，无担保美元国际结算货币榨取准租金，定价霸权，free自由霸道贸易，WTO国家之间里外里不平等，引进外资里外里陷阱，不是自由市场。

美国实质经济空洞化、"军火工业技术壁垒化闭关锁国"，债务超前消费型经济，火车头绑架了全球经济，而不是什么文明火车头。不是自然自由市场经济。

另类文化、奴隶主自由价值观，以自己的意志划分自由国家，专制邪恶轴心国家，分而治之。军事讹诈。军火工业技术壁垒。

以上说明，美国文化伦理还处于the other另类文化森林准则阶段，并不具备引领世界的文化基础。美国领导世界梦正在破灭：全球依然停留在殖民主义统治时代，国际专制主义弱肉强食时代。

纳粹的丛林准则有三招：不讲信用，谎撒得越大越有人相信，把对方引入歧途。西方资本主义社会媒体被占1%的富人所收买，只代表这1%的人的利益。西方精英利用媒体操纵公众的核心策略是：让公众小儿科：其一，精英科技和体制，控制和支配个人意志。其二，对公众幼儿化，平庸化，鼓励无知，情感代替理性思索。其三，反向操作。分散注意力；拖延战略；将个案无限放大，制造问题；特别是新自由主义渐进战略"极端陷阱"值得警惕：

反腐败→小政府→私有化→休克疗法→大规模失业是为了自由付出的代价→经济混乱、失业率上升，导致动乱→殖民主义进入。

反强权→反专制→价值观输出→人权大于主权→干涉他国内政的战争，死亡率为1%～2%，逃亡率为10%，是民主自由需要付出的代价→殖民主义进入。

亚当·斯密"等价交换无形的手"→绝对自由放任无形的手→市场自然回归均衡需要时间→大众已经饥寒交迫暴力反抗→这是完全自由市场应付出的代价→殖民主义进入。

西方从来没有敢于自由滥用，却处处说中国不够"自由化"，是在误导中国掉入自砸窗户陷阱吗？进入市场经济，我们正在学习驯化资本工具，就像驯化野兽马牛羊是一个道理。我们在与狼共舞的同时，一定要警惕它的狼性，惟有持剑经商。

三、资本主义自掘坟墓的四大原因

马克思认为资本主义自掘坟墓，在于私有制与生产社会化之间的矛盾。如果从"资本生产工具"弊端分析，资本主义自掘坟墓实际可以细分为四大因素：

第一个原因是资本总是企图摆脱法律管制（即马克思说的原因）；

第二个原因是无限债务资本主义；

第三个原因是资本主义经济结构成刚性。

后面还要介绍，成熟国家只有两种产业：持久资产经济、服务经济，只要发生不均衡，整个社会就会发生共振，被甩出来的人，只有失业一条道路，要政府埋单，不稳定、不安全。

第四个原因是，资本主义建立在奴隶制废墟之上，它所沾有奴隶主价值观印记，是无限债务资本主义、殖民主义、洪水猛兽血腥资本的文化代表。

美国原本是一个追求解放自由、务实、信用的国度，都是金融自由主义惹的祸，将美国引入歧途。美国也是一个有自我调整机制的国家，新教保守主义，总能将美国拉回传统秩序。

十六届三中全会以来，中国共产党中央提出了科学发展观，创新制造业，互利双赢。我们需要学习欧洲"生产共同体"市场模式，但是要对以美国霸权主义为代表的 Liberty 进行不安抗辩。制约美国的贪婪，是全世界、也是新兴国家的责任。

复习题：

1. 在生产准备之前，为什么在第三世界特别要问"使用什么工具"？
2. 资本工具与资本的区别是什么？驯化资本成为工具的方法是什么？
3. 贷款的第一周年末支付利息，是农业文明的习俗。解释工业"贷款创业"，应在什么时候开始才允许债权人要求还本付息？
4. 为什么资本工具会导致无限债务资本主义，如何防治？

第三章 资本是生产工具：劳动与产权，各自的权利责任

第一节 创造财富，劳动是充分必要条件，产权是必要条件

市场交换分配，绕不开"财富究竟是谁创造的"，这个哲学命题。

市场化过程中，农业劳动力大量涌入城市，引起某个时空范围内劳动——生产岗位供求不均衡，工具借着稀缺而反控劳动，甚至有资本下金蛋一说，不公平。

1. 创造财富的必要与充分条件

（1）劳动可以自然自给经济

人被判定是合伙自力更生的社会动物，劳动者既是自然的占有者，也是劳动者本身，二者达成统一，才能演变为人，劳动占有自然，二者都是财富的第一源泉。

劳动者可以自给生产工具，无需交易过程，这是劳动的特殊经济表征，自给自足自然经济验证，存在仅仅以自然和劳动为基础的经济。

以人为本，自然是赐与大家之物，财富被界定是人为有效物，因此，劳动是创造财富的要件。

（2）金蛋是母鸡下的，不是饲料下的。

亚当·斯密"运用资本于生产可以下金蛋"，被简单化为"资本下金蛋"，就把"人运用"和"人生产"都给排除掉了，也把引诱、驯化资本成为"生产工具"的"形制"问题省略掉了，歪曲成了货币有生育能力。

关于非劳动要素（制度成本）是否能够单独创造价值的疑问，可以从必要条件和充分条件逻辑达成共识。例如：

金蛋肯定是母鸡下的，既不是饲料下的，也不是鸡窝下的。金蛋事业，母鸡是充分必要条件，而饲料和鸡窝产权是必要条件，如果产权杀鸡取卵，则金蛋事业不仅为零而且将为负数。

佃农杨白劳地里的麦子，肯定是杨白劳和喜儿生产出来的，麦子归杨白劳所有，支付地租。没有劳动，土地只能长草。恶地主黄世仁也承认麦子归杨白劳所有，并没有派狗腿子直接到地里割麦子。生产"财富"，劳动是充分必要条件，土地产权是必要条件，如果有产权，但是逼得杨白劳家破人亡，何来生产力？只有暴力反抗打倒吃人的产权。

商品是治产人生产的。治产人雇用得起产权，产权才能收到租费。产权自私自利最大化，治产人就买不起、雇用不起产权，就退回手工劳动密集工具自给经济。

工具是劳动创造的，是物化的过去劳动，是过去劳动的积累。货币资本，也是过去劳动积累，转换为货币租赁形态。资本（货币借贷租赁）行为本身，承认资本是死劳动，没有独立劳动能力，资本只能与劳动相结合才有可能创造财富。

科学技术是纸上谈兵或试验场、试管中的试验结果，需要有物质载体才能转化为生产力。治产人买得起、雇用得起技术资本，并且通过劳动制造，技术才能够转化为生产力。当资本与技术自私自利最大化，治产人买不起、雇用不起资本与技术，就退回手工劳动密集工具自给经济。发展生产力，治产人雇用得起资本与技术的法律创新，是充分必要条件，技术产权与资本产权是必要条件。

这里，需要区别技术人员劳动成果与技术产权，企业家治产劳动与资本家产权；自然之物与产权。

> 需要区别单独创造价值和共同创造价值。唯有劳动可以自然自给方式创造财富，而资本、技术产权首先是过去劳动的积累，虽然都有它的价值所在，但是不能独立创造商品价值。

2. 劳动是所有权的自然公理，抗辩无财产无自由

财富有各种取得方法，例如牧猎、劳作、遗产、赠与、贱买贵卖、雇佣、合意之债、夫妻财产、先占、拾得、偷盗、掠夺、剥削，等等。个人的所有权可以由自然和偶然的原因获得，哪一种方法最贴近真理呢（不用召开全民大会讨论即可以为大多数人接受）？17世纪的英国经济再次陷入衰退，代表各种财产势力的理论斗争十分激烈，以至发生政变、起义、战争、国王被杀。洛克"劳动是所有权的自然公理"，得到全社会各派力量的公认，奠定了英国资本

（生产工具）主义社会伦理基础。劳动价值说彻底摧毁了神授王权说。卢梭指出："这种起源之所以是很合乎自然的，特别是因为我们不能撇开劳动去设想新生的私有观念。我们不能理解一个人要把原非自己创造的东西据为己有，除了因添加了自己的劳动之外，还能因添加了别的什么东西？只有劳动才能给予耕种者对于他所耕种的土地的出产物的权利，因而也给予他对土地本身的权利。"① 亚当·斯密指出："劳动所有权是一切其他所有权的主要基础，所以，这种所有权是最神圣不可侵犯的。"② 劳动是占有权的根源性。

在欧洲，当劳动与工具相分离，政治自由与生存自由是分离的，无财产无自由，财产是自由的家园。马克思指出，当存在失业大军，由于恶性竞争，普通劳动者实际成为按时间出卖自己的奴隶，"准奴隶"劳资雇佣关系。其一，无产者必须征得他人同意才能劳动，必须征得他人同意才能生存。其二、在契约过程中，由于有饥饿的威胁，往往不得不放弃某种程度的自由，不得不屈服于不平等条约。其三，雇主有产者以其财产在社会上有地位，形成阶级话语文字权政治权集合，而劳动者是单个进入市场，处于弱势地位。正是由于劳动力特定身份本身存在不平等，为了实现均衡，需要在法律上对劳动力身份特加保护。

第二节 共同市场，负有工具义务的财产权

1. 劳动与工具分离，所有权关系

中国《民法通则》第七十一条："财产所有权是指所有人依法对自己的财产享有占有、使用、收益和处分的权利。"财产所有权必须"依法"的有哪些？

共同市场，劳动与工具相分离，实质是所有权之间的交换。产权贪婪无止境，自私自利最大化。但是，产权所有人必须把产权价格压缩到治产人雇用得起产权，分期付款购置工具，预期投产后会有利润，治产人和产权人才能够达成共意约定，产权才能够收益法定孳息。如果价格太高，大众买不起、借不起钱改良生产，就退回手工劳动密集工具自给经济。产权高利贷，市场最小化，

---

① 卢梭：《人类不平等的起源和基础》，商务印书馆1962年版，第123页。
② 亚当·斯密：《国民财富的性质和原因的研究》上卷，商务印书馆1972年版第115页。

由于不安全，情愿将金银埋在地下。

为了共同生存，基督教会法从两千多年所累积的200余万句法学编撰中，挑选出对所有权的有效约定，大致可以有六个方面：所有权是公法特许私有权，负有造福、济贫责任；负有优先当作工具使用的责任；永久治产，负有保值增值责任的"永久产权"；治产劳动实际占有利用权酌情优先大于物的归属权；契约所有权，分离的财产权之权利义务均衡；禁止高利得（贷）。为利益所驱使、为法律所约束，产权不得"无限绝对排他永续性"滥用。

2. 所有权尽造福义务，法律才会保护它

由于所有权是对世权（参见第二卷第四篇第三章所有权），客体不确定，财产所有权首先是宪法的内容，然后才是民法的内容，必须从源综合理解所有权的权利和义务。例如：

中国《民法通则》第七十一条："财产所有权是指所有人依法对自己的财产享有占有、使用、收益和处分的权利。"是依法。

《中华民国宪法第36年公布》：

第15条人民之生存权、工作权及财产权，应予保障。

第142条……实施平均地权，节制资本，以谋计民生之均足。

第143条……土地所有权，应受法律之保障与限制。……

德意志联邦共和国宪法第14条（2）"财产权有义务，即其使用应有利于公众。"

1947年日本宪法第29条"财产权不得侵犯。财产权之内容，应由法律规定以期适合于公共之福祉。"

1789年法国大革命《人权和公民宣言》第17条"财产神圣不可侵犯"，第11条特别规定了财产、自由以不伤及他人为限。

拿破仑法典第二编"财产及对所有权的各种限制"，第544条"所有权是对于物绝对无限制地使用、收益及处分的权利，但法令所禁止的使用不在此限。"

《阿奎那神学大全》第六十六章，财产权是约定，财产权人有济贫的义务。

在英国，土地是上帝赐与大家之物，只有女王代表上帝行使权利，具有罗马法意义上对土地的所有权，子民只有共有分占权，是分离的所有权这是英吉利法的最大贡献。美国宪法只规定了"财产权不可侵犯",但是弗吉尼亚权利法案、宪法修正案、教会法、惯例法、衡平法、《土壤保护和国内生产配给法》等,规定财产权是约定,有济贫、福祉责任,至今适用,补充了宪法中的不足。

不存在绝对所有权。在阶级社会出现之前,只有占有关系,马克思认为,"从主体的最简单的法的关系即占有开始的,这是对的。"所有权方面的关系,要晚于占有,并且,直接与生产方式相关。例如,为了保护"奴隶劳动力",查士丁尼《法学总论》第一卷第七篇第2条"任何人不得滥用自己的财产,……这是与公共利益有关的",公法限制私权。美国、英国式"特许专属权"的"绝对所有权"的意思是绝对合法所有权,而不是古罗马家长奴隶主意义上的绝对"自有权"滥用。因此,从奴隶制社会法典起,就从没有任何法律承认过所谓绝对所有权"对世、无限、绝对、排他、永续",这仅仅是奴隶主的主观愿望活动心眼,法律禁止财产所有权滥用。

3. 特许私有权,负有造福、济贫责任

公法特许私有权。中国宪法第六至第十三条,规定了哪些归国家所有,哪些归团体所有,哪些可以归私人所有,这在各国宪法或普通法中都有类似规定。

特许私人专属、所有权(Private)。按宗教法,财产权是替上帝管理财产,有济贫、造福、布道、文化、教育的义务。这是慈善减免税的法理渊源。

不动产边界是共有的,各国《物权法》对土地所有权设立有供役权和需役权,例如从不动产上穿过的道路、水渠、管道、空气、阳光等。

4. 负有工具义务的所有权

财产一词,似乎是由财产刑而来,承担民事责任的财用、产业,财产。早期翻译中用"财产"表述"property"一词,突出了财富的"用"和"产"的功能部分,其内涵是准确的。

许多国家,法律强制空置房用做"公租房",流浪汉入住空置房不违法,中国也出现类似呼声,说明,财产权有被当作工具使用的义务。

生产工具产权神圣。保护工具,在各民族各阶级都是可以接受的公理准则,例如保护有形体工具:马、牛、羊、水利工程、道路、庙宇、古迹等。当

货币资本专用于做成生产工具，应当受到优先保护。

当劳动与工具相分离，法律不仅鼓励财富来源要合乎自然公理，而且鼓励财富用途合乎公理，特别是优先转化为生产工具，例如各国税法设计，利润用于产业投资可以减免税，对奢侈消费征收消费税；破产法保护企业主的生存权，等等。

5. 永久产权，负有"保值增值"责任的所有权

永久治产渊源于贵族文化遗存。奴隶的剩余价值，养活了奴隶主，但是，也让一部分人分离出来从事智慧方面的研究。欧洲的起点是奴隶制废墟，中间只有400年过渡时期，这让欧洲贵族制度的某些有用的文化遗存，为大众认可而被保留下来，其一，贵族的文化修养、尊严和高贵，完美、有序（liberal）这应是西方自由主义的文化基础。其二，承担永久治产责任的永久产权制度。

贵族，以永久产权为物质基础，除了政治制度世袭保障，还得有家族制度来保证遗产的完整存续。这样一来，继承人的所有权，成为负有"保证财产完整增值"义务的所有权，只有法定孳息权，而不能消费遗产本身。例如，汉穆拉比法典"负有供养骑士义务的所有权"；十二铜表法第五表监护法第七条B"浪荡子不得管理其本人的财产。禁治产之疯子及浪荡子，应受其父及近亲监护。"传承至1800年英国《积累法》至今适用，折衷永久治产积累与消费的尺度，英国财产法中的家业"永久产权"，核心是"保值增值"。美国迄今有设立"浪费人基金"的习俗。

本书将陆续介绍法律财产所有权的保护与限制，应包括以下几层意思：

归属：特许私人所有物；

取得：特许私人所有物范围内，合法取得；

使用：特许私人所有物范围内，合法取得，合法使用。是相对"独立支配权"。

权利责任均衡：生产共同体市场所有权，有造福义务：（1）守法；（2）济贫；（3）优先转化为生产工具的义务；（4）委托合伙式债关系中的连带责任；（5）不动产相邻权、供役权与需役权；（6）国有、团体或遗嘱永久产权，负有保值增值责任的所有权：所有权与经营权分离，所有者权益法定孳息，分配顺位最后。

当产权有基督教会法"禁止14种贪婪"和英国财产法中的"永久产权"

加以规范，降低交易摩擦，提高交易效率。而科斯对"产权"交易效率的研究，只注重"个人主义"。当脱离了基督教文化圈，在法制不健全的国家，科斯"产权"就会发生"自由滥用"大问题。

第三节 所有权与经营权分离

1. 分离的所有权

中国《民法通则》第七十一条："财产所有权是指所有人依法对自己的财产享有占有、使用、收益和处分的权利。"自己的财产自己使用，标准样态是自由自耕农和小业主。

当劳动与工具相分离，所有人的所有权法律权能，和他的行为能力是相分离的。例如，美国税法为了统一计税公式，将小业主自我劳动换算为自我雇用，自有资本换算为自我租赁。

以创造财富为正义，法律保障实际利用物的人获得较大的、优先的权利。在《英国财产法》中表现为，所有权是分离的所有权，是权利责任对称；只能收益"在衡平法上的法定孳息"权；"而对物的实际使用的权利则让渡给了农民或承租人"，经营者具有在制度法和习惯法上的法人财产权，即占有、处置和分配利润权。①

所有权的法律标记权、占有权能、使用权能、用益权能、担保权能只允许在有限时期内相互分离，契约到期，届时占有人的占有、使用、用益、担保权消灭，而重新纳入所有权之内。

（1）货币借贷，是将货币所有权借出或出租，所有权在有限期限内转移。

（2）租赁，所有人保留归属法律标记权，出租对所有物的使用、用益权能。

（3）委托法，所有人的所有权与经营权分离，保留归属法律标记权，将占有、使用、用益、处置权委托给经营者。

---

① [英] F·H·劳森和B·拉登:《财产法》,中国大百科全书出版社1998年版第9、11页。

受托经营者有占有、使用、处置资产样态、分配利润的权利。所有权人以财产承担民事责任,有权请求分配债务表上的净利润,和按委托合同约定解聘经营者的权利。受托经营者无须以财产抵押担保,但是必须宣誓忠于职守、不得争利、不得篡权,有权领受劳务报酬和分享超额利润。

2. 限制所有权收益,禁止高利得

禁止高利得法限制所有权收益,不得随财主所欲纳息。参见十二铜表法第八表第18A条"任何人不得取得超过百分之一(月)息,而在这种规定之前,随财主所欲纳息。"查士丁尼《法学总论》第1卷第7篇第2条。各国禁止高利贷法。

因此,把财产单纯看作是个人权利,是自给经济观念,就如同"把语言看作单个人的产物"一样荒谬。所有权需要向市场债法过渡。

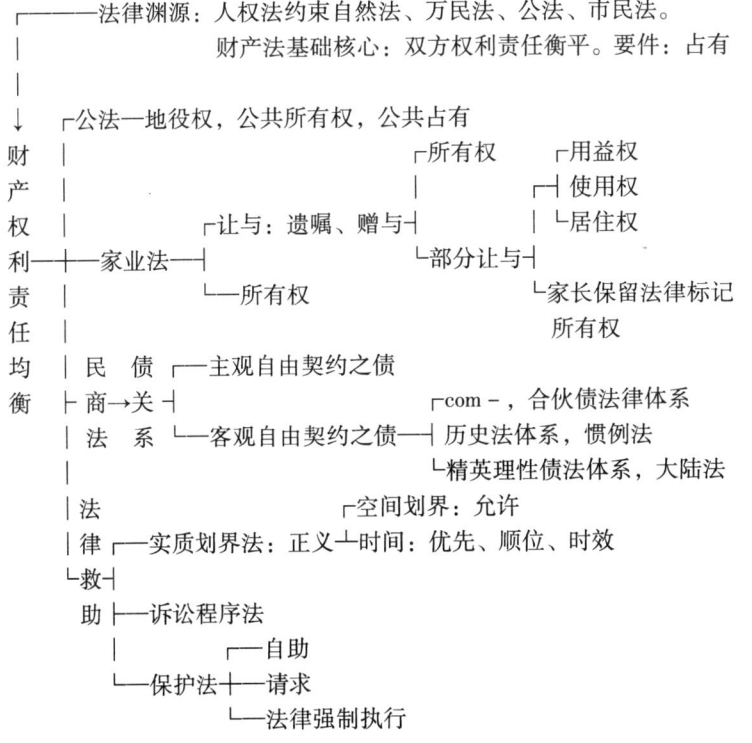

图 3-1　财产法体系

第四节　占有法，对财物的实际利用特加保护

在人类历史上，事实"占有"要早于财产所有权。在基督教社会，自然之物的所有权属于上帝，子民实际只有占有权。英国有"羊吃人"的教训，占有受到比归属权优先的保护，1925年英国《租金法》规定，"如果不能保证承租人往后有荫庇之地，地主即便按合同支付了钱，仍然不能就此收回租地把承租人赶出家园"，"租金法远离纯粹的商业主义"。①

物权法"占有"一言以蔽之，"像对待自己的东西一样使用、保管他人的东西"，按此法理进行梳理，财产关系简单明了：

（1）占有人的行为权规范：亲自行为；按规则行为；妥善，像对待自己的物一样对待他人物；最小妨害。

（2）不得放弃行为权，未经过同意不得转让第三人。参见台湾地区民法典第537~539、554、558、562、593条。

（3）用益占有，占有人自负盈亏，并分享差别行为效率超额利润。

（4）所有权人与占有权人相互不得侵犯。参见《物权法》第120条"所有权人不得干涉用益物权人行使权利"。台湾民法典第483-1条不得侵犯雇员。

（5）占有人平等的抗暴权。参见台湾民法典第962条。

（6）占有人平等的自助权。见台湾民法典第960条。

（7）善意推定占有人。见台湾民法典第943、944条。

（8）因不知而占有不动产，准用租赁规则。参见台湾民法典第943~958条。

（9）保护有用物。恶意占有，准用买卖或罚金规则，不得以销毁有用物的方式惩罚恶意占有人。参见《拿破仑法典》554条，台湾地区民法典第957、958条。十二铜表法第六表获得物、占有权法。

---

①　[英] F·H·劳森和B·拉登：《财产法》，中国大百科全书出版社1998年版，第227页。

```
         ┌──────要件：对物的实际把握，占有
         │┌相互物权：地役权
         │├对土地占有权的规定
         ││         ┌公共所有权
       ↓ ├─自物占有─┤家业所有权，赐与，遗嘱，继承。
  物    │ （所有权）└民商法所有权：自物权，对债务的所有权
  权    │          ┌用益权
  法    │ 对他人物的┌家业法获得占有┤使用权
       └──占有──┤   （复归）    └居住权
                │             ┌债务人权：承租权、借用、承揽
                ├合伙债获得占有┤受托受雇：使用占有并改变物的性状
                │  （有偿）    ├担保权：抵押、质压
                │             ├管理权：受托、基金、运输、保管、受雇
                │             └消费借用、借贷
                └无因占有，善意占有，恶意占有。无因管理
```

图 3-2　对物的占有

复习题：

1. 财产权有哪些义务责任？英国财产法如何实现"永久产权"？产权自私自利最大化的后果反而是什么？

第四章　合伙分配

第一节　债关系之合同预分配、收入再分配

合伙分配，例如墨子"兼相爱，交相利"，礼记"儒有委之以财货，淹之以乐好，见利不亏其义。"习俗"见面分一半"。

债关系，租赁、借贷、雇佣、承揽、委托、合伙等延时契约，都是预分配关系，在签订合同时就已经预先把分配率写清楚，然后才开始履约。只有买卖是瞬时契约，给人以价差利润后果的感觉。但是，长久稳定一些的市场，必然都立有规矩，例如禁止买卖7种贪婪，禁止高利贷7种贪婪，这其实也是一种比较宽泛的预分配。

分配首先是预分配，然后是根据生产交换结果在生产要素之间的再分配。

社会再分配：（1）买卖价格再分配，例如不充分竞争，价格剪刀差。（2）社会治理再分配，例如税收专用公共事业，慈善事业等。（3）伦理、政治、法律机会均等。

因此，自由经济宣扬利润是价格的后果，是错误的。

第二节　资本生产工具：合伙预分配，收入再分配

一、资本生产工具，分期付款强制预分配利润

1. 资本生产工具，生产的预分配成刚性需求

资本生产工具法，合同约定预分配利润。分期付款契约强制生产者预分配利润还本付息，则一部分预期利润被强制回流到生产线中，达到改良生产的目的。实际生产出产品，进行商品交换后，进行超额利润再分配。

等价交换，流通实现最大限度的顺畅。等价交换法规定，商品交换环节是等价的，而价差是后加上去的中介管理费，并受到禁止高利贷法的制约。马克

思的货币流通公式："商品—货币—商品"（W—G—W）在生产共同体公平价格市场上才能成立，商品等价交换过程没有发生增值。这时交换有两个用途，其一，是一般价值（货币）转换为使用价值，或倒过来；其二，共同创造的果实实现其一般价值形态。商品的物质增值是在生产过程中完成，在等价交换中实现其一般外在价值形式，包括价值增值的部分。

资本生产工具生产力，创造出10倍丰富的商品，法定剩余价值率，法定利润率，争取实现劳动报酬同比增长，相对贫困。

2. 自私自利最大化，利润是买卖价格的后果

赚取价差习俗，让部分专家怀疑"等价交换"伦理，认为无利可图："一般商品和货币，在等价交换条件下，是不可能发生价值增值的。"那么不等价交换才能增值？事实是，不等价交换一方增值等于另一方亏损，不等价交换中的价值总量同样没有增值。

贩运贸易，例如，跨国公司贩运式贱买贵卖，利润来源于价差，不能避免榨取买者和卖者两端的全部剩余价值，生产国不参与利润分配，就买不起先进工具，借不起钱改良生产，手工密集工具自给经济。价差利润是买卖价格的后果，流出生产领域后，不一定再进入生产领域循环。

二、资本生产工具，与生产的分配

自然经济，只有两个环节，生产，消费。

重商经济，三个环节，生产、交换、消费。例如，中国古代自耕农业手工业——商业资本经济，16世纪英国尼绒商。

资本生产工具经济，生产增加了"分配"环节，生产增加为四个环节：生产的分配，生产的交换，生产的消费，生产过程。

1. 生产的分配

（一）生产准备的分配：

（1）商品供给创造它的市场需求：市场调查，广告宣传，营销网点设立。回答：使用什么水准的生产工具、生产什么、为谁生产、生产多少？

（2）预期价格要素之间成分饼关系，此涨彼消。以合伙禁止高利得为分配尺度，预分配价格构成关系。

（3）借资治产。回答：预期市场和利润，雇用得起多少资本生产工具，

分期付款购置生产线；购置和分配生产资料；雇佣劳动力预付工资；购置技术，设立技术规程，企业管理规程。

（二）再分配。交易完成后，除其费（包括还本付息），计其所得，超额利润在要素之间再分配。

（三）法定社会分配率，及其调整。为适应"分期付款购置生产装备有利"，资本价格法分配是否公平，决定这种生产方式是否能够存在，及其转化效率，就业机会总量。

最低工资率、劳动者报酬总额占所创造价值的份额分配是否公平，决定社会是否稳定，家庭劳动置换为市场劳动，就业机会二次增长。

（四）生产和消费部类之间的宏观分配控制。在劳动与资本工具之间的分配法是否公正，决定生产与消费是否能够达成均衡，社会稳定发展。

2. 生产的交换

当资本是生产工具，合伙量化价值规律，交换率（价格）必须控制在劳动生存尊严和资本工具"分期付款"所能够承受的范围内，或者通过拓展市场，达到合意价格，否则这种生产方式就只能处于幼稚和混乱状态。

3. 生产的消费

由于竞争，生产资料的消耗必须控制。生产费用要素的消费，例如管理营销消耗、利息租金支付、纳税，必须控制在禁止高利得法允许的范围内，即各自控制在共同所创造价值的10%以内。

4. 生产的分配，决定收入分配的经界

中国贫富差距过大的原因，首先在于制度成本过高，高达70%以上的制度成本，导致停滞在手工劳动密集型产业，不能实现劳动者报酬总额与生产力同步增长。然后，才是工资率四个阶梯问题。

而面对贫富差距过大问题，专家总是在收入分配上下工夫，不能避免民粹主义。

另外，斯大林所谓生产资料的所有制决定分配制。其问题出在，脱离生产方式谈所有制、分配制，属于政治理性，不能避免理性亡，经济亡。

5. 借资治产，创造财富的需求权排序

需求权排序，至少是借贷资本进入生产领域以来硬化了的顺位需求。如果母鸡下一个蛋就收走一个，甚至透支母鸡用于挥霍消费，金蛋事业就会湮灭，这是下金蛋的母鸡都懂得的道理。人类为了学会母鸡的这点优先顺位智力，用

了几千年时间，而且每过一千年就要立法重申母鸡定理，人类就辉煌一阵子。禁止高利得法把租息税控制在10%的"井"内，对称的方法奠定了劳动创造财富自然公理分配顺位：

生产劳动与非生产劳动之间：生产劳动排序第一，服务劳动后序；

劳动与非劳动：劳动排序第一，食利者后序；

雇用工具与快乐消费：先期基本劳动消费第一；追求幸福的工具权第二；当期快乐消费后序，包括公共快乐消费；

就业民生之本：就业及其资本工具分期付款（还本付息）排序第一，地租、财税、所有者权益后序。将在后面各篇介绍。

表4-1　广义按劳分配顺位比较

	第一	第二	第三	第四	第五	第六	第七	
合伙债借资治产	劳动工资	保有工具不得撤资不得侵犯折旧费	法定挚息	还本积累	税金	股息	共分超额利润	优先偿债积累
发达国家财务务实	劳动工资	提高折旧率	法定挚息	抵扣抵免退税	税金	还本积累	股息	共分超额利润	退税法优先偿债积累
民国时期	工资		利息	税金	股息	偿债		先付股息
四马分肥	工资		利息	积累	股息	税金	共分	二次共分
计划经济	工资	有支配折旧费权	利税	财政40%积累			理性分配	
工资抵押	工资		利税					优先利税
94年财税财务法规	工资	息税进加价20年价税包袱	周转金利息	税金	无利润支付利息和本金			优先税制
破产偿清	工资		税金	债权				优先税制

第三节　劳动与资本工具合伙分配

一、劳动与制度成本之间合伙分配

1. 劳动者报酬总额与制度成本对半分规律

劳动与非劳动之间，不能用劳动作为价值尺度，而是采用均衡分配作为尺度。

（1）佃农定理。两河流域佃农定理趋向对半分，汉穆拉比法典第46条"倘彼非收取典金，而系按收成的二分之一或三分之一出租田地，则田中之谷物应由农人与田主按约定比例分之。"辗转传到欧洲。当谁也说服不了谁，劳动与非劳动（制度成本）之间分配趋向 $2/3 \sim 1/2$。

（2）合伙法，除其费，计其所得利润，双方对半分利。例如，汉穆拉比法典第99条"倘自由民以银与自由民合伙，则彼等应在神前均分其利益"。查士丁尼《法学总论》合伙第二十五篇合伙第1条："如未特别商定分配损益的比例，应视为平均分配。如经商定分配的损益比例，当事人应予遵守。"法国教主加尔文在1575年的一封信件，债务人有与债权人平等的权利责任。英国财产法：用普通利润的一半支付利息，是合理的利息率迄今适用。传承至《德国民法典1998年最近一次修改》第722条。

（3）制度成本对半分所创造价值，法定用途。汉穆拉比法典，财产权有供养军队的义务，可能是制度成本的起源。传至欧洲，形成领主庄园分配制度，《公平价格与持久效率》第259页图18-1显示，英国领主庄园，领主提供给农奴30英亩土地、两头牛、6只羊，代价是农奴在庄园土地上每周工作3天。换算下来，法定地租为50%，其中：供养骑士占30%，教会什一税，支付庄园主供给大型农具和管理费占10%。

历史习俗文化延续，加上社会精英例如马克思的剩余价值论揭发剥削原罪，劳动者的抗争，现代经济成熟国家制度成本所占份额维持在50%左右，自16世纪英国租地农场主"资本生产工具"主义萌芽以来至1996年，劳动者报酬总额与制度成本占创造价值趋向对半分规律。①而剩余价值逐渐用于支付各种费用要素。在公平对效率的激励机制一节里已经介绍，美国、韩国，在工业化过程中也有相同的规律。

而在1992年以后，美国陆续通过了放松金融管制的法案，1996年放弃对私募基金的监管，1999年通过《格拉姆—里奇—波里里》法案，永久性放弃监管金融衍生物。新金融自由主义的负作用很快显现，美国服务业高达75%，实质经济空壳化，直接导致2000年股市缩水一半，2007年次贷引发的世界性金融危机，2011年似乎又出现二次探底迹象。西方人感慨，在新兴经济体认真研究和学习他们上世纪90年代以前的好做法好经验时，西方自己却放弃了那些行之有效的东西，去追求来得容易去得快的所谓虚拟货币。

2. 争取劳动报酬与生产力同步提高

一切归劳动者所有，但是如果雇用工具和政府的租税分配率太高，劳动者的净收入依然得不到保障，因此，不仅要关心所有权，还要关心分配权。

工业革命，经过劳动者的抗争，对半分规则被延续下来，不仅如此，而且制度用途变了。"借资治产"制度成本，用来雇用资本生产工具支付租费等，提高了生产力。因此，3800年来，雇佣劳动者报酬总量占创造价值趋向一半没有大变化，现代治产劳动者通过争取报酬与生产力同步提高，分享利益。

劳动者的权利，是《共产党宣言》以后的事情。1886年5月1日，美国劳工大罢工，争取到了8小时工作制。最低工资制和劳动保险，起源于19世纪末的西北欧。

1919年德国魏玛宪法"雇主及劳工参加管理经济财务之生产、制造、分配、消费、定价、输出、输入，依公共经济组织原则规定"，"劳动者及受雇者，得以同等权利会同企业家制定工金劳动条件及生产力全部经济发展之规章，双方所组织之团体及其协定，均受认可。"通过阶级斗争，参照禁止高利得——合伙债定理，资本的边际利润率（租）被控制在10%~15%左右，争取到劳动工资总额不小于创造价值的一半的分配率，争取到均衡分享超额利润

---

① 萨缪尔森：《经济学》1979年版上册第171页第6-2表、第176页第6-3表。蒋爱群《公平价格与持久效率》第259页图18-1。《资本论》第三卷，人民出版社1975年版，第494页。"一切在生产中实际活动场所的个人（从经理一直到最后一个短工）。"因此，将经理、管理人员排除在劳动者之外是错误的，这样一来，就夸大了剩余价值所占份额。

的权力，实现工资率与生产力同比例增长。成熟国家从绝对贫困向相对贫困过渡。

二、制度成本要素，合伙禁止高利得（贷）普适

1. 雇用资本生产工具，诉求禁止高利贷

自16世纪英国租地农场主"资本生产工具"主义萌芽以来，剩余价值逐渐用于支付各种费用要素。当出现以禁止高利贷四个阶梯为尺度的现代银行，由于竞争和流动，禁止高利得成为一般尺度，价格的各个费用要素也得禁止高利得，例如，据统计，20世纪的100年来至今，欧美工业企业的宏观制度成本5要素，各自占创造价值的比例维持在10%左右，相关要素之间允许互为消长。[①]

商业主义自私自利最大化没有上限，但是企业人及其雇用工具的能力有界限，超过这个界限，买不起先进工具、借不起钱改良生产，企业破产，职工失业，资本工具利润反而为零。因此，唯有劳动所有权自然公理保有工具权，可以限制资本价格，资本生产工具大众化。

那么，资本价格的分水岭，为什么必须是英国禁止高利贷法四个阶梯？因为资本生产工具主义首先在英国萌芽，所设立禁止高利贷法为它服务，这种方式迅速占据主体支配地位，在一时间具有了所向无敌的竞争实力。当今，有成熟国家竞争和攀比，即产权价格下降到成熟国家水准，资本与技术才能像成熟国家一样转化为生产力。如果中国高利得，世界游资就进入中国高利贷，治产者（国）不参与利润分配，就买不起先进工具、借不起钱改良生产，又沦落到手工劳动密集工具自给古代经济。随着世界经济一体化，最简单方法是拿来"国民待遇，共同适用"，争取平等权力。这种学习与包容，必须在复兴中华民族"民生为本、科学为重、什一中正、和平不同、自然和谐"公平正义文化基础上，从大众生存方式出发，关注"借资治产，分期付款购置生产装备有利"法律诉求，就有可能迅速掌握西方"资本生产工具"法律创新。

---

① 参见萨缪尔森：《经济学》1979年版上册第171页第6-2表、第176页第6-3表。蒋爱群《公平价格与持久效率》第259页图18-1。

第四节　普通剩余价值率及其用途

1. 马克思剩余价值率，用于资本生产工具

我们可以从马克思的资本公式理解：普通剩余价值转化为资本生产工具。

(1) 马克思资本论第一卷第239页、第二卷第46页关于资本的总公式：

$$C \longrightarrow W' \longrightarrow C'$$

其中：

C：资本家支付货币 = c + v

　　c 是资本家预付的不变资本（支垫转移成本）；

　　v 是资本家预付的可变资本，即劳动力价格工资；

W'商品生产销售价值实现；

C'收回货币。

(2) 马克思资本论第一卷第239页剩余价值公式：

$$C' = c + v + m$$

其中：

v + m 是全体治产劳动者在生产过程中实际新创造的价值；

m：剩余价值。

(3) 扩展马克思资本论第三卷三位一体的公式：

利润 = 利息 + 企业主收入 = 付息 + 还本

普通剩余价值（m）

= 支付制度成本

= 分期付款购置资本生产工具（付息 + 还本）+ 折旧费 + 管理营销成本 + 政府成本

(4) 马克思《政治经济学批判》序言和导言，生产关系的法律表现形式，法制量化总价值分配公式：

其一，当谁也说服不了谁，遵守合伙对半分习俗。劳动与非劳动（制度成本）合伙对半分，基督教会法变革则有：

v + m = 劳动者报酬总额 + 普通剩余价值率支付制度成本

　　　= 创造价值 × 50% + 创造价值 × 50%

其二，基督教会法变革，禁止高利贷普适法律，对制度成本要素也适用。则有：

$C' = c + v + m$（折旧 + 管理营销 + 资本价格 + 还本积累 + 政府成本 ± 超额利润）

= 转移成本 + 创造价值 × 50% + 创造价值 × 10% × 5

2. 普通劳动剩余，与差别劳动超额剩余

亚当·斯密在论述分工时，特别论述人类差别不大，例如哲学家与农夫之间的差别至少比牧羊犬与长耳狗之间的差别小得多。李嘉图的最困难边际，实际不是最后一个人，而是一批人。西北欧市场劳动是以佃农的生产能力作为替代边际，则达到并超过这个边际的群体可能要达到从业人数的95%。以佃农为普通劳动者标准样态作为尺度，则有：

大部分人的劳动能力

= 普通劳动能力的部分 + 创新劳动能力。

由于有佃农竞争，普通劳动的普通剩余率为1:1，是最差劳动边际剩余率。而超额剩余才是来源于劳动差别：

差别劳动价格

= 普通劳动净收入 + 普通剩余 + 差别超额剩余

因此，普通利润率来源于普通劳动剩余率，超额利润才来源于劳动差别。

区别普通剩余与超额剩余的意义，在借资治产模式中，二者的用途不同，普通剩余的一个部分将用于支付雇用资本生产工具的租费（普通利润率），普通租费率是普通劳动支付的，既不是差别劳动也不是企业家创新。

3. 剩余价值、营业剩余、资本生产工具门槛

区别剩余价值与营业剩余对生产方式的意义：

第一，1:1剩余价值率门槛，是商业利润最大化——生产自给经济门槛，只能保护自给经济的劳动和自给工具不受侵犯的边际，超过这一门槛，饥寒交迫暴力反抗，经济崩溃。

铲除剩余价值门槛的后果，例如，生产型增值税，不仅收走全部剩余价值，而且直接对生产资料和劳动生计费征税用于财政最终消费，形同直接拉走17%的持久资产设备、直接从生产者的饭碗里挖走17%的米饭。

第二，营业剩余率门槛：

营业剩余 = 剩余价值 - 折旧费 = 是维持简单再生产的门槛

第三，普通利润率门槛：当资本是生产工具，剩余价值门槛就不够用了，需要再加两道门槛，雇用资本生产工具的租费率，也叫做普通利润率。因此，在借资治产经济中，营业剩余是中间分配，普通利润是用来还本付息的留存。

复习题：

1. 贷款创业，预期利润率必须达到利息率的多少倍，才值得投资？为什么？

2. 贷款创业，筹建设备的钱是借贷来的，这种生产需要进行生产预分配，那么在生产成本要素应当增加哪两项？

第五章　价值规律，与道德情操

第一节　共同市场，量化的价值规律

一、仅劳动和交换二环节，等价交换边际规律

1. 等价有偿是好市场、坏市场的分水岭

中国《民法通则》法定民事行为"等价有偿"。文化传承，例如墨子"兼相爱，交相利"，礼记"儒有委之以财货，淹之以乐好，见利不亏其义。"扫尾价格现象，古代以粮食长期价格为参照的相对价格框架。八路军军歌"买卖价格要公平，公买公卖不要呈霸道。"但是，由于中国古代市场，成本可以摊进农业自给经济中，等价交换不成刚性，加之受到科斯"产权——效率最大化"误导，以至于价格法、合同法具体条款只字不提"等价有偿"。

获得财富的方法有两种，生产它，或者掠夺它。古希腊苏格拉底在关于雅典经济的问答中认为其核心是"公平正义"管理技术，说明存在正义与非正义两种经济形式。亚里士多德在《政治学》中明确表示，存在两种市场。他经过对希腊近150个岛屿独立的市场考查发现，按照自然准则，可以区别出截然相反的两种市场："依照自然原则，人们两方如果已经满足了各自的需要，就应该停止交换［不进行无限制的牟取贩卖］"，"为生活而从事于觅取有限的物资。"即以民生需求、恢复体力和养家所需的等价交换为公平尺度，是符合自然准则的市场。而"损害他人的财产谋取自己的利益，这不合自然，应该受到指责的。"①

卢梭《人类不平等的起源》、《社会契约论》展示，人类有差别，为了和平需要约束；人类自然的不平等差别不大，可以法律约束；自由人谁也不服谁，平等分配是双方都可以接受的自然准则。社会习俗，差别小到可以由第三

---

① ［古希腊］亚里士多德：《政治学》，商务印书馆，1965年版，第25~29页。

人作证辨是非，例如罗马法第三人作证为合法。综合人类是合伙自力更生的社会动物、人类差别不大、有趋利避害本能这三个特征，商品劳动量等价交换，应当能够为大众所接受，成为公理。西北欧共同市场用语：在基督教文化圈，如不特加说明，交换是指等价交换的买卖、互易。

2. 仅仅以劳动和交换为基础，商品边际有效劳动量等价交换

计算等价交换的方法很多，历史经验法，大数统计概率法等，综合"李嘉图的边际论＋马克思的平均论"比较合理。西北欧自由民共同市场，原本是法律允许的逃亡农奴的避难场所，这种地方，其一，领主不得侵入，政治上取得了平等自由独立权利；经济上诉求与领主庄园是手工业与农业产品平等交换关系。其二，手工业市场与自耕农业相分离，市场劳动成本不能摊进自给农业成本中，劳动成本或价格成刚性。其三，劳动与工具相分离，互为生存条件。马克思在《费尔巴哈［B. 意识形态的现实基础]》中描写"仅仅以劳动和交换为基础"的欧洲共同市场复兴：欧洲那些一个一个逃亡的农奴以及光蛋贵族们，纷纷涌向可以避难的教堂地缘共同市场上，寻找新生活。他们或有些手艺、或有技能，但是没有生产资料，劳动与工具相分离，互为生存条件，只有征得他人同意才能劳动，才能生存。并且，逃亡农奴只有这一条生路，而没有了其它退路，即便创造了财富，还不一定就能交换分配到生计品，"交换比例关系"决定存亡。共同市场仅仅以劳动和交换为基础，等价交换成刚性规律。按照李嘉图的微积分边际论，最后活下来的那最后一个边际人，依然是等价换回生计品的人。当双方都处于饥饿状态时进行"交换"，会让人顿悟，什么叫做李嘉图"等价交换"边际。

马克思计算法，鉴于人类差别不大，当工具差别不大时，劳动力更加趋向于均质，可以采用平均法。如果李嘉图边际法是按最差劳动者劳动量边际定价，那末，99%的劳动者就可以略有剩余，他们可以储存起来以丰补欠，则马克思归纳为"商品社会必要劳动时间等量交换"以丰补歉平均说与李嘉图并不矛盾。但是，如果单纯按平均说，就会有50%的人要饿死。

正是生存边际，决定了价格只允许在价值上下波动，否则有一部分人要饿死，直至价格下降到最后一个最低收入者能够换回等量劳动生计所需。

另外，当分离出剩余价值，就需要区别劳动收入与价值尺度。

果实价值归创造者所有＝劳动价值量＝劳动者报酬总额＋支付制度成本

而古代商品经济，多数情况是贩运式剩余产品交换市场，市场劳动成本可以通过价格摊进自给农业成本中，劳动力价格不成刚性，等价交换不成刚性规

律，在后面还要结合三元劳动市场具体例子进行讨论。

二、等价交换法允许的区间：价格在价值上下波动，禁止高利得

价格必须守法，惟有依法，才可能高效率达成买卖合意。

资本生产工具法，将"价格在价值上下波动"进一步量化，明示允许自由波动的范围。当资本成为生产工具，资本价格被限制在禁止高利贷的范围内，则价格允许的波动区间，也被限制在禁止高利贷的范围内。

例如，综合中国合同法第12、61、62条，台湾民法典第346、483、491条"价格目录"，德国民法典第453、612、632条"公定价格"，有以下的内容：（1）买卖定有价格。（2）买卖未定价格的，按照公定价格法计算决定、公定价格目录确定。（3）价格目录上没有的，参照替代物。（4）无替代物的，依市场习惯。各国价格法规定，买卖价格分为：依法最低公平价格、政府法定基准价格和指导价格目录、市场价格、依法自主约定价格，但不得超过禁止高利得法允许的范围。

消费奢侈品市场价格和自主定价，允许超过法定基准价格水准，但是若超过禁止高利得利润的尺度的，应征收累进所得税、蛮取暴利税。

法定价格自由波动的区间

台湾民法典第203条；205条，法律不保护超过20%的利息率（包括通货贬值因素在内）。以此为尺度，台湾价格法规定，在供求发生剧烈波动时，经营者自行调价不得超过20%。例如，2003年非典时期，台湾对米醋价格的管制要求不得超过20%。各国也有类似规定，以避免政府自由裁量权、经营者自主定价权的自由滥用。1988年中国物价改革，引发抢购风，物价上涨20%，被认为是失败。中国是新兴大国，允许波动尺度应适度大于成熟国家。综合可以归纳为以下几条：

（一）价格正常波动有传导信息和刺激投资、增加就业机会的作用，正常波动范围，参照中立的资本价格一般尺度，约为3%~5%。

（二）因供求不平衡，价格在价值上下波动，应限制在民生、社会可以承受的范围内，超过范围，政府有权干预。

（三）限制价格波动范围，以禁止高利贷法为一般尺度：

（1）价格波动不得超过禁止高利得10%的尺度，为合法的价格区间、允许的价格浮动幅度、合理的利润幅度、宏观控制所允许的合法自主、自由区间。

（2）为民生计，物价波动超过10%这一尺度，政府有权采用宏观调控手段；

（3）物价波动接近或超过20%，为激烈拨动区间，有权采取紧急调控手段；

（4）超过30%~50%，为异动区间，或遭遇局部商品价格操纵，或遭遇天灾人祸、战争破坏。

三、微观等价交换无形的手，宏观自由放任是杀手

共同市场"等价交换"无形的手，例如，亚当·斯密所指出："在社会年收入，总是与其产业的等于全部年产物的交换价值恰好相等，或者无宁说，那种交换价值恰好是同一样东西。"① 趋利避害本能，在等价交换允许的范围内，转化为互利互惠关系，"请给我需要的东西，同时，你也可以获得你所需要的东西。"所谓无形的手，就是趋利避害本能，而只有在等价交换规则下，有"主观为自己，客观为别人"无形规律："在这场合，……他受着一只看不见的手的指导，……他追求自己的利益，往往……更有效地促进社会的利益。"有人把亚当·斯密上述等价交换"自由放任市场"定义为"对每个人而言，只要他不触犯法律，都应该享有以自己的方式追求个人利益的自由。"不能触犯的法律是什么？是"等价交换"。

无形的手"趋利避害"本能，脱离了"等价交换"管制，就不能避免自由霸道"他人地狱"之手。

不难发现，亚当·斯密的例举是在等价交换条件下，微观个人之间的心理活动和外在表现。而在宏观场合，供求不平衡到平衡是一个过程，不平衡的这段期间内，许多人已经冻死饿死，这就是马尔萨斯的用人口"生死"达到市场均衡论。因此，自由放任无形的手对宏观经济很可能是杀手、是灾害。宏观经济必须"有计划、有储备、有御防"，并授权政府必要干预。

第二节　公　平

一、物竞天择"适度"，公平

《民法通则》第四条"民事活动应当遵循自愿、公平、等价有偿、诚实信

---

① 亚当·斯密：《国民财富的原因和性质的研究》商务印书馆1974年下卷第27页。

用的原则"。社会公平正义，是实现等价交换的要件。

1. **自然选择适度，公平**

北京大学保护生物学潘石文教授指出，自然更关爱那些要求不高的动物，例如大熊猫，没有了肉食，吃竹子也行，一直繁衍至今，而同时代的恐龙却灭绝了。

地球是条件的产物，地球生物，是条件的产物。

食物链，自然选择适度。尽管各个物种都处于"被吃"和"吃"的生物链上，但是这个"吃"也是有"度"可循的。例如，弱肉强食的后果，强者把弱者全部吃光，强者自己也因为没有了食物而灭绝。在不同物种之间，活下来的那些大型动物，反而是弱到吃不完弱势群体的动物，和比较弱到对方吃不完的动物。而在活下来的同一物种内部，是差别小到相互谁也吃不掉谁、遗传或约定不相食的物种，或遗传自我平衡能力的物种。那些吃而不完的物种、那些能够把握"度"的物种，被自然选择保留了下来。

2. **条件允许的范围内，多样性，和平不同公平准则**

自然选择适度，还表现为多样性上。苏联生物学家发现了"生态势位"，生态位。就是说，物竞天择，只适用于条件边际状况，而在条件允许的范围内，生物用多样性，建构不同物种的不同生态位互动，达成平衡。生物界存在多样性的球状网络平衡关系，而不仅只是食物链单线关系。

所谓"适"，不应理解为只是被动"适应"，还可以主动选择"适度"，适度包括被动和主动性两个动向。适度，不仅表现为生物链吃而不完力道，还表现为"生态位"和平不同力道。正义经济学派以"物竞天择，自然选择适度（公平准则范围内的效率）"，挑战丛林准则自然选择速度（绝对效率）。

自然选择适度，就是自然公平、平衡，因此，公平是生物得以延续的机理之一。

社会建构层面，"扎好自家篱笆，才有好邻居"，公正平等，是全人类社会结构、文化观念和制度的基石，法制与爱的基石。只不过不同生产方式，其形式有所进化。

公平的效率。最高层面意思："成为真正人"，公平优先大于效率。生产财富层面，公平分配对效率有二次方激励机制。反之，人类无限索取遭遇地球报复。

制度结构层面。公平的内容，包括起点、过程、结果公平，否定任何一个环节，等于全盘否定"公平"。

公平与效率、民生与民主、主权与人权、过程与结果、家庭与社会与国家等，直接影响到建构法制经济上台阶。必须从起点开始、分层次加以讨论。

综合以上，建议从中学和大学政治课本中删除"效率优先，兼顾公平"的内容。

二、合伙自力更生，成为真正的人

《礼记》：百姓相睦，天下之肥也，是为大顺。德配天地，兼利万物，与日月齐明。明是非也。《民法通则》第四条"民事活动应当遵循自愿、公平、等价有偿、诚实信用的原则"。这首先是做人做事的基本原则，交易双方诚实信用，是提高交易成功率、降低交易时间成本的要件，也是降低社会成本的要件。

1. 人类生态位：合伙自力更生

生态位是推手，是逼迫所为，对人类也适用。

灵长类原本是在树上生存的物种，由于地壳板块漂移、地理环境变化，森林变草原，被逼迫下到地面的那部分灵长类，无论在速度和体力效率上，都与地上大型食肉动物无法相比，曾经是它们的美味佳肴。在每战必败的暴力冲突过程中，人类祖先选择走另一条路线，为避免与其它动物争夺食物，而选择合伙自力更生。那些学会察言观色斗心眼、以多胜少、躲藏起来合作自力更生而有剩余有储存的这一族，逐渐进化为人类。

合伙自力更生，是公平的起点和基本面。例如，达尔文认为，作为人最为重要的是互助自力更生的道德感或良心，"几乎总是能随时随地进行互助，又能为大家的利益而牺牲自己，这样的部落会在绝大多数的部落之中取得胜利，而这不是别的，这就是自然选择。"（Darwin，1871）。而达尔文"弱肉强食"，只适用于条件的边际状态。

与动物相比较，人类应抽象为"合伙自力更生的动物"也许更确切一些，能够包容现在有争议的各种概括：语言思维的动物、劳动的动物、使用工具的动物、典型的社会动物、效率动物、自由动物。

以"自然选择适度"为起点，人类的特征是"合伙自力更生"，为公平。公平属于人之所以能够成为"真正的人"这一最高层面的观念，是第一因、原本、自然准则。公平可以在亚层面当手段工具使用，但是观念或"道"不可动摇、不可亵渎，是道德良心原则下的智慧、组织、规则、程序路线。

2. 家庭伦理和"公平"

人类最基本、最一般的对制度势的文化自觉，由后天学习模仿而成，部分来自遗传本能。特别是最初7年，跟狼学是狼孩，跟猴学是猴孩，跟人学成为人。采用榜样、学习、舆论、法律、社会宗教团体党派的方法，建立社会伦理秩序规范。

家庭是文化自觉的基础和重点。人类出生成长于家庭，家长趋利避害，为了自身安全和繁衍传承的需要，培育出人类共有的最基本的公平伦理道德，而幼儿为了生存而取悦家长，为了有小朋友可以一起游戏玩耍，趋向"人之初，性本善"。家庭基本教育，例如自爱、爱人、和平、非暴力、公平、等价、诚实信用、自愿自主独立（自力更生）等是非观和行为训练。

中华民族传统文化注重"修身齐家平天下"的人生信条，以家庭伦理，治理个人、社会和国家，以形声文字为文化传承载体。汉文化比宗教更加人性科学，中华民族不怎么信奉宗教，因此，破坏家庭伦理汉字文化，对中国的伤害，要比宗教国家更为严重。

3. 家庭伦理与合伙规则

在家庭伦理中，存在两条并行的路线，一条是以家长为样本，尊老爱幼上行下效关系法。还有一条，兄弟伙伴友爱，亲兄弟明算账之平等秩序法。而兄弟般公平，成为社会关系的正义准则，可以说是人类由家长权威隶属关系，向兄弟合伙平等关系的进化，是人类由少年依附，走向青年公平独立的过渡。

社会伦理建设渊源于家庭，是可以建立个人、社会、民族、国家、国际关系民主化秩序的伦理基础，可以学习互动的伦理基础。① 现代经济是生产共同体市场经济，法律特征就是以邻里同伴合伙为"样板"伦理基础的市场规则，西方经济把这种法律现象叫做合伙与债的杂然交错，中国叫做亲兄弟明算账，

---

① 奴隶制社会，家长是家庭成员的奴隶主。逃亡农奴自由无产者，再一次以个体状态被抛向社会，造就了欧洲张扬个体和团体文化。韩亦琦译《圣经》中，耶稣说："假若任何人到我这里，而不憎恨他的妻子儿女兄弟姐妹，甚至一己的生命，他就不能做我的门徒"，"我并不是使世界安宁的，而是使它纷扰的；因为我来了将使儿子与他父亲不和，女儿与他母亲不和，媳妇与他婆婆不和。"上帝大于家庭父母兄弟、个人肉体，孩子由管家、牧师、家庭教师教养，张扬远离父母。弗洛伊德的精神分析法为了给精神病患者开脱，也拿父母开刀。西方文化与家庭对垒，丛林准则滥用。中国西化儿童教育主张"自由尊严"，问题在于，是人的，还是猴孩、狼孩的自由尊严？

应当是各民族都能够学得会的法律行为。

在西方文化中，承认公平正义是"第一因"。西方并没有放弃礼俗。物权法英文对照 Rely Right Law 的 Right 或德文 Recht：合乎礼俗、天理、正义权利，"第一因"，原本，自然准则。

为了法律公正和降低法律成本，民法渊源于民俗、历史和生产方式。法律是对传统文化的阐发和利用，规范化的伦理道德阶梯。法律之所以不能抛弃历史文化，还在于大众是历史造就的，脱离历史就意味着脱离人民。积历史教训，我们不得不重新审视自己的文化，以文化中优秀的传统，才能与世界优秀文化通融。

第三节 平等自由，超越"奴隶主式自由"

一、法的自由

1. 法律的自由

《民法通则》第四条"民事活动应当遵循自愿、公平、等价有偿、诚实信用的 原则"。自由自愿，是实现等价交换的一个要件。

台湾地区民法典第17条特别规定"自由不得抛弃"。法律虽然赋予每个人自由，但是自由是争取来的。有不得放弃自由、不得抛弃自由的责任，有不得自愿沦为奴隶的责任，不得伪装为奴隶合伙进行诈骗。从全方位保障自由。

世界各国宪法大都有关于自由的规定。例如美国弗吉尼亚权利法案（1776年）：

一、一切人生而同等自由、独立，……这些权利就是享有生命和自由，取得财产和占有财产的手段。以及对幸福和安全的追求和获得。

十五、除非靠坚决遵守正义、中庸、节制、俭朴和道德，以及经常依靠基本原则，任何人民无法保有自由的政府和自由之幸福。

十六、……自由信仰；彼此之间实行基督教的宽恕、爱心和慈善，是一切人的相互责任。

美国宪法修正案（1791年）第4条规定"人民有保护其身体、住所、文件与财产的权利……此为不可侵犯的权利。……"

因此，法的自由，就是遵守正义、中庸、节制、俭朴和道德，宽恕、爱心和慈善，相互责任。而罗马法不禁止为自由，不能避免打擦边球。

世界上任何事物都是有条件的，自由，也是分层次的。法国哲学家萨特界定，自由就是选择和责任。中国理论界认为仍然不到位，选择是"因"，承担责任是"果"，存在时间差，如果届时承担不了责任怎么办？无产者有选择的权利吗？

当劳动与工具相分离，政治自由与生存自由是分离的，无财产无自由，财产是自由的家园。例如，欧洲农奴有政治自由，无财产无自由。地租是法定的，农民不得离开土地，在1年半的时间内，领主可以以欠租的名义将农奴抓回去，带有奴隶制的印记。法国启蒙运动，传播吸收了中国哲学思想，1789年法国大革命，推行中国模式"耕者要有其田"，马克思界定自由人的标准样态是自由自耕农和小业主。法国"自由、平等、博爱"，抗拒欧洲三专制。法国宪法中第1、2、11、17条昭示，自由、平等、博爱三者之间不是各自孤立的，而是平等博爱的自由。公民必须为自己的自由选择负责，直至承担违法伤害赔偿责任。

2. 中国人眼中的西方自由四个境界：自然自由（free）；法的自由（right）；公正完美的自由、自由主义（liberal）；奴隶解放自由主义（liberty）

中国古代以自由自耕农经济为主体，在中国汉语词汇中，"自由"似乎常用的只此一个词，在不同境界需要特加定语或补语，例如：自由、自主、自愿，道法自然之自然自由、物我两忘为自由、无序自由、万物皆有法之法的自由、平等自由、公正的自由、文化自觉自律的自由、不自由、限制自由，自由霸道、自由散漫、自由放任、自由滥用、自由意志等。自由主义，在中国文人墨客（包括胡适先生在内）和小人的意思是，想干什么就干什么，有如人面各不相同。时至今日，中国近代"自由主义"的发祥地北大还在发问"什么是自由"，问克林顿，问李敖。

相比较，西方资本主义建立在奴隶制废墟之上，1787年美国宪法中就有两条"奴隶制"条款，究竟有没有废止，在2011年的今天还有争议。正是这种奴隶制废墟文化印记下，在英文中"自由"用不同词汇表达不同境界（数学叫做不同集合）。用free、right（德文Richt）、liberal、liberty多个词汇表述"自由"及其境界。

综合以上，中国汉语在"自由"用语上种种特点，和西方"自由"的不同集合，在翻译时如果不特加定语，就难免发生错误理解，引起社会混乱，自由滥用。

（一）法的自由。例如，德文 Right，英文 right，参照"万物皆有法"学理，汉语意思所指应当是"法的自由"。在西方哲学中，终极自由是"有序"，是从必然走向自由。在罗马法学总论中，法律不禁止为自由，有擦边球的缺陷，需要进步，美国弗吉尼亚权利法案宣示："自由就是遵守伦理、道德、法律。"

（二）哲学自由。例如，英文 free 是各种自由的集合，按背景不同而人鬼千面：

（1）哲学自由，无序，自然自在、随便拿。自由属于哲学自然人的自由意志范畴。黑格尔界定，单元人自由意志包括理性、任性、暴力冲动。这与中国古代哲学家庄周的意思，自由是自然自在，物我合一、物我两忘，是无序，意思接近。

（2）自律的自由。

（3）合法的自由，有序。例如，英国中世纪的一个例外：free（或 open）common 自由开放市场，也叫做 common market 共同、公共市场。因此，在法制社会，free 表示自我自然遵守法则的自由，任性暴力冲动当伤及他人为非法。

（4）自由霸道。例如，free trade 专指殖民主义自由（霸道）贸易；free port 自由港，应指殖民者上岸后可以既不遵守船上规则、也不遵守当地岸上规则的那种放任自由港口，不能避免"怀有恶意"。

（三）liberal 自由主义

（1）丰富、大方、公正的，自由主义 liberal，原本是很好的诉求。由于翻译引起的误会，如果中国人反对自由主义，西方人就会以为中国在反对公正主义？

但是无限债务资本主义和它的伴娘殖民主义，在现实中的表现却是奴隶主价值观，双重标准。

（四）Liberty 奴隶解放自由。

在美国的硬币上钢印有 Liberty 字样，释放，从不自由到自由。它同时承载了美国农奴解放运动历史文化：奴隶解放，自由主义，先发制人，奴主自由价值观，奴隶以奴隶主为"自由模特"。例如，在 20 世纪 80 年代金融自由主义，英美达成离岸股市、国际离岸市场，就属于 Liberty，实际是金融自由霸道主义，西方合伙债文明的陨落。

中国近代有了"解放自由"理念,但是已经属于平等自由范畴,以不伤及他人为限。可以肯定地说,中国语言文字中基本没有 Liberty 这样的反映"奴主自由、殖民自由"价值观的语汇。如果盲目崇拜美国,就不能避免自由伦理倒退,自由浮躁,自由滥用。自由主义确实被全盘西化派界定为"有如人面,各不相同",想干什么就干什么。

为此,在法制国家,free 自由权利必须预先承诺义务责任,是公法监督下的 free 自由主义或 self 守法个人主义。而殖民主义双重标准,不受法律限制的 free 自由主义或 ego 侵略性个人主义,不能避免被霸权主义利用,成为碎片化他国、他民族的利器。中国特色的实践道路,让第三世界看到了可以学习的榜样。西方居上临下的文化傲慢,正在失去效力。

二、人是社会人,自由是社会范畴

资本主义以"自由世界"为标榜。有学者指出,资本主义意识形态的最大问题是以自由超越"平等",导致1%的富人占有40%的财富,有财富有自由,而99%的大众被自由,是美之国殇。美国的文化特征是宗教和价值观输出,例如自由、民主、人权,单单回避平等、博爱。

1. 平等自由的自然根源

如前所述,人类有差别,为了和平相处需要建立秩序;差别不大,可以建立秩序。差别不大,是人之间需要平等法、可以设立平等法的自然基础。自然平等,决定了自然之物归大家共同所有,是平等自由的物质基础。

"自由"是社会观念,是三个以上人的事情。在自由人之间,是争取平等自由。法律要靠人的行为来实现。人类差别不大,自由竞争,是实现"等价交换"的动力平衡基础。

有差别,就存在不充分竞争。人类有原罪、有差别,希望棘轮效应、信息、财产、权力不对称,条件决定充分自由竞争不能存在,需要法律保护大众双赢。

私自利最大化是不对称交易,自己自私自利总是以希望对方自私自利最小化为目标,劣币驱逐优币的后果,趋向生产自给经济,就是经济领域的囚徒困境。

以牙还牙链式肮脏反应无商不奸。好商人为了对付奸商会以牙还牙,后果是,劣币驱逐优币,肮脏链式反应,贪婪无形的手囚徒困境。而法律的目的正是为了避免人相食，大众共同约定放下武器。财产私法的目的是为了和平避免强权、财权即真理，权利责任衡平，落实到个人。

2. 人是社会人，自由是社会范畴

需要区别"自然人和社会人"。前面已经介绍，人类是合伙自力更生的社会动物，第一要务是生存发展权，人的第一冲动，是趋利避害本能，让自由带有了方向性，是相对自由。

人被判定是社会人，"自由、民主、人权"是双向权利责任，要问社会、第三人是否允许；是选择和责任，而不是单向对世权。而单向权，只要求全世界对自己负责，自己不打算对全世界负责。因此，把人的第一冲动说成是"自由"，实际是有产者饱汉不知饿汉饥自由价值观的反映，是西方奴主自由价值观蛊惑人心。

社会人，是"自由—需求—契约"逻辑的起点。在欧洲，农奴一个一个单独逃往"共同市场"，这样的社会背景下，黑格尔在法哲学中，把起点设立为"自由"，"自由——需求——契约"为一个逻辑循环。例如，黑格尔的逻辑关系：其一，黑格尔"自然个人"自由意志，包括暴力和冲动。其二，黑格尔的"自由人"，内在自然人与他的外在社会人表现相分离。其三，黑格尔"自然人"，对外在有"需求"，说明这是一个不能自给自足的人，是对社会有需求的"社会人"，并不是终极身心自由的人。其四，反之如果黑格尔"自然人"不是"社会人"、没有经历"合意"的社会训练，黑格尔的"契约"环节不能达成平等合意。其五，黑格尔承认"家庭"自然准则，他所谓的人起码是社会人，而不是自然自由人。

3. 自由人的标准样态

欧洲奴隶争取自由解放，让自由烙上历史印记，欧洲"自由"，就是奴隶争取和奴隶主同样的自由权。崇尚奴隶主自由样态，不能避免自己的自由是他人的地狱。不过，奴隶主贵族文化或品质中也有可资利用的东西，被欧洲传承下来的，例如，自由不得抛弃、不得放弃，自由应是文化自律，不得滥用自由。

面对欧洲"无财产无自由"，马克思认为，自由人的标准范型是小业主和自由自耕农，他们的劳动与工具相结合，没有衣食之忧，自己的行为不受制于他人，自由小业主之间是邻里互助和谐自由关系。即便如此，也不能想干什么就干什么，要受天灾人祸和公序良俗制约。

4. 政治人，不是自由的起点

西方自由定义，是从古罗马法中抄来的，不能避免带有先入为主（liberty）色彩：

西方自由。罗马法"法律不禁止，为自由"，有引诱打擦边球之虞。而在法律尚不健全的国家或国际环境中，就不能避免自由无法无天、自由霸道、霸权自由。

西方民主。主要在政治上，人民做主，官员由人民选举产生。攻击"以人为本"社会和谐是"被动民主"。运动就是一切？过程大于目的结果？

西方人权。每个人有他自己的人格尊严，任何人不可侵犯，包括政府，不能侵犯个人的合法权益。但是，饥寒交迫的人，无人格尊严、无自由、无民主可言。

霸权话语强化政治性，否认生存发展权，这是西方奴隶制文化逻辑。

5. 个体自然人，不是自由的起点

人性"趋利避害"的天然向往，让人能够生存下来。反之，那些想怎样就怎样的"自然个人"，物竞天择。从猿到人生物进化史说明，这样的人不能存活，这种动物状态的"人"，只不过是一种哲学终极抽象，在现实中并不存在。

按全面西化自由派的标准，"对自由（包括暴力和冲动）的天然向往，及对自主（包括任性霸道）行为的天然偏好"，在现实中的标准样态，只有那些富家子弟才做得到，但是，富不过三代，不能持久。"还权于民为旨归"，"主权在民的社会为号召"，那么，"耕者要有其田"社会目的如何实施、如何保障？并且，自由霸道任性人格，十分脆弱，极容易走极端。

6. 宗教人，上帝的奴仆，不是绝对自由人

西方舆论强调个人自由，是因为已经有宗教约束，是宗教控制下的自由自律，达成均衡。宗教有规范伦理道德的作用，规范、有序，是相对自由，而不是绝对自由。例如，美国有60%～70%的家庭信教，首先要被问到是否入教，不信教的人，被判定是另类野蛮人。在上帝面前人是有罪的，向上帝忏悔："今天又犯了许多错误让主烦恼。"早请示晚汇报，做礼拜，一切行为都是为了赎罪，侍奉主，让主高兴，让主放心。从高处观察，上帝的奴仆和罪人，非自由人。上帝不规定为自由。宗教自由，往往是此宗教用来反他宗教的，用来鼓动他宗教人反叛自己的宗教，是宗教从领主手中分离农奴的手段之一。

因此，需要根据本国历史文化习俗，制定具体的自由民主人权规则。可以学习，不可以复制。针对中国自给经济情结和西方霸权单一性，我们需要双向规定自由。

第四节　协商民主，超越奴主黑白民主

当资本是生产工具，政府成本已经成为价格的一个要素，在民事场合，《民法通则》第四条"民事活动应当遵循自愿、公平、等价有偿、诚实信用的原则"，这一民主原则，对政府也适用。

1. 共同市场之合伙协商民主

共同市场"自愿、公平、等价有偿、诚实信用"合伙协商契约民主，应是"政治民主"的模板，或某种放大，才符合民众的习俗，并为共同市场服务。民主不是天上掉下来，也决不可以是某些精英为某些集团利益的蛊惑人心的设计。

中国文化传承了协商民主制度，例如古代"选秀"制度，采风制度，科举制度，官僚机构设置中的相互监督制度等。中华人民共和国成立之时，创立了政治协商会议，对外"和平共处五项原则"，开创了现代协商民主制度。遵循中国2000年来大一统历史，和辛亥革命百年以来反复实践走向大一统，中国民主模式的主导方向是：中性强势政党立宪体制下的协商民主，而与共同市场协商民主同质、亲和、包容、接轨。

民主是很晚近的事情。二战后西方主导的政治经济体系，应当是共同市场诉求的那种民主。civilest，所表达的是国家、城邦、民族、社会的，民众的，是规范化的民主。德国思想家哈贝马斯强调公共领域的民众话语权。而当社会结构复杂化，德国思想家卢曼认为，会出现社会群体系统性分化，例如子系统、话语圈、兴趣组、私密小圈子，这有利于冷静对待专业性问题，让社会带有柔软性、多样性选择。可以避免纳粹式，避免用声音大、强势来裹挟大众。例如当今微博用简单狂热话语抓眼球裹挟粉丝，而缺少专业、理性、冷静的分析，是危险的。① 为民生计，能够兼顾公共领域和社会系统的，协商民主是最

---

① 郭宇宽：《言辞激烈的微博是危险的》，环球时报2011年11月18日。

佳选择。

2. 民主的定义。民生为本，生存发展权。

内容：和平不同（最广泛的共同性），流动性（时空民主），民意表达权和规程仪式，为民主。共同的民权、民有、民享。

民本的民主条件限制。法制下的起点、过程、结果民主的统一。民本的民主是有条件的，不能分裂国家，不能撕裂族群，非暴力。

民主手段，应当是社会手段与强力手段的平衡。建立秩序的四种手段：强力手段；回应一时一地民意，例如多数决，民意如流水；平衡三类六种利益，塑造人民共同的利益观，利益是认知的、是主观构建的。

现代政府的各种形式：君主立宪制，例如英国、日本；立宪政党竞选制，例如美国、日本；普选制，例如俄罗斯；立宪中性党领导下的多党民主协商选举制度，例如中国、越南。

民主过程。民主协商，推举和选举，管理、决策、监督、奖惩，流动。流动性就是民主选择，比民选仪式更重要。民主是社会自我矫正机制，但是民主过程本身存在需要被动矫正问题，公平正义是准则。

民选方法。考选，推选，民选仪式，地区、政党代表选举制（例如美国）。

民主结果，是目标。

法律三方制衡法，以公民三人为起点的三权意识和行为规范。是民主三权适度分立制衡的基础与训练。

3. 奴隶制废墟文化印记，黑白民主

西方"个人自由"，是奴隶求解放文化，验证工业革命的起点是奴隶制废墟。西方契约社会，是逃亡农奴自由民市场文化现象。当劳动与工具相分离，惟有契约才能劳动、才能生存。西方国家，是阶级矛盾不可调和的产物，法律是强制调整阶级合作空间的手段，国家组成必然遵守其社会基本单元"自由——契约"规则。因此，市民依法自律、自治。而不是无法无天、两人契约即为"自治"。

殖民主义非白即黑意识形态，带有奴隶制奴隶主与奴隶黑白两重天的文化印记。

（1）竞选仪式，丛林准则。竞选往往选拔出带有攻击性的政党及其领导人，引诱出好斗的民众。是好战基督教文化的延续。竞选仪式需要烧钱，实际是有钱人的政治，黑金政治腐败。例如历届美国总统上任后都要发动对外战争，并且都能获得国会通过，多数人认可。走马灯式的竞选轮替，选拔出只善竞选，治理国家无经验的领导层，日本政府班子面对大地震、核危险，动作迟缓指挥不利。

（2）反对派即民主，破坏他国正常秩序。反对派以拉下执政党为目标，不择手段、不负责任，"谎言越大越有人相信；把对方引入歧途；不讲信用"，导致社会道德败坏，公平正义被边缘化，毒化国际秩序。只会"反对"，上了台，反而不知道怎样治理国家。菲律宾、阿根庭、苏联、一些非洲国家等，当政权更迭，经济跟着滑坡。

（3）当人数众多，一人一票选举法，必然导致过程不合法，例如黑金政治，集团垄断民意；多数决，是对败选的那49%的人的意志的否定，对他们不民主，结果不合法。授权民主，授权后施政不民主，验尸法，后果由百姓承担。过程大于结果等于西方民主大于民生。英美并不是民主选举国家，却向外兜售绝对民主。当民主、人权、自由市场失落了公平正义，自己的利益是他人的地狱。要小心民主的误区：民主被国际格式化、被神圣化、宗教化，工具、功利化，标签、碎片化，庸俗、手段化，程序、格式化，绝对、终极化。

复习题：
1. 等价交换边际如何计量，等价交换范围是用什么作为尺度？
2. 生产共同体生产方式，诉求怎样的自由、民主、契约？

第六章　商品价值

第一节　人为有效物的价值

财富价值。物，分为自然物和劳动创造物，而劳动创造物叫做财产、财物、财富。人为物的价值本质是有效"劳动"。

1. 中介物

人类有差别，但是差别不大，一般规律，1个人的意志小于2个人的意志，人类差别小到谁也吃不掉谁（或约定不相食），谁也说服不了谁，为了和平，约定成俗，用第三方作为参照物，第三方就是第一、二方之间的公平尺度中介物，或度量衡。古罗马法将这一习俗纳入法律，买卖价格，须由第三人作证，方为合法。

公平以第三方为起点，应是市场允许"中介"的伦理起源。当出现中介物，交易活动的时空范围扩大，提了高交易效率。

2. 普遍中介物

（1）使用价值交换。交换最初是从物物交换开始，是使用价值交换，一般在面对面的小范围进行。

使用与使用价值。人类离开太阳和空气几分钟就会死亡，但是因为太阳和空气无限供给，所以在现实中并不计算三无私的使用价值。

使用价值源于稀缺。稀缺程度或使用价值的界限，以可选择替代物为边际。

（2）交换价值。当交换范围扩大，为了交换到自己需要的东西，信息成本问题就产生了，而中介可以减少信息成本。中介，使用价值抽象为交换价值，但是，交换价值还带有主观自由契约的属性，并且受供求关系物以稀为贵的影响，还不是普遍一般中介物。

稀缺与交换价值边际，以可选择替代物为边际。

（3）预期价值，受到预期技术与资本转化效率的左右，同时，还与未来供求关系有关。

区别价值尺度与价值预期。作为度量衡，可以肯定必须使用过去的、普遍中介物作为尺度。而资本投资价值是预期，不能用做尺子，美国将股市现在的瞬时价格当作"公允价值"，最终导致2007年世界金融危机。

（4）价值尺度。为了保证中介换回的东西是自己希望的东西，中介就需要成为各种商品之间的一般统一等价物，它是继度长短、量容积、权衡轻重以外的一种新的尺度，即交换价值抽象为一般价值尺度。

西北欧习惯把货币叫做一般物或普遍物，其意思是可以换来换去的物，"互易"过程中其价值量不变，货币价值量等价交换。贵金属货币就是在无数次交易活动中逐渐形成的等价中介物。

在供求大致平衡的情况下，价值是衡量商品价格是否合理的尺度。价值与中长期价格趋同。

第二节　正常价值的计算

欧洲大陆法"公平价值"或正常价值评估计量：

其一，市场价值，指供求均衡市场价格作为价值尺度。

其二，价值评估法，历史资料作为计量尺度的历史经验法。

其三，资本生产工具，预先定价正常价值法。或叫做最低公平价格法。

其四，生产商价格法。"企业成本"、企业的生产成本和财务状况，企业最低公平成本价格法，保障企业一个普通利润率，用于借资治产。

其五，国内售价、同类产品价格、替代商品价格参照对比法。

其六，国家之间对比法，例如非市场经济地位国家产品的国际价格，要参照市场经济地位国家的价格。

关于价值计量与公允价值

在欧洲大陆法和英美惯例法中，使用同一个英语词组：Fair Value，但是1995年以来，英美惯例法会计准则意思逆转，两个法系价值观和评估计量方法几乎完全相逆反。欧洲大陆法中Fair Value已经被翻译为"公平价值"或正常价值，为了相区别，中文把2003年开始试行的受英美惯例法影响夹持的民间国际会计准则"Fair Value"翻译为"公允价值"。公允价值实际是自由市场弱肉强食丛林准则"双方约定即为合法"、"现在的商品量现在的货币量决定现在的价格",商业主义价格法的借尸还魂。既然双方约定的逐日盯市价格为公允价值,以人口增减(饿死)达到平衡,还要法律干什么?

第三节 劳动价值尺度的根源性、大众性、稳定性

因为劳动所创造物叫做财富,所以劳动是财富的价值尺度,这是最简单的因果道理。治产劳动是财产价值的唯一要件和价值尺度,唯一可以量化测知治产人温饱与尊严的尺度。

当市场是大众谋生的场所,遵循等价有偿准则,一般劳动报酬应当能够换回等量一般劳动所创造的财产,单位社会必要治产劳动时间,应是度量衡财产价值的一般尺度。

单位社会必要劳动时间所包含的价值,被选中为尺子,用来测量商品价值量。原本,尺子究竟是什么做成的,本身并不存在褒贬,不必过分在意。但是尺子用作量度中介,需要具备根源性、稳定性、大众认同性,便于携带、交换、持久储存等特征。

1. 劳动价值尺度的根源性

(1)人类是合伙自力更生的社会动物。自然物转化为"财富",劳动始终是创造财富的充分必要条件。如果没有劳动,土地只能长草,即便自然孳生物也需要通过采集、狩猎转化为"财富"。自给自足自然经济历史地证明了这一点。

相对比,有形体工具、技术产权、货币资本,是过去劳动的积累,不是根源。

(2)共同市场,劳动量等价交换

西北欧劳动量等价交换,是逃亡农奴为生存边际所迫,而不是愿意不愿意、自由不自由的问题,手工业者之间以对方为生存条件(不能把成本分摊进自给农业中)。那时的手工劳动自产自销,仅仅以劳动和交换为基础。在这样的自由民市场上,当然只有换回能够恢复劳动消耗所需的等价物,才能生存下去,劳动是商品交换价值唯一的根源,单位劳动量(社会必要劳动时间)自然成为商品的抽象价值尺度。"劳动是衡量一切商品交换价值的真实尺度",成本低、效率高。

为生存所逼迫,劳动者大众的包容性,表现在包容合伙禁止高利得债法,

而资本没有生存之忧,自古以来的欲望是"随财主所欲纳息",置大众死活于不顾。

　　劳动创造财富是人与动物的区别,劳动者很自然地选择劳动等价交换。而资本和技术是预期,需要用法律约制资本和技术服从等价交换、均衡分配。劳动比财产权、技术产权透明干净。

　　当社会必要劳动时间被选用作"度量衡",对劳动或其他要素没有褒贬的意思,还在于,迄今为止还没有找到更适合的尺子。正如凯恩斯指出:"资本会产生一个增量那是因为稀缺,有利息存在。如果不稀缺,资本就只能保值而不能产生增量。我们最好把劳力(当然包括雇主及其助手之个人劳役在内)看作是唯一的生产元素,在一特定的生产技术、天然资源、资本设备以及有效需求等环境下工作。这可以帮助我们解释,为什么除了货币单位及时间单位以外,我们可以用劳力单位,作为经济体系之唯一物质单位。"①

　　2. 劳动价值尺度的大众性

　　在人类生存斗争阶段,劳动人数占去80%～90%不会变。当今,发达国家从业人数中生产劳动依然达到40%,其余服务劳动占40%～50%,并且,由于人类欲望无穷,过度消费,即便当今生产力提高了许多,但是生产劳动者始终是创造财富的主体群落没有变。劳动之间按劳动量等价交换,对当今占80%的依靠劳动工资维持生计的人都适用,80%的人口尽管有各种动机,但是外在都表现为要求按劳动能力预分配工薪,按业绩再分配奖金。

　　劳动价值同时是测评人性水准的尺度,当劳动与工具相分离,自由劳动无产者,唯有以劳动作为价值尺度,可以同时测知劳动艰辛、果实多少、生活状况,为其他尺度所不能替代。

　　劳动价值尺度的稳定性

　　(1) 历史稳定性。劳动量等价交换是古老的范畴,墨子"兼相爱,交相利",古希腊亚里士多德"等价交换",是一个经历了2500年历练的行为范畴。

　　(2) 对社会的稳定作用。欧洲领主庄园隶农制度、骑士地租、骑士征税制度,让市民们没有退路(不像中国民工可以退回农村),英国羊吃人时代,城市满街游荡着饥寒交迫和因工伤残的失业者,也许正是这混乱躁动不安景

---

① [英] 凯恩斯:《就业利息和货币通论》,商务印书馆1983年版,第182页。

观、多次暴动，包围着统治者的驻地、危及他们的生命，有钱人被逼迫不得不服从罗马法合伙规则。凯恩斯《就业利息和货币通论》向人们昭示，在欧洲，就业问题历来是国家政府最头痛的课题，失业大军是逼迫分配率变革的根本因素，或者说，自由无产阶级争取就业躁动，是等价交换这一公平尺度的原创动力。

4. 为什么效率、资本、技术、产权没有被选为价值尺度？

其一，效率本身是变量，不能当作稳定的尺子使用。

其二，工具、货币、财产权、知识产权，是过去劳动的积累，不是渊源。

其三，劳动与资本集合不对称。无财产无自由，劳动者必须诉求法律保护。

而资本与技术是集合，劳动是分散的个体，双方集合不对称。资本、技术凭借垄断性而张扬自私最大化，帕累托修改，企图让农民工生活水准始终维持在边际水准上，不参与分享生产力提高的成果。

当今纸币发行国家寻租榨取准租金，使货币名义价格最大化偏离它所代表的价值；强烈的随财主所欲纳息倾向，总是企图最大化资本价格，偏离价值。

人类为了给货币、资本、知识套上"禁止高利得—合伙债"笼头，让它们像耕牛一样服从驾御，为人类造福，用了1000余年时间，至今是最不稳定的要素。

5. **自给经济，市场成本摊进自给农业中，劳动价值尺度模糊不清**

自给经济，不必然等价交换。自给经济市场的主体，是剩余产品交换。剩余产品交换是为了使用价值交换。商人们赚取的价差是劳动价值与使用价值之间的价差，交换过程中商人的货币确实发生了增值，其增值恰等于劳动A与劳动B在交换中所损失的价值量。

自给经济，手工业劳动和工具成本可以摊进自给农业成本中，手工业劳动力价格可以柔向0，如哈耶克所愿，等价交换不是那样刚性。例如，18世纪，东印度公司开始贩运东方棉织品，印度和中国的棉纺织品质量好、价格低，让英国纺织业遭遇危机。这不是由于印度、中国劳动生产力高于英国，反之，是由于印度、中国农产品价格畸形低下，手工业劳动力成本以价格转移的形式，摊进了农业自给经济中。

劳动与工具相分离，阶级矛盾成刚性。而自给经济，包容和掩盖阶级矛盾。正是自给经济方式包容掩盖了单边资源配置灾害，是自给经济国家树立等价有偿价值观、劳动价值尺度的一个困难所在。

复习题：
1. 劳动作为价值尺度，是否其它要素就没有价值？
2. 为什么惟有劳动可以独立创造价值，而其它产权要素只能与劳动合伙创造价值？
3. 在债关系情况下，果实原始归劳动者所有和公平分配率，对于收入分配哪种方法更务实些？

第七章 货币与信用

第一节 货币，商品价值的普遍中介物

一、贵金属货币，及货币的六大职能

货币尺度。价值或价格一般用货币量的形式标明。货币是交换物之间价值比较的一般中介物或普遍物。

1. 普遍中介物：贵金属

过去的商品可以在现在、或未来使用。便于储藏起来、便于携带、便于买进又卖出的那些商品，在市场无数次交换过程中，逐渐选择出普遍中介物，被流传下来，例如贵金属。

劳动制造之贵金属，是劳动成果的外在、有形体表现，物化劳动。贵金属的价值，实质是制造贵金属所包含的劳动价值。

2. 货币的六大职能

货币的六大职能分别是：价值尺度、流通手段、储藏手段、支付手段、世界货币职能、价值超越时空的纽带。

可以选择充当价值尺度的"有形体物"即货币的条件至少有五条。其一，单位价值量稳定，在比较长的区间获得它所需要的单位劳动量基本不变；其二、在比较长的区间供求变化不大，市价变化不大，价值、价格大致统一。稳定的稀缺，稳定的需求，迄今，因为稀有昂贵，依然少有其它用途；货币需求总量与商品生产力总量同比。其三，可保存价值，化学性能稳定，不容易变质，能够长期保值保量地保存；其四，流动性。物理性能，质地均匀、硬度适中，便于切割；重量体积较小，便于携带运输、交换（流通、支付）、储存。其五，惟有首饰市场成供求关系蓄水池。

商品可以是过去生产的、现在生产的、约定未来生产的。过去的商品可以在过去、现在、未来使用。由此而来，商品具备过去、现在、未来属性。

以预期生产利润为信用的借资治产，改良生产的投资和技术力度10倍增加，生产力上台阶。货币的时空纽带作用，在现代经济中，成为货币的第六大功能。

二、信用纸币，信用票据

1. 金本位票据，纸币

中国记载，在南宋时期已经存在纸币，叫做"角子"。贵金属可以直接用做货币，也可以把贵金属存在国库或银行里，发行等额的贵金属存量证明书——纸币，二者可以随时兑换，叫做金本位纸币。

纸币有份量轻，便于保管和运输的优点。

2. 美国空头信用纸币

在英国货币发行国的垄断下，美国急缺货币。1861年美国发生南北战争，为了筹集资金，首次由林肯政府以未来财政收入信用为抵押发行绿背纸币，是第一个不用贵金属做抵押的纸币。林肯发行了45亿美元国债形式的纸币，利息为5%，为此，比向英国借款节约了4亿美元的利息。在货币短缺和有节制发行的情况下，这次纸币发行取得了完全成功。

1944年，在凯恩斯的建议下，在布雷顿森林会议上决定以金本位美元作为国际结算单位。20世纪60年代以来，世界经济规模扩大，金本位美元已经不能胜任，1973年石油危机时期布雷顿森林体系崩溃，美国使用绿背纸币规则决定货币发行量，进入霸主纸货币时代。埃以战争、两伊战争等中东战争内斗削弱了阿拉伯世界的力量，逼迫沙特石油与美元挂钩，石油美元成为国际结算货币。世界货币供应国，例如英、美，不时会滥发货币转嫁危机，从那些货币需求国身上榨取"准租金"，或货币供应税。1987年，五国出台了《卢浮宫协议》协调大国之间的机会主义货币行为。

在欧元教父设计下，1999年欧盟国家统一货币，与美元制衡，开始了区域货币阶段。

3. 信用票据

所谓信用票据，就是非货币的、可以流通的有价证券。例如，商业汇票、债券、股票、可以兑换或交易的产权证明书等。纸币也是一种信用票据。

货币或票据是实质经济的价值证明书，相对于实质经济，货币经济又被称之为虚拟经济、虚拟资本。当虚拟经济数量依附于、行为服务于实质经济，则虚拟经济处于正常状态。反之，虚拟经济自私自利最大化，已经引起多次世界金融海啸。

当前，网络游戏中，虚拟世界的虚拟货币，可以兑换成真实货币，由于是一个小量，暂时还没有制度安排。

第二节　货币供求价格

1. 货币名义价格和货币实际价值

按照价值规律，货币总量应当等于当年度所创造价值总量，货币供求平衡，货币价格等于货币价值。

普遍中介物作为价值尺度，要求价值稳定性。如果中介物价值发生变化，就是通涨或通缩。例如16世纪，欧洲发现银矿、从殖民地运回贵金属，引起贵金属供应过量，则一部分涌入首饰市场成为存量，再过剩，引起金银价格下降，贵金属货币贬值，但是商品价值未有变化，表现为"货币标价"的上升，货币贬值引起的价格上涨，叫做通货膨胀。

纸币是价值证明书，如果发行过量，货币就会贬值，就是货币度量衡标准本身出了问题。

假设正常的价格波动以禁止高利得中立适度5%为尺度，则有：

货币保值利息率＝通货膨胀率－5%

2. 价值规律管制纸币债务

债务资本有创新资本生产工具的功能，但是，必须控制在"资本生产工具法律"范围内，即借贷利息应维持在5%左右，借期控制在20年以内，股市市盈率应控制在20年以内。

现代纸币发行具有债务属性，财政货币债务的控制量，例如欧盟要求控制在相当于GDP的60%的水准上；2011年美国上调政府负债率达到90%，为14.3万亿美元。

货币市场。初级货币市场主要是货币兑换等，同时，习惯把一年期以内的借贷市场，也称为货币市场。另外，消费借贷的利息，可以认为是借方货币折损。

因此，应从货币真实、节制资本价格和控制货币投放量三方面建立金融新秩序。

第三节 国际货币

一、国际货币兑换汇率

价值规律只适用于等价交换市场，在劳动力价格和制度成本接近的区域，可以金本位货币兑换，国家之间货币汇率计算。

当国家之间存在壁垒，例如存在劳动力、技术、贸易壁垒，国与国之间是不等价交换，则价值规律失灵，需要按经验进行修正。

适度汇率上升有利于引进高新技术产品，经济转型，扩大内需。但是，汇率不当，会导致一国经济衰退。例如，1987年广场会议，美国逼迫日本、德国货币增值1倍，导致日本经济趋缓20年。

汇率似乎与两国工业劳动生产力的比例，较为接近，例如：中国工业劳动生产力大致是美国的8%，人民币与美元之间的兑换汇率为8.27挂钩多年。2005年中国开始实行市场汇率，随工资率上升，至2011年，与美元的汇率上升到6.3，上升了25%。

有的外国人以美国汉堡包2.71美元一个，中国是1.20美元一个，就此认为美元与人民币的汇率应该增值到2.25或3.65，这个错误结论，正在被美国智库所利用。最明显的，汉堡包在中国不是大众消费食品，只有20%的相对富裕阶层才会偶然品尝，在中国只能被划在消费奢侈品市场内，外企工资拉动耐用消费品市场服务劳动价格偏高，故汉堡包价格偏高。

有的人认为，中国物价低位运行已经9年，说明是货币通缩，由此应当增值。这是因为不了解第三世界三元市场、二元社会结构所致。穷国价格低位运行不是货币供给量少于需求引起的货币通缩、货币增值，而是大众收入低下，消费市场萎缩，劳务价格向小农下滑引起的价格下滑跳水现象。反之，货币增值，反而只能增加富人的收入，不能改变穷人的状况。如果货币增值，则出口减缓，反而会减少就业机会，给农民工等弱势群体雪上加霜。

有的人认为，中国是贸易顺差，应当货币增值，抑制出口。这种说法是行不通的。其一，中国与多国发生贸易，应当综合计算贸易进出，而不是仅考虑与美国的贸易顺差。其二，对中国的技术封锁是造成与美国顺差的主要原因。其三，由于没有实现直接准入西方市场制度，跨国公司"6+1"过度榨取，造成中国劳动力价格偏低。其四，富国劳务和技术市场没有放开，廉价劳动力不能流向富国，不会因为人民币升值而增加劳动力收入消费。当今，首先需要解决第三世界遭遇不对称市场引起的扭曲的市场价格和贸易现象，而不是施加货币压力。因此，发达国家与不发达国家之间的汇率存在多种变数，例如，劳动力收入消费水准、资本租费率、贸易壁垒和不等价交换、货币含金量，等等，不能单纯套用统一市场内部货币供求价格法来计算汇率和汇率变化。

二、超主权货币设计

国际金融改革建议核心是"公平"，民生治产为本。

超主权储备货币的主张由来已久，凯恩斯就曾提出采用30种有代表性的商品作为定值基础建立国际货币单位"Bancorp"的设想，国际基金组织就于1969年创设了特别提款权（SDR），以缓解主权货币作为储备货币的隐蔽性风险。

随着世界经济一体化，重申创造超主权货币。国际储备货币的币值首先应有一个稳定的基准和明确的发行规则以保证供给的有序；其次，其供给总量还可及时、灵活地根据需求的变化进行增减调节；并且，这种调节必须是超脱于任何一国的经济状况和利益：

（1）改革国际金融组织，为第三世界争取话语权、改革权、表决权等。应加强国际金融透明度、审计和监管力度。走独立的互利双赢经济政治道路。

（2）金融创新与实质经济挂钩。

（3）适度复兴金本位制度。

（4）从地区性统一货币做起，例如欧元区等。

三、美元国际结算货币的弊端

二战结束前夕，面对欧洲困境，由凯恩斯主导的布雷顿森林会议决议，金本位美元作为国际结算单位，每35美元兑换1盎司（32.4克）黄金。

上世纪60年代末，金融自由主义抬头，美国经济遭遇生产停滞、物价膨胀"滞胀"。1973年，以石油危机为借口，布雷顿森林会议解体，美元不再与黄金挂钩，但是留下了后遗症，世界经济已经被绑在美元国际结算单位上。这些年来，美国与阿拉伯石油区达成美元结算协议，成为"石油美元"，并利用8149吨黄金储备（占世界储备的24.9%）操纵黄金美元。通过政治军事科技石油泡沫财政"信用",37年间,美元持续贬值,至2011年,达到1810美元兑换1盎司黄金,贬值51倍,相当于每年贬值1倍还多。用零价值美元榨取他有价货币,多次引起世界金融危机。

美国实施美元政治科技军事化三角贸易霸权。布雷顿森林会议解体放纵美国黑心印钞机,成为世界最大债务国,卖掉两个美国也还不了。怪异的世界经济一体化,中国、东南亚手工密集型产业区贸易顺差,而美国空壳化贸易逆差。这就表明:当驯化资本的制度遭到破坏,必然发生危机和倒退,流通领域(特指美元流通)自私自利最大化——生产国不参与利润分配、陷入生产工具"自给经济"历史怪圈。

2008年经济学诺贝尔奖得主克鲁格曼,据说其贡献是"货币三角":设立货币的三个流动选择,1、完全自由的汇率;2、货币独立;3、固定汇率平衡。三者只能取其二。认为美国取1、2,欧洲取1、3,中国取2、3。其错误出在起点上,美元是政治货币,因此既不可能是"货币独立",也不可能是"完全自由的汇率"。

美国和英国奉行的是金融资本主义,2007年以来的金融危机,美国和英国都采用多印钞票的方式放水摊薄债务。而欧盟采用的是紧缩财政,要求人民过紧日子来克服欧债危机。我们应对两地区市场的政策,应当有所不同。

四、外汇储备控制在GDP的25%

1. 金融自由主义的裹挟

1994~2009年,由于外币在中国不能流通,加上需要增加外汇储备,开始实行企业用外汇向中央银行换取"基本货币"的政策,相当于多发行货币=外汇收入,2011年中国外汇储备为3.2万亿美元,相当于在15年里多发行20万亿人民币。

2. 中国美元储备成倍高出的原因和减持步骤

摆脱美元陷阱,不应仅限于金融斗法,而应当从源头分层次、有度、有量地分析为什么需要减持美元,和如何有步骤地逐渐减持,才能既避免误解,也有利于中国外汇收入的流动性。

其一,外汇储备额应当量化,外汇储备应当逐渐下降到相当于GDP的25%。一般规律,世界各国外汇储备占本国GDP的比重,发达国家相当于GDP

的4%以下,例如英、法、意为3.6%,德国为3.5%,加拿大为3.3%,西班牙为1.7%,美国为0.7%。日本对美贸易顺差,为18%~20%。印度为20.2%。韩国在2004年曾高达30%,2008年也下降到占21%。

外汇储备的作用:保证对外支付;干预外汇市场,稳定本币汇率;提高对外融资能力;增强综合国力和抵抗风险的能力。然而,储备是流动阻滞,不是越多越好。

究竟储备美元还是储备黄金,有过争论。1973年布雷顿森林会议解体,在陈云同志的建议下,中国以35美元/盎司的价格购买了600吨黄金,据说至今还存在美国没有运回来。上世纪90年代初,陈云同志提出过两大意见,即市场鸟笼理论,和黄金储备建议。但那以后"美元派"占上风,起始于1994年,每年增量几乎与生产型增值税收量接近,似乎有货币与财产平衡上的考虑。而美元外汇储备猛增,产生于对美国贸易顺差引起美元堆积。放开金融以前,中国外汇的用途似乎主要用于储备,2007年按WTO要求放开金融,开始组建国际投资公司,和给各大银行注资,但是购买30亿美元黑心债券、与黑石公司合作,陷入金融困境。

2004年,中国外汇储备余额达到GDP的48.2%,2011年达到3.2万亿美元,依然是同类国家比例的2.1倍。而黄金储备一直维持在600吨,直至近年,中国黄金储备才上升到1100吨,也只有美国的1/8。

外汇储备世界最高带来的问题:外汇储备等于有形体财富流出,等于收入和消费减少、实质经济投资减少,停滞在手工劳动密集型产业;内外利差损失,例如2004年损失200亿美元,2008年损失年400亿美元;储备与引进政策和假亏损里外里每年损失300亿美元;穷国承担富国责任,不能享受特别提款权,反而要向世界金融组织低息注资;美元陷阱受制于美国。

其二,在减持的同时,外汇储备多样性的量化,调整为美元占50%,欧元、日元、加元、澳元等占50%(包括黄金)。折合美元储备由相当于中国GDP的32%下降到相当于12%。而目前,仅美元资产占去中国外汇储备的70%,受制于美国。而欧盟、日本、澳大利亚以实质经济为货币对价,应是制衡选择。

其三,外汇各用途量化。外汇收入,在保证储备相当于GDP的20%以上的基础上,其余额,60%应当用于采购国外先进技术装备和资源,20%用于走出国门,10%用于金融投资为宜。采用多渠道、滚动式流动政策,充分发挥外汇创新作用。

而目前世界格局,中国、印度等国,外汇收入的67%用于储备,10%用于证券投资，5%用于直接投资；而负债中58%是国外投资，其中美国等投资占债务的71%，即负债的42%被外国掌控。

3. 走出美元陷阱

首先在战略上不要被美国忽悠，美国依靠军事技术金融舆论信用信心"政治美元白条坚挺"，沙特曾一次抛售2000亿美元，日本几次抛售上千亿美元，并没有引发恐慌，为什么唯有中国不敢减持美元？是屈服于"美元陷阱"讹诈不能自拔？是美国"游说团"在继续起诈骗作用？其次，有必要学习上世纪90年代初陈云同志提出的"鸟笼市场"和黄金储备建议，学习老百姓，选择对价的、不受或少受政府或意识形态干预的货币，逢高卖出逢低吃进，这才是自由市场规则。第三，为了贸易平衡，中国政府应当挺起腰杆子要求美国开放高新技术和资源市场。第四，购买美国在中国的企业。

我们要以五四精神突破五四思想屏障。韬光养晦，是不争（以西方为标准的）世界第一，是有思想有选择的学习，中国必须要有自己独立的思考和独立的理论体系、全民族伦理道德回归和法制训练，否则难以摆脱后殖民主义时代"人云亦云"自我殖民化怪圈。切忌没有落入核保护圈，却钻入美元陷阱。随着中国经济发展和30年的历练，我们已经有了走出美元陷阱的能力。

题外话。有人问，为什么外汇不能当作消费券发给大家？这是因为，在中国"外汇储备"本身是政府白条。其转换过程是，出口商收取的外汇，由政府折合成人民币换给出口商，而政府是用基本货币换汇的，就是说，政府手中的外汇已经是"政府货币白条"，以中国白条对价美国国债白条，共同进退，这是外汇局的一种设计。白条，如果当作消费券使用，就成了二次白条，事必造成多发行14万亿人民币（约2万亿美元），增发相当于50%的GDP的货币，势必货币贬值。

第四节　货币管制

一、货币管制是宪法的内容

当资本是生产工具，货币经济，金融法上升为国家大法。

（1）国会任命权。英国中央银行——英格兰银行18名理事由政府推荐，女王任命，美国私有银行联合储备委员会，7名理事由总统任命，直接对国会负责，独立行使决策和执行权，政府以财政为担保。

（2）决策与执行权分离，德国联邦银行委员会决策，意大利、日本中央银行决策，银行执行。

（3）立法权力、执行、监督三权分立。法国决策机构是国家信贷委员会，由财政经济部长、法兰西银行总裁、各界代表组成。执行机构是法兰西银行，监督机构是银行管理委员会。

反之，新金融自由主义放松监管赚取虚拟货币，最终导致了西方多次金融危机。凯恩斯理论，为货币经济打开了新的一页，也打开了无限债务资本主义潘多拉的盒子。

中国已经有呼声，要求中国共产党中央设立"中央战略委员会"，统领国之利器的战略研究和部署，其中包括金融战略。

中国当今的一个问题，正是在于金融法权的分散。例如，货币是银行说了算：

（1）对工业产业使用农业文明习惯之"春耕秋收"小农周期贷款模式，而工业生产线要几年才能建成投产生产出利润。

（2）制定利息率，是参照企业中等利润水平，则将有50%的企业贷不起款。

（3）尽管已经能够区别货币与资本价格，然而，允许约定贷款利息率是法定利息率的4倍原则，却没有设立上限，是高利贷法。

（4）外汇储备，由外汇储备局说了算，导致储备过度。用基本货币换外汇，仅这一项，似将导致货币发行过量20万亿元人民币。

二、货币发行总量控制

1. 实质经济为主体的货币政策

上世纪90年代以前，接受多次金融危机的教训，盛行保守主义的货币政策。

产业资本主义，资本是生产工具，需要金融杠杆，并且可以计算出实质经济允许的金融杠杆范围。有以下法律允许和经验数字可供约束资本量：

（1）资本生产工具，普通利润率为2%~8%，不得超过10%，20年期。

（2）银行借贷中，借用过去为一半，借用未来为一半，比较稳妥，即准备金率应不低于50%。

（3）通货膨胀在5%以内有利于投资引诱。

例如，日本在1961～2010年，维持3%～5%的通货膨胀率长达50年，相当于把未来借给现在，这有利于引诱投资，扩大生产，增加就业。

（4）货币控制：所发行货币总量与创造价值等量。

可比经验统计，例如，1929年，美国准备金率或首付按揭是25%，按上述公式，折合影子银行是GDP的3倍，导致生产过剩，股市崩盘，金融危机，经济危机。

货币投放量采用以下计量表征：

M_0　流通中的现金；

M_1　狭义货币供应量＝M_0＋企业活期存款＋机关团体军队存款＋农村存款
　　　　＋个人持有信用卡类存款

M_2广义货币供应量＝M_1＋城乡居民储蓄存款＋企业定期存款
　　　　＋外币存款＋信托类存款

M_3＝M_2＋金融债券＋商业票据＋大额可转让定期存单……

在金本位体制下，纸币是黄金量证明书，本身是一项债务，纸币发行总量M_2，应接近于黄金储备量，或一国GDP总量。

由表7-1，货币与GDP增长值之间的比例关系，大致为15%～20%；货币现金与流通货币大致是30%的比例关系。就是所谓2:8黄金分割。

2. 世界经济一体化，货币发行的控制

随着世界经济一体化，商品和货币流动性范围大幅度扩展。

（一）货币工具增加

金融机构存款准备金（率）制度；

中央银行基准利息率（贷给商业银行的利息率）；

中央银行再贴现率；

向商业银行提供贷款（额度）；

在公开市场上买卖国债和其它政府债券及外汇；

基本货币发放额度调整；

用基本货币购买企业手中的外汇政策；

43种金融产品及衍生品的控制；

生产型增值税套餐，1:2倍的杠杆（中介法）；

20%按揭住房贷款，20%:80%的杠杆。

股市杠杆。

(二) 金融管制尺度调整

(1) 有世界市场缓冲，货币价格变动，适度放宽到以5%~10%为尺度；

(2) 有世界市场需求，中国的准备金率有所下降，但是依然被控制在11%~25%之间，是负责的大国的做法。

由于资本市场扩大，中国定期存款的比率从50%，下降到25%~30%左右。

而美国的准备金率下降到1%，超前消费信用卡制度导致定期存款为负值。

(3) 如果GDP泡沫，则GDP增加与货币流量M0之间的比率虽然好看，但是反而在掩盖GDP泡沫这一事实。

例如，2007年末世界金融危机导致中国出口业面临困境，转型走扩大内需的路子，2008年末决定投资4万亿元人民币刺激生产，综合导致现行货币投放脱离了原有的轨道。2008年终M2广义货币余额47.52亿；2009年末60.62亿；2010年末72.58亿；2011年一季度新增贷款4.58亿，流动性过剩。但是，"M0/GDP增加"，却属于正常范围内，参见表7-1。

表7-1 中国货币发行与国内生产总值增长率的关系

绝对数：亿元；比例数：%

年份	GDP增加数量	现金投放量	占GDP增加	货币和准货币M2	货币M1	货币流通中现金M0	M0比上年增长	M0占M2	M0占M1	定期储蓄占GDP
1995	11683	596	3.8	60750	23987	7885	8.2	12.9	32.8	55.4
2000	7336	1197	16.3	134610	53147	14652	8.9	10.8	27.5	14.2
2001	4943	1036	20.1	158301	59871	15688	7.1	9.9	26.2	18.8
2002	4711	1589		185007	70882	17278	10.1	9.3	24.3	21.8
2003	15490	2468	10.2	221222	84118	19746	14.3	8.9	23.4	27.4
2004	24056	1722	10.2	254107	95969	21468	8.7	8.4	22.3	21.2
2005	25059	2563	6.8	298755	107278	24031	11.9	8	22.4	30.4
2006	31377	3041	8.1	345603	126035	27072	12.7	7.8	21.4	17.2
2007	49496	3302	6.7	403442	152560	30375	12.2	7.5	19.9	21.2
2008	48235	3843	6.8	475166	166217	34219	12.7	7.2	20.5	28.1
2009	26461	4027	14.5	606335	220001	38246	11.8	6.3	17.3	37.7

资料来源：国内生产总值引自《中国统计摘要2010》第16页；货币供应，参见第79页。

三、社会融资总量的控制

1. 社会融资总量

把未来预期借给现在，是金融创造债务，无限债务资本主义，已经导致多次世界金融危机，为此需要控制"社会融资总量"。例如国家发改委在 2011 年公布的公式：[①]

社会融资总量
= 人民币各项贷款 + 外币各项贷款
+ 委托贷款 + 信托贷款 + 银行承兑汇票 + 企业债券 + 非金融企业股票
保险公司赔偿 + 保险公司投资性房地产 + 其它

2. 信用泡沫的计算

参照 2007 年以来金融危机所暴露出来的问题，引起金融泡沫的因素还有：

信用泡沫
= 人民币准备金率低于 50% 部分的杠杆 + 外币汇率高估部分杠杆 + 高利贷杠杆 + 住房房地产价格超过中等收入 7 倍部分之泡沫 + 股市市盈率超过 20 年期为泡沫 + 大宗商品期货市场泡沫 + 金融衍生物泡沫 + 企业债券超过偿付能力的部分 + 财政赤字累计超过 GDP50% 的部分 + 国债超过 GDP50% 的部分

3. 金融杠杆打白条，影子银行

2004 年世界债务约是 GDP 的 6 倍，2007 年世界债务 648 万亿美元，是 GDP 的 11 倍。美国柜台债务窜升到 320 万亿美元，是 GDP 的 20 倍，是各种金融杠杆的后果。

（1）准备金率杠杆。西方银行（bank）起源于板凳（bench）。起初只是兑换货币，后来增加新业务，替有钱人保管金银，别人把金银存放在他的保险柜，它给人开张收据，并收取一定的保管费。天长日久，有聪明人看出其中门道，虽然每天都有人存，有人取，但他们的保险柜里，总有些金银处于闲置状态，很少有保险柜被提空的情况。于是兑换商玩起"借鸡下蛋"的把戏，别人每存一笔钱，他们只在手中保留一部分，剩下的则悉数贷出去。被兑换商保留在手里的那部分金银，就是后来的所谓"存款准备金"。准备金本来是为了

[①] 〈以积极心态看中国经济增速〉环球时报 2011 年 6 月 27 日。

保证支付的，但它却带来了一个意想不到的副产品，就是赋予了商业银行"创造货币"的职能。

例如，美国1%准备金率，2007年撬动借贷债务达到230万亿美元。但是由于生产的延期作用，美国货币财政军事科技石油信心作用，信用卡超前消费，债务投资向世界扩散，让美元持有者一时感觉不到美元贬值。

（2）信用纸币。美国采用了财政为担保体制，政府发行货币量，是预期财政收入的债务；以政府财政为担保，准备金杠杆银行白条，是以未来利润为信用的债务。2010年美国国债高达14万亿美元，美国政府早已经破产。

（3）股市杠杆。一级市场股价，是以未来利润为信用，股市价格债务杠杆，例如美国股市市值30万亿美元，接近实质经济的2倍。

银行上市筹集资本金，以准备金率杠杆银行白条，是二次放大债务。

（4）房地产贷款按揭。例如，首付为20%，则撬动了80%的贷款。

（5）美国次贷，二次债务。将债务包装为"债权"，例如贷款购房、硅谷贷款、股市筹资创业，本身是20年期的"债务"，却打包成债券出售，这样一来，购买人就承担二次债务风险。黑心银行白条、黑心政府、黑心保险、黑心证券公司、黑心评级公司，是五次放大债务，从原始股到黑心债券，可以被放大500倍。当次贷者无力还款，就引发金融危机。美国隐瞒2007年已经发生危机，2008年却采用"消费指数不包括能源和食品"假评估，制造"美国复苏"诈骗中国企业抄底，被套牢。

（6）金融衍生物。当资本是生产工具，金融被设计成为企业筹集资金的"中介"服务工具。然而自从上世纪70年代末新金融自由主义以来，金融工具已经达43种以上。而金融衍生物是典型的赌博工具，例如对冲基金，私募基金，还有专门让高管部门、监督部门、政府部门看不懂的那些衍生品，早已经远离了民生。2011年9月18日，在美国爆发了"占领华尔街"的示威游行，表达美国民众对华尔街腐败的不满：在政府的救助下，2010年华尔街大丰收，而与贫富悬殊形成鲜明对照；对两党恶斗置国家于不顾不满；对高失业率不满。

当我们与狼共舞，确实需要了解和解剖那些金融衍生物，以便于应对。但是，经验表明，对于赌博，唯一的有效办法是"禁赌"，如果幻想以毒攻毒，很可能会染上赌瘾。保守主义美国人特别教导中国人，要学美国、日本的优点，而不是去学美国的缺点。

（7）生产型增值税——购买者价格法财务制度——价税利息包袱套餐撬

动贷款杠杆。

生产型增值税，逼迫购买设备用贷款或折旧费支付17%增值税；使用消费规则逼迫用贷款支付利息，第四年，用贷款支付利息＝8%×3＝24%；贷款支付法定多级管理费膨胀到10%～15%；综合导致使用者贷款只剩下50%；为了完成工程，实际贷款额度不得不增加1倍。杠杆为1:2，50%的资本空转和被制度消耗。泡沫GDP，只不过GDP只适用于商品经济，自给经济并未计算在内，抵消了泡沫因素。例如，

资本形成总额＝固定资产净增加＋存货增加

2010年，资本形成总额占GDP49.3%，名义贡献率为54%。

2006年贷款22.5万亿元，2010年为47.9万亿元。2011年经济减速，就是采用适度货币政策，减速货币投放，例如，投资速度由25%降到20%，影响GDP下降3%，则经济增速由11%降到8%。① 而国际情况是，资本形成对GDP的贡献平均被控制在21%左右，例如，日本是24%，韩国是30%。

4. 禁止金融市场过度投机，金融推手必须公开接受监督

按照凯恩斯的《就业利息和货币通论》标题，以就业为本管制金融，其一，货币的真实性；其二，为保证货币真实而控制货币发行量；其三，管制资本价格，禁止高利得。落实到金融市场，就是要限制过度投机，并对金融推手公开化接受全民监督。其次是要揭开石油交易的面纱，公布交易幕后主要推手的名单。

复习题：

1. 为什么说货币（借贷租赁）是过去、现在、将来的纽带？股票市值是将什么时候的利润借给现在？

2. 准备金率杠杆，如何允许银行"创造债务"，比例关系是什么？

---

① 环球时报2011年6月27日《以积极心态看中国经济增速》

第八章　公平价格框架

第一节　资本生产工具：预先定价正常价值法

一、劳动和资本工具，合伙预分配之价格公式

1. 动产加工，所有权价值确定方法：折衷

既然是劳动与资本工具共同创造的果实不可分割，就存在原始归属和公平分配的问题。欧洲大陆法、英国财产法系，采用"折衷"方法，把"是否能够还原"作为折衷的中立点。例如，《台湾民法典》第814条"加工于他人之物之动产者，其加工物之所有权，属于材料人所有人。但因加工所增加价值显逾材料之价值者，其加工物之所有权属于加工人。"前者，如，加工戒指，后者如酿酒。从古罗马查士丁尼《法学总论》第2卷第1篇第第25条，1500年后传承至德国民法典950条，迄今适用。"加工"条款之所以这样重要，因为它是价格构成法的基础：

（1）贵金属所有者对戒指的所有权价值 = 贵金属材料价值 + 加工劳动添附价值

加工劳动添附价值 = 戒指所有权价值 − 贵金属材料价值

（2）酿酒者对酒的所有权价值 = 粮食价值 + 酿酒技术劳动添附价值

酿酒技术劳动添附价值 = 酿酒者所有权价值 − 粮食价值

采用折衷方法，劳动者报酬公式结果一样。

当出现债关系，例如雇主资本支垫：

麦子归杨白劳所有 = 转移成本 + 雇主支垫资本工具分享利益 + 承租收入

杨白劳承租收入 = 成品价值 − 转移成本 − 雇主支垫资本工具分享利益

当出现债关系，分配率似乎比果实原始所有权更有杀伤力，杨白劳被高额地租和高利贷逼得出卖喜儿后自杀。它说明，分配比例比原始所有权更为重

要。这是预分配价格法的法理基础。

2. 分期付款购置生产工具，合伙分配价格法

中国市场首先是大众谋生的场所，共同市场"借资治产"为主体导向，价格务实，以民生借资治产为本，合理资源配置，增加就业机会。

借资治产分期付款，构成"治产劳动——资本工具"二元价格关系，需要界定各自的经界，规范合伙的空间，量化等价有偿的公平尺度，设立价格公式。在欧美价格法中迄今适用。

（1）劳动与制度成本之间没有共同的尺度，为了和平合作驯化资本工具，适用合伙法，权利责任衡平、平均分配的利益，即生产共同体所创造价值，趋向在劳动报酬总额与制度成本之间对半分，迄今延续使用3800年前的汉穆拉比法典之佃农定理。

（2）劳动者生存尊严的边际，是绝对价格计算法的依据。劳动力价格四个阶梯：法律禁止奴隶制之嫌、公定最低工资率、公定管理和技术级别工资率谱系、限制最高差别比率（最高工资、平均工资、最低工资、最低生活保障、所得税起征点和它们之间的比率；劳动者报酬总额占创造价值的比率应趋向对半分）例如：

美国总统税后工资∶平均工资∶最低工资∶最低生活保障比率≈33∶4∶2∶1

借资治产，劳动者报酬总额在占创造价值40%～60%的区间内，劳动者报酬总额适度增加，有利于提高劳动素养、逼迫制度成本改革、拓展耐用品市场、用市场劳动置换家庭劳动等，二次方增加就业机会。

（3）借资治产，禁止高利得（贷）四阶梯：法律禁止高利得（贷）以10%为界限（扣除通货胀缩因素），法律中庸的利息率在5%左右，法定利息率，约定利息率。法定和约定利息率绝对地不得超过法律禁止的利息率。

资本价格利息率，以10%为分水岭。超过10%，资本与技术的转化效率趋向零，趋向手工劳动密集工具自给古代经济。

在小区间2%～8%以内，资本成为技术的廉价丰富、20年持久的载体，公平对资本与技术转化为生产装备的效率，有二次方激励机制。

（4）借资治产制度成本，在占创造价值60%～40%的区间内，制度总成本适度下降，公平对资本与技术转化为生产装备的效率，有二次方激励机制。

制度成本各费用要素包括：折旧费、资本价格、债务人权还本的积累、营销管理费、政府成本，各自占创造价值的份额禁止高利得（贷），不得超过10%为一般尺度，但是相关要素之间允许互为消长。

其中：
  分期付款购置生产装备的年供率
  =普通利润率生产成本要素
  =支付利息的生产成本要素+还本积累的生产成本要素
  ≈2倍利息率

借资治产，分期付款（还本付息）成为生产成本要素，这是与古代经济、计划经济最大区别。

（5）借资治产：
  最低公平价格公式
  =转移成本+劳动者报酬总额+制度成本
  创造价值
  =劳动者报酬总额+制度成本

其中：制度成本5要素各自占创造价值的份额禁止高利得，则有：
  制度成本占创造价值的份额
   =（贷款购置生产装备的分期付款年供+其它费用）
   =（资本利息股息租金率+还本积累率）
   +折旧率+管理营销科技占+政府成本率
  ≈10%×5

其中：相关要素可以互为消长。

价格构成的六个要素：劳动、债权资本价格、债务人权还本的积累、折旧成本、管理营销成本、政府成本，将在各篇介绍。

二、生产商供给价格公式沿革

中国《价格法》第八条"经营者定价的基本依据是生产经营成本和市场供求状况。"其中"生产经营成本"定价法，又叫做生产商价格法。区别于利用地区间价差搞贩运式贱买贵卖价格法。

1."正常价值"国际会计法，是市场经济地位的要件

关于公平价格，各国的表述方法不同。美国法庭裁决公平价格法、"保证最低价格"领导法、评估师估价法等，经合组织OECD采用"预先定价安排"正常价值法。2003年3月台湾米醋限制涨价幅度，是价格委员会指令的。因此，法定供给价格公式没有过时，以便人们专心于生产和创造财富。

WTO"国民待遇，共同适用"价格法的核心问题是"正常价值"。2004年4月，中国向欧盟申请市场经济地位，6月28日，欧盟贸易发言人对为什么没有给予中国市场经济地位，提出了五条标准，这只是对贸易保护调查中的公司成本和价格的"技术分析"：

（1）政府应确保所有公司获得平等的待遇。
（2）公司治理：企业有一套按国际通用会计准则建立起来的会计账簿；
（3）企业的生产成本和财务状况没有受到过去非市场经济体系的显著影响；
（4）私有财产和破产法：企业在法律保护下经营，不受政府干预而成立或关闭，获得公平的对待；
（5）货币兑换汇率的变化由市场决定。政府应使银行业在市场的规范下运行。

这五条，政府的责任是公平和平等，并没有要求放弃政府在经济领域的职能。

欧盟《反倾销法》为了判定是否存在倾销行为，选用了一把尺子，叫做"正常价值"，它的计算方法是："如果产品来自一个市场经济国家，该种产品的企业成本和其国内售价将成为欧盟认定该产品'正常价值'的重要依据。"而如果该产品来自于一个"非市场经济国家"，则要以其他国家的同类产品价格作为参照。①

2. 价格要素预分饼关系

当资本生产工具进入生产领域，"偶然"价格被限制在供给价格的尺度上下，这种价格现象又叫做预定价格"正常价值"。尽管要素是购买来的，在市场看来是独立价格，但是在生产共同体内部却是分饼关系。在购买要素之前，生产经营者要做预分配、预算，如果预期"饼"价格已定，则有一要素"要价"上升，牵动另一要素"要价"必须下降，要素之间有等和分饼关系。市场"发现"的要素价格（受益价格），必须接近"预分配"成本价格，否则买卖合同不能兑现，该企业将雇用不起生产要素，导致转产或破产。

即便在看似偶然的市场上，在生产共同体市场内部，要素之间是预分饼关系，因一要素而牵动全身的现象，实际不是所谓"独立价格"，比如：

土地出租人收益地租，承租人收入 = 收成 − 地租

---

① 正常价值，参见黄菁瑶：《欧盟为何没有给我们市场经济地位》，载《环球时报》2004年6月30日第17版。

货币借出人收取法定孳息，企业主收入＝利润－利息
劳动收入工资：制度成本＝劳动创造价值－工资总额
商业中介利润率最大化＝生产者不参与利润分配
财税最大化、资本利润率最大化＝生产者不参与利润分配

因此，共同市场经济的特征是，劳动和资源配置"有计划"。劳动者、资本所有者、土地所有者、企业主债务人，他们参与生产的目的各不相同，但是，为了共同创造财富，尽管各怀正义或邪恶，但是他们的"外在表现"都必须"合法"，都希望做成饼、把饼做大。

当今市场是多要素"合伙"创造财富，而科斯"产权－效率"理论的问题，恰恰出在，它是个人主义的一种衍生物："产权效率独大"，这将导致它的合伙人收益为零，例如债务人权、创新劳动。当"治产人的债务人权的利润效率为零"，在穷国，就买不起先进工具，借不起钱改良生产，退回手工密集工具自给经济；在富国，产权、服务业利益最大化，制造业空壳化。美国股市、次贷金融危机，难道与这种"独大"投机理论没有关系吗？

3. 资本生产工具的租费率（普通利润）纳入价格要素预分配

当资本成为一般生产工具，工具是雇用、租借来的，即在生产之前，已经对预期果实进行了预分配，销售价格必须满足合同要求，包括一个普通剩余或普通利润率以备用支付雇用资本的租费，低于这个边际利润率，企业就不会选择生产这个产品。普通利润率是供给价格的一个要素，西方经济学又称之为准租金、资本的边际效率。中国企业财务会计法中有在利润中提取"公积金"一项，公积金的基本用途是偿还本金的积累。借资治产经济的边际利润是"租"，不是可有可无的价格后果利润。

4. 生产商价格法历史沿革

（1）等价交换

欧洲奴隶制社会的共同市场，稍有不公就要饿死人。生产商价格法，是历史积淀的过程。共同市场早期，生产者在公共市场出卖自己生产的商品，手工业者同时也是商人，双方都必须获得恢复体力、维持家庭所需，自然是生产商品所包含的均衡劳动量等价交换。正如古希腊亚里士多德所介绍，自然经济自给自足正当价格公式：①

---

① ［英］埃德蒙·惠特克：《经济思想流派》，上海人民出版社1974年版，第8页。

价格＝中间价格＋利得－损失

亚里士多德商品价值（中间价格）理想＝生产该商品的社会平均劳动量

当共同市场增加了代理商环节，产品逐渐由商人代理销售或收购销售，这时商人要公开保证绝对是私有权，即产品不是偷来的，不是违法财产；并且要公开商品的供给价格构成，代理商公开收取一个法定合理的普通利润率。柏拉图的价格原理考虑："减除开支以后多大的收入会产生适度的利润。"①

柏拉图生产商价格理想＝生产价格＋商业中介合理的利润

（2）等价交换允许的范围或区间，禁止高利得超过什一中正，源于中国。中国《古文观止·杨恽报孙会宗书》中，汉朝杨恽的家书中写道："贱买贵卖，逐什一之利。"至今在民间"守正商人"中存续。公式表示：

杨恽"贱买贵卖价差禁止高利得"＝买价＋普通利润率不超过10%

王莽变法之借资治产价格公式。"民欲贷财以治产业者，命钱府均授之，除其费，计其所得受息，毋过岁什一"，"除其费，计其所得，纳税，毋过岁什一"：

王莽变法贷财治产价格构成
＝费用＋所得利润
＝费用＋净利润＋支付利息＋支付税金
＝费用＋净利润＋（所得利润×10%周年利息率）
＋所得利润×（1－10%周年利息率）×10%周年税率

比亚当·斯密生产商价格法要早1500年。

（3）亚当·斯密的劳动——资本支垫价格法

A. 16世纪中叶，禁止高利贷四个阶梯成为一般尺度。

B. 果实增加价值原始归劳动者所有，"劳动的全部生产物，未必都属于劳动者，大都须与雇用他的资本所有者共分。"

C. 支付租费："劳动者对原材料增加的价值，在这种情况下，就分为两个部分，其中一部分支付劳动者的工资，另一部分支付雇主的利润，来报酬他垫付原材料和工资的那全部资本。"②

D. 支垫资本的租费率："英国商人把相当于两倍利息率的利润，看作适中合理的利润"，"在普通纯利润率为百分之八到百分之十的国家，借用资金来

---

① ［英］埃德蒙·惠特克：《经济思想流派》，上海人民出版社1974年版，第7页。
② 亚当·斯密：《国民财富的性质和原因的研究》上卷商务印书馆1972年版第43、44页。

经营业务的人，以所得利润之半（均衡分配——笔者注）作为利息，也许是合理的。"

当存在银行竞争，自有资本可以换算为自我借贷。则有：

英国工业革命创造价值公平分配
= 劳动者报酬总额 + 雇主贷款支垫生产资料的租金
= 劳动者报酬总额 + 普通利润率
= 劳动者报酬总额 + 2 倍利息率

数量级概念，在19世纪以前这些优良的制度仅仅是"萌芽"。其一，羊吃人时代失业大军，赤贫无产阶级没有变。其二，仅对占全国人口10%～30%的工业市场，有一定效用；其三，这些优良制度仅适用于富人"债权人与债务人"之间关系的变革；其四，商业资本主义不等价交换，是殖民主义在海外扩张时对另类使用的欺诈不为非法的无耻的手段。

（4）混合经济阶段，争取工资率、工资总额与生产力同比增长。

20 世纪初，康芒斯首先归纳了"政府成本"一项，凯恩斯使用者成本，增加了折旧成本，持久资产风险成本（相当于还本的积累）。①福特公司等增加了技术管理营销成本。综合以上可以归纳出现代公平价格构成公式。

20 世纪特别是二次大战以后，民主势力抬头，混合经济得到发展，"计划+市场"，生产要素共同分享超额利润，诉求工资率与生产力同步增长，维持劳动者报酬占创造价值的一半以上。

总而言之，自主价格，是在法定框架内的自由，所有权切不可以有可以任性滥用自由。

三、买卖价钱要公平

禁止买卖七种贪婪，公平竞争：

（一）禁止强买强卖，禁止恶意串通操纵市场价格。遵守自愿公平等价诚实信用原则。

（二）禁止漫天要价坐地还钱这种浪费交易时间成本之陋习，应以最低公

---

① 长期供给价格，参见［英］凯恩斯：《就业利息和货币通论》，商务印书馆1983年版，第57～66页附录：论使用者成本，长期供给价格要素构成：直接成本（转移成本、工资成本、管理成本），折旧成本，利息成本，持久资产风险成本。

平价格构成公式为要价及还价的共同基础。

（三）等价交换，禁止倾销、禁止垄断：

为生计的普通商品贱买贵卖的价差，在禁止高利得允许的范围内，即禁止超过10%，适度为5%。

（1）禁止倾销价格。价格不得低于最低公平价格。生产经营成本不得放弃雇用资本生产工具的普通利润率。

（2）禁止垄断价格。关系生计的普通商品价格不得过高，其超额利润高于10%，应接受成本检查。

（四）禁止虚假广告、花言巧语、作伪誓。

（五）禁止缺斤短两。

（六）禁止掩盖商品瑕疵，以次充好；禁止假冒伪劣。

（七）禁止黑市交易；禁止暗箱操作。

资本是生产工具，买卖价钱要公平

中国市场首先是大众谋生的场所，是共同（合伙）、公共、公开市场。市民贷款创业、雇佣劳动，借资治产为主体导向。

借资治产，得规范劳动与资本可以合伙的价格空间，界定各自的价格经界，量化等价有偿的公平尺度，公平价格公式。以民生借资治产为主体，规范价格行为，发挥价格合理配置资源的作用，增加就业机会，稳定市场价格总水平，促进社会主义市场经济健康发展。

共同适用。自给经济可以换算为自我借资治产。所谓自由市场，也得遵守本建议法，为法制自由市场，不得自由自主滥用定价权，这与共同利益相关。

四、买卖的类型

买卖，按交易时间，分为瞬时买卖和延时买卖。

延时买卖在"延时"期间，应遵守"托管规则"。

特种买卖，按交易"物"的"价值"特征，可以划分为：样品交易、物的价值不确定交易（拍卖）。物物交易，互易。交互计算。

第二节 价格法计账

一、财务制度的法理依据

民法通则"自愿、公平、等价有偿、诚实信用"对自然人、法人、各种所有者都适用，应是财务制度的法理依据，财务制度不得偏袒哪一方。财务制度是综合法、派生法，有责任监督各要素必须合法；依法优先顺位；数据真实。

宪法"公民有劳动的义务"，推定公民有劳动的权力。推定财务制度应对劳动和保有工具权特加保护，包括优先雇用资本生产工具权及其偿债积累，财税、地租、所有者权益后序。

社会公平契约，是财务制度的中性原则。法律面前人人平等，民法通则"自愿、公平、等价有偿、诚实信用"对自然人、法人、各种所有者都适用。

以民生治产为本，国有资产民法经营国家所有者与企业应是委托合伙债关系，所有权与经营权按委托合伙债法完全分离。委托合伙债法的目的和作用就是排除隶属身份强权关系，贯彻《民法通则》"自愿、公平、等价有偿、诚实信用"权利责任衡平关系。

例如，新财务制度使用借记贷记复式记账方式。源于意大利发明的复式记账法，按借方或贷方登记，避免包袱债务。

新财务制度明确了所有者以股权有限盈亏和债务责任。《企业会计准则》第58条"资产负债表的项目，应当按资产、负债和所有者权益的类别，分项列示。"则有：

资产 = 所有者权益 + 负债

∵ 所有者权益 = 资产 − 债务

∴ 所有者责任 = 以投资为限担保自负盈亏和债务责任

借计、贷计原则，盈、亏、债务责任清楚。例如《企业会计准则》第38条、第43条：

所有者权益 = 资本投入 + 资本公积 + 盈余公积 + 未分配利润 − 未弥补亏损

二、生产使用者价格法，购买者价格法

在凯恩斯《就业利息和货币通论》中，已经特别界定"使用者价格法"。

加入 WTO，为了避免自我歧视，则必须建立与国际接轨的度衡量标准。

自从欧洲实行增值税以来，税务法价格、使用者价格、市场价格偏离，出现三个价格体系，联合国《国民经济核算体系·1993》（简称 SNA）规范了三种价格体系：生产使用者价格体系、购买者价格体系、基本价格体系（不常使用）。

其中，购买者价格法，也叫做价税包袱法。需要打开财税包袱，例如，欧盟国家商品价格标牌上必须标明销售税率，以便让公民清楚知道有哪些税、多少税，在购买环节落到了自己头上，不得包袱在名义价格中；在生产成本计算中，换算为生产使用者价格法，以对比资本生产工具的名义价格和实际价格，制度成本不得包袱在名义价格中。举例说明，购进生产资料的购进价格要计算价外税：

（1）公民购买馒头的购买价格 = 使用者价值 × （1 + 17%）

（2）《企业财务通则》财务价格包袱生产增值税和长期利息。

《企业财务通则》第二章资金筹集第十一条，或《工业企业财务制度》第二章资金筹集第 15 条规定，长期利息可以进固定资产加价，即允许用贷款或折旧费支付利息之高利贷资本空转法。《工业企业财务制度》第 26 条规定税费可以进固定资产加价，即允许用贷款或折旧费支付价外税之资本空转税法。

生产准备购买者名义价格
= 使用者实际价值价格 + 长期利息包袱 + 税金包袱

因为"购进固定资产税"在银台上支付，利息已经在当年末征收，因此，企业人已经在当期支付了该税、该利息。

利息包袱。例如，1994~2002 年正规工业企业长期贷款支付利息累计约 1.2 万亿元进了固定资产加价（折旧费已经抵补不了长期利息）。

购进固定资产税包袱。例如，1994~2002 年正规工业企业支付购进固定资产综合税约 2.1 万亿元进了固定资产加价（折旧费抵补不了当期固定资产税）。

这就是说，在 GDP 的"固定资产形成"一栏，8 年里已经累计有 3.3 万亿元人民币是泡沫，部分已经被金融中介和财政消耗掉，部分在资本空转。

《公平价格与持久效率》第 29 章用了整章的篇幅，计算出以下数字：

生产型增值税不是当期剩余价值支付的，参见《中国财政年鉴1997》第490页《国有工业生产企业损益表》中没有支付增值税，对照第480页《国有工业企业实现利润和税金》则有：

（1）工业生产企业应交增值税

＝税金－剩余价值支付（产品销售税及附加＋所得税）

例如：1996年应支付增值税＝2433－368（所得税）－803（营业税）＝1262（亿元）

中国统计年鉴增值税数字是1461亿元，两种统计基本接近。

（2）1991～2002年正规工业企业可分配股息利润

＝购买者价格法未分配利润－价税包袱（利息＋税金）

－到期的长期债务累计－已经用利润偿还本金累计

＝－7191－（12084＋3923＋10119）－（27829—7907）

＝－53239（亿元）

1994年三税制和价税包袱以来，实际收走企业95%利润，改革前后没有变，但是，拨改贷，政府资本金投入由财政的40%，下降到10%～20%。企业95%的利润被三税收走，拨改贷，企业拿什么还本付息？全面负债亏损，这不是企业的错。5万亿负债元只有做坏账处理，破产国有企业被贱价卖出。根据汉穆拉比佃农定理，劳动者总体总能创造出一倍剩余率，因此，2001年中国正规企业累计债务5万亿元，正如康芒斯所指出的，是分配率出了问题，生产型增值税和长期利息，以价税利息包袱的形式，将财政透支转嫁到了企业的负债表上，导致正规企业大面积负债破产，5000万国有企业职工下岗，转产手工密集产业。

购买者价格法是一个事实，问题出在透明度和所收走利息税金的用途。利息和生产型增值税之购买者价格法的问题，其一，直接导致撬动1倍的银行白条，资本空转，GDP泡沫；其二，财政增长率是GDP增长率的2倍，是由于对贷款、折旧费征收了17%的税，不是当前创造的价值，是资本债务空转。其三，劳动者收入实际下降17%；生产者使用的工具，实际价格比名义价格少了50%；其四，来源于民众生计收入和侵犯资本生产工具的财税收入，必须用于社会保险补贴和公共事业投资，经济才能达成均衡。

因此，财务制度价格法必须以民生治产为本。财务制度，并不仅仅是政府财政手段，不得滥用。

第三节 供给价格规律

一、资本生产工具：供给创造它的需求

1. 资本生产工具，创造它的需求

资本生产工具，是预安排生产方式，预期经济必须预测和创造它的需求。

资本生产工具提高了生产力，总能够创造它的需求。当今，生产商领导时尚新潮流，是经济的主流，供给总能创造它的消费。并且，替代规律、世界市场等，已经把微观不均衡及对宏观总量的影响降到最低。

萨伊的"生产总能创造它的需求"边际理论。在二战前，以人口增减来适应生产均衡，例如马尔萨斯人口论。在边际情况下，总投资决定总就业岗位，总生产量决定能够养活的总劳动量人数，决定总人口，超过的人口或者饿死夭折，或者被救济。萨伊定理"生产总能创造它的需求"在边际状况下有其合理的部分。生产供给与有效需求均衡的投入产出公式的差异，通过世界市场加以消化。

2. 制度成本过高，引起供求矛盾

（1）社会总生产量实际小于社会总需求的原因：制度成本过高，投资萎缩，生产萎缩，大量人口失业；农民大量涌入城市，就业机会不足。奢侈品市场畸形繁荣。例如，工业革命时期羊吃人现象。

（2）社会总生产量大于社会总消费假象的原因：劳动工资率相对下降、制度成本过高。例如，上世纪 20 年代末，美国股市泡沫崩盘，大量工业企业倒闭，2500 万人失业，饥寒交迫。工农业失衡，农产品生产过剩，牛奶往海里面倒。当生产过剩，但是物价不能再降时，罗斯福的政策是，降低资本价格刺激投资；设立最低工资制、法定 8 小时工作制，劳动者尊严和体面的生活；增加公共投资，即刺激消费市场。

1997 年亚洲金融危机时免受冲击，这一机遇，代工厂生产订单大量涌入中国，被推着走出口导向型路线。2007 年底，美国次贷引起世界金融危机，中国外向型经济受到冲击，扩大内需被提到日程上。内需不足的原因，自

1994年至2010年的17年间，劳动者报酬总额实际占工业增加值实际仅为25%左右，最低工资率增长只有财政收入增长率的一半；农产品价格过低农民收入过低；生产型增值税（价外税率为17%的馒头税）等流转税，转嫁给了转移不出去的弱势群体，比名义价格收入又低了17%以上。加之，高房价、高房租、医疗、教育高价格负担等因素，不敢消费。

（3）经济滞胀。20世纪70年代以来美国生产停滞、物价上涨的原因：金融自由主义股市和金融衍生物泡沫，服务劳动和制度要素收入上升过度，推动实质经济工资成本上升，生产资料物价上涨，实质经济成本二次上升；同时，流通领域利润率上升引诱投资脱离生产，服务劳动收入高于生产劳动引诱劳动和技术脱离生产领域，综合因素引起实质经济停滞空壳化。物价上涨，生产停滞，引发滞涨。

由以上所述可知，造成社会总有效需求与社会总生产不均衡的主要矛盾是劳动——资本工具之间分配不公平。经济失去均衡，首先是因为分配不合理。

3. 资源配置为民生服务

互通有无，可以是为了生存，也可能是为了锦上添花，这两种市场的规则大不相同。当市场是大众谋生的场所，则必须禁止14种贪婪。如果还没有获得准入证，何谈欲望满足、供求关系？

市场互通有无功能，被包装成了"优化资源配置"，其实并不到位，对谁优化、对谁有利？而资源高利得配置，反而导致生产者不参与利润分配，工具自给经济。如果雇用资本生产工具的租费率过高，劳动基金（资本生产工具）不足，则一边是闲置的优良资源，另一边是失业大军。

市场供求本身就存在尺度问题，比如上升与下降，是与什么尺度比较而上升下降？这个尺度如何决定？在讨论供求时如果疏忽了生产使用者成本是价格的底限，超过一定尺度，会产生失业劳动大军，饥寒交迫暴力反抗。

二、后发展国家三元劳务市场，跳水价格现象

凯恩斯指出："在长期以内……物价之稳定与否，须看工资单位（或说得更精确些，成本单位）之上涨，比之生产率之增加，其速度孰快孰慢而定。"[①]

---

① [英]凯恩斯：《就业利息和货币通论》，商务印书馆1983年版，第267页。

劳动工资是绝对价格法，而制度成本是劳动成本的一个比例，自然劳动成本最终决定价格水准。

发展中国家，过渡时期有多种经济成分，有多种经济规律。例如，存在三元劳务市场价格，在封闭的同一小口径市场内部，存在价值规律，而在三个劳务市场之间，大口径工资率差别太大，则价格出现跳水现象，租税越重，越向小农经济农产品低价格滑坡。

三元劳务市场：无保障的农民劳动力市场，有最低工资率的城镇劳动力市场，涉外企业劳动力市场。例如，2010 年左右，中国涉外企业月工资率 1100 元 ~10 万元不等。城市劳务市场最低工资率为每月约 1100 元人民币。农村农民劳动力价格平均为月 500 元，并且，由于农村没有最低劳保、最低工资保障，农民劳动力价格有可能柔向 0。进入这三种市场，就好比进市场圈子，与劳动能力并不成比例关系。相对应，存在三种经济：持久资产经济、手工劳动密集型产业、自给农业经济。存在三元消费市场：大众生活必需品消费市场、耐用品消费市场，消费侈奢品市场。

当法律不保护普通利润率，租税率上升等于实际工资率下降，价格跳水。例如，1994 年以前工业化养鸡的鸡蛋价格大约是每 500 克 3.7 元，十几年过去，大连咯咯嗒集团鸡蛋走出口日本的路子，价格依然维持在 3.7 元这个水平，可以评价为是长期供给价格。但是，1994 年实行 13% ~17% 的生产型增值税以来，价外税让实际工资下降 17%，并对改良生产征收 17% 的贷款价外税，导致工业化养鸡场纷纷倒闭，养鸡事业让位给了农民家庭，国内鸡蛋价格大致从 1995 年开始陡然下降到了每 500 克 2 元左右。鸡蛋价格下降 40% 维持 10 多年不变，说明这次降价不是由于鸡蛋供过于求，而是农民出售鸡蛋的价格，往往仅相当于饲料的成本价格，或按传统与粮食价格成 3 倍关系。是鸡蛋事业劳动成本摊进了自给农业中，农民养鸡劳动成本几乎下降至 0，农民是为了找活钱而交换。正是这一历史背景下，2003 年 9 月份以来的农产品价格陡然上扬，并没有引起抢购风，本次价格上扬不是供求问题引起，而是由于政府对农民的一系列减税政策信息，让农民增强了价格信心，是"恢复性物价上扬"。价格跳水首先表现为生产劳动力价格跳水、工资率低位运行。当租息税增长，企业主就雇用农民工，并把价格压到最低，抑制城市生产劳动力价格。税负越重，价格越跳水，规律与富国相反。孙立平以中关村地区、首钢地区、周边农村地区生态，提出三元社会现象，有社会断裂的忧虑。

第四节　短期价格供求波动与控制

一、欲望与替代，命脉商品的供给与价格控制

1. 生存、工具、快乐，替代边际

消费欲望。人类首先要解决生存问题，有生命才谈得上欲望满足。因此，供求理论应当包括生存边际、追求幸福工具手段边际和快乐消费边际，这三个边际的准则有所不同。例如：

（1）生存消费由生命生理需要为边际，无论是否劳动都得消耗。劳动消费边际，在生命边际消费以上，消费增量与劳动消耗量成某种比例。文化、文明、习俗对劳动者生活水准有影响①，对半分习俗条件下劳动阶级收入消费水准相对贫困。

（2）为追求幸福而积累工具。人类有理想，为了追求幸福，需要支付部分剩余价值雇用或积累工具，同时，追求幸福，有理性积累和契约积累两种形式。"积累"，是在基本生存消费之后、快乐消费之前的一个中间生产性消费。

（3）快乐消费，不成刚性关系，而与人的"欲望"、个人所在生态位有人文规律关系。"炫富"引起的价格扭曲，在"铺面地租"一节讨论。

---

①　欧洲贵族有记录每天吃了些什么的习俗，也许源于奴隶制。英国亨莱的庄园，就清楚记录午餐上给农奴吃了些什么，给吃了多少，属于慈善记录，是恩格尔计算劳动者食物消耗量的历史渊源。19世纪英国存在失业大军，工人生活极端贫困，以至于需要采用计算卡路里的方法折算最低工资绝对贫困线，例如预先科学计算维持一个人一天的生存和劳动需要摄入的卡路里约为3000大卡，以及炉灶税使欧洲人养成购买食品的习俗，和其他饮食习惯，然后把卡路里换算为每日每个家庭最少需要消耗的面包、土豆、牛奶、鸡蛋、香肠数量，再按照市价算成货币，人们除了吃，还必须消费的项目有：住、行、医、教、安全、家庭，加总后，劳动者报酬不得低于"食"的3倍，就是绝对贫困工资率的底线。而家庭食物消耗货币占实际工资的份额，就是恩格尔系数。这个计算方法对自给经济国家不一定灵光，例如中国人儿女占第一位，为了子女上大学，做农民的父母省吃俭用，可以长年不吃肉，最低情况每个家庭每月也就只花钱买油盐火柴，他们的恩格尔系数可以非常之低。

目前人们所讨论的欲望满足，实际是营销环节，快乐消费范畴。

欲望。快乐消费需求是活动的基本动力机制。主体自我冲动快乐欲望顺次为：温饱感；安全感；归宿感；实现自我、自豪、自尊、优越感；超越自我。这些自我冲动也反映着人的群体本性，例如其中的安全、归宿、与人比较（自尊、自豪、优越感）。

对客体需求，多样化欲望：数量、质量、品种。

欲望等级或弹性。人类本性之一是，人类欲望无止境但是对具体物的消耗欲望有止境，物以稀为贵、物多必贱。

弹性与替代。对品种欲望的弹性：为了生存，或利益权衡，当某商品价格已经超出他的支付能力，就会选择用其他商品替代。

对弹性的种种影响：贫、富者的弹性差别；宏观经济状况，货币量、繁荣、人口、财富总量变化；风尚变化。

以上这些，是否是生计必需品、是否有替代品，决定不同商品价格的不同控制方法。

其中，当没有替代品，某商品的供求不平衡会瞬时极大化，在等待生产出新商品的这段时间中，势必有一部分人要饿死冻死，这已经不是调高价格能够解决的问题。因此，对于没有替代品那些生计必需商品的供给和价格，例如粮食、能源、交通、军工等，必须委托政府、会社加以监管和控制，否则将引起社会不稳定。

反之，自由市场，如自由市场派所言，是小鸡自由过马路自由轧小鸡市场。

二、引起物价短期波动的因素

治产人一般都有预测能力，追求允许范围内利润最大化，表现为资本涌入、利润摊薄，平均化规律。因此，价格供求不平衡，应当是短期、某个范围的价格现象。

常见的引起物价波动的因素，大致可以分为五类：法制；供求；从众心理因素（例如恐慌）；政府价格调控政策；国际价格影响。

其中：供求不平衡引起的价格波动：

（1）货币涨缩。货币度量衡发生变化，货币名义价格在实际价值上下波动，货币保值利息率波动。这种情况下，物物相对交换率不变，"货真价实"

与货币供应量无关。

名义货币物价 = 中庸的物价 ± 货币供求波动

（2）资本供求影响资本价格利息率在法律范围内波动。

资本名义价格 = 中庸的资本价格 ± 资本供求 ± 货币供求

（3）市场劳动力不足，工资率人气上升。按照就业萝卜坑定理，在小区间工资率与直接就业率无关，则有：

名义货币工资率 = 中庸的工资率 ± 劳动力供求人气 ± 货币供求

如果因为工资率过低而调整工资，则生产劳动者实际收入上升；如果随工资率上升物价同比上升，则实际工资没有变化。

并且，工资率上升是竞争和谈判的结果，上升缓慢，而当劳动供求平衡，则工资率人气回落，会陡然迅速跌至最低点①，就像股市价格，或者牛市，或者熊市。

（4）生产门类之间供求不平衡，门类物物之间相对交换价格变化。

（5）服务劳动与生产劳动供求关系。例如，如果服务业工资率高于生产职工，则劳动力向服务业流动，棘轮效应不再返回。

（6）商品供求。某商品供不应求，价格上涨，其一，买家就寻找替代品，达到供求波动平衡回归中性价格。其二，刺激增加生产，供求达到平衡，利润摊薄，回归中性价格。

某商品供过于求，价格下降，当低于它的劳动价值量，这个产品生产就会萎缩，直至供求平衡，恢复到中立价格。

（7）人为非法制造不均衡。例如囤积居奇，炒作哄抬物价，金融赌博衍生品，游资集中冲击某局部市场，等等14种贪婪。

关于"现有商品—现有货币—偶然价格"

1568年法国让·博丹提出了近代价格理论，认为16世纪上半叶的物价上涨，有五个原因，第一，是由于"黄金白银的充裕"；第二，垄断，贱买贵卖，囤积居奇；第三，物资匮乏；第四，王公们随心所欲；第五，货币中的含金量下降。② 并且，他是在研究"波动"的原因，并没有否定存在波动围绕的"轴心"——自然供给价格。因此，只炒作"现在商品量、现在货币量，决定

---

① 亚当·斯密《国民财富的性质和原因的研究》上卷，商务印书馆1972年版第65、241页。

② 巫宝三主编：《欧洲中世纪经济思想资料选辑》，商务印书馆1998年版，第67页。

现在价格",是断章取义。美国所谓公允价值"瞬时价格",不符合让·博丹的全部意思,反而是海盗文化(liberty)的反映,"打一枪换一个地方式的价格",置民生于不顾。

第五节　资本生产工具之：货币经济
（资本价格、投资总量、就业总量）

以资本（生产工具）真实价格利息率为准则，物价、货币价格变动，对投资总量、就业总量的作用，设"↑"为上升，"↓"为下降：

（1）货币过剩：货币贬值↓，物价↑，资本实际利率不变，资本货币名义利率↑；

资本货币名义利息率＝资本价格利息率不变＋货币价格保值率↑

（2）资本过剩、贵金属货币通涨：物价↑，资本货币名义利息率波动较小。

资本货币名义利息率＝资本价格利息率↓＋货币价格保值率↑

（3）恐慌，物价↑。解决办法：短期利率↑，引诱把钱存银行；

例如，1988年物价改革失败，引起恐慌，采用了提高短期利息率的方法发出稳定物价信号。

（4）商品供不应求，物价↑，利润率↑，引诱投资，资本供不应求利息率↑，商品增加，价格回落，投资回落，利息率回落。

（5）需求不足过剩衰退：物价↓。解决办法：税率↓，资本利率↓，投资↑，就业和消费↑。稳定最低工资和八小时工作制度，保障基本消费和生产，促进就业。

（6）滞涨：物价↑，生产停滞。解决办法：税率↓，资本利率↑吸引国外投资。

因此，仅物价上涨，并不能说明利息率是否也应当上调。另外还涉及调整时机、调整时效，逆向调整关系例如税率、汇率与利率的关系，矛盾转嫁出国，等等。

制度成本变动引起的价格变动

当销售价格相对金本位是合理的，依然存在劳动与资本生产工具租费率是

否公平引起的供求变化。这只有诉求法律调整分配率加以解决。设"↑"为上升,"↓"为下降,"→"为进入下一个环节:

利息股息税收↑,
|→物价上升↑,工资上升→发展高新技术新产品,提高生产力。
|
|→物价上升↑,工资上升→强劲的货币政策,汇率变动,转移出国。
|
|→物价上升↑,股市高估→服务劳动收入上升→工资率上升
|　　　　　　　　→成本上升,资本脱离生产,生产停滞→滞涨
|
|→物价没有上升→利润率下降→生产萎缩,萧条。
|
|→物价上升→成本上升,维持普通利润率,工资率下降,弱势群体
|　　　　　　　　　　　　　　　　　　　购买力下降→萧条
|
└─物价上升↑,引诱工资上升→为保护普通利润率,法律允许生产销售物价上升
　　　→国内市场不变,国际竞争力下降

图 8-1　价格法转移制度成本的方法

2. 生产力增长——价格政策

(1) 资本生产工具法。

成熟国家经验,把膨胀率控制在禁止高利贷普适 10% 以内、5% 左右,对经济有引诱作用,这与发行国债增加财政投资之货币增加法,是异曲同工。在允许的范围内:

货币价格适度上升↑,利润适度增加↑,引诱资本投入↑,改良生产、工资率与生产率同步上升↑,二次增加就业岗位↑,增加总消费总量↑,拉动市场↑,资本涌入↑,利润率下降致平均水平↓。

上述方法,采用保障劳动报酬占创造价值的份额的方法,保障工资率能够与生产率同步上升。则有,适度通货膨胀实际是把未来利润借给现在,通过增加生产在未来补偿,用预期来拉动和拓展消费。

(2) 斯大林模式。认为随着生产力提高,产品中所包含的劳动价值量下降,因此主张工资率不变,物价随生产力上升而下降。这种方法,提高生产力完全依靠理性科学主义,理性消亡,经济崩溃,例如上世纪 90 年代,俄罗斯卢布贬值 3 万倍。

致穷国家，没有禁止高利贷法保护工资总额的合伙债分配率不受侵犯，穷国企业支付财税利息利润（租）上升等于企业人工资率下降，实际工资率下降引起市场萎缩物价下滑，表现为财税利息利润越上升，物价越向小农自给经济跳水。

第六节　国际自由霸道贸易价格之"6＋1"构成生产国不参与利润分配手工密集工具自给经济

1. 海盗式（Liberty）自主价格滥用

当今，还没有建立起世界统一的国家、统一的法律、统一的货币，因此国际贸易不受法律约束，是自由霸道贸易，让弱国停滞在手工密集型古代经济阶段。

例如，20世纪70年代以来兴起的跨国公司，"离岸市场"逃避价格管制，"生产者不参与利润分配"采购制度，千方百计阻挠第三世界直接准入富裕国家市场。

海盗式（Liberty）自主价格滥用。中国尚没有禁止高利得法制约，有些外资企业就如此"国民待遇，共同适用"：其一，CEO高工资，"国民待遇"普通工资；其二，20%～30%～100%奇高的折旧率，国有股在3年内折旧至零；其三，奇高的广告管理营销费、财务费，利润率趋向至零，甚至亏损，国有股和股民1分钱也分不到；外资再注资成为大股东，"要素价格法转移资产"，外资吃掉了中国民资产。其四，价格成本中不包括一个法定的普通利润率（租），有的跨国公司采用"转移定价"的办法，借在国外的分公司用低于成本的价格收购在中国内开办的合资企业产品，赚取高额利润后再转为投资股份，实际一分钱也没有投到中国。目前中国已经有外企40万家，真正因为经营不善而亏损的企业仅占20%，但是，账面亏损的外资企业高达60%，采用"转移定价"法，每年挪走300亿美元，至2002年，历年流出2500亿美元。

2. 国际6＋1价格法，是西方生产商价格法的陨落

霸权刻意降低制造环节在国际价格中所占份额，剥夺生产国。

郎咸平关于"6＋1"产业价值链，"1"是纯粹的制造业，"6"是产品设计、原料采购、仓储运输、订单处理、批发经营和零售。以东莞生产的芭比娃娃为例，中国出厂价格1元美金，经过仓储物流、订单处理、批发零售，它在美国沃尔玛的零售价却是9.9美元，也就是整个产业链中有90%的利润都被美国人赚走，面对公众质疑"中国制造"威胁论，美国智库最近不得不出来解释，铺天盖地的中国制造，其价格中，只有1%~10%是中国成本要素，而90%的价格要素都是美国服务业加上去的。因此是"中国制造的美国的"。这种产业链定位错误反而酿成服务国产业空壳化现象。

伴随着世界经济一体化，产业环节不参与利润分配，而与其它六环节脱节，原因之一，自由霸道价格法，流通领域利益最大化，国际生产者不参与利润分配工具自给经济。其二，没有设立世界政府和世界货币，货币发行国榨取准租金。跨国公司利用汇率价差，通过产品设计、原料采购、流通等六环节，榨取第三世界的剩余价值。

按照西方生产商公平价格准则，生产国改革，其一，应积极参与国际价格法制定，以其人之道，争取生产国价格成本公平。其二，以金融危机为契机，要求货币发行国公开透明，跨国公司公开透明，国际热钱流通透明。其三，实质经济国家应团结合作，保护实质经济利益，第三世界实质经济价格，按照生产与服务部类均衡原则起码应达到占零售价格的50%，逐渐建立自己的"1+6"国际生产链。其四，反垄断法，遏制殖民主义资本对新兴产业链的收购斩首行为、和垄断价格权企图。其五，中国产业降低成本，提高竞争力，不应是仅仅从控制劳动力成本开始，而是要从高效整合"6+1"产业链为基础，向产业价值链的高端迈进。这也是中国制造业的未来。

复习题：

1. 当资本是生产工具价格构成六要素是什么？哪些制度成本要素？

第九章 社会主义，选择共同市场方式

第一节 社会主义的共同市场经济

邓小平同志指出，社会主义就是发展生产力和共同富裕，三个有利于。

在不同的发展阶段，社会主义生产力有不同的社会表象。在建国初期，表现为"四马分肥"。在国际冷战封锁时期，为社会主义国家计划经济。经济改革30年来，已经有6亿城镇居民和失地农民，"市场是大众谋生的场所"，社会主义市场经济，必然选择"共同市场"模式。

原因在于，其一，古希腊亚里士多德，分解出共同生存市场、高利得市场，社会主义意识形态，必定选择共同市场。其二、世界经济一体化，逼迫中国走"共同市场"道路。其三，社会主义共同富裕，与"合伙债"，都属于社会共同体，社会主义意识形态不排斥生产共同体市场经济，并且把共同体分享关系扩展到"公私兼顾，劳资两利，四马分肥"。

中国市场经济沿革

中华民国时期，中国企图走自由资本主义道路，但是，中国的市场基础是农商业资本，资本利润最大化，生产者不参与利润分配工具自给经济。尽管参照德国大陆法制定了民法，但是三座大山、四大家族并没有打算守法，自由市场，反而放出了商业14种贪婪，比之租息税率井田制什一中正之制，反而倒退了，分散的自由自耕农商经济成了牺牲品，这是国民党必然失民心的历史原因所在。

建国以来，曾经有关于"民主社会主义"、"人道主义的社会主义"的讨论，这仅仅把社会主义局限在政治、社会和意识形态层面，而没有涉及到它所依存的生产方式。用单纯的意识形态"分配"手段来实现"共同富裕"，政治理性存，公平存；政治理性亡，公平亡，不能持久，例如苏联和东欧。

经济改革30年来，尽管伴随自由市场泥沙俱下，但是我们仍然坚守了价值规律、按劳分配、社会主义商品经济、社会主义市场经济，社会主义初级阶段市场经济。通过粗放市场,"让一部分人先富裕起来"是做到了,但是,不要指望"粗放"先富起来的人会自律带动后来人富裕。先富带后富,应当是一种制度安排。例如资本生产工具法律创新,那种能够实现生产力和共同富裕相辅相成的那种市场经济运作机制。

第二节 社会资本生产工具:社会主义的生产力表征

当资本成为生产工具,是用货币来计算的工具,就像马、牛、羊、农具、工具,本身没有阶级属性,资产阶级可以出租它,劳动者可以雇用它。因此,我们没有必要回避"资本生产工具",社会主义可以使用它,谋求共同富裕。并且,资本生产工具价格也可以成为衡量社会主义市场经济的生产力水准的客观标志。

社会资本生产工具

马克思等人阐述"资本是生产工具"理论。马克思提出"社会资本"概念,具体表现形式就是股份制:"以生产资料和劳动力的社会集中为前提的资本,在这里直接取得了社会资本(即那些直接联合起来的个人的资本)的形式,而与私人资本相对立,并且它的企业也表现为社会企业,而与私人企业相对立. 这是作为私人财产的资本在资本主义生产方式本身范围内的扬弃。"① 在社会化大生产条件下,私有权呈现出所有权与经营权两权分离的特征,所有者的权力范围只限于法律私有权的权能及其法定孳息的外壳,有限相对地出租了财产支配权、分配权、经营权。

肯定罗马法个人合伙债。马克思论述资本积累否定之否定规律时说:"是在资本主义时代的成就基础上,在协作和共同占有包括土地在内的一切生产资料的基础上,重建劳动者的个人所有制。"② 如果用法律规范,只有罗马法所复兴古希腊生产共同体"个人合伙按份共有"法比较接近。在马克思时代,英国所有权是特许权,三权分离法定孳息,因此生产资料所有权已经不能决定全部分配权。

---

① 参见《资本论》第三卷,人民出版社 1975 年版,第 493 页。
② 《资本论》第三卷,人民出版社 1975 年版,第 494 页。将经理、管理人员排除在劳动者之外是错误的。这样一来,就夸大了剩余价值的数量。因此具备企业家职能的资本家、企业主应可以入党。

否定罗马法绝对私有权。马克思批判罗马法，其一，是针对当时混乱的市场上复辟罗马法奴隶主或家长绝对"自有权"那一部分，即海涅所谓的恶魔罗马法；其二，是指雇主与受雇劳动之间的农奴式"准奴隶"赤贫雇佣关系，通过占有生产资料，来占有劳动所创造剩余价值，自由资本主义违背了"共分"准则。

借资治产经济，是社会化生产。借资治产经济的中介物，例如银行、股市、商业等，是按照企业"需求"设计规制运作的，因此，资本本身，也表现为"社会资本"。工人阶级通过生产共同体，个人财产的联合、劳动力的联合生产力，来提高工人阶级的地位。

马克思是从生产方式、工具的角度研究"社会资本"、个人资本的合伙、资本的社会化、资本是生产工具，则有，"社会资本工具主义"生产方式，比"国家资本主义"更贴近"共同市场"。"社会资本生产工具主义"，把社会主义意识形态与生产共同体生产方式统一了起来。

反之，自由市场模式，使得"公平正义"面临失去正当性的危机，而共同市场，让社会正义恢复正当性。

关于资本的讨论

邓小平同志指出："如果一味热衷于追究姓社姓资，结果把富裕、民主、自由这些好东西送给资本主义，使社会主义只剩下贫穷、落后、愚昧。"[①] 于光远同志指出，"社会主义国家历史上只有早日消灭私有财产的思想和行为，没有把私有财产消灭了的事实。只有把不论公有、私有都视作神圣财产（生产工具——本书作者注），社会主义才能存在，才能进步。"[②] 这关键在于，需要区别"社会主义意识形态"和方法、工具，如邓小平所强调的，计划与市场都是方法、工具，社会主义可以使用它。推定，资本生产工具，是工具、方法、生产方式、经济基础，社会主义可以使用它。而当"社会主义"只剩下"意识形态"，失落了生产方式，自然只剩下"贫穷、落后、愚昧"。

在中国，20世纪70年代以来公开主张资本主义是法权关系的，可能是顾准先生了："我本人，作为一个中国人，对于资本主义的认识有一种先入为主的观念，那是指私人所有，以谋利为目的的，采用机器生产和合理经营方法的那种生产方式"，认为资本主义"也是一种法权关系"，"是从希腊罗

---

① 《解冻年代》《环球时报》，2001年11月2日。

② 同上。

马文明产生出来的"。① 在那个政治挂帅的年代，顾准坚持学术自由，实属不易。首先，我们需要从他是"为国、为民"的角度来理解这段话。例如，资本主义是指意识形态，资本是洪水猛兽，而法律驯化的资本生产工具，才是"采用机器生产和合理经营方法的那种生产方式"。西北欧究竟复兴了哪些文明？而仅凭"罗马"不能避免自由滥用；仅凭"私人所有法权关系"不能避免"随财主所欲纳息"；仅有"谋利"还不能避害，不能避免商业14种贪婪，经济不能持久。而这些文化粗糙甚至愚昧，导致经济改革之初泥沙俱下的混乱状态。

超越债务资本主义及其奴主自由价值观

个人资本的合伙，资本的社会化，社会资本，可以是社会主义物质和生产运动实现方式。既然承认国家资本主义，为什么不可能存在社会资本的社会主义、社会资本生产工具主义？

马克思时代，资本主义矛盾表现为生产资料的私有制与生产社会化之间的不可调和的矛盾。有资料显示，资本主义正进入"无限债务资本主义"阶段，资本主义无限扩展贪婪，正与有限制的地球发生不可调和的矛盾，地球环境恶化，正在惩罚人类的无限贪婪欲望。

针对资本主义非持久、非循环弊端，社会主义的简明任务：

社会主义反对个人主义自私自利最大化丛林准则。

节制资本，超越无限债务资本主义周期性经济危机。

和平不同，和谐自由、民生人权、协商民主，战胜奴主自由价值观。

绿色经济，与自然达成和谐。

关于马克思主义在当代中国经济转型时期的实践应用，已经在"前言"中加以归纳本章不再重复。

第三节 "社会主义"意识形态，与生产方式

社会主义思想，源于共同市场

社会主义思想，来源于欧洲教堂地缘的贫苦教民"共同市场"，诉求公平

---

① 《中国社会科学》，1981年第5期。

正义。据陆辑考证，"社会主义"（Socialism）一词来源于拉丁文 socius（喜好社交的），原意为社会的、共同的、集体的生活。这个词被作为一种政治主张，最初是出现在天主教的教义中。1803年意大利天主教教士贾科莫·朱利阿尼出版了一本叫做《驳反社会主义》的书，认为，人生来是社会的人，社会主义是自然所要求的，是历史遗传下来的社会，因而他把个人主义称之为"反社会主义"。①

消费分配的空想社会主义者所主张的"社会主义"是指"共同福利"，也就是说，是从产品角度规定社会形式，而不问生产方式，过去我们对社会主义的六条规定也往往局限于对分配归属的规定。《共产党宣言》等著作中列举奴隶制市民公有制、封建公有制、小资产阶级公有制、僧侣公有制，以及封建的社会主义，小资产阶级的、教会的社会主义等，这说明仅"公有制"三个字、仅"社会主义"四个字还没有对社会做出生产力的规定，不一定代表先进的生产力。

社会的私人资本主义

混合经济已经成为一种现象，日本都留重人在1982年提出了"社会的私人资本主义"论②，来标定这种社会形态。

1933年美国经济危机，导火线是追逐高新技术和新兴部门增长，而传统部门严重开工不足。罗斯福采纳了康芒斯、凯恩斯关于"政府干预自由资本主义"的经济理论和做法，上台后采取了如下措施：

其一，由国会通过《紧急银行法令》和《1933年银行法》建立以财政为担保的联邦储备体系，银行行为受到国会和政府的限定，包括银行只能在法定利息率范围内活动"服从规约"，英国惯例法禁止高利贷法四个阶梯，至今有效。整顿市场秩序，禁止高利贷。由垄断价格利润最大化原则而转向薄利多销，追逐市场最大化利润、追逐专利新产品超额利润。

其二，通过《全国产业复兴法》，以公平竞争约规取代自由竞争；"一揽子约规"雇主保证遵守"最低工资和最高工时的标准"，200万雇主挂起"服从约规"的蓝鸟标志。

就业上升为经济政治的第一位要务，生产线设计要求流水线上各工种之间的体力消耗差别缩小到约3%，劳动生产力趋向均衡，就业成为综合指标：就

---

① 《科学社会主义研究资料》第一辑，天津人民出版社1982年版，第1页。
② 参见《国外社会科学信息》，1989年第9期，第8页。

业量＝劳动生产力＝创造财富量＝生产供给与有效需求均衡。

其三，按已经缩小的市场需求缩小农业产量。

其四，以工代赈，扩大基础建设，增加就业机会。计划性原理的引入，实行国家干预，30年代为了增加就业机会，罗斯福在几个月里提出16项国家建设项目提案都得到通过。特别是第二次大战后，西方国家国有资产比例在20%～50%，根据本国经济状况，有增有减，有类似救灾蓄水池的机制。

其五，大蛋糕政策。立法征收"高额累进所得税"、"高额累进遗产税"，国家实行公共福利措施、贫困救济保险制度等（亚里士多德的剩余社会化论）。

增加对富人的征税，通过社会再分配富不过三代，筹集资金救助穷人。在西方，例如勒克菲勒、西门子家族，到了第三代，所拥有的股权已经与一般股民接近。

综合以上所述，罗斯福的宏观产业结构调整政策是：

租息税率下降↓，→投资上升↑，就业率上升↑，→经济水准上升↑

罗斯福"积极的财政政策，稳健的货币政策"，扩大公共投资的方法解决就业，拉动经济，是以租、息、税率下降为背景，为驱动力的，绝对是立竿见影、"急功近利"的好方法。

2007年以来的世界金融危机，美国政府对几大银行、通用汽车公司大量注资国有化，再一次证明，不得不混合经济。

混合经济指在以下几个方面混合：

自由与控制：自由私有制与国家所有制，社会所有制（如工会所有权、社会福利保险制度、股份制、银行制度）；

剩余社会化的混合：工人阶级以工会为代表，参与立法建立"四马分肥"秩序；进行劳资双方对话，企业人参与差别利润分配；实行员工制度。

工资结构枣核形调整：雇佣工资与合伙分享超额利润相混合。

如果说西方在宏观方面接受了马克思关于经济民主的意见，那么东方日本又特别注意在微观上下功夫，把儒家理性文化用在了调整劳资关系上，把企业办成家庭关系，企业是企业人的企业，猛烈社员，微观经济民主。日本同时在宏观上下工夫，巨无霸私有财团、企业、商会集团群，在全世界布局，贯彻政府战略。

"社会的私人资本主义"当然是进步事业。但从本质上，它仍然是维护私人资本的。私人资本主义在国际贸易中采用双重标准，掠夺其他国家财富，在国内再分配，从而部分填补了国内无产阶级贫困状况，减弱了国内矛盾。随着世界经济一体化，私人资本主义正以"霸主国自私自利最大化"的面目出现，向国家之间贫富悬殊扩张。尽管冷战已经结束，国家作为总代表时，"另类"、霸权"弱肉强食"、双重标准并没有自动消亡，反而以"新帝国"面貌招摇世界。这说明，人类并没有摆脱贪婪囚徒困境。

复习题：
1. 社会主义市场经济的生产力表征是什么？
2. 实现先富带后富的方法或制度是什么？
3. 为什么马克思经济理论更适用于经济大转身的第三世界国家？

第二篇　利息，利润，还本积累，地租

第十章　驯化资本价格利息率禁止高利贷四个阶梯

第一节　借方有利润，贷方分享利息

当资本是生产工具，则有，资本价格利息率水准对生产力的"充分必要"作用：在大区间决定资本与技术是否能够转化为生产力；在小区间内，公平尺度决定资本与技术转化效率。由于世界经济一体化，后发展国家需要遵循这一已经建立的规则，实现经济转型。

那么，资本价格允许的范围，是按什么准则确定？

1. 禁止高利贷的自然法理基础：邻里、兄弟、伙伴关系

无偿借贷习俗。无偿借贷，迄今存在于亲情、邻里、朋友、熟人之间。古罗马法民事关系中，如果不是特别加以说明，是无偿债务关系，例如无偿借用、无偿借贷、无偿劳务、无偿委托，法律并规定占有人"像对待自己的东西一样使用、保管他人的东西"，对不守信用者施以重刑。不难猜测，这应起源于邻里之间的无偿民事关系。

邻里关系，是民事占有行为规范的道德参照。以邻里间无偿债关系为起点，是"等价有偿"禁止高利贷（得）的自然伦理基础。例如，在基督教会法中，子民皆兄弟，以"避免刺伤邻人"为尺度。

用益有利润，借出方和借用方平分利得，为借出资本利息率的法理尺度。

借贷有利用多余物资的效用，为了引诱借出，支付费用是合乎公理的，问题在于如何把握尺度。世界各民族禁止高利贷伦理惊人地接近：例如，中华民族经典理念：仁政必自经界始，井田制分配率，己所不欲勿施于人。汉穆拉比法典"以银合伙，得在神前均分利益"；十二铜表法"禁止随财主所欲纳息"；基督教"你们欲人怎样待你，你怎样待人"，利息率避免刺伤邻人。

罗马法利息率尺度是计算出来的："人们不仅应计算既得孳息，而且还应计算实际上可得的孳息。"①"通常，当提出孳息的计算问题时，人们知道，应考虑的不是恶意占有人获得的孳息，而是原告如能占有物而本来可以获得的孳息。"② 英国衡平法，债务人的收入也成为"借贷"需要计算的内容，"由借款获得的利润，一部分当然属于冒险投资的借用人，另一部分，则当然属于使借用人获取利润机会的出借人。"③ 综合以上：创造财富因果报应；将心比心，公平约定；均衡、不偏袒哪一方，这三条应是劳动与非劳动（制度成本）之间正义分配准则。

法定孳息对双方有利。如果人们相互不信任，借贷就不能存在，而如果没有宗教和法律的帮助，这种信任一般说来恐怕也会十分脆弱。至少假定法律具有适当的约束力，否则就只会有很少的借贷。

2. 用益有利，信用经济的物质基础

货币借贷，分为用益借贷、济贫借贷、消费借贷。其中，用益借贷是主体导向。

借贷有利于利用多余物资，可以带来利益，因此，利息是协议，利息不能超过借方的利益。孳息受有效性制约，借贷如果无效用，人们就不愿意借贷，借贷不能大众化。信用利息率，社会稳定，才有可能经营"分期付款，借资治产"式持久经济，个人信誉好才容易获得低利率借款。

"物的价值来源于我们能够对物做些什么。"本章第二节将介绍，世界著名禁止高利贷法的尺度，都是与"生产有利"有关。

伦理道德，济贫不得取息。

消费性借贷必须有抵押物，是抵押贴现。消费借贷，随财主所欲纳息，两头死，并没有规则可循。

3. 预期对生产有利，才感应稀缺态势

预期有净剩余，才有雇用工具的欲望，需求在前，引起资本稀缺的"态势"在后，解决稀缺的方法，是购买优先许可权。

自给经济，雇不起资本，不用资本，就不存在资本是否稀缺的问题。例

---

① 桑德罗·斯契巴尼选编《查士丁尼物与物权》中国政法大学出版社 1999 年，第 72 页。
② 同上。
③ ［英］亚当·斯密：《国民财富的性质和原因的研究》上卷，商务印书馆 1972 年版第 47、43 页。

如，尽管中国 GDP 占世界的 1/3，黄金白银富甲天下，但是租税率依然高了一点，贵金属货币依然不能转化为大众资本生产工具，反而放在库里或埋在地下才觉得安全。

资本稀缺价格，被生产有利的限度所限制，创造财富是本位，要价出租货币不能超过生产者愿意或能够支付的供给价格（租）。如果不注意稀缺价格说的派生顺位，不能避免炒作稀缺而"垄断"价格，不能避免随财主所欲纳息，企业人雇用不起任性的资本，就买不起先进工具、借不起钱改良生产，停滞在工具自给经济。

4. 法定孳息是分享，不劳而获

"物的价值来源于我们能够对物做些什么。"例如"所有权是依法对自己的财产有占有、使用、收益和处置的权利。"是权利界定，但是，主体不一定有这些行为能力。例如，某人为什么打算出租财产权？法律经常裁决诉讼，更贴近实际一些的情形是："他们可能拥有某种可以产生收益的物，但却既没有能力又不愿意进行实际的利用以使物产生最大限度的收益。因此他就将物出租给那些需要租用该物的人。"① 选择出租可以有以下理由：自己没有经营能力；出租价格比自己经营划算；没有把握住机遇；或者他的主要目的在于做一时的储存，以便于将来消费。总之，他在合同有效时间内放弃了对所属财产的"有作为"。一个人选择出借，说明他没有或不想使用这个能力。

债权人是现实的"无所作为"，实际契约利息率是法定的，与具体个人"如果我自用"已经无关。逆向思维，如果每个借贷都按"如果我自用"决定利息率，那么"未成年孤儿、狂人、有病商人"会因为没有自用能力而不能获得孳息。"他们不用劳力，不用劳心，更不用计划与打算，就自然可以取得收入"，"而这种'非劳动所得'——股息、地租、利息等，正是财产所有权的收益。"② 出租孳息是双务合同，就应受到民法"自愿、公平、等价、诚信"共同拘束。

5. 法定利息是分享"生产有利润"，宏观无风险、无损失

凯恩斯认为"利息与地租的性质相同，并不是真正牺牲之代价。"佃农是

---

① [英] F·H·劳森和 B·拉登：《财产法》，中国大百科全书出版社 1998 年版，第 145 页。

② 同上书，第 122 页。

替代边际，劳动总能创造约 1 倍的剩余率，当禁止高利贷法保护 10% 的净剩余率，当习惯法把利息率限制在 5% 左右，当生产者是借款主体时，储民的风险已经降到了最低点，对客体"无所作为"，一般总是可以分享到利息。

合同有制度法保障，法定孳息四个阶梯，有利的项目贷款，基本无风险。

由议会法定的利息率框架，以财政收入作为信用担保本金不受损失，政府对银行储蓄用于贷款投资承诺风险清偿本金。眼下有的私人银行实行高额储蓄高利息率，政府就宣布不对高额储蓄担保，相当于高储蓄高利率中包括了自我风险基金。

无风险利息是总量分析，生产总能创造 1 倍剩余率基础上的信用。不等于微观储民不承担风险责任，微观个案依然有自然不可抗拒风险和业务差错风险等。

6. 资本利息与风险金的区别

雇用资本生产工具的租费或回报，才是资本价格利息，而因为风险而增加的报酬，属于风险金，它们是各自不同原因的支付或收入，遵循不同的规律，应当分离开来。例如，萨缪尔森承认存在无风险利息率：

风险利息率 = 无风险利息率 + 单纯风险基金率

各种风险程度不同的资本都有与之相适应的利息率，而无风险利息率起尺度作用。风险论认为在不同行业之间利率不同，差别在于冒险程度，例如海上贸易风险大其利息率就比内陆贸易的高。但是海上贸易必须选择赚取比较高额的利润的贸易，才能支付相应较高的利息。而有的产业风险不大而利润高，往往也支付较高的利息率，风险论不能解释利息率与利润率成某种比例现象。

7. 利息来源于营业剩余，货币供求只影响短期货币价格利息率

有的理论用货币供给和需求的交叉点决定利息率。这个理论与"价格决定于现有商品和现有货币供应量"如出一辙。它忽略了劳动和资本生产工具刚性要素，否则生产会胎死腹中。并且，现代货币供应可以通过记账等方法解决。恐慌会影响短期货币价格，而不会影响资本实际价格。

8. 储蓄决策的飘移

有的理论用供给和需求的交叉点决定利息率，比较适合于以利息为谋生手段的情况。借出人希望利息率越高越好，上限没有尺度，但是风险也越大。但是这个交叉点不得超出禁止高利贷法的范围。一般认为，利息率越低储蓄积极性越低，但是进入小康，储民的主要收入来源是工资和营业，储存动机飘移，

安全上升为第一位。

消费趋向的调整。消费与储蓄动机、利率有关,但不一定与利息率成正比例那样强烈。目前普通居民储蓄占了投资借款的较大份额,由于竞争机制,富豪已经不能垄断市场利息率。随着居民进入小康,储蓄与利息供求平衡曲线需要调整,比如,西北欧19世纪有一句谚语:"约汉牛可以忍受许多东西,可是忍受不了年息2厘。"但是现在情况发生了变化,1992~2010年,日本储蓄接近零利率,小额储蓄还要倒交管理费,1000万日元以上储蓄政府不再承担保险责任,但是日本储蓄额一直维持世界最高。日本家庭妇女通过炒外汇实现货币保值增值。又比如,1998年以来中国7次降息,存款利息由22%(包括保值)降到1.98%,照样保持40%的储蓄率,在2000年前后资本市场扩展,中国定期储蓄率有所下降,在近几年,特别是2007年世界金融危机以来,定期存款一路回升,2009年达到相当于GDP的37%,百姓信任中国政府和银行。说明在现代储民心中,安全占第一位,他们的收入较少依赖利息。"利息与地租的性质相同,并不是真正牺牲之代价。资本所有主之所以能够取得利息,乃以为资本稀少。故我认为,资本主义体系中有坐收利息阶级,乃是一种过渡时期现象,其任务完毕时即将消灭。坐收利息阶级一经消灭,资本主义将会大为改观。"①

储民的储蓄决策可以飘移,直至利息率为零,没有刚性特征,从逆向说明资本利息是分享,不是资本生产的。

依照禁止高利得——合伙债法理,与利息率同理,普通利润率、债务人权收入(单纯企业主收入)都是法定分享,宏观无风险、无损失、无作为收益。

第二节　中华什一中正,世界性禁止高利得尺度

一个国家的人民是历史文化浸润、培养出来的,建立某种规则,如果尊重历史成规,其贯彻起来成本低效率高。例如,剩余价值率、普通利润率、资本价格利息率等允许的尺度,是历史法制传承,每一次都是经过阶级较量而获得的复兴,文明的反复历练过程。

---

① [英]凯恩斯:《就业利息和货币通论》,商务印书馆1983年版,第324页。

禁止高利贷历史沿革

13世纪佛洛伦萨教堂地缘兴起自由民手工业"生产共同体市场",那场变革挈始于整顿市场秩序,核心内容是"禁止高利贷",[1] 目的是驯化资本成为生产工具。西北欧的那场工业革命,起始于整顿市场秩序,"承认必须有一种伦理的标准",核心内容是禁止高利贷,产生了极为重大的后果。[2]

获得财富的方法有两种,生产它,或掠夺它。还有第三种方法,正义制度致富技术。禁止高利贷的目的,为了和平,人类学会按照"对借贷双方都有利"来决定资本价格尺度,经历了漫长的过程:

中华民族早在4000~5000年前实施的井田制"夏后氏五十而贡,殷人七十而助,周人百亩而彻,其实皆什一也。"就形象地把租、息、税控制在"井"内,多劳多得。润泽之则在君子。公元前1000年,中华民族周官之治,"周礼·泉府"之制:"赊,祭祀丧纪,免息。"意即:救济性借贷免息。货币和土地是一样的工具,法定租、息、税同率,离城市近的,服役多,租息税有5%~10%之分。什一中正分配率传承5000年,见第二十七章。

3800年前,公元前1792年古巴比伦颁布了《汉穆拉比法典》,第89条法定,"尚塔木卡以谷物或银出贷,定有利息,则每一库鲁(彼可取谷一百卡,以为利息)。尚贷与白银,定有利息,则每一舍客勒之银彼可取六分之一舍客勒又六塞,以为利息。"折合借白银年利息率为17%。早期已经懂得资本价格与产业挂钩,不同产业,利润不同,资本价格不同。

公元前449年,古罗马十骑士圆桌立法会《十二铜表法》第18条A"任何人不得取得超过百分之一(月)利息,而这种规定之前随财主所欲纳息。"年息为12%,比汉穆拉比法降低了1/3,并明示法律限制财主的意志,反射保护借款人的"有利"。

公元前200年至公元200年,古印度《摩奴法论》规定"放债人应该按瓦西斯塔大仙的规定订出利息以增加本金;他应该每月收取一百当中的八十分之一。"[3] 允许高等种姓收取年息为15%。

---

[1] [英]威廉·詹姆斯·亚斯莱:《英国经济史及学说》,中国台北幼狮文化事业公司1974年版,第578页。

[2] [美]詹姆斯·W·汤普逊:《中世纪晚期欧洲经济社会史》,商务印书馆1996年版,第599页。

[3] 《摩奴法论》,中国社会科学出版社1986年版,第150页。

公元9年，中国新朝成立，王莽变法："民欲贷财以治产业者，命钱府均受之。除其费，计其所得，受息，毋过岁什一。"生产性借贷年利息率和税收都折合2%~5%；短期贷款："赊贷于民，收息百月一。"短期贷款月息不超过资本的1%，年息不超过12%。总之利息率非常低，后人从来没有对王莽变法中的法定利息率提出过异议。① 借资治产会计制度比西北欧早了1500年。

公元301年罗马帝国敕令规定数千种商品和劳务的最高价格限额，价格根据商品质量和劳务种类不同而不同，法定利息率在6%~12%。

公元533年，东罗马世俗皇帝查士丁尼颁发布，"朕以法令作如下的规定：贵族及上流的人，不问借额多少、借款的利率，不得定立要求年利四厘以上的契约。商店主人，或经营特许商业者，利率限为八厘。贸易上的借款，及种种有利的借贷，得要求六厘的利率。又该利率的定额，不管在何种场合——通常利息，就在超过要求以上的范围——绝对地不许扩大。又法官明示的课税，就在墨守旧习之地，不得临时增加。"② 海上贸易维持十二铜表法12%的利率。查士丁尼法尺度比十二铜表法降低了一半。明示在"有利"范围内决定利率，不同利息率水准根源于不同产业的不同利润率水准。

1206年教皇英诺森三世在给热内亚大主教的信中，明白地劝告：在某些场合，妆奁"应委托给某商人，用诚实获利的方法，可取得一种进款。"③ 这一宗教裁判例案，在西北欧演变为习惯法"禁止高利贷，允许委托合伙，平分利得与运气"，是欧洲由领主身份社会向契约社会过渡的里程碑。

1545年，英王亨利八世法定利息率不得超过10%；安妮女王时代，市场良好信用的人可以借5%以下的利息率；按照合伙法，合伙人之间得均分利润，以货币合伙或出租，合理的利息率得为普通利润率的一半，则两倍的利息

---

① 《汉书·王莽传》，胡寄窗《中国经济思想史简编》，立信会计出版社1997年版，第246页。

② 罗马《法典》第四篇32章26节2项，参见［英］威廉·詹姆斯·亚斯莱：《英国经济史及学说》，中国台北幼狮文化事业公司1974年翻译出版，第146页注39。

③ 威廉·詹姆斯·亚斯莱：《英国经济史及学说》，中国台北幼狮文化事业公司1974年翻译出版，第601页，《教会法典集》。

率为合理的利润率，为10%左右；政府国债法定利息率得稍高于市场利息率。[①] 16世纪下半叶，英国利息率只有3%~5%，则引诱一般利润率（包括农业）在8-10%，这样一来，租地农场主只要预期有8%~10%的利润率，就有还本付息能力，就贷得起钱改良沼泽地，英国租地农场主资本生产工具主义萌芽。

《德国民法典·1896年制定1998年最近一次修改》第138条【违反善良风尚的法律行为，高利贷】"（1）违反善良风俗的法律行为无效。（2）特别是当法律行为系乘另一方穷困、没有经验、缺乏判断能力或意志薄弱，使其为自己或者第三人的给付作出有财产上的利益的约定或者担保，而此种财产上的利益与给付显然不相称时，该法律行为无效。"

综上所述，人类每隔800~1000年，就要重复一次禁止高利贷：

4000~5000年前，中华民族法定租息税什一中正之制实施，中华民族得以辉煌5000年。

1000年后，汉穆拉比法典法定利息率不超过17%；两河流域伊甸园文明昌盛。

又过了1000年后，公元前449年，十二铜表法法定利息率不得超过12%，古希腊文明崛起；

第三个1000年后，公元6世纪，查士丁尼法法定利息率四个阶梯，按德行和不同产业，分别为4%、6%、8%、12%。西罗马帝国中兴。

第四个1000年，1545年，英国法定利息率四个阶梯：法律禁止、法律市场中庸、政府法定、市场约定，不得超过10%，在5%上下波动，至今有效。工业革命兴起。

有的史学理论认为，人类历史以800年为一个螺旋轮回，世界禁止高利贷的著名法律也是800~1000年出现一次，绝非偶然巧合。对"生产有利"的分配率，正义致富技术，是辉煌文明的基础。值得注意的是，是什么让孔子和亚里士多德同处一个时代？为什么世界归于以"什一中正"为禁止高利贷尺度？这其中是否有伴随欧亚古代贸易的文化传递关系？

---

① 亚当·斯密《国民财富的性质和原因的研究》上卷商务印书馆1972年第81、82页，禁止利息率超过10%，适度为5%；第89、90页，利润为2倍利率、利息为利润的一半，为合理；第327、328页，法定利率。大卫·李嘉图《政治经济学及赋税原理》商务印书馆1960年版第253页。

禁止高利贷是文化自觉法制，不是自然进化

人们的一个误解是，以为只要货币充裕，就可能避免高利贷，这是错误的。从对禁止高利贷法的历史考察不难理解，其一，禁止高利贷法是正义制度，而与微观小口径资本量多少基本无关。其二，需要区别资本的实际价格和名义价格，货币资本量多少只影响短期货币价格和资本的货币名义价格，不影响资本的实际价格。

人类还没有完全脱离丛林准则，因此，只讲伦理不讲法律，伦理会变得软弱，只有法律不讲道德，法律将苍白无力。禁止高利贷法已经有5000年历史，从一开始就是法制过程，反复斗争和协商，文化必然向自由的过程，而不是自然自在进化，等是等不来的。在现代西方法律中，禁止高利贷法只有几条，但是绝对不等于说他们已经不怎么反高利贷。西方所谓自由主义（liberal），绝对没有反基督或教唆贪婪的意思。

第三节　法定资本价格利息率的四个阶梯：
　　　　法律禁止、法律中庸、法定基准、约定

一、法定孳息

资本的价格是利息率，资本成本价格、或资本市场成本。资本成本高，资本生产工具市场萎缩。

在民法学界，法定孳息，是一件不容置疑的事情[①]，1995年中国金融界也再次使用"法定利息率"名称[②]。但是，自由派认为利息率完全由市场决定，其一，他们从来不考虑企业人雇用得起任性的资本做生产工具吗？其二，他们混淆了尺度允许范围和短期供求价格。

[①] 何建国：《民法简明教程》，劳动人事出版社1987年版，第149页。纪坡民：《商品社会的世界性法律》，经济管理出版社1996年版，第8页"法定孳息"。日本金融制度研究会出版查复生译"台湾银行"1968年发行的《英国金融制度》。黄达主编：《货币银行学》，四川人民出版社1992年版，第105、106页。

[②] 中国人民银行货币政策司编：《利息率实用手册》，中国经济出版社1998年版，第56页。

1. 法律禁止、法律中庸、法定基准、约定利息率

禁止高利贷就是反资本垄断。财主不能自我克服高利贷七种贪婪，必须通过法律把不法高利贷排除在市场之外。各国表述不同，有的明示尺度，有的明示原则。

> 法律禁止、法定、约定。《拿破仑法典》第1907条"利息有法定的利息或约定的利息。法定利息为法律所规定。约定利息得超过法定利息，但以法律未禁止者为限。约定利息的利率，应在书面上订之。"
>
> 法律中庸。以皆兄弟道德伦理，不偏袒哪一方，对半分规则。

《拿破仑法典》第1907条"使用了三个利息率概念：法律禁止的利息率尺度、法定利息率、约定利息率。

法律中庸。皆兄弟道德伦理以不刺伤邻人（例如债务人）为边际尺度，基督教会法、合伙债法、习惯法"禁止高利贷，允许委托合伙，平分利得与运气"，例如英国公开市场中庸适度利息率，有利率等于普通利润率一半为合理的利息率的习俗。

禁止高利贷四个阶梯，例如，1545年由英王亨利八世归纳钦定：法定利息率绝对地不得超过10%。市场合伙法的利息率为利润率的一半为合理的利息率，为5%左右；政府法定国债利息率，可以得稍高于市场利息率。

约定利息率，就是微观借贷合同上签定的利息率。约定利息率得超过法定利息率，但是，法定利息率和约定利息率，绝对地不得超过法律禁止的10%的尺度。在英联邦迄今适用。

2. 法定孳息的计算法理

英国生产共同体市场，禁止资本价格利息率超过10%（未包括货币通涨因素），中立适度的利息率为5%（未包括货币通涨因素），其来源，有以下方法：

（1）历史经验数字。人类5000年史，也是禁止高利贷史，大约每800～1000年，就有一次波澜壮阔的公定资本价格的变革，每一次禁止高利贷，人类就前进一大步。

（2）借资治产，资本生产工具经验数字。英国工业革命经验数字，1545年以来，英国资本利息率维持在10%以下至今已经有400年，资本生产工具主义萌芽，实现工业革命。美国价格构成比例验证，制度成本费用的各个要素

占创造价值不得超过10%，制度成本不超过50%，则借资治产最大众化，就业总量最大众化，经济水准最高。

大区间，资本价格水准10%，为现代经济与古代经济的分水岭。

（3）惯例法。前面已经介绍"伯尔顿——瓦特"治产的贷款规则成为世界性惯例法，在成熟国家、世界银行至今适用。

（4）公理计算。当自由人之间谁也说服不了谁，采用均衡分配法。例如英国财产法、台湾地区民法典、德国民法典中立的利息率为4%~5%，禁止高利贷的尺度为10%。

（5）比较参照法。例如，西北欧参照当时土地租赁20年期租金售卖习俗，租金率为5%，货币租赁20年期，利息率得为5%。

（6）中国禁止高利贷文化传播。中国是首先使用十位进位制算学的国家，有文字记载，从3000年前周公之制，已经有租、息、利、税同率什一中正的习俗，传承延续到1991年，迄今中国民众信奉禁止高利贷法制文化，具有强烈的反腐败意识和行为。

3. 法定孳息与自然孳息所指不同

法定孳息是为了限制财主贪婪"不得随财主所欲纳息"。

而自然孳息，例如母牛生出的小牛，为"自然孳息"。（1）在借用、使用租赁场合，借用租用动物，例如母牛生出的小牛，自然孳息归所有者所有。（2）而合同用益借用、或用益租赁，借用租用动物，例如母牛生出的小牛，自然孳息归借用人或承租人所有。

因此，法定孳息与自然孳息，所指不同，不是一个对称，基本无关。

二、法定孳息四阶梯各自的尺度

（一）法律禁止高利贷（得）

禁止高利贷。例如：

（1）中国什一中正之制。1984年12月14日，中国家计委、财政部、建设银行《关于国家预算内基本建设投资全部由拨款改为贷款的暂行规定》，基建贷款利息率为2.4%~12%。12%是上限，禁止超过。

中国《民法通则》2001年11月阐释，违约借贷允许以日息3‰计息，年息为10%，基本符合成熟国家禁止高利贷法律的界限。

（2）1545年由英王亨利八世归纳钦定：法定利息率绝对地不得超过10%。（不包括货币膨胀价格因素——本书注）放高利贷者按偷盗刑法论处，要被抄没全部家产和坐牢，莎士比亚的父亲放高利贷就遭此惩罚，该条款在英国至今适用。

（3）德国民法典第138条【违反善良风尚的法律行为，高利贷】。

（4）台湾地区民法典第74条【禁止暴利】法律行为，系乘他人之急迫、轻率或无经验，使其为财产上之给付或为给付之约定，依当时情形显失公平者，法院得因利害关系人之声请，撤销其法律行为或减轻其给付。

前项声请，应于法律行为后一年内为之。

第204条 约定利息逾周年百分之十二者，经一年后，债务人得随时清偿原本。但须于一个月前预告债权人。

前项清偿之权利，不得以契约除去或限制之。

第205条 约定利率，超过周年百分之二十者，债权人对超过之部分之利息，无权请求。（包括货币膨胀价格因素——本书注）

（5）中国习俗、德国民法典、台湾地区民法典、英美惯例法，适度中立的资本价格利息率为4%～5%。习俗计算边际利息率，应为2倍居中利息率，当居中利息率为5%，禁止高利贷绝对不得超过的尺度应为10%（未包通货膨胀因素）。

高利贷及其工具自给经济，参见第二卷第三篇第四章第二节高利贷（得），及其工具自给经济。

（二）法律中立适度的利息率

当利息率趋"中"，在5%左右，能够为最大多数借贷双方接受，是效率最高的拐点。法定中庸的利息率，一般适用于长期投资合同。

公定中立适度的利息率，例如：

（1）中国古代"润泽之，则在君子矣！"。新中国前30年利息率维持在5%左右。

1984年12月14日，中国家计委、财政部、建设银行联合规定，贷款年利息率限制在2.4%～12%范围内；《中华人民共和国工业企业财务制度·1993年》第六十四条（三）"支付股股利。当年无利润（债务表上的净利润），不得分配股利，但在盈余公积金弥补亏损后，经股东会议特别决议，……可以按照不超过股票面值6%的比率用盈余公积金分配股利，分配股利后，企业法定盈余公积金不得低于注册资金的25%。"但是，尚没有被民法采信。

（2）《德国民法典》（1896年制定1998年最近一次修改）第246条"【法定利率】债务应根据法律或者法律行为的规定支付利息的，除另有其他规定外，其年利率为百分之四。"

第1119条【利息责任的扩展】……将抵押权扩展，使土地承担至（年）百分之五的利息。

第1246条：……如果根据公平裁量……。

《德国商法典1998年最近一次修改．商业公司和隐名公司》第121条【分配利润和亏损】①每个股东首先可以从年利润（债务表上的净利润）中分得一份相当于其资产份额的百分之四的份额。如果年利润不敷如此分配，则分配份额依相应的更低比率确定。

《德国股份公司法1998年最近一次修改》第60条【盈利分配】②……股东可以从供给盈利中预先获得投资的百分之四的款项。可供分配的盈利不够支付的，应按一个相应的比率来确定款项。……

（3）台湾地区民法典第203条：应付利息之债务，其利率未经约定，亦无法律可据者，周年利率为百分之五。

第817条：……各共有人之应有部分不明者，推定为均等。

（三）法定基准利息率

法定基准尺度，就是各国议会、政府、中央银行宣布的基准利息率。

最困难企业还本付息能力，决定基准利息率尺度，与投资倾向、就业总量直接相关。详见第五节。

（四）法律自主，约定利息率

约定利息率，是在法律允许的范围内双方契约利息率，是微观行为。约定利息率不得超过禁止高利贷法。

约定利息率与具体的投资项目预期利润率相关，利息来源于利润，因果关系不能颠倒。①

微观利率，有信誉高，贷款风险越低，合议资本利率越低的规律。美国将

---

① 大卫·李嘉图：《政治经济学及赋税原理》商务印书馆1962年第253页，第255页注解。马克思：《资本论》第三卷，人民出版社1975年版，第494页。

信用最高分定为850分，金融机构按信用等级决定是否给予贷款和贷款利息率，例如30年期房贷，信用分数在720~850的，贷款年利息率为5.729%；分数在620~674之间，贷款年利息率为7.536%；次级信用贷款，利息为9%~10%，贷款的同时，培育社会信用。另外，按照租金售卖规则和风险率，有贷款时间越长资本利息率越低习惯法。而在社会不稳定国家则是倒过来，人们就不愿意从事长期投资。

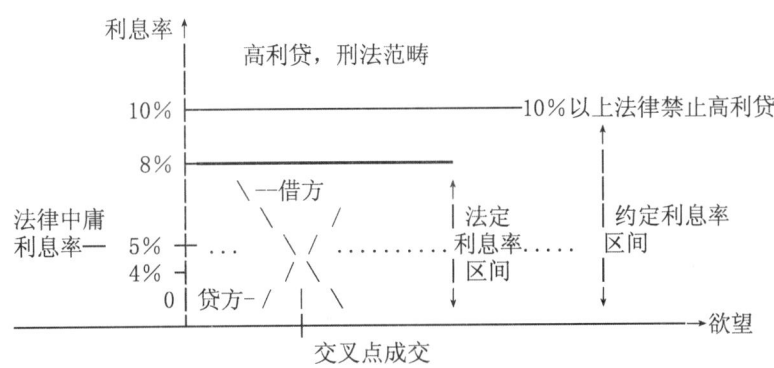

图10-1　经济成熟国家民法资本价格利息率阶梯
在法律允许的范围内供求平衡

（五）中央与民间公平基础上的竞争关系

资本生产工具利息率的特征，法律按照最困难企业需求法定最高限度，具体信贷契约在允许的范围内活动。法律监督债务人将偿付，只要他有财源，否则，法律就宣告他破产。法律限定债权人分享率，超过这个限度就是剥削，法律将在经济和刑罚两方面制裁债权人。利息率是在禁止高利贷法律范围内的自由。

政府法定利息率与民间约定利率之间，是公平竞争关系，允许超过法定利率。

利差，按均衡尺度决定。例如，经济成熟国家，中央银行法定利率，贷、储差额为1%~3.3%，一般不得超过约定利率的1/3，最高不得超过法律禁止利息率尺度的1/3，即不得超过3.3%。

股份制私人银行为了吸引顾客，贷款利率必须低于中央利率，储蓄利率高于中央，实际在中央银行法定利率以内波动，银行收取管理和风险基金费用在1%~2%。

政府足够的货币储备。如果私人股份银行贷款利率高，人们就转而向中央银行贷款，因此中央要有足够的储备金，才能控制资本市场。

政府以财政担保，控制私人银行。对服从基准利率的银行给予本金担保。对高利贷和多收费银行，就不予以担保。

经济规律证明，法定利息率、约定利息率在中庸利息率尺度上下波动，就是持久经济周期，资本中庸价格利息率是持久资产经济的充分必要条件。

第四节 禁止高利贷四阶梯，成为一般尺度

1. 资本价格利息率成为一般尺度

当资本成为生产工具，借贷成为最基本常见的契约，资本的价格利息率成为生产分配的一般尺度，直至社会分配尺度。

当存在现代银行竞争，利息率成为收益的一般尺度。在现实经营活动中，人们形成与利息比较的习俗，其一，"无论借入资金与否，利息都被看作理所当然的收入——可能取得或将要取得的收入"；其二，"与此相对应，无论借入资本与否，生产经营者也总是把自己的利润分为利息与企业主收入两部分，似乎只有扣除利息所余下的利润才是经营所得"；其三，"于是利息率就成了一个尺度"：如果投资所得与利润之比不大于利息率则根本不需要投资，而是把钱存银行吃利息；"如果除息所余利润与投资比甚低，则说明经营效益不高。"① 凯恩斯把"除息所余利润率"称为投资引诱，实际就是债务人权的净利润率，它的高低，也是以利息率为尺度。

2. 资本是生产工具，资本价格成为一般尺度

欧洲民法进入生产领域和禁止高利贷普适过程，大致如下：

其一，公理法。基督教会法禁止高利贷是普适法律。古希腊亚里士多德认为，货币是金银铸就，是死的，没有生育能力，因此借贷取息不合自然准则。基督教会法认为，土地用益租赁可以取息，货币用益租赁也应当可以取息，债权人与债务人对半分享利润，为利息。在这里，资本是参与生产，分享生产利润，而不是独立下金蛋。如果不了解古希腊"劳动创造财富"公理观，就不

---

① 黄达：《货币银行学》，四川人民出版社1992年出版，第106、107页。

能理解亚当·斯密"运用资本于生产可以下金蛋"的意思。而某21世纪《政治经济学》却把"运用于生产"给挖掉了，妖魔化成了"资本创造"、资本独立创造，资本下金蛋，这反而是古代自给经济"孤独自给"价值观的反映。金融风暴戳穿了资本下金蛋把戏。

表10-1 1999年度各国利息率阶梯

比例：%

阶梯	类型		美国	日本	法国	德国	英国	意大利	加拿大
法律禁止以上			10.0	10.#		10.0	10.0		10.0
法定中庸适度中立			5.0			4.0	5.0		5.0
法定利息率	贷款	2005	6.19	1.68	6.6	9.7	4.65	5.31	4.42
		1999	7.75	2.26	6.55	8.89	6.25	3.29	6.25
	存款	2005	3.51	0.27	2.15	2.67		0.95	0.79
		1999	5.14	0.2	3.00	2.85	4.43	6.71	5.01
	联邦储备	1999	4.68						
约定	货币市场	2005	3.21	0	2.19	2.19	4.7	2.18	2.66
		1999		0.25	3.32	3.14	6.00	3.38	5.11
债券	国库券	2005	3.17		2.27	2.03	4.55	2.17	2.73
		1999	4.42			3.0	5.72	3.17	
	债券	2005	4.29	1.36	4.46	3.18	4.39	3.56	4.39
		1999	4.31						
商业往来约定	票据	1999	5.00	0.63					
	公司	1999							5.01
	私人	1999		0.63					

#日本政府以财政为担保，投资贷款法定利息率为10%以下，市场内消费贷款利息率为允许20%以下，场外高利贷允许29%以下，二道贩子低息借进高息贷出，200万人深受其害。超过29%属于刑法范畴。

*德国银行法定利差较大，其中包括为重建东德筹集基金。

资料来源：UN–MONETARY FUND FINANCIALSTATISTICS（联合国货币基金组织金融统计），JANUARY1999.《世界经济年鉴2005–2006》

其二，生产共同体市场方式需求。在自由民市场上，当劳动与工具相分离，无产创业者取得工具的唯一方法是借贷租赁资本，自然禁止高利贷是核心。

西北欧那些由逃亡农奴和光蛋贵族组成的自由民市场，无产市民只有一条求生道路，就业，或贷款创业，或替人打工，借贷租赁（资本）成为获得工具的唯一方式，资本成为大众生产工具。共同市场分配特征，成本不能摊进自给农业中，劳动要素与制度成本之间成多位要素一体的共同分饼公式关系：

年创造价值
=工资+利润+地租
=劳动者报酬总额+雇用资本生产工具之制度成本

公式表明，市民为了生计、为了取得资本工具，双重诉求遏制资本价格，自然变革核心是禁止高利贷普适。

其三，国际贸易刺激。英王亨利八世钦定禁止高利贷法四个阶梯，纯粹是为了让好青年也借得起钱购买羊毛发展家庭毛纺织业。为了应付经济危机，习惯法在1689年英雄革命以后被议会认可成为国法。罗马法利息率与税率同率，对限制政府成本也适用，这与中国古代租、息、利、税同率，经验习惯相类似。

其四，现代法制银行为尺度参照，资本趋利避害流动。

以上规则，落实在价格构成上，表现为禁止高利得普适，对折旧成本、管理营销成本、资本价格成本、债务人权积累还本成本、政府税费成本也适用。

第五节　最困难企业决定中立或法定利息率，资本价格——就业率——经济水准

银行利息率有上限，以企业愿意为尺度

持久经济法定资本价格利息率水准，是以创造财富为准则，按照企业能够接受的尺度，决定资本价格利息率上限。

政府法定利息率的依据是企业。利息有上限，这个上限最终由"企业界

认为"利润是否将会好一些,由企业是否愿意借款,决定利息率的上限,例如1933年的美国,"企业界认为,如果法律禁止银行竞相抬高活期存款的利息率,那么企业的利润将会好一些。"①"正是由于银行之间的过度竞争,才导致了不健全的贷款办法,从而引起了大量的银行破产和倒闭事件。"② 股市的长期利益最终由实质经济企业愿意支付的利息水准决定。但是这个关键因素,往往被经济学一笔轻轻带过。

贷方对孳息的欲望没有止境,越高越好,但是,借方能够承受的货币租费率有止境,利息率越高,雇用得起资本做生产工具的企业越少,能够存活的还是那最后的、最困难企业。李嘉图指出:"决定商品实际价值的不是某些生产者可能享有的偶然便利,而是处于最不利的条件下的生产者所遭遇的实际困难。货币的利息也是这样。决定货币利息的不是银行贷款时的利息(不管是5厘4厘还是3厘),而是投资所能得到的利润率,这种利润率与货币的数量或价值完全无关。……向银行申请借款的多少取决于运用这笔借款所能得到的利润率和银行贷款时所索取的利息率之间的比较。"③ 如果银行利息率过高,就借不起钱改良生产。

资本价格—就业率—持久经济水准

在充分工业化国家,自给农业经济已经消亡,失业大军已经不能退回自给小农业,劳动者完全靠雇用资本生产工具谋生,"就业"成为经济状况的第一位"表征"。凯恩斯理论创新,发现了就业一般理论,凯恩斯设计供求平衡或自然利率,"乃是使一时期中储蓄量(依照该书所下定义)与投资量保持相等之利率。""依照这个定义,在一特定社会中,有一个假想的就业水准,便有一个不同的自然利率与之相应;同样,有一个利率,即有一个就业水准与之相应,对该就业水准而言,该利率是'自然利率'——意思是说,在该利率该就业水准之下,经济体系可以达到均衡。……在某种情况下,经济体系可以在没有达到充分就业以前,就达到了均衡。"④ "有一个银行政策,就有一个不同的长期就业水准与之相应;故长期均衡之位置,亦随金融当局之利息政策而改

---

① [美]萨缪尔森:《经济学》上册,商务印书馆1979年版,第461页。
② 同上。
③ [英]大卫·李嘉图:《政治经济学及赋税原理》,商务印书馆1962年版,第311页。
④ [英]凯恩斯:《就业利息和货币通论》,商务印书馆1983年版,第207页。

变。"① 他指出，"鼓励投资者乃是低利率。故我们最好参照资本之边际效率表，把利率降低到一点，可以得到充分就业。"

现实生活中，利息率往往不是中庸情况，相应地，就业也不是最大化。如果利率高，只有高利润企业才能生存，还没有达到充分就业，经济已经均衡，必然有一部分人失业。因此，租息税率—就业率—经济水准有呼应关系。

反之，一些教科书几十年如一日在举例时，动辄"设利息率为10%"或"设利润率为20%"，仅此一"设"，是不自觉地触犯禁止高利得刑法，停滞在手工密集产业，向工具自给经济和泡沫经济倒退。

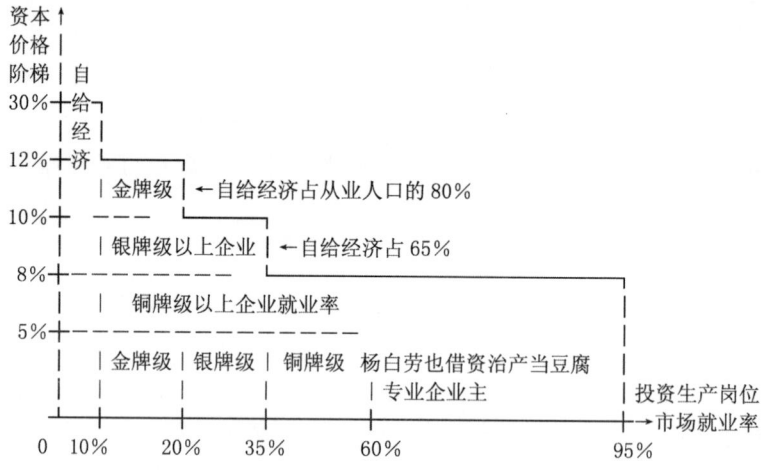

图10-2 资本价格水准与就业率

第六节 富国资本价格自然低

躁动的欧洲，人口运动、好战、自由竞争贪婪欺诈、海外扩张，在欧洲史上重笔浓彩，后发展国家无法效仿。但是，依然存在另一个事实，英国资本价

---

① [英] 凯恩斯：《就业利息和货币通论》，商务印书馆1983年版，第163页。

格在2%～8%之间波动确实已经有400年时间（1947年以后扣除通货膨胀因素），为工业革命提供了堪称世界上中介费用最低的资本，这是英国经济可持久的渊源，也是后发展国家需要和可以学习的内容。

富国的正义致富技术或秘密，就是平民议会使用法律武器，反对货币租赁价格垄断，降低企业人雇用资本生产工具的租费率，资本生产工具大众化。有法律界限和统计资料为证，英国市场保持利息率在2%～8%之间波动，至今有效。

（1）英国1545～1776年200多年间，利息率维持在2%～8%。详见《国民财富的性质和原因的研究》上卷第81页，《货币银行学》第74页。

1740～1910年的170年，在5%左右，见《就业利息和货币通论》第265页。

1850～1914年维持在2%～8%。见《现代英国经济史》中卷第462页，下卷第30页。

本世纪上半叶维持在5%左右，1947年上升到10%。详见日本金融制度研究会主编、查复生翻译1968年"台湾银行"发行的《英国金融制度》。

1947年战后通货膨胀，英国利息率随价格上涨曾经突破10%，扣除物价因素，仍然维持在10%以内。

1975年至今，英国利息率逐渐恢复维持在8%以内。详见历年《世界经济年鉴》，参见表10—2。

自1545年至2005年的400年间，英国的利息率在2%～8%之间波动（扣除物价上涨因素后），它们在经济周期中上下波动，但却没有强烈的上升或下降的趋向。

（2）1900年～1975年，美国实际利息率维持在2%～8%，参见萨缪尔森《经济学》下册，商务印书馆1979年版，第141页。

1919年～1933年，美国实际利息率维持在2%～8%，参见康芒斯《制度经济学》下册，商务印书馆1962年版，第255页。

1980年～2005年，美国实际利息率维持在2%～8%，参见表10—2。

表10-2 1980~2005年英国、美国实际利率在2%~8%之间波动

比例:%

年份	英国实际长期利息率			美国实际长期利息率		
	货币利息率	消费物价指数	实际利率	货币利息率	消费物价指数	实际利率
1980				15.27	13.5	6
1985	11.1	6.1		10.6	3.6	10
1990	11.8	9.5	5.3	8.6	5.4	6.2
1995	8.2	3.1	8.2	6.6	2.8	6.6
1999	4.43			4.68		
2001	5.09	1.82		6.9	4.46	5.44
2002	4	3.5	3.5	4.68	2.34	
2003	3.96	1.4		4.12	2.9	
2004	4.4	1.3		4.74	3.7	4.04
2005		2		6.19	3.4	5.79

说明:3%以内的膨胀率,不在核减范围。

资料来源:《世界经济年鉴2005—2006》,《世界经济统计简编》

20世纪70年代,发生石油危机,西方遭遇滞涨问题,撒切尔政府和里根政府采用了金融自由主义政策。美国实行"高利贷+降低税率+货币增值+货币贬值"套餐,官方利率最高达到21.5%,高息揽储转嫁危机。尽管如此,1987年格林斯潘出任联邦储备局长官以来,特别是90年代,美国回归控制资本价格,"资本价格+税率"保持了相当的中立和稳定。2001年,美国11次降低利息率,挽救经济衰退,说明"利息率—经济水准"规律没有过时。

(3)日本1961~2005年资本价格,参见表10-3。

成熟国家正反两方面的统计资料说明,当今科学技术飞速发展,财富空前增长,这正是"资本价格+税率"下降,资本工具普通化、大众化的成果。新技术只是经济新增长点,引起经济水准变化的仍然是资本的价格尺度,没有变。

穷国利息率高，肯定不是由于高效率带来高利润，劳动者的工资收入过低，雇用资本生产工具的租费率太高，就是穷国利润率过高、利息率过高、社会不稳定、趋向崩溃的原因？

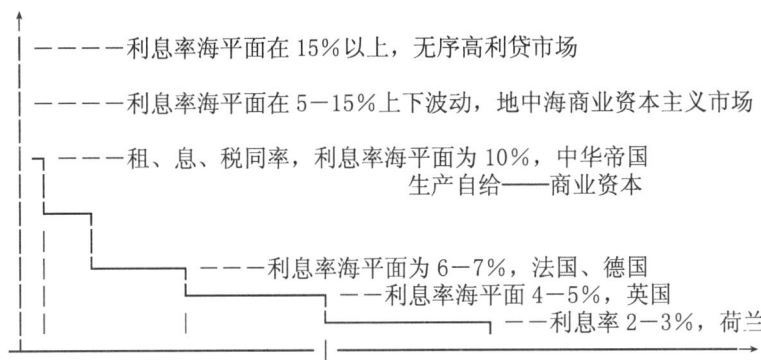

图 10 - 3　资本价格利息率海平面，与"借款治产"沧海桑田

资料来源：约瑟夫·马西：《论决定自然利息率的原因》；亚当·斯密：《国民财富的性质和原因的研究》上册，第 242、82~87 页；杜阁：《关于财富的形成和分配的考察》第 29、90 节，商务印书馆 1961 年版；康芒斯：《制度经济学》下册，第 127~128 页；魏克赛尔：《利息与价格》；凯恩斯：《就业利息和货币通论》第 66、206~207 页。

说明："借资治产"持久经济是以年递增率为 2%~8% 的历史积累过程。当资本（生产工具）价格利息率海平面下降，露出的是可耕的未开垦处女地，是一市场扩张过程，例如 20 世纪初，有的发达国家农业小业主人口还占去 70%。

表 10 - 3　1961~2005 年日本利息率及储蓄存款和 M2 对 GNP 的比率[①]

年份	货币利率		银行管理基金	消费物价指数增长率	实际储蓄利率	M2 对 GNP 的比率	定期储蓄对 GNP 的比率
	存款[②]	贷款[③]					
1961	5.50	8.20	2.7	5.3	3.5	64.9	28.7
1965	5.50	7.61	2.11	6.6	2.0	75.4	32.0
1970	5.25	7.69	2.44	7.7	1.0	72.2	30.7
1975	6.75	8.51	1.76	11.8	-2.0	82.3	33.4
1980	6.25	8.27	2.02	7.7	1.5	85.2	37.3

(续表)

年份	货币利率		银行管理基金	消费物价指数增长率	实际储蓄利率	M2对GNP的比率	定期储蓄对GNP的比率
	存款②	贷款③					
1986	3.39	5.51	2.12	0.6	4.0	101.2	46.4
1990	6.08	7.70	1.62	3.1	6.0	116.0	68.6
1995	1.22	3.40	2.18	-0.1	3.		
1998	0.63	2.32	1.69	1.8	1.		
2001	0.06	1.97	1.91	-0.7			
2002	0.04	1.86	1.82	-0.6			
2003	0.04	1.82	1.78	-1.9			
2004	0.08	1.77	1.69	-1.9			
2005	0.27	1.68	1.51	2.2			

说明：①1992年及以前M2、存款总额、定期和储蓄存款数字均为年底数。
②1年和1年以下定期存款的利息率。
③所有银行贷款和贴现的平均合同利息率。
资料来源：1961~1992年数据，参见日本银行《经济统计年报》，或《韩国的经济发展》第235页；1993年以来数据参见《世界经济年鉴2005—2006》。

第七节　货币价格，储蓄的名义利息率与实际利息率折算

货币价格，消费物价指数和生产要素物价指数

货币价格偏离它的价值的部分，叫做货币价格。

用利息补偿通货膨胀的部分，叫做货币保值率。

成熟国家经验，货币波动在3%~5%的范围内，有利于刺激投资。

由以上因素：

货币名义价格＝货币原价值±现通货胀缩价格指数

货币保值利息率公式

=通货膨胀价格指数±（3%~5%）

通涨指数需要综合考虑货币供求和资本价格供求才对生产均衡有利。

成熟国家限定，真实利率在2%~8%之间波动，适度通货膨胀有利于拉动经济，控制在2%~3%，而日本控制在3%~5%，参见表10-3。由于市场周期缓慢，当物价波动幅度过大，对社会破坏力大。而在投资和工资率能够按市场自由波动的情况下，就可以通过政府行为运用利率杠杆，抑制价格膨胀。在这样的背景下，如果物价指数是用100种零售物价的平均数进行测定，工资和投资随物价波动就不用再测定了。这种方法偏于保护财产权，让债务权和劳动权自由波动，牵制物价。如果政府部门能够同时测定100种生产要素的价格，例如工业原材料、劳动工资、货币衍生物等价格变动情况，综合决定货币利息率的走向，也许可以避免通涨之后是通缩。货币利率与真实利率的公式就需要修正。

实际储蓄利息率

成熟国家物价上升，拉动工资上升，货币发行量上升。例如，20世纪80年代初，当时正值石油危机，据德国老板讲，德国工资随物价波动，物价上升5%，工资包括退休金也跟着上升5%。因此真实利息率还是工资率的函数。同时，物价适度上涨有拉动生产的作用，本书选择3%~5%作为允许通货膨胀的参照尺度。则有：

真实存款利息率
=货币存款利率-（消费物价上涨幅度-工资随物价上涨+生活必需品价外税）

1994年中国实际储蓄利息
=10.98%+8.79%（货币保值利息率）-（21.7%-28%+17%）
=9.07%

1994年实际的货币保值率测算
=物价上涨指数-3%-工资随物价上涨+生活必需品增值税
=21.7%-3%-28%+17%=7.7%

由表10-4，除1988、1993年储蓄方的实际利息率为负数外，1989~1997年历年利息率基本与货币名义利息率接近，达到7%~11%。这与日本以企业为本的利息率制度有很大不同，而由表10-3，1961~1992年，日本储户实际储蓄利息率维持在1%~3%，倾向于不增加企业负担，并且1991年以后实际储蓄利息率接近零利率，并没有影响储蓄倾向。

表 10-4 1978~2008 年中国存款法定基准货币利率和实际存款利率

单位：一年期%

年月日	货币存款利息率（1）	另售物价上涨幅度（2）	保值率利率（3）	工资上升率（4）	生活必需品税（5）	居民实际存款利率（6）	货币贷款利息率	企业人实际贷款利率（7）
1978	3.24	0.7	-			3.24		-
1988.9.1	8.64	18.5	3.86			-3.	9.9	9.9
1989.2.1	11.34	17.8	11.82			8.36	12.87	12.87
1990.4.15	10.08	2.1	1.03			11.11	10.8	2.04
1990.8.21	8.64		-			8.64	10.08	
1991.4.21	7.56	2.9	-	9.		7.56	9.3	11.4
1992.	7.56	5.4	-	14.		7.56	9.0	10.01
1993.5.15	9.18	13.2	-	23.		-1.02	10.8	15.11
1993.7.11	10.98		-				12.24	
1994.	10.98	21.7	8.79	28.	17	9.07	12.24	19.20
1995.1.1							12.96	
1995.7.1	10.98	14.8	13.24	20		10.98	13.5	14.44
1996.5.1	9.18	6.1	9.	10		9.63	13.14	11.36
1996.8.23	7.47	6.1	5.26			9.63	10.98	
1997.10.23	5.67	2.8	1.34	9		7.01	9.36	13.01
1998.3.25	5.22	-0.8	-	3		5.22	9.00	10.17
1998.7.1	4.77					4.77	7.11	.11
1998.12.7	3.78					3.78	6.66	6.66
1999.2.	2.25	-1.4	-			2.25	5.94	5.85
2002.2.21.	1.98	-0.8				1.98	5.49①	5.31
2004.10.29	2.25					2.25	5.58②	
2006	2.52						6.3	
2007.12	4.14						7.56	
2008.12.23	2.25						5.31	

注：①为周转金利息率。

②参见高占军：《我利率调整有两个特点》，载《环球时报》2004年11月3日。允许储蓄利率下浮，不设下限。允许贷款利率上浮，不设上限。与经济成熟国家利率的四个阶梯关系恰恰相反，不能避免银行高利贷冲动。

资料来源：《利率实用手册》、《中国统计年鉴》历年。

第八节　资本名义价格

一、资本的名义价格与资本市场

区别资本价格与货币价格

（1）资本价格，是租用资本运用于生产、创造出利润后，利息是对资本支垫的回报分享。资本价格利息肯定是用利润支付的，是生产销售后利润的一个部分，并且按照合伙法理，资本价格利息率为普通利润的一半是合理的利息率。

中立适度的资本价格利息率 = 分享借资治产普通利润的一半

当前法定资本价格利息率 = 当前最困难企业能够承受的边际利息率

　　法律禁止的利息率尺度

= 不得超过 10%

≈ 不得超过 2 倍中立适度的利息率

≈ 不得超过 2 倍法定利息率

（2）资本价格与货币价格的关系公式

已知：保值利率 = 通货膨胀率 − （3% ~ 5%）

　　　资本名义价格

= 资本实际价格 ± 货币价格

= 普通利润的一半左右 ± 保值利率

资本市场

按照资本生产工具价格定义，资本交易，为资本市场。习惯把一年期以上的货币借贷市场，也称为资本市场。而一年以下的货币借贷，归类到货币市场。

有的专家认为，资本市场是财产存量市场，说明中国自由派经济学还处于自给资本之自给经济阶段。

（1）存量资本市场。资本供求之存放市场，例如，在金本位市场时期，如果贵金属超过市场货币需求量，多余的部分就会流入首饰市场，成为贵金属资本的存量，如果超过首饰市场存量限度，就会发生贵金属的贬值现象，或同一商品的"货币"标价的上升，叫做通货膨胀。反之，如果货币紧缺，贵金属就会流出首饰市场。

资本之房地产存量市场意思也是一样的，大户型房子就像贵金属，大众住不起，可以像首饰一样空置，当作"资本存量"。需要注意的，净资产才是"存量"，而负资产不是"存量"。

（2）债务资本市场。在前面已经介绍，货币租赁是过去、现在、未来的纽带，准备金借贷制度、国债、股票就是典型的"债务"资本。例如：

当出现以未来财政为担保的国债，国债是无抵押造货币白条；

当出现准备金率，是银行自己造债务货币等于"100%÷准备金%－1"倍债务白条；

股票市值债务白条。

上述放大货币白条的后果，目前美国有形体资产70万亿美元，无形体资产140万亿美元，柜台债务320万亿美元，要卖掉两个美国或还债228年，才能还清债务。

针对债务资本，货币借贷租赁的价格利息率，自然影响资本预期偏好，肯定对债务资本市场有引导作用。因此有的专家认为，资本市场是存量市场，利息率不能解决资本市场问题，是堕落于自给经济自有资本存量观念。

（3）债务资本之房地产市场。使用了按揭法（mortgage 不动产抵压或动产质压）。例如，2010年中国所存量1300万套大户型，按揭（mortgage）＝贷款＋首付，贷款按揭为10%到40%不等，就是说，大户型大致有70%是贷款负价值，是债务资本之房地产市场。美国、英国次贷房，允许无抵押、甚至120%债务贷款，当还不上住房贷款，就发生次贷危机。

中国的资本房地产市场问题，一方面是2亿40岁以下新增城市劳动力买不到小户型，价格太高买不起住房，面临高租金威胁，地少人多；而另一方面，是富人像储存首饰一样空置大户型住房，资源大量浪费。因此，资本逻辑优化资源配置，只不过是资本自私自利最大化的遮羞布，资本逻辑与民生为本背道而驰。唯有资本生产工具逻辑，可以驯化资本为民生服务。

（4）"包袱财务制度——生产型增值税"套餐撬动1倍债务，后面介绍。

二、资本的名义利息率与实际利息率
——资本价格通涨指数

实际贷款利息率

共同体国家利息率由四个阶梯制约，企业与银行约定利息率，因此，国家公布的法定利息率并不等于企业的实际利息率负担，例如，表10-3，就是1961~2005期间，日本企业实际贷款利息率的历年平均值，验证，日本巨无霸财团——生产企业——商社，共同遵守"资本生产工具"法律。在成熟国家，当利息率变化，物价、投资、劳动工资价格、就业率随着市场调整。

但是在自由市场上，不允许行业保护普通利润率公平价格。例如，1997年亚洲金融危机，美元短缺，自由汇率引起本国货币贬值，国际货币基金组织按照货币价格法（而不是资本生产工具价格法利息率），给印尼支招，银行货币利息率高达1000%，后果是企业贷不起款做周转资金而纷纷破产，失业率上升。

同时，在自由市场上，如果出现工资受劳保政策和公务员工资拉动，或者相反受计税工资税限制，垄断工业品价格受到政府管制不能随行就市，价格恶性竞争法律不保护工业品价格中包含一个普通利润率，自由市场企业实际承受的资本价格公式，就与共同体国家企业不同：

　　企业所负担的真实资本价格
　　＝货币利率±工资率上涨因素±工业品价格相对下降因素
　　＝中庸的资本价格±货币保值率±工资率上涨因素±工业品出厂价格相对下降因素

如果银行单纯认为利息是"补偿损失"，则偏于从控制消费物价（对食税阶层等非生产劳动有利）出发调整货币价格利率，而是否注意到利息也是资本价格，要考虑企业的承受能力？日本佐佐木信彰主编的《中国现阶段经济分析——来自日本的观察与评价》，分析中国正规企业有"共担亏损的结构"，引起亏损的原因，除了官方分析，该书主要实证论点是"可以说相当多的国有企业是在国家投资不足、自有资金缺少、高负债依存度的情况下，承受着过重的利息负担的。"[①] 1993年某企业为了周转，"而且经过种种努力寻求到的短

---

① ［日］佐佐木信彰：《中国现阶段经济分析——来自日本的观察与评价》，吉林人民出版社1999年版，第191页。

期临时贷款的年利率达到24%"，① 农村信用社允许逾期贷款惩罚利息率为每日0.7‰，② 年息25.55%。1998年降息以来，金融衍生物相继出现，企业负担依然沉重。

企业所负担实际资本价格计算

由表10-5，中国1993年以来，生产资料及协作约占销售成本的60%，劳动工资及福利保险占15%；其余管理费占8%（扣除福利保险、管理工资、10%上交上级费用后）。③ 以1993年为例：

(1) 因物价上涨引起的材料成本上涨率
= 生产资料物价上升率 × 生产资料所占份额 = 35.1% × 60% = 21.06%

(2) 因工资率上升引起的成本上升 = 工资上升率 × 工资所占份额
= 23% × 15% = 3.45%

(3) 因易耗品和管理费物价上涨引起成本上升
= 消费物价上升 × 管理费所占份额 = 13.2% × 8% = 1.06%

(4) 因物价上升引起生产成本上升 = 生产资料因素 + 劳动工资因素 + 易耗因素
= 21.06% + 3.45% + 1.06% = 25.57%

(5) 1993年工业品出厂价上涨率22.7%，则有：
工业品物价实际上升 = 出厂价上升 - 成本上升
= 22.7% - 25.57% = -2.87%
1993年工业品实际物价反而下降了2.87%

(6) 1993年实际贷款利息率 = 贷款货币利息率 - 出厂价实际上升因素
= 12.24% - (-2.87%) = 15.11%

有些人会说，利息率高是由于物价因素。由表10-4，实行保值以后，确实起到了平抑物价的作用，但是1995~1997年实际储蓄利息率高达7%~11%，保值是否过了头？由于调整利息率没有计算企业的实际负担，致使企业借款实际利息率过高。并且，1993年以来放开信贷价格引起呆坏账，④ 把责任

---

① [日]佐佐木信彰：《中国现阶段经济分析——来自日本的观察与评价》，吉林人民出版社1999年版，第193页。
② 中国人民银行货币政策司：《利息率实用手册》，中国经济出版社1998年版，第26页。
③ 参考戴相龙主编：《领导干部金融知识读本》，中国金融出版社1997年版，第141页。
④ 戴根有：《关于利息率市场化（四）》，载《金融时报》2001年12月1日。

全部推给企业的观点是偏颇的。

由表10-5，企业借款的实际利息率在利息率下调以前平均约为13%，其中1994年高达19.2%。1998年以来贷款利息率下降到6%左右，但是滋生出各种衍生物，折合实际资本价格利息率依然在8%~9%左右。

表10-5 1990~1999年中国物价、借款货币利率和实际利率

实际贷款利息率 = 货币贷款利息率 - （出厂价上涨幅度 - 物价引起成本上涨幅度）

比率:%

年 月 日	贷款货币利息率(1)	贷款实际利息率(2)	工业产品供给价格实际上涨率					生产要素供给价格		
			工业品价格实际上涨率(3)	工业品出厂价上涨率(4)	成本随物价上升小计(5)	生产资料占60%成本上升(6)	货币工资占15%成本上升(7)	易耗管理占8%成本上升(8)	生产资料价格上升(9)	货币工资价格上升(10)	一般消费物价上升(11)
1990.8.21	10.08	12.04	-1.96	2.5	4.46	2.64	1.65	0.17	4.4	11	2.1
1991.4.21	9.	11.4	-2.43	3.8	6.23	4.8	1.2	0.23	8	8	2.9
1992.	9	10.01	-1.01	7.4	8.41	5.58	2.4	0.43	9.3	16	5.4
1993.7.11	12.24	15.11	-2.87	22.7	25.57	21.06	3.45	1.06	35.1	23	13.2
1994.	12.24	19.20	-6.96	11.1	18.06	10.92	5.4	1.74	18.2	36	21.7
1995.7.1	13.5	14.44	-0.91	12	12.91	9.18	2.55	1.18	15.3	17	14.8
1996.8.23	10.98	11.36	-0.38	4.1	4.48	2.34	1.65	0.49	3.9	11	6.1
1997.10.23	9.36	13.01	-3.65	-1.9	1.75	0.78	0.75	0.22	1.3	5	2.8
1998.7.1	7.11	10.17	-3.06	-2.4	0.66	-1.98	2.7	-0.06	-3.3	18	-0.8
1999.2					-0.84	0.56		-1.4	3.7		

说明：(2) = (1) - (3)；(3) = (4) - (5)；(6) = (9) ×60%；(7) = (10) ×15%；
(8) = (11) ×8%

资料来源：《中国统计年鉴》；《中国统计摘要2001》84页。

复习题:
1. 为什么当资本是生产工具,禁止高利贷法必然成为普适价值尺度?
2. 禁止高利贷四个阶梯,是按人们的哪些习惯计算出来的?

第十一章 普通利润率

第一节 普通利润率，分期付款年供的预算

中国古代商业文化，价格中包括一个普通利润率，遵守儒家文化传承之什一中正之制，例如，汉朝《古文观止·杨恽报孙会宗书》："恽既失爵位家居，治产业、起室宅，以财自娱。是故身率妻子，戮力耕桑，灌园治产，以给公上。恽幸有余禄，籴贱贩贵，逐什一之利。此贾竖之事，污辱之处，恽亲行为之。明明求财利，尚恐困乏者，庶人之事也。故道不同，不相为谋。"

欧洲租地农场主供给的农产品价格构成中，包括一个普通利润率："在决定租约时，地主都设法使租地人所得的土地生产物份额，仅足补偿他用以提供种子、支付工资、购置和维持耕畜与其他农具的农业资本，并提供当地农业资本的普通利润。这一数额，显然是租地人在不亏本的条件下所愿意接受的最小份额"。①

1. 资本生产工具分期付款，约定预期普通利润不得小于 2 倍利息率

银行希望贷款项目预期利润越高越好没有上限，但是要求利润越高，能够达到的项目越少，贷款业务反而下降。能够大众化的尺度是，倾向于贷款给预期利润率大于 2 倍利息率的项目，保障一半利润付息、一半利润还本，以便于持久生产。如果预期利润率不大于 2 倍利息率，就缩小投资，如果借贷资本利润率等于一个利息率，借款到期时就必须卖掉全部生产线还本，如果没人买，只有债转股，归银行收下，借贷双方都不愿意这种情况发生。因此，利润率不小于 2 倍利息率，符合债权人和债务权人双赢规则，作为双方都能接受的边际

---

① 亚当·斯密：《国民财富的性质和原因的研究》上卷，商务印书馆 1972 年版，第 138 页。

而被流传下来。这一现象，被凯恩斯表述为持久资产的纯利息率复计两次现象①。

> 普通利润率，在资本生产工具分期付款方式中，是在生产准备的成本计算中，预算出来的还本付息利润，是"预算正常价值"法中的一个要素。
>
> 普通利润率，被它的用途"还本付息"量化，为2倍适度的利息率。与利息一样，遵守禁止高利得四个阶梯。

公式表示：

　　普通利润率

＝资本生产工具分期付款生产模式预分配利润率

已知：

　　债务人权有与债权人平等的收入权；

　　债权人有权收益资本价格利息率；

则有：

　　普通利润率

＝资本生产工具分期付款生产模式预分配利润率

＝债务人权与债权平分利润

＝还本＋付息

＝2倍利息率

2. 普通利润和利息一样是法定分享，不劳而获

"物的价值来源于对物做了什么"，"而这资本所有者，虽然几乎没有劳动，却希望其利润与其资本保持一定的比例。"例如股民什么也没有做，连所持股票企业在哪都不清楚，却派息、送配股、分红，储户什么也没有做却分享利息。遇到危机，政府还要担保救助，保证债权人能够收回本金。说明，企业主、股东所收益利润与利息一样，不是单纯企业主、股东生产的，而是分割果实、是回报，无风险收益。

3. 普通利润，与固定资产量成比例②

技术改良，就是利用能源和机械减轻普通劳动强度，提高劳动效率。

---

① ［英］凯恩斯：《就业利息和货币通论》，商务印书馆1983年版，第122～124页。
② 亚当·斯密：《国民财富的性质和原因的研究》上卷，商务印书馆1972年版，第43页。

在同一技术条件下，在"规模效益"区间，科学技术装备的使用量，与"固定资本投入量"一致，生产利润量与资本投入成正比例，只有固定资本部分，即技术装备，才是生产力，"资本只有在它处于生产资本的形式时才生产商品、价值和剩余价值。"① "雇主资本设备之所有权上可以取得利润"②。

同一技术在生产规模效益区间，存在生产利润量与固定资本量成比例规律，这一比例现象，反映在法律上，规定资本孳息、资本利润是按资本的一个比例收取。

4. 普通利润率，与利息率水准

需要注意的是，普通利润按什么比例预分配，却是由禁止高利贷法、由最困难企业决定，额定孳息率，把租控制在"井"内，保护差别劳动多劳多得。

5. 普通利润率，与普通治产劳动创造价值成比例

> 最困难企业，也具备"资本生产工具"分期付款能力，因此，普通利润率，是每一个普通企业之普通治产劳动所创造价值的一个预备分配率。普通利润率，还不是创新超额利润。

6. 超额利润率，与创新劳动创造超额剩余价值成比例

当资本量不变，差别利润与技术含量、劳动效率、市场营销成比例关系，是创新劳动的超额回报。因此，经营者的工资，其一，与他所支付的普通治产劳动成比例，其二，与差别效率超额利润成比例。其三，与企业的平均工资最高成 10 倍比例，而不与所管辖的资本总量直接成比例③，否则不能避免企业家收入侵犯雇用资本生产工具的租费率。例如，美国民众"占领华尔街"运动，就是表达对金融业收入过高的不满，华尔街完全脱离民众的生活水准这一普适参照。

---

① 吴承明：《中国资本主义与国内市场》，中国社会科学院出版社 1985 年版，第 69 页。
② ［英］凯恩斯：《就业利息和货币通论》，商务印书馆 1983 年版，第 69 页。
③ 亚当·斯密：《国民财富的性质和原因的研究》上卷，商务印书馆 1972 年版，第 43～44 页。

第二节　利润率的衰减与限度

1. 公平竞争驱使高额利润率趋向平均规律

追求利润最大化有两条途径：一个是市场最大化，薄利多销；一个是追求高额利润率，而利润率最高点，市场趋向0，利润增量趋向0，因此，为了利润最大化，必须选择适度的价位，最大市场，中庸的利润率。

例如，高科技可以提高初期资本利润率，当利润率越高，就会吸引资本大量涌入，衰减得越快，直至平均水平，每一项技术都有寿命期。法制和公平竞争的后果，科学技术并没有改变长期边际资本利润率（租）。

重工业利润率偏低，但是利润率稳定长久，而高科技利润率高，但是趋利者多，利润率衰减快，否则，就不会有人愿意投资重工业。

企业有时利润率下降，不一定就是经营的问题，例如，社会分配率不合理，利息率、税率上升，利润下降；例如通缩价格变动，利润下降。

2. 利润率递减规律，以法定利息率为下限

关于利润率衰减理论：剩余价值是劳动价值的一部分，当资本深化，利润率随劳动含量下降而衰减。但是，利润率递减以法定利息率为下限，自有资本利润最低不小于一个利息率，否则他就存银行，"作为资本所有权的报酬获得的。而这个资本所有权这样一来现在就同现实再生产过程中的职能完全分离。由此得出结论，因为利润在这里纯粹采取利息的形式，所以那些仅仅提供利息的企业仍然可以存在；这是阻止一般利润率下降的原因之一。"① 可见，马克思从来没有说过利润率无限衰减。

3. 法定双赢的利润率（租），交易成本低效率高

借方市场是围海造田工程。如果不限制商业主义利润率最大化，利润自由自发趋势是商业高利得——工具自给经济。

例如，中庸的利润率、普通利润率、边际利润率、四马分肥利润率符合大众的利益，而被法律固定下来。在反高利贷法条目下，有反牟取暴利法，对利润率超过一定百分比的产品或营业课以累进重税。有些新生力量，在最初阶段

---

① 马克思：《资本论》第三卷，人民出版社1975年版，第494页。

可能处于弱势地位，如果对盈家通吃不加限制，也会妨碍科学技术的自由发展。

公平再分配，例如，当法定资本边际利润率（租）在10%上下波动的前提下，超额利润将在差别劳动、债权、债务、事权四马之间再分配，其表象是，"社会财富增加，资本利润率周期波动，但是没有上升或下降的趋向。"①

生产共同体市场是围海造田，是法制经济，如果不加控制，放任商业高利贷，就业率会下降，不会自动回归，必须采用法律强制高利得下降。

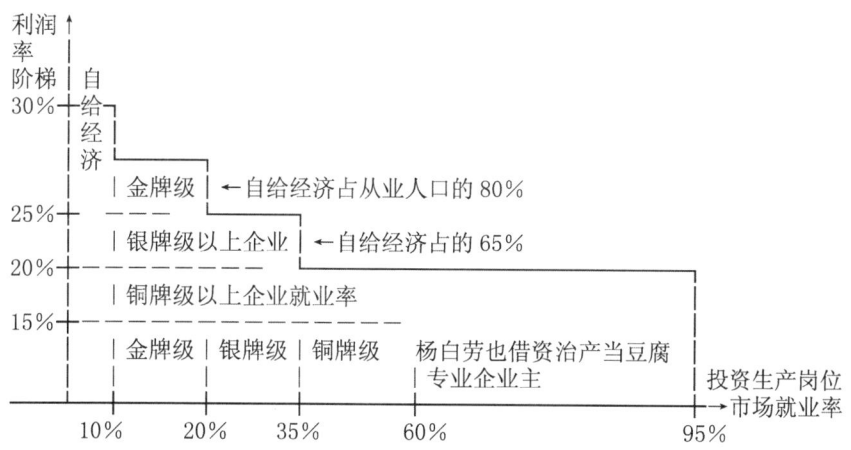

图11-1　普通利润率（租）在富国自然低，在穷国自然高：
持久经济、商业高利得——生产自给经济、失业救济

4. 就业压力限制普通利润率

经济均衡属于边际均衡，这是由于迄今为止人类的经济活动还没有超出"生存斗争"边际。人的"生存"、"恢复体力"消耗所需有边际，边际成刚性，低于这个边际，做人的尊严就会受到伤害，甚至导致暴力反抗。例如，劳务市场就业均衡的工资率价格不是平均价格，而是能够就业的最低工资率价格，这个尺度决定"能就业"比率，如果以平均工资水准信息做指导去找工作，就会有50%的人找不到工作。经济均衡的标志，是最困难企业雇用持久经济的租费率，决定"能活下来的企业"数量、就业岗位数量。如果用平均租费率决定税率或利息率，将有50%的企业破产，职工大量失业。以均衡利

---

① 参见［美］萨缪尔森：《经济学》下册，商务印书馆1982年版，第136~137页。

润率为底限，微观经济追逐效率差别超额利润。均衡利润率（租）越低，效率超额利润率越高，企业人的收入上升。如果设计提高均衡利润率来增加所有者的收益，就是用减少（吃掉）资本生产工具来增加所有者收入。

5. 资本的边际利润率计算

西北欧借助货币的利息率测知利润率梗概，实际是测量经济均衡"租费"。在亚当·斯密时代，中立适度的利息率为 4%~5%，普通利润率为 8%~10%，在禁止高利贷允许的范围内。李嘉图和马克思，以及最新版本的法律经济学，都介绍西北欧普通利润率为 15%，应计算了周转金因素。

1997 年美国年利息率是 6.9%；净利润（可还本积累率）是 6.19%

（1）购置持久资产年供率公式：

借资治产之边际利润率（租）

= 资本生产工具租费率

≈ 6.9% + 6.19%

凯恩斯曾在《通论》中 176 次提到"资本之边际效率"，是利息率与投资（偿还本金）风险相加。

第三节 借用资本利润、自有资本利息现象

自有资本、借用资本、利息、利润、租金不分现象

由于存在多种生产方式，利润一词所指有不确定性，例如：

（1）买卖价差利润。

（2）普通利润率，是雇用资本的租费。资本"寻租"：其一，像出租土地一样出租货币，利息是和地租一样的租费。其二，"加工添附法"，果实归创造者所有，支付支垫资本的租费，"劳动者对原材料增加的价值，在这种情况下，就分为两个部分，其中一部分支付劳动工资，另一部分支付雇主的利润，来报酬他垫付原材料和工资的那全部资本。"

（3）债务人权收入净利润 = 利润—利息

（4）准租金。当存在银行利息，资本物的利润与银行利息有一攀比，如果低于银行利息，就减少投资，资本物利润被马歇尔称之为"准租金"。

自有资本以银行利息率为参照攀比

亚当·斯密提出过两组三位一体的公式,"劳动工资、资本利润、土地地租",①"劳动工资、货币利息以及资本利润"。②那么,同样是资本,为什么货币(资本)收入利息,而另一个资本收入利润?这是由于,自有资本与银行利息攀比,收入利息或利润。而借用资本收入普通利润,专用于还本付息。

自有资本的替代边际是银行利息,如果经营收入小于一个利息率,人们就不经营而存银行。自有资本,即便利润下降到一个利息率,依然会维持生产,即便利润率下降到零,仍然不至于周转不灵而停产;下降到以资产为抵押净负债,才接近破产。因此,适度自有资本有抵御风险的作用,是防风险参数,例如自有资本应不小于60%。

由以上可知,"利润率-利息率"的置换拐点:

(1) 使用贷款还是自有资金的置换拐点:当投资的利润率小于2倍利息率,就借不到贷款投资,而用自有资金投资。

(2) 自有资金投资还是存银行置换拐点:当利润率小于利息率,就存银行。

(3) 置换为自给经济,当利润率小于利息率、等于零以前,自有资本企业依然可以自给维持。

(4) 破产临界点:自有资本利润率小零,净亏损,直至自有资本为零。全额借用资本利润率小于利息率至利润率等于零,无力支付利息;亏损,则债务资产贴现不足以偿还本金,以至破产。例如2009年,投放4万亿人民币,鼓励投资,2011年急刹车,导致许多项目资金断裂,就是由于放松了资金的"未雨绸缪"。

复习题:

1. 普通利润和利息的计算关系是什么?

---

① 亚当·斯密:《国民财富的性质和原因的研究》上卷,商务印书馆1972年版,第47页。

② 同上书,第84页。

第十二章 优先还本的积累,与永久治产法

第一节 分期付款,还本的积累,债务人权

企业主无作为收入

前面已经介绍,美国税法,为了计算不同税种的税基,将小业主的所有权权能和他的"作为"进行分离。利用这种计算方法,可以将身兼多职的企业主,按不同职业收入,进行分离。例如,他作为企业家的管理劳动等级工资收入、作为技术人员的技术等级工资收入、他的自有资本债权的利息股息租金收益、他作为债务人权的还本积累送配股收入。其中:在资本生产工具分期付款模式中,惟有债务人权还本的积累,是单纯企业主独立的收入。

单纯企业主独立的收入,例如,亚当·斯密"运用资本于生产可以下金蛋":"来自运用资本的收入成为利润。有资本并不自用,而转借他人,借以取得收入,这种收入成为货币的利息或利益。出借人既给借用人以获取利润的机会,借用人就付给利息作为报酬。又借款获得的利润,部分当然属于冒险投资的借用人,另一部分,则当然属于使借用人获取利润的出借人。利息总是一种派生的收入。"[①] 就是说,如果债务人借资治产,进行有利润的生产,债务人以预期利润取得与债权人平等分配利润的权利,笔者界定为"债务人权"。对称设立:债权,债务人权。

因此,债务人权收入的特征可以概括为:

(1)债务人权收入是"资本生产工具法"的价格法要素,其收入允许在禁止高利得(贷)的范围内波动。

(2)债务人权收入,在"资本生产工具分期付款模式"中被量化,相当于1倍适度的利息率。这种生产方式,选择禁止高利得(贷)四个阶梯为法

---

① 亚当·斯密:《国民财富的性质和原因的研究》上卷,商务印书馆1972年出版第47页。

度，中立的利息率，资本与技术转化效率最大化。

（3）债务人权收入，在资本生产工具分期付款生产方式中，是在生产准备的成本计算中，预算出来的还本付息利润、债务人权还本的预收入，是"预算正常价值"法中的一个要素。

（4）自负盈亏，普通净利润已经预先转化为资产设备；超额利润才允许消费。

资本生产工具分期付款模式，法理依据是：债权人与债务人合伙分享利润，既然债权人收益利息率，债务人权支付利息后，有权至少能够净收益一个利息率，这个项目才值得投资，公式表示：

已知：

债务人权有与债权人平等的收入权；债权人有权收益资本价格利息率；

则有：

单纯的企业主（债务人权）收入

＝资本生产工具分期付款模式预分配利润率－支付借出人合伙分享利润的一半

＝借用人运用债务权所获得利润－支付借出人合伙分享利润的一半

＝利润－利息

＝2倍利息率－利息率

＝还本的积累（资本物型态）价值相当于一个利息率

（5）在资本生产工具分期付款模式中，债务人权有权收入一个利息率，是预算出来的，企业主债务人收入普通利润，与资本利息一样，只与所贷资本金成比例；债务人权还本收入，只允许在利息率上下波动。

（6）企业主收入普通利润、还本的积累，与利息一样是法定分享，不劳而获。

企业主"还本付息"应债责任

（1）单纯企业主收入普通利润，是还本付息责任，不能用于消费。

资本生产工具法，普通利润率已经从营业剩余价值中划分出来，在5%、20年期贷款中，预期20年的企业主边际收入已经预提，买成了设备，预期分享的收入已经预安排用于"应债"，已经按合同预期用于分期付款了，超额利润才可以分红消费。

（2）企业主收入不是最终分配，不能消费滥用。

"分期付款"生产方式中出现了一个新的工种，叫做持久资产的债务责任权。企业主的边际收入是债务权收入，所不同的是，债务权要承担还本积累责任，是资产化收入，有持久生产线的责任，不得撤资。可以买卖生产线，但必须对雇员有合理安排，对社区有交代。

（3）企业家与企业主债务责任不同，收入不同。创新劳动说不能解释企业家与企业主有相同的能力才干和业务，为什么一个收入薪金，另一个收入"薪金+利润-利息"。

企业家，是信用受托（无需财产抵押），经营者负责经营，并赋予企业法人财产权，只以受托经营管理的他人财产为担保，承担财产民事责任。其收入为年薪，有的配以干股。

而企业主是债务人，以预期利润收益为抵押，负责财产的盈亏和债务责任。按合同企业主收入已经先期转化为生产工具，为了发展生产，财政法不得侵犯企业主普通利润。

第二节 永久治产产权，优先积累，所有者权益后序

1. 为什么必须用利润积累

人与动物的一个区别是会制造和使用工具，提高了生产力。工具就是劳动积累。人类离不开积累，人类打击出第一件石器，制作出第一件工具，就是劳动积累。利润不可以全部消费掉，从人类生产出第一件工具、第一次分工开始，劳动剩余就开始分离为生产工具与服务消费两大部类。人类为了创造出更多财富需要积累以制造劳动工具。

积累分为消费积累、商业积累、金融积累、生产积累、原始掠夺积累，只有转化为技术装备（固定资产）的生产积累，才有直接再次创造财富的功能。

2. 资本生产工具还本积累

萨缪尔森介绍美国企业"需要新资本的来源"而抵押和信用贷款，"这就是，工厂作为已有而把它卖掉，以便换取现金"，"条件是在二十年中分期偿付贷款；未偿付的贷款则征收每年百分之七点五的利息"；"用百分之七或八的利息所取得的资本能够获利百分之十二点五当然很好。但是，一旦亏损来

临，这些债务就会沉重地压在你们两个合伙人身上，你们必须承担一切。"①

把这段话公式化：

  美国企业人购买持久资产的年供率（未包括财税预扣）

  = 支付利息率 + 支付偿还本金的年积累

  = 7.5% + 1 ÷ 20 = 12.5%

 或：借资治产约定年积累率

  = 普通利润率 – 利息率

  = 12.5% – 7.5%

  = 5%

  20 年还清。

  企业主所要承担的责任，就是应债积累，因此"借资治产"经济，是契约积累机制。

3. 永久治产的永久产权，优先还本积累，所有者权益后序

  特别需要鉴别，在英国，只有国王一人代表上帝，具备所有权，国王有权收回赐与的土地和权利，因此，英国并不实际存在永久产权。

  贵族的永久治产法律创新。英国有的贵族产权已经存续了 700~800 年，在此期间发生了多少帝王轮换、内外战争，都没有毁灭它，如此有生命力的制度，应当翻译为"永久治产"，才准确。

  永久治产，宗教文化伦理渊源于替上帝看管财物；实施的关键是保证遗产的完整增值。

> 按照"浪荡子不得管理自己的财产"伦理，设计继承人的所有权，成为负有"保证财产完整和增值"义务的所有权，只有法定孳息权，而不能消费遗产本身。为了保障永久产权，受到法律"登记"保护，监护人的监管，聘请代理人经营。预期有足够利润的项目才能抵押遗产借贷投资，用利益还本付息。继承人无权抵押遗产取得消费贷款用于挥霍。②

  即便败家子企图搞阴谋，也多了法律登记和监护人双重门槛；不可以用

---

 ① ［美］萨缪尔森：《经济学》上册，商务印书馆 1979 年版，第 146~147 页。

 ② ［英］F·H·劳森和 B·拉登：《财产法》第十二章"限定授予财产契据"，中国大百科全书出版社 1998 年版。

"遗产"偿还债务。例如，在英国，1800年出台《积累规则》，规定"如果某遗嘱指明在遗嘱人子女一生期间积累，那么，规则只允许21年期。此后，积累的基金收益就必须支付给适合的受益人。当然，旨在支付债务而积累足够钱的某些积累属于该规则的例外。"① 管理经营者据《积累规则》有权决定利润积累分配权，所有者消费收益顺位后序。

对持久经济有效用的恰恰正是《积累规则》例外中所包含的"偿债积累顺位优先"理念，在公司共同体中，优先劳动和雇用工具偿债积累，所有者权益后序，所有者只能请求分配"负债表上的净利润"，并由经营者掌握分配权。

4. 永久治产产权法与不在所有者

18世纪上半叶，工业革命前夕，英国作家福笛在《鲁宾逊漂流记》中有这样一段描写：在鲁宾逊离开英国35年期间，其父亲在去世前通过遗嘱将财产留给了鲁宾逊。在他离开期间，英国地方法院、公证处、财产登记处将他称作"不在地主"或不在所有权人。当他35年后回到家乡，监护人为他聘请的财产代理人，将他的财产的去向和被经营保管这部分的"保值增值"情况，记录得清清楚楚。例如，部分被捐给了教堂是不可以收回了，捐给政府的部分，只要鲁宾逊要求，可以退还。英国"永久治产"，主体是遗嘱，客体是继承人所有者，永久治产是对所有者的硬约束；监护人与受托人合同，是对经营者的硬约束。因此，英国不动产所有权与经营权，都不具备罗马法意义上的绝对所有权，以永久治产为标的，共同拘束，都是负有责任的权利。

永久治产的用途，财产（生产工具）神圣，例如，不在地主、不在所有者鲁宾逊飘流26年回到故乡，他的财产去向记录在案，除了捐出的以外，其它完整增值。

因此，认为公有制所有者缺位，所有者缺位在市场经济中不能成立，起码不符合欧洲事实。永久治产法，可以解决第三世界"暴发户心态、小富则安、富不过三代"课题，是中国民营经济转型现代经济，所必须的法律制度建设，和家族人文修养。

5. 预期还本积累率和投资引诱

凯恩斯《就业利息和货币通论》中176次提到的资本边际效率，实际就

---

① ［英］F·H·劳森和B·拉登：《财产法》第十二章"限定授予财产契据"，中国大百科全书出版社1998年版，第185页。

是预期普通利润率（未包括财税因素）。凯恩斯是从投资引诱的角度研究预期利润率。在资本一般化的情况下，"资本边际效率－利息率＝资本增值率"，消费倾向变得有了方向性。即，投资引诱的引力来自还本积累机制，如果利润率高，则还本积累收益高，引诱消费者转为投资。

凯恩斯的消费倾向，是心理猜测学，股市人气、概念股。实际情况是，雇主利润在消费与投资之间的分配，是受到偿债积累率的竞争而有所倾向。

6. 储蓄是理性积累，不是契约积累

自有资本增加的直接原因，是"勤劳＋节俭"，光凭勤劳还不行。节俭还只是理性积累，而不是契约积累。凯恩斯资本存量投资公式：

储蓄＝投资→还本付息的积累

说明真正把利润积累为工具的是债务人权，在契约积累机制中，储蓄仅起到支垫作用。

储蓄不一定就等于投资，银行业投机，会用现在的储蓄偿还以前的储蓄利息，资本空转，例如在俄罗斯和阿尔巴尼亚发生的私人银行不良集资。

投资，不一定就是生产力投资。存在用新借款归还旧借款资本空转。例如美国朗讯公司分拆子公司上市，拟筹集 75 亿美元，以偿还到期的 65 亿美元债务。

投资不一定就是持久经济。为了追逐高额地租，热衷于房地产开发，把储蓄固化在房地产中，属于硬化资本。尽管房地产可以拉动其他相关产业，但是房地产是消费投资，不是直接生产工具积累。

复习题：

1. 英国"永久产权"法的核心是什么，方法是什么，涉及哪些法律？

提示：核心是"保值增值"。

　　　积极方法是永久治产，消极方法是浪费人不得管理自己的财产。

　　　主要涉及：遗嘱法，监护法，浪费人基金法，代理法，公证法，财产登记法等。

第十三章 资本是生产工具，地租在超额利润中收取

第一节 资本是生产工具：普通利润率优先，地租在超额利润中收取

在雇用资本还是雇用土地之间选择

当资本价格下降，成为土地有力的竞争对手。"借资治产"合同约定利润首先用于分期付款，预期还本付息之后有超额利润，才会支付地租，地租在超额利润中收取。例如，在前面已经介绍英国亨莱的庄园领主雇用隶农，在支付法定地租后，领主可以获得地租为10%。当隶农大量逃亡，领主地主不得不出租土地，由于有资本相竞争，则必须保障农场主获得一个普通利润率，否则他就租货币而不租土地。这样，如果土地不变，地主必须选择生产力高于隶农的农场主来经营。农场主有条件在租资本还是租土地之间进行选择，"如果他所得的利润不能和他所垫付的资本额保持相当的比例，他就不会进行大投资而只进行小投资。"① 地主地租的限度："在决定租约时，地主都设法使租地人所得的土地生产物份额，仅足补偿他用以提供种子、……的农业资本，并提供当地农业资本的普通利润。"② 地租避免侵犯资本普通利润率，地租只能从超额利润中分割。③

又例如，英国矿业用土地，尽管表面看矿山地租是销售额的一个比例，但是，这个比例的大小，却是由"借资治产"模式决定的。有段时间英国王规定金矿租金为5%产出量的价值，银矿租为25%，煤矿租金为1/6产量。企业

---

① 亚当·斯密：《国民财富的性质和原因的研究》，商务印书馆1972年版，第43页。
② 同上书，第136~138页。
③ 参见马克思：《资本论》第三卷，人民出版社1975年版，第六篇"超额利润转化为地租"。

主支付工资、"借资治产"分期付款后,有超额利润才能支付租金,如果矿产卖价太低,就只有拖欠租金,如果矿业要进行下去,就只有协议调整租金一条出路,银矿的租金曾经不得不由 1/4 调到 1/20。经营矿山如果不能获得一个最起码的普通利润率用于还本付息,企业主就不愿意经营矿山,国家也就收不到地租。这就是英国"地租是价格高低的结果"现象。

英国地租仍然属于"垄断价格",但是,是对超额利润的垄断。土地所有者可以利用不断涨地租的办法,在租金率不变的情况下谋图收取全部超额利润。

垄断地租,垄断超额利润地租,租金法

地主收取全部剩余价值,叫垄断地租,例如自给经济地主的自由契约地租制度。

西北欧价格法优先普通利润率,地主只能收取超额利润,叫垄断超额利润地租。

价格法优先普通利润率,只允许地主按照衡平法收取超额利润中的一个法定份额,是制定租金法。

租金率与资本利息率,相互攀比竞争

西欧在 15 世纪形成 20 年租金售卖习俗,5% 地租率,而利息率向土地租金率靠拢。在以后的其他国家中,是倒过来,首先控制利息率,通过竞争,租金率向利息率靠拢,收益资本化。经济学介绍:

  土地的租金率 = 利息率
  地的价格 = 地租 ÷ 利息率

这个公式只在租金售卖 20 年后按原价收回才适用。

第二节 级差地租是自然赐予之物,法定剩余社会化

垄断超额利润级差地租

再好的土地,如果没有人耕种,也只能长草。但是,同样的劳动和资本在不同肥力的土地上收获不同,出现级差问题。李嘉图认为这种级差既然是发生于不同土地,说明有附着于"土地的原有的和先天的能力"[①]。"垄断级差地

---

① [英]大卫·李嘉图:《经济政治学及赋税原理》,商务印书馆 1962 年版,第 56 页注③。

租"只是现象,而不是真理,如果级差剩余全部归地主,则租地农场主租种好地和租种坏地都只能收入普通利润率,他为什么要租种好地?农场主并没有对"垄断级差地租"忍气吞声,人们甚至放弃好地移民美国,在土地大量荒芜、农民大量逃亡的情况下,农民终于争取到由"农地仲裁委员会"裁断公平价格,"以公开市场价值为基础进行估价"。

对级差地租收取所得税,剩余社会化

垄断级差地租,既表明一国开始富裕起来能够支付得起高额地租,也说明食物短缺,物价上涨,超额利润上升。与此同时,高额级差地租打击了农场主先期投资的积极性,是农业走向衰败的征兆,"地租上涨始终是一国财富增加以及为已增加的人口提供食物发生困难的结果。这是财富的征兆,而绝不是它的原因……地租也增长得较缓慢的国家里,财富增加得最快。"① 为了增加财富,雇用得起资本和土地,地租也需要法律限制。

西北欧伦理,既然级差地租是土地"原有和先天的能力",就属于上帝赐予之物,应当"共分"。当时,地租的上升与工人阶级状况恶化成正比例,引起社会不稳定。李嘉图认为地租是土地的自行能力,应该回归社会,主张对地租收税,对企业免税,来解决实际的不平等,变通的方法对超额利润重新分配。②

特别需要鉴别持久经济地租是分割超额利润,而承包制是分割剩余价值,侵犯了雇用资本生产工具权。克拉克边际派的问题出在恶性竞争、不优先保护劳动和资本生产工具权。

第三节 炫富—铺面地租飞涨—实质经济和内需萎缩现象

中国实行土地公有分占制度,在少量土地转租赁场合存在"租税重"问题。中国垄断地租问题主要表现在"商场铺面垄断地租过重"和房地产垄断。

---

① [英]大卫·李嘉图:《经济政治学及赋税原理》,商务印书馆1962年版,第63页。
② [英]大卫·李嘉图:《经济政治学及赋税原理》,商务印书馆1962年版,第146页,价格法保护租地农场主或企业获得一个普通利润率,所得税是对超额利润(地租)征税;第147页,如果地租税引起农产品物价上升,地租落在农产品消费者身上。

凡勃伦关于有闲阶级炫富的理论，实际是李嘉图地租论的写照。炫富地租上升是一国富裕起来的表现，但是它同时是一国走向衰落的征兆。

2010年中国住房地产价格飞涨、地王频现，就有人忽悠说："买房就是爱国"就是拉动GDP增加就业机会。但是，一边是22亿平米1300万户大户型高房价投机、炫富空置，另一边是2亿新增劳动力住房困难，急缺3000万套中小户型平价住房。三元劳务市场和非劳动收入，让一部分人先富裕起来，炫富"只选贵的，不买对的"，引诱中国商场中高档柜台"地租"飞涨，出现引诱实质经济萎缩、就业机会减少、实质内需萎缩的忧虑。

例如，由中国生产出口的同类中高档产品，在美国商场售价比在中国商场便宜约30%，在法国约便宜50%，诱发大量旅游者从国外买回国货。考察原因，当缺失"公平价格法监管"，中国商场定价依靠潜规则"中国式6+1"，其中：

原材料以及加工成本占30%左右；

税费和营销成本占30%左右；

商场的运营成本占20%左右；

渠道成本也就是进场费占20%左右；

还有：总体较高利息率的周转资金和投资贷款；

17%生产型增值税；

中高档商场服务业收入高于实质经济蜗产劳动收入。

这样，德国订单时尚锅在中国出口价为600元，到了中国的商场就得卖2000元，还很火。原本大众买得起的商品，进了商场就买不起了。①

以欧盟为参照，流通、税收加价，应相当于零售价格的40%（造价的67%），按照欧盟正常价值要素构成法，其中：税收、地租（包括折旧、管理费用）、周转金利息、营销管理费四要素各自禁止高利得为10%（允许相关要素互为销长），是合理的。相对照，中国商业成本占去零售价格的近70%。一比较，不合理因素就很清楚了：其一，中国流通环节地阻高，并且增加为三层，重复征收地租，而采用物流一级站制度本应可以克服这个缺点。其二，中国生产型增值税为17%，对于耐用"消费品"，应下降到3%~7%以内才合理。其三，高利贷的存在。物价高，商场"毛地租"太高是主要矛盾方面。

---

① 钟兰花 周人杰《揭密商场定价"潜规则"》都市快报2011年12月27日。

假消费诱发地租太高，资本就流出生产领域，实质经济萎缩；商场地租高是以挤压"制造环节利润"为代价，创业者就流出生产领域，实质经济水准下降而萎缩；以压迫治产劳动力价格为代价，则大众消费能力萎缩、内需萎缩，市场萎缩，家庭劳动置换为市场劳动萎缩，就业机会成三次萎缩。

一国之本在于厚民生，民生之本在于治产：扩大就业和内需。扩大内需应防止假消费的侵蚀，和推高商品摊位"地租"。

复习题：

1. 当存在现代银行，为什么地租是在超额利润中收取？

第十四章　中介：商业、银行、股市

第一节　生产商销售网制度

当资本是生产工具，诉求"商业、银行、股市"是中介，是生产的流通环节。

共同市场，商业是生产的一个环节，叫做生产商制度，在第八章第一节已经介绍过生产商价格法。

西北欧共同市场，一开始人们直接到生产者那里去购买所需。以后发展为代理商，按公平价格法公开成本，收取一个禁止高利贷法特许的合理的利润率。工业革命，企业发了财，由企业组建销售网络，企业是商家的主要股东。当今成熟国家依然是生产商制度，价格由企业说了算，营销费用是后加上去的，并受到生产商的监管。"建设的想象力来自于制造业者，商人只不过亦步亦趋而已。"例如，日本商业净利润可以长期维持在0.5%~5%，只有生产商制度才能做到，商品由生产厂家定价，其他费用加到零售价中。而穷国商业利润长期维持在15%~30%。

中国私有企业、乡镇企业、集体企业的最大特长就是"生产商"制度，例如温州模式，自产、自己组织销售，占领小商品市场，肥水不流外人田。中国一些新兴高利润产业正在向建立生产商制度迈进，例如，有些企业自设销售网点，生产和商业利润收在账下的同时，能够掌握客户需求的第一手资料。

20世纪70年代以来兴起的跨国公司，"离岸市场"逃避价格管制，"生产者不参与利润分配"式世界采购制度，千方百计阻挠第三世界直接准入富裕国家市场。西方生产商文明正在陨落吗？

第二节 合伙委托银行

16世纪,英国租地农场主资本主义萌芽,货币租赁20年期租金售卖,在私人之间流行,并且,受到济贫习俗限制,只允许小额贷款。17世纪,企业主开始寻求适合"资本生产工具"模式的金融方式,被选中的是金银铺受托管理模式。金银制品铺,有时顾客没有按时来取回所订制的首饰,金银铺就免费为他收藏着,后来演变为收取一点管理费。现代信用银行,是50人以下合伙债法承揽、受托、代理组织,是受雇佣组织,有忠于职守、不争利、不篡权责任。因此界定银行是微利企业,符合"委托法"规则。合伙人或企业之间有互助义务。

现代银行不是起源于商人磨房主高利贷、高利得当铺、银楼。而金融自由主义的问题正是出在,企图把现代银行兑变成高利贷钱庄。

16世纪以来,荷兰成为贸易中心,世界各种贵金属货币集中于此。为了保障信用便于汇兑,荷兰把各种磨损了的货币熔铸成荷兰盾,添附铸造费和管理费,折算在其价值内,即按照国家的标准良币兑换。1609年阿姆斯特丹以城市财政为信用担保,建立第一家近代银行进行兑换业务。

18世纪有些企业发了财,近代银行是由企业合伙投资组建的,目的是做中介,为企业筹集资金。为了降低雇用资本的租费率,企业股东们选择"设计"成为"金银铺受托管理金银"模式,才是资本生产工具主义信贷银行,银行是受托受雇佣的单位。近代银行遵守禁止高利贷法,储户收取中庸合理的利息,银行收取中介管理费。1694年英国成立了第一家中央银行英格兰银行。

信用,货币预期与实质经济的偿付能力相对称。而英国银行在早期多次采用发行银行券的方法圈钱,由于不能兑现曾经引起上百家银行倒闭。20世纪30年代美国经济危机,银行紧急法案把银行分离为商业银行和投资银行,议会决议由国家以财税为担保控制基准利息率至今。20世纪60年代末以来,金融创新不受制约,美国新自由主义银行解除规制,引起金融丑闻灾难。

"受托债法"是银行机构不能逾越的规制。例如,如果银行在贷款给某企业的同时又为某企业发行股票,则发生债权人与债务人合一的问题,不能避免监守自盗,自我创造债权债务白条。欧洲尽管是混合业务银行,但是银行内部业务是分开的,例如,按照委托法应当有这样一些基本规则:不能经营在本银行贷款企业的证券业务；经纪人不能持有自己经纪的股票；评估员不能持有自己评估的股票，等等。

禁止高利贷法是银行股东不能逾越的规制，股东要盈利，但是只能在中庸利息率上下波动；风险基金 5 年以上赢利才可以送配股。股东要求银行利润最大化，就是储民和企业请小偷打理财产。2002 年英国汇丰银行排名世界第二，其管理机制非常传统：诚信。

利差是中介管理基金，只允许微利

银行中介属于委托管理法律范畴，合同拘束受托一方不与委托方竞争、争利，不篡权，诚信服务原则，收取管理费，是低盈利或低风险基金机构。遵守中介管理职能，按经济成熟国家经验，收取管理费和保险基金共计在 1%~2% 之间。例如，日本实际储蓄利息率长期维持在 0.5%~5%，而致穷国家储蓄实际利息率维持在 5%~10%，企业贷款实际利息率在 8%~12%。日本实际利差维持在 1%~2%，而致穷国家利差在 2.5%~3.78%，并且有利差最大化冲动。例如中国有的银行做金融开放试点，一方面延续计划时期低储蓄率，转身用"理财"为借口放高利贷。有报道，2011 年几家国有控股银行理财数额高达 8~10 万亿元，却向中央哭穷"资金断裂"。

利差权利责任衡平。例如，当股市利润太高，引诱美国金融衍生物，其中一项就是银行业务收费，检验尺度就是"利差"，如果利差小于 1%，为了保证管理成本费用而施行差别利率和差别服务，才不违反"委托代理"收管理费规则。并且，面对大额存款高利息，国家的对策是不对大额存款担保，从社会角度保护小额存款，达到均衡。相对比，如果银行利差高达 3.78%，比存款利息率高出 2 倍（扣除利息税后），还想搞收费，也是高利贷和重复收费行为。

因此，为资本转化为生产工具服务的银行业，与以利润最大化赚钱为目的高利贷银行、当铺、钱庄有本质上的区别。另外，垄断性银行、上市股份制银行失落了"50 人以下合伙委托银行"的互助的功能，嫌贫爱富，例如金融华尔街。

第三节 合伙有限债务责任公司

1. 共同所有、共同拘束

从源，民法是公司法的基础性法律，公司法是派生法律，或法律细则，因此对公司规制必须从源全面贯彻执行合伙债规则：

(1) 个人合伙共同所有、共同管理原则。

(2) 共同目标原则，合伙人为共同目标而签订合同。

(3) 共同拘束。

(4) 共同善意原则。

(5) "永久治产"。

因此认为股东只收取利润，企业只负责盈亏，不符合"共同拘束"原则，认为所有者在企业破产时才负责清偿债务责任，不符合持久经济原则。

同时，依照"合伙"规制，企业内部是混合关系，是"共同拘束"，对"理性"是皆兄弟关系，对"非理性"是权威法制"拘束"，并不像新制度学派所简单化的家长垂直关系。

2. 股东债务责任，优先偿还债务的积累

公开市场的上市股份制公司与一般债务责任公司一样，遵守委托合伙法规制。企业人以实际使用经营而具有法人财产权，股东以财产为抵押，具有债权和债务人权的权利责任。

公司以股本为抵押借贷，股东同时成为债务人，"股东们现在具有有限的债务责任"[①]。股东为了短期利益有权反对积累，但是不能反对优先"偿还债务的积累"，反对也没有用，债务已经变现成生产设备，并且，如果不按期偿还债务，法律会强制执行。股东不仅扮演出资的债权人（派息），而且扮演"借资治产"债务人（送配股），收益包括"股息＋企业主收入"[②]。

"借资治产"经济偿债积累优先，表现在财务上，例如美国会计制度叫做"偿债专项"或保留在公司内的收入，德国有限债务责任公司法叫做"债务储备金"，资产形成时，收益资产化，送配股；股东对年度资产负债表上的净利润有请求分配股息权。[③]

但是，致穷的公司法有意无意回避股权的有限责任是"自负盈亏和偿债责任"。中华民国时期官定股息优先分股息公司实际是无限借贷，没有共担风险责任，没有履行合伙责任。

---

① [美] 萨缪尔森：《经济学》上册，商务印书馆1979年版，第150页。

② 马克思：《资本论》第三卷，人民出版社1975年版，第493页。

③ 陈晓旭、周济：《西方经济法规精选》，中国改革出版社1994年版，第108、109、113、114页。

3. 禁止高利得法，是公司分配尺度

新浪网王志东被炒鱿鱼，向人们提出这样一个问题：首席执行官的最大挑战是什么？"协调董事会对短期利益的要求与公司长远发展的策略是最难的，但结果永远都是董事会说了算。"这不仅仅是中国股市问题，美国因为董事会过分干预首席长官的业务，干扰长远经营业务，而发生信用危机。那么谁来制约股东董事会？在股东利益与企业发展之间有没有尺度界限可以把握？按照合伙债，首席执行官依法有权把握的尺度：（1）优先雇用工具权，偿债积累率以"普通利润率——利息率"为尺度，即送配股率的尺度；（2）股息以利息率为尺度；（3）超额利润归全体企业人所有，包括股东分红。因此分红是股东与企业人之间的谈判，执行官得到解脱。

有限债务责任公司的派息、送配股、分红有尺度可以参照。

4. 持久经济神圣，股权只能买卖传递，不得撤资

股份制另一项优点是债务资产传递①。

有限债务责任股份制，股票可以买卖，股东可以自由进出。通过买卖，债务资产在市场上传递。例如，如果是自有资金办的企业，企业主一旦非理性挥霍本金或决策错误，企业就要遭殃，企业以"具体所有者"的理性与非理性为生死界。17世纪及其以后的几个世纪里，当统治权与财产权分离以后，"可转移票据"受到整套法律的规范，形成现代证券制度，股票就是一份"可转移票据"。股份制企业，如果个别股东非理性，他得卖掉股票才能拿到股本消费。在这里"卖"的是"对债务的所有权"，债务资产传递给了另一新股东，而企业资产（包括债务资产）总量没有丝毫损伤，股东的进出更换，丝毫不影响生产，是可持久经济。企业的债务资产（工具），就像火炬一样在债务（资产）市场上传递。企业减小了因所有者非理性而破产的风险。

因此，说股份制中所有者只有权利不负责任，或者说股份制是单纯的（准奴隶）雇佣关系，都不准确，也不利于发挥股份制的特长。

新制度学派认为所有者就是寻租剩余价值，那只是他们的主观自由意志，而所有者的外在表现，只能依法获得股息，在法定孳息上下波动；有"永久治产"义务，优先偿还债务积累的义务；所有者只能在普通利润率范围内寻

---

① 康芒斯：《制度经济学》下册商务印书馆1962年版，第九章"债务的流通性"和第102页。

租，超额利润在全体企业人之间均衡分配，包括股权拟人。

美国证监会原主席格拉索主张降低上市门槛，多数创新高科技股没有资本、没有科研成果，只有人气和概念，是美国20世纪末股市大起大落投机的根源性。

第四节　合伙股票市场

1. 证券买卖的渊源和用途

中国礼记中记载民间有一种叫做"乡射"的活动，后来简称为"社"，一直延续了几千年，就是由大家凑钱举行活动或者修建公共设施，例如桥梁、义学、义仓等，小则张榜公布个人所交纳金额等，大则立碑证明，商业也有入股搭伙的习俗，乔家大院是期货经济，有人认为温州模式是汉民族合伙行会制工商业的活化石。

古罗马奴隶（会活动的财产，动产）应当有标志性证明，或者奴隶烙印，或者对奴隶的所有权证明书。所有权证明书买卖，很可能受到奴隶买卖过程中的奴隶证明书过户登记启发，推广到房产转让，配备房产所有权证明书、地产租金售卖产权（瑕疵）证明书。

买到房地产随同获得所有权证明书，证券就成了与纸币一样的信用证明。现代证券不仅是实存财产证明书买卖，进而包括了预期所有权（当前是债务）的买卖，例如，春天预卖树上的苹果，是估算一个价格，就是预期价格，所有者获得的是债务所有权，秋天的实际收获，才是实际价值，这样的所有权证明书（虚拟财产），就与实质财产所指相同。

而近代保险业起源于海员家庭互助金，海员们出海前共同在杂货铺内存一笔钱，以备出现问题的家庭支用，家庭之间可以互借互助。

地中海地区最早的票据可以追溯到1287年巴勒莫一名公证人起草的契据，这种票据可以背书转让。1608年荷兰阿姆斯特丹成立了第一家证券交易所；1773年，英国的新乔纳森咖啡馆正式改成证券交易所，并于1802年获英国政府正式批准承认。历史可以证明，证券交易不是欧洲人的凭空"发明"。

> 证券交易的优点，不用将实物搬到现场、或不用亲自到实物现场勘测，以"信用"为担保，就可以进行交易。大大降低了交易成本，提高了交易效率，无限扩展了市场的时空范围。信用，"人言"驷马难追。如果失去信用，证券交易带来的将是灾难。

2. 信贷资本与股东资本

企业人的目的是雇用资本生产工具，无论采用借贷的方法还是合伙的方法所筹集到的资本，对于受托企业人，都相当于雇用的一件工具。由于竞争，两种方法所支付的租费率趋同，法定孳息对股息成尺度关系，即股息在法定孳息上下波动，如果股息长期低于法定孳息，人们就不愿意买这只股票。

信贷资本的特征是以信誉、财产为抵押，风险比较小。弱点是，额度受到限制，风险集中到了银行业。

而上市公司由证监会审查监督，上市后股东大会参与监督。股份制的特点是，股票面额可以定得比较小，最大限度地集资，最大限度分散降低风险，比较容易筹集巨额资产，被誉为是人民资本主义。资本转化为生产力的巨大工程是股份制以后的事情，例如铁路、造船、开矿业，英国证券交易发展几乎与工业革命同步。而股票买卖方式，让自由人自己下决心，自由进出，股东自己是自己的担保人，有明显的自主投机特征，往往投资那些有创新超额利润的项目，股市更注重研究人气、概念、偏好、投机。股份制也不是万能的，公司"可以不还本"反而造成公司经营责任某种程度的"软化"，风险较大，垄断性比银行更强，证监会监管成了焦点。

4. 禁止高利贷法，股票价格尺度

为"借资治产"持久经济服务的股市，其股息以中庸的资本价格为参照。如果炒作风险专利产品，应当能够获得高于平均水准的收益。从1870年到二次世界大战以前的大多数年份里，美国股票比债券带来较好的收益。

买卖股票很可能受到"租金售卖"计算法的影响。例如：

年租金＝税后利润率（地租率）

股票价格（土地价格）＝1÷年税后利润率（地租率）

市盈率（复归年）＝股票市价÷每股年税后盈利率

＝按年税后利润率支付收回股本需要的年数

市盈率是现在与未来之间的综合指标，一只股票好坏与走向相关，但是依然有尺度可以把握。炒作中长期股票的人应当把握的尺度：

自有资金购买股票选择市盈率≯20

借用资金购买股票选择市盈率≯10

针对市盈率稍高的股票人们对持有还是抛出把握不定，买卖活跃，跳跃式市盈率股票叫做"鹿市"，有利于吸引股票投机。而市盈率超过 20 的部分是虚拟经济。例如微软公司实物资产约为 250 亿美元，年销售额是 200 亿美元，提供 2 万个左右的就业机会。250 亿美元资产，若年税后利润为 80 亿美元，利润率为 32％，但是股价高至 50 美元，则 100 亿股的微软股市估价就会达到 5000 亿美元：

市盈率 = 50 ÷ 32％ = 156

因此，市值与微软实际财产是两回事，5000 亿美元是虚拟的，也许可以给某些股东带来 49 倍价差收入（1 美元买进 50 元卖出），但是不能给劳动者带来 5000 亿美元就业机会。微软的市值，在 3 年内由 5000 亿美元跌至 468 亿美元，基本回归到 20 年租金售卖租金价格，2003 年，是微软上市以来首次派息，约 8 亿美元。

股份制学派抱怨每次股市崩盘都与利息率上升有关，例如 1929 年欧洲为了阻止资金流向美国股市，纷纷提高利息率，美国在 8 月份将利息率由 5％ 提高到 6％，9 月 26 日英国利息率提高到 6.5％，引起美国股市大跌；1987 年 3～10 月美国 5 次调高利息率，商业优惠利息率提高到 9.75％，并抱怨联邦德国利息率上升到 3.85％。无论美国提高利息率的目的是否为了打压疯狂的股市，但是客观说明，公开市场股市直接受实质经济制约，间接受到禁止高利贷法的制约。

4. 股票赌博与博弈

股市已经被华尔街办成了大赌场，因此，直接进入股市炒股，必须具备一定的心理素质，克服恐惧和贪婪。

博弈明白告诉一个人的收益等于另一个人的损失，是零和交易。但是，股市是吹牛赌博，操盘手吹牛，所有的人手中的股票"价格"跟着牛气，谁能按吹牛价格卖出得到实质货币谁就盈了，捏着落价股票就输了。

例如：20 世纪 20 年代，在美国只要自有资金占 1/4，允许贷款炒股，1933 年股票价格缩水 5/6，说明扣除贷款、利息、经纪人手续费，自有资金投入股市的净货币仅占 1/6，股市天上既没有掉馅饼，而真实投入的货币也没有失灭。

财富有四个责任或效用：纳税、提供就业机会、开发新技术、榜样和信心力量。比较而言，虚拟经济最大问题是没有提供实质就业机会，没有提供实在的物质财富。

复习题：

1. 当资本是生产工具，为什么商业、银行、金融都被驯化成为"中介"？商业、银行、金融自私自利最大化的后果是什么？

第三篇 公平价格区分财税法

第十五章 公共财税制度

第一节 复兴中华民族"税道",与国际接轨

一、井田制,井内普通超额利润"税"

越是世界的,也越是各民族所共有的。中华民族必然以复兴本民族优秀文化为基础,才能够与国际优秀制度接轨,例如"井田制法理——租息税什一中正之制",其法理和尺度均可以与西方"公共财政"接轨。

1. 井田制、开阡陌、彻税,租息利税什一中正之制

在中国最后一个王朝清朝灭亡以前的5000年里,"税"在汉民族形声文字中一向很低调,很谦鄙。"税"以物遗人。税,解、脱、释放,例如"使税之"。"税",衣服的边缘,衣服边缘的"穗头",用边边角角来表征,大有诚恐诚慌"税"之势。这渊源于一种文化偶然,"井田制"生产生存方式,和它所创造的特有的"经界":"什一中正"法权关系。例如《汉书·食货志上》:"税谓公田什一,及工商虞衡之入也。"

薄税"什一",政府无军备无警察,则每一次因为边疆风火或平定内乱而增税,总难免引起国民不满,儒、道两家站在纳税人立场上,动辄批评政府"食税之多"、"率兽食人"、苛政猛于虎。这与欧洲形成鲜明对比,在电影里我们常看见欧洲的骑士打着火把缴收法定货币地租,交不起就点房子,被赤身赶出家园。

尽管井田制的土地分配方法在战国时期已经废止,但是,井田制量化的"仁政和经界"法被儒家文化保留至今,[①] 是中华族辉煌5000年的法制万里长城。

---

① 胡寄窗《中国经济思想史简编》,立信会计出版社1997年版,第354页。

要了解中国租息税文化传统，首先必须弄懂"井田制"的法理内涵。井田制法理集中于孟子学说：

"夫仁政，必自经界始。经界不正，井地不均，谷禄不平。是故暴君污吏，必慢其经界。经界既正，分田制禄，可坐而定也。

夫滕，壤地褊小，将为君子焉，将为野人焉？无君子莫治野人，无野人莫养君子，请野九一而助。

国中什一使自赋，卿以下必有圭田，圭田五十亩，余夫二十五亩。

死徒无出乡，乡田同井，出入相友，守望相助，疾病相扶持，则百姓亲睦。方里而井，井九百亩，其中为公田，八家皆私百亩，同养公田，公事毕，然后敢治私事，所以别野人也。此其大略也。

若夫润泽之，则在君与子矣。①

2. 井田制价值观：公正为形而上

"夫仁政，必自经界始。经界不正，井地不均，谷禄不平。是故暴君污吏，必慢其经界。经界既正，分田制禄，可坐而定也。"

俗话说，扎好自家篱笆才有好邻居。正义是财政的准则，关键是分配率界限清楚。同时代有古希腊苏格拉底之雅典的"公平正义"经济学，亚里士多德《政治学》致富的自然正义准则；2000多年后，李嘉图认为政治经济学能够解决的问题，是正确的分配法则。

3. 井田制合伙债关系

其一，夫滕，壤地褊小，将为君子焉，将为野人焉？无君子莫治野人，无野人莫养君子，请野九一而助。

因为稀缺，壤地褊小，而产生分工分配问题：将为君子焉，将为野人焉？"无君子莫治野人，无野人莫养君子。"界定，有财产权的人与劳动者，是以在井田上种植庄稼的生产共同体。其中，野人是被治理管理的对象，而土地管理人是被"养"者，是分享者，而不是土地"自行下金蛋"。

其二，从"有恒产者有恒心"出发，"请野九一而助"，以公平的分配率，劳动治产者，是被"请"来、被吸引来的。如果不公平，可以选择"出乡"，退回去充当游牧族"野人"，无恒产者无恒心，放辟邪移，无不为已。其三，

---

① 《孟子·滕文公上》。

如果没有劳动参与，再肥沃的土地也只能长草，因此，是对收获征税，而不是对土地征税，只不过为了定额税计算的参照方便，采用土地"井"为单位的方法，如果"井"内没有收获，就收不到租税，这年只有免租税。

4. 井田制量化的公平

土地有限，分配给谁好呢？量化的土地分配及其税率：

法定井田租赁制及其分配率："请野九一而助"。约请自由流动的人口耕种井田，领主收取的地租是收成的1/9。

自由自耕农及其税率："国中什一使自赋，卿以下必有圭田，圭田五十亩，余夫二十五亩"。针对自耕农，政府收取的税金是收成的1/10。

若夫润泽之，则在君与子矣。仁厚君子笑傲中立的税率，约定减租减息减税。

而所分配土地量，其收获应足够治产人支付家庭生计、纳税等而有余。

5. 井内租税，在收获之普通超额利润中收取，避免侵犯生计和工具权

方里而井，井九百亩，其中为公田，八家皆私百亩，同养公田，公事毕，然后敢治私事，所以别野人也。

（1）同养公田，区别共同劳动与个别劳动，工具私有，自由"治私事"。

8户共同耕作的公地上的收获为租税，租税按平均劳动量或普通（共同）劳动收获的1/9计算。

承租人耕作"井外私田"，其一，是劳动力私有制，按自己的意志种私田，私田收获全归个人家庭，多劳多得。其二，税赋轻，让农民有财力置办工具，工具私有。而奴隶和农奴都没有自己的工具，欧洲领主供给农奴大型工具和牲畜。其三，既为给养和治理关系，劳动者应可以在井田人与野人之间选择。有了什一中正之制，在中国古代，游民无产者在一般情况下是少数，只有在王朝末年王纲松弛的时候会出现游流民问题。而欧洲农奴是法定地租债务奴隶，实际没有自由，羊吃人。

（2）同养公田，公田有收获，才有税收，无收获免税。汉穆拉比法典也有相同规则。

（3）同养公田，是在收获后征税。避免侵犯生产准备和生产过程中的费用。

反之，例如英国领主庄园，法定货币地租30英亩1个英镑，1847年，爱尔兰马铃薯黑斑病和伤寒流行，女王不予减租，导致1/3人口死亡和逃往美洲

和澳洲。

（4）同养公田，是在剩余价值中收税，避免财税侵犯生计权和工具权。

（5）同养公田，是在超额利润中收取，避免侵犯生计权、工具权的积累留存。

（6）同养公田，是在普通劳动超额利润中收取，避免侵犯差别创新劳动，鼓励多劳多得，勤则富。

8户共同耕作的公地上的收获为税，租税按平均劳动量或普通（共同）劳动收获的1/9计算。

反之，英国农奴的法定地租是收成的50%，公簿佃农是收成法定货币租是收成的40%，折合30英亩法定货币租是1英镑，是中国古代法定租税率的4至5倍。

（7）同养公田，井内是共同劳动成果，是对个别劳动保险。

低税制税率，社会自助保险功能。实行九一低税制，社会才有能力自助："死徒无出乡，乡田同井，出入相友，守望相助，疾病相扶持，则百姓亲睦。"以"井"为地缘的区社"亲和"伦理：同井、相友、相助、相扶持、亲和，而非市场中那样的竞争关系。

反之，例如印度被殖民地时期，粮食大量出口破坏了原有的储备自救机制，19世纪三次大旱饿死8000万人，宗主国还以弱肉强食为理由不与救助。

（8）进一步降低制度成本，降低税率。

"润泽之，则在君子亦！"每个王朝都有"润泽"措施，例如汉朝刘邦与关东乡亲约法三章，对农民的税收和市税比什一中正再减一半，明朝朱元璋笑傲唐宋之制，对农民的税收和市税降至3%。清朝施行市场"厘税"为1%。

民生治产为本的税制文化延续，例如王莽变法：民有收入，"除其费，记其所得，受税，毋过税什一。"公与私可以平等交换，井田制是1953年"公私兼顾，劳资两利，四马分肥"的渊源。

以上，井田制财税之道：在收获后、剩余价值中、超额利润中、普通超额利润中收税，租息利税同率什一中正之制，是中华民族辉煌5000年的政治经济万里长城。

二、财政什一中正，道德伦理

税的兴业作用，《周礼·地官·司市》凡制市之货贿、六畜、珍异，亡者使有，利者使阜，害者使亡，靡者使微。

中国财税文化传统

（一）税是社会约定，是人民供养了君主。例如：

《论语·尧曰》："尧曰，咨而舜：天之历数在尔躬，允执其中。四海困穷，天禄永终。"

《大学》："是故君子先慎乎德，有德此有人，有人此有土，有土此有财，有财此有用。""广土重民"。

（二）税收必须节用，量入为出。例如：

《礼记·王制》："量入以为出"。

《论语》：税，"边缘"，在消费剩余中收取。

《论语·学而》："节用爱人，使民以时。"

《左传·哀公十一年》："薄赋敛。"

《论语·颜渊》："百姓足，君孰与不足；百姓不足，君孰与足。"比欧洲早2000年。

（三）生产与消费，负担平均原则。例如：

《论语》什一税："盍彻乎。"《中庸》："任土所宜"，"较数岁之中以为常"，"生财有大道，生之者众，食之者寡；为之者疾，用之者舒；则财用足矣。""来百工财用足。"

《孟子·滕文公上》："民事不可缓也。"《孟子·告子下》："君不乡道，不志于仁，而求富之，是富桀也。"《孟子·公孙丑上》单一税制思想，主张征收了"助"、"彻"之后，不再重复征收关税市税。

（四）财政支出和专税专用。财税主要用于政府开支、保卫、济贫。例如：

《礼记》："以九式均节财用，邦都之赋作祭祀用，邦中之赋作宾客之用，山泽之赋作丧荒之用。"

（五）分配不均是社会不稳定的根源。例如：

《礼记》：苛政猛于虎。

《孟子·滕文公章句下》："庖有肥肉，厩有肥马，民有肌色，野有饿莩，此率兽而食人也。兽相食，人且恶之，为民父母行政，不免于率兽而食人，恶在其为民父母也。"

《论语·季氏》："闻有国有家者不患寡而患不均，不患贫而患不安。盖均无贫，和无寡，安无倾。"《论语·里仁》："放利而行，多怨。"

《论语·宪问》："贫而无怨难。"

《晏子春秋（内篇）·问上第三》："权有无，均贫富。"

《左传昭公十年》："蕴利，生孽。"

周朝衰微，诸侯称霸，管子指出，依然得"以人为本"。

而就有人认为，"以人为本"是称霸"工具"，是被民主民生，而不是自主民主。不合西方的意思，就是不合法，这是全盘西化民粹主义。有对比才有鉴别，事物总是双面的，统治者的统治欲望无穷，但是，能够认同"民生为本"、"以人为本"，也应是民众与统治阶级双向互动的结果，只不过从规劝统治者的学者的口中说出。中华民族以人为本，比罗马帝国以奴隶为本、比欧洲中世纪以农奴为本三专制，文明超前了2000年。在上世纪50年代，杜勒斯、杜鲁门，在发动朝鲜战争时，以"领导世界一千年"罗马帝国主义梦为借口，那么，世界人民的自主民主权上哪里去了？

中国古代经济之财税理性、非理性周期

中华民族天下者天下人之天下，民生为本，科学为主，是禁止高利贷文化的发祥地。表现在税制上，就是井田制法理和租息税什一，被儒家称为"中正之制"而宣传推广了2000年。

但是，"润泽之，则在君子亦！"是理性法，政治理性存，经济存，理性亡，经济亡。例如，租税什一中正，是中国社会公平的准则，2000年来，中华民族每过200～300年就会发生一次大的农民起义，打倒一个坏皇帝，换上一个好皇帝。从法律角度解析，实际就是"什一中正——松弛崩溃——农民起义恢复什一中正"，这一轮回过程。黄炎培先生等名士发现中国古代可怕的周期率，笔者进一步发现中国古代周期率有规律，可以用公式计算：

人的理性周期与生育周期大略一致，为三个太阳黑子周期，每个太阳黑子周期平均为11年；并且，历史规律是，中国儒家文化清官辅政中兴，可以延续一个血统周期。则有：

中国古代历史周期

=统治者理性生命限×（血统传承不过三代+清官辅正传承不过三代）+立国和灭亡所耗费时间

=11年×3个太阳黑子周期×6代理性生命限+立国和灭亡所耗费时间±历代皇帝实际寿命调整

=200～300年

如果考量具体王朝皇帝的寿命，进行修正，上述公式是比较符合历史规律的。例如，自鸦片战争以来，中华民族变革已经经历了三个甲子年，按历史规律，是中华民族凤凰涅槃走向新时代的时候了。

第二节 公共财政，与社会契约

一、宪法制约公共财政

1. 财政被划入经济领域

> 当资本是生产工具，"政府成本"成为价格的一个要素，必须进行严格计算和监督，如果政府成本欲望无限贪婪扩张，资本与技术转化效率将趋向为零，这种高效率生产方式将不复存在。中国权威部门将"财政"划归"经济"领域，例如财政学、公共管理学属于经济学专业。
>
> 进入经济领域，则要求各主体之间是平等关系，包括政府与企业、政府与会社、政府与公民之间的经济关系，民法通则"自愿、公平、等价有偿、诚实信用"共同适用，叫做经济民主，公共财政。

财政属于民事主体关系，让计划政治挂帅"财政"情结者很是不爽。例如，政治派就拐着弯儿将经济法设立成行政隶属关系。以至于民法与经济法几乎成了两个互不往来互不服气的学派，在有意无意之间、似懂非懂之时，实际在阻挠中国民法建设。从源，经济法只能算是民法的具体细化才正确。

2. 选民，自由流动人口选择低税率地缘，宪法管制税法

19世纪以前，世界各国没有封疆，所谓"选民"从某种角度就是选择低税区国家，大众向降低地租、利息、税收国家流动，例如美洲。为了争取选民，税法首先是宪法的内容：

中国宪法规定，宪法赋予公民权利，"公民有纳税的义务。"

英国从1215年大宪章到1689年权利法案，用了450年逐步确立了"未经议会同意，不得废止法律，不得征税"，1689年，议会获得胜利，《权利法案》第4条"凡未经国会准许，借口国王特权、为国王而征收，或供国王使用而征收金钱，超出国会准许之时限或方式者，皆为非法。"

法国《人权宣言》第14条"所有公民都有权亲身或由其代表来确定赋税的必

要性，自由地加以认可，注意用途，决定税额、税率、客体、征收方式和时期。"

法国《宪法》（第五共和国）第5章第34条规定，法律均由议会通过，包括"有关各种税收的征税基数、税率和征收方式；货币发行制度。"

美国《宪法》第7项规定"一切征税法案应由众议院提出，但参议院得提出修正案或表示赞同，与其他法案一样。"美国最初也是按财产和纳税权有选举和被选举权，妇女没有选举权。民主是一个与不自由并存的历程。

3. 财税的主体双方共同拘束

孟子有曰："人有恒言，皆曰国家天下。天下之本在国，国之本在家。"国家由国人、国人赖以生存的地域、国家机器等部分组成，在不同场合，国家可能指国民、人民生息的地域、国王、国家机器等。切不可权力责任不平衡。国家机器不得有超越纳税人的单独利益。例如，"税收体现了国家主权和国家权力"，这种排句，给人以税收越多越体现主权和国家权力的错觉，责任呢？这里，需要区别国家人民公有权和国家机器受雇受托权，国家机器权力责任是谁赋予的、收多少、怎样收、怎样用，不是国家机器说了算，而是人民达成的协议，国家机器只是执行者。否则很容易让人误解"税"是隶属关系、单向权力、不平等关系之嫌，特别是在税费太重的情况下。

4. 政府事权与财权均衡

传统税赋原理，主要有马基雅弗利的政约、洛克的社会契约原则，和亚当·斯密的量能则。成熟国家通过立法代表反映纳税人的利益。

> "无代表则无税"，恩格斯指出："为了维持这种公共权力，就需要公民交纳费用—捐税。"① 马克思指出："每一个生产者，在作了各项扣除之后，从社会方面正好领回他所给予社会的一切。他所给予社会的，就是他个人的劳动量。……他以一种形式给予社会的劳动量，又以另一种形式全部领回来。"② 资产阶级法权等价交换，平等的权利，政府事权与税权均衡。

1919年4月9日，列宁在《莫斯科市和莫斯科省支部书记负责代表会议上关于粮食税的报告》演讲时确实说过一次"无偿收取"，但是12天后正式

---

① 《马克思恩格斯选集》第四卷，人民出版社1972年版，第167页。
② 《马克思恩格斯选集》第三卷，人民出版社1975年版，第10~11页。

发表的《论粮食税》中，已经删去了这一"口头话语"，并特别说明了粮食税的用途，绝对地不是政权无偿收取和滥用。专家们似乎再没有找到第二个"无偿"提法。而"不直接偿付"不等于无偿。

需要说明的是，培根确实曾经说过："公法是政府的砥柱"。欧洲属于基督教文化圈，1215年英国大宪章规定国王和政府不得擅自增加税赋，共同市场契约自治，因此，培根的"私法"和"公法"都受到禁止高利贷普适法和代议会法的制约，所谓无代表无税率。而在法制尚不健全的中国，仿造欧洲400年前的排句"利润是财产权的象征；财税是政治权力的象征"，"财税政治特殊强力无偿"，权力与权利瓜分利润，没有了债务人权和治产劳动者的位置，确实让中国的经济和财税制度走了弯路。

5. 创造财富优先于公共幸福

按照法律的渊源性，则财税法与其他法律不得抵触，推定财税权力义务的几个法律层面是：

（一）人民自治与公共权力。人民自律自治，是一国社会富裕安定安全的基础，公共权力是辅助，因此公共权力必须也可能量入为出。不安全的根源是内乱，外患只是乘虚而入，而税负过重往往反而是社会不稳定的根源。

（二）社会契约。公民的权利，是公民用义务置换来的，从来没有救世主，不是天赋、神赋、君赋人权，也不是"国家政治强力特殊"赋人权，而是法（正义）赋人权。权利得争取，要付出同等代价，法律只提供机会，只起保护作用。

（三）公民的共同意志与个别意志。公共事业权力，是全体人民的共意约定，作为共同意志代表的财税法律，仅对违法进行强制。税法的强制性，是针对违法而言，这与民法对拒不执行合同进行强制，属于一个法理，并不是税法独有的特征。

（四）福利社会公共财政。财税收入中人民互助金份额大幅上升，全体纳税人与总体收税人是人民自身之间的关系，而政府是受托管理人。

（五）公共权力与企业。企业是商品财富的直接创造单元，公共权力是受雇或分享，企业生存与发展占支配地位，公共权力必须服从企业生存原则，避免侵犯劳动和资本生产工具，同时也是保护公共税基本身的增长。

财税直接服从公共权力，间接服从企业创造财富权利。而"利税有别"认为"税收是国家财政的主要来源，国家依靠社会公共权力，根据法律法规强制无偿征收，以满足社会公共需求和公共物品的需要。"这种提法表面看起来非常"公共",但是在公共消费与生产积累、个人消费之间,有个"度"的问题,如果没有企业、人民的存活,也就没有"公共权力"。

创造财富大于公共快乐幸福消费,没有人民哪有国家机器?在任何时期劳动和雇用劳动工具所必需费用,大于国家管理费用,国家机器必须按照"民生治产为本"原则,把费用降到什一以内,就是中华民族延续5000年的国之利器;英国在18世纪以来进一步把企业税降到1/20,就是英国超过中国的秘密武器。反之,税法第一、应债第二,是驱赶资本流走的税法,导致工具自给经济。

二、资本生产工具,财税量能原则

1. 财税量能原则

> 凡属赋税都有减少积累能力的趋势。赋税不是落在资本上面,就是落在收入上面。如果它侵占资本,它就必然会相应地减少一笔基金(资本生产工具——本书注),而国家的生产性劳动的多寡总是取决于这笔基金的大小的。如果它落在收入上面,就一定会减少积累,或迫使纳税人相应地减少以前的生活必需品和奢侈品的非生产性消费,以便把税款省下来。
>
> ——李嘉图

财税必须以有财富和鼓励创造财富为大前提。由此:

(一)人民有权利能力和行为能力,人民自治为主,行政管理为辅。社会事务最终要大众拥护并自觉遵守,效率高成本低,要计算行政的效用效率性,不得以各种借口增加税率税项。

(二)权利义务。一国的国民得到国家的保护,有支付国家管理费维持政府的义务;能力原则,在可能的范围内;平等原则,与收入消费净剩余成比例;来源原则:收入中支付,来源于工资(扣除必需后)、地租、利润(扣除雇用工具的租费后)。

大众义务原则。纳税是全体公民的义务,因此无论穷人(赤贫除外)富人都有纳税义务,是光荣的行为。税制保障对生活必需消费和生产工具免征税。

公平税负原则。为了和平降低贫富差别而收取累进税、财产税、消费奢侈品税，属于大众税基础上的财税调整。

（三）税额确定，税吏不得从中舞弊。

（四）纳税日期与方法为纳税人提供方便。

（五）一切税赋的征收，须设法使人民的付出，尽可能等于国家所收入的。官员不得从中截留和乱摊派。

（六）财税三大用途：济贫、公共事业投资、财政最终消费。成熟国家历史地形成专税专用，例如所得税、法定地租、关税用于财政最终消费；财产遗产税用于济贫；消费税、消费增值税，用于财政对社会保险捐助补贴，和财政对公共投资。

第（二）~（五）条就是亚当·斯密著名的财税四项量能原则。

量能原则是上限计算，不是非得以上限征税。存富于民，民富国强。

2. 资本生产工具，量化公共财税的尺度

当资本是生产工具，公共财税必须遵守以下尺度：

（1）财税不得侵犯生计必需费用，法定所得税起征点，包括间接税不得侵犯生活必需费用。

（2）企业支付的各种税，本质上是企业人个人所得税预扣，为了社会与生产稳定，生产劳动与服务劳动税后收入必须保持均衡。

（3）流转税、间接税肯定是人支付的，需要预测税负分布，避免转嫁给弱势群体。

（4）综合净税一般不得超过收入的 $1/4 \sim 1/3$，否则不能体现多劳多得。

（5）综合纳税（包括所得税、劳动、失业、医疗、养老保险税、住房公积金等五险一金的统筹部分）不得超过收入的40%，否则不能体现多劳多得。返回保险捐助后，纳税人的实际净纳税应当依然是个人所得税。

（6）财政最终消费不得超过 GDP 的 8%~15%，超过部分用于保险补贴和公共事业财政投资。

（7）不得对生产工具征税，包括生产工具投资。自给经济仅保护有形体工具，现代经济得保护资本生产工具。

（8）资本是生产工具，普通利润率是还本付息的租费率，与地租一样，财税只能在超额利润中收取。

（9）最困难企业支付"利息率+税率"趋向什一中正，这是借资治产经济与自给经济税制的分水岭。经济成熟国家，最困难企业税收占创造价值的4%；一般企业税收占创造价值的7%左右；企业综合税占国家财税收入的

10%~20%（后者包括企业代交五险一金）。民富，税基扩大。

（10）济贫。对破产者免税，避免价税包袱落到弱势群体身上。

（11）按照母鸡定理，在要素分配中，财税顺位倒数第二。

3. 公共财政与供给价格要素之间的置换

财政在历史上的主要任务是保卫国家安全、维持社会秩序、救灾和政府机构管理费用，进入福利社会，公共财政的实质是剩余社会化和公共事业社会化，增加了两项任务：财政对社会保险补贴，和公共事业投资建设。

生产共同体市场，财税是供给价格的要素之一，在要素之间可以适度相互置换：工薪与社会保险补贴之间相互置换，成熟国家企业和个人要交纳工资收入的15%作为公共保险税，不仅如此，征收消费奢侈品税、财产税以有余补不足，则有：

（1）　福利社会实际均衡工资率

＝税后工薪＋劳动保险税返回＋政府保险补贴

部分工薪、消费收入转移为政府财政，与此同时，这部分财政收入二次分配转移为均衡工薪收入的保险补贴部分。相反的例子是，香港回归以前，综合所得税率只有16.5%，与此同时，当时的香港没有强制社会劳动和养老保险制度，财政对社会保险的补贴也非常有限。

（2）税收超过GDP的15%，另一部分转化为公共事业投资，向计划经济置换。

三、公共选择，防止官僚主义滥用纳税人的钱

凯恩斯主义关于政府举债刺激需求、增加就业机会理论，带有理想色彩，因为公共财政也有成本问题。诺贝尔奖得主詹姆斯·布坎南认为，一个在市场上自私自利的人在政治生活中几乎不可能完全利他。在西方，对财政的无限扩展欲望，让政府被称为是"需要容忍的罪恶"。布坎南首先开辟了"公共选择"理论，包括俱乐部理论、公共债务等，对公共财政的收入、支出、去向、效果一并加以研究，促进财政透明、民主，限制公权对私有产权的挤压。

自从出现了由财税供给的官僚机构，就出现了它的异化现象。英国曾经是食税者的乐园，全世界的食税阶层都一样，希望自己的工资越高越好，纳税越低越好，服务劳动和制度成本要素者是搭便车。福利国家的弊端：官僚主义租税重的教训值得注意。

劳动和资本生产工具正义权威缺失，官员权力缺少监督，很可能是穷国致穷的原因之一。"建设法治国家"首先需要从纳税权力义务为起点，财税法首先要能够让公民对公务员说"我是纳税人，你们的工资是我支付的，我有权力监督你们的工作。"

复习题：
1. 财政属于经济还是政治？
2. 公共财政和"税收是政治权力的象征，利润是财产权的象征。"各自代表什么生产方式，为什么？

第十六章 资本生产工具：债务价格法大于税务价格法

第一节 资本是生产工具，财税成为价格要素

财政是"经济"，适用民法"主体双方平等关系"。

财税与价格

财税从以下方面与价格关联：

其一，当今，中国有20多个税种，其中有四大主要税种，其中营业税、生产型增值税、消费奢侈品税，直接以商品销售价格为参照，征收营业额的一个比例的税，简称商业税或流转税，直接以实际价格为参照。而企业所得税以超额利润为税基。

其二，随着进入市场经济，公民主要收入可以归纳为三大来源，并以价格形式结算：资本价格利息、股息，债务资本净利润；动产、不动产出租价格租金；劳动力价格工资。个人所得税必然以这三大来源为参照。

其三，如果提高财税，商人就抬高价格，财税从客观上成为价格的一个要素。

其四，如果财税重，就失去还本付息能力，就买不起先进工具、借不起钱改良生产，资本就逃离生产、或资本不愿意转化为生产工具，价格就由工业市场价格跳水到农业自给经济价格。因此，进入市场经济，对财税的保障和限制的制度，必然与价格法相关。

财税成为价格构成，保护和限制财税

前面已经介绍生产企业财务的收入表和负债表，生产要素分配顺位：劳动者成本顺位第一，雇用资本生产工具资本价格顺位第二、还本积累顺位第五，维持简单再生产之折旧费顺位第三，管理营销顺位第四，税收顺位第六，所有者权益分红顺位第七。

现代价格法，雇佣政府的费用应是价格构成，并且不得侵犯普通利润，可以归纳出以下理由：

其一，在对商品最低公平价格定价时，价格构成中包括一个边际政府成本，保障受雇政府能够取得禁止高利贷允许的公平费用；

其二，监督政府强权，避免政府成本过高而侵犯"治产"引起生产萎缩；

其三，企业所得税实际是替企业人预交个人所得税，等于企业人劳动报酬的减少，因此应当计算在价格构成内。

其四，由以上，西方议会法定，禁止高利得超过10%普适，因此财税占价格构成的份额也不得超过10%。

其五，实践验证，例如最发达国家美国，企业税赋是世界最低的。

总之，正是在对资本生产工具的保护意义上，民法必须包括税法相关的部分"价格构成之区分财税法"，民法作为现代经济的形式，才是完整的。并且，民法与财税不悖，生产发展税基才能扩大。

第二节 资本生产工具债务价格法大于税务价格法

劳动雇用工具权大于公共事权

工商个体户遇到的两难问题是，有了利润，究竟应当先还银行债务本金和利息，还是首先支付所得税？在财务制度上叫做债务价格法与税务价格法孰大孰小？

当建立"优先雇用资本生产工具的年供率"准则以后，这个问题就比较好回答了，税收必须保持它是对"超额剩余"征税，否则不能避免侵犯劳动和雇用借资治产的年供率，劳动和资本就会因为税太重而"流走"或萎缩，资本就不愿意转化为技术装备生产力。并且，人类劳动的特征是必须使用工具，宪法"公民有劳动的权利和义务"推定，公民保有劳动工具权，财税不得侵犯生产工具：

∵ 首先得有财富，才能扩大税基收到财税

∴ 生产生存法大于财税法

∵ 劳动消费及雇用资本生产工具权大于事权

∴ 资本生产工具债务价格法大于税务价格法

因此，当进入"借资治产"经济，"所得"所指就需要重新界定，如果把资本生产工具当作"所得"征收，后果就是投资转化率下降、先期生产力低下、失业率上升，退二进三，向手工密集工具自给经济倒退。

财税优先也与济贫法矛盾，例如破产清偿规则，如果先清偿滞纳税金，后清偿债务，一个破产企业还要纳税，违背了财税的济贫责任。

保护债务人雇用工具应债积累

无论什么税最终是由"人"支付的，企业税是"预扣"个人所得税。财税制度、价格制度保护获得一个普通利润率，这种设计在税前还贷和税后还贷后果一样。并且，债务权有与债权平等的权利，既然利息在税前支付，则还本积累也有权在税前支付才合平等原则。

但是，财政政策往往使用税后还本的方法，这是由于，债务人收入水准就是所谓的"投资引诱"，债务人的收入就与财政政策导向相关联。务实财务制度，债务人的收入是一个可伸缩区间，符合政策导向的债务人收入在税前还贷，不符合导向政策的部分在税后还贷。例如，法定私人财产用于资本投资免税，而用于消费收取消费税，引诱资本流向生产领域。具体方法有：税前按比例抵免、折扣、提高折旧率到10%以上，或资本增值减免所得税，对农业机械价格补贴，而对楼堂馆所征收投资方向调节税，等等。在这一财税背景下，如果在选择项目时，考虑可能要求税后还本因素，就会比较安全。

综合以上，为既保护"借资治产"生产方式，又保障税收，利润用于投资免税尺度应当控制在"普通利润率－法定利息率"范围内，趋向一个长期利息率。

第三节 税率阶梯与借资治产经济、自给经济、失业率

1. **税率适度下降，税量反而增加**

财税是中介费用，财税率过度上升与经济发展肯定成逆向关系。因此需要把握尺度。当税率下降，利润转化为资本生产工具同比增长，失业率同比下降，税基同比增长，济贫费用同比下降。投资有4倍拉动效应，征税范围扩大4倍。

2. **税率阶梯，及相对应的生产方式**

纳税人支付财税的目的是为了和平，而所支付费用也存在中性尺度问题。

在分配一章已经介绍,除去劳动者自身因素,制度成本决定生产力水准,包括政治成本,超过一定尺度,财税与生产成逆向关系。

例如,劳动者生活必需,是劳动者是否会因为饥寒交迫而暴力反抗的边际,社会是否会崩溃的边际。因此,尽管食税者阶层给"税"加上各种护身符,作为制度成本分配,仍然不得不以营业剩余为可分之"饼":

按照佃农边际定理,当"税+租息"等于剩余价值,或占收成的50%,就是奴隶制、农奴制、佃农制、主观自由契约雇用劳动制,生产自给经济的最低水准。

当"税+租息"趋向等于全部剩余价值,由于高利贷,生产者就借不起钱改良生产,由于商业高利润、市税太重,生产者就买不起生产工具改良生产。不借不买的经济,就是生产工具自给经济。

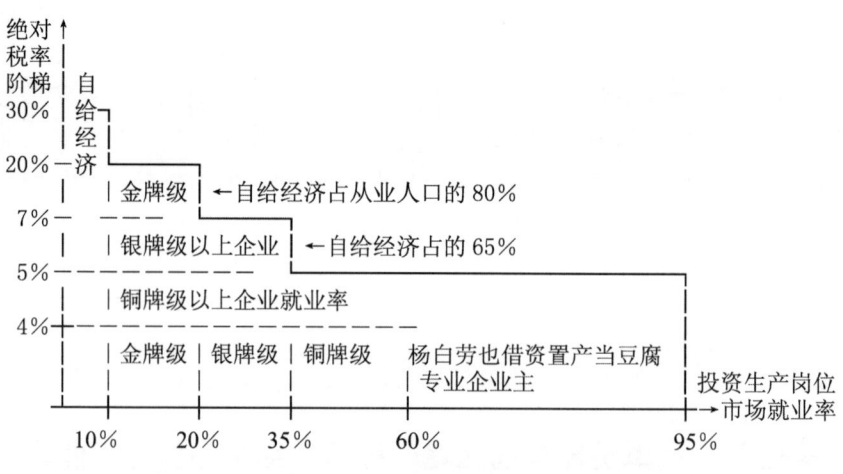

图 16-1 税率(租)在富国自然低,在穷国自然高:
借资治产经济、商业高利得—自给经济、失业救济

3. 罗伯特·巴罗(R. Barro)中性财税曲线

亚当·斯密和李嘉图指出,如果对生活必需和资本生产工具收税,给人民带来的损害就和天灾一样,俄罗斯人叫做"制度灾害"。针对这些弊端,当今流行"财税中性"理论更新,实际是复兴财税"社会契约"法理,权利责任均衡,"中性"。

20世纪70年代以来发达国家出现一怪现象,财政赤字越重,经济状况越差。针对这一现象,罗伯特·巴罗提出财税曲线向里弯理论。特别需要注意他的前提，是财政最终消费控制在 8%~15%，而所增加重税用于投资和社会保险补贴，他指出，政府无论用高税赋财政高投资刺激经济，和用降低税赋增加自由资本和自由消费来刺激经济后果都是一样的，重税是透支未来用到现在增加现在的"繁荣"，轻税是增加未来税基。他认为，过度收税，带来官僚主义浪费，会使生产力曲线向里弯，引发 20 世纪 80 年代发达国家中性税率改革浪潮。

但是，如果重税用于财政最终消费，就会导致手工劳动密集自给经济，他的理论就需要扩展。由图 16-2，财税—生产力曲线的意思是，财税也存在中性问题：

（1）原始社会，自然经济没有租息税。

（2）财税与生产成正向区间：政府行为有稳定社会秩序的作用，按照禁止高利贷法和四马分肥定理，最困难企业每雇用 100 元资本，支付 4~5 元综合（全部）企业税，是公平合理的，财税与生产率同步上升。

（3）财税与生产力成拉锯关系区间：财税占企业创造价值的 5% 至财政最终消费为占 GDP 的 8%~15%，财税上升与生产力的上升成趋缓关系，并且是允许的最高拐点。例如，德国和日本，财政最终消费占 GDP 在 10% 以下。

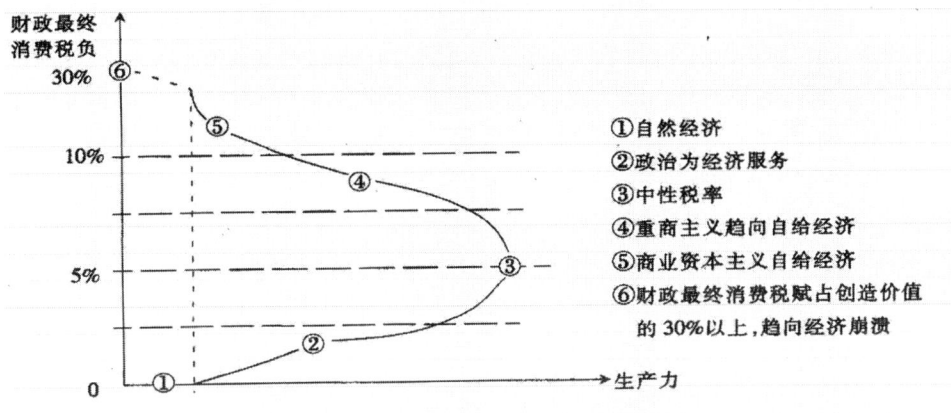

图 16-2 中性税率与生产力的关系

（4）财税与生产力成逆向关系区间：当财政最终消费占 GDP 超过 8%~15%（高出 8% 的部分实际是军备租），则财税将税食生产工具，生产不能补偿，这时宏观财税与生产力成逆向关系，直至退回工具自给经济。

（5）苛政猛于虎、商业主义利润最大化——生产工具自给经济。

（6）当财税达到自给经济收成的 30% 以上，社会动荡，趋向崩溃。

4. 20 世纪 80 年代中性税率改革[①]

税收使用者的收税欲望没有止境,税率越高越体现其意志。20 世纪下半叶,西方国家重税负显现出以下弊端:

企业公司税沉重,不利于企业的资本积累,限制企业扩大再生产能力;个人所得税沉重,不利于个人储蓄和提高私人购买力,从而不利于资金积累和扩大国内外市场;生产萎缩,收入下降,税源枯竭,偷漏税严重,财政赤字反而高。面对不断上涨的财政赤字,西方国家通过科学技术发展获取高额利润;采用双重标准在国际贸易中获得高额利润;用战争摩擦转移矛盾,采用各种手法渡过经济危机难关,但是这些方法效果有限。

20 世纪 80 年代,西方国家开始改革税制。同时,在政治制度上,选举权人也同时是纳税人,减税成为竞选拉票的主要内容,也促进了税制改革。里根政府的减税政策促进了克林顿当政时期美国经济高速增长。而英国财政法区别资本增值与资本收益,对资本增值减免税[②],"避免课税涉及到投资的回收部分,以符合维持原有资本,扩大再生产的要求。"[③]

为了保证税收、"避免侵犯"、引诱积累、国家导向等等多重目的,许多国家采用了退税制度,例如:(1)折旧扣除。提高折旧率,是变通税收避免侵犯普通利润率。(2)利息税收的"轻征法",鼓励储蓄转为投资。(3)股息税收的"轻征法",公司股息税抵免。(4)结转亏损的扣除。(5)科技开发费用减免税。(6)再投资的抵免,经济成熟国家为了吸引再投资,用抵免税来吸引纳税人的投资积极性。(7)对用于投资的利润退税。(8)对中小企业减税政策。(9)严禁征收购进固定资产税。(10)严禁对生计必需征税。这些政策在经济周期的不同阶段有所调整。

因此,降税也是扩大消费,利润率(租)低、利率低、税率低,就业率上升,经济反而增长。西方民主竞选拉票,让福利再度超过财政的承受能力,2007 年债务危机以来,新一论降低福利制度和税制改革来临。

复习题:

资本是生产工具,为什么债务价格法大与税务价格法?税务的责任?

---

① 刘剑文:《所得税法》,北京大学出版社 1999 年版,第 26~29、91 页。
② F·H·劳森和 B·拉登:《财产法》中国大百科全书出版社 1998 年版第 122、137 页。
③ 高强主编:《英国税制》,中国财政经济出版社 2000 年版。

第十七章　财税的三大来源和三大用途

第一节　财政三大收入和三大用途

财政收入的类别

（1）区别各级政府财政与一般财政。

也许是历史的原因，美国政府使用了两个财政收入概念：各级政府财政收入，包括企业和员工所交纳社会保险工薪税；一般财政收入，不包括企业和个人缴纳的社会保险工薪税。①

需要注意的是，劳动保险工薪税，实际上是劳动收入社会保险化的部分，应当计算在劳动工资的供给价格内，不能算作是利润分配。而财产遗产税、消费税、慈善捐赠用于社会保险补贴，是以有余补不足剩余社会化。

而日本、法国等其他国家，讨论财政收入时，不包括企业个人保险工薪税，把社会保险税称作"社会保障转移"，财政转移。

（2）目前，统计资料中介绍中央财政的比较多，"国家财政"实际指中央政府财政。但是，由于各国中央和地方分工不同，可比性比较差。各级政府总财政收入，才能全面反映国民和企业的总税负状况。

（3）各级政府财政，包括工资保险税；各级政府一般财政，不包括。例如，表17－1显示，美国1992年财政年度财政收入：

美国各级政府财政收入约21,980亿美元，占GDP的35.2%。美国各级政府一般财政收入16,455亿美元，占GDP的26.3%（即大口径）。1992～2005年的13年间，美国财政总收入增长了69%，同期贫困线四口之家收入增长了56%，中位收入四口之家的收入增长了61%，说明，在议会法的监督控制下，财政收入与GDP、一般公民收入的增长速度基本保持在一个水准上。

---

① 刘长琨主编：《美国财政制度》，中国财政经济出版社1998年版，第73页表5—9倒数第2行"一般财政收入"。

而中国政府一般财政占 GDP 的 30% 左右,高于美国。并且,1994~2010 年财政收入增长率基本维持是 GDP 增长率和最低工资增长率的 2 倍。如此长期而准确的比例,仅用"加强征收管理"的增长,是说不过去的。

美国联邦政府收入 12,559 亿美元,占 GDP 的 19.6%;美国联邦政府一般财政收入(基本是财税收入)8,514 亿美元,占 GDP 的 13.6%(即小口径)。中国中央政府财政预算内收入占 GDP 的 15%~17%,高于美国。

另外,目前流行财政占 GDP 来做评价,但是 GDP 本身存在现有货币价格、不变价格、使用者价格法、购买者价格法、当期创造价值法、收入法、支出法等等价格差别和计算差别,引起统计数字缺乏可比性,因此 GDP 统计数字只能做参考使用。

表 17-1 美国 1992 年度财政收入构成

单位:亿美元;比例:%

计量	收税政府	一般财政收入 合计 A	税收构成						其它非税收入	社会保障税转移 B	各级政府财政收入 A+B
			税收合计	个人所得税	公司所得税	销售税	财产遗产税	关税			
2005 年		22855	21166	9976	2771				1697	8411	31266
1992 年数量	各级政府	16455	11837	5920	1241	2604	1940	175	2987	5525	21980
	联邦政府	8514	6767	4767	1003	642	111	175	96	4045	12559
	州、地府	7961	5804	1156	238	1963	1829	—	2891	1480	9441
比例	各级政府		=100	50	10.5	15.8	16.4	1.5	18.2	25.1	
占 GDP	各级政府	26.3	19	9.5	2	4.2	3.1		4.8	8.8	35.1
	联邦政府	13.6	10.4	7.6	1.6	1.0			0.2	6.5	19.6
	州、地府	12.7	8.1	1.9		3.1	3		4.6	2.4	15.1

1992 年国民生产总值 62,444 亿美元。

资料来源:《美国财政制度》第 62 页表 5-2,第 73 页表 5-9。《世界经济年鉴 2005-2006》。

表 17-2 美国 1992 年财政支出构成

单位：亿美元；比例:%

各级政府一般财政支出 A	其中：联邦政府	各级政府一般财政支出				社会保障支出转移		各级政府财政支出 A+B	财政赤字
		最终消费		资本支出					
		合计	联邦	合计	联邦	州地	合计 B	联邦政府	

	各级政府一般财政支出 A	其中：联邦政府	合计	联邦	合计	联邦	州地	合计 B	联邦政府	A+B	财政赤字
数量 05年	27087							15271		42358	11092
数量 92年	15988	8018						7904	6426	23892	2904
结构	100＝		88.3	51	11.7	6.8	4.9				
占GDP	25.6	12.8	22.5	11	3.1	1.8	1.3	12.7	10.3	38.3	

资料来源：《美国财政制度》。美国联邦政府财政支出没有单列资本支出项目。联邦财政支出参见《美国财政制度》第 29 页表 2-5；地方资本支出，主要是高速公路、上下水、自然资源。参考《日本财政制度》第 19 页表 1-8；参考《中国财政年鉴 1997》第 766 页，占财政总支出的 8.4%。卫生与社会福利收入转移参见《世界经济统计简编 1997》，第 211 页。财政赤字参见《美国财政制度》，第 26 页表 2-4。《世界经济年鉴 2005-2006》。

表 17-3 1992、2005 年成熟国家总财政收入、一般财政收入及社会保障转移

单位：占 GDP 的%

国家		一般财政收入				社会保险捐助收入转移占 B	总财政收入	
		各级政府一般财政收入		各级政府一般财政收入			各级政府总财政收入占GDP A+B	中央政府总财政收入占GDP a+b
		合计占GDP A	其中税收占GDP	一般财政收入占GDP	其中：税收占GDP			
美国	2005	27.7						
美国	1992	26.3	19	13.6	10.4	8.9	35.1	19.6
日本		23.6	18.6	16.5	12.4	5.6	29.2	22.2
法国		32.5	23.9	22.5	19.6	18.	50.4	40.6
英国		31.2	27.9	30.4	27.1	5.7	36.1	36.9

资料来源：《外国财政制度丛书》、《世界经济统计简编 1997》。表 16-14、16、18、20，对照《日本财政制度》第 19 页表 1-8 中的 A+B，应指各国各级政府总财政收入（唯法国出入较大）。

国民纳税、关税和非税收入

经济成熟国家财政收入的三大来源：所得税、流转税参见表17-5，非税收入参见表17-4。

当出现特殊情况，各国的财政收入占GDP的差别很大，如最高的荷兰，财政占GDP达到62%，意味着工资、折旧、净利润、利息合计只占38%，工薪阶级和企业阶级能够答应吗？实际情况是，仅政府控制的北海油田的收入已经占去荷兰政府收入的很大份额，这部分收入已经可以使得财政收入占GDP比哪国都高。

同时，为了鼓励出口，各国对本国出口采取全额退税政策。国际贸易重商主义的价格法则下，关税往往为非本国公民所纳税。并且，富国股市融资税、富人的捐助、国有资产收益等占了财政收入的20%～30%。而穷国恰恰缺少这方面的收入，为了对比各国纳税人和企业真实负担，要区别可比与不可比的方面。特别是对财政最终消费，需要区别由本国纳税公民所负担的那一部分，因为那是纳税人的实际财税负荷。

表17-4　1992年发达国家各级政府非税收入所占比例

国别	一般财政非税收入				非税说明
	单位	财政收入	非税收入	利息融资收入	非税占%	
美国	亿美元	16455	2987		18	地方政府获得慈善捐助
日本	百亿日元	10947	2313		23	捐助和国资收入转移
法国	10亿法郎	2274	603		27	捐助和国资收入转移
英国	亿英镑	1820	198	290	27	捐助和国资金融收入

资料来源：《外国财政制度丛书》、《外国税制丛书》、《世界经济统计简编1997》。

财政三大收入的三大用途

财政用于社会保险捐助补贴、公共投资、财政最终消费。财政用途和税种和税率的设置的对应关系，就是所谓事权与财权权利责任均衡。议会法历史的延续，留有各国历史和文化的痕迹，例如，按照西方国家的历程，自由资本主义时期市场的主要税种是所得税、特种税、关税。随着进入社会的私人资本主义（参见第9章），福利社会，征收财产税、消费税、消费品增值税，专用于社会保险补贴和公共投资。发展中国家往往不了解这一历史背景，如果只管收税，不承担"社会保险补贴和财政投资"责任，则会导致贫富悬殊，国力下降。

表 17-5 1992 年度经济成熟国家各级政府一般财政收入占 GDP 构成

单位:%

国家		所得税		消费奢侈品税		财产遗产税	关税	其它税收	非税收入	赤字收入
		所得税	事业民税	特种消费税	增值税					
美国	2011	12.3			8.8	0.3	0.3	1.3		
	2005	13.6						1.8		
		11.5			4.2	3.1	0.6	1.3	4.8	3.2
日本		8.8	4.4	4.4		0.9			5.0	—
法国		6.3		6.0	9.3		2.0		8.6	3.7
英国		12.6		5.5	5.9	3.6			3.3	7.0

资料来源：外国财政丛书。

表 17-6 1992 年经济成熟国家财政收入与支出结构关系

单位：占 GDP 的%

国家	财政补贴社会保险资金来源					财政投资资金来源				财政最终消费资金来源				
	财政对社会保险补贴	资金来源：消费税、捐助				财政投资	资金来源：消费税、国资			财政最终消费支出	主要资金来源：所得税			
		增值税	民税分税	财产税	慈善捐助		销售税	增值税	分税	国资收入		所得税	其它税收	国资收入	地方慈善捐助	财政赤字
美国	3.8			1.5	2.3	3.1	3.1				22.5	11.5	4.6		*2.5	3.2
日本	7.6		2.6		5.0	7.9	4.4		3.5		9.4	8.8	0.6		
法国	5.5	5.5				6.8		3.8		3.	24.0	6.3	8.4	5.6		3.7
英国	13.1	5.9		3.9	3.3	2.1	2.1				24.4	12.6	1.5	3.3		7.0

*美国地方政府最终消费约有一半来自社会慈善捐助，约占 GDP 的 2.5%。

资料来源：《外国财政制度丛书》、《世界经济统计简编 1997》。

第二节 财政社会保险补贴和公共投资的专用税费

1. 资本是生产工具，财政的社会保险责任

当劳动与工具相分离，必须得到企业主的允许，私人劳动者才有权劳动，才有生存权。当公民只有就业一条生路，为了和平安定，济贫和失业救济就成为政府财政的一大工作内容，而不是可有可无。由表17-7，福利国家的社会保险捐助支出，约占各级政府总财政支出的45%，总财政收入的50%。即，政府的工作量，有一半是解决就业、失业、社会福利保险。说明，共同市场的政府的任务，显然比领主社会、小农社会的政府的任务多了许多。那些鼓吹小政府大社会的专家们，很可能把这占总财政50%的任务给甩到爪哇国去了。

公民的社会保障是以公民的纳税义务为物质基础，它以多种方式筹集。其一，公民之间的互助，例如企业人交纳劳动就业养老和公费医疗保险金税；其二，早期教会收取什一税和教民慈善捐助，负责教民济贫问题，例如，美国地方政府收到的捐助约占美国地方财政消费的1/2；其三，以有余补不足，议会立法收取财产税、遗产税、特种消费奢侈品营业税、消费奢侈品增值税等，只允许专用于济贫和公共事业投资。

2. 财税对社会保险的补贴

议会立法收取财产税、遗产税、特种消费奢侈品营业税、消费品增值税、慈善捐助等一般只允许专用于济贫和公共事业投资。

由表17-7欧盟国家社会劳动医疗养老保险费用支出占GDP比例较高，在20%左右；美国最低，占12.7%。当美国财政对社会保险的补贴是成熟国家中较低的，鼓励以工代赈。例如，美国流浪汉救济金是每月422~600美元，而德国是875欧元，外加房租。美国公民和企业税负较欧洲低，主张以工代赈，失业率为5%左右，较欧洲低出5~7个百分点。

有些发达国家税重，但是国家返回个人的福利也高。由表17—7，财政对社会劳动医疗养劳保险费用的补贴比例，英国最高，占社会保险总费用的70%；美国财政捐助较低，为30%。

3. 企业和雇员的劳动和医疗保险税

美国社会保险工薪税的比例，占工资的15.3%，雇主与雇员各交纳一半。

法国 1995 年劳保、家庭保险工薪税为工资总额的 11.2%，雇主、雇员各交纳一半。

荷兰劳保工薪税为工资的 15.4%。

日本医疗保险工薪税占工资的 8.8%，劳动保险 14.5%；失业保险工薪税为 11.5%，三项合计占工薪的 34.8%，雇主交纳其中 31.6%。中国参照了日本。

企业和个人交纳劳动医疗养老保险税，参见表 17-7。

如果社会保险税为工资的 30%，就不适于再征收高额消费品增值税，例如日本。如果征收高额消费品增值税，工资税应降为 15% 左右，例如欧盟。

财政慈善、国有资本收入等非税收入对社会保险捐助

例如，美国有 60% 是清教徒移民，信奉自由、仁爱、清贫，财富是责任，有济贫的义务，美国税制顺应民意，鼓励慈善事业并予以减免税。因此，美国地方政府的收入中有近 1/2 来源于慈善捐助，并且用于财政对社会保险的补贴占一半（另一半用于地方政府费用和投资），但是，这种来源有不稳定性，2007 年以来的金融危机，导致美国多个州政府濒临破产。

而欧洲国有资本收入对社会保险补贴份额比较高，例如，英国的非税收入主要依靠伦敦股市和银行，政府每年从中可以获得 500 亿美元收入，相当于虚拟 1 万亿美元的国有资本金。

表 17-7　1992 年经济成熟国家劳动医疗养老保险资金来源和支出构成

（单位:%）

国家	社会劳动及医疗保险捐助占 GDP						社会劳动医疗养老保险捐助构成						社会保险支出占总财政支出	劳动医疗保险工资税占工资
	合计占GDP	财政社会保险补贴			企业工资税占GDP	个人缴纳工资税占	财政社会保险补贴			企业工资税占份额	个人工资税占份额			
		财政小计	财税补贴	非税捐助			小计占	消费财产税占	慈善非税占					
美国	12.7	3.8	1.5	2.3	4.4	4.4	30	12	18	35	35	33	15.3
日本	13.2	7.6	2.6	5.0	1.9	3.9	58	20	38	14	28	46	34.8
法国	23.5	5.5	5.5		9	9.0	23	23	—	38	38	43	11.2
英国	18.8	13.1	5.9	7.2	4	1.7	70	31	39	21	9	43	

资料来源：《外国财政制度丛书》、《世界经济统计简编 1997》。

非税收入用于社会保险捐助，英国和日本较高，约占 38%；美国较低约占18%。

第三节 财政最终消费控制在GDP的10%～15%准则

发达国家财政收入占GDP的比例可以相差1倍，但是，由纳税人提供给各级政府的最终消费支出，却是惊人的接近，约占GDP的8%～15%。① 并且，财政最终消费占GDP的份额与军备有关，例如日本、德国等其财政占GDP明显较低，为8%左右。

发达国家纳税人供给财政最终消费被控制在GDP的8%～15%，在所得税总额的水准上，这也是公民选择低税区的一种间接效应。

由表17-5，发达国家财政收入中，有一些特殊收入，例如非税收入、关税收入、利息和融资收入，如果扣除这部分不可比因素，参见表17-7，西方国家由纳税人供给的财政最终消费同在8%～15%。参见表17-8。说明，扣除不可比因素后，财政占GDP要受到工资总额、折旧率和普通利润率的限制。同时，由于历史形成财政最终消费由所得税供给，及消费奢侈品税、消费奢侈品增值税、财产税专税专用于以有余补不足准则，供给财政最终消费的只能约等于所得税额。

议会法定税制税率，主要对象是制约政府无限膨胀的财政最终消费欲望，把财政最终消费控制在"所得税"井内。美国做得最好，把财政最终消费主要控制在"个人所得税"井内，与大众个人利益直接挂钩，管制监督政府的财税用途。由于建立相互制约机制，美国政府机构是当今最"瘦型"的。当把财税控制在"井"内，一国资本生产工具增加，劳动生产力上升、财富增加、税基扩大，税收量反而上升。

相对照，中国税制有三高：生产型增值税比欧盟高；工薪税比日本高；流转税高。按照《福布斯》对90多个国家税收负担比较，中国税赋压力指数达到154.5点，名列世界第三位。② 而致穷国财政的主要弊端还表现为财政最终

---

① 张泽荣：《工业化发展规律与中国经济改革》，四川社会科学院出版社1992年版，第14页。

② 岳树民安体富《加入WTO后中国税收负担与经济增长》《中国人民大学学报》，2003年2月。

消费比例过高，例如阿根廷、中国财政状况：大口径各级政府财政收入约占 GDP 的 30%，吃饭财政引诱食税阶层膨胀，由原来的 50:1，膨胀到 28:1，是世界上官僚机构最庞大的国家之一。贫穷，首先不是由于生产力低下，而是损不足奉有余。因此，认为振兴财政主要目标是振兴财政占 GDP 的比例值得商榷，应当对财政收入的来源和用途进行分析，再做结论。

表 17-8　经济成熟国家 1992 年由纳税人支付各级政府最终消费比例

单位：占 GDP 的%

国家	各级政府财政最终消费占G	由纳税人承担的各级政府财政最终消费							非税支付财政最终消费			
		合计占GDP	其中：所得税	其中：其它税种					国资收入转移	国资利息融资转移	非税收入	财政赤字
				合计	特种消费	财产税	关税	其它税				
美国	22.5	16.1	11.5	4.6	1.1	1.6	0.6	1.3			*2.5	3.2
日本	9.4	9.4	8.8	0.6								
法国	24.0	14.7	6.3	8.4	6.4		2		5.6			3.7
英国	24.4	14.1	12.6	1.5						3.3		7.0

＊美国地方政府部分依靠慈善捐助维持最终消费。
《外国财政制度丛书》、《世界经济统计简编 1997》。

第四节　企业所得税、个人所得税、流转税搭配

所得税与流转税搭配

个人所得税是个人直接支付的税种。企业所得税是企业为企业人代交所得税，属间接个人所得税。

流转税是间接支付的所得税，流转税直接在交易时收取，有税源稳定的长处，但是由于流转税有转嫁与不转嫁的不确定性，引起量能的不确定性。并且流转税税基是价格或价格增值，如果没有设定"避免侵犯"，就不能保护"借资治产"经济。因此，在发达国家有三个流派，美国、日本（劳动保险捐助

税为34.8%）不征收增值税；英国日用必需品0税率目录；法国实行生计必需品低税率增值税。他们一律对"购进固定资产"禁止征税。企业经济只能适度使用流转税，所得税与流转税搭配使用。由表17—9，美国流转税比率最低占23%，法国最高，占税收的64%。而中国正规工业流转税的比例占85%，比例过高。

表17-9 1992、2011年度经济成熟国家税种搭配

单位:%

		直接税%				间接税%		
		合计	个人所得税	公司所得税	民税财产税	合计	特种销售税	增值税
美国	2005		47.1	13.1				
	1992	76	50	10	16.4	23	23	-
日本		71	28	19	24	29	29	-
法国		36	18	8	10	64	25	39
英国		58	35	11	13	42	20	22

资料来源：《外国财政制度丛书》、《世界经济统计简编1997》、《世界经济年鉴2005-2006》。

企业人综合税负

前面已经多处介绍，由企业代为支付的财税叫做间接税，间接税也是纳税人支付的，如果转嫁不出去，则企业税或直接落在企业人身上，或生产商利润下降。利润下降，企业主就不愿意从事"生产"；企业人税负过重，人们就不愿意从事生产劳动。企业是创造财富的单元，西方国家征税法理，是向纳税人征税，19世纪以前基本不向企业人收税，20世纪开征的企业（人）税属于"预扣所得"，特别注意不得侵犯"普通利润率"和工资率。

成熟国家企业人的基本税负是所得税、少量燃油税等。由表17-10，成熟国家企业人所得税，占各级政府一般财政的10%左右，最低是美国占7.5%，最高是日本占16.4%。说明成熟国家注意多种税源渠道，减轻企业人税负。并且，实行累进税制，例如美国15%、18%、25%、33%的四级超额累进税。前面已经讨论，即便如此，成熟国家存在生产商企业人税负高于服务劳动现象，引起产业逃跑"空壳化"。

成熟国家消费品增值税是社会保险捐助专用补贴税，是以有余补不足，消费品增值税在成熟国家可转移出去，一般不是企业人税负。并且财政政策和价格政策保障企业人普通利润率，否则资本就"逃跑"。

由表17-10，企业人纳税和社会保险捐助综合负担基本占财政总收入20%左右。

表17-10 1992年经济成熟国家企业人税负

单位:%

国家	企业税负占GDP			企业所得税占		企业两税占各级政府总财政收入
	合计占GDP	所得税占GDP	企业工资税占GDP	占各级政府一般财政	占一般税收	
美国	6.4	2	4.4	7.5	10.5	18.2
日本	5.5	3.6	1.9	16.4	19	19.0
法国	10.9	1.9	9	6.0	8.1	21.6
英国	7.0	3.0	4	10.0	11.3	19.4

资料来源：《外国财政制度丛书》；《世界经济统计简编1997》。

表17-11 经济成熟国家资本支出的抵免办法

国别	提高折旧率	不得征收购进固定资产税	资本支出减免税
	折旧率在10%以上	购进固定资产用于生产增值税100%退税；销税与进项税抵扣；进项税大于销项税的部分可以转移到下个年度。	资本支出所得税抵免方法税基避免法、投资折扣法
美国	△	无增值税制度	视经济情况减税额度为投资的10%，或90%免税小企业所得税率在15-25%
日本	△	100%退税	
中国现状	5-6.8%	购进固定资产征收17%税不得退税。	资本支出不得减免所得税生产型增值税没有对中小企业的减税政策

资料来源：《法国财政制度》第61、57页。《荷兰王国财政制度》第95、101页。

企业税、流转税、个人所得税搭配

有人认为税收从企业收取与从个人收取一个样,这种理解不妥当。税收渠道不同,社会反映、后果不同。向个人征收所得税,税收才能直接接受公民个人的监督。向企业征税,企业可以采用资本转移到低税区的方法避税,对产业结构不利。

认为个人所得税没有转移问题,也不一定准确。普通人的个人所得税过高,则普通人购买力下降,以物价下滑的形式把所得税转移给生产者企业人,就如同地租以食品价格上升的形式转移给生产劳动者一样。

企业税过重,其一,本应当发给职工的部分价值和超额利润支付了税费实际是对企业人个人所得税预扣;其二,本应当偿还本金的利润积累却用来支付税金,企业人税负过重,雇用不起资本做生产工具,导致退二进三。

流转税对生产准备阶段或生产环节也征税,不能避免侵犯劳动生活必需费用和资本生产工具。营业税有转移与不转移的不确定性,企业和消费者反应都迟钝,过度征收流转税,要过一段时间才能出现市场萎缩经济危机现象,问题出现时才解决往往为时已晚。

第五节 "利息+税金"互消长搭配和财政投资尺度的决定

"利息率+税率"类等和互消长关系

1999年,诺贝尔经济学奖授予了欧元教父罗伯特·亚历山大·芒德尔(Robert．A．Mendel)。20世纪70年代,高科技股拉动收入上升,消费物价上扬,刺激工资率上升、生产成本上升,物价再膨胀。同时,过高的股市估值反而引诱资本进入股市空转,造成实质经济资金匮乏,缺少技改激情,能耗居高不下,生产停滞,并在中东石油垄断价格的打击下出现危机。

对于美国经济滞涨,芒德尔曾开过一剂药方"通过大幅度降税和提高利率来刺激因缓慢增长和物价迅速上升而陷于困境的经济"[1],为里根政府所采纳。

---

[1] 张伟:《"欧元教父"芒德尔》,载《经济日报》,1999年12月7日。

该手法，实际上是高息揽储引诱全世界的资本流向美国以刺激经济增长。但是过度使用货币手段，放出了自由金融主义高利贷欺诈。

芒德尔药方"大幅度降税和提高利率"指给人们一个现象，在利润分配中，利息率与税率都属于消耗利润的要素，当资本是生产工具，约束利息率与税率互为消长，类等和关系，此消才允许彼涨。而制约"利息率+税率"的，是投资引诱、资本生产工具、就业率。

中国在计划经济时期统计有"实现利税"一项，1994年以来统计中有"实现利润"一项。这是国家财产权与事权相结合的收入，反映企业人向国家支付的"租"。

尽管各国税金的内容大不相同，但是有一点是共同的，经济成熟国家利润在生产与消费之间分配比例，趋向大致不变。消费分配"利息率+产业税率"，在经济周期中上下波动，但却没有强烈的上升或下降的趋向。

"资本利息+税收"及公共财政投资尺度

认为私有制国家公共财政没有投资性支出，这不符合事实。但是成熟国家财政投资与"利息率+税率"互消长相关。

例如，当"利息率+税率"在10%~15%，如果税率高，财政投资比例也随着增加，同时利息率偏低鼓励贷款和投资，被称为国家资本主义，由表17—6，德国、法国、日本，实行低利息率约2%，鼓励贷款投资，实行高税率48%搭配，则国家财政用于投资的份额也较高，在25%~35%。其中日本财政投资占中央财政的比例，1965~1994年以来长期维持在30%~40%左右，① 法国投资占财政收入的25%~35%。②

当"利息率+税率"在10%~15%，采用中立的利息率和税率搭配，鼓励企业自由经济，国家投资比例也较低，约占财政的10%左右。由表17-6，美国、英国采用的是均衡取息纳税法，利息率在2%~8%之间波动，贷款利率较高，企业家热衷于通过股市筹集资金，是股东资本主义；企业税率为31%~34%，税率较低，国家的财政投资也较低，倾向于自由资本主义。其中，美国在1960~1990年的30年里，美国财政投资约占"美国联邦政府一般财政支出"的9%~12%（占GDP的3%）。

---

① 参见《日本财政制度》第18页表1-7。
② 参见《法国财政制度》第39页。

"资本利息+税收"占 GDP 大于 20%，财政投资尺度计算

"资本利息+税收"占 GDP 超过 20%的部分，议会有权要求用于财政投资，以增加就业机会。而财政资本支出务实，按经济周期而有所调整。这个部分不仅仅出于宏观调控或导向的需要，而且受消费与积累比例的制约，例如法国。

投资尺度的第三种情况，例如计划经济时期，国家财政收走企业利润的 95%，国家财政有责任扩大再生产，国家积累占所收取利润的 45%，占财政总收入的 40%以上。① 总的趋向，积累与消费的比例关系与国际工业化国家接近。如果积累率过高，经济反而失衡。

第四种情况，有的国家税收向国有计划经济看齐，收走企业利润的 95%没有变，但是向私有制国家投资水准为 10%看齐，并且征收生产型增值税投一取二，实际财政投资下降到 –10%，后果是退二进三，正规制造业 76%的职工下岗，转型手工密集产业。

工业化经济是物质运动，利润在消费与积累之间趋向对半分，是有效需求与生产供给趋向均衡的一个方面。利润在消费与积累之间分配率是客观要求，不受意识形态的左右。

成熟国家财政投资的资金来源，消费奢侈品税、消费奢侈品增值税收入，以及政府从金融、国有经济获得的收入，慈善收入等。

复习题：

1. 财政收入有哪三大来源和哪三大用途？

---

① 《中国财政年鉴 1997》，第 766 页。

第十八章　直接所得税，间接所得税

第一节　个人所得税，是每个公民（赤贫除外）的义务税

税制，由税收制度、财税用途制度、监督监察制度三部分组成。

税收制度是由国家权力机关——议会制定税法法律和颁布的各种税收法令和征收管理办法的总称。由国家政府和公民共同执行。它是国家和纳税人共同遵守的法律依据和工作规程。税收制度由税制要素构成。税制要素的内容一般包括：征税对象、纳税人、税率、减免税，以及对税制执行的监督管理。

交纳所得税雇用政府

财税有两大用途：雇用政府为公民服务，政治为经济服务；以有余补不足，人民之间的互助金。从源，欧洲各国习俗，个人所得税一般用于雇用政府，而财产、遗产、消费奢侈品税一般用于以有余补不足。

逆向思维：为什么所得税要制定起征点或济贫补贴起点？因为所得税是每一个公民的责任，同时又要保障不侵犯公民的基本生活水准。

为什么财产、遗产税要规定起征点？是为了保障私有者的基本生活，在此基础上的"以有余补不足"。为什么消费奢侈品税，不规定起征点？该税种是从品种界定已经是非生活必需品，收取消费税以有余补不足。

因此无论是流转税还是直接税，首要的，不能侵犯生活必需费用和生产工具、雇用生产工具的租费率。

所得税是大众税

井田制是所得税法，王莽变法"除其费，记其所得，受税，毋过税什一。"所得税率为净利润的10%：除其本，计其利，十一分之，而以其一为贡。

欧洲议会法一开始收税主要是维持雇用政府的开支。针对雇用政府为公民服务，则每个公民都有纳税责任是合理的，公民个人所得税，首先是大众税，以纳税获得选举权、参政议政权。大众税也有利于培养公民纳税意识，公民以

纳税责任，享有立法、监督权，和宪法赋予的安全、受教育等公共权利。

表 18-1　英国所得税分类表制（1803 年制定至今适用）

比例%

表类	所得来源	正常估税依据	费用扣除	毛所得宽免	税率
A	来自英国国内土地和建筑物的收入	应税收入＝租金－支付费用	租金、维修、保险、服务、投资折扣*		
C	政府债券利息	按英国代理人估定	无		
D	第1类 经营利润	已调整的前一纳税年度的年终合计利润	成本扣除；投资折扣。		
	第2类 自由职业所得		养老保险等		
	第3类 不实行从源扣税的利息	前一纳税年度的所得	无		
	第4类 外国有价证券利息				
	第5类 外国财产所得		比照国内同类		
	第6类 其他所得	本纳税年度的所得	视所得而定		
E	工资、薪金所得	本纳税年度所得	履行本职工作费用、养老保险、退休金、公益捐赠	生计必需费用扣除。年龄、家庭负担、寡妇、盲人	20 24 30
F	来自公司的股息	本纳税年度所得			

＊国家为鼓励生产方面的投资而给予税收方面的扣除。

资料来源：高强主编：《英国税制》，中国财政经济出版社 2000 年版，第48、52、53 页。

而在所得税税率的制定上，既要考虑大众性，又要量能，双重指标，是与消费奢侈品税、财产遗产税的最大不同。这也是一个进步过程。随着生产力的发展，有"奢侈费用"的公民越来越众多。例如英国所得税，在第一次世界大战以前，只是占从业人数20%的人的事情，在第二次世界大战以后随着生产力发展终于成为大众税，90%的从业人员都支付得起的税种。占从业人数80%的中产阶级是纳税主体。

1803年所得税之父埃亭顿创设了"从源课税"，分为5类，B类在1980年取消其余至今适用。

20世纪，公共事业显著增加，1908年，创立养老金制度，为了海军开支和公共资金，1910年，累进所得税制成为法律，1911年，废除贵族院否决预算的权力。人民纳税制度，"每个人（包括贫穷的人），均应纳税，税收制度不应对贸易和商业造成伤害。"

任何法律都必须善意执行。例如，劳务费属于一次一算性质，例如委托、承揽合同，而工资是劳动合同，如果管理不准确，富人用20%劳务费所得税，规避20%～45%的工薪累进所得税。

第二节 如何确定所得税起征点

> 亚当·斯密："我们应当记住一件事：应当课税的，是下层阶级人民的奢侈费用，而不是他们的必需费用。"①

美国零起征点，意思是有收入的人都有纳税义务，但是设立最低生活保障，这样一来，所得税的实际起征点与最低生活保障尺度挂钩。美国的最低工资率基本是最低生活保障的2倍，所以起征点也与法定最低工资率挂钩。

联合国组织界定每日生活费用为2美元左右，是一个尺度。

第三世界国家，例如巴西，起征点与最低工资率挂钩。

中国提高起征点，是以平均工资作为起征点参考值，问题在于，如果平均是"他们的必需费用"的尺度，则有50%的人生活在基本水准以下，那么急待解决的是那50%的劳动者工资水平太低问题，而不是急着提高起征点。事实证明，平均工资的测定本身很难做到准确，人为因素太多，不能避免食税者

---

① 亚当·斯密：《国民财富的性质和原因的研究》下卷，商务印书馆1972年版，第449页。

阶层利用职务之便，为本阶层谋私。

中国现阶段水平，可以借鉴巴西的所得税起征点计算法。

经济成熟国家的所得税和济贫法、最低工资率相联系。例如，小布什政府把所得税起征点提高到 7000 美元，折合月收入 600 美元以上开始交纳所得税，2003 年纽约地区流浪汉救济是每月 600 美元，拘束条件是基本生活以外的财产少于 3000 美元，积极寻求工作。而纽约地区临时性失业救济是每月 1000 美元。

食税阶层为了逃避纳税，造舆论说中国不可能以所得税为主体，没有依据。混淆了公民收入不够高和公民纳税义务的关系。中国当前的问题不是起征点，而是流转税落在转移不出去的弱势群体身上，已经长达 15 年不得解决。

中国在计算企业所得税时，有用起征点计算额定工资总额的做法，如果为了提高劳动者报酬总额而提高起征点，那实在是文不对题，混淆了指标。

表 18-2　2011 年 9 月 1 日起调整后的中国个人所得税 7 级超额累进税率：

全月应纳税所得额	税率	速算扣除数（元）
全月应纳税额不超过 1500 元	3%	0
全月应纳税额超过 1500 元至 4500 元	10%	105
全月应纳税额超过 4500 元至 9000 元	20%	555
全月应纳税额超过 9000 元至 35000 元	25%	1005
全月应纳税额超过 35000 元至 55000 元	30%	2755
全月应纳税额超过 55000 元至 80000 元	35%	5505
全月应纳税额超过 80000 元	45%	13505

表18-3 1994年美国联邦个人所得税税率

法定名义边际税率				有效税率						
单报		夫妻合报		起征点额度*		子女教育减免额度(1)	减扣个人支付保险工薪税(2)	其他减免(3)	应税收入(4)	有效税率(5)
应纳税年收入	边际税率	应纳税年收入	边际税率	单身	夫妻					
0~22750	15	0~38000	15	4400	7350					
22751~55100	28	38001~91850	28							
55101~115000	31	91851~140000	31							
115001~250000	36	140001~250000	36							
250001以上	39.6	250001以上	36.9							

说明：

1. 美国所得税分联邦所得税和州地方所得税，州所得税一般在5%~10%，有的州不征收所得税。美国个人所得税是零起点，贫困补贴制度，与英国不一样。

2. 雇主收入分解为自我雇佣工薪收入的部分按此表纳税。雇主的其他收入例如资本利润、股息、利息、红利收入另行规定所得税税率和累进税率。

3. 应税收入（4）= 收入 −（1）−（2）−（3）

   有效税率 = 应税收入所交纳所得税 ÷ 收入

资料来源：刘长琨主编：《美国财政制度》，中国财政经济出版社1998年版；张海洋：《美国人挣钱一半交了税》，载《环球时报》2001年11月2日第18版。

第三节 间接所得税，落在转移不出去的弱势群体身上。 2010年从业人均间接纳税=1万元 ≈17%价外税×1.5人

所有的财税，都是纳税人支付的，或者个人纳税人直接支付，或者间接支付。

富人所得税下降，等于穷人间接所得税上升

中国几次提高所得税起征点的理由都是一样，认为个人所得税多数由工薪

阶层在交纳，例如，约占工薪阶层46%的人交纳所得税占总税收的15%，他们认为不公平。抬高起征点至3500元后，直接纳税人减少4000万，下降到占工薪阶层的24%，个人所得税下降到占财税的7%。但是其余93%的税收，可以肯定是落在转移不出去的弱势群体身上，这公平吗？而在成熟国家，不低于90%的从业人员在纳税。

间接税花落谁家

如何计算间接税由谁支付？

富裕阶层的增值税可以通过要求涨工资转移出去；外企可以通过歧视内资的财税政策转移价税包袱；少数高额利润垄断企业可以转移出去；私营企业逃往不用工具和少用工具的产业；普通企业不可能用提高价格转移税负；税赋太重引起大众消费市场萎缩、物价下滑，间接税通过剪刀差价格，落在农民身上；17%价外增值税，实际是全民零起点17%所得税。党的十六届三中全会决议提出了改革这些不公平现象。

已知：2010年财政收入83080亿元，中国从业人员（包扩农民）大至在8亿人口，全国平均工薪年36000元，农民年收入5191元。当今城镇与农村人口各占一半，个人所得税占7%，则有：

间接税费 = 1 − 7% 直接个人所得税 = 93%

间接纳税/人均 = 83080亿元 × (1 − 7%) ÷ 8亿从业人口 = 1万元

人均间接纳税 = 17% 生产型增值税 × 从业人员负担1.5人

后发展国家的当务之急，其一，需要大力宣传纳税是大众的义务、纳税光荣，严格征收所得税；其二，解决流转税引起弱势群体税负过重问题。其三，以工代赈，其四，也是最重要的，财税的社会契约原则，共同拘束专税专用，不得侵犯生计必需、生产资料、资本生产工具的租费率。

复习题：

1. 试计算中国上年度从业人员平均纳税额度。主要落在哪些人身上？

第十九章 流转税

第一节 营业税、增值税、消费税

一、资本生产工具法，对流转税负的限制

流转税是在交易环节征税的税种

流转税是在交易环节征税的税种，古代传统税种，为大众所熟悉，计算方便，容易征缴。缺点是：其一，直接对生产资料和生活资料征税，就尽可能少协作、减少转移成本，尽可能自己生产，趋向生产自给经济。其二，通过贱买贵卖转移营业税，价格高，使市场最小化。其三，有转移与不转移的不确定性，最终落在转移不出去的弱势群体身上。因此，流转税必须限制在一定范围内。

古代营业税制度，是造成停滞在古代工具自给经济的原因之一。

流转税的种类

流转税主要有：营业税、增值税、消费税。

2009年1月1日，国务院颁布实施新营业税、增值税、消费税暂行条例，答记者问时指出：

增值税、消费税和营业税是中国流转税体系中三大主体税种，

增值税的征税范围是所有货物和加工修理修配劳务，

而交通运输、建筑安装等其他劳务则属于营业税的征税范围，在税收实践中纳税人同时缴纳增值税和营业税的情形十分普遍；

消费税是在对所有货物普遍征收增值税的基础上选择少量消费品征收的，因此，消费税纳税人同时也是增值税纳税人。

营业税、消费税与增值税之间存在较强的相关性。

二、营业税

以资本生产工具为尺度，公平营业税率的测评

中国新营业税暂行条例规定，营业税率为 3%～5%；

中国大中型企业的销售收入中，转移成本约占 60%，创造价值约占 40%，营业税占创造价值的比例：

大中形企业营业税

= 销售收入 ×（3%～5%）

= 占创造价值的（3%～5%）÷40%

= 占创造价值的 7.5%～12.5%

3% 的营业税约占创造价值的 7.5%，在要素禁止高利得允许的范围内。

5% 的营业税，占去创造价值的 12.5%，按照制度成本要素禁止超过 10% 这一规则，5% 营业税已经超过禁止的尺度，再加上其它税，有侵犯普通利润率之虞。并且，由于不同企业的转移成本所占比例不同，引起实际营业税负不公平。

而在欧洲，共同市场自治以来，营业税例如盐税、炉灶税、门窗税等基本消亡，针对借资治产以"除其费"所得税为主体，仅对燃油、消费奢侈品征收营业税，或消费型增值税。

表 19-1 中国 2009 年新营业税暂行条例营业税税目税率表

税　目	税　率
一、交通运输业	3%
二、建筑业	3%
三、金融保险业	5%
四、邮电通信业	3%
五、文化体育业	3%
六、娱乐业	5%-20%
七、服务业	5%
八、转让无形资产	5%
九、销售不动产	5%

三、增值税

增值税的定义

营业税,有对协作产品、中间批发环节重复征税的缺点。设立增值税,正是为了剔除对中间转移成本的重复征税,至少应当遵守"不比营业税增加负担"原则。"销项税——进项税"结果是,仅对协作产品增加价值的部分收税,因此,只适用于协作交易中间环节零部件、组件,或批发环节。

增值税计算公式:

单纯增值税=销项税—进项税

增值税,与营业税之间相互置换

暂行条例的制定单位承认,营业税、消费税与增值税之间存在较强的相关性。

按照增值税的发源地法国的定义,增值税由营业税演变而来,营业税和增值税之间应当是平等可相互置换关系。例如,英国允许企业在增值税和营业税之间选择,增值税仅占税收的22%,财政收入的5.9%,税负比较法国要均衡。

增值税率

=销项税—进项税

=销售收入×增值税率—进项(转移成本)×增值税率

=(销售收入—转移成本)×增值税率

=创造价值×增值税率

已知:

平均大中型企业产品协作平均结构:创造价值额=销售收入的40%,中国增值税率是13%~17%,则有:

增值税

=创造价值×(13%~17%)

=销售收入×40%×(13%~17%)

=销售收入×(5.2%~6.8%)

由于没有同时引进欧盟的6条减免税配套法律,中国"销项—进项"税比营业税高出70%~30%,不公平。

另外，中国增值税课税对象"货物和加工修理修配劳务"，营业税课税对象"交通运输、建筑安装等其他劳务"之间，确实并没有根本的不可逾越的界限。

> 增值税与营业税有置换公式：
> 增值税（销项税—进项税）≥销项营业税
> （销项—进项）×增值税率≥销项×3%~5%营业税率

增值税只允许对增值部分征收

与古代经济不同，资本生产工具的特征，增加了生产准备环节，因此，征税不得侵犯生产准备。而增值税的两个困难，其一，持久资产，20年期完成销项，则价外税是营业税的5倍。其二，"只有进项、或只有销项"，则价外税是营业税的5倍。其三，在生产之前征税，与高利贷在贷款之前征收利息一样，不合法理，必须通过各种配套法律，在征税之前，预先留存生产准备应增值税之需。而这实际是资本在折旧和增值税之间空转。

增值税的类型

《领导干部财政知识读本（税收篇）》把增值税划分为消费型增值税、收入型增值税、生产型增值税。

欧盟是对消费奢侈品征收增值税，其配套政策有：生产资料和生活资料减免税目录（相当于营业税率）、10%折旧率、投资折扣、贫困补贴、增值税专用于社会保险补贴和公共事业等多项法律方法，保障对资本生产工具和生计必需品免税，结果实际是仅对消费奢侈品征收17%增值税。

阿根廷等国家实行的是收入型增值税，不得对生产资料征税。

目前世界上仅有中国、巴基斯坦、塔吉克斯坦、土库曼斯坦、巴西、多米尼加和海地等7个国家实行的是生产型增值税。中国生产型增值税，没有欧盟的6项配套法律，实际就是对生产资料和生活资料全部征收13%~17%的价外税，对生产准备的固定资产设备和对全体人口生活必需品而言，是首端和末端商品，实际是17%的营业税，是法定营业税率的4.3~5.7倍。

四、消费税

消费税的设立，目的在于引导公民的消费走向，其次是为了增加财政收入用于社会保险补贴和公共事业。消费税应当属于对非生活必需品征税。

消费税与其它税种的关系。直接消费税，就是个人所得税。从源营业税、增值税本质也应当遵守对"消费剩余"征税原则。

1. **各国消费税设置**

根据各国征税范围的宽窄，可将消费税分为有限型、中间型、延伸型。有限型消费税征税范围不宽，征税对象主要是传统的消费品。中间型消费税范围较宽，还包括奢侈消费品及一些服务行业，世界上有30%左右国家采用这种形式。延伸型消费税已经接近于无选择的消费税，还将生产、生活资料列为消费税的征税对象，如韩国、意大利等。

2. **消费税的特征**

（1）目的首先是调整公民的消费走向，第二才是增加财政收入。

A. 对不利于健康的征税。

B. 对高档奢侈品征税。

C. 对有害环境的征税。为了保护生态环境，节约能源，美国、日本、荷兰等许多国家开征了环境税，诸如二氧化硫税、二氧化碳税、水污染税、噪声税等等。在中国生态资源遭到严重破坏，石油价格上升、资源日益紧缺的背景下，这种调整是引导生产和消费，构建资源节约型、环境友好型社会的明智之举。

D. 为增加财政收入征税。中国原消费税税率的设计在很大程度上是为了平衡财政收入，而不是以调节消费行为为主要出发点，这使得消费税作为一种调节税对消费的调节作用微弱。而新政策的出台使大排量汽车售价上涨，节能型、环保型汽车将成为消费新宠。

（2）税率设置特征。

A. 基本消费品税率低；非必需品税率高；奢侈品、危害人们身体健康或违反社会公德的商品税率较高。

B. 国内生产销售的消费品较进口的同类消费品税率低一些。

C. 供不应求的消费品要比供过于求的消费品税率高一些。

（3）征收。世界各国对消费税征收环节只是生产或销售的某一环节，而不是每个环节征税。目前中国施行价内税，误以为只与企业有关，不利于培养公民纳税意识。

消费税的税基计算，例如，现在的消费税计税公式，在不同税率形式下应纳税额计算的三个公式：

从价定率：应纳税额 = 销售额 × 税率

从量定额：应纳税额 = 销售数量 × 单位税额

从价定率、量定额的混合公式。

（4）消费税的用途。

A. 按照消费税征收走向，设立消费税基金，进行治理。

B. 用于社会保险补贴。

C. 不得用于财政最终消费。

3. 当前中国消费税需要改进的问题

（1）逐步将中国资源不足以及会造成污染的消费品纳入征税范围。

（2）不断调整和扩大"奢侈品"范围。"奢侈品"的定义应当与时俱进。此次消费税调整的一个美中不足之处是"抓小放大"——未将豪宅、高档家具、高级娱乐列入其中，是一大缺憾。

（3）借鉴国际惯例，开征环境税，筹集资金，进行环境治理。可以参照美国的做法，实行基金式管理，专款专用，专门用于环境治理。

（4）调整纳税环节。为杜绝侵蚀税基现象的发生，可将部分消费品的纳税环节向后推移至批发或零售环节；可以在生产、消费两道环节征收消费税；对各种高档娱乐消费行为开征的消费税，在消费行为发生时征税，这既有利于扩大税基，增加财政收入，又可防止企业利用转移利润方式逃税。

（5）中国目前的消费税是价内税，将消费税由价内税改为价外税，突出间接税性质。明确体现国家抑制某些产品消费、服务消费的政策，价税分离后，消费者通过比较，会比较容易看清这些。

表 19 - 2　新消费税暂行条例税目税率表（2009 年版，仅供参考）

税　目	税　率
一、烟	56% 加 0.003 元/支
二、酒及酒精	20% 加 0.5 元/500 克（或者 500 毫升）
三、化妆品	30%
四、贵重首饰及珠宝玉石	5% ~ 10%
五、鞭炮、焰火	15%
六、成品油	

(续表)

税　目	税　率
七、汽车轮胎	3%
八、摩托车	3%～10%
九、小汽车	1%～40%
十、高尔夫球及球具	10%
十一、高档手表	20%
十二、游艇	10%
十三、木制一次性筷子	5%
十四、实木地板	5%

五、营业税、增值税，落在转移不出去的弱势群体身上

不管什么税，最终都是人支付的。并且可以肯定，流转税是在由转移不出去的弱势群体支付。南开大学贾秀岩先生分析了企业的三种状况，指出，高额利润企业，例如生产烟酒的企业，可以通过提高物价，将流转税转移出去；而微利企业，不能通过涨价转移流转税；亏损企业流转税自然转移不出去，但是如果上级补亏，可以将流转税转移出去。[①]

中国流转税是建立在"可转嫁"理论基础上制定的。比如，1999年4月16日《人民日报》所载《利税有别》一文认为"特别是流转税，其税收最终是由消费者承担的，对于这部分税收，很难说企业为国家做出什么'贡献'。"那么谁是消费者？生产型增值税的购进固定资产17%价外税，肯定是落在"企业"这个"消费者"身上；零起点生活必需品17%价外税，肯定是落在弱势群体这个"消费者"身上，弱势群体的价税包袱转移不出去。高额利润企业，可以通过涨价把价税包袱转移出去，高薪阶层可以通过增加工资转移出去。优惠即歧视。

---

① 参见贾秀岩：《价格学原理》，南开大学出版社1990年版，第167页。

第二节 消费型增值税,剔除对中间环节重复征税

一、消费型增值税的6项配套政策:保证仅对消费剩余征税[①]

在欧盟国家增值税叫做 VTA (Value Added Tax)。

增值税来源于营业税。为了避免对转移成本重复征税引起不公平,而采用以增加值为税基的方法,"这个差额意味着企业支付给工人的工资、利润等,也就是现在的增值额,所以把它称之为增值税。"并且,与营业税相同,法定该税专用于财政对社会保险补贴和公共投资。

配套政策

财税,保证是在纳税人收入消费剩余中收取;企业税是"预扣",不得侵犯雇用资本生产工具的租费率,对增值税也适用。

遵循资本生产工具法,欧盟议会法保证是对消费品(非生活必需、非生产工具)征收增值税;并且,为落实"资本生产工具法"目标,欧盟国家的配套政策:

(1) 实行增值税,同时提高折旧率到10%,保障资本保全和技术更新。

(2) 实行增值税,同时对科技开发投入减免税,发展专利产品提高利润率,保护资本的边际利润率(租)不受侵犯。

(3) 实行增值税,实行资本折扣法,保护技术转化的载体——资本的边际利润率(租)不受侵犯。

(4) 针对"只有进项没有销项的交易",例如生活必需、持久资产(20年期销项),制定减免税目录,降至营业税率。

(5) 针对只有销项没有进项的交易活动,例如承揽、受托、一次性劳务,应允许在营业税或增值税之间选择。

由于企业转移成本比例不同,为了避免不公平,允许企业在增值税和营业税之间选择置换,例如英国。

[①] 参见刘长琨主编:《法国财政制度》,中国财政经济出版社1998年版,第58~63页。高强主编:《英国税制》,中国财政经济出版社2000年版,第97~130页。

（6）规定增值税的用途，主要用于社会保险补贴，次要用于公共投资。特别是，不得用于财政最终消费。在销售牌上明示增值税率。

另外，将税负转移出国，富国使用的方法，已经在价格一章介绍过了。

增值税适用范围

税负均衡原则。前面已经介绍，对个人征税（包括五险一金）总量一般不得超过收入的40%。反之，过度社会化，难以体现多劳多得。例如，欧盟社会劳动医疗保险税是工资总额的15%左右，有条件征收增值税。如果医疗、劳动保险税已经占工资的30%以上，例如日本，就不再采用消费型增值税。

从税负搭配，也可以证明，增值税专用于财政对社会保险补贴和公共投资。

二、消费型增值税减免税目录[①]

成熟国家购买固定资产和生活必需品一律免交增值税，各自表述不同。例如，生产生活品减免税目录、贫困补贴、10%折旧率、投资折扣、增值税只能用于公共事业。

（1）法国对生计和文化实行7%以下低税率，对奢侈品征收33.3%的高额增值税，一般为17.5%。

低税目录。征收7%以下的增值税有：食品、供水、饭店、药品、动物饲料、新闻、书籍、报纸、剧院、公共交通、某些地皮等。

法国增值税课税对象：是从事采掘工业、农业、商业、服务业和经营活动的企业和个人所获得的增值额（全部销售额减去为生产和经营这种产品而购入的原材料、燃料动力、低值易耗品、零配件和其他外购件等费用以后所余的部分）。

零税目录。1954年法国"批准了对投资性支出所支付的税款实行扣税"。交纳增值税仅限于工业性建筑和新建筑（中国反过来，对不动产征收营业税率）。对某些农业机械实行津贴制。出口产品，全过程退税。

法国免税目录。包括农产品、信贷、保险、证券、报纸期刊、医疗、法律慈善，及小额经营。

---

① 刘长琨主编：《法国财政制度》，中国财政经济出版社1998年版，第58～63页。高强主编：《英国税制》，中国财政经济出版社2000年版，第104～110页。杨萍靳、万军、窦清红：《财政法新论》，法律出版社2000年版，第128页。

表 19-3 欧盟消费型增值税的六项配套抵免办法

1.	提高折旧率	折旧率在 10% 以上	
2.	固定资产减免税。	购进固定资产用于生产增值税 100% 退税；销项税与进项税抵扣；进项税大于销项税的部分可以转移到下个年度。	资本支出所得税抵免方法 税基避免法、投资折扣法
法国		100% 退税	折扣为新增资产投资额的 10%。
英国	△	零税率目录，100% 退税	小企业减税，所得税率 27%
荷兰	△	100% 退税	折扣利润为净资产的 1% 折扣 3-24%
3.	生计品减免税	减到 5% 至 7%	
4.	允许在营业税和增值税之间选择		
5.	对低收入补贴		
6.	在售价牌上明码标出增值税率，该税专用于社会保险补贴和公共事业。		
中国现状	5-6.8%	购进固定资产征收 17% 税不得退税。	资本支出不得减免所得生产型增值税没有对中小企业的减税政策

资料来源：《法国财政制度》第61、57页。《荷兰王国财政制度》第95、101页。

(2) 英国取消了购买税和就业税，改实行增值税。增值税占英国中央政府财政收入的16%。1994年起实行标准税率17.5%，低税率5%。

英国消费零税目录，可以抵扣以前所纳增值税的免税（零税率）。食物、粮食、种子、一般用水、书籍、一般燃料和动力供应、儿童衣服鞋子。

对进口商品制定免税规则，实行出口退税。而低税率限于家庭和非商业用途的某些燃料动力供应。

英国服务业零税目录，运输、银行券、药品、慈善事业、特种劳务。

转让建筑物（21年以上），房屋建筑一般劳务。

英国免税目录，不动产、金融、保险、通讯、艺术、某些劳务。"企业将部分或全部资产向一个正在继续经营的企业转让时"，即固定资产买卖后继续用于生产的转让，免税。投资货物税抵扣分摊的调整，投资货物指"纳税人为今后从事应税的和无抵免税交易而购买用作固定资产的有形动产和不动产"，可以抵扣全部的投入税。

三、消费增值税专用于保险补贴和公共事业

在福利社会，税收的份额中，纳税人之间的互助份额越来越大，公共财政，就是纳税人之间的互助，政府只是执行者、受托人。例如，尽管法国税制和福利制度是分开的，但是，仍然可以从时间上发现二者的对应关系，每一次扩大增值税范围总是和扩大福利范围相呼应，可以说是以一件事情的两个方面在议会中同时通过。例如，1948年改革营业税，第二年实行特种养老保险制度。1966年，增值税扩大到零售业，1967年实行普通养老保险制度，提高家庭补贴，财政对失业的补贴达到失业救济金的30%。1978年，增值税扩大到劳务环节，成为现在的主体税种，失业、医疗家庭保险费用中，财政补贴达到20%。

尽管法国增值税占一般各级政府财政收入的29%、或占税收的38%、中央政府财政税收的50%，但同时，财政对保险补贴高于美国。同时，法国控制一般财政占GDP不得超过20%，并承诺其中的25%～35%投资公共事业（增值税转移），财政最终消费控制在GDP的15%左右，与其他成熟国家水准基本一致。

英国用增值税替代就业税和消费税。1377～1971年的600年里，英国的主要税种是地租、所得税、关税、财产税、特种商品税。1972年，为适应欧共体税制，降低关税，取消了购买税和就业税，用增值税替代。至今，增值税由关税和国内消费税部门管理。但是，英国按照本国征税习俗，不仅购进固定资产零税目录，而且生活必需日用品仍然维持传统零税率目录，允许企业在增值税和营业税之间选择，并没有一律征收增值税。

四、增值税的缺点

流转税，有转移与不转移的不确定性，即便在发源地，增值税也是一个问题税种，法国在2002年大选时，高达46%的选民呼吁降低增值税。法国增值税太高已经引起资本纷纷逃向国外，生产萎缩，失业率高达10%以上已经多年。

增值税是在交易环节收税，可以保障税收稳定。但是，有以下隐患：

其一，由于"进项税"是直接对生产准备征税，比营业税还要不合法理，存在对折旧、贷款、生计必需征税的隐患，存在剩余与非剩余、普通利润与超额利润分配界限不清的问题，增值税迈过了三道门槛，有直接侵犯生产资料和基本生活费的危险。17％的增值税相当于收走最困难企业全部营业剩余，逼迫资本纷纷逃离，产业结构恶化，失业率上升。

其二、征管复杂，例如，判断进项税大于销项税的部分可以当年退税，若有几百万个企业，退税本身是双料无用功；判断资产是否用于生产以便退税，极其繁琐，增加了征、纳税双方的成本，例如个体户买了一辆小汽车，究竟算消费品还是算生产工具，究竟该不该全退增值税？

其三、增值税高福利补贴引诱懒惰，自愿失业比例上升，一边是缺少劳动力，一边是10％以上的失业率。

其四，若干企业因为增值税过重引起赤字，企业萎缩员工失业，政府又拿赤字增值税投资公共事业、贫困补贴，实际是资本空转，官僚主义管理成本消耗。

美国认为用增值税发票法征收和退税繁琐、鉴别困难，造成征税成本太高，至今没有实行增值税法。日本劳动医疗保险工资税已经达到工资的33.4％，没有实行增值税。这两个国家实行的是消费奢侈品营业税或特种消费税，效果更好。

第三节　生产型增值税包袱法，转型手工密集产业

1. 生产型增值税，与转型劳动密集型产业

原财政部副部长高强主编的《领导干部财政知识读本（税收篇）》指出："但生产型增值税客观上可以抑制企业的固定资产投资，对资本有机构成低和劳动密集型的行业有利。"[①] 中国生产型增值税从出台至今，企业、明白人，反对之声就从来没有停止过，激烈争论程度空前，1999年，国务院减轻企业

---

① 高强主编：《领导干部财政知识读本（税收篇）》，经济科学出版社1999年版第118、124页。

负担办公室新闻组《中国企业治乱减负报告》反映了这一呼声"摊派猛于虎，一税轻，二税重，三税是个无底洞。"

> 2003年10月14日发表的《中共中央关于完善社会主义市场经济体制若干问题的决定》指出："增值税由生产型改为消费型。"
> 2004年1月1日颁布《东北地区扩大增值税抵扣范围暂行办法》。
> 2009年1月1日，国务院颁布《生产型增值税暂行条例第一次修改》。
> 以发源地为参照，中国"增值税由生产型改为消费型"，的六项配套改革任务：
> （1）对只有进项没有销项的生活必需品17%价外税，亟待减税至3%~5%；
> （2）对外企免征固定资产设备增值税，"国民待遇，共同适用"，对国内企业也应平等对待。亟待免征科技转化之资本载体的价外税，在法律允许的限度内，最大限度提高资本与科技转化效率和普及率。
> （3）所有商品明码标示价外税的税率；
> （4）为了公平，参照英国增值税制，设立营业税和增值税置换谱系，允许经营者在增值税和营业税两税种之间选择其一纳税。
> （5）折旧率提高到10%；
> （6）增值税只允许用于社会保险补贴和公共事业投资，不得用于财政最终消费。

"对资本有机构成低和劳动密集型的行业有利。"进行量化计算，其一，"抑制"一词不准确，因为企业即便不投资，也要折旧更新改造购进原材料或资产，购进固定资产税就要收走折旧费的17%，因此生产型增值税不是消极抑制，而是如老百姓所形容的，是吃唐僧肉，税食国有资产经济（私有资产已经逃跑）。其二，"抑制投资过热"的理由也难成立，并不是所有的投资都过热，楼堂馆所、房地产投资仅收3%~5%营业税，过热愈演愈烈。反之，17%的设备价外税，确实抑制萎缩了老工业基地，导致5000万职工转型手工劳动密集产业。其三，一方面生产型增值税税食、驱赶、抑制内资，财政投资实际下降到 -10%（计算税食17%折旧、贷款后），而另一方面，却以免征增值税政策吸引国际资本，抑制论不能自圆其说。其四，购进固定资产税并没有为"劳动密集型产业"创造什么积极条件，用"有利"二字，不妥当。逆向思维,"资本有机构成低和劳动密集型的行业"没有多少折旧和贷款供交纳17%价外税,手工密集型产业能够侥幸存活下来。

由俭入奢易,由奢入俭难。一个临时措施,却得到国内外利益集团的力挺,过去了15年,改革重重困难。例如,美国自己不采用增值税,却鼓噪中国使用生产型增值税好,包括一些留美归国进入财政系统的人士。这还在于,中国转型手工劳动密集产业,有利于国际资本在中国自私自利最大化,有利于霸权主义对中国"弱而不乱"战略安排。"生产性增值税——财务制度价税包袱"套餐,① 异常缜密,滴水不漏,完全不像初级阶段的手笔。

高利贷有三大特征:对资本金征收利息;利息率高于普通利润率的一半,或高于10%;利息总量大于资本金总量。生产型增值税与这三条相符合,界定为税制领域的高利得,可以帮助人们警醒,并改革之。谁会料到,"包袱法财务制度+生产型增值税",就像毒品一样,15年来很难戒掉。

生产型增值税的出台,当时的理由似乎是,为了解决中央财政困难(实际比以前并不困难),为了抑制投资和增加财政收入,但是超出一定限度,就会引起全国工业大面积亏损和破产,向手工劳动密集转型。解铃还须系铃人,当今从手工密集低端产业,向高科技资产密集型产业转型,还得从改革生产型增值税入手。

2. 借资治产生产方式遭遇釜底抽薪

事物总是要前进的。劳动密集型产业是在投资少、技术落后的情况下不得已而为之,多增加就业机会。但是,没有必要刻意萎缩抑制重化工业。并且,手工劳动密集型产业技术附加值比较低,大部分是来料加工低档次出口产业,受制于国际市场,1997年金融危机,东南亚手工劳动密集型产业纷纷萎缩,而转移到中国。10年过去,2007年美国次贷引起的世界金融危机,中国出口外向型手工密集产业受到极大冲击,浙江200万民营中小企业告急。

生产型增值税以来,1990~2002年,中国制造业从业人数由15%下降到11%,正规制造业下岗76%(从1992年的3526万人下降到2003年的854万人),高附加值产品出口在20年里徘徊在10%~20%,技术改造设备68%依靠进口,并不是好现象。相反,日韩制造业一直维持在25%左右。各国经验

---

① 参见辽宁省课题组:《论中国双主体税制》,《中国税制1999》,第745页。

证明，只要有条件还是要向高附加值的持久资产经济发展，因此没有必要刻意用税制长期抑制自己的制造业。

3. 工业大面积亏损，可以肯定是宏观分配率出了问题

中国在实行拨改贷、二税制以后，正规企业亏损面在1990年达到30%；而实行生产型增值税以后，亏损面达到70%以上，却造舆论，说所有国有企业效率都不高，主张私有化。这种不正常的状况，直至十六届三中全会"更加关注公平"以来，落实扶持老工业基地政策，以及通过研发出口产品争取退税，中国深加工制造业母机制造业的命运才有所好转。

> 制度学派康芒斯指出，一国的工业大面积亏损，可以肯定是宏观分配率出了问题，并且，主要是资本价格和政府成本不公平造成，针对20世纪20年代末美国遭遇经济大萧条，"我们可以说在这萧条的年份，销货损失的百分之六十二是由于捐税。"①"从该年度的销货损失的观点来说，百分之五十左右是因利息而起。……那是1926年，其时利息是财务边际的百分之一百八十。"② 康芒斯首先确定了中立的捐税尺度，和中立的财务边际，然后用比较法找出工业全面亏损的宏观原因，而不是首先在微观产业结构或企业家个案身上找原因。

4. 对改良生产征收17%价外税，驱赶资本逃亡

资本有流动特征，总是流向低税区。如果对"购进固定资产"征税，就把人们驱赶去开发不用技术设备也能发财的项目，最当红的就是不使用持久工具的少烟、无烟工业：金融、商业、消费业、房地产业、粗加工业、矿业、涉外业。另一条路就是把人们驱赶去搞手工业工具自给经济。还有一条路，就是搞假冒伪劣、偷税漏税。例如，1994年实行生产型增值税开始，大量私有农产品深加工业破产，资本流向不用工具或少用工具的服务业、轻工业。

外资企业避税方法，其一，设备由国外运来；其二，要求免交购进固定资产增值税，例如中国招标输油管工程，就承诺对外资免征购进固定资产增值

---

① 康芒斯：《制度经济学》下册，商务印书馆1962年版，第219页。
② 同上书，第222页。

税；其三，折旧率不受限制，用提高折旧率的方法避税，例如高达 30% 以上；其四，管理营销费不受限制，价格不受管制。

正是在私有资本大逃亡的背景下，只剩下国有固定资产企业跑不掉，购进固定资产税，实际是征收国有资产用于财政最终消费，导致深加工工业税负过重，后果是正规工业企业下岗，假冒伪劣上岗。

5. 生产型增值税，导致资本生产工具萎缩，不是不知，而是不为

中国对生产型增值税的争论，从它诞生那天起，就没有停止过，其激烈程度前所未有。2011 年 8 月 31 日环球日报刊登了财政部财政科学研究所所长贾康的署名文章：《中国对间接税依赖过重》，9 月 2 日网上采访：《倚重间接税致低收入者税负过重，抑制消费》，文章中分析说，中国目前税制和税收收入结构中，对于间接税的国库收入功能依赖过重。那么，中国间接税又是在哪些历史背景之下形成的呢？贾康在署名文章中分析说，中国现行税制架构是以 1994 年税制改革为基础的。那时，中国财政收入与经济增长比例失衡，国家财政无法满足社会经济发展的需求。在当时条件下，选择了易于实现收入的间接税为主体。就是说，财政部的相关干部，无论前财政部副部长高阳，或 15 年后的贾康，对流转税，特别是生产型增值税的弊端都心知肚明。但是由奢入俭难，改革阻力重重，不是不知，而是不为。

（1）对科技免征税，例如，新增值税暂行条例第十六条（四），"直接用于科学研究和教学的进口仪器、设备。免征增值税。"但是对技术转化为生产力的设备载体，征 17% 的改良生产税，资本与技术转化效率最小化。

相对比，对建筑业征收 3% 营业税、不动产征 5% 营业税，诱导房地产过热、基础设施投资过热。

（2）增值税实施细则规定，中国仅对 144 户模具专业生产企业可以按实际缴纳增值税额的 70% 返还；出口产品相当于产值的 70% 以上，可以按税法减半征收所得税。并规定，符合国家产业政策重点技术改造项目购置的设备的增值税的 40%，可以在下年度所得税中抵扣。但是计算下来，能够得到抵扣条件的最大值仅限于企业投资的 0.75% 左右。说明，知道生产型增值税直接挖生产准备的墙脚。

（3）歧视国内企业。

新增值税暂行条例第十六条（六）来料加工、来件装配和补偿贸易所需进口设备。免征增值税。

而外资企业，参照欧盟增值税国家对购进固定资产全部抵免，资本可以适度抵扣，扩大为外资企业进口设备免征增值税。

按照"国民待遇，共同适用"准则，存在财税对内资歧视的问题。

（4）优惠即歧视。中国上市公司中，约有1543家获得地方政府的优惠政策，这些企业以搬家到其它省市相要挟①。从逆向说明，财税是太重了。

表 19 - 4　生产型增值税税项和税率（2009 年版。仅供参考）

第二条　增值税税率：
（一）纳税人出售或者进口货物，除本条第（二）项、第（三）项规定外，税率为 17%。
（二）纳税人出售或者进口下列货物，税率为 13%：
1. 粮食、食用动物油；
2. 自来水、热气、冷气、热水、煤气、石油液化气、自然气、沼气、居民用煤炭制品；
3. 图书、报纸、杂志；
4. 饲料、化肥、农药、农机、农膜；
5. 国务院规定的其他货物。
第四条　应纳税额计算公式：
应纳税额 = 卖期销项税额 - 卖期进项税额

第四节　"包袱法财务制度 + 生产型增值税"：鲜为人知的六项价外税结构，比营业税沉重 5 倍

课税对象相当于生产资料和消费资料的总和

1994 年税制改革以后，实行生产型增值税，取消了产品税。前财政部副部长高强主编：《领导干部财政知识读本（税收篇）》指出，"从整个社会来看，课税对象相当于生产资料和消费资料的总和，……故称为生产型增值税。"② 2009 年 1 月新增值税条例第十条，允许固定资产抵扣。这只是解决了

---

①《上千家上市公司巨额财政补贴》《凤凰周刊》2011 年第 18 期。
② 高强主编：《领导干部财政知识读本（税收篇）》，经济科学出版社 1999 年版第 118、124 页。

重复征税问题。既然是引进欧盟的税制，就应当全面正确地学习，但是迄今并没有引进来源国制定六大配套条例，这就是说，还没有从生产型增值税转型为消费型增值税，宏观表现为，1996～2010年度，15年来财政收入增长率是GDP增长率的2倍，没有变。

"包袱法财务制度 + 生产型增值税"套餐的六个价税包袱

实行增值税15年后，2011年，有政协委员偶然惊奇发现"馒头税"问题，贾康（财政部财政科学研究所所长）在8月末撰文指出，中国对间接税依赖过重，15年来，首次承认"馒头税"，终于将生产型增值税的真面目摆在了全民面前。生产型增值税，税基覆盖了全部生产资料和生活资料，供给了财政收入的三分之一，原本是为了减税的税种，反而成了"无底洞"税。这一税有六大包袱，必须进行透明计算：

（1）缺失六大配套制度，抵扣增值税实际对创造价值征收13%～17%的税。

（2）缺失生活资料减免税目录，贫困补贴，实际是全民零起点17%所得税。

（3）对设备征收17%的价外税，实际是对折旧和贷款征收17%的税，资本与技术转化效率二次下降。

（4）购进税、长期利息进固定资产加价，包袱法财务制度，待摊20年债务，预提20年利润，增加当前所得税额；工具价值名实相差一倍；资本与技术转化效率二次下降，只剩下25%。（缺失生产资料减免税目录，高额折旧率、投资折扣）

（5）生产型增值税62%来源于折旧、贷款、债务，是资本债务空转，财政赤字转嫁到企业帐目上。

财政收入增长率 = GDP 增长率的2倍

= GDP 增长率 + 17%的折旧、贷款价外税债务

5000万国有企业职工下岗转手工密集产业。

（6）包袱内外不平等的税种。国内大中形企业生产型增值税的实际负担，部分比营业税重约5倍，成了无底洞。

表 19 – 5　1994～2010 年四大包袱内 13%～17% 生产型增值税

单位：亿元；%

年份	财政预算内税收(1)	增值税 增值税量(2)	增值税 占税收的份额(3)	隐密的四大包袱生产型增值税 创造价值税 17%(4)	隐密的四大包袱生产型增值税 生活必需品价外税 17%(5)	购设备资料税 设备62% 17%(6)	购设备资料税 其中：应价外税投资(7)	进加价 利税进价扩税(8)	进加价 其中进价利息(9)	财政投资资本金(10)	财政投资占财政收入之比例(11)	财政投一取二实际投资占财政(12)
91	2990	406	13.6	406		406	3138		242	366	11.8	
94	5127	2308	45.	483	715	992	9354	184	558	465	8.9	－6
95	6038	2602	43.1	553	807	1119	10702	257	771	530	8.5	－6
96	6909	2962	42.9	632	918	1274	12185	272	1069	557	7.5	－6
97	8234	3284	39.9	715	1018	1412	13838	236	1188	629	7.3	－6
98	9263	3628	39.3	849	1125	1560	16432	145	1249	1021	10.3	－4
99	10682	3881	36.3	875	1203	1689	16940	200	1371	1489	13.0	0.5
00	12581	4553	36.2	958	1411	1958	18534	200	1488	1631	11.8	－0.5
01	15301	5357	35.0	1068	1660	2304	20743	300	1816	1963	12.9	1
02	17631	6275	35.6	1383	1945	2698	23835	315	1816	2501	13.2	1
94—02 小计		34852		7318	10804	14938		2109				
03	20450	7341	35.9	1576	3157	2572	24611	330		2687	12.4	0.5
04	24165	9017	37.2	1939	3547	3156		361		3254	12.3	0.3
05	28778	10792	37.5	2320	4317	3777		378		4154	13.1	1.1
06	34804	12784	36.7	2812	5114	4474		447		4672	12.1	0.4
07	51321	15470	30.1	3403	6033	5415		618		5857	11.4	0.9
08	54223	17996	33.2	3959	6119	6299		720		7954	13.0	0.3
09	59521	18481	31.0	4066	7207	6468		739		12685	18.5	9
10	73202	21092	28.8	4640	8226	7382		844				
计		140482										

说明：1. 购进固定资产税＝总投资×62%是设备×17%＝10.5%投资。

　　　2. 购进固定资产税和长期利息进加价扩大所得税＝进固定资产加价（税金＋利

息）×所得税率实际采集数据限制：不大于企业实际支付所得税。

3. 财政实际投入资本金＝财政投入名义资本金（10）－国有工业企业支付购进设备税（6）

$$（12）＝［（10）－（6）］÷财政总收入$$

4. 国有企业以国有资产为抵押贷款，因此，购进设备税（6）是直接对资本金、折旧费、贷款投资征税，是采用价税置换法直接征收国有资产。

国有工业企业实际投资量（7）＝基本建设实际投资＋更新改造实际投资≈国家预算内资金＋贷款＋提取折旧费

资料来源：《中国统计年鉴》、《中国财政年鉴》。

一、单纯抵扣增值税＝17%的创造价值税

可以抵扣的增值税，如果缺少六项配套政策，实际是对创造价值征收17%的价外税，而并不像欧盟，限制在仅对工资和利润征收17%的价外税。公式表示：

　　抵扣增值税
＝销项税—进项税
＝（销售价值—转移成本）×13%～17%价外税
＝创造价值×13%～17%价外税
＝劳动者报酬总额×17%＋资本生产工具（还本付息）×17%
　＋维持简单再生产（折旧）×17%＋管理营销费用×17%

其中：
　　政府成本
＝创造价值×17%＋（应企业所得税利润—创造价值×17%）×企业所得税率
＞政府成本禁止高利得普适的尺度10%（禁止侵犯资本生产工具）

参照，制度成本要素禁止高利得超过10%的普适规则，可以肯定，政府成本已经是成倍地超出了禁止高利得10%的尺度。参照欧盟消费型增值税，中国的问题是，尚缺少相应的六大配套政策。

二、17%馒头税，全民零起点17%所得税

生产型增值税，对只有进项没有销项的首端商品收税，实质是13%～

17%营业税。

全民支付生活必需品价外税 = 生活必需品进项 × 13% ~ 17% 价外税

全体人民每天都必须进食,包括婴儿、赤贫拾荒者在内的13亿人口,买一个馒头也要征收零起点、税率为17%的所得税(大中型企业生产),导致弱势群体生活实际下降17%。

新增值税暂行条例第二条规定,除(二)、(三)款,其它为17%的税率。例如馒头如果是大企业生产的,生产型增值税税率17%,第十一条规定,小规模企业的生产型增值税率为3%。公民吃进馒头,只有进项,没有销项。

生产型增值税,引起生产劳动实际工资或收入下降

使用生产型增值税以来,购买者价格偏离卖出价格17%。

增值税有转移与不转移的不确定性。流转税趋向转移不出去:

(1) 开放市场以后,国际价格成为客观价格尺度,价格不会随价外税上升,流转税落在国内企业人身上;

(2) 物价因利息税负上升,大众就缩小消费,物价回落或下滑,流转税在企人身上;

(3) 零起点生活必需品价外税,弱势群体转移不出去收入实际下降17%,造成生活更加困难,需求不足,劳动者消费市场萎缩。

(4)《增值税暂行条例》没有约束增值税必须用于社会保险补贴和公共投资。地方政府社会任务重,却只分得25%,为了弥补不足,只有在"土地出让金"上做文章。中国共产党十六届全会以来,中央和地方的财税分配比例才有所调整。

(5) 生产型增值税引起的下岗贫困问题,用送温暖解决是杯水车薪。

(6) 林毅夫先生形容为农民加入WTO的优势是劳动力价格为0,农业劳动力成本摊到了自给农业中。流转税负担最后以工农业价格剪刀差形式落在农民身上。

致穷国家长期价格有自己的特征,租息税越重,价格越跳水,这是商业利润最大化不等价交换,和自给经济剩余产品市场价格特征的混合物。

三、对贷款投资和折旧费征收17%的价外税,资本与技术转化效率二次下降

古代有对有形体工具特加保护的法律,例如保护耕牛。但是,购进固定资

产税，相当于在买耕牛时就要砍一掉条牛腿支付"购牛税"，或者用五条牛腿钱买一条牛；是对科学技术转化的载体征收17%的价外税，资本转化工具生产力下降2次。

新条例，固定资产增值税允许进销项税中抵扣，这只适用于有销项税、或销项税大于进项税的企业，对于还没有建成的企业、或微利企业，价外税依然得进固定资产价格，并且可以确定，该税是落在了从事借资治产经济的企业身上，特别是母机装备制造业。导致资本逃离产业，持久资产经济全额负债破产倒闭，转型手工劳动密集工具自给经济：

（1）用贷款支付购建设备17%的价外税，是透支未来利润，是对技术的资本载体征收17%的价外税，资本生产工具转化趋向零，就手工劳动密集。技术与资本转化效率二次萎缩。

（2）折旧费是支付恢复简单再生产之更新改造组织措施设备费用，而用折旧费支付17%的价外税，简单再生产萎缩17%。是税食过去积累的资产，税食国有资产，私有化休克疗法自残术。

（3）自有资金支付购建固定资产设备，用自有资金交纳17%价外税，是税食过去的积累，就投资手工劳动密集产业，尽量不使用先进工具。

四、"包袱法财务制度—增值税套餐"，工具价值名实相差一倍

包袱法财务制度，使用者价格法、购买者价格法相差一倍

利息包袱。《企业财务通则》第二章资金筹集第十一条，或《工业企业财务制度》第二章资金筹集第15条"长期债务的应计利息支出，筹建期间的计入开办费；……与购建固定资产或无形资产有关的，在尚未交付使用或虽已交付使用但尚未办理竣工决算以前，计入购建资产的价值。"银行和财务制度对"投资贷款"实行的是消费性借款规则，第一年末项目未建成、未投产期间就得用贷款支付利息，就连教科书要求的获得利润后支付利息都没有做到。

价外税包袱。《工业企业财务制度》第26条规定"固定资产按照下列方式计价。购入的，按照购买价加上支付的……和交纳的税金等企业购建固定资产交纳的固定资产方向调节税、耕地占用税，计入固定资产价值。"前面已经介绍，生产型增值税和消费式贷款规则，原本1元的投资项目，用贷款支付

17%价外税，8%×3年长期利息，多级管理费10%~15%（即雁过拔毛），结果需要2元才能够完成建设，所撬动1倍的贷款投资，为货币资本泡沫。即使用者价格法为实，购买者价格法为名义价格，二者相差一倍，劳动者使用的工具名实相差1倍。投资效率下降50%，应用技术力度二次下降。

价税包袱法购买者价格

= 出厂价格 + 价外增值税 + 长期利息 + 上交上级管理费

使用者真实价格

= 出厂价格 + 零售中介费用

= 购买者价格—价外增值税—长期利息—上交上级管理费

≈ 单位购买者价格×（1—17%—8%×3年—10%~15%）

≈ 50%购买者价格

生产工具名实相差一倍

购进固定资产税进固定资产加价，意味着只允许用贷款、折旧费、资本金支付增值税。支付税收是"湮灭"性债务，按照"资本保全"原则，必须把湮灭的部分"补偿"回来，既然进了价格，只有靠折旧费"补偿"，按折旧率为5%计算，用公式表述"资本保全"补偿：

购进固定资产税销项

= 购进固定资产税进加价历年折旧销项

= 购进固定资产税进加价年折旧×折旧年

= 购进固定资产进项税×折旧率×（1÷折旧率）

= 购进固定资产进项税×5%×20年

购进固定资产税将以折旧的形式"补偿"，每年有1/20的购进固定资产进项税进成本，要20年"购进固定资产税的销项"合计数，才能与购进固定资产增值税发票核销。对投资征收"固定资产税"没有财政空转浪漫，因为利息和税金对企业而言属于消耗性债务，要由企业来偿还，企业成了政府预提财税的替罪"包袱"。

现以天津大无缝钢管厂为例，该项目采用了全额贷款方式建设。按中国现行对投资贷款实行消费制度，和增值税制度，计算使用者实际使用的资产（实际转化为生产装备的资产）：贷款134.64亿元，每天利息300万元[①]，年

---

① 杨继纯：《谁借了银行的钱不还？》，载《中国企业家》1999年第7期。

息为 8.1%；设为 4 年建成，于 1995 年开始建设。利息计算：

设第 1 年 1 月 1 日到位贷款为 33.3%，

第 1 年末支付利息 = a × 33.3% × 利息率

第 2 年初到位 33.3%，

第 2 年末支付利息 = a × 67% × 利息率

第 3 年初资金全部到位，

第 3 年末利息 = a × 利息率

第 4 年试运转：

合计 4 年用贷款支付利息

= 134.64 × 8.1% × 3 = 32.72（亿元）

支付购进固定资产税

=（134.64 − 32.72）×（1 − 20% 劳务费）× 17% 购进税

= 14.13（亿元）

1995 年竣工时账面固定资产原值 = 134.64 亿元

1995 年企业人实际使用的固定资产原值

= 134.64 − 32.72 − 14.13

= 87.79（亿元）

使用者固定资产原值

= 购买者价格法固定资产原值 × 65.5%

每折旧更新改造一次，"购进税"引起的"税"磨损，设折旧率为 6%：

购进税磨损后实际折旧率

= 名义折旧率 ×［1 −（1 − 劳务所占比例）× 增值税率］

= 6% ×［1 −（1 − 20%）× 17%］= 5.184%

购进固定资产税进加价资本保全补偿公式：

第 n 年使用者固定资产原值

= 65.5% + 34.5% × 5.184% ×（n − 1）

= 65.5% + 1.8% ×（n − 1）

表 19 - 6　天津大无缝钢管厂全额贷款建设，长期利息和购进固定
资产税进固定资产加价"资本保全"复归需要年数测算

单位:%

年末	1995	1996	1997	1998	1999	2000	2001	2002	2003	2004
实际固定资产价值为%	65.5	67.3	69.1	70.9	72.7	74.5	76.3	78.1	79.9	81.7
年末	2005	2006	2007	2008	2009	2010	2011	2012	2013	2014
实际固定资产价值为%	83.5	85.3	87.1	88.9	90.7	92.5	94.3	96.1	97.9	100

说明：由前面计算，大无缝钢管厂134亿元中有34.5%交了税金和利息，即固定资产原值的名义价格中有34.5%是虚拟的，每年实际折旧费相当于补偿虚拟为有价值，每年约补偿1.8%，20年补偿34.5%，即20年后固定资产原值才名实相符。本书是测算，实际数字以企业为准。企业是否能够做这种补偿还要视效益而定。设计生产型增值税套餐时需要进行这种计算，以便预测可能会给企业带来什么样的困境。

由表19-6，用现在的加价法规制，20年后资本生产工具的实际价值才与货币价格相吻合，员工用着名实相差50%的工具在劳作；并且生活必需品价外税引起员工工资缩水，综合以上，表象是生产率下降50%以上，计算由于投资力度减少而造成的技术含量下降，投资效益只有美国的25%。"现国有资产平均负债率85%以上，企业赚的钱都交银行利息了。"这样好的项目，即便全额贷款，原本也不应该建成就面临倒闭。

三峡工程，论证了70年，建成后，验证了它的防洪能力和发电能力。西方水利利用率已经达到70%，美国有上万座水库，拆了一、两座老旧水库就大做"环保"发难文章。超过了尺度，实际就是阻止第三世界现代化，误导第三世界停留在原始态，供他们观赏另类（the other）的动物园？特别是，荆江分洪区每年在长江大坝上搭棚居住2～3个月的500万老百姓，三峡大坝让他们告别了过去。己所不欲勿施于人，最好住上三个月感受一下，然后再提意见不迟。

> 三峡工程，1986年设计全部投资是361.1亿元，考虑到物价因素，1992年批准设计投资为571亿元，至2003年二期工程完成，实际动态投资900亿元。三峡工程总工程师潘家铮院士指出，动态投资"每一年都得筹集资金和支付利息"，建设期间没有发电、没有利润，所支付利息和增值税的资金400亿元，是用新贷款支付的，投资增加近一倍、投资效率下降一半，是消费式高利率借贷和生产型增值税造成。动态投资翻一倍，主要不是价格因素，而是制度成本安排不合理。

由于企业利息、税费、财政外负担太重，缴纳完这三项间接费用，必须降低折旧率企业才能在财务上找平，1993年刚实行新折旧率时，实际折旧率确实有所上升，但是随后又降下来了，1997年几乎是实际折旧率最低的年份，例如天津市折旧率降到了2.6%。

关于上缴管理费。财务制度没有对管理费用设立量化的界限、企业负担的"董事会会费"、"公司经费"、"上交上级管理费"，上级对企业贷款、拨款雁过拔毛，造成企业管理费是成熟国家的2倍，约为投资的10%~15%，占创造价值的23%。国家税务总局也认为"上级管理费"实际是财政外收入，与国家税争。

对比世界银行长期贷款的规制，毛病一目了然。其一，"购买者价格法+包袱价格法"预提20年增值税，待摊20年长期利息，利用价格法把财政赤字、高利贷置换转嫁包袱到企业生产工具账上，一方面企业全额负债，另一方面财政收入增长率高得出奇。其二，企业人实际使用的工具价值不足货币价格的一半，制造了劳动生产率下降、利润率下降表面数字，制造了公不如私、大生产不如小生产假象，妖魔化正规企业。其三，生产型增值税、高利贷法吃掉了投资，导致资本转化率只有发达国家的1/4，如何与国际竞争？

五、生产型增值税62%来源于折旧费、贷款投资，
是资本债务空转，财政赤字转嫁到企业账目上；
财政收入增长率 = GDP增长率的2倍
= GDP增长率 + 17%的折旧、贷款价外税债务
= 5000万国有企业职工下岗转手工密集产业

财政收入增长率 = GDP增长的2倍 = GDP增长率 + 17%的折旧、贷款价外税债务

由表19-5，计算：

（1）20年期待摊的17%折旧、贷款价外税，财政赤字转嫁到企业负债表上。

A. 固定资产中，设备数量约占62%：

1994~2002年征收购进固定资产税

= 累计投资 × 购进设备占比例 × 支付价外税率

= 141728 × 62% × 17%

= 14938亿元

约占增值税的43%。

B. 征收"销项－进项"17%的增值税，约为7318亿元，约占21%（参照英国增值税比例）。

C. 1994~2002年征收弱势群体生活资料约10804亿元，约占增值税的31%。

D. 待摊20年债务，预提20年利润，增加当前利润，增收当期所得税。

1994~2002年利息购进税进加价扩大所得税累计约为2109亿元，约占5%。

（2）财政投一取二税食持久经济

1994~2002年累计征收综合购进固定资产税 = 14938 + 2109 = 17047亿元

1994~2002年累计财政投资约11291亿元；

财政投资－征收购进固定资产税 = 11291 －（114938 + 2109）= －5756亿元

征收购进固定资产税÷财政投资 = 17047÷11291 = 1.5倍

财政投资1元，"购买者价格法"收取国有固定资产1.5元，投1取2。

50%的资本空转，工资率上升率只有财政收入上升率的50%。

这15年来，一向用提高征税效率作为解释，一方面说明政府承认这是非正常现象；另一方面，既然延续15年规律基本不变，反而说明，可以肯定另有规律性原因。这个原因就是，对企业进行透支，或通过价税包袱将财政赤字转嫁到企业负债表上，和降低实际工资收入。

17%的价外税，让普通从业人员的实际收入下降17%。在整个借资治产过程中，约有50%的资本是空转，没有转化为持久生产装备。其中，17%以价外税包袱形式，在财税和企业之间空转，并"官僚主义管理消耗"；24%在银行与企业之间空转。是特有的自己吃掉自己、自残式致穷技术。生产型增值税财税包袱法，是私有化休克疗法的一种形式吗？私人和国际霸权，纷纷以 3%～30% 的贱价购买中国的破产国有企业。

工具减少转型手工密集人数计算

当劳动与工具相分离，就业是民生之本。按照凯恩斯等人"租息税 - 就业 - 经济水准"定理，根据《公平价格与持久效率》第 29 章提供的数据：

就业人数 = 持久资产总量 ÷ 人均保有工具量

1999 年国有工业企业人均占有工具约 6 万元，折合一台普通机床价格；

1994～2001 年超负荷孳息 7452 亿元；

企业税占创造价值的份额高出 4 倍，超负荷征收约 21873 亿元；

上级超负荷征收 6285 亿元；

扣除财政投资 11291 亿；

则有：

　　1994～2002 年超负荷租息税费引起就业岗位减少

= （财政投资 - 财政内超收税 - 超收管理费 - 超收利息等）÷ 人均占有工具

= （11291 - 21873 - 6285 - 7452）÷ 6

= 被租息税费吃掉 4053 万个就业岗位引起职工失去工具下岗

其中：

　　购进固定资产价外税减少就业岗位

= 购进固定资产税 ÷ 人均工具

= 21873 ÷ 6

= 减少 3646 万个岗位

从投资效率、从利润用途角度计算，与统计公布国有经济 1995～2001 年以来累计下岗 4000 万人基本接近。

表 19-7　1991～2002 年正规工业企业使用者负债表上的净利润

单位：亿元；比例:%

年份	生产使用者价格法						购买者价格法			负债表上的净利润得请求分配股息	统计资料显示负债累计
	企业人所得税后应债利润(1)	价税包袱内债务			实际税后利润(6)	偿还到期的长期债务本金(7)	公积金(8)	公益金(9)	未分配利润		
		包袱内长期债务利息及衍生物	包袱内增值税								
			企业应付增值税(3)	其中购进固定资产税(4)	转移不出去增值税						
1991	72	-242	-387	-262	-63	-495	-575				-1070	
1992	177	-322	-457	-344	-57	-546	-728				-1274	
1993	555	-472	-626	-482	-72	-471	-948	826	864	-499	-2161	
1994	595	-558	-1154	-638	-258	-859	-960	1016	487	-108	-2362	
1995	496	-778	-1231	-739	-246	-1267	-1254	2236	461	-190	-3964	
1996	273	-1069	-1461	-812	-325	-1933	-1401	1667	440	-265	-4040	
1997	273	-1188	-1512	-872	-320	-2107	-2746	1389	468	-387	-5321	
1998	280	-1249	-1823	-912	-456	-2337	-3968	2736	964	-447	-7269	
1999	648	-1371	-2064	-1073	-496	-2292	-2981	1995	772	-929	-6045	-47817
2000	1603	-1488	-2280	-1254	-513	-1652	-3833	967	124	-258	-5609	-51247
2001	1561	-1816	-2379	-1307	-536	-2098	-4750		*714	-2054	-7562	-52037
2002	1342	-1531	-2584	-1422	-581	-2192	-3685		*715	-2054	-6592	-53097
累计	7907	-12084	-17966	-10119	-3923	-18249	-27829	12832	4580	-7191	-53239	

说明：1991 年实行税后还贷，在建期间长期利息和投资方向调节税、增值税进固定资产加价。

资料来源：《中国财政年鉴》、《中国统计年鉴》。增值税按《中国统计年鉴》数字。

六、包袱内外不平等的税种。国内大中型企业生产型增值税的实际负担，部分比营业税重约 5 倍，成了无底洞

（1）对国内企业和产品征收生产型增值税，但是，对外资企业免征购进固定资产设备税。市场并没有换来高科技，逼迫中国富人转换国籍，中国资本转换国籍。

（2）对持久资产的国营经济不利，对不使用和少使用工具私有企业伤害较小。

（3）零起点 17% 所得税，对穷人不利，富人可以转移出去。

（4）对资本与技术转化为设备征收 17% 价外税，逼迫资本逃离，引诱手工劳动密集产业。

（5）对正规企业征收 17% 价外税，对非正规企业征收 3% 价外税，既可能是保护微型企业，也可能是诱发手工劳动密集产业。

（6）政府成本，超出了禁止高利贷法的尺度。

（7）营业税和生产型增值税安排，诱发工具自给经济和房地产泡沫。

生产型增值税暂行条例，导致政府财税法理混乱。2009 年，轻信美国"同舟共济"，投入 4 万亿元救谁？2010 年开始遭遇通涨，只有采取稳健的货币政策，这样一来，2009 年铺得太大的投资，遭遇资金断裂的危险。地方政府就在税收上做文章，例如，2011 年某县对微小企业征收"机头税"，北京市朝阳区要代征收 2%"职工培训、工会费"，上海政府已实施"完全增值税"试点。

七、财政内外财税占 GDP 份额

陈共的财政总收入占 GDP 计算法

参照陈共的意见，① 各级政府实际财政总收入应占 GDP 的 30% 左右。1994 年以来，中国财政占 GDP 比例，陡然进入成熟国家行列。国家税务总局一位不愿透露姓名的领导承认："如果按照公共财政管理，把用于公共开支的收入看作税来计算，中国的口径甚至比美国要高。这就是所谓大口径，我估计

---

① 参见陈共：《振兴财政的几个问题》，载《中国财政年鉴1997》，第 763 页。

在30%以上，应该说中国赋税整体是不低的。"① 国家信息中心有关人员对记者说："产生分歧的原因是专家们使用的衡量企业税赋的标准不一。目前财政收入占GDP比重为15%，而按宏观税赋大口径（即财政收入加上预算外占GDP的比重）来看，则在30%以上。"②

中国财政收入的计算范围，其一，以中央财政收入为主体，地方财政外收入有一部分没有列入。其二，并不包括五险一金。因此与外国比较时，一定要注意这两个计算，否则，拿中央财政内一般收入去与成熟国家各级政府总收入比较，例如荷兰各级政府财政总收入占GDP的62%（主要来源于北海油田收入），就会得出错位的结论。

另外，债务赤字会引起3倍泡沫效应，这与投资可以拉动3～4倍市场，在计算公式上有些雷同。其他例如长期利息进固定资产加价、预提公积金、出卖土地都会引起泡沫。为此，联合国采用了综合指标测定经济。

因此，如果以GDP上升率作为公务员涨工资的尺度，恐怕不科学，并且，不能避免人为引诱计算偏离正义。成熟的方法，食税阶层的工资是以生产劳动者收入为参照。

财税改革中有一条规则，叫做改革前后财税收入不能变。此话不科学，如果事权减少，财权也应当相应减少。改革的目的之一，就是减少政府的计划经济权。例如，计划经济时期，财政的40%用于发展生产，经济达到均衡。1984年拨改贷，仅保留技术更新改造补贴，为财政的5%，财政收入应当相应减少30%～35%，才合理公平。但是由于"改革前后财税收入不能变"则企业上缴利税没有变，导致普通利润被政府收走没有变，因此企业依然不具备还本付息能力，则"拨改贷"成了巧媳妇难做无米之炊，导致15%～30%的企业亏损，财政部门心知肚明，不得不承认补亏。考虑到改革还是提高了部分生产力，综合算下来，财政合理负担比计划时期有所下降。

而财政紧张另有原因，由于政府机构越改革越臃肿，上世纪90年代，政府和机关团体人数比1978年增长了1倍还多，尚没有计算通过部门吃财政饭的各种挂靠在部门各种各样的"中心"等，如当时的一位总理所言，财政被

---

① 赵小剑、王利娜：《解疑税制改革·国家税务总局负责人答问录》，载《财经》2001年12月号。这里的'大口径'，没有纳入预算外管理的制度外收入等。苏娜：《减税何时来临?》，载《经济观察报》2002年1月14日。
② 赵忆宁：《中国GDP增长率之争》，载《瞭望》2002年第18期。

吃光了。因此，因财政紧张而实行生产型增值税是牵强的，政府机构臃肿的问题，通过税收姑息养奸，是腐败温床。中国共产党的十六届三中全会决议改革税制。

第五节　流转税改革

一、财税、生产型增值税改革：透明、诚信

生产型增值税改革，就是要回归增值税与营业税有置换公式：

增值税"销项税—进项税" ≯ 销项营业税

增加价值 × 增值税率 ≯ 销项 × 3% ~ 5% 营业税率

改革生产型增值税，有三种方法可资借鉴：

（1）全面引进欧盟消费型增值税法，特别是六项配套法律。

（2）英国方法，设置有多种方法，让企业和业主选择，例如英国就设有多个梯次，可供在增值税和营业税之间选择。

（3）参照法国、韩国等，将营业税、增值税、消费税统一为增值税，但是特别需要制定六项配套法律。

（4）参照美国和日本的方法，不设立、或取消增值税，特别是生产型增值税，改用消费奢侈品目录消费税。例如，对生计必需品免征税，对一般消费品例如汉堡包、冰淇淋、巧克力、游戏软件等等，征收标准率营业税（10%以下），对消费奢侈品例如燃油、高档化妆品、高档服装等征收高额营业税，以有余补不足。

（5）在价格标牌上明示税率。

（6）增值税只能用于社会保险补贴和公共事业，绝对不允许用于政府最终消费。

二、中国财税制度值得商榷的问题

目前中国只有个人所得税是"法律"，而其它许多税种税率基本是"暂行条例"，例如流转税、资源税、企业所得税、分税制、国有企业工资总额规定，等等。

改革开放已经30多年，但是，"暂行条例"一直由国务院自己制定条例、自己征税、自己使用，显然不符合"法制"，特别是，中国正在进入"借资治产"资本生产工具生产方式，财税成为"公平价格"的一个要素，直接关系到这种生产方式能否生存下去，以及资本与技术的转化效率。在此之时，为顺应经济转型，民生借资治产"资本生产工具"法优先为大，"公平价格区分财税制度"的改革，公共财政的财税制度改革，应当提到日程表上了。

中国财税法值得商榷的问题。"公共财政法"有待于宣示、落实和完善。特别是以公平价格法区分财税法的经界，资本生产工具大众化。而"暂行条例"，并没有解释或规定征收该税的原因、原则、性质、税负分布，和用途。

下述理论还在游荡："财税政治特殊强力无偿固定"，"税收是政治权力的象征，利润是财产权的象征"，帕累托修改：权力、资本利益最大化，生产者不参与利润分配，让一部分人先富裕起来。任何事物都有度，这些只定性不定量的提法，不能避免随财税所欲，而与民生为本背道而驰。放着现代"公共财政法"不学，而拿400年前培根的"政治砥柱"理论来说事，有对本民族失去信心之虞。

复习题：

1. 在《中国统计年鉴》的网上电子版中查找前一年度的"全国从业人员总数"和"财政总收入"，计算从业人员人均年支付税金是多少？

2. 制作一张月收入、支出、税率、纳税表。统计下月你的支出，并在收入支出时询问商品交纳的是什么税，税率多少？一个月下来，你交了多少税？间接所得税税率是多少？

第二十章 当期资本保全：折旧成本

第一节 提取折旧费的法理依据和计算

1. 资本当期保全

资本保全法理，源于"复归"、"永久产权"，中国人叫做"完璧归赵"。在租赁、借贷、受托、担保、占有、合伙、遗嘱永久产权等债关系中，合同双方共同拘束有保值的义务，在保证完整的基础上，才能保证增值。资本保全的方法就是提取折旧费对磨损补偿更新。进入货币经济，"原样"可以换算为货币价值。为了保证每年"原样"，要对每年的磨损进行补偿，年磨损补偿率，就是折旧率。由此，折旧是复归，不是收益。资本保全首先是为了维持正常生产（简单再生产），能够当期资本保全是必要条件，待摊和预提只允许是临时财务措施，企业财务法规定，一般为3年，不得超过5年。

同时，资本保全是信用承诺。当资本成为生产工具，生产工具的保全分为技术效率保全和价值保全两个测量指标。其一，工具的技术效率与价值可以有一个时效差，例如，一般设备保证最佳使用寿命期内无大的故障并保持技术效率。但是如果出售这台已经用了多少年的设备，尽管眼前效率没有降低，一般只能折旧卖出，特别是电子设备技术寿命短，专用设备卖价几乎等于残值。其二，当资本成为生产工具，借方必须承诺资本保全，随时保证清偿卖价等于原值，这是银行以贷方利益对借方的底限拘束。其三，企业借用资本时，原有资产已经做了抵押，银行也不允许克扣折旧费，否则抵押品被掏空。其四，为了避税，当然要尽量提取折旧费资本保全。其五，资本当期保全是所有权与经营权分离承诺，例如，如果要求企业经营者"永久产权"负责盈亏，则经营者有依法占有、处置、分配权，所有者不得撤资，包括不得采用降低折旧率的方法增加利润多分股息，掏空资产。

鉴于以上"永久产权"约定，西方国家固定资产原值与净值保持接近，如果出现差额，就要采用"差额征税"法。如果净值大于原值，在税制中叫做资本利得，收取资本利得税，但是也可以转入投资，而永不收税。如果净值小于原值，就是复归欠账部分，在负债表上，反映出是一项债务，有权要求抵免所得税。如果在资产净值小于原值的情况下股东分配了利润，在借贷经济中就被判定是采用待摊预提法透支资本金用于挥霍消费，这是违背合同的违法行为。因此，当资本是生产工具，不仅要检验使用的技术性能和效率总量维持"保全"，而且要求当前"原价值保全"。

例如，前几年，有法规对微小企业使用自有不动产做场地开征1.2%的财产税，相对应，在财务制度中就应当允许对该纳税不动产提取5%的折旧率进成本才合法理。并且，企业纳税的前提是，准许扣除普通利润（还本付息的费用），对超额利润征税。

资本当期保全（重置），是资本生产工具经济与自给资本经济在"折旧"规则上的一大区别，增加了一个参数。

2. 折旧是供给价格要素

折旧率是使用者成本要素之一，折旧率直接影响成本利润，影响普通利润率和所得税税基。因此，在法定利息、税率的同时，折旧率同时是议会法调整的内容。

3. 决定折旧率的因素

在20世纪初，折旧率已经包括物理磨损和技术磨损两部分，当时技术磨损被称为"虚假折旧"。

物理寿命，例如，一般机械设备物理寿命为20年，通用设备寿命偏重于物理磨损寿命。厂房等建筑设备物理寿命为30~50年。

技术磨损率：(1) 商品的市场寿命，例如电子产品的市场寿命大致为5~10年。(2) 专用设备，因为基本没有市场，所以需要按商品市场寿命提取折旧率。

4. 年折旧率的计算方法

（1）直线折旧法：折旧率 = 1 ÷ 折旧年。

（2）年数总和法[①]。特点是，随着高利润衰减，折旧率每年递减。

欧盟国家，消费型增值税，折旧率提高到平均年10%，10年折旧年数总

---

① 高强主编：《英国税制》，中国财政经济出版社2000年版，第75~77页。

和法计算：

年数总和为 $10+9+8+7+6+5+4+3+2+1=55$

第一年末的折旧额 = 固定资产原值 $\times$（$10\div55$）$\approx$ 原值$\times18\%$

最后一年折旧额 = 固定资产原值 $\times$（$1\div55$）$\approx$ 原值$\times1.8\%$

这种方法与新产品价格由高走低趋势一致，有利于企业负担均衡。

北欧以能源为财政收入主体的国家，例如挪威、荷兰，以金融收入补贴财政的国家，例如英国，采用了高速折旧法。这不适用于中国。反之，合资企业30%以上折旧率，有吃掉内资之嫌。

表20-1 年数总和法历年折旧率

单位：%

第年末	1	2	3	4	5	6	7	8	9	10
折旧率	18	16.3	14.5	12.7	11.	9.	7.3	5.5	3.6	1.8

5. 自给资本、理性经济折旧率是软指标

如果资本是自有的，提取折旧费的动力只为了避税，不能避免为了高额利润超负荷运转，而任意降低设备的完好率，自有资本没有契约资本保全机制。

西方经济成熟国家企业有时会采用净值大于原值的方法避税。而后发展国家，会采用净值小于原值的方法增加税收，其差额就是食税、食利阶层违背"资本生产工具"权威而剥夺的部分，它将引起生产力下降，抵御风险能力下降，就业率下降。

第二节 购买者价格法包袱"生产型增值税＋利息"与重置折旧率计算

传统教科书是在"使用者价格法"前提下计算折旧率。如果用"购买者价格法＋包袱利息"计算固定资产价格，价格中的税收和利息因素实际是湮灭性债务，利息和购进税所占据的"价格"的那个部分没有使用价值和价值。如果要求资本当期保全，就需要固定资产的使用者价值"名义价格"相符。

在第十九章第三、四节，已经介绍，中国现行生产型增值税和财务制度属于"购买者价格法"。全额贷款建设的新企业，生产型增值税、长期利息、多级管理费是用贷款支付的，即进固定资产加价之"购买者价格法"。贷款支付中，生产型增值税约占17%，四年利息约占24%，多级管理费摊销约占10%~15%。由此，动态贷款比静态设计投资膨胀了1倍，购买者价格法是使用者价格法价格的2倍。

按照中国财务制度待摊、预提允许的最长期限是5年，在这5年内，应通过折旧重置，实现价值回复，则有：

购买者价格法5年内实际折旧率
=法定折旧率+（购买者价格法−使用者价格法）折旧重置÷5年
≈法定折旧率+10%

5年后，使用者固定资产原值、固定资产净值、使用者价格三者实现实际价值相等。

如果"生产型增值税+利息"进固定资产加价，但是折旧率没有重置，用投资支付利息和税金，不能当期或近期补偿，后果是固定资产货币价格中有近一半是"利息和税金"价格，名实相差一半还多，企业人所使用工具名实相差近1倍，生产力成乘数下降。

"购买者价格法+包袱利息"实际是财务赤字法，"金融创新"做假账，当价格中包括待摊预提增值税和长期利息，不仅固定资产原值失真，固定资产净值也失真。

现实情况是，由于租息税太重，折旧率反而下降才能在财务上找平，实际已经不可能用20年折旧补偿增值税和利息进加价，这已经介绍过了。

允许企业用80%的折旧费偿还债务，就好比用拆来的钱还钱，是资本空转。

前面已经介绍，发达国家折旧率在10%~100%，因此即便使用"购买者价格法"，高倍折旧率也能够当年补偿复归，而不需要"重置折旧率"。因此，后发展国家在与国际财务会计制度接轨时，还必须注意国际利息率、税率、折旧率、管理费等要素价格的尺度差别，做必要的修正，例如重置折旧率。

复习题：

1. 金融创新允许"捆绑"使用资金，那么，允许用折旧费支付利息和税金吗？这是赤字吗？

第四篇　治产劳动者报酬

第二十一章　劳动者报酬：合伙预分配制，优先大于果实所有权

第一节　企业人是经济的主体

1. 工商法，企业共同而办

联合国制定的《国民经济核算体系》，"中心框架描述了构成经济生活的最基本现象：'生产、收入、消费、财富积累'"。中心框架是有机体，这四个环节中，惟有生产环节创造财富，生产是总框架，支配收入、消费、积累环节。因此，生产者：企业人是经济的主体。

按照工商注册法，企业指由人所组成的"组织"共同体，某人说这个企业是我的，仅指财产归属，而职工不归谁所有。特别是，按罗马法规则创造者是生产出来的果实的原始所有者，雇员和雇主是"共分"关系，否则有奴隶制之嫌。又例如，现代有限债务责任公司，指"合伙"组织，无论美国或日本，企业是共同体，合伙而办，当企业办成，已经是共同理性意志，已经不是个人意志。企业用"共分"来激励企业人各阶层通力合作，共同追求双盈利润最大化拐点。反之，如果把劳动当作单纯的"物"使用，劳动与企业成果无关，不能够发挥劳动的主动性、积极性与首创精神。

2. 企业人是果实的创造者和原始所有者

在古希腊、古罗马文化背景下，英国财产法至今适用"产品制造者就是产品的原始所有人"，支付费用，承认是"劳动全部产物"，承认是共分关系，即合伙共同体关系，尽管在当时还不容易区别劳务市场价格与"共分"。

1981年，在经济改革之初，张泽荣提出，企业是生产商品的单元，商品果实归企业（人）所有。认为个人的劳动必须通过企业组织劳动，才能转化为商品，主张二次分配。第一次分配按社会普通劳动工资分配，第二次分配与

企业效益挂钩。①

共同体"等价"雇佣关系应当是双向等价，企业人是果实的原始所有者，也可以等价地计算为企业人支付租费，雇用资本。企业人是果实的所有者，是厂务公开、占有处置权和分配权的法律依据，是爱厂如家的物质依据，西方已经在使用"全员决策管理制度"。欧洲发达国家公司监理委员会，按资方、管理方、职工代表配置；中国的《鞍钢宪法》实行干部参加劳动，工人参加管理，改革不合理的规章制度，工人群众、领导干部和技术员三结合，即两参一改三结合，在20世纪70年代传入日本，现在传到了美国，中国企业家赴美学习，发现墙内开花墙外香。企业经济向着尊重企业人的方向发展。

3. 所有权与经营权分离，企业人取得"法人财产权"

西北欧奴隶制崩溃，奴隶主领主做出妥协，摇身变为领主与农奴雇佣关系，劳动与工具相分离没有变，法定地租供养骑士没有变，因此，在英国，所有权与经营权从来就是分离的，由于这一历史渊源，欧洲在近代企业中建立所有权与经营权分离法权关系并不感到困难。

不仅如此，近代企业的所有者不是自觉自愿分离的，而是条件所逼迫，其一，加工混合物不能分离，法定归创造者所有，是企业人独立的利益机制的公理依据；其二，汉穆拉比法典"负有义务的所有权"，十二铜表法"浪荡子不得管理自己的财产"，英国永久治产权《积累法》，受托经营者保有法人财产权；其三，市场扩展，例如康枚达所有者在岸上，经营者在海上旅行，东印度公司、跨国公司所有者与经营者相距几千公里，只好"弟在外兄命有所不受"，靠信誉达成契约两权分离；其四，股东大众化，在众多股东谁也说服不了谁的情况下，为了避嫌，由股东大会选举董事会委托雇佣经营者，两权分离；其五，在公司股份制企业中，资本是虚拟的雇主，法庭没有办法把分散在全世界的众多股东、不在委托人（例如漂流在外的鲁滨逊）定为民事权力责任人，而只有把登记活动场所、民事财产的企业团体定为承担民事责任的实体"企业法人财产权"，股东们也只有服从；其六，权利责任对等，既然要求经营者负责盈亏，则必须赋予法人财产权手段：占有、处置、分配权，并依法约

---

① 张泽荣：《社会主义经济理论与经济体制改革》，四川科学技术出版社1987年版，第299页。

束雇主不得擅自动用资本金和利润。①

正是鉴于上述所有权与经营权分离的事实，并且这一事实证明有利于创造财富，委托法设计了一整套所有权与经营权分离规制。相对而言，穷国致穷的原因之一，就是所有权不受法律约束，任意挥霍资本金和利润，资本生产工具萎缩。

4. 所有权与经营权分离，企业人是经济行为主体

按照英国永久产权模式，所有权与经营权分离，指所有者依法有权利能力，但是没有经营行为能力，所以把占有权委托出去；经营者有经营行为能力，按受托法有占有、处置、分配权。所有者转移出去的是权利能力权，而不是行为能力权。例如，"在股份制公司内，职能已经同资本所有权相分离，因而劳动也已经完全同生产资料的所有权和剩余劳动的所有权相分离"②；私人资本在社会化生产中取得了"社会资本"的形式，"它的企业也表现为社会企业"③，"一切在生产中实际进行活动的个人（从经理一直到最后一个短工）"④；职能资本家转化为单纯的经理，"即别人的资本的管理人"。

5. 企业人独立的利益机制

当劳动与工具相分离，借资治产成为企业人的唯一谋生手段，企业人与借资治产经济共兴衰。

借资治产企业人独立的利益
= 企业人创造价值 – 雇用资本生产工还本付息 – 折旧费 – 管理费—政府成本
= 企业人创造价值 – 10%利息股息租金—10%还本公积金 – 10%折旧费 – 10%管理费—10%政府成本
= 创造价值的 50% 左右

制度成本被控制在 50% 以下，企业人的利益与生产力同比上升。

例如，蒋一苇有经济三论：企业本位论、经济民主论、商品经济论。文革十年浩劫刚刚过去两年，1979 年，他率先发表了企业本位论：（1）企业是经济结构的基本单位，在国家经济体系中既有独立性又有统一性；（2）企业必须是一个具有能动性的有机体，具有自由呼吸、吐纳、增殖的能力，独立经营

---

① ［英］威廉·詹姆斯·亚斯莱：《英国经济史及学说》，中国台北幼狮文化事业公司 1974 年翻译出版。何建国：《民法简明教程》，劳动人事出版社 1987 年版，委托一节。
② 马克思：《资本论》第三卷，人民出版社 1975 年版，第 494 页。
③ 同上书，第 496 页。
④ 马克思：《资本论》第三卷，人民出版社 1975 年版，第 494 页。

和自主发展的权利;(3)企业应具有独立的经济利益,劳动者个人利益要和企业集体对社会贡献的大小相关;(4)国家与企业的关系,不应是行政隶属关系,而是一种经济关系,国家要用经济手段来调节和引导企业的经济活动。蒋一苇认为企业与国家成"经济关系"、"独立利益"、"经济单位"。

1981年,张泽荣特别注意到了从"人本"的角度规定"企业",企业是"劳动集团",是"独立的实体"。

1986~1987年,受到企业本位论的影响,政企分开改革方案中,有一种模式是大企业与行政部门脱钩①,吸引小企业组建以产品为龙头的企业集团,独立进入商品经济和出海。但是,当时的理论还没有解决分配比例的量化尺度把握问题,在当时"企业本位论"还没有办法量化操作。

在市场上单独出卖劳动力的劳动者,只有在分工协作生产方式中结成企业人,当资本生产工具法律强制规范和节制资本,企业人才有足够能量与资本所有者平等竞争,公平调整两大阶级之间的利益关系。例如,德国把企业办成"合伙";日本松本厚治认为"日本企业是企业人的企业",把企业办成大家庭,德国和日本实质经济超过了美国。并且,企业人团体存在独立的文化表征,早期叫做荷兰、英国式团伙精神蓝色文明,日本儒文化家庭式团队精神"猛烈社员",美国也正在学习团队精神。

反之,美国股市丑闻验证,资本所有者和文化人不一定要以企业经济作为谋生手段,为了利润最大化,美国1035个高科技空壳公司的董事会和高级商务管理可以采用造假账的方法托市套利,而陷实体企业破产于不顾。

第二节　委托合伙式劳动关系

一、使用劳务契约,用益劳务契约

1. 以委托和合伙为法理基础的劳动雇佣关系

有偿劳动关系的种类:雇佣劳务,租赁劳务,委托劳务,合伙劳务,承揽劳务等。

---

① 《当代中国的兵器工业》编辑部:《管理体制沿革》(1994年内部发行),第173页。

委托，是雇佣劳务的一种形式，其基本准则，对其他雇佣形式也适用。例如：亲自作为；忠于职守；竞业禁止；不得篡权争利；以收取劳动报酬和分红，不承担债务责任等。

合伙，包括劳动合伙，其基本规则对其他雇佣关系也适用。例如：劳动与制度成本对半分所创造价值；劳动者分享超额利润，不承担债务责任；雇员错误赔法之雇主连带关系，就是向委托合伙式劳务关系转型。

2. 按经济关系，划分劳务租赁

在德国民法典中首先用到了使用租赁、用益租赁。本建议扩展到劳务合同中，例如使用劳务契约，用益劳务契约，这样设置有利于梳理出不同的劳务关系，法律规则更为清晰。

3. 使用劳务合同

使用劳务契约，多出现在家政劳务合同中，雇员的收入只与劳务市场价格相关，不与雇主的经济状况挂钩，采用绝对劳务报酬价格法。

劳动者按约定行为；使用物，按约定遵守"使用"规则。雇主负责维护费用；在雇员过失对第三人造成伤害，并赔偿不能的情况下，雇主承担连带责任，有追述权。

4. 用益劳务契约

用益劳务契约，例如企业人，是共分关系：

劳动者收入＝约定劳动者报酬＋企业超额利润分享（不承担债务风险责任）

二、法律关于委托合伙式劳动关系

关于委托合伙式劳动关系，例如：

（1）中国宪法第十四至第十七条。劳动法、劳动合同法。

（2）《中华民国宪法·中华民国第36年公布》第154条"劳资双方应本协调合作原则，发展生产事业。劳资纠纷之调解与仲裁，以法律定之。"

（3）劳务契约与委托法律相互适用，例如台湾地区民法典第529条"关于劳务给付之契约，不属于法律所定其它契约之种类者，适用关于委任之规定。"

（4）现代劳务契约雇员与雇主的普遍平等关系，率先在1919年由德国魏玛宪法确立，例如其第156条第二自然段"联邦得于紧急需要时，俾得保持一切生利阶级共同协力。雇主及劳工参加管理经济财务之生产、制造、分配、消费、定价、输出、输入，依公共经济原则规定。……"第165条第1自然段："劳动者及受雇者，得以同等权利会同企业家制定工金劳动条件及生产力上之全部经济发展之规章。双方组织之团体及其协定，均受认可。"

（5）查士丁尼《法学总论》第三卷第二十四篇租赁之注解，"租赁以标的物之不同得分三种，物的租赁，业务租赁（相当于雇佣），完成一定工作的租赁（相当于承揽）。"

查士丁尼《法学总论》第三卷第二十六篇委任第13条"委托……如果定明报酬的，就成为租赁契约了。"就是租赁业务关系。

劳务合伙，例如，查士丁尼《法学总论》第二十五篇"合伙"第2条"因为某些合伙人的劳动往往是如此可贵，以致应该使他们在合伙条件中获得较优越的待遇。"

三、委托合伙，与劳动的三种租赁形式

英国财产法介绍了三种租赁形式，它的对称面，就是劳动者报酬的三种形式。

第一类，出租单纯劳动力。

"收取一笔固定的数额后，将剩余部分支付给另一个人"，"采用合同形式以拘束使用人管理该项财产，而他获得的是一种固定薪水或工资，他对该财产不具有对按物性，该种劳役只能是有限期的，以免带上奴隶的味道。"表面现象是，雇主支付工资，收取利润。

劳动者报酬＝果实归生产资料所有者－转移成本－雇主支垫资本收益利润

果实价值不变，劳动者报酬与雇主利润分配份额成逆向关系，必须设立公定工资加以保护。

第二类，承租人杨白劳的边际收入。

杨白劳向地主黄世仁租用土地，地里的麦子归杨白劳所有，支付一笔固定的数额的租金（该数额可能不时变化），然后剩余部分归自己。解放前，由于租税重，杨白劳的净收入实际是劳动者报酬，或者更低，部分自耕农劳动成本摊进了"手工业做豆腐卖豆腐"中。

（1）尽管一切果实归劳动者所有，但是由于分配率不公平，承租人农场主杨白劳依然有可能被逼迫饥寒交迫。

小农经济，杨白劳和喜儿的劳动者边际报酬
= 麦子归杨白劳所有 + 杨白劳卖豆腐挣下了几个钱—地主地租最大化 - 高利贷
= 杨白劳喜儿的劳动者报酬最小化（地主并搜刮手工商业普通利润 + 喜儿）

（2）经济改革，当资本是生产工具，法定普通利润率四个阶梯，如果地租太重，杨白劳就不租地，而去租赁资本，进行做豆腐卖豆腐生意，由于有资本的竞争，逼迫地租率下降到资本平均价格水准。租地农场主杨白劳和喜儿的收入：

资本是生产工具法普适，农场主杨白劳喜儿的收入
= 麦子归杨白劳所有—转移成本—支付地主法定地租
= 劳动者报酬总额为创造价值的50%左右
+ 农场主债务人杨白劳收入普通利润率（足够用于改良生产贷款的还本付息） + 超额利润

由于地租随土地价格变动，必须设立公定工资率保护劳动者报酬，法定租金率，法定禁止高利贷四个阶梯，即公平价格体系。

第三类，劳动合伙。

由于劳动力价格和生活价格差异较大，中国劳动力有喜欢跳槽的现象。2010年以来用工荒，浙江地区的老板正在采用"劳动工资 + 股权"的分配制度，吸引劳动者稳定工作。合同双方根据一个固定的或变化的比例来分享利润，在法国称为"分益耕种制"，美国叫做"交谷租种"。地主不仅提供土地、部分资本，并且一起参加劳作，形成劳动和财产合伙关系。耕作者对农场享有对物权。劳动合伙者除了按劳收取工薪，还以劳动入股，分享超额利润。

合伙治产劳动者报酬
= 劳动果实共同所有 - 地主支垫生产资料收取法定租金或利息率
= 公定劳动者报酬 + 按劳动股比例分享超额利润（不承担亏损责任）

劳动股，只分享利润，不承担债务责任。这是由于，当无利可分，劳动者收入的仅仅是劳动者报酬。

生产共同体合伙制，劳动力或经营能力也可以折合成为"出租普通劳动力 + 劳动股权"。"毫无疑问可以组织这样的合伙，一方出资，他方不出资，而利益仍由双方共同取得，因为一方的劳务往往等于金钱。"生产共同体价格法，是"租赁与合伙的杂然交错"，就是亚当·斯密多次提到的受雇者与他的雇主"共分"关系，在那个时代只能是理性理想，但是人类在向这个方向努

力,并且在逐渐实施"共分"。

在合伙债共同体市场上,通过公平竞争,趋向三种劳动租赁形式,其权利、责任、分配率的关系对等、公平,后果均衡。

受新经济自由主义影响,有专家就认为存在不平等主体,例如,帕累托改进派认为,企业家与雇主是委托关系;而雇员与雇主是雇佣关系,劳动者不参与利润分配。这只不过是古代奴主雇佣关系的反雏,而不是什么创新。

第三节 劳动报酬与制度成本之间均衡分配

1. 劳动与制度成本之间对半分配价值

为了计算企业所得税的税基,《劳动法》第46条规定政府有权规定国有企业的劳动者报酬总量,并以所得税起征点为参照:"国有企业工资总额基数=所得税起征点×职工总人数",相当于对全体职工个人征收25%(过去是33%)的所得税,这是造成工资总额仅占工业增加值的25%~30%的原因之一。验证,工资总额与起征点,一个是宏观尺度,一个是微观个人尺度,不在一个层面,混用导致分配不公。

劳动报酬合理的份额有尺度可循。在劳动与制度成本要素之间不能用劳动作为价值尺度,又没有其它共同的尺度,劳动与非劳动之间的分配公理准则是"为了和平",法定分配率往往来源于历史经验数字,如果没有经验数字,在谁也说服不了谁的情况下,是采用不偏袒哪一方的方法,平分、均衡的方法。例如:

《汉穆拉比法典》第四十六条"倘彼非收取佃金,而系按收成的二分之一或三分之一出租田地,则田中之谷物由农人与田主按约定比例分之。"佃农有权获得收成的1/2~2/3。2000年里,通过基督教辗转传到欧洲,查士丁尼《法学总论》第二十五篇"合伙"第1条"如未特别商定分配损益的比例,应视为平均分配。如经商定分配的损益比例,当事人应予遵守。如当事人双方商定以损益的三分之二分配于一方、三分之一分配于他方,这种约定的有效性从未怀疑。""因为某些合伙人的劳动往往是如此可贵,以致应该使他们在合伙条件中获得较优越的待遇。"① 例如:亨莱的庄园隶农净收入是收成的50%

---

① 见[罗马]查士丁尼:《法学总论》,商务印书馆1989年版,第179~181页。

（绝对赤贫）；手工密集型产业时期，例如 16 世纪，英国尼绒商的投资，用于支垫工资占 50%，用于支垫材料占 45%，用于租赁设备的租费占 3%（33 年期）。18 世纪，普遍的对半分习俗，例如亚当·斯密"共分"理论。当进入社会化大生产，合伙对半分定理依然是支垫劳动报酬总额的尺度，如，1975 年美国顶峰牙膏厂劳动报酬总额占创造价值的 51.3%，1996 年美国劳动报酬总额占创造价值的 52.8%，绝非偶然，而是均等分配法律的经济后果。关于劳动分配达到占三分之二，例如：二战后，西德被限制不得有军备开支，私人收入消费所占的比例，是国民收入的 50%~67%。

后发展国家在向发达国家学习的过程也有类似规律，韩国在 1971~1992 年 20 年经济腾飞期间，劳动报酬总额占 GNP 的份额，由 34.7% 上升到 47.8%。禁止高利得—合伙对半分定理延递，不是偶然现象，参见表 21-1，图 21-1。

以上规则在当今的表现：

（1）对半分定理成为普适定理。

由于人类差别不大，当谁也说服不了谁，惟有选择对半分。

（2）佃农定理，是市场劳动力的替代边际定理。劳动力预期总有 1 倍剩余率。

佃农是市场劳动的替代边际，劳动一般总能够创造不低于 1 倍的剩余价值率，否则资本就雇佣佃农而不雇佣工业劳动力。

（3）劳动力预期总有 1 倍剩余率。

中国古代什一中正之制指官税，而私租，要依靠"润泽之，则在君子矣！"是一个软指标。老子有曰"民之饥，因上食税之多"，礼记有"苛政猛于虎"，孟子比喻分配不公为"率兽食人"。

中国《大元通制条格·江南私租》"……私租太重，以致小民穷困。自大德八年，以十分为率，普减贰分，永为定例。比及收成，佃户不给，各主接济，无致失所。借过贷粮，丰年逐旋归还，田主毋以巧计多取租数，违者治罪。"南方私租太重，地租约为收获的五成，则法定地主地租不得超过收获的三成，在清朝太平年间仍保留有类似习俗。抗战时期中国共产党的"二五减租"，应是历史延续。

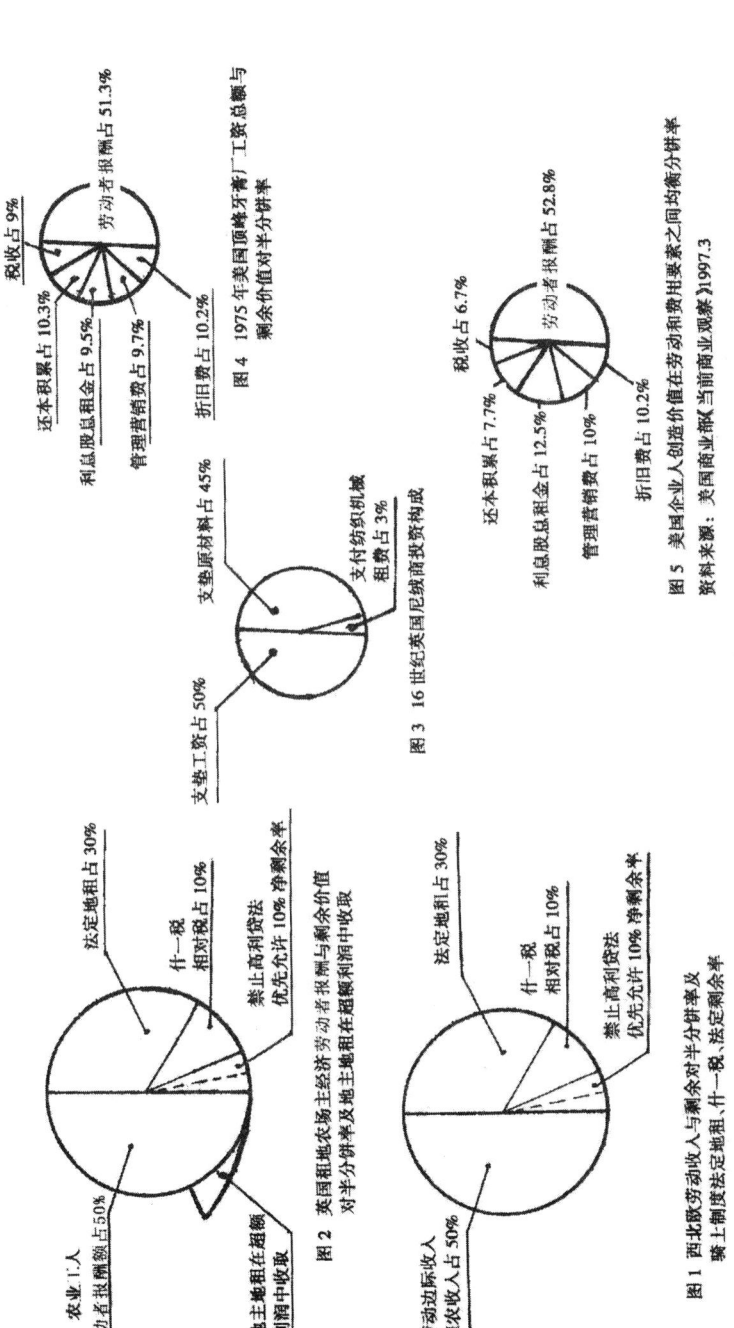

图 21-1 西北欧劳动者报酬与剩余价值趋向对半分拆规律

资料来源：《亨利的庄园管理》，《因长财富的性质和原因的研究》，《英国16世纪经济变革与政策研究》，《经济学》上册第171页，《宏观经济学》第32页。

《汉穆拉比法典》传递了一个生产力信息：早在3800年前，农业生产力水准已经达到一个佃农家庭劳动生产率，起码可以养活两家人，佃农的一般剩余率为1:1剩余率，可以证明一个简明的事实，起码在《汉穆拉比法典》以后的3800年以来的农商社会和工商社会中，造成生产劳动者饥寒交迫的原因，首先不是生产力低下，而是分配不公。1998年经济学诺贝尔奖得主阿马蒂亚·森教授指出，"贫困不单纯是一种供给不足，而更多是一种权利不足，真正的问题不是出在生产环节，而是出在分配环节，权利的不平等分配。"例如孟加拉国1943年收成比1941年高出13%，但是反而发生农民饥荒。

表21-1 韩国在20年经济腾飞期间雇员报酬总额占GNP由35%趋向50%

年份	雇员报酬在GNP中比重	实际工资增长率 W	GNP增长率 G	就业增长率 EMP	$\dfrac{WG}{-EMP}$
1971	34.7	1.9	8.6	3.3	0.2
1975	33.5	3.7	6.4	2.1	0.4
1980	41.2	-4.2	-3.7	0.3	1.2
1981	40.8	-0.6	5.9	2.5	-0.1
1982	41.2	8.1	7.2	2.5	0.8
1983	41.8	7.4	12.6	0.9	0.5
1984	41.6	6.2	9.3	-0.5	0.7
1985	41.4	6.7	7.	3.7	0.6
1986	40.4	5.3	12.9	3.6	0.3
1987	41.1	6.9	13.	5.5	0.4
1988	42.1	7.8	12.4	3.2	0.5
1989	44.5	14.5	6.8	3.8	1.4
1990	46.4	9.4	9.3	3.0	0.8
1991	47.6	7.5	8.4	3.0	0.7
1992	47.8	8.4	4.7	1.9	1.3

资料来源：韩国银行1990年《国民预算》，1991和1992年《经济统计年报》参见《韩国的经济发展》第102页。

尽管有些是几千年的分配比例，但是它能够流传至今，而被法律采纳，说明了它的生命力。尽管有些是他国20年前的统计数字，但是在20年后的今天，我们还没有达到那时的"公平"与经济共荣的境界，对我们依然有借鉴意义。特别是，面对新千年以来西方国家金融自由主义实质经济空壳化困境，上世纪他们的好年景，尤其值得我们好好研究。

2. 在50%区间上下，工资率上升，公平对效率的二次方激励机制

合伙债定理在价值之饼上划了一条经纬线或楚河汉界，一条互不侵犯的界限，保护劳动力起码的收入，获得与生产力同步提高收入的权利。参见表21－1，韩国20年腾飞时期，劳动者报酬总额适度上升与GDP增长的关系。相对而言，比没有界限是一种进步，例如穷国利润最大化，劳动者报酬总额实际仅占创造价值的18%~25%，反而退回手工密集型古代自给经济。

3. 狭义按劳分配与按劳动报酬

中国上古井田制主张多劳多得，勤则富。在战国时期已经出现劳务市场，并且，受到儒家文化"仁"的熏陶，有善待劳动者的习俗，并不歧视农工商贾。据明代小说《醒世恒言》第二十九卷中描写，有在头一年底预发长工来年工资的习俗，结算工资时雇主还要请吃一顿，割一块肉带回家。这种先发工资习俗一直延续到民国年间，和建国以来计划经济时期。而在成熟国家，也许因为国外已经建立了失业救济制度，先发、后发工资不再成为问题。①

狭义按劳分配、按劳报酬、各取所值可以通用，但是又有区别。1839年英国人写的《对劳动的迫害及其救治方案》中指出，"等量的劳动应该得到相等的报酬"，"每一个人的劳动才是他的利益或损失的唯一标准"，在劳动者之间，按劳分配与按劳取酬都表达了同一个伦理道德观念，即，对有劳动能力的人而言，多劳多得、少劳动少得、不劳动不得。

但是，由于劳动力是生产的一个要素，必须先进食预分配才能释放劳动力，就此，按劳分配与按劳取酬有区别。而中国劳动报酬说主张后发工资理

---

① 劳务合同的相关约定参见郑冲、贾红梅译：《德国民法典·劳务合同》，法律出版社1999年版。德国劳务合同规定，劳动义务人先支付劳动，劳动权力人后支付劳动报酬方式为主，并特别规定辞退员工时的补偿办法。也可以约定预付劳动报酬，并规定没有完成劳动义务人必须退回没有完成义务的那部分预付报酬。而"工资"指劳务权力人支垫的所雇佣劳工的资本："工资"。在西方国家，工资是全额，劳动养老医疗保险费用叫做工资支付的"保险捐税"。因此西方劳动工资与劳动报酬所指是一件事情，工资是经济学用语，劳动报酬是法律用语。中国统计系统对工资总额与劳动者报酬界定，"劳动者报酬＝工资总额＋福利＋劳动养老医疗保险等"，包括月工资奖金和年终分红等。

论，总是与血汗工厂、欠发工资相联系。

4. 劳动者报酬，预分配顺位第一

宏观保护劳动工资收入顺位：

其一，恩格尔绝对计算法，保障基本生存收入。

其二，总额趋向创造价值的一半，法定劳动报酬总量所占份额保障劳动者的收入，并与生产力提高同步增长。

其三，工资准备金制度；预发工资制。

其四，财务制度，工资预分配顺位第一；债务清偿，偿还欠发工资顺位第一。

5. 广义按劳分配

（一）法定共分，包括：（1）劳动者报酬总额趋向创造价值的一半；（2）劳动者有权分享超额利润的一个部分；（3）集体议价，（4）生产劳动者收入是服务劳动者（包括公务员）收入的参照，社会趋向均衡。（5）禁止高利贷。等等。

（二）广义的按劳分配。

没有适度、没有治产，就没有人类，哪有效率？因此，公平是大前提，效率是小前提。

其一，民法以民生为本，民生以治产为本，治产以生计和保有工具权为要件，劳动顺位第一。

其二，公平分配及其生产方式：中介成本大口径，决定资本是否能够转化为生产装备，决定契约分工协作经济是否会胎死腹中，分配率大口径是生产方式的分水岭。分配率小口径决定资本和技术转化率先期高下。

其三，生产的分配：生产准备按劳顺位和分配；创造财富过程生产资料与协作按劳顺位和分配；果实分享按劳顺位和分配；劳动者之间按强度智慧时间劳动量等价分配四个阶梯；商品等价交换分配，及其供求波动。

其四，民生优先大于资源权、财产权、公共事权。

公平价格框架：禁止高利得—合伙债法，劳动报酬总额趋向创造价值的 $50\% \sim 67\%$；要素的投入产出公式：劳动预先分配＋四马分肥。

其五，社会趋向均衡分配：生产劳动平均收入是同等级服务劳动收入的尺度；私人收入总量与社会收入成对半分规律，等等。

其六，劳动作为人为物（财富）的价值尺度，有根源性、大众性、稳定性。并且，其它尺子都无法测知治产人的温饱，不能避免因不公平而导致经济崩溃。

反之，资本利益最大化、财政利益最大化学派，总是以否定按劳分配为标榜。

第四节　对劳动者特加保护，避免奴隶制之嫌

1. 民法对劳动力特加保护

现代民法对劳动特加保护，渊源于废除奴隶制，避免奴隶制之嫌的法律参照：国际法之禁止奴隶制条约，禁止强制劳动条约，禁止童工法，八小时工作制法，最低工资率法；德国魏玛宪法；英国惯例法只不得永久性雇佣，以避免奴隶制之嫌。中国《宪法》第42～45条，《劳动法》。

现代民法对劳动力特加保护，体现在准奴隶雇佣关系向委托合伙法律关系的过渡。例如：

随着马克思主义的传播，1886年工人运动争取到了8小时工作制。

德国1919年魏玛宪法第五章经济生活"劳力，受国家特别保护。联邦应制定划一之劳工法。"，劳动者有"制定工金及劳动条件的权利"；参与管理和分配利润的权利。

德国民法典1998年最近一次修改第611a【禁止歧视】……不得因雇员的性别而歧视雇员。……

台湾地区民法典第483－1条"受雇人服劳务，其生命、身体、健康有受危害之虞者，雇用人应按其情形为必要之预防。"

笔者建议，民法劳务关系应保留劳动法中对劳动者特加保护、对劳动条件特别规定的内容。本建议主要增加了量化的公平尺度内容。

2. 劳动法之劳动要件，量化的公平尺度：

（1）劳动平等的自由权。

（2）劳动安全及卫生；劳动强度，定额管理法。

而当前部分私有企业的安全、卫生、劳动强度、劳动定额处于自由放任状态。

（3）工作时间和休息休假。当前对违反工作时间现象，政府几乎没有进行主动检查并提起公诉。

（4）职业培训。当前中学、大学之教育、职业培训，与企业尚且处于三脱节状态；

（5）保险和福利。

（6）工会。

（7）劳动者报酬避免债务奴隶制之嫌。

劳务市场价格必须建立在禁止奴隶制的历史基础上。为避免奴隶制之嫌，避免终生雇佣，避免后发工资，避免要求工人用劳动偿还债务。

为了避免贫富悬殊而劳动素质降低，国家法定最低工资水准等社会保障制度。例如：劳动力是在市场上预买的，工资中不包含劳动以外其他责任。亏损是债务主体的责任，由债务主体承担，不得克扣工资，如果因企业亏损而克扣工资，就有债务奴隶制之嫌。为了劳动者生存，避免转嫁亏损，一般禁止用产品支付工资，不得拖欠工资。不得用生产型增值税方式对生计必需征收17%的价外税，造成购买者价格与使用者价格严重偏离。当名义工资价格偏离实际价格，劳动者有权要求补偿。国家已经规定企业在银行里设立工资基金，以备按期发放工资和清偿工资。改变当前劳动者弱势个体自诉状态，政府应进行主动检查并提起公诉。

另外，劳动工资制度传承避免奴隶制，实证工业文明的起点是奴隶制废墟，而不是起始自由自耕农经济。

3. 对劳动者特加保护的社会原因

前面已经讨论，其一，"无财产无自由"，无产者必须征得他人同意才能劳动，必须征得他人同意才能生存。在契约过程中，由于有饥饿的威胁，往往不得不放弃自由，不得不屈服于不平等约。其二，雇主有产者以其财产在社会上有地位而形成阶层话语文字权政治权集合，而劳动者是单个进入市场，处于弱势地位。正是由于劳动力特定身份本身存在不平等，需要在法律上对劳动力身份特加保护。即法律目的，对特定身份保护，以形成双方在法律面前平等态势。

4. 欧洲废除奴隶制并不彻底，把人当作物

欧洲保留着许多奴隶制庄园法的遗存，对农奴施行手额枷、水火刑，在英国古堡的浮雕上我们可以发现管家提着水壶往躺在地下的农奴嘴里灌水的场

景，尽管行刑人与受刑人的姿态与表情都古希腊式幽雅和谐。无财产无自由，正如马克思等人指出，当存在失业大军，由于恶性竞争，普通劳动者实际成为按时间出卖自己的奴隶。继承了奴隶制计算奴隶食物量的习俗，例如13世纪《亨莱的庄园管理》，19世纪马尔萨斯宏观人口论，恩格尔计算法：采用摄入3000大卡热量之食物价格用以计算劳动力价格法，等。

清华大学公共管理学院的学报上有一则关于"小鸡自由过马路、自由轧小鸡"的讨论，意思是，自由市场就是让劳动力自由闯荡，自然选择，适者生存，学者的任务就是统计轧死多少，闯过马路的有多少。至于那些小鸡族、蚁族、鼠族打工者的尊严、体面、舒适的生活，取妻生子，他们的梦想和上升通道，似乎在"效率"经济学中没有了位置，人被当作"物"来对待。经济学所谓"理性人"只剩下"自私自利最大化"标签，是在亵渎"理性"二字。

第五节　雇主以财产连带责任，劳动保险法

雇佣劳务与委托关系的相同处，都是信用合同。只不过现代经济除了对道德的要求、技术培训保障以外，增加了保险机制，以实现"委托合伙"的大众化。

19世纪下半叶德国改变农民形象，学习贵族绅士风度，用形象表现工业文明，叫做形式主义。同样，为了劳动与资本工具之间关系形象化，哲学将资本拟人化，股东什么也不做，由资本代表其承担民事责任，叫做资本拟制的人。劳资雇佣关系，转换为诉求自然人与拟制人之间的平等关系。

1. 劳务之委托合伙关系，雇主以财产承担连带责任

委托人以财产为担保连带责任，实际是合伙式委托。其源于习惯，例如中国增广贤文曰"搭伙如夫妻，同财同性命，船沉各自浮，其心不可问。"汉穆拉比法典第47条"倘农人于第一年劳动未曾获利，而云'我将为自己耕种田'，则田主不得违反其意；其田只应由此农人耕作，至收获时依契约收取谷物。"第48条"倘自由民负有利息的债务，而阿达得淹没其田，或洪水毁其收获物，或因旱灾，田不长谷，则彼在此年不得付谷与债主，而洗去其文约；此年利息也不得付。"遭遇天灾，此年不得要求支付地租或利息。这两条的意思，风险由所有者以其财产承担。欧洲海上贸易，所有权人在岸上，所有物和经营者离岸，在海上或很远的地方，这样一来，在岸上的法庭只能设定由委托

人以财产连带责任，法律才予以保护。就此法律，岸上的所有者必须把风险责任计算进预期收益，才能签此海上贸易合同。这对现代雇佣关系也适用。在民俗中，如果雇员过失损害到第三人，与雇主理论未果或赔偿不能，第三人肯定转诉雇主，请求赔偿，雇主以财产对雇员的行为负连带责任。例如：

台湾民法典：第188条　受雇人因执行职务，不法侵害他人之权利者，由雇用人与行为人连带负损害赔偿责任。但选任受雇人及监督其职务之执行，已尽相当之注意或纵加以相当之注意而仍不免发生损害者，雇用人不负赔偿责任。

如被害人依前项但书之规定，不能受损害赔偿时，法院因其声请，得斟酌雇用人与被害人之经济状况，令雇用人为全部或一部之损害赔偿。

雇用人赔偿损害时，对于为侵权行为之受雇人，有求偿权。

第189条　承揽人因执行承揽事项，不法侵害他人之权利者，定作人不负损害赔偿责任。但定作人于定作或指示有过失者，不在此限。

并且，法律对法人的规定，推定对自然人也适用：《民法通则》第43条"企业法人对它的法定代表人和其它工作人员的经营活动，承担民事责任。"第48条"……法人以它……的财产承担民事责任。"例如，2007年9月份电视《法制在线》介绍一案例，有一公民为了让朋友找到工作，自愿做人事担保，但是被担保人因为丢失了一张1.8万元的发票、债务不能追回，欠下公司的债务偿还不能而逃跑了，该公司要求担保人全额赔偿，此案告上法庭，经过调解双方同意各承担一半债务。法官解释，当前雇佣双方契约，往往对雇主有利，有雇主逃避责任之嫌。本案意思是，雇主对雇员的过失赔偿不能有连带责任。中国大陆侵权法已经有相关规定。

劳动保险法

劳动保险法，是雇主以财产为担保委托合伙规则以及企业人互助的延伸。保险法，首先是宪法的内容，例如中国宪法第42～45条。也是民法的内容，例如中国劳动法、劳动合同法。在德国民法典的租赁第330条、劳务合同第616、617条中已经出现，尽管没有独立的条款。

劳动保险法，包括企业连带责任法，社会保险法。

（1）企业保险之财务制度，雇员、雇主损害赔偿应平等处置。

生产共同体发生重大损害责任、或决策错误，个人通常是无能力赔付的。用益共同体内部的损害责任的赔付，和灾害后重建费用，其绝大部分进成本，实际由全体成员承担，即财务制度为损害责任赔付风险成本法。全体成员有责任监督企业遵守法律，减少违约和赔付。

由平等法理，雇主或经营决策层的过错可以进成本，由全体成员承担，则雇员个人过错赔偿不能的部分，也应当可以进成本由全体成员承担一部分连带责任。

（2）社会保险法。

社会保险法，包括企业财产保险，雇员五险一金。

在劳资两利大背景下，对劳动者的适度保护，有以下几个理念：

A. 国际国内社会大背景下，劳务关系必须向人权方向进步，血汗工厂的状况必须尽快制止，这是民法的一大责任。劳务合同法律行为表现，可以选择"委托"、合伙。

B. 为了实现委托大众化，必须有劳资两利的保险机制。

须知，无论劳动者个人或中小企业主，都没有能力补救重大责任事故，唯有社会化救助，能够保护企业由雏型走向成熟。是企业大众化的保障机制，也是自由劳动大众化的保障机制。

C. 对债务人的保护要落到实处，保险是劳资两利的最佳机制。为了维持秩序，必须对过失进行惩罚，既保证限制在劳动者可承受范围内，同时，又能够切实赔付雇主的利益。

复习题：

1. 委托合伙法雇佣关系，与血汗雇佣关系有什么区别？

第二十二章 公定劳动收入四个阶梯

第一节 阶梯工资制度的依据，人类有差别，差别不大

1. 人类有差别，差别不大，分配等级可以控制

物竞天择，自然选择适度，人类有差别，但是差别不大。随着使用工具、分工协作、专业训练加深了人与人之间的差别，造成"人为的不平等"。但是，仍很有限，例如，一般人都能跳过1米高度，世界级运动员也不过跳2米多；一般人都能扛起50公斤重的东西，世界举重运动员也不过举起150～200公斤；跑步的差别就更小，一般人16秒钟可以拿下100米，而世界级运动员也不过10秒。并且瞬时效率与延时效率成反比例，综合时效趋向均衡。人的智力方面，人在7岁以前跟着狼是狼孩，跟着猴是猴孩，个人的智慧，主要是靠后天学习和创新。智力差别不大，1000个人中大致有一个稍微聪明的，如果考虑只有5%的机会因素，聪明人能够有成就的几率就只有十万分之五。并且，个人智慧，有相当一部分属于家长、社会教育的功劳，应当回归社会，进行再分配。居里夫人认为科学属于全人类，就像自然赋予人类的其他条件一样，应该回报社会。

生存生产方式不同，社会张扬的角度不同。例如，奴隶制张扬主人家长意志，暴力强制；家庭自给经济张扬家长权威意志，长幼有序。这两种经济都是竭力张扬家长身份差别较大的一面。市场垄断、炒作、物以稀为贵无替代品等价格因素，例如一个转会足球运动员已经开出2亿美元的天价，是无替代炒作所至。因此，卢梭把所有权视为以劳动差别为基本依据、由人为法律确定下来的权利，私有财产出现后，"把保障私有财产和承认不平等的法律永远确定下来，把巧取豪夺变成不可取消的权利。"①

---

① 参见[法]卢梭：《人类不平等的起源和基础》，商务印书馆1962年版，第120～129页。

2. 量化法定共分

共同市场，分工协作，互通特长。分工张扬个人技巧，而协作，正是证明差别不大，可以交换"劳务行为"。为了和平，为了协作，大众张扬人类生而差别不大的一面。尽管劳动力私有，产业私有，但是按份合伙共同占有，果实是混合物共同所有共同分配。"他们依着互通有无、物物交换和互相交易的一般倾向，好像把各种才能所生产的各种不同产物，结成一个共同的资源，各个人都可以从这个资源随意购取自己需要的别人生产的物品。"① 分工协作是分饼关系。

分享制可以弥补市场价格的不合理性。公平分配的目的，设计以人为本位对生产财富有利的尺度，这就要对人的本性有一个起码的测定，例如，人之间的共同性与差别性的间距尺度。古希腊柏拉图测定人类的差别为4倍，主张工资差别为4倍，"差别有尺度"理念在西北欧传承下来，例如，当今西方国家把工薪差别控制在大致在5~10倍左右。英国工薪差别不大（参见表22-2），韩国工薪差别也不大（参见表22-1）。

工资，在维持生存以上，实际是比较工资制，为了和平和激励，比较"共分"；并且，当今生产劳动者工资率是服务劳动工资参照，否则人们就不愿意创造财富劳动。而"劳动收入=恢复体力所需"、"劳动报酬=换回休闲"都不是普适定理。

有关劳动所有权及其预先分配的定理：母鸡定理、禁止高利得—合伙债对半分定理、差别不大定理、禁止奴隶制之嫌法理。

3. 劳动力流向的棘轮效应

差别有趋利避害的激励作用，有存在的必要，但是，只在一定范围内有优化劳动力配置的作用。由于人类有追求幸福棘轮效应，往往不能倒流，如果不加以干预，社会就会不稳定。例如，如果服务中介的收入高于生产劳动，人们就不愿意选择生产劳动职业，劳动力素养下降，从业人数比例下降，生产力下降；城市生活高于农村生活，农民就进城，大部分人会怀着希望不再离开城市；公务员工资高、终身制、权利大，大学生就情愿竞聘街道办事员，也不情愿竞聘工资高有风险的企业工程师职业。

---

① 亚当·斯密：《国民财富的性质和原因的研究》上卷，商务印书馆1972年版，第16页。

第二节　法定工资率四阶梯

1. 公定劳动报酬价格

在现代民法中，只有两大要素规定有公定价格，其一、公定劳动者报酬；其二、公定资本价格禁止高利贷四个阶梯普适。其中公定劳务报酬价格，例如：

德国民法典之第 612 条【劳务报酬】、第 632 条【承揽报酬】（2）未定报酬额的，有公定价格时，按公定价格支付报酬，无公定价格时，应认为约定按习惯支付报酬。

台湾地区民法典之第 483 条【劳务报酬】、第 491 条【承揽报酬】如依情形，非受报酬即不服劳务者，视为允与报酬。未定报酬额者，按照价目表所定给付之；无价目表者，按照习惯给付。

生产共同体市场之公定劳动价格的法理基础：

（1）人类有差别，决定需要差别分配；差别不大，决定分配率差别不大。
（2）汉穆拉比法佃农定理，劳动者总能创造出不低于 1 倍的剩余率。
（3）生产共同体"共分"法理。
（4）人类得预先消费，然后才能释放劳动力。
（5）中国大陆民法，魏玛宪法；中华民国宪法劳资相互协调合作原则；德国民法典、台湾地区民法典委托合伙式劳务关系共分法理；中国大陆民法通则"法人"，公司法、企业法等。

2. 公定劳动收入四阶梯

西北欧价格构成分饼率框架是法定计算出来的。劳动收入的四个阶梯：法定共分、法定最低最高、法定等级、约定工资率。

（1）法定共分，劳动者报酬总额趋向共同体所创造价值的一半。
（2）法律最低工资限度和最高工资限度。由人大代表会议、工会、企业代表共同计算尺度。
（3）法定中庸的工资等级制度。

例如，中国技术和管理岗位工资等级制度。英国工资委员会发布 22 个职务的一般工资水准，可以作为约定时的参考；同时，普通劳动包括一般企业家的普通劳动管理；而超额剩余率才是企业差别效率，包括企业家的创新劳动。

（4）约定劳动工资。即劳动力市场约定价格。包括：委托合伙式雇佣工资；劳务市场双方约定工资；企业职工集体议价工资制度。市场价格，不得违反最低、最高工资限制。

劳动分配四个阶梯，"共分"是大前提，在共分的前提下，才有法律禁止尺度的把握。市场约定工资，不得超过法律禁止的尺度，法律保护劳动者权益，直至追究违反劳动法者的刑事责任。约定可以大于或小于法定中庸参考价；在没有约定的情况下，法定才用作法律仲裁的尺度。因此按劳分配不等于仅仅按市场劳务价格分配。

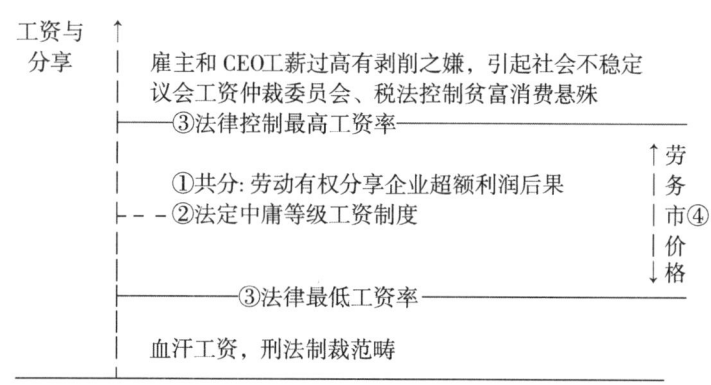

图 22-1　民法工资率阶梯

表 22-1　韩国 20 年腾飞经济期间各工种的工资差别

（1991 年每千韩元约折合 1.32 美元）单位：千韩元/月

	技术及其工人	行政管理人员	职员	销售人员	服务人员	生产工人	差距	年递增
1971	40	61	34	20	16	18	3.8	
1975	83	147	65	39	33	33		
1980	266	438	177	109	115	118		
1985	448	680	297	269	202	212		
1990	695	1035	519	413	370	430		
1991	777	1362	602	454	433	511	3.14	17.0

资料来源：《韩国的经济发展》第 105 页。

第三节　最低工资率的计算

所谓劳动者最低限度工资率的定性标准，应保障依靠劳动能够过上有尊严、体面的生活，取妻生子，包括：衣、食、住、行、医、教、安全等方面。

鉴于劳动生命权与最低生计品消费之间的充分必要条件关系，最低劳动力价格，可以用等价食物的价格为参照计算出来，例如恩格尔法，以生活必需食品价格为基本尺度，考量衣、住、行的最低花费，以3倍食物价格，为生活最低保障：

1. 最低生活保障

恩格尔个人生活最低标准收入
=3倍×每日摄入可以在人体内产生3000大卡热量的熟食品的价格

例如，美国营养足够价格最低廉的汉堡包约为1美元一个，每人每天吃6个，一个月下来是200美元，则最低生活保障为600美元。经验数字，2倍食品价格收入用于最低限度的衣物、交通、医疗、教育。

2. 最低工资率

最低工资率应包括养家糊口：

劳动者最低工资率＝恩格尔个人生活最低标准收入×养活2人

在保证生存必需价格以上，才是多劳多得。

该公式对依靠买卖收入者也适用。

而生产力提高，提高最低生活保障，必须同时提高依靠价格生存者的利益，劳动力价格也必须有适度增长。

3. 最低工资率、平均工资率、最高工资率之间的比例关系

（1）最高税后工资率限制在最低工资率的10～20倍。

美国总统小布什税前年工资40万美元，税后工资为23万余美元，最低生活保障月600美元，约为最低生活保障的32倍，最低工资收入的15倍；约为平均收入的8倍。

（2）最低工资率应为最低社会保障的2倍。

例如，联合国有最低生活保障约为最低工资的 40%～60% 的提法，对以工代赈不利。参照美国的经验，鼓励以工代赈，最低工资与最低生活保障之间应当适度拉开距离。例如，2004 年美国纽约流浪汉救济是每月 600 美元，短期失业救济是 1000 美元，并且有相关政策拘束必须是贫困救济（存款在 3000 美元以内，不能有高档奢侈品和消费等），必须努力找工作。最低保障要适度，欧盟补贴太多，管理不严，人们就钻空子，在国内吃失业救济，再在国外找一份临时工作，一方面是缺少劳动力，另一面是高失业率。而中国似乎把联合国尺度用在了"家庭"最低生活保障，出现不劳动比劳动家庭收入高的倒灌问题，引诱不劳而获。

（3）最低工资率约为平均工资率的 1/2～1/3。

美国平均工资率约为年收入 3.5 万美元，约为最低工资的 3 倍。

以平均收入为参照：第三世界应约为平均收入标准的 1/2，富裕国家应约为平均收入的 1/3。

（4）最低工资率，以所得税起征点为参照。

计算所得税的税基需要扣除生活必需的部分，是对消费剩余的部分征税。在欧美国家，生活扣除或起征点以下，与最低生活保障是一个界限水准，即最低工资率应为起征点的 2 倍。但是，在第三世界国家还达不到这个水准，多数为起征点与最低工资率相当。

中国起征点以平均工资为参照，而平均工资计算有很大的随意性，往往对富人和公务员有利。

4. 工资过低，隐性失业

至 2009 年，仍然有自由市场派以哈耶克"市场价格无限制柔性"为圭臬，反对中国政府设立最低工资率。其实，在成熟国家有最低生活保障和失业救济制度，西方劳动力价格柔性低于这个底限时，由政府埋单，叫做隐性失业，或半失业。而在自给经济国家，农民工工资过低隐性失业救济实际摊进了农业自给经济中，城市隐性失业救济，实际通过消费萎缩物价下降的形式摊进了农产品成本中，由自耕农承担下来。因此，自由派反对设立最低工资率的后果导致劳动者报酬所占份额最小化，制度成本最大化，生产者不参与利润分配，生产工具自给经济历史怪圈。

5. 区别法定工资、消费性收益、资本积累

成熟国家的财税政策，把个人的财富分为三大部分：相当于生计必须的收

入的部分免税，转化为资本生产工具的部分政策导向性减免税，奢侈消费的部分收取所得税、消费税、消费奢侈品增值税。按此规则计算，成熟国家法定工薪收入的差别不大，比尔·盖茨年薪也只有十几万美元，总统小布什的税后工资只有23万余美元，其他属于财产利润、股息、分红收入、资产收入。按照所有权应是"福祉"，对财富采取引诱和限制的方法，剩余社会化再分配。

第四节 服务劳动工资，以生产劳动为尺度

为了避免劳动力流出实质经济，发达国家在法律制度上，特别注意提高生产劳动工资率，同时注意以生产劳动收入作为服务劳动的尺度。英国参见表22-2，韩国参见表22-1。

以生产劳动（包括科学技术）工资率为尺度，生产劳动工资稍高一点，有利于引诱创造财富，例如韩国，参见表22-3。此外，还有伦理道德上的因素，服务中介存在两只看不见的手，存在商业交易"肮脏链式反应"，相比之下，唯有创造财富获得的劳动工资因果报应清楚，可以说是最干净、纯洁、透明的收入。

表22-2 英国政府官员与地方私营企业同类人员年薪比较

单位：英镑

工资级别	全国平均收入（英镑）		伦敦平均收入（英镑）		工资级别所对应的职位
	私营企业	政府官员	私营企业	政府官员	
A1	60385	54643	65466	56796	各大区局长
A2	47700	47971	54955	51440	总部部门主管、大区副局长
B1	38000	43263	48000	45955	地区监督官、所长、处长
B2	31500	33123	38500	36391	地区监督官、副所长、副处
B3	21014	25999	24861	27644	培训后待提升监督官
C1	24500	25240	28000	27209	技术监督主管、主管

(续表)

工资级别	全国平均收入（英镑）		伦敦平均收入（英镑）		工资级别所对应的职位
	私营企业	政府官员	私营企业	政府官员	
C2	21012	21743	24262	23917	技术监督员
D	14620	16840	18000	18998	执行官
E1	10636	12398	15749	14928	业务官员
E2	9480	9859	13501	11940	官员助理

资料来源：参见《英国税制》，第199~200页。

1. 脱离生产劳动工资尺度的公务员高薪不能养廉

中国古代民生为本，官员的俸禄也比较低，并且法定官员不得利用职权经商。

当今经济成熟国家所谓高薪养廉，以生产劳动工资率为尺度，一般不高出同级工资的20%。新加坡是现代版"选秀"文官科举制度。新加坡政府每年进行咨询调查，以保证公务员与私营企业职员的工资相差不大。最近承认，高薪养廉脱离一般公民的收入，是一个很大的不足。

日本高薪养廉，大学生毕业后在企业工作，月薪为16.9万日元，当警察月薪18.8万日元，以企业同级为参照，高出11%。由于近年日本企业工资下降，公务员工资也相应减少，2003年仍然维持公务员工资比大部分企业高出10%。德国刚参加工作的公务员工资为1400欧元，是失业救济金的2.4倍，说明公务员工资水准与企业接近。德国公务员最低工资、科级、处级、局级、部级的工资比是：

1:1.8:2.9:5.7:7.5。[①]

英国工资等级差别和公务员工资比私人企业同级工资略高出20%，参见表22-2。韩国工资等级差别，参见表22-1。

[①] 参见《环球时报》，2004年2月4日第12版。

美国工薪等级差别与欧洲接近,而最大差别高于欧洲发达国家。①

2. 收入枣核型分布是纳税主体,有利于社会稳定

西北欧所得税制度,复兴古希腊哲学"产业私有财物公用"法理,枣核型分布同时属于文化建设的一种现象。成熟国家的具体运作方法是,随着机械自动化的提高,传送带岗位之间的劳动差别可以缩小到3%,工资率差别趋向缩小;为了归避企业所得税,提高员工积极性,雇主和雇员都愿意把超额利润分给全体企业人;枣核型工资率分布也与累进税制的引诱有关。

在成熟国家,占80%的中产阶级是纳税主体,是社会中坚。富人是少量,财产遗产税毕竟是少量。

由于有议会法律制度的坚守,18年来,美国的枣核型收入分布波动不大。例如,尽管遭遇金融危机,2010年美国贫困线以下人口比例为15.1%,比18年前仅增加了0.3%。贫困线以下四口之家年收入从14335美元增加到22314美元,增长了55.7%。中位收入四口之家年收入由30786美元(税前)增加到49445美元,增长了61%。18年间中位收入比贫困线以下收入多增长5%。另一方面,富裕阶层收入增长比例还要大一些,由于金融自由主义泛滥,美国的贫富悬殊问题有扩大趋势。

第五节 货币名义工资、实际工资

实际商品工资标准 = 货币名义工资 × (1 − 物价指数 − 生计品增值税率)

---

① 美国贫富差距拉大主要指 CEO 与贫困阶层的差距由20世纪80代相差90倍,到20世纪末增加到年薪为280万美元,与贫困阶层相差450倍。《美国贫困县很绝望》,载《环球时报》2003年12月1日。丁刚:《脱美国化,不可回避的选择》,载《环球时报》2004年9月13日。

表 22-3 1994-2010 年北京市商品名义最低工资和实际最低工资标准增长

年份	名义最低工资标准（元）	实际最低工资计算			名义最低资工标准增长（元）	实际最低工资增长%	GDP增长率%	财政收入增长率%
		实际最低工资（元）	消费物价指数%	价外增值税17%				
1994	210	139.2	21.7	35.7		-31.7	20	
1995	240	175.7	14.8	40.8	14.2	-3.9	10.9	19.6
1996	240	167	6.1	40.8	0	-6.1	10	18.7
1997	290	237.5	6.1	49.3	20.8	14.7	9.3	16.8
1998	310	257.3	2.8	52.7	6.9	4.1	7.8	14.2
1999	360	298.8	-0.8	61.2	16.1	16.1	7.6	15.9
2000	412	342	0	70	14.4	14.4	8.4	17
2001	435	361	-1.4	74	5.6	5.6	8.3	22.3
2002	465	386	-0.8	79.1	6.9	6.9	9.1	15.4
2003	495	411	0.9	84.2	6.5	6.5	10.1	14.9
2004	545	452.4	3.3	92.7	10.1	6.8	10	21.6
2005	580	481.1	1.6	98.6	6.4	4.8	10.1	19.9
2006	640	531.2	1.5	108.8	10.3	8.8	11.3	22.5
2007	730	605.9	4.5	124.1	14.1	9.6	12.7	32.4
2008	800	661.6	5.6	136	9.6	14.2	10.5	19.5
2009	800	664	0.9	136	0	0	9.6	11.7
2010	960	796.8		163.2	20		9.1	21.1
2011	1160	962.8		197.2	20.8			

说明：资料来源：北京市劳动局公布数字，不包括企业账目上已支付四险一金，和有的企业提供的食宿条件。

生产型增值税的税率，按熟食品计算为 17%（民间统称馒头税）。

实际最低工资标准 = 名义最低工资标准 [1 - 价外增值税]

实际最低工资标准增长率 = 名义最低工资标准 [1 - 消费物价指数]

现以 1993 年和 1994 年实际工资率为例。由表 22-3，1993 年是没有征收生产型增值税的最后一年，正规工业企业名义月平均工资为 304 元（不包括劳动和医疗保险、福利分房、子女教育费用等）。1994 年的名义平均工资是 389 元，比上年的物价膨胀率是 21%，开征生计必需品营业增值税率按 17% 计算（按粮油加工后税率），即从零起点对（购买）生活必需品也要征收 17% 的税，以上年为参照：

1994 年可生活消费的实际工资
= 名义工资 × （1 - 物价上升） × （1 - 生活必需品价外增值税）
= 389 × （1 - 21%） × （1 - 17%） = 255（元）

尽管 1994 年工资比上年上涨 28%，但是实际工资比上年下降 26.6%。

同时，1994 年与 1978 年比较，物价上涨到 3.68 倍，则按 1978 年不变价格，1994 年的不变价格实际工资 = 389 × （1 - 17%） ÷ 3.68 = 87.7（元）

2011 年最低工资标准 1160 元，所支付间接所得税率为 17%，纳税额度为 197 元。这相当于月工资 6700 元的个人所得税额。或者，月工资在 2.5 万元，才交纳 17% 的个人所得税。这公平吗？

再者，2011 年北京馒头 2.5 元 500 克，拉面 5 元一碗（2~3 两），鸡蛋 5 元 500 克，鸡肉 7 元 500 克，猪肉 14 元 500 克等，还有蔬菜水果。一人每日仅最低限度的熟食品消费按 20 元计算，就得 600 元。而在成熟国家，熟食品里总有一两样例如面包或汉堡包，非常便宜，也许正是为了接济那些低收入者。正是在这个意义上，兰州拉面涨价，在西北造成及其恶劣的反响。

所得税起征点是"费用扣除"，而最低工资标准就是"必需费用"，按照平等原则，最低工资应当与所得税起征点 3500 元在一个水准上才公平。

保险工资

2010 年，北京市五险一金共计是工资的 48% + 10 元，其中统筹为 31%。

如果商品工资为 1160 元，保险前最低工资标准应当是 2771.9 元。但是小型私营企业还很难达到这个水准。

（1）养老保险

目前北京养老保险缴费比例：单位 21%（全部划入统筹基金），个人 8%（全部划入个人账户）。

（2）医疗保险

医疗保险缴费比例：单位 10%，个人 2% + 10 元（全部划入进个人账户）。

（3）失业保险

失业保险缴费比例：单位1.5%，个人0.2%；

（4）工伤保险

单位每个月为你缴纳0.5%，你自己一分钱也不要缴；工伤保险根据单位被划分的行业范围来确定它的工伤费率，在0.5%~2%之间；

（5）生育保险

单位每个月为你缴纳0.8%，你自己一分钱也不要缴。

（6）住房公积金

公积金缴费比例：根据企业的实际情况，选择住房公积金缴费比例。但原则上最高缴费额不得超过北京市职工平均工资的10%。2010年下半年起，全北京市统一规定所有用人单位按工资的7%办理缴纳住房公积金。单位和个人都是工资的7%（个人交的那部分可以提取）。

（7）交纳保险的上限收入（高于此收入者，按此收入征收）

养老保险，上限为平均工资的3倍，2010年规定，上限为月收入1万元。医疗保险，上限为平均工资的4倍。富人交保额大于穷人，交保率低于穷人，却享受同等的保险。

复习题：

1. 量化先富裕者带动后富裕者，共同创造价值的公平的分配率四个阶梯是什么？

2. 名义工资率、实际工资率如何计算？

第二十三章 制度成本—就业率—工资率—经济水准

第一节 投资——就业——工资率

一、资本生产工具：投资，与就业岗位总量
——机械自动化岗位数量与工资率关系较小

1. 持久资产经济，机械自动化岗位总量，就业数量

机械自动化分工协作生产方式，需要区别先期投资和周转金。预算雇用得起资本做生产工具，才会投资，预算生产什么、为哪一个生态位生产、生产多少、寿命期长短，决定最佳生产规模，然后进行基本建设投资。建设的是什么？是劳动者的操作岗位，就像汽车驾驶岗位一样成刚性，刚性决定一线岗位，决定有多少个萝卜坑，并按比例配套满负荷辅助岗位。多一人，成本上升，工资率或利润率下降；少一人分工协作链断裂，效率下降，成本上升，工资率或利润率下降。雇用人数自然得有安全系数，而不是极值。而周转金垫付易耗材料和预付工资，当今周转金已经不是制约就业岗位的因素。

2. 机械自动化岗位总量＝资本生产工具价值总量÷岗位工具价格×系数

在禁止高利得—合伙债定理范围内，工资率不能改变已经铸成钢铁的岗位数量。劳动供大于求的部分，并不能够通过降低工资率而被吸纳，正如亚当·斯密指出："社会全部产业决不会超过社会资本所能维持的限度。任何个人所能雇用的工人人数必定和他的资本成某种比例，同样地，大社会的一切成员所能继续雇用的工人人数，也一定同那社会的全部资本成某种比例，决不会超过这个比例。任何商业条例都不能使任何社会的产业量的增加超过其资本所能维

持的限度。"①

当技术不变,通过降低资本价格,引诱贷款投资,增加岗位萝卜坑而增加就业机会,就是斯密和凯恩斯的资本价格—就业定理。

经济活动是活生生的人的行为规律,人的行为能力有上下限,人的需求有底限,因此,与人相关的经济曲线必须标定上下限,否则不能避免工资率趋向零、雇用资本生产工具费用无限大。

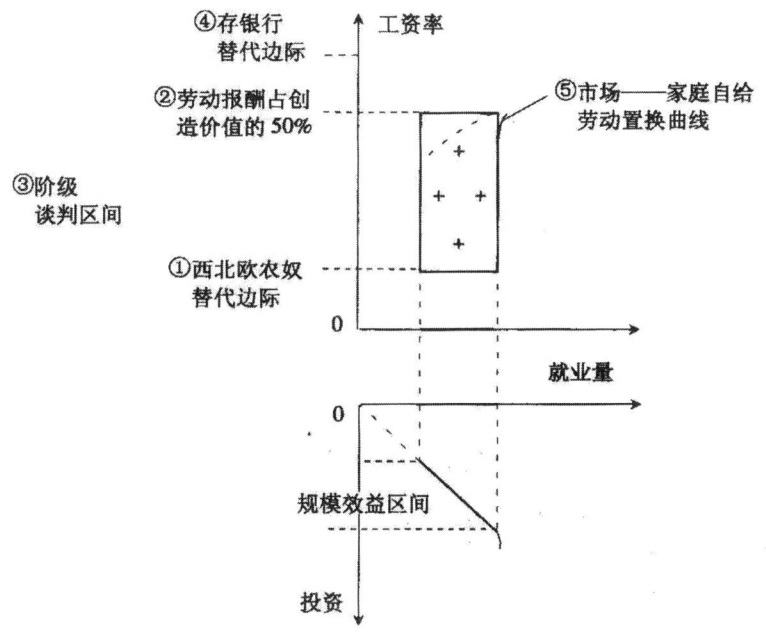

图23-1 机械自动化产业:投资建设生产岗位,刚性萝卜坑就业定理;
小区间工资率上升,置换家庭自给经济、增加就业机会

3. 当投资量不变,劳动供求只影响工资人气,不能增加就业机会

亚当·斯密指出:"劳动工资不受最低生活所需要的数额的支配,而受工作数量及假定价值的支配。"② 就业率影响工资率人气,但是这个定理

---

① 亚当·斯密:《国民财富的性质和原因的研究》下卷,商务印书馆1972年版,第24、25页。

② 亚当·斯密:《国民财富的性质和原因的研究》上卷,商务印书馆1972年版,第67页。

不可逆，即，工资率下降不能增加就业机会。这是由于投资建设萝卜坑不变，劳动市场的供求，仅影响工资率的"人气"，而不能增加就业机会，如果劳动市场总供给不足引起工资率上升，是属于"人气旺盛"；而失业大军引起劳动力价格下降，属于恐慌引起的"要约价格"下降，而反要约信心不足。

只要稍加注意经济周期工资率统计资料，工资率上升要平缓得多，这是由于在总量上，工资率上升是拉锯过程，上升缓慢。而当经济衰退时，劳动力供过于求引起恐慌，工资率下降的斜率要陡峭险峻得多，亚当·斯密早已经观察到，当劳动力供求达成平衡，工资率会急剧下降到最低工资率现象。① 在劳务市场上笼罩着浓重的人气与赌博的气氛。

并且，工资过度降低，会需求不足，缩小消费市场、降低劳动素养，反而就业机会进一步下降，形成恶性循环。正因如此，1933 年美国政府的措施恰恰是倒过来，是采用保护法定最低工资和工作时间，以维持消费市场和就业率；同时采用限制利息率、增收遗产税、政府积极财政投资的方法拉动建造"萝卜坑"就业岗位。而不是如财迷学所谓的降低工资和提高工作时间来满足雇主利润最大化要求吸引他们投资。这就是借资治产与商业主义的市场、就业逻辑的背反规律。

4. 产业市场供求波动引诱劳动力流动

影响劳动力供给曲线的劳动因素有：人口、从业比例、工作时间制度、劳动素养。而产业劳动力供求引起工资率波动，有利于产业之间的人力调动，例如，当工业劳动力供给不足，通过提高工资率，从农业挖劳动力；生产劳动力不足，提高工资而从服务业挖劳动力。深圳把机械维修工的工资提高到月 8000 元，吸引技术工人流向深圳，尽管全国技术工人总量并不因此立竿见影增加，但是可以引诱培养这方面人才。如果总量劳动力不足，只有吸引外国劳力和延长退休时间。随着生活水平提高，青年人的成熟期提前，欧洲已经将适合工作年龄提前到 15 岁。中国九年义务教育完成时，也是 15 岁，而与中国 16 岁法定允许工作年龄之间有一年空挡，是一个余地。

5. 资本适度置换微观工种，资本不能降低生产劳动占从业人数一半的均衡尺度

---

① 亚当·斯密：《国民财富的性质和原因的研究》上卷，商务印书馆 1972 年版，第 241 页。萨缪尔森：《经济学》上册，商务印书馆 1979 年版，第 353 页第 14-1 图。

微观岗位特征。例如美国强化自动化和规程,使用呈现均质的、稍加培训就可以在不同岗位上工作的熟练劳动,不鼓励专业化。这时个别劳动差别一般不能引起岗位个数的变动,在小口径范围内,岗位数量与工资率无关。

资本对某些具体的劳动的替代性。资本生产工具提高生产效率,市场饱和,那么这个工种的劳动需求量将减少,例如美国在20世纪初农民占70%,至90年代,农业占GDP的2%,农民占20%,还能大量出口(有100~715倍的补贴)。

资本不能替代宏观社会对半分下限比率。随着生产力提高,人们的需求也在提高,随着需求市场的扩展,新经济增长点、新的工作"岗位"产生,社会总量的"生产劳动"岗位对从业人口比,由自给经济农业人口占90%为起点开始递减,但是并没有无限递减。生产劳动比例受到合伙债均衡定理的制约,当趋向生产劳动与服务劳动人数对等,工资率接近,则社会比较稳定。因此,至少在人类"生存斗争"阶段,"机械自动化"不会减少生产劳动人数占对半分比例,虚拟经济时代没有到来。

二、手工劳动密集产业:资本总量
——低工资率,决定就业岗位数量

手工业,最低工资率决定就业数量,例如擦玻璃工种,如果工资降低50%,雇人擦玻璃比自己擦划算,就会有更多的人愿意让别人来擦,则提供多个就业机会。但是有替代边际,工资率下限:如果擦玻璃收入不能养家糊口,就退回农村自给经济;擦玻璃工资率上限:如果收费太高,就自己擦玻璃,这一工种将湮灭。

支垫工资总量——最低工资率决定就业率,例如16世纪英国尼绒商的投资,50%支付劳动工资,在失业大军劳务市场时代,工资率被压到最低点,则投资决定分工协作岗位数量:

手工劳动密集招募的最大工人数量=投资支垫工资总量÷最低工资率

借资治产和手工业密集产业"投资—就业—经济水准"公式相同,但是"投资——就业"的内含有所不同。

第二节　适度提高工资，家庭劳动置换为市场劳动

1. 恩格尔系数阶梯，与家庭劳动置换为市场劳动

生产共同体市场经济，走的是专利产品适度通货膨胀（平均总膨胀率约3%~5%以内），引诱新产品新经济增长点、高价格、高工资、高消费，从品种和市场两个方面拓展消费市场。即，适度高工资可以置换家庭自给经济，刺激分工协作市场经济向深度、广度发展。

用恩格尔尺度衡量消费市场及其家庭劳动置换为市场劳动。当恩格尔系数在0.9以上，需要种一点自留地补贴食品，而穿用的东西大部分需要家庭自己制作，例如，19世纪中叶的英国工人，不得不租小块土地种马铃薯、养家畜以补充家用；苏联人少地多，鼓励市民周末在别墅种蔬菜以补不足至今有效；中国大、小三线曾经试行轮换工制度，也有把工资摊进自给农业成本中的特征。当恩格尔系数为0.7以上，家庭主妇和子女的衣物需要自己缝制。当恩格尔系数在0.5以下，则基本做到衣物由市场供给。当恩格尔系数到达0.4以下，可以存钱购买家用电器，当恩格尔系数达到0.3以下，可以筹划分期付款购房、购车。

2. 工资、就业、物价，拓展市场

消费市场的规模一是由进市场消费的人数决定，二是由消费水准决定。成熟国家经验，工资总额占创造价值的50%左右，就业率就会逐渐达到在95%上下。如韩国1971~1992年经济腾飞期间，工资总额占GNP由34%上升到47.8%，农业人口由70%下降到12%，失业率只有2%，产业结构优化，出口高附加值产品由15%上升到60%。即，资本生产工具大众化、适度提高劳动者的地位和收入的分配率变革在先，生产率提高随后。

反之，美国20世纪20年代后期大萧条，正是由于一方面股市估值过高，实质经济的投资率下降，就业机会减少；另一方面工作时间延长，就业机会下降；再一方面工资率下降，购买力萎缩，综合后果是生产过剩，经济萧条，失业率高达25%，3500万人失业。故1933年法案，特别规定不得延长工作时间和不得突破最低工资率，而不是要求降低工资来增加就业机会。而致穷国家低工资在前，消费市场萎缩，食税阶层无制约，反而一直没有实现高生产力。

而低工资制导致消费市场萎缩。当劳动与工具相分离，劳动者必须进市场购买消费品，消费水准由个人和家庭的消费能力决定。如果工资总额仅占创造价值的20%～30%，则劳动大众的收入消费水准低下，如果食品占家庭消费的40%以上，则没有能力购房、购车、买高档家电，则此类市场反而受到生产劳动者购买力限制，市场无力拓展，就业量受到限制。

在封闭的分工协作市场上，工资率在均衡尺度内下降，不能增加就业机会，反而因为需求不足市场萎缩，就业机会减少。相反的情况，如果工资总额所占份额过高，则有可能生产费用不足而缩小生产规模或停产。

第三节 合伙分配法：劳动阶级地位与工资率

1. 阶级谈判区间

当劳动与工具相分离、市场与自给农业相分离，工资率在价格框架中成刚性要素，在劳动与制度成本之间划了一条线，最困难企业也可以做到劳动与制度成本的预分配互不侵犯。

企业主欲望利润无穷最大化，希望雇员的工资越低越好。但是劳动者可以承受的工资率有下限。而雇员希望工资越高越好，欲望工资无穷最大化，但是，企业主能够承受的工资率有上限，劳动报酬一般不能超过新增价值的50%，否则，利润率有可能下降到银行利息率以下，企业主就不愿意投资经营企业而存银行，是禁止高利贷法决定财主能够承受的上限。

例如，20世纪后期，首都钢铁公司用上亿美元在巴西购买一大型铁矿山的开采权。初期，巴西工会要求劳动报酬必须占销售收入的50%，造成连年亏损几乎停产，之后，中方经过三年艰苦谈判，工会终于同意把劳动报酬控制在增加值的50%左右，并采用减员增效的方式提高工资率，前后经历了8年艰苦努力，终于实现盈利。

按照凯恩斯的理想，资本价格是一历史过渡时期现象，随着生产力的提高，资本价格趋向零，有可能实现禁止高利得—合伙债定理劳动报酬占价值的2/3水准[①]。

---

① 参见杨河清主编：《劳动经济学》，中国人民大学出版社2002年版，第203页。

由以上可见：恢复体力养家糊口所需，是工资率大口径的下限；劳动报酬不得超过创造价值的50％，是工资率的大口径上限，是阶级谈判区间，超过上下限，借资治产经济崩溃、湮灭。

需要注意的是，雇主为了避税也认同劳动报酬所占份额提高，但是他们用无限提高领导层工资的方法，降低劳动者的实际收入。

2. 区间内，阶级地位决定工资率

经济成熟国家法定最低工资率和法定资本价格这一事实说明，当劳资双方谁也说服不了谁，是由社会公正决定分配率最后的界限，在法律的范围内约定工资率，合同成功率高，交易时间成本低。

同时，前面已经介绍，机械自动化就业岗位在小口径范围内与工资率无关，这样工资率的调整不会引起劳动阶级内部就业矛盾。在共同市场上，工资率与中介费用成逆向关系。

阶级之间必须建立等价交换秩序。"在自由竞争制度下，商品大抵是按能给各生产阶级提供相等利益的价值和价格而相互交换和出售的；而这只有在商品按各自的成本相互交换时才是可能的。"亚当·斯密指出，货币工资和货币利润之间存在某种比例关系，"这种比例部分取决于各种用途的性质，部分取决于所在社会不同法律和政策。""社会需要、或规定需要原则的东西，本质上，是由不同各阶级的相互关系并由他们各自的经济地位来规定的。所以，特别地说，在这里首先是由总剩余价值对工资的比例，其次是由剩余价值所分成的不同各部分（利润、利息、地租、赋税等等）的比例来规定。"①

> 亚当·斯密指出，货币工资和货币利润之间存在某种比例关系，"这种比例部分取决于各种用途的性质，部分取决于所在社会不同法律和政策。"
>
> 工资总额对剩余价值的比例，是按照谁也说服不了谁，最佳方案按均衡对半分直至剩余价值占1/3；普通剩余率用于支付制度成本；制度成本五要素是按照禁止高利贷法四个阶梯普适的尺度进行分配；社会有效需求由工资率和工资总额决定，即阶级地位决定。

---

① 亚当·斯密：《国民财富的性质和原因的研究》上卷，商务印书馆1972年版，第58页。

3. 集体议价

榜样的力量是巨大的，例如，尽管成熟国家参加工会的人数也许只有1/3，但是没有加入工会的劳动者与雇主谈判时会以工会会员的劳动工资率做参照，因此，集体议价的社会榜样作用不容忽视，从成熟国家集体议价时工会和雇主各自的理由，我们依然可以发现"禁止高利贷法"的尺度作用。

（一）集体协议中工会要求工资率上升的理由[①]：

（1）"生活费用上升要求工资率同步上升"，不能增加实际收入，只是货币供求变化引起货币工资率价格变化。

（2）"公司利润率上升要求工资率上升"，属于企业差别超额利润再分配，例如改良企业管理减少费用，改进设备提高生产率。

（3）劳动生产率上升，例如工会承诺会员雇佣道德和技术水准，降低了企业的管理培训成本，则在双赢范围内工会有权要求把节约的部分用于提高工资率。

（4）攀比其他企业工资水准。

（5）劳方强调提高工资率提高工作效率和提高购买力繁荣市场。

（6）全国性关键性协议，其他企业效仿。

（7）经济成熟国家劳资双方已经习惯于货币工资稳定增长，政府规定工资和价格指标，仲裁委员会做最终裁决。

（二）雇主要求降低工资率的理由：

（1）"物价下滑引起的生活费用下降"，不降低实际收入，只是货币供求变化，不同意提高工资率。

（2）公司利润率下降，共渡难关，要求适度降低工资，企业恢复后再恢复工资率。

（3）劳动生产率下降。

（4）攀比其他企业工资水准。

（5）当劳方强调提高工资率提高工作效率和提高购买力繁荣市场，资方以不得超过成本为限度。

[①] [美]萨缪尔森：《经济学》中册，商务印书馆1981年版，第295～304页。

4. 经济成熟国家工资率与生产率同步增长

禁止高利得，多劳多得。例如，萨缪尔森关于发达国家"经济发展的六个基本趋向"的第 2、3 条涉及工资收入规律①：

"趋向 2. 实际工资率具有强烈的上升趋向。"

"趋向 3. 根据所谓鲍利规律，在长期中，工资和薪金相对于财产总收入的份额基本上保持不变（但是，劳动的份额也许稍稍有所上升）。"这是西北欧合伙债定理的表征，劳动收入趋向创造价值的 50%～67%，私人收入与社会分配趋向对半分享规律没有变。

而认为既然工资率上升，就一定是劳动力供给不足，或者以为是雇主竞争雇佣劳动力而提高了劳动者收入，恰恰是因果倒置，不能解释为什么高利得国家劳动者的收入反而低，也不能解释为什么房地产越火暴欠农民工工资越严重。

5. 刚性货币工资规律，用适度通货弹性应对

遇到需要降低工资成本的情况，可以选择降低工资、减员和货币通涨三种方法。

裁员会增加失业增加财政负担，政府不支持这种消极措施。

由于人类的生存边际效应和希望棘轮效应，货币工资率有刚性特征，降低名义工资会遭遇强大抵制，这是一个大众性的自卫规律，强迫降低工资，风险太大，引起社会不稳定。

但是人们对货币贬值引起的实际工资率下降的反抗要迟钝一些。增加就业的方法，降低利率，引诱投资需求；另一个方法是适度增加货币投放（相当于货币名义利率不变，货币量增加，货币贬值，实际利率下降，实际工资率下降），可以增加有效需求和刺激提高物价、刺激消费市场，增加就业机会。适度通货膨胀，例如在 3%～5% 的通货膨胀率，既可以降低实际成本，也可以发出宜于投资的信号，吸引投资，例如日本保持通涨率在 5% 左右。

任何方法都不是万能的，凯恩斯的国债投资和通货膨胀方法，实际是把未来借给现在，制造现在繁荣，引起财政赤字越来越大而失效，例如 20 世纪 70

---

① ［美］萨缪尔森：《经济学》下册，商务印书馆 1982 年版，第 143 页。

年代以来所发生的经济滞涨。经济方法依然不能超越凯恩斯的另一条定理：供给价格公式。

刚性工资也不是绝对的，例如日本、韩国、香港地区出现经济危机时期，工会企业人最终同意降低工资以保住饭碗。

第四节 借资治产与工会

当劳动与工具相分离，资本集合起来雇佣工人，劳动为什么不可以集合起来计算雇用资本工具的费用？人类前5000年，劳动者以个体私有长期处于"沉默的羔羊"状态，是现代大机器工业把劳动者集合起来，工会是大生产的产物。

借资治产生产方式，单纯的劳动者如果失业，将一无所有，引起社会不稳定，通过斗争，建立起劳动者保险制度。工会成为劳动者阶层利益的代表，扮演劳动总量的角色，在决定劳动者阶级地位、工资率、就业率、技术素质、职业道德素质、文明生产、就业先支付工资、失业损失补偿和救济、社会福利等方面发挥作用，这是企业主雇佣的管理人员所不能替代的。

例如，韩国是一个劳动纠纷频繁、罢工频繁的国家，1975～1992年经济腾飞期间发生劳资纠纷一万多起，其中：要求增加工资和按期支付工资占62％，要求改善工作条件占9.3％。并且劳资纠纷与经济腾飞同步增长。1991年以来，经济进入稳步增长阶段，纠纷率也同步下降。这说明，韩国的劳动阶级所提出要求与经济可以同步，并没有提出达不到的要求。因此，仅有法律还不行，还得有拥护和坚决执行法律的群体，这就是工会，工会促进了韩国的借资治产发展。

1985～1995年间，成熟国家制造业的人数保持稳定。例如，这期间美国制造业每年仅减少0.3％，产联和劳联要求保护国家命脉产业、保持就业率，起到了自己的作用。如果按照"利润最大化"准则，美国只需保留军火工业、猎头公司、印钞公司、股市，就大大地发了，美国政府会关心仅有16万人的钢铁业濒临破产的问题吗？美国钢铁业也面临转轨，正因为有工会力争，并没有采用自由市场自由大量失业的方法。当然，工会斗争也存在一个尺度问题，工资总额不得超过创造价值的 50%~67%，否则就会就业率下降，这也就是庇古"工会工资率"谈判区间的尺度。

工会会员的道德、技术质量，会员工资

治产劳动就是生产力。工会集体议价保护劳动者的合法理收入，有利于从物质上保障提高劳动素养；工会组织有自己的文化道德修养，在达成协议的情况下，工会承诺保证会员不偷懒怠工的义务；工会组织职业培训，可以为社会输送专业技术队伍；工会关心会员的家庭生活状况，帮助寻找工作，给予人文关怀和物质帮助，减小失业对社会的压力。因此，会员工资率比非会员高，是以集体承诺工作道德品质和发展技术队伍为代价。企业主也愿意与工会集体对话，而免去企业主面对每一个员工的监管费用。因此，成熟国家的外资企业主动要求建立工会。企业主也许不喜欢工会竞争，但是客观上资本主义进步发展却受到"工会与资本竞争"的推动和道德净化。

表23-1 韩国劳动纠纷协调与工资率、劳动生产力提高

年份	纠纷总数	迟付工资	增资要求	倒闭或少开工	解雇	非法雇工	改善工作条件	其它	工资年递增	劳动生产力年递增
1975	133	32	42	7	10	19	4	19		
1976	110	37	31	8	3	8	46	19	19.0	
1977	96	30	36	4	4	6	2	14		
1978	102	29	45	3	1	2	-	22		
1979	105	36	31	5	6	3	-	24		
1980	407	287	38	11	5	-	14	52		
1981	186	69	38	11	9	4	32	23	27.3	
1982	88	26	7	4	2	-	21	28		
1983	98	35	8	9	6	-	19	21		
1984	113	39	29	2	5	7	14	17		
1985	265	61	84	12	22	12	41	27		

(续表)

年份	纠纷总数	迟付工资	增资要求	倒闭或少开工	解雇	非法雇工	改善工作条件	其它	工资年递增	劳动生产力年递增
1986	276	48	75	11	34	16	48	44	10.1	
1987	3749	45	2629	11	51	65	566	382		
1988	1873	59	946	20	110	59	136	543		-1.9
1989	1616	59	742	30	81	10	21	673		9.8
1990	322	10	167	6	18	-	2	119		15.7
1991	234	5	132	-	7	-	2	88	17	16.3
1992	235	27	134	-	4	-	-	70		
计	10008	934	5214	154	378	211	926	2185		
比率	100	9.4	52.	1.5	3.8	2.1	9.3	21.9	均18	

资料来源：《韩国的经济发展》第112页，《KLJ 劳动统计》。

第五节 工资率水准，就业与休闲替代

1. 工作时间和强度

微观上，个人能够承受的"劳动强度——时间"能力有限，提高工资率对提高生产效率的刺激作用有限。在正常情况下，把工资提高到多少，都不可能把某人的劳动效率"长期"提高3倍以上。并且计件工资提高当期效率以降低劳动者的工作寿命和生理寿命为代价，例如英国百年工业革命提高劳动量效率，以九代劳工短命为代价，18～19世纪英国工业区平均寿命只有25岁，按从15岁开始上工，劳动寿命只有10年。

恩格尔系数在0.5左右，工资率上升与劳动生产力成正比例，参见图23-2之h0到h1；恩格尔系数在0.3左右，工资率上升，劳动生产力上升开始趋缓，参见图23-2之h1到h2。恩格尔系数在0.2左右，选择休闲，劳动生产力下降。

2. 食品价格、就业率、休闲替代劳动

当劳动与工具相分离，市场与领主庄园农业相分离，农产品价格变动时，将直接影响生产劳动者相对收入。

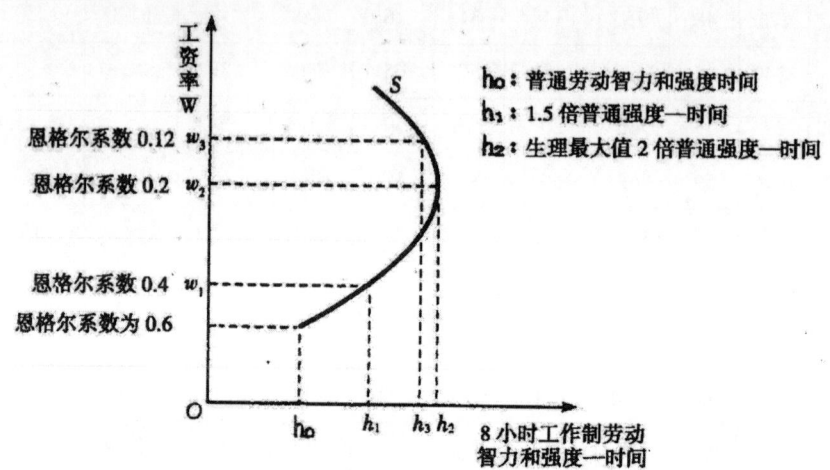

图 23－2　工资率—恩格尔系数，和个人劳动力供应曲线的上下限

资料来源：参见萨缪尔森《经济学》中册，第281页，上下限是本书所加。

在市场经济中，可以通过价格转移税赋。例如，如果对农产品征税，引起农产品价格上升，实际是劳动工资在支付农业税。如果地租上升导致农产品价格上升，超额地租实际落在工业劳动者身上。

食品价格与就业率。当食品价格上升，小业主生产费用上升，不得不消费掉仅有的资本沦为雇工，劳务市场人数反而增加，就业压力反而上升，工资率加速下降到最低点，购买力需求下降，生产反而萎缩，恶性循环。当食品价格下降，粮食生产者干脆多雇工人转产他业，劳动需求反而上升。

劳动与休闲。劳动既是人类的一种生存方式，也是劳动者为了享受休闲付出的代价。恩格尔系数指食品消费占家庭收入的比例，通常认为，恩格尔系数低于0.5为温饱型经济，小于0.3是富裕经济。对照表23—2统计数字，不难发现，当家庭消费恩格尔系数为0.2以下时，就会出现有休闲替代劳动的选择倾向，富裕国家的中产阶级确实存在"劳动付出＝换回休闲"这一选择。如果个人的收入和民族习俗达到用收入的10%～20%可以摆平饮食，则有4倍的生存保险系数，当然可以在劳动还是休闲之间选择。

但是,"劳动付出=换回休闲"的必要条件是,劳务市场均衡,不存在失业之忧,恩格尔系数在0.3以下,等等,因此,"劳动=换回休闲"不是普适定理。

生态位市场及其工资率

当存在贫富差别,相对称地出现生态位市场时,其价格会受富人的消费能力的影响,例如精品店在时尚和服务水平上下工夫,及其相对称的生态位工资率,要高于大众市场。例如,北京房地产、汽车市场火暴,所指是富人市场,全国的富人都到北京来斗富烧钱。北京消费水准名列世界第五,但是中国人均收入名列世界倒数。走出北京100公里,特别是普通农民的消费市场水准依然比较低。

表23-2　1990年家庭消费恩格尔系数——休闲替代劳动的关系

国家	人均收入（美元）	恩格尔系数（%）	选择休闲		选择劳动	
			收入因素	习俗因素	收入因素	习俗因素
英国	16100	12	ˇ	ˇ		
美国	21790	13	ˇ			
日本	25430	16	ˇ			ˇ
瑞士	32680	17	ˇ	ˇ		
新加坡	11160	19	ˇ			ˇ
希腊	5990	30		ˇ	ˇ	
韩国	5400	35			ˇ	ˇ
巴西	2680	35		ˇ	ˇ	
秘鲁	1160	35			ˇ	ˇ
印度尼西亚	570	48			ˇ	ˇ
中国	370	61			ˇ	ˇ
坦桑尼亚	110	64			ˇ	ˇ

资料来源:黄亚钧、郁义鸿主编《微观经济学》,高等教育出版社2000年版,第44、45页。

4. 自愿失业与非自愿失业

由于信息不对称,人们选择自己喜欢的工作与劳动需求会有一个时间差而导致失业，以及摩擦引起失业率，因此，恰好100%就业很困难。这一部分人滞留失业状态，与萝卜坑数量关系不大，有时越是劳动力供给不足，越是挑肥拣瘦，例如有的福利国家大量缺少劳动力的同时，失业率高达12%。

另外，如果社会保障是最低工资的40%~60%，则三口之家，失业救济收入、低收入者就钻空子选择失业，制度不对称引起就业率下降。

如果生产劳动最低工资率低于服务业，特别是食税阶层食利阶层及其引诱，人们就选择服务业，则生产财富萎缩，生产劳动消费市场萎缩，生产劳动需要的服务劳动萎缩，3倍拉动就业率下降，非自愿失业。

第六节　制度成本——工资率——就业率—经济水准

制度成本与就业的逆向关系，把各章阐述过的内容归纳如下：

（1）工资率。

a．美国1975~1996年工资总额占工业增加价值由51.3%，增加到52.8%，就业率95%。

b．韩国在1971~1992年经济腾飞期间，工资总额占GNP由34.7%上升到47.8%，就业率98%。

印度地租依然停滞在50%，商业高利得利润率与之攀比，也可以得到与中国接近的统计指数，农业人口占70%。

以上说明，工资总量所占份额越低下，就业率反而低下，经济水准反而低下。

（2）利息与就业的关系，大无缝钢管厂的例子。天津大无缝钢管厂投资134亿元，以每个岗位9万元计，如果全部用于建设岗位可以有1.5万个岗位，而实际情况是，贷款134亿元当中，40%交了利息和生产型增值税，导致岗位减少了40%。

（3）税赋与就业的关系，生产型增值税的例子。1994年中国同时实行最低工资制和生产型增值税，1995年开始，正规企业大面积亏损和下岗。有些专家认为是由于最低工资制引起工资率上升，就业率下降，这是不准确的。是生产型增值税"直接对生活资料和生产资料收税"，税食5万亿元资本生产工具，造成5000万正规企业职工失去工具下岗，特别是集中于正规深加工工业有76%的职工下岗。生活必需品价外税引起工资率实际下降17%，吃掉了生产劳动者 1.5 万亿元生活费，引起大众消费市场萎缩。

工资率下降，那么家庭劳动置换率肯定低下，大众消费市场水准低、消费萎缩，就业市场反而萎缩。

复习题：

在哪个小区间，适度提高工资，对效率有二次激励机制？依次提高或拓展的有哪些环节？

第五篇　宏观经济结构

第二十四章　借资治产经济、工具自给经济、服务经济、失业–再就业经济

第一节　"资本生产工具"划分经济类型

1. 资本生产工具是现代经济与古代经济的分水岭

当今，借资治产经济、手工劳动密集工具自给经济、服务经济、失业——再就业经济共存。

（1）借资治产经济。"20年期分期付款，购置生产装备有利"经营模式，以20年期为技术革新周期。凯恩斯定名为"持久资产经济"。本书传承中国文化，例如王莽变法"贷财以治产业者"，定名为"借资治产"经济。

（2）工具自给经济。借资治产经济对称的是工具自给经济。例如当资本自私自利最大化，生产者不参与利润分配，就买不起先进工具、借不起钱改良生产，就手工劳动密集工具自给古代经济。

（3）服务经济。法国经济学教授达尼埃尔·科昂认为，20世纪20~90年代，欧美的制造业占据了一个稳定比例，例如，无论法国或美国，物品生产占据就业的40%。在1920~1990年，变化了的是传统农业和社会服务业各自的比例。随着农业工业化生产率提高，农业人口转向工业和社会服务业。[①]

当然，随着"生活必需品"内容和来源的变化，生产业和消费服务业领域的划分也在变化，18世纪重农时代，手工业被划在消费服务业范围。西蒙·库兹涅茨和达尼埃尔把运输、仓储、信息业划分在"生产业"范畴（中国最新版本教科书划分与之基本一致）。而美国将运输、仓储、信息产业划在服务业内。2008年，高盛为了算计出美国已经复苏的"结果"，食品和能源竟然

---

① 参见法国达尼埃尔·科昂：《以人为本的时代》，载《参考消息》2000年1月22日。

不算"物价指数",这样一来,服务业就要上90%,是美国信用的堕落。

(4) 失业救济——再就业工程。

当自由劳动与工具相分离,由于信息不对称,或产业革新经济调整,总有一部分劳动会被甩出,需要再培训,都必然引起失业群体现象。失业大军问题,在欧洲是一个历史现象,奴隶解放以来,总有一个以逃亡农奴为主体的失业大军存在,绞杀、收容、流放、增加就业机会、济贫,这些都不能完全解决这个层出不穷的问题。至今,发达国家失业率在5%~12%之间徘徊,是一个不容忽视的经济现象。

如果以资本生产工具为尺度,不难发现宏观经济结构与制度成本的因果关系。在发达国家,古代工农业工具自给经济已经基本消亡(还有家庭劳动存在),制度成本的小口径尺度,决定"借资治产经济—服务经济—失业经济"。而在后发展国家,制度成本接近发达国家的2倍。制度成本大口径尺度,决定"工具自给经济—借资治产经济—服务经济—失业经济"四种经济比例结构及其综合经济水准。

2. 产业结构不能以美国为样板

由于各国历史、地理、人口状况不同,因此产业结构应当有所不同。但是,依然可以有规律可以遵循,在后面将介绍,在产业和服务业之间,趋向对半分时,经济均衡,社会发展,有成熟国家上世纪20~90年代的70年的历史经验数字为证;为了保障国家供给的安全性,各国对不可替代产品,都会特别加以保护,例如成熟国家都采用补贴的方式保留农业;第三世界,为了与老牌资本主义竞争,必须保留一定比例的国有经济,特别扶持重化工业。

然而,由于艳羡西方表面的富裕和奢华,在产业结构的设置的理解上,有误区。例如,将经济转型机械地套用为:将一产转二产、二产转三产。美国划分法,所谓一产,指农业、矿业;二产,指制造业建筑业;三产,指金融、信息、运输仓储、娱乐、家政等。

1973年布雷顿森林会议解体以来,美国利用美元是国际结算货币优势,每年贬值1倍,榨取准租金,引发经济滞涨,实质经济空壳化。当今美国产业结构:一产比重占5%~10%;二产比重占20%(其中制造业为12%);三产比重占70%~75%;失业率9%~10%。40年过去,这种金融主义产业转型,并没有提高经济增长率和竞争力,经济反而一路下滑,危机一个接着一个。因此,不是

"高级且先进",不是样板。①

而中国2010年产业结构:一产占GDP约10%,约占从业人数的45%(农业工具自给经济);第二产业占GDP的46.8%,约占从业人数的25%(相当一部分手工密集产业);三产占GDP的43%,约占从业人数的30%,金融业有高利贷之嫌。但是,就有人以美国为榜样,主张中国三产应达到70%,建筑业(主要是房地产)应达到占70%。显然,剩下的占人口9%的从业人员人养活不了一个13亿人口的大国,靠进口更养活不了。这种不负责任的理论如果付诸实施,后果将是大国经济失去自给自足均衡,引发社会混乱。

综合以上,成熟国家只有两种产业:持久资产经济、服务经济,只要发生不均衡,整个社会就会在实质经济与服务业之间来回震荡,而那些被甩出来的人,只有失业一条道路,要政府埋单,不稳定、不安全。其它土地私有制国家,卖掉土地的农民不可能再回农村,沦落为城市贫民窟的永久市民,社会不安定。

而中国的优越性正在于农民工在农村有一块土地,退回农村后,土地可以还给他,因此进退有序。

第二节 借资治产经济,与经济周期

一、发展母机制造业,重化工农业

母机,技术装备的物质表征

工业革命以蒸汽机作为"借资治产"的资本物质表征。借资治产经济的标志,是雇用知识产权和资本转化为技术装备生产力,特别是装备制造业。所谓"高技术产业"是指能够生产高技术产品的"高技术装备",例如美国,以生产飞机、汽车、集成电路的制造设备及其产品为主;德国,以生产运输机械的技术装备及其产品为主;瑞典以生产工程机械装备及其产品为主,等等。通过母机制造,实现高技术消费产品大众化,被叫做"商品民主化",例如农民也买得起的汽车、农业工业化、快餐食品、大众服装、个人电脑、生物药品

---

① 何自力《产业结构不能以西方为样板》,环球时报,2011年9月14日。

等，不仅占领20%富人市场，也努力占领占人口80%的大众市场。

尽管西方国家实行企业自由经济、劳动自由职业，但是，政府的财政政策引诱本国以高科技改造传统工业，向高附加值的制造业转移。在信息时代，发达国家并没有砍杀借资治产生产能力，而是提高借资治产经济的信息技术含量。

所谓产业转移，是把产品生产转移到劳动力便宜的国家，而"装备"的关键技术依然由母国垄断。"头脑国家"，其头脑是"技术装备"，是技术转化为装备生产力，而不是单纯的"技术"。

发达国家，甚至包括韩国，装备制造业都占有重要地位。随着高科技泡沫的破灭，美国财富已经承认高科技必须与传统工业相结合才有长足发展。而单纯的高科技或服务业还不是生产力本身，只是要素。

有些人以为只要加入WTO，就能买到一流高新技术，发达国家从来不这样想，他们从来自己花大力气研究最新技术，自己最先使用专利权，因此能够保持领先、保持发达。

二、产业结构，与就业

产业结构有多种形式，例如，第一、二、三产业结构；农业、能源交通、科学技术文化结构；大、中、小型企业搭配结构，出口与内需结构等。中国作为一个人口大国的产业结构重点是基本品自给自足和保障充分就业，这是中国产业结构的要件。

（1）发展重化工业、装备工业，是基于技术的考虑和长期考虑。例如，韩国注意向德国、日本学习，韩国工业化由1962年的23%上升到1992年的44.4%。如果仅仅为了眼前高额利润，就只发展第三产业。

（2）占领和覆盖市场，国家导向发展支柱品牌产业。韩国最大三家企业的名牌产品覆盖市场率，生产达到80%，销售达到60%。

（3）扩大出口和提高出口产品附加值。韩国重化工业出口由1971年的14.2%上升到1992年的60.4%。台湾地区也由1971年的23.8%上升到1992年的54.8%。

（4）增加就业机会，扶持中小企业。增加就业机会就是减少失业对财政的压力。

发达国家，在中小企业就业的占60%~70%，而对GDP的贡献占40%~

60%。韩国中小企业占制造业人口的60%，产出财富占GDP的44%。日本、中国台湾地区中小企业对GDP的贡献要小于大型企业，但是，解决了60%~70%的就业人口。

（5）保护生态平衡，对农业采用额外补贴政策。如果以利润、财政为原则，美国、日本、法国、英国完全可以不必生产农产品。

（6）科学技术为产业服务，培育人才也是产业结构。科学技术发展是以10~20年为尺度的长期过程。日本对科技的投资已经超过了美国。

以上这些调整的大前提是，只有禁止高利得四个阶梯普适，借资治产经济才能维持，就业率上升，国家财富才能持续增长。

产业结构调整以10~20年为一个周期

当资本是生产工具，产业结构调整以20年租金售卖为一个大周期。根据经验，一个已经完成小试的科技项目，如果资金到位，小试到中试的转化，至少也需要3年时间，建设或调整生产线到生产出新产品，大致需要3~5年，开拓市场到火暴市场，大致得3~5年。产品结构调整，应当以10~15年做计算单位。仿制的周期稍微短一些，比如家用电器和摩托车生产市场的开拓，大致在5~7年。

有资料显示，如果在5年内能收回50%的开发投资，就是好项目。如果科技开发拨改贷，要求院校、研究所、企业在1~3年内还本付息，至少背离科学周期2~3倍以上时间。

产业结构调整时间要以10~20年计算，例如日本产业结构10年一换：上世纪50年代以煤炭和水泥为主体；60年代改为纺织业；70年代钢铁业一枝独秀；80年代家电走向世界；90年代到新千年，遭遇失落的20年。当今，淡定将白色家电产业逐渐卖给中国，而重点研发"节电和智能"统一技术。

三、经济周期，与经济危机

1. 无限债务资本主义，与殖民主义伴生

资本生产工具的借债方向是把未来借给现在，表现为过度消费，生产过剩，被债务所驱使，向全世界各个角落的扩张冲动，从它出生的那天起，就与殖民主义相伴出生，如影随行。不可持久性、不可循环性，这决定了资本主义在解决了温饱问题以后，直接进入无限贪婪欲望，过度消费市场。受到宗教公平文化的约束，资本主义意识形态有一定的自我矫正机制。但是依然不能避免一次次经济危机。

2. 资本价格——投资引诱（还本积累率），与经济周期

利润率分为资本价格和债务权还本积累率，存在长期、中期和短期三种情况，影响价格波动和经济周期波动。

（1）长期，20年租金售卖周期率。成熟国家经济大周期大约等于20年左右，相当于长期投资贷款20年租金售卖的一个周期，即投资新的经济增长点或新市场的萌生、扩张、平衡、衰减过程。

长期利润率有2倍利息率习俗，还本积累率与利息率趋同。

（2）中期：普通利润率变化不大，"利率+还本积累率"类等和关系。

资本稀缺价格，与资本债务责任互相消长的过程，构成工商业循环过程的最基本的驱动力。中期物价比较稳定，普通利润率维持不变，则如果利息率上升，还本积累率下降，预期资本还本积累率小于利息率，就减少投资。

例如，20世纪80年代以前，经济转型国家产业结构调整为10～20年；在中短期内，经济的中周期大约是7～8年；调整生产能力需要3～5年；消化过剩库存需要1～3年。

所不同，20世纪80年代，美、英两国利用"高利贷——汇率"套餐躲过经济危机，90年代，货币发行国利用炒作高科技股套取"准租金"躲避经济危机，经济周期延长。

例如，美国在1981～1990年间，高息揽储-操纵汇率-高科技托市套利，里外里赚取了2000亿美元；2000年股市缩水一半，美国赚取9000亿美元；2007年以来，美国次贷引发的金融危机，实质经济空壳化导致失业率上升至9%～10%，财政赤字累计14.3万亿美元，黑心债券究竟卖了多少给欧洲，究竟转嫁了多少债务给欧洲？石油价格波动让美国赚了多少？并没有看到美国降低工资的报道。而"欧猪五国"已经降低工资和福利20%。

随着中国大量廉价商品供应全世界，也延缓了第一世界的危机周期。

（3）短期：供求关系。

当货币供过于求，所有的商品的标价均上升，普通利润率不变，投资引诱不变，国家宏观调整大至需要1～3年。

设上升为↑，下降为↓：

当某商品供给不足，物价↑，利润↑，引诱投资↑，某商品供应↑，供过于求，利润率↓，引诱投资↓。大至1～3年。

(4) 资本边际效率崩溃,劳动者大量失业。

当资本还本积累率为 0,持久经济崩溃。中介有嫌贫爱富本性,肮脏链式效应,不会自动降低中介租费,必须采取法律手段控制资本的价格利息率、资本利润率(租)回归法制。① 采取政府行为,降低利息率,举债投资,开辟新的经济增长点,是渡过经济危机的积极办法;调整生产劳动消费收入分配率是消极办法;紧缩银根,缩小生产规模,是给已经萧条的经济雪上加霜。②

(5) 霸主重商主义双重标准往往用对外战争或政治摩擦来寻找新市场,因此经济周期表面又与制造世界政治危机成某种关系。③ 例如近 100 年来,美国在国外参与和直接发动了 20 余次战争,4~5 年一小仗,8~10 年一大仗,每个总统至少发动一场战争。美国采用军民结合开发技术,每一次战争又相当于一次新产品的研制与广告宣传,例如卫星定位器、卫星通讯系统、网络系统控制。并且,战争总是围绕争夺石油等展开。战争周期与经济周期往往重叠。

第三节 产业与服务业对半分规律

1. 成熟国家产业与服务业趋向对半分规律

表 24-1 达尼埃尔"产业与服务业对半分"规律

单位:%

	20 世纪 20 年代	1990 年
借资治产经济	40%	40%
农业	25%	3%
中介服务	18.7%	20.7%
社会服务	10%	32%
失业救济平均	5%	5%

按汉穆拉比佃农定理,佃农能够创造 1 倍的剩余率。在古代小农只能养活 10%~20% 的非生产劳动,这是因为,有产阶级生活水准要高得多。进入工业

---

① 凯恩斯:《就业利息和货币通论》,商务印书馆 1983 年版,第 271~286 页。
② [美] 萨缪尔森:《经济学》上册,商务印书馆 1981 年版,第 353 页图 14-1。
③ 同上。

化时代，随着生产率提高，生产劳动已经可以养活更多的非生产劳动者，但是有一个替代边际，即生产劳动与非生产劳动收入水准接近，则人数也趋向接近，如果非生产劳动收入高于生产劳动，则人们就不愿意从事创造财富的劳动。达尼埃尔·科昂和统计资料提供数字证明了这一规律。

综合以上：成熟国家产业占从业人数＝工业＋农业≈从业人数的40%～50%
成熟国家服务业占从业人数≈50%

美国服务业所占比例确实比较高。其一，产业转向高新技术产品。其二，20世纪80年代以来，货币发行国榨取准租金，导致美国商业和金融中介衍生物畸形扩张，GDP增长与加印钞票挂钩。其三，90年代进入世界经济一体化时代，美国本国有600万偷渡客，世界各地的跨国公司有2500万人在美国公司工作，年有1.6万亿美元利润进账。美国的产业计算是不真实的。其四，第三世界廉价商品大量涌入美国，美国本身需要的创造财富产业相应减少。其五，自由贸易欺诈不为非法，通过不平等零和交易的方式把他国货币财富收到了自己的账下。其六，把仓储、电信、网络算在了中介服务业内，多算了5%。2007年以来的金融危机，失业率高达10%，美国正在复兴制造业。因此，以为"生产劳动"实质经济时代已经结束，"服务劳动"虚拟经济时代已经到来，不符合事实。

纵观世界经济一体化，富国服务劳动及其工资率上升，等于穷国生产劳动量增加及其工资率相对低下，趋向世界生产劳动总量等于世界服务劳动总量。

2. 工具自给经济的服务劳动如何计算？服务业不是经济水准标志

当今GDP是专门为市场经济设计的指标。

如果还有60%的工具自给经济人口，他们不参与交换，如何计算GDP？同时，中国农民历来有亦农、亦工、亦商的生活习俗，有一半时间从事农业，另一半时间从事手工业和小买卖。如果按外国标准把中国农民单纯算作第一产业，本身就不准确。

需要指出的是，第三世界通过服务业增加收入，还是要向工业化方向发展，例如泰国、秘鲁，在努力提高工业份额，降低服务业份额。当工业份额逐渐增加，服务业反而比较适度，例如日本、韩国。各个国家根据自己的不同国情，可以选择不同的现代化道路，但是资本是生产工具不能缺少，信息时代只要还存在衣食住行，就不能跳过这一基础环节。

因此，穷国为了增加就业，号召发展服务业时，没有必要刻意砍杀制造业，没有必要把制造业与服务业对立起来。特别是对于大国，内在的经济平衡要占首位，农业对服务业的承受能力有限度，超过一定尺度，造成社会不稳定。中介服务业利润最大化是生产的桎梏，古代每当王朝末年，服务业比例奇高，超过了农业的承受能力。①

第四节　失业—再就业经济：政府、社区和个人的再就业工程

1. 劳动与工具相分离，雇佣劳动吐纳现象

失业已经成为社会现象，而不是偶然现象，仅靠济贫、增加就业机会不能解决全部问题。

造成大面积失业的原因，可以肯定是分配率出了问题，例如，发达国家金融自由主义引发2007年以来的世界金融危机，已经导致美、英、法等国失业率高达10%以上，西班牙年青人失业率高达45%。海弯国家经济结构过于依赖石油，一些国家失业率高达60%，引起社会动荡。

据经济成熟国家大数概率或经验数字，技术革新、雇佣劳动吐纳引起的失业率大致在2%~5%，这属于正常范围。超过5%，就进入了非正常区域。造成失业的亚层面原因：

其一，当存在市场信息不对称，就会有一些人因为信息不灵而暂时找不到工作，存在信息不对称引起劳务市场劣币驱逐优币现象。②

其二，随着剩余财富的增长，一部分人有可能选择等待时机，主动失业，例如美、英、法、德等国家，各自达到500万以上，有劳动能力的人泡"失业"，有的人钻政策空子，20年当中工作了不到三年。

其三，个人能力差别，能力低下的人被挤出市场，需要再培训。

其四，由于技术进步产业转型，或有些企业经营不善，总会有一些产业、企业集合式被甩出市场，会抛出失业人口，例如法国社会学家阿兰·图海纳（Alan Touring）发现法国社会从过去的"金字塔式"等级结构变为一场"马拉松"，每跑一段都会有人"掉队"。

---

①　杨团：《社区公共服务论析》，华夏出版社2002年版，第5页："为什么发展中国家出现服务业比重上升，经济增长速度减慢甚至下降的现象？"

②　唐勋：《自由市场不怕挑战》，环球时报2001年11月9日。

其五，权力分配不对称，劣币驱逐良币。释放不出劳动者内在已经有的能力。

（1）集合、系统、结构不对称引起的弱势群体。劳动者是个体，受到饥饿的威胁。而资本是集约，已经集合的利益既得者总是利用自己的优势，剥夺个体劳动力集合的权力。上层建筑把握法律制定权。

（2）单边配置引起的弱势群体。商人们在生产买者和生产卖者之间赚取高额商业利润，以致生产利润流出生产领域，生产维持在贫困边缘，是法律不限制商业贪婪。

（3）在富国，高税率过高、高福利，反而引诱失业率高达12%，例如欧盟国家，一边是劳动力不足，另一边是失业率居高不下。穷国租息税重，就退回工具自给经济。

（4）国际双重标准引起弱势群体国际化。

不公平引起的弱势阶层，靠个人奋斗只能够改变个案的命运，但是不能改变总量状况，一些人从穷小子变成了头面人物，但是另一些人又因为"不公平"而沦落为穷小子。

无论亚当·斯密的自由放任还是美国的自由市场，都是在禁止高利得的天空下自由翱翔，特别需要警惕复辟"随财主所欲"自由市场滥用。

2. 借资治产经济必须建立就业保险制度

进入借资治产经济，雇佣劳动吐纳必然导致部分人失业，解决问题的方法仅靠随意性济贫就远远不够了。现代手段：计划生育，发展生产增加就业机会，失业—再就业法律、保险、制度。19世纪末，首先在西北欧由议会通过了劳动保险制度，第二次世界大战以后，社会保障制度才开始普及。经济成熟国家各级政府财政总支出的30%~50%部分，是劳动社会保险转移。

3. 资本成为大众生产工具，创业自救是根本

公民创业自救。当资本成为生产工具，资本与科学技术都是生产力要素。美国公民创业自救的方法值得借鉴。在美国，每5个从业人员中就有1个是老板。新增就业机会中有88%是小企业提供的。对经济有影响的新技术，81%是个人专利自己办企业转化发展为巨无霸，小企业是美国的供血心脏、美国经济的火车头。美国小企业管理局局长直接由总统任命，管理局的2.3亿美元基金担保，带动了100亿美元的贷款额度，最高可以担保70万美元的贷款，并组织1.05万退休经理自愿者服务团设389个网点免费培训小企业家。小企业局还成为小企业利益的代言人,有权游说议员,聘请法律顾问作小企业的法律代言人,评价政府政策,为小企业提供法律咨询服务①,等等。中国也已经设立了科技孵化基金、小额贷款、科技投资基金、担保公司等。

技术方法。例如美国采用机械自动化和工作程序化,最大限度地吸纳初级劳动,由于技术进步劳动简单化,个人技术和个人条件反而被最大限度地同质化了,技术成两极分化态势。

教育方法,应试教育转换为素质教育。职业教育。建议,对那些9年义务教育完成后,没有继续上学,又不到16周岁的学生,进行为期一年的义务技术、心理、品质培训,为进入社会做准备。对企业技术培训给予特别政策支持。

国际方法。向外移民或限制人口进入本地区。

政治方法。社会是多层面的,必须建立接纳各方面呼声和保障各方面利益的政治机制,才有可能听到弱势群体的声音,保护他们,改变现状。人代会、议会民主正义分配率、监督政府的机制,降低中介费用,例如工资制度、资本生产工具的租费率制度、保障和限制产权制度等。

社区方法。例如建立区社慈善捐助、培训和再就业事业,使再就业成为民众自治事业。工具自给经济过渡时期政策,如果收走农民的土地,政府就有责任对失去土地的自由无产者实施社会保险,这样才公平。

舆论救助。区社的声音影响媒体,反映弱势群体的要求。

对弱势群体的救助,包括贫困救济、舆论、法律、资金、培训、信息等多方面。最重要的,借助于国家提供的良好基础教育和公平资本价格管制,公民就有条件自己救自己,是借资治产经济社会独特的生机与活力。

4. 公益性社区自治,与就业

当劳动与工具相分离,就业关系到社会稳定和发展,特别是,当大生产把人们集合在一起,社区是借资治产经济的一个外延组成部分。区社 community,与生产共同体是一个词根。

19世纪欧洲人口自发无序地向工业区和城市涌动。在这一大社会背景下,社区研究在1873年发端于德国,当时主要涉及劳工及贫困问题。第二次世界大战以后,工业化国家进入福利社会,当时的社会建构是,私人需求靠市场,

---

① 王忻:《小企业养活了美国人》,载《环球时报》2004年3月31日。

公共需求靠政府。这种分工格局在20世纪70年代的后工业化时代暴露出它的弊端：供给式福利让个人过分依赖政府；福利即歧视，反而隔离出一个边缘群体；物质主义导致人们之间联系的稀疏化；政府官僚主义低效率和高浪费。20世纪80年代发达国家掀起中性税制改革，降低财政负担，相对称地减少事权。例如，由政府与私人合伙经营，用减税吸引私人经营，社区自治互动，回归人类的社会本质。

社区自治有以下意义，对就业有以下作用：

（1）适应大生产、集合性流通业把人们集合在其周围的现象，必须组成相应的社区，安居乐业：社区负有安全、正义、反欺诈的责任。

（2）社区自治大社会。减少政府的开支、精力、责任压力和减少政府浪费，由管制型政府转型为服务型政府是精简机构的途径，区社建设，间接成为减轻企业税赋压力的途径。

（3）社区自治可以保护文化的多样性，保护劳动力的多样性、就业途径的多样性。

（4）公益社区。建立和谐社区是建立和谐社会的单元基础。建立节约型区社是建立节约型社会的单元基础。建立安全机制，特别是建立把人民内部的冲突与纠纷化解在区社内部的人文关怀机制、协商机制、亲和机制。

（5）失业再就业工程：建立区社慈善捐助救济事业、培训和再就业事业。法律救助。从法律角度参与对人民代表和政府的游说，参与权力分配法的制定和听证，监督法律本身要有助于弱势群体发挥潜能；法律监督政府政策对弱势群体的利与害。法律救助受害弱势群体。

（6）随着家庭小型化，小家庭往往失去了长辈们的终身教育和疏导。为此，社区应承担起对家庭教育和家庭矛盾的适度干预。培育健康家庭，健康就业人。

第五节　国际自由霸道贸易，生产国不参与利润分配，工具自给经济

1. 拉美模式的教训

以拉美自由贸易经济为例。外资型，合资或独资，实际是跨国公司资本的需求，为其自身的利益服务。形同给外国资本打工，外国资本所赚取利润，流

回母国，而本土生产不参与利润分配；"6+1"分工模式，外资带来的是粗加工，技术保守；沉重的国际债务引起经济危机。例如，跨国公司控制了拉丁美洲 70% 的资源开发和原料生产，巴西 100% 的汽车工业、57% 的化学工业、76% 的家电业、60% 以上的电力都控制在跨国公司手中，私有化高潮时，企业被外资收购，引起罢工。自由市场引起贫富悬殊，大量失去土地的农民离开土地成为城市贫民，社会动荡不安。拉美模式，一个"卖"字当头，阿根廷只有 3000 万人口，借债高达 1320 亿美元，每年要偿还 40 亿美元利息（年息 3%），几乎把国家卖给了国际财团。当把国有资产当浮财分给个人，阿根廷人还是富了一阵子，但是阿根廷政府就此失去控制国家经济的能力，一旦遇到困难国际资本逃跑撤出，经济危机接踵而至，1974 年阿根廷贫困率是 7.7%，1996 年扩大到 20%，2007 年开始的世界金融危机，使 1/3 的人口陷入困境。美式自由市场在许多国家的后果惊人地雷同，借资治产经济下岗，退二产进三产。霸权主义妖魔化他国经济的目的，是破坏他国重化工业，南美，连人口都被霸权主义计划生育阉割。

买办经济、外资经济、畸形服务经济，可以制造一时的繁荣景象，但是不能避免商业资本主义陷阱。

2. **中等收入陷阱**

所谓中等收入陷阱，就是依靠出口导向型手工劳动密集产业结构，第三世界国家也能够逐渐有一部分有技术、能抓住机会的人先富裕起来，达到中等收入。但是，随着工资率上升，廉价劳动力优势逐渐丧失，手工劳动密集产业将转移到劳动力价格更便宜的国家。经济将衰退，已经习惯于中产阶级生活的群体，将掉进失业陷阱。第三世界出现的"中等收入陷阱"验证：转型高新技术经济，充分必要条件是资本生产工具法律创新，法制经济，而技术与资本是必要条件。

3. **全球化与本土化**

尽管当今确实已经进入全球分工协作和世界市场时期，但是同时，这个市场还处于霸主阴谋时代，专家提醒人们不要把世界经济一体化误当成了"大同"。在全球化舆论一边倒的当头，杨振宁教授冷静地指出："现在的世界是不是在向全球化的方向发展呢？是这样的。20 世纪后半期，全球的生产力之所以大大地提高，部分原因是因为有科技的发展，使人类生产力得以提高，同时使这些技术带来全球化、商业化的可能，使得全世界的经济平均起来是在增长。可是不能就这样忘记，在各个不同的地区，人们还是以本位的经济情形的发展，作为他们的最高的利益前提。如果把这一点忘掉的话，那我认为要产生严重的影响。"面对全球化趋势，"本土化"成为一种新潮，特别是美国实行单边主义的情况下。

复习题：

1. 西方经济危机的三大原因是什么？（经济结构成刚性，资本总是企图摆脱法律管制，无限债务资本主义）

2. 产业结构转型，为什么可以适度参照发达国家上世纪20~90年的结构，而不能参照美国75%为服务业？

第二十五章　国有经济和民营经济

第一节　国有经济，是国家政府和社会的支柱

1. 各国政府和社会都要倚重一定比例的共有经济，绝对私有化是陷阱

市场是法律特许的"公共场所"。对物的归属权，由公法规定，是特许公有、团体所有权、特许私有权。世界上无论哪个国家，都有一部分资源公有，即便美国也有1/3土地归国家所有，而英国土地是上帝赐予之物，只有女王一人是所有权代表，子民是共有分占制，只能租赁，租期21~99年，即便贵族也只有女王赐与的专属权，没有绝对所有权。设立不在所有者代理制，保证财产的完整增值，对公有权、私有权都适用。

成熟国家，以财政信誉为基础，为大企业担保，例如2007年以来的金融危机，美国为银行和通用汽车公司注资；针对海啸引起的核泄漏，日本政府对东电公司赔偿担保并直接提供资金。这肯定是共有经济行为。

市场规制不排斥共同法准则，例如禁止高利贷法、禁止14种贪婪，就属于大众意志对个人意志的拘束。市场建立起独立利益之间的换算和等价交换关系，例如，所有权三权分离的方法，对公有财产和私有财产都适用，受托公有财产的权利责任法律界限清楚，则与私有的财产可以等价交往。

在共同市场，越是成熟的国家，共有的成分越高。公共财政就是纳税人的共有财产的三大用途共有制，例如劳动医疗保险基金，是劳动者工资社会化互助的部分；而财产遗产税、消费奢侈品税、消费品增值税、慈善捐助，专用于财政社会保险补贴和公共投资，是以有余补不足共有经济现象。而所得税是公民合伙雇用政府的资金。

当今的问题反而是神话了自由市场经济，以为是市场就灵，只要是市场，就能自行优化配置资源。其实，市场是人类的自为，世界上从来就不存在没有人为规则的所谓自由市场。市场既为某种"场所"，就需要某种控制。从某种角度讲，宏观调控的实质，就是修复"禁止14种贪婪"秩序。国家以宏观信

息指导为主，必要的投资导向，资本价格杠杆。当然，对于市场中出现的波动，尽量让市场通过自己内在的机制去循环，达到平衡。过多的干预，有可能积压矛盾，也有可能把本不严重的事情，搅得过于严重。不适当使用杠杆，受挫伤的往往是工业界。过多干预，市场很难成熟起来。

2. 国有经济的社会稳定作用

市场是大众的谋生场所，个体单元的就业者，面对自私自利最大化的资本、知识产权，其一，诉求法律公正；其二，诉求国家政府统一解决。

例如七大生存必需：衣食住行医教安，属于没有替代品的行业，只要稍有供求不平衡，价格就会无限放大，引起恐慌。为此，需要设立部分国有企业作为榜样，与私有企业良性竞争，达到平衡。

各国财政投资，主要是那些命脉行业、基础行业、老百姓不愿经营的非盈利（低于市场利率）行业，而不以追逐眼前高额利润为目标，但是不等于说国有企业不得追求利润，不等于有了利润就要退出并让位给私有企业。

3. 国有经济的蓄水池作用

成熟国家的国有经济像个蓄水池，为了缓解生产周期的供求矛盾而伸缩，就是凯恩斯主义。

各成熟国家都有国有经济。第二次世界大战结束以后，民主力量占了上风，为了解决生产资料的私有权对雇佣劳动剥夺问题，各国从新洗牌，国有借资治产达到20%~50%。20世纪80年代以来，发达国家掀起一股私有化浪潮，给人一种错觉。其实，卖掉国有企业股票，转为国有货币基金，国有资产的价值总量并没有减少，只不过由过去投资产业、扶植产业，改换为通过国有金融控制市场秩序。例如，英国成立伦敦交易所每年为英国财政提供500亿美元的金融收入，相当于1万亿美元国有资本的孳息。美国国有黄金储备居世界首位，绝对没有私有化的意思，即便产业私有化最高的美国，邮电业是国有化的，有1/3土地是国有出租的。并且，无论哪个国家，其支柱产业的背后，都有国家财政政策的强大支撑，不是绝对的"私营"、"自由"，美国农业得到国家财政700亿美元补贴，究竟是私有还是公有的？而美国私有化电网三次大事故，英国私有化铁路系统事故不断，使国有化的问题再次被提到议事日程上。

第二节　霸主国自由贸易欺诈，第三世界适度国有资本的必要性

1. 国有经济在放眼世界立足本位中的作用

杨振宁教授关于放眼世界立足本国的讲话对我们有警示意义。一方面由于市场扩张、信息化，世界经济正向世界范围分工协作一体化方向发展；另一方面，公正的世界秩序还没有形成，世界经济还受到霸主的困扰。

融入世界是为了争取市场，为了国计民生，穷国是立足于自己的现实条件迈向世界经济，是本土化。第三世界，随时要准备应付新自由主义"今天是伙伴，明天是另类"。

同时，中国是人口众多的大国，为了应对上述情况，必须有较为完整的产业结构，建立符合本国国情的扬长避短生态位。例如，日本、韩国，都有较为完整的经济体系，特别是与装备工业结合的高新技术开发产业，尽管他们的国有产业可能不多，但是财政为企业担保，国有货币基金不少。

WTO 的宗旨是"国民待遇，共同适用"，是"外部有权要求准许平等进入"的组织，但是没有"限制发达国家，针对第三世界的不平等进入"条款。例如，如果一个国家没有某种技术，则进口技术设备价格就要高出几倍；如果后发展国家还没有设立公平价格禁止高利得体系，跨国公司、游资就涌入，专门在外国干那些在本国违法的勾当，肮脏链式反应，破坏后发展国家的法制建设。后发展国家唯有依靠国有投资科技转化为生产力，靠国力对抗国际技术性贸易壁垒，抗拒国际双重标准，国家物质基础在争取平等权利中依然是中坚力量。

正面的例子，中国依靠国有经济实现工业化，掌握两弹一星在军事上名列世界第五位，结束了挨饿挨打的历史，赢得 60 年的和平。当前和平利用核聚变技术名列前茅，等等。

反面的例子，例如美国以合作为诱饵拖垮中国大飞机工程。例如中国在金融领域学华尔街搞"利润最大化"，似乎学习坏东西来得特别"神速"。并且，这时候"立法"似乎成了金融的橡皮图章，例如"禁止高利贷法"至今不能出台。例如2006年为了与美国私募基金黑石公司合作，竟然在国家投资公司没有成立的情况下签订合同，竟然特别量身打造了"企业普通合伙法"，上当

受骗是自然的了。究竟是什么人在游说,打通了什么样的管道?30 亿美元合同,10%中介费(3000 万美元)究竟落入谁的口袋?为什么 2011 年美国康菲公司在渤海弯漏油污染面积达 800 平方公里,渔民报告后 3 个月,据悉使用 1987 年的条例罚款 20 万元。前后两案差别怎么就这么大呢?

2. 国有经济的特殊作用

中华民族是商业早熟的国家,但是高利贷在唐朝时期经丝绸之路传入中国,被史官当做事故记载。近代,中华民族深受高利贷的困扰,加上外族入侵,封疆抵制倭寇,延误了出海引进共同市场模式,没有能够将本民族"借资治产"模式大众化,没有形成借资治产经济气候。中华民族仅仅欠缺借资治产经济"大众化"这个环节。

上世纪末和本世纪初两次世界华商大会考证,世界华人靠商业发达者居多(包括中国私有企业),靠工业,特别是重工业、装备工业发达者居少。市场经济改革以来,有人热衷于引进外资型、出口导向型;热衷于中介"利润最大化"泡沫,服务、消费经济;法律不禁止"商业高利得"。靠引进国外资本、购买国外三流设备,始终不能形成中国知名品牌产品。在发展高技术装备工业的态度上,显示出中国与日本、韩国经济理念中的最大差距。历史和现实多少说明,华人社会或华人经营理念上受商业资本主义影响较深,急功近利,小富则安。历史和习俗的原因,在很长一段时间,中国还需要依靠国家理性投资和政策诱导发展借资治产经济。

正因为面对国际霸主自由贸易,第三世界还必须保留部分国有借资治产,使国有经济在优化和均衡产业结构中起着带头羊的作用、放眼世界立足本位中坚作用。而私有经济还处于幼稚阶段。

3. 百年树人,第三世界国有经济的培育"现代产业阶级"的作用

经济本身也是一种文化现象。从 19 世纪下半叶洋务运动开始,中国历史地形成了一个约有 1.5 亿从业人口的企业人群体,如果包括依靠他们生活的家属,约有 3 亿人口。他们是持久经济的企业人。中国的上游工业、基础工业、重化工业、深加工工业,创造附加值高、居中利润率的产业,依然由原国有企业人在承担,是正宗持久经济企业人。

那么用什么表征这个历史形成的特定的群体呢?在 2001 年打假活动中,消费者和媒体使用了一个概念"正规企业"质量合格率达到 96%,依然是全国最高。即,中国有这样一个群体,经历了 100 年的成长过程,形成了中国特

色的企业人文化群体，众多企业中最具有"正规"表征。正如中国长安汽车董事长兼总经理尹家绪在焦点访谈节目中说："职工最大的愿望是企业兴旺，在搞好企业的同时，自己的收入能够提高。职工希望自己的努力得到承认，希望企业领导理解他们，爱护他们。"

中国脊梁－正规企业人。在有些媒体一边倒的情况下，只有美国人约瑟夫·斯蒂格里茨敢于说有的国有企业也不错，要超越意识形态以效用为准；只有日本研究人员敢于说中国的国有企业是优秀的，是拨改贷算账出了问题。国有企业人群体，企业是他们的希望，他们爱厂如家；企业是他们的生存手段，他们强烈反对腐败、贪污、偷盗、欺瞒蚕食企业资产，反对假冒伪劣，他们与持久经济共荣辱、是利益共同体；即便在逆境中，例如上海的那些下岗纺织女工，投身到哪里，在哪里是楷模，他们才是中国人民的本色。仅占从业人数11%的正规企业人，却负担着70%的国家财政，是其他经济的4倍。

综合以上，依照持久经济、财政法、技术质量制度、正义致富技术，唯有140年来的原国有企业的主导力量无论从哪方面都可以叫做正规企业人。正规企业人，是中国独特的人文群体，中国持久资产经济的脊梁。

霸主从自身利益出发恐惧他国国有经济，妖魔化和竭力攻击破坏的对象，他国国有企业在霸主意识形态眼里成了"另类"。为了澄清真相，还企业人以科学的名称，不失为一种方法，"正规企业人"能够比较好地表征"使用了社会生产资料的"企业人，并且避免把企业人附属于某种物、某人或某种身份权势、意识形态公有、私有。

第三世界的特征是私有经济处于幼稚阶段。例如，陕西黑煤窑、南方稀土矿业，都因为一个"滥"字不得不收归国有旗下。房地产被泡沫化，2亿新增从业人员的"居住权"被剥夺，政府不得不投资修建3000万套保障房。还有医疗、教育，不得不某种回归。面临2007年咆哮而来的金融危机，全世界政府都采用国有化救市。国进民退，正是私有经济的暴发户"自由滥用"所造成的。

4. 霸权主义查暗补，演变成粉碎他国重化工业

国际贸易中最关心的是价格"暗补"，国际霸权以此为借口演变成妖魔化他国的同时，刻意妖魔化他国经济。霸主热衷于输出自由私有化的目的，也许仅仅是为了摧毁他国支柱经济。私有化休克疗法，把现代重化工业切成粉碎，它的危害：其一，迎合了分浮财的心理和特殊阶层合法化，但是眼前享受的后果是，坐吃山空，经济危机；其二，当后发展国家没有建立起"财产（生产

工具）神圣"、永久治产、所有权有造福义务文化，没有建立起禁止高利得—合伙债定理分配尺度，股东齐喊"分钱、分钱"，再好的王志东们也要被赶下台，借资治产经济不能持久；其三，在私人还没有学会经营重化工业的第三世界，不能避免导致个人经营失败，重化工业受重伤；其四，休克疗法私有化，是分掉大工业、破坏价格框架，国家失去控制权；其五，失去国家支持的私有重化工业，面临老牌资本主义的竞争，面临破产和被吃掉的困境；其六，对第三世界民族名牌的斩首行动，以收购或合资为名，将第三世界的名牌打入冷宫、锁进保险柜。其七，外国资本仅仅是来赚钱的，面临危机，就撤出资本，加剧了后发展国家的危机。例如，19 世纪末南美经济不亚于美国，20 世纪初的捷克、阿根廷、智利、菲律宾，曾经有过辉煌，名列世界前几位，而自从实行自由经济一个大杀价"卖"字当头，本国综合经济体系遭到破坏，外资商业主义利润最大化，本土生产不参与利润分配，手工劳动工具自给经济。美式自由市场在许多国家的后果惊人地雷同，妖魔化他国经济的后果，是破坏他国重化工业。

第三节　国有资本民法经营化

1. 国有借资治产定位

借资治产重新定位分多个层面：

其一，国家资产权与国家事权分开。

中国历来设立盐铁专卖税，国家事权的费用，一部分由国有企业承担，一部分纳税人承担，为政府稳定收入计算，两条腿财政方法应当延续。

国有借资治产在税法面前平等，照章纳税。

其二，划分国有资源和国有产业。对资源的使用，在超额利润中分割资源税，既有偿使用，又解决级差不平等问题。

其三，划分国有金融中介服务业与国有产业。

其四，对国有产业进行定位。国家控制的产业要按当时的具体情况，通过转卖股权收缩到少量命脉行业。例如，生活命脉和国家安全及发展命脉行业，不可替代行业：粮食，能源，交通，信息系统，国防工业，尖端科学技术、重大装备工业。非盈利公益性产业如环保，等等。国有借资治产将用来投资那些人民办不了的产业，特别要扶持和引诱投资装备制造业。

其五，国有经济向公平价格定位。国有经济依法向财政纳税，但是不再完全是财政的自留地。高额利润将受到公平价格制度的适度限定，垄断性国有借资治产，例如能源等，以公平的利润率为目标，净利润略高于利息率为宜①，有稳定社会和调整各阶层分配的诱导作用，有利于使用能源的深加工工业的发展。

其六，政府不是优良经营者，国家产权向无作为特别委托定位，法定孳息，保证国有借资治产的完整增值。所有权与经营权分离，是政企分开的内容之一。以特别寄托，实行国有借资治产合伙债民法化经营管理。

特别要小心"国有借资治产从盈利行业撤出＋全世界的国有企业效益都不好＋重工业是陷阱＋生产型增值税套餐"意识形态陷阱，湮灭后发展国家仅有的资本生产工具，生产者不参与利润分配，手工密集工具自给经济。

2. 国有财产所有权三权分离

有专家认为公有制有主体缺位的问题，这在英吉利法中早就用"永久治产、永久产权"法律制度加以解决，这多国有企业也适用。

永久治产，所有权与经营权分离也适用于国有财产经营。国有借资治产的原始出资委托人是全民，收益人是全民。

委托代理人是"国资委"，国资委对所有者和受托人双向监督"永久治产，保障永久产权"。

受托人是企业法人。

（1）国有借资治产经济托管制度。市场经济是法制经济，无论谁进入市场内，都要按市场规律办事，在市场内，只有利益共同体合伙债关系。

（2）永久治产，对产权和经营者双向监管。市场经济是法制经济，法律面前人人平等，市场民商法同时也必须是国有经济具体监护业务由会计、法律等监护事务所代理。经济监督管理的法理依据。

双向拘束。永久治产经营模式，授权监护人既要监督出资人不得动用借资治产、利润、折旧费，又要监督受托经营者忠于职守、不争利篡权。例如，德国公司法监理会由7个员工代表、7个股东代表和1个副经营组成，既反映双方利益，又监督双方。

（3）对政府"出资人代表"的监督。全国人民代表大会是国有经济代表，

---

① 刘树杰：《再造价格管制机能》，载《中国改革报》1999年6月23日。需要区别财政国债投资淡出，和保有资本生产工具（包括国有）之间的区别。

对国务院出资人代表进行监督。出资人代表，只是"代表"，不得享有国有财产所有者权益。监管者是所有者代理，其费用只允许从股息中支付，这样才能避免监管费用侵犯"劳动和资本工具权"。

国有经济民法经营化，政府一般不再参与业主活动，事权减少，机构才能真正实现精简，财税才能降下来。政府可以腾出手来做好市场的基础建设：法制，社会保障，宏观调控，公平要素供给价格，等。

而"国家所有，政府管理，委托经营"模式中，"政府管理借资治产完整与增值"与"经营"权限粘连，没有脱出计划经济政府管经济，或请帮工思维模式。

3. 国有借资治产与财政税收分账制度

为适应多元所有制在税法面前平等，要改革税法中"国家事权与财权相结合"的内涵。事权税收与国有财权收入的依据不同，各自责任不同，用途不同，管理方法也不同。实行国家事权税收与国有借资治产增值分账制度，保证已经收回的国有资产利息股息增值能够用于扩大再生产，而不是被财政消费掉。从收与支两个方面保护国有资产的完整增值，取得国有经济的独立地位。

4. 废止预算外制度①

财政外收入，是中国计划经济时期给地方和部门留存的一块"临时组织措施"费用，前16年维持在5%左右。10年文革浩劫管理松弛，上升到15%。经济改革以来，中央向地方、部门下放权力。1984年拨改贷，部门承包并承担积累责任，预算外收入比例随之增加。1993年完全利改税置换，取消了部门承包制，"上交上级管理费"实际是部门预算外。经济改革期间，"财政外"逐渐上升到占全国财政一般收入的30%。至2009年，如果计算地方政府收取的土地出让金和超期征收的路桥费等等，财政外收入依然占全国财政的30%左右。

进入WTO，企业资本多元化，私人资本、外国资本不可能承认"财政外摊销"、"上级主管部门管理费"、"上级公司管理费"、"董事会会费、国有资产监管费用进成本"，财务与税制必须与国际接轨，既有利于国际资本进入企业，也有利于扩大所得税税基。成熟国家都是实行统一收税，税收统一入国库，收支两条线。与国际接轨，必须改革预算外这一落后的财政制度。

---

① 税制及预算外改革意见参见王利娜：《解疑税制改革》，载《财经》2001年12月号。

第四节　后发展表征：私有经济处于幼稚阶段

（一）"'产业私有而财物公用'是比较妥善的财产制度，立法创制者的主要功能就应该力图使人民性情适应于这样的慷慨观念。"① 也是生产共同体市场私有制企业的学理、法理渊源。

"私人"是市场上最为活跃的因子，最具主动性、积极性、首创精神。私有经济是经济的重要组成部分，特别是在开拓市场、解决就业问题方面，是不可缺少的力量。而私有经济的幼稚性，也正是出在"自私自利最大化"上，很难自觉与共同体市场接轨，而较容易复辟商业主义利润最大化，生产不参与利润分配工具自给经济。

中国经济改革以来，私人致力于产业的大有人在，但是1994年实行三税制和高利率以来，驱赶私人资本转投资服务业、无烟少烟业。据福布斯2010年统计，中国私营企业前20名首富，依然是主营和兼营房地产居多，利润率高达30%~200%，是国际水准5%的许多倍。重商主义的分配率，例如，中国曾经排位第32富翁祝义才透露私有企业投入产出公式：每赚1元，支付工资0.2元，② 份额是成熟国家的40%；支付固定费用0.1元，与成熟国家接近；增值税0.17元、企业人所得税33%折合0.1749元、雇主个人收入所得税45%折合0.15795元，合计纳税0.5元，是成熟国家的7倍；雇主净收益0.19715元，自有资本收益是成熟国家的2倍。这仅相当于韩国20世纪70年代初的水平，则手工劳动密集工具自给经济。说明，后发展国家私人企业连通过提高工资总额份额避税、提高劳动生产力的招数都没有学会。正因为当前单纯趋利心（缺少财产是一份责任价值观），急功近利（缺少永久治产权价值观），炒作"民营企业是当今中国经济的支柱"，民营企业恐难有这种使命感，也不能胜任。国有企业公平竞争，对私有企业也是一种"逼迫进步"。

按照人类"趋利避害"的通性，大多数经营者都希望有一个诚信的环境。而对民营企业的放任自流，表面是支持民营企业，实际是从逆向对民企中的那些希望靠正义致富的那一部分人不予保护。例如，成熟国家企业都设有员工监

---

① [古希腊]亚里士多德：《政治学》，商务印书馆，1965年版，第55页。
② 参见《祝义才：艰难的收购之路》，载《文汇读书周报》2003年5月2日。

理机制，但是，中国从来没有对民营企业提出厂务公开的要求，大部分民营企业工会往往由老板亲戚掌权，没有回避制度，劳资关系处于单纯雇佣劳动阶段；没有公证可以保护劳资双方的权利责任衡平；雇工一般不能参与生产、质量、安全①、管理、分配，不能发挥共同体的智慧与监督，比日、韩私营"企业人"，"猛烈社员""企业是企业人的企业"差出一大节，如何承担起"支柱"责任？

加入WTO，企业直接准入市场，是有条件的。例如，按欧盟的意见，加入国际供应链，无论国有还是私有企业都需要具备以下条件：（1）质量认证，CMM资格证；（2）采购商管理要求，准确、准时、有竞争力；（3）产品价格和折扣；（4）服务和信誉；（5）人权准入，劳动生产安全、员工工资和福利、环保、企业文化。

世界经济一体化，对公平的追求，将逼迫企业向"个人合伙债"所有制规制靠拢，包括私人企业。

（二）日本民营模式：以"资本生产工具"为核心纽带，财团、商社、制造业集团群。日本存在一个支撑整个国家经济结构的民间经济集团群，实现着国家战略中发展与制衡理念——通过企业的力量实现国家意图。②

日本财团起源于明治维新时期的家族财团，当今主要有六大财团。值得注意的是，正如在生产商制度中所介绍的，首先日本大财团与大生产企业相互参股、相互服务、相互监督，二战以后，恪守将资本价格、中介利差限制在国际禁止高利贷范围内，严格按"资本生产工具法"行事，是"日本制造"背后的法制力量。日本分场外经济和场内经济。在场外，黑社会合法，27%的高利贷让日本几百万人深受其害。在场内，日本财团掌控金融，由表10-3证实，日本实际利息率长期处于2%~8%之间，即"资本生产工具"法律创新允许的范围内，这是日本民族的文化自觉自律，"剑道"精神在经济领域中的体现，他们学习西方的东西，似乎显得更为认真执着，眼光要远一些。

其次，日本大型企业吸收了几百个中小企业生产零部件，协作率在60%以上。将企业办成大家庭和猛烈社员。

另外，综合商社在187个国际城市设立了800多分支机构，经济情报能力远远超过政府能力，在走出去战略上发挥作用。三股经济力量，早在二战后恢

---

① 参见郭梓轩：《职业病旧的未去新的又来》，载《环球时报》2001年11月13日第20版。

② 《财经》2011年第13期：《日本制造背后的财团力量》。

复时期,就已经开始在全世界布局,在全世界资源圈地,对其他国家形成障碍。

美国联邦储备局,实际是私人银行联合会直接向国会负责的机构,如果说美国是金融霸主,则日本依然是实质经济的王者。

复习题:

1. 各国的国有经济有哪些形式?为什么殖民主义意识形态,专门攻击他国的国有经济?其中眼前直接便宜是什么?
2. 与英国、日本比较,中国私有经济的幼稚性是什么?

第六篇 中国经济文化的多样性

第二十六章 中华民族地缘可持久文明

第一节 黄河—黄土高原自然循环构造，
人类可持久文明的圣地

世界屋脊，留下了它的印记。喜马拉雅山东麓，农商文明早熟，天地人和民生为本，科学为主。西麓是游牧文化长存，崇尚弱肉强食、另类（the other）黑白文化。

自然选择适度者生存。与生物进化同理，文明需要长久反复历炼，才能选择出可持久文明。因此，现代的、先进的、强大的，不等于就一定是可持久的。中国是世界上唯一绵延5000年的辉煌文明，肯定有它内在的过人之处。

世界五大古文化，古巴比伦、古埃及、古希腊、古印度、古中国，其余四大文化都灭亡或中断过，都衰落了，表现为良田沙漠化，或掠夺战争杀灭劫难后人种面貌全非。而中华文化唯一延续了5000年，从没有断代。为什么中华民族更具有生命力？从民族文化角度看，中华民族以人为本；从经济方法，中国保有5000年辉煌的租息税什一中正致富技术，"有恒产者有恒心"大众化；从自然赋予的条件看，以黄河——黄土高原为表征，中国有特殊的地缘结构：西高东低三级台地——太平洋季风——河流——冲击平原，天成自然循环构造。

几千万年前，印度板块向北漂移，隆起的青藏、昆仑高原，构造了中国面向太平洋、西北高东南低的地形。冬天，西伯利亚西北季风沙尘暴积淀构造了黄土高原；夏天，太平洋东南季风，一直深入6700公里，到达昆仑山脚下、天山南麓，风调雨顺。河流从西北向东南而下直奔大海，构造了可持久拓展的松辽、三江冲击平原、黄河冲击平原、长江冲击平原、珠江冲积平原，世界上最广袤的适宜农耕的冲积平原地理。

世界上能够烙上地球气候变迁印记的，有南极的冰芯，海底的沉积层，第三个就是中国的黄土高原黄土沉积。中国黄土高原，是世界上唯一的一处由季风造就的地理构造。黄土高原渗水性强，水溶解土地中的钙质形成白色的钙板，科学家在窑洞的顶上发现了这种钙板，成为检测气候的"年轮"标记。关于黄土高原，中国早有记载。发现古丝绸之路的李希霍芬来到黄土高原，惊奇之余第一个提出，这是一个独特的地理构造。2003年春天，在英国《自然》地理杂志上，郭正堂发表的一篇文章指出，在甘肃秦安县获得2200万年以前的、混在古土壤红色胶泥中的黄土沉积。人们总是单独赞美黄河，或黄土高原，其实，黄河与黄土高原，是一处天成的自然持久循环构造。黄土高原，据专家考证，这一土层积淀，肥力可与火山灰媲美。不断地增加可耕地，并为土地增加肥力，使中华民族不仅农业特别发达，而且避免了土地退化和沙漠化。中国水灾和旱灾频发，但是利与害自然现象总是交替出现，可循环、可战胜，反复历炼了当地住民的自力更生能力。自然持久循环，这应是中华民族文明绵延长久的地缘物质基础之一。

文明比野蛮脆弱，中华文明能够做到既守成又与世界交融，有其地缘优势。由于世界屋脊的阻隔，挡住了西方罗马帝国和西南方阿拉伯帝国的大举入侵。中国农商文明超前，陆上和海上古丝绸之路，又把中国与世界联系在一起。

题外话，2011年美国大使馆挑起微博对空气的争论。稍加留意不难发现，只有海洋性气候的部分国家在用PM2.5标准，并且过分依赖"人造空气"容易患过敏症。如过用在大陆性气候，特别是中国"黄土"已经吹了2000万年，实际是借"环保"话语权来设立"极端苛刻"条件，企图无限增加中国现代化成本的"暗算"？

第二节　农商文明早熟，天地人，和为本，　　　2200项顶级科学发明

有比较才有鉴别，但是，需要使用客观公正的参照尺度。例如，受到西方中心主义的影响，有些人热衷于将中国古代与西方现代比，否认中国古代文明。正确的方法应当是，用中、欧同时代相比较。诺贝尔物理学奖得主李政道正是这样从科学的角度解释中华民族农商文明早熟，是文明开放型国家。

科学为主

中国古代是科学发明大国。例如，据英国科学历史学家李.约瑟在他的《中国古代科学技术》一书中考证，中国古代有2000余项顶级发明。其中造纸、活字版印刷、指南针、火药对西方影响深远。

上世纪90年代，李政道先生曾经与著名国画家吴冠中先生唱和，李先生从科学的角度解释文艺，吴先生从文艺的角度诠释科学。2010年9月14日，李先生在中央电视台百科大讲堂上再一次介绍中国古代物理学成就。指出，中华民族，民生为重，科学为主。例如，其他国家博物馆陈列的都是神像神器，而中国考古发现的多是与吃和用有关的物器，这不是偶然现象。

我们知道科技在中国古代很发达，物理的记录也相当早。例如，全世界最早关于新星的记录是商朝，记录了公元前1300年，就是3000多年前的一个新的大星。中央研究院有两片甲骨，反映在"7号"片上，发现了新大星，另外一片说这个星没有了。那么超新星，全世界最早的记录也是中国，是在北宋的宋仁宗期间，即1054年8月27日发现的。一直记到1056年7月。这是到目前为止全世界对超新星最长时间的记录，差不多记录了两年内它的变化。

我们老祖宗尊崇黄道赤道。《周礼》说，以苍璧礼天，以黄琮礼地。我们可以想象，璧、琮跟璇玑它们都是一个螺旋式天文仪器，目的就是把轴心给定准。能够支到两个毫米，它可以精确到0.13度。屈原有17个文卷现在留下来了，里面有一卷是天文，他问"九天之际，安放安属，其修孰多，谁知其数"。天地是圆的，还是椭圆的？他说"南北顺椭，其衍几何"，天地是椭圆的。

我们很骄傲地说，炎黄文化一直传到了现在。为什么黄土文化能够不断创新、富有生命。我觉得很可能黄土文化跟其他文化不同的地方，它是发展在内陆，这很重要。其它古代文化都在沿海发展。我们中原文化的发展，农作物也好，有精密的天文仪器定位，广泛应用，操作农耕，炎黄文化是科学为主，无宗教控制，科学早就发达了，所以能够延伸到现在。

天地人和，民主为本

现在讲"科学为主，民主为本"，这在中华民族古代文化中已经有它的"原始"模本。这里面有一个代表是大汶口的"日月山"石雕。公元前3500年，上面是太阳、月亮，这是山。这是5500年以前的，它整个造型把日月跟山，自然与人整个连接起来，这是中国炎黄文化的，因为它把自然跟人连接起来了，所以能够延长发扬到现在技术的生命。这个是从古至今都是一样的。

为什么中华民族不怎么信神，而相信自然，讲究科学？也许我们的先民所居住的地区气候宜人，自然条件优越，土地适于农耕，也许正是劳动者有耕耘就有收获，中华民族更倾心于劳动因果报应。中华民族为了农业的需要，特别注意观察自然，例如天象气候、地理水文、万物生长、五行变换，也许正是在陆地上，恐惧什么，可以走近去观察，了解真相，消除恐惧，更安于自然现实，更相信人的力量。中华民族只对未来做可实现的理想主义，例如参照家庭伦理的大同、小康、安居乐业、井田制、趋利避害、礼近于情。正如黑格尔所指出的，中华文明要比古希腊文明早熟，更加文明先进，近人情、人性，科学得多。

自然和谐

中华民族讲科学，最大的功绩表现在与自然达成和谐，2500年前的《礼记》中就专门规定了保护动植物的条款，5000年过去，中华大地不仅人民富足，而且依然山清水秀，是世界上唯一没有被破坏的多物种自然繁衍生息之地。直至1840鸦片战争，西方霸主文化和武化入侵，进行掠夺，中华民族自然和谐遭到毁灭性破坏。而在尼罗河流域、两河流域，离开河流20公里，就是大片的沙漠，这是过度猎杀、放牧的后果。在西欧和北美洲，也只剩下"向地球开战、改造自然"过度的"人工自然"。

勤劳致富

地理优势让中华民族农业—商业资本文明超前，崇尚"种瓜得瓜，种豆得豆"，信仰"需求——劳动"，是世界上最勤劳的民族，生产效率——工资率最高，GDP长期占世界三分之一。

现实主义

祖先意识。崇拜和学习祖先验证是正确的东西，有利于文明传承，节约政治成本，少交学费。

现实主义，中国人重生，热爱并过好现在的日子。狗窝情节：金窝银窝不如自家的狗窝。包括发达了的海外商人，叶落归根的念想，这是由于在中国生活更容易一些，没有三专制紧箍咒和准租金，没有另类歧视。

对未来的现实主义。"千里之行始于足下"，做好现在的事情，就是对未来负责。

不怎么迷信。中国上古诗经、尚书、易经等，描写的主要内容是自然天地人、饮食男女（食色）、农商、和平与战争、乱世与治国。就是神话，也总与水旱、公平正义相关联。

汉文字就是中国的"国教"，也许是因为形声文字的科学性，中国人是世界上唯一不怎么笃信宗教的，有了问题才去拜神灵，祈雨、祭河、祈福、怯病、去灾；"还愿"，先践约，后付款。就是宗教进了中国地区，也变得柔和通融起来，例如，在喀什的宗教遗址考古中发现，佛教、伊斯兰教、基督教、萨满教等寺、院、庙、教堂比邻而建。

而宗教尽管有教化作用，但也有俘获人心的企图。在宗教之间，极端排他，往往引起宗教摩擦直至杀灭、战争。而遭遇宗教禁锢的民族，要求教民拿出很多时间念经、礼拜、侍奉主，过多占用劳动和生活时间，并且收取什一税。宗教不自由。

礼，做人做事的规则

《礼记》（上海古籍出版社 1987 年版）：

问丧"礼义之经也，非从天降也，非从地出也，人情而已矣。"

礼器第 137 页："礼之近人情者，非其至者也。"

曲礼上第 1 页："礼从宜，使从俗。"

礼器第 132 页："礼，合于人心。"

乐记第 211 页："礼，移风易俗。"

大傳第 189 页："礼，与民变革者也。"

乐记第 214 页："生民之道，乐为大焉。"

乐记第 213 页："情深而文明。""君子之为礼也，有所竭情尽慎，致其敬而诚若，有美而文而诚若。"

王制第 82 页：八政，饮食、衣服、事为、异别、度、量、数、制。

王制第 75 页："执技，祝、史、射、御、医、卜，及百工。"

王制第 76 页：三刺，"先问之群臣，次问之群吏，又问之庶民。"

王制第 76 页："疑狱与众共之。众疑，赦之，必察小大之比以成之。"

哀公第 275 页："人道，政为大。政者正也。"

礼大于天子、政治："礼，治政安君。"

闲居第 283 页：三无私，"天无私覆地，地无私载，日月无私照，奉斯三者以劳天下。"

王制第 69 页："命大师陈诗以观民风，命市纳贾以观民之好恶、志淫好辟。"

王制第 76 页：无罪推定，"司寇正刑明辟以听狱讼，必三刺。有旨无简不听，附从轻，赦从重。"

科学文字。声形文字，渊源于用图画记载自然事物，教授六艺：语音、信息、制作使用、形象和抽象思维、手工美感训练伦理道德、意识形态法律教化等。与拼音文字对比，其特征为：简明，文字与六教化合一，以字或偏旁为单元的逻辑表意；超越时间（包容古今）、超越空间（包容方言），文字民主化（所有的人都可以学习）。一开始时，学汉字确实要比学 26 个音标难一些，但是只要学会 1000 个汉字，就能表达一般基本意思，而不用再去学宗教。汉字是 5000 年中华文化的传承载体，在历史上战胜或包容多种民族和宗教文化。挖掉中国声形文字相当于既消灭文字又消灭信仰，双倍损害。

而在西方，非基督无文化，非基督无法律，学了 26 个音标，需要死记硬背 6000 个以上单词，相当一部分意思和声音都得死记硬背。还必须掌握基督教圣经中的那些典故和古希腊神话的那些故事，否则，学会了"音"，却没有掌握"文意"。再者，一个拼音词组，在不同学科类型场合，意思大不相同。

综上所述，中国的古代科学文化极为悠久，是由于农工商资本文明早熟；对神的崇拜淡化；较为合适的哲学理论；民间的兴趣和官方的促进等因素。可近代科学是在西方萌芽的，为什么？李政道先生认为，其中一个道理，很可能是中国古代没有太注意基础科学，加之山高皇帝远，中央集权只管理到县一级，除了农耕水利，没有太注意其它科学普及于民间的问题。笔者从资本工具的角度分析，是由于没有解决科学技术传播的物质载体大众化问题。

复习题：

中华民族居住之地的地缘特征是什么？

第二十七章 什一中正,"有恒产者有恒心"大众化

第一节 中华民族的文化偶然:井田制生产方式创造出它特有的文化

夫仁政,必自经界始!天地之大,何处是中华民族安身立命之经界?西方有古希腊"生产共同体"逻辑,中国有"井田制有恒产者,有恒心"文化传承。

中华大地,是世界上唯一的一处海洋季风纵深几千里的地缘。"井"文化,也许带有偶然性,但是"井"经济和生活,应当是"季风气候、冲积平原"可持久循环地缘,在文化中的反映。例如,季风气候,四季降水分布不均匀,"井"成了获得水源不可或缺的设施。而"井"形象化的预分配率,"勤则富",吸引"流民"定居下来,农业手工业超前发达。

有人认为井田制源于"鸟田",有人认为源于中华民族绕"井"而居习俗。例如,早在6000年前,浙江"河姆渡"居住地,已经发现有用木条按"井"字型垒建而成的水井遗址。汉字"井",不仅仅指某物,而且传承了建"井"方法;绕井而居的人文习俗"里井"(而欧洲是一户一居所,周围是农田);"井田制"政治经济规则;"井田制"邻里规则等。这在"公平价格区分财税制度"已经介绍过了。

井田制确实存在过:"先雨公田,后及我私","开阡陌","溘彻呼!"而"死徒无出乡",可以参照"相地而衰征,其民不移"、"有恒产者,有恒心",应当解释为盘古定居下来、不盲流。并且,"九一"租税制度实在是非常轻的租税率,不可能是针对奴隶的。

春秋战国时期开阡陌,井田制从形式上被废止了,但是,儒家对古代的分配率进行总结,归纳为什一中正之制:"夏后氏五十而贡,殷人七十而助,周人百亩而彻,其实皆什一也。"什一中正是"井田制九一税"开阡陌后的税率,孔子"溘彻呼","彻"税什一中正。

公元前594年实行"初税亩"以来，国家令黔首自实其田，实施限田制、均田制，实际是"井田制"文化的延续，或在新条件下的调整。以治国安民的法令为载体，儒家文化本身得以传承。

井田制作为一种文化、政治经济制度，一直延续至今没有中断。文化传承的痕迹就更多，例如，铜钱，外圆内方，这分明是"井"；古代大型建筑的屋顶内部处都建造有"井藻"。

五四运动时期，曾经对井田制和王莽变法给予了特别关注，胡适先生认为王莽是社会主义思想家，应当为他平反。中国法制经济学以井田制为起点，还在于，它距离"生产共同体"市场规则，只有半步之遥；在于它融化在中华民族血液中已经有几千年。惟有优秀的文化传统，才能够与世界优秀的文化交融和通融，成本低效率高。而刨祖坟、挖垃圾、找魔鬼，只能全盘与西方垃圾魔鬼接轨。全盘西化，总是企图用那些垃圾碎片，砸碎和玷污辉煌的中华民族文化体系。

第二节 历代租税什一中正律法传承

一、农业税什一中正传承

中国土地政治斗争或战争的统领，总是用降低租税来争取人民的拥护。时至今日，西方也一样，竞选者也总是用承诺减税来拉票。

儒学对古代的分配率进行综合，归纳为什一中正之制："夏后氏五十而贡，殷人七十而助，周人百亩而彻，其实皆什一也。"

中国开国帝王与农民约定降低租税的尺度是以古训什一中正为参照法制，仅以主要朝代为例：[1]

周朝，周官之制，租税率在5%～10%，轻近而远重，因为近区力役重。

"汉兴天下既定，高祖约法省禁，轻田租，十五而税一；量吏禄，度官用，以赋于民。"

唐均田赋税法。租庸调法。"男丁授田一顷，税输粟二斛，稻三斛，谓之

---

[1] 吴兆辛：《中国税制史》，商务印书馆1937年版。

租；岁输绢二匹，绫纸各二丈，布加五之一，面三两麻三斤，非蚕乡则输银十四两，谓之调；用人之力，岁二十日，闰加二日，不役者输绢三尺，谓之庸；……（十斗为一斛）。"唐中期德宗建中元年两税法。夏课亩税上田六升，下田四升，秋课亩税上田五升，下田三升，荒田仍课二升。

青苗钱。苗一亩，税钱三十，市轻货以给百官；以国急用。

关市之税，什一。

宋代。田赋，民田税什一，折合每亩征粮 3.46～4.3 升。

明代。明初，朱元璋傲效唐两税法，实行三十分之一租税率、市税率。官田亩税五升三合，民田三升三合，没官田一斗二升。

清朝。有"不加赋祖谕"。康熙效明代之一条鞭法。赋率：民赋田每亩科银八厘一毫至一钱三分不等，米一升至一斗不等，豆九合八抄至四升不等。

1950 年土地法，规定土地定额租为收成的 5%（相当于剩余价值的 10%）。

1978 年以来的农村联产承包维持了这个租金率，承包基数 20 年一定。只是因为税量相对较低，而征收成本太高并引起社会摩擦，在 2006 年取消了农业税，代之以流转税。

二、租息税率什一中正的传承

中华民族济贫、借贷、租赁货币做生产工具法理的传播

自西周以来，政府有出租国库货币的习俗，并且认为货币是和土地一样的工具，租息税同率①，比欧洲十二铜表法早了 500 年。

济贫，放赈。祭祀需要借钱，为期不超过 10 日，不记息。祭礼，目的在于熏陶士代夫，费钱费时，因此，祭祀活动一般只到士一级，对庶民没有祭礼要求。

因丧事借贷，还款期不超过 3 个月，不记息。"国服为之息"，像出租土地一样出租货币，是政府的财政收入来源，管理放贷的机构叫"泉府"，借款用于生产必须专款专用，要经官府审查，其利息率与地税同率，例如 5%～10%，参见《周礼·地官·泉府》，是资本价格的渊源。

---

① 王孝通：《中国商业史》，商务印书馆 1937 年版，第 23～24 页。

春秋战国时期孟尝君的弹铗食客冯谖已经把借贷与产业的关系表述清楚明白："之所以贷钱者，为民无以为本业也；所以求息者，为无以奉客也。今富给者以要期，贫穷者燔券属以捐之。"① 无产者没有土地做本业，借款用做治产业的本钱。"今富给者以要期"，按借方的能力决定还贷尺度和时间，与古罗马法借贷有利润决定利息率尺度趋同，时间早了1000年。"贫穷者燔券属以捐之"，在对待贫穷破产坏账的处理上，可与现代破产豁免法媲美，比英国1215年大宪章保护债务人生存自由权早约1500年。

汉朝刘邦法定地税为1/30，利息当同率。公元9年新朝王莽仿周礼泉府之制，法定"民欲贷财治产业者，命钱府均授之，除其费，计其所得，受息，毋过岁什一"：除其费，保护生产成本不受侵犯；

计其所得，利润来源于所得剩余；

除其费，计其所得，受息，从所得利润中取息；

毋过岁什一，如果营业剩余为20%~50%，折合利息率为2%~5%。

短期借款"百月一"，月息1%。

市税"除其本，计其利，十一分之，而以其一为贡。"② 相当于现代所得税制，所得税率为10%。

王莽变法成本、剩余、利润、利息，等分配规则，比欧洲复兴委托合伙债早了1500年。但是，其变法采用货币频繁变更来均贫富，导致缺少稳定的货币环境，"借资治产"终于未能持久大众化。但是，对王莽的全盘否定，实为中国的一大损失，加之高利贷文化入侵，致使中国经济走了相当长的弯路。

汉朝《古文观止·杨恽报孙会宗书》："恽幸有余禄，籴贱贩贵，逐什一之利。"唐朝"宝历中定制，京城内有私债经十年以上，曾出利过本两倍者，宜令台府勿为徵理。"折合长期年利息率为10%，利息总量不得超过本金，相当于西北欧15世纪的10年租金售卖与复归，早了900年。

宋朝关市之税，"宋每得一地必令免税"，"其市税率每千钱算30；矿税二十而一贡"；宋哲宗改为定息1分。

明朝效做唐、宋，商税俱30分税1；矿2/30课税；盐，课税1/20，禁止高利贷。

清朝，官款之存入者，均不计利；私人之款，年息仅二三厘；以他人之

---

① 司马迁：《史记》，中华书局1959年版，第2360页。
② 吴兆辛：《中国税制史》上册，商务印书馆1937年版，第46页。

款，存放其他商家，年取一分之利。市税"厘"，为1%。禁止高利贷，有人告发要被抄没家产。

康熙"永不加赋"。咸丰厘金创始于咸丰3年（公元1853年），实即一种值百抽一的商业税，百分之一为一厘。卖牛，从价征收其3%。鸦片战争以后，军费开支增加，古制轻赋薄谣逐渐被破坏。

1942年广东汕头地区大旱，揭阳几拾户农民，挑着家当领着妻子孩子徒步逃难，走到江西赣州小南村落脚，租种了地主果园的空地种菜，地租是"收成的十分之一"。当时蒋经国正在此地进行土地改革试点。

新中国建立后利息率在5%左右。

1978年经济改革，1984年12月14日中国家计委、财政部、建设银行《关于国家预算内基本建设投资全部由拨款改为贷款的暂行规定》规定利息率为2.4%~12%。《中华人民共和国工业企业财务制度.1993年》第六十四条（三）股息6%。但是迄今没有被法律采信。

1991年《关于人民法院审理借贷案件的若干意见（1991年7月2日最高人民法院审判委员会第502次会议讨论通过）》第六条放出高利贷，中国延续5000年的禁止高利贷法遭遇破坏近20年，迄今没有得到扭转。

因此，什一中正之制确实是存在的。至今，中国人有敏感而强烈的反高利贷、反腐败意识，并且人们以"什一中正"作为尺度。例如，2011年中央经济与法电视台播放一条消息，山东金银花大王用了11年时间培育出的新品种苗木只卖10元一株："我只赚10%的利润！"每一个治产人创业者心里都有一本类似的小九九。

中国资本价格水准是多层面的，在国家政府开明时期，法定利息率为什一中正，即10%左右，与18世纪国外对中国考察所得数字基本一致。

高利贷经丝绸之路传入，唐史以来把"高利贷"当作严重事件来记载。但是，在禁止高利贷的问题上，似乎没有基督教社会严格。

第三节　国家限田和土地自由买卖租赁私有制传承

获得土地的渠道

在中国，土地私有，可以自由买卖，而不像是欧式占有制（只能买卖租金）。土地取得方式也不相同，中国战国春秋以来土地的取得方法有：私占地主，均田制，买卖获得土地，少量功勋地主。

私占地主。由于战争，人口大量死亡，出现大量荒芜土地，就有人私自占有荒芜土地耕种，被称为隐民。或投靠大户，被称为私属徒、宾萌、族属。公元前594年鲁国正式出台"初税亩"制度，承认土地私有，按土纳税，是从领主制度过渡到土地自由私有制的标志。秦商鞅变法"民得买卖"。秦统一中国后，"使天下黔首自实田"，承认私有，按土纳赋。

国家限田

均田制。中国上古有井田制；战国时期有关于"为国分田"、均地、"受田公民"的记载，秦统一后，"废井田，捐田产以与百姓，秦于当其所取者与之"，汉朝对公田实行军屯和民屯，官佃户。新朝王莽实行王田制，王权所有，公田均地。西晋占田制，北魏、北齐、北周、隋、唐均田制，均田制在后唐时代废止。

对地主限田。限田是均田理念的延续，汉"限民之名田，以养不足，塞兼并之路。"唐租庸调法，两税法；宋王安石方田均税法；明"铁脚诡寄，鱼鳞图策"黄册法；清"一条鞭法"。

土地自由买卖租赁

关于中国地主是私有制还是与英国一样是占有制，有争论。有人从"普天之下莫非王土，率土之滨莫非王臣"断定，中国与英国一样，也是国王一人所有制。市场私有权的标志是有买卖权，英国土地不能买卖，是占有制，而中国土地可以自由买卖，是私有制，中国土地制度的商业属性更到位。

从汉朝到清朝的记载，"贫民无业，贷田于富人，获之时，计其入，而以半为租。"① 就是说是按地收走全部利润，决定地主经济的地租率。中国佃农的地租率与欧洲隶农或农奴的地租接近。但是中国佃农有人身自由，欧洲佃农是骑士地租的债务奴隶。

中国也有货币地租，为了便于保管，货币地租最初是在土地的官税中实行。地主也对货币租感兴趣，但是，佃农的负担反而更重，在收割稻子的季节，米价下跌，要用120%~150%的米租才够抵货币地租。② 有些手工业比较发达的地区出现先交货币租现象，实际是把租地的风险和地租转嫁到了手工业成本中。由于地主放高利贷，债务过重，自耕农被债务所迫出卖土地。地主的地租太重，佃农不得翻身。因此，中国的地主制度与高利贷是一个生态圈，必须放在一起对待。这与西北欧有所不同，西北欧领主地主过着符合他阶级的贵族生活，慈善济贫，如果存在贫困有剩余是不道德，高利贷者一般是商人或磨房主。

就像古罗马法，虽然规定了借方有利的利息率，但是地主利用土地无价，地租实际仍然按"财主所欲纳租"，佃农不能避免沦为债务奴隶。中国虽然规定土地只交纳10%收成的国税，但是没有严格禁止高利贷、高额地租的尺度，自耕农受到高利贷的盘剥，不能避免按财主所欲定价卖土地；农民不能避免失去土地，沦为佃农，按财主所欲纳租，土地兼并。

由于中华法系被割断、军阀混战，中国20世纪上半叶地租特别沉重，是当代现象、当代罪恶，不代表中国古代什一中正经济。用当代现象指责古人，是当代人失去自信推卸自我责任的借口。

历史对比可以帮助我们改变思维方法。历史说明，当地主经济是主观自由契约法，地主土地自由私有制不能避免高利贷，不能避免"随财主所欲纳租"，不能引导中国进入资本生产工具主义。

---

① 南开大学历史系古代史教研室编：《中国古代地主阶级研究论集》，南开大学出版社1984年版，第254页。按照富不过三代规律，中国的地主在第一、二代能够遵从儒家文化的教诲，因此在总量上，中国地主有1/2至2/3算得上是开明地主绅士，润泽、效傲，地租应在1/4至1/3左右（包括向国家支付什一税）。例如，抗日战争时期的二五减租，地租为收成的1/4，在民间应当是存在过的。

② 南开大学历史系古代史教研室编：《中国古代地主阶级研究论集》，南开大学出版社1984年版，第255页。

第四节 "什一中正"修复机制，农民起义和公平正义价值观传承

有的人认为中国古代税赋名义轻，实际却很沉重。实际情况是，在王朝初、中期太平年间，税赋名实基本相符，王朝末期王纲松弛，实际税赋沉重。什一中正，既是法律制度，也是社会正义尺度，是镇国之宝，人民以什一中正来判定好皇帝坏皇帝、清官贪官，复兴租税什一中正，历来是号召农民起义的纲领。租息税什一中正由兴起到衰微周而复始，就是中国古代经济周期律。

成群结队生存的动物，为了和平相处，其普遍规律是需要权威。同理，人类是群体动物，人类有两大原罪，人类比动物更需要权威来维持和平，对此不必过分指责，例如中国实行君主中央集权制度，欧洲实行与上帝立约。关键在于是否推行正义致富技术。

中华民族信奉"天下者天下人之天下"，天下兴亡，匹夫有责。老子天下第二，连阿Q都可以做皇帝梦。如果王纲松弛，人们就推翻坏皇帝，推举一个履约的好皇帝。农民起义并取得胜利，农民也可以做皇帝，是中华民族所特有的现象。而在欧洲，贵族等级制度、骑士军国主义和教会思想禁锢，没有一次农奴起义是能够成功的，就是在神话、童话、梦话中都没有哪个农奴敢做上帝皇帝女王梦。中国文化可以把佛演绎为佛在我心中，我就是佛，一切得靠自己。而在欧洲，尽管是自由选民，尼采也只敢问"上帝死了我们怎么办？"

中国农民起义特别有号召力和战斗力，让世界刮目相看，在于他们的纲领，实际就是复兴耕者要有其田租息税什一中正之制。前面已经介绍取得胜利的皇帝履行他们的承诺复兴什一中正。本节介绍，均田、限田什一租税制度，一直是历代农民起义运动的旗帜。

中国土地私有制时间特别长，究其原因，如果单纯归结为地主经济，还说明不了全部问题。中国农民阶级斗争的目标确实从来都是针对地主阶级的，形成世界上规模最宏大的农民战争，但是为什么每隔两三百年就推翻一次旧王朝，又总是建立一个新王朝？这里还有一个原因：农民同国家既有矛盾，也有同一性，有共同的理性——均田和什一租税制度，国家与自耕农相互依存。例如，历代农民起义纲领：

秦末农民起义领袖陈胜说："王侯将相宁有种呼？"

刘邦观秦皇帝，"嗟呼，大丈夫当如此也。"与关中父老乡亲约法三章："杀人者死，伤人及盗抵罪。余悉除去秦法。"

东汉黄巾起义有"人无贵贱皆天所生"之类的经文，《太平经》历数富者的罪行也孕育着"均贫富"的萌芽。

唐末农民运动领袖王仙芝自称"天补平均大将军"。

宋王小波、李顺起义，第一次提出均贫富口号。

方腊崇奉的摩尼教义："如是法平等，无有高下。"

南宋钟相、杨么宣称："法分贵贱贫富，非善法也。我如行法，当等贵贱均平富。"明末农民起义，李岩提出"均富免粮"。

清末洪秀全制定了"有田同耕，有饭同吃"平均分配土地的纲领。

孙中山先生《耕者要有其田》，主张平均地权，国民党提出"分田废债"，中华民国宪法法定"劳资两利"。

毛泽东同志在1936年就指出，中国的战争是一场农民战争，谁赢得了农民，谁就赢得了战争。中国共产党建国后首先实行了平均地权的土地改革。公社所有制实质是由均田倒退为欧洲村社制，在三年困难时期刘少奇、邓子恢提出包产到户，以及现行的土地联产承包制，都属于均田什一租税中正之制范畴。

2008年以来，公民要有自己的居所被响亮地提出来，这是"有恒产有恒心"的城市化表现。共产党以工农联盟为基础不变。

第五节　中国第三套调节机制：
农民与王权约定什一中正，及其履约周期率

中国土地经济有三套调节体系，两套来自土地所有权的两个体系：第一套，国家限田租税什一中正—自耕农体系；第二套体系是地主—佃农体系；第三套土地供求体系是自然，黄河—黄土高原构造。

当外国人在华夏兴盛时期来到中国，他会像马可波罗和利玛窦一样赞美中华帝国像天堂，富有、文明、宽容。如果不幸在王朝衰败的末年踏上中国的土地，他就会像卡尔·魏特夫一样把中国形容得像地狱。中国古代王朝的"其兴也勃焉，其亡也忽焉"周期率，有没有内在可循的规律？只有找到原因，才能反其道，找出一条新路，跳出这周期率的支配。

农民与王权的合约

黄炎培先生觉得，中国历史有一种可怕的周期率，一种使人堕落，使物质变质，使时间逆转的无形支配力。中国确实存在周期率，但不是历史周而复始，而是租税率-经济水准周而复始。

中国"君以民为天"，是世界古老民族中唯一废除了贵族等级制度的国家。从宏观看，历代王权与农民属于以"限田，国家什一租税率"为基本条款的契约合同关系。签约双方是王权与农民，尽管往往是采用"农战"的方法达成的合约。许多研究中国历史的人，往往没有注意到中国的王权要承担履约责任，要受合同对方农民的制约（这一点与西方不同），资源分配是否公平，（履约）决定供求崩溃临界点，民不聊生就是临界毁约信号。限田什一中正税制就是农民与王权之间的"为生存而交换，为交换而生产"合同，双方共荣辱。

中国古代是儒文化"租息税什一中正"理性政治，精英治国。因此，拿古罗马农奴制、领主贵族等级制度、骑士强权政治专制、宗教专制来套中国，是不准确的。

土地租税率—经济水准，循环体系

亚当·斯密或凯恩斯的"利息率—就业率—经济水准"定理，对中国古代也适用。国家致贫趋向灭亡的根本原因是租税太高，"知其所以亡天下在斯乎！"

前面已经介绍五个比较长期稳定的王朝汉、唐、宋、明、清为例，开国帝王都是以降低租税到什一中正以至以下，来争取人民的拥护，而到了末年都有偏离租税什一中正现象。租税什一中正之制，决定了是非军国主义国家，因此国家衰亡往往又和战争增加税收相关。例如：

唐朝末年偏离什一中正：官家以国库剥取重利，并以官位诱人。安史之乱后，由于连年战争，每户税赋平均为4贯230文，是贞观时期的6~7倍。①

宋代高利贷。王安石青苗法乃官预出钱以贷民，纳时加息二分，正月散而夏敛，五月散而秋敛，亦号青苗钱。苏轼父子认为相当于年息30%，后宋哲宗改为定息一分。②

王安石变法提高租税率，农业租税太高，人民就脱离生产，投奔商业高利润，引诱服务业，以至北宋后期非农业人口高达60%左右③，而铁犁耕牛农业生产水平，实际可以正常承受的非农人口似在20%以下。

---

① 《明史》卷78《食货志》；彭信威：《中国货币史》上册商务印书馆1937年第203页。
② 同上书，第119~122页。
③ 毕仲游：《西台集·卷1·耀州理会赈济奏状》。

明代末年偏离什一中正。仅万历四十六年到崇祯灭亡增税六次。1618年以前，国税一直维持在年250万两水平，1618年满州陷抚顺，军费税收增至300万两，万历四十六年（1620年）收520万两，崇祯为筹集军费，税收高达1670万两。比祖喻高出6倍。①

清朝。三次鸦片战争、庚子赔款，税收过高，是清灭亡的导火索。

中国的规律，如果国家政府征收的租税高至三成租，民不聊生，农民就会起来推翻这个王朝。

自耕农土地租税率在10%～30%之间震荡，经济在相应的水准上周而复始。

中国的地主经济受到什一中正制度的竞争和国家限田控制，超过一定界限，与经济成逆向关系。

王权血统理性周期

黑格尔契约所有权，"所有权之所以合乎理性不在于满足需要，而在于扬弃人格的纯粹主观性。人唯有在所有权中才是作为理性而存在的。"什一中正与王权理性非理性同步，其表象就是社会安定与动乱的周期率。

人的理性认识从实践中来，江山易改本性难移，后代没有创业实践的感悟，家族过了三代就要腐败。为了避免王权腐败，战国时期废除了贵族制度，世卿世禄不得超过三代；商鞅变法实行中央集权制。君以民为天，中国的知识分子"仕"，负着为民请命的义务，科举制度是中国政治理性的万里长城，教化和为民请命王权血统理性。

王权体系：王权创业、文治、守业、松弛（不理朝纲）为一个小周期；王权旁落，仕途官员辅政，宦官外戚专权：中兴，守业、衰败、灭亡为第二个小周期。地主调节体系：当王权腐败，控制放松的日子里，地主由平民地主发展为官僚商业地主，也是创业守业衰败三代一个周期。

在改朝换代的头100年（第一个理性周期），限田制度、什一税制得到有效实施，是太平盛世阶段。一个王朝延续了六、七代，这个王朝的两个供求体系的理性气数就用尽了。理性期大约与生育旺期接近，为三个太阳黑子周期33年，所谓三十年河东，三十年河西。如果考虑具体皇帝或实权人物的寿命长短因素，作特殊处理，这个规律是很明显的。这个规律甚至可以解释为什

---

① 吴兆莘：《中国税制史》上册，商务印书馆1937年版，第140～141页。

民族融合也是以 200 年或 100 年为周期,当分裂延续到六或三代,语言文字习俗律法同化的任务就完成了。

地主富不过三代

地主存在创业、守业、败业,理性－非理性周期,有开明地主和恶霸地主之分,有义庄的创举。地主与佃农之间自由契约,当王纲松弛,租金榨取全部利润。

地主阶级与国家有着依存关系,但它也有独立的利益机制。当官府走向无序时,农民就向开明地主方面倾斜。当地主失控走向无序,农民又向王权限田靠拢。农民在国家和地主这两种体系之间来回振荡,形成理性竞争调节机制。当这个振荡系统就崩溃,经过痛苦的动乱(洗牌重新分配),农战军事首领与农民重新达成限田什一中正税制协议。这种稳定－动乱,就是围绕土地租税率的社会大震荡,而不是一去不复返的崩溃现象。

地主商人高利贷生态圈,与商业资本历史怪圈

地主是中国的一个积累货币的阶级,而与欧洲贵族地主不同。私人商业资本主义的生态呈现出寄生特征:

地主—高利贷—工商业的生态圈。

王朝末期生态圈:庶民工商业者—地主高利贷—官僚。

中国私人资本的母体是地主、富豪、官僚、高利贷者。没有外在的无产者市民逼迫资本,没有被驯化成为生产工具。这种生态圈使得私人资本与农民土地问题纠缠在一起,母子一块儿成为中国农民的对立面,成为平均地权打土豪分浮财的对象。土地经济与商业经济的矛盾表现为农村与城市的对立,历史地形成农村包围城市的格局,我们从沈雁冰先生的《子夜》中,可以清楚地感受到中国民族资本在多种矛盾中痛苦挣扎的情景。

商业资本剥夺农业,趋向农业手工业自给经济,是商业资本怪圈。

实践、信息、系统、控制体系

中华帝国的周期率,可以用"什一租税制度兴衰周期"来概括。

实践目标,以民生为本。信息、系统、控制论就是:

结构系统:什一中正租税制体系;地主－商业高利贷－佃农体系;黄河—黄土高原构造体系。

信息系统:农业经济,自然天象往往是导火线,如套用信息论,可把天幕当作一个信息源。农业经济危机的触发因素往往是天灾,史书上把大旱、洪水、地震这类自然现象，作为亡国的天意、兆头加以记载。社会动荡触发与气候变迁、太阳黑子规律又不无关系。

通道，中国政府有采风习俗，民谣文化成为传递人民愿望和信息的一种方式。为民请命的信使——仕。

控制体系：观念，民生为重；结构限田、什一中正法权政治体系；小政府大社会中央集权制；文官仕途科举制；儒家文化，乡绅制度等。

中国古代市场，总体上属于剩余价值交换，10%的利息率，30%~40%的商业利润，吸干了农业的所有利润，资本和技术不愿意进入被挤干的生产领域。在社会走向无序时，纯粹的商业资本主义对农业体系有破坏性放大作用。

与西北欧对比，中国跳出理性—非理性周期的方法，就是在保护自律文化的同时，引进社会契约制度。

复习题：
1. 什一中正分配率为什么能够传承至今？

第二十八章 什一中正，自由自耕农商资本经济：创造出它特有的法权关系和政治形式

第一节 什一中正：自由自耕农工商"邻里相扶持"的市场诉求

马克思指出：*每种生产方式都创造出它特有的法律关系。*

什一中正，政治经界

"井田制—什一中正—自实其田—均田制—限田制"文化和政治制度的5000年延续，在中国古代，在王治太平年间，农民大约有70%~80%以上或多或少有属于自己的土地。即便贫农，也有少量自己的土地，地主、雇农都是少量。国家通过均田和限田制，防止无限度兼并。中国自由自耕农，有地有产有业有恒心，家庭剩余劳动力从事手工业和小商业，农业、手工业、商业没有分离。如果发生不可逆转的土地兼并，下级官吏就按照儒家文化的教诲号召人民，发动农民起义，打倒坏皇帝换上好皇帝，修复耕者有其田，租税中正什一之制。每200到300年（两个富不过三代小周期为一大周期），就发生一次修复什一中正律法的轮回。

什一中正，农业、手工业、小商业混合经济体，市场素养

在自由自耕农之间，"有恒产，有恒心"，并不存在"生存竞争"，他们之间，是邻里之间的相互扶助的和谐自由关系，禁止高利贷。正是在这个意义上，中国市场素养与"共同市场"只差半步之遥。

有恒产有恒心，孕育了中华民族农商文化之保卫土地保家卫国英雄主义价值观，绝对不是欧洲农奴式的农民。

市场习惯法

世界经济一体化，中国被逼迫转型共同市场，需要硬化为法制市场。

以西方共同市场"公平正义、自由、财产权、契约自治"为参照，中国

传统已经具备的法律素养：

（1）中国人勤俭节约，认同劳动致富法理。

（2）中国式"合伙"：听称责以傅别，不仅双方合意，而且合官法。"大同"，井田制，四海之内皆兄弟，己所不欲勿施于人，亲兄弟明算账。中华民国宪法"劳资两利"，中华人民共和国建国初期"四面八方"四马分肥。

（3）公买公卖，价格公平，老叟无欺，一口价。

（4）禁止高利贷法，中国是发祥地。

（5）借资治产，是中国失落的文明。

（6）潘维所言，中国是经世济人，对资本逻辑、市场机制没有那么迷信。

（7）邻里之间的和谐自由，人民主权，中国大众主义的公平正义，调解和司法共存，而西方职业化司法。

什一中正，农商资本工具自给经济最高水准

以资本生产工具为参照，亚当·斯密在200年前论述中华帝国经济长期停滞的三大原因：中国似乎长期处于静止状态，其财富也许在许久以前已经完全达到该国法律制度允许有的限度，……中国的普通利息率，据说是百分之十二，而资本普通利润，必须足够负担这样高的利息。"① 有同时代的名著《红楼梦》佐证，该第104回，贾芸抱怨王熙凤"在外放加一钱。我们穷本家要借一两也不能"，应当是消费式抵押贷款，贴现年利息率为10％。第106回，锦衣卫查抄王熙凤后，史官说"借券……如有违禁重利的，一概照例入官；其在定例生息的，同房地文书尽行还给。"可见中国存在禁止高利贷文化和律法。只不过，普通利润率必须达到20％（2倍利息率），才有还本付息能力，对大资本家有利，小资本家和穷人就借不起钱改良生产，停滞在农商资本工具自给古代经济阶段。因此，经济转型，就是需要参照"资本生产工具"法律创新，进行改进，增设法定中庸适度的利息率为5％，制度成本下降到50％左右。

中国农民比欧洲农奴富足，市场以剩余产品交换为主，非必然等价交换。手工业与农业没有分离，农民手工业劳动成本可以摊进自给经济中，非必然是等价交换。

中国农民土地私有，自由买卖租赁，但往往因为天灾人祸不得以才会买卖

---

① 亚当·斯密：《国民财富的性质和原因的研究》上册，第87页。

土地，买卖双方"财产地位"不平等，非必然等价交换。因此，尽管也存在扫尾价格、卖履非履中的劳动价值现象、等价交换现象，但是不成刚性。不像欧洲共同市场，稍有不公就要饿死人。

中国土地私有化、商业化程度，远远超过了欧洲。相对比，欧洲土地制度只经历了奴隶制、农奴制、租赁制，土地是上帝赐与之物，只有女王一人是上帝土地所有权的代表，因此，土地不能买卖，只能有限期租金售卖。

第二节　什一中正：生产方式为本，民主的多样性

一、生产方式，与民主多样性

民主的核心要素，是尊重人的多样性诉求。和平不同多样性，民主的原本。

马克思指出，"每种生产方式都创造出它特有的法权关系和政治形式。"每个时代都创造出它所特有的民主形式。这种形式表面看似乎是统治阶级恩赐的，但是它的"里子"，却是统治与被统治阶级较量的结果，包括力量的和智慧的。

只要有人、有文化存在之处，就有它所特有的"民主"形式，没有一定的民主活路，人民早就死光了。因此，不可以将现代、某种文化的民主仪式说成是唯一正确的形式。这样做或者是文化粗浅、文化傲慢，或者就是别有用心，是企图殖民他国的借口。

国际霸权主义口诛笔伐中国"人权、民主、市场"所谓三宗罪：

第一宗，没有按他们说的搞小政府大社会。但是美国政府比中国古代政府要大10倍，是全世界野心最大的政府。小政府的后果只能是被美国大政府"殖民"。

第二宗，国进民退。但是，市场经济需要政府做的事情，比小农自给经济政府多得多，眼前资本逻辑富人的房子空在那里22亿平方米，但是新生代平民却没有房子住。还有医疗、教育市场化后遗症，公民不得不求助于政府。

中小企业贷款难的问题，是民营房地产占了30%～40%、金融理财学华尔街高利贷占了20%，造成资金短缺，怎么能全算在国有企业身上？面对老牌资本主义，第三世界必须保留国有企业。2007年美国政府不是也在注资

"国有化"吗？

第三宗罪，没有采用西方的一人一票民选仪式。文革浩劫将一人一票民选仪式选举出来的国家主席迫害致死，说明仅靠仪式还不行。胡耀邦向美国记者披露了不只是他个人的政治改革设想，招来的却是颠覆中国的阴谋。

美国并不是一人一票普选制，有什么权利干预他国？美国"民主"确实造就了好战利益群体，只要侵略他国，就能"议会"通过。台湾算是民选地区，不能避免选出一个贪腐分子，马英九人品再好、做得再好，不能感动民进党帮派。"文革""大批判、大辩论"让笔者几乎要疯掉，笔者用了十年时间抚平"大民主"带来的伤痛，再也不会去参加那种内耗式的所谓"大批判、大辩论"。

西方挖掉公平正义，大谈"人权自由、民主、市场"，产权自私自利最大化，生产者（国）不参与利润分配，停滞在手工密集工具自给古代经济。

自由超越平等价值观，正在成为美国自己之殇。

二、"会社"，花儿一样的民主仪式

既为"民主"，就应当是件惠民的好事情，为什么要对立？为什么要将正常人逼疯？为什么不可设立邻里相助价值观，像"花儿"一样的民主仪式？

十年文革浩劫，让中国人懂得了什么是西方民主。正如法国哲学家卢梭所指出的，两个桀骜不驯的自由人之间谁也说服不了谁。文革大辩论、大字报、大串联，谁也说服不了谁，比声音大、比人海战术、比阴谋，发动文化革命仅仅两个月，就发展到比武斗，不得不军管。这种民粹主义的民主，神经稍微脆弱的人会被逼疯掉，只有少数身体强硕、已经神经分裂的，可能坚持到最后，从生理要求上就不公平。

其实，即便是普选民主，也可以有另外一中"仪式"。上世纪50年代那次普选国家主席，就像青海"花儿"一样热闹和温馨。记得，那天笔者的母亲特意换上她最新最好看的衣服，画了淡装，微笑着、自豪地、轻盈地迈步出门去投票，我们这些小孩子挤在门口目送妈妈，真是羡慕不已，迄今历历在目。这不是心血来潮、也不是有意的矫情。中国古代的"选秀"、"乡射"、"会社"，甚至传承至今的"花儿"，并不仅仅是男女相亲大会、贸易大会，从宏观角度观察，这也是一种温馨的民主选举仪式，比赛谁更有举办能力、更能够为大家办事。规模越大、办得越有声色，主办者在这一地区越有影响力，人们完全是自愿来参加的，就跟西方早期自由民选"低税区"是一个样。

第三节 什一中正，"协商"民主，中性政府的合法性

一、"邻里协商"民主

1. 井田制什一中正生产方式，创造出它特有的"中性"政治形式

恩格斯发现，在19世纪，欧洲出现了几个可笑的"表面上的调停"两大阶级关系的中性政府，正如马克思所指出的："每种生产形式都创新出它特有的法权关系、统治形式等。"政府是被"共同市场"生产方式逼迫改造，是相对进步。而在中国，关于"平衡"的"中性政治"的努力，似乎在5000年前就开始了。

中华民族的特征："和平不同"，首先从一个外国人口中说出。数百年前，利玛窦"对中国人的不好战、不尚侵略和宗教信仰自由也同样大为惊异"，与好战的基督教文化形成鲜明的对比。① 而"相友，相助，相扶持，亲睦"文化，正是渊源于"乡田同井"。什一中正，而有"天下者，天下人之天下"意识形态，中国的民主，是全天下人的事情，不仅仅是党派的事情。孔子按伦理道德水准划分君子小人，孔子有曰"君子和而不同，小人同而不和"（论语·子路）以调解为主，求大同存小异。中国从来没有存在过欧洲那种三专制完全彻底的奴隶制。

2011年，英国学者洛弗尔在其文章《寻找鸦片战争的真相》中说："当时的大清帝国，并不是一个封闭的地方，而是一个伟大的帝国，一个创造了今日之中国的帝国。""鸦片战争的名字，也是一位英国记者为了讽刺英国政府而起的"。中国是一个开放的国家，英国鸦片曾经在中国卖得很是热闹，而鸦片战争的根本原因，是不平等的国际贸易。② 从某种意义讲是"被打"、"被骗"，不得不有所抗拒的。

---

① ［美］斯塔夫里阿诺斯：《全球通史·1500年以后的世界》上海科学院出版社1992年出版，第13~14页。

② 洛弗尔：《寻找鸦片战争的真相》，新加坡《星期日时报》7月31日。

2. 什一中正，最低的政府成本，小政府大社会，中性政府的合法性

基于 5000 年的古代中国曾具备堪称世界最低的政府成本，中华民族租、息、利、税同率什一中正，从政府制度成本设立上，就不打算侵略别人。正如胡适先生所言，中国没有军备、没有宗教禁锢、没有警察，[①] 实行军屯、民屯，全民保家卫国。中国古代，官吏只设到县一级，乡及以下由民自治，为乡绅制度。汉朝，7000 人中一个吃皇粮的，唐朝 3700∶1；清王朝，900∶1；解放前夕，290∶1，就是证明。而美国吃公粮的 94∶1，在海外有 1000 个军事存在，军费开支占世界的一半，是世界各国中最大的政府，有什么资格和中国人谈小政府大社会？

中华帝国政府成本被限制在什一中正，仅仅是欧洲土地税制的五分之一，比现代美国政府成本占 GDP 的 15% 还要低，与现代日本、西德接近。

最低的制度成本，让中国古代成为世界上最富足的民族。丰富的财富，繁荣的商业市场，19 世纪中叶以前，中国的 GDP 占世界的三分之一，资本可为丰裕。我们民族以自己的富有和文明，怀远世界。陆海丝绸之路，郑和下西洋，说明中国是一个开放平和的国度。靠内功而崛起，区别于基督教文化圈靠掠夺和战争扩张。

和而不同，多元一体的经济、社会、文化道路。丰富性多样性。中国有天下大国心态，务实。

3. 什一中正，废止贵族制度，起点公平政治流动性

中国在 2500 年前就废止了贵族制度。在两周及其以前，是分封领主制度，在《诗经·小雅·北山》中，"溥天之下，莫非王土。率土之滨，莫非王臣。大夫不均，我从事独贤"，有公平是非之分，说明这里"王"指外王内圣。战国时期，周朝衰微，诸侯称霸，也要实施王道"以人为本"，而区别于欧洲奴主式霸权霸道。

在战国时期以后，《吕氏春秋·贵公》："天下非一人之天下也，天下之天下也"观念，表现在土地私有制变法上。公元前 594 年鲁宣公颁布《初岁亩》承认私田，公元前 400 年左右，魏国李悝变法，废除世卿世禄制度，主张"食有劳，禄有功"，平人法，"法经"。公元前 382 年，吴起变法，"世卿世禄不得超过三代"，符合血统理性不超过三代"创业、守业、败业"周期率，中国

[①] 温铁军：《告别百年西制崇拜》环球时报，2011 年 9 月 16 日。

富不过三代被法律化。公元前356年商鞅变法废除贵族制度，秦国颁布法令"令黔首自实其田"，承认土地私有，把土地分配给有功的军人，鼓励农耕。同时，参照井田制和"彻税"，耕地有按土地收成纳什一税的义务，政府有权兼管土地用途和收成。总体而言，中国土地制度实行的是小私有，政府限制土地兼并。就在《红旗谱》中我们看到，直到民国时期，在乡村里依然留存有"公田"、共用土地，全村的"祠堂"、学堂，也是共用之地。

"天下非一人之天下也，天下之天下也"是中华民族的价值观，表现于历代农民起义口号中，和政府改革中，直至孙中山先生"耕者要有其田。"中国共产党领导的土地改革，是最彻底的"平均地权"。

社会阶层流动性，是民主的最主要指标和表现。包括：自由迁徙，政治流动性，阶级流动性，权利流动性。

阶级流动性。废除贵族制度以后，农民获得全方位社会流动性，亦农亦工亦商亦学亦兵亦官，供给了全面发展劳动素养的人力资本。惟有中国人具备了自由人的标准样态，有恒产有恒心，独立自主，流动性。马克思界定，自由人的标准样态是自由自耕农和小业主。只有古中国实现了这种标准样态。

地域自由流动。自古以来，中国农民依靠家族、乡亲为纽带，相互牵引相互扶助，远走它乡。现在，中国乡镇企业白手起家到腾飞，国家没有为农民提供任何特别条件，近两亿农民进城打工，由于有家庭承包的土地做后盾，进退有序，没有发生大的社会动荡，没有严重的城市贫民窟现象。经济改革30年中华民族转型市场经济神速发展，就是最好证明。

4．小私有家庭平均分配继承制度，乡村自治，中央政府的合法性

商君变法，成年男子独立门户，按土地和财产平均分家制度，成为中国普遍的继承制度，从法律制度上鼓励自由自耕农和小业主经济。

中国伦理：修身齐家平天下，按照家庭伦理治理国家。根源：

（1）以家庭为单位的自由自耕农小业主经济，中国是以家庭为单位的"一盘散沙"。针对一盘散沙，自然需要强有力的政府加以组织和保护。例如，全民伦理道德科学文化教育，道路开通，治理自然灾害，剿灭匪患，抗击侵略等。

（2）财产流动性。土地可以自由买卖租赁，不动产有最大流动性，人民可以自由迁徙。特别是发生灾荒，迁徙不可阻挡。

（3）地域流动性，人们可以随财产自由走来走去。

（4）阶级流动性，"异质同构"，并不存在清楚的阶级界限。富不过三代，

最大流动性。非同质内聚，阶级界限模糊。

（5）君子不党文化。社会团体仅限于娱乐团体、商会，从政者禁止结党营私。秘密宗教组织转入地下。

（6）意识形态与时俱进。中国科学为主，汉字比宗教高明，宗教从来没有占过统治地位。

（7）统治者流动，朝为种田郎，暮登天子堂。

由以上历史原因，中国进入共同市场经济，国民的社会组织走向，是诉求全面的公平正义的社会组织，而不会像西方那样，奴隶制废墟阴影下的庄园主式的利益集团贵族化建构，集团瓜分政权。

宗教和庄园习俗，让欧洲派生出了社会团体的习俗。中国上世纪50年代以后的集体化，反而是从西方传入的，它锻炼了民众的集体观念和行为，为经济改革乡镇企业和农民进城创业，准备了社会网络组织、行为习惯条件。

5. 民生为本，政治民主的顺位，政权的合法性

（1）民为贵，社稷次之，君为轻。政治民主的顺位，合法性。

（2）外王内圣。中国有王道和霸道之分。

祖训，成为最高领导、官员、民众统一的文化教养，心身修养和礼仪训练。

（3）统治流动性。中国上古流行禅让制度，白衣可至相，可至王。中国早在2500年前战国时期就废止了贵族制度，世卿世禄不得超过三代，在《礼记》中已经有"选秀"制度，推举孝廉做官。商鞅变法实行中央集权郡县条块管理制度，政权宰相必起于州县。

（4）中央集权——乡村自治。皇权不下县，乡绅自治，知识分子得到治理政治的历练。君以民为天，中国的知识分子"仕"，担负着为民请命的义务，教化人民和为民请命，监督王权血统理性。科举制度是中国政治理性的万里长城。

（5）推选禅让制，血统中性。世界四大宗教，都实行教育、历练、选拔、禅让制，说明"禅让"也是一种推举最高领导的好方法，比"黑白"选举制更为理性，有利于价值观的延续性。

（6）家国，以家为表的中性。天下者天下人之天下，代表天下人的天国意识，中央意识和制度。中国是什么？中央国家。央：中；中央：四方之中，天地之中，天地人之中。

（7）和平不同，合法性以家为单位的利益平衡，而不是代表哪个集团利

益、意识形态偏好、宗教偏好，不强制不引诱人们去信某种宗教。

中国成功之路，内练，而没有对外侵略。

6. 自我矫正机制

第二十六章介绍了地缘的自然循环自我矫正机制。第二十七章介绍了儒家文化传承"什一中正"尺度，"有恒产有恒心"自我矫正机制。第二十八章介绍了儒家文化训导全民公平正义价值观，什一中正尺度，政府建制中的监督机构，告御状，三刺制度，无罪推定，经济政治变革，下级官员领导民众反抗暴政，自我矫正机制。

什一中正修复机制。"血统理性＋清官辅佐理性"各自不过三代，三个太阳黑子周期为一个理性周期，为33年，共六至7代，每200—300年就换一次血统。

和平不同，学习、取经、试验文化。中国能够来回切换，是因为中国对意识形态的看法的实用主义，对民生不利，就换一个。

立党为民、人民当家作主、协商会议、依法治国，相互制约。

任何民族国家，都以特殊的文化而自立于民族之林，中国没有统一占支配地位的宗教，这个任务就落在了儒文化"仕"的肩上。仕，具备有宗教牧师神父或社会家职责，有教育、规劝帝王和臣子的责任。就好比宗教竞选，中国的"仕"不靠"选举仪式"产生，而是学习历炼推举禅让，人民认可。

中国共产党由全国优秀份子组成，某个方面近于"儒仕"的职能。同时，列宁主义的党，是身体厉行的党，而不仅仅是意识形态党只有举手责任。

7. 文化多样性，主权大于单一人权

独立自主，是中华民族文化绵延5000年的表征之一。

什一中正，古代世界最低的制度成本，让中国农商经济超前，国家富足，累积了独立自主的物质和文化基础。

祖先留下的井田制文化逻辑和什一中正分配率，是人民独立自主监督政府的戒律，和对外独立自主和平相处的文化基础。农商文化超前，有道，才能够判断"道"。

小政府，所谓山高皇帝远，大量的事物由人民自己完成，人民有独立自主意识。

民族独立自主多样性文化，是主权优先大于单一人权的合法性依据，自然准则。而西方，单一人权意识形态之人权大于主权，是基督教单一意识形态之好战文化掠夺侵略他国的文化借口。

二、以五四精神，冲破五四全盘西化屏障

百年来围绕"道、形、器"的关系，已经上演了四种组合：中学为体，西学为用；以一贯道派；全盘西化自我殖民主义派；中学民生为道，西学形制器用派。

在国际大背景下，五四运动不是从天上掉下来的，不是纯而又纯，不是神圣不可研究。例如，中国五四时期引进 democracy 德先生（民主），science 赛先生（科学），liberty（自由主义），但是，由于没有设立法律表现形制加以规范，不能避免剑走偏锋，让中国每隔 7、8 年就乱动一次，经济如何发展？我们需要用五四精神，突破五四运动以来西式套话、西方话语权牢笼，从西方历史正确理解西方话语的意思，吸取其合理的成份。

由于基督教文化和武化大举进入中国，也许由于近代出了两个基督徒领袖人物，全盘西化盛行，出现世界都罕有的"逆种族主义"文化现象。即便如此，中国关于究竟如何学习西方的争论和探索一直没有停止过。

有诗曰"阶前偶有东风入，杨柳千条尽向西"。中国主流派精英尽数被俘获，只剩下最后一个儒梁漱敏。包括鲁迅，认为中国伦理是人肉宴席，主张不要看中国人写的书，骂倒一切文风流传至今。

1840 年第一次鸦片战争失败，西方坚船利炮在前，基督教文化紧随其后，打着普济主义的旗号，宣传奴主自由（the other），矛头直指孔子。正如瞿东升所指出，1895 年甲午海战失败，于是在制度上找原因，主张宪政，戊戌变法失败，辛亥共和革命，军阀混战，一战虽胜犹败。于是认为不仅是政权问题，在文化上找原因，认为文明根基全部烂掉。1911 年以后，外国殖民势力频繁策动战争，征服文化导致思想混乱社会乱动，撕裂、碎片化中国，经济停滞。在 1911——1978 年之间，几乎每 7、8 年就发生一次战争、或社会动乱，与国际霸权主义经济危机小周期区间接近。前 120 年意识形态逐步升温发高烧，企图对中华民族全盘格式化。意识形态而上，让人民生活水准倒退，肯定要遭遇失败。

尽管已经成为第二大经济体，仍然需要"如临深渊，如履薄冰"，谨慎向前，摸着石头过河。

因此，解放思想，应是以"五四"精神，冲破"五四"话语屏障。西方文

化有双重性，不能指望传教士般的居上临下传入，也不能指望封闭自然长入，惟有互动学习交融和创新，如英国的创新制度生产力的历史。

三、中国古代是农工商资本社会、文明开放型国家，"封建、封闭、专制"应当淡出了

中国人自谦、自我批判"封建、封闭、专制"，已经成了被霸权主义抓住的辫子、把柄，现在该摘帽子了。

（一）中国古代：农工商资本社会、文明开放型社会
——与欧洲黑暗的中世纪对比

理论，有时为现实服务。在革命时期，稍偏重于强调旧社会不合理的部分，所以要打倒一个旧世界。而在经济建设时期，要稍偏重于继承性，在前人的成就基础上攀登，成本低效率高。因此，革命时期的一些提法，需要淡出。特别是在外交文件中，要尽量接近国际通用标准语言意思。例如：

（1）"封建"应当淡出，代之以中国"农商社会"。对中国近代，只提半殖民地社会就可以了。否则，"封建"，与中华民族"和平和谐"文化的提法相左，相矛盾。

并且，中国古代分封制度在公元前594年"初税亩"就开始瓦解，商君变法之后基本消亡，只留有一个赏赐小尾巴，也不过三代。因此，与欧洲中世纪分封领主隶农庄园制度比，中国古代不是封建专制社会，综合马克思和胡适的研究，中国古代应叫做"农工商资本社会"，或农商社会，才准确。

（2）"君主专制"应当淡出，代之"文明型国家"，否则与中华民族"和平不同"文化的提法相左，相矛盾。

经过利玛窦、黄仁宇、张维为等人著书立说，现在国际上正在认识中国古代是"文明型国家"。文明国家，才能够做到"国强不霸"。

在内部，中国的君主，从小接受儒家文化培育，终身接受"仕"的教诲，并且遵守法礼。中国儒文化，民为重，社稷次之，君为轻。这比英国君主立宪制，还要稍高一个级别。中国确实有君主在某时间段某些事情上有"专制"行为，下级官吏就号召和组织民众打倒坏皇帝，换上好皇帝。好、坏以儒家文明文化为准则，因此不是"专制"。

中国"和而不同"、"天人合一"、"以和为贵"、家庭敦睦、邻里善待他人。

"海纳百川，有容乃大"集体意识和社会责任感，"己所不欲，勿施于人"，国强而不霸，睦近交远，说明中国不是"专制"国家。

在外部，说话是给别人听的，就要尊重别人的语言意思。指责中国古代、现代是"专制"的，主要是欧美基督教文化圈。而欧洲中世纪封建领主社会，按他们自己人描述的标准样态是：骑士军事看守、教会思想禁锢、贵族政治垄断专治，三专制。以欧洲为参照：中国古代不是君主专制封建社会，如果中国给自己套上专制大帽子，别人马上联想到的是"三专制"。

另外还有，秩序与等级。在国际语汇中，秩序叫做"有序"。而等级制的标准样态，例如印度四个种姓制度，因此"等级制"也不能乱用。例如君君、臣臣、父父、子子，各守其"礼"，叫做"有序"，如果用"等级制"形容，就会误以为是印度那样的等级制度。

（3）"封闭"应淡出，代之以"冷战封锁"，否则与南海归中国所有相矛盾。正因为中国历来是开放的国家，南海在中国历代是国家和民间的海上出口通道，中国还设立有行政管辖，南海归中国所有。尽管有过某皇帝封海的命令，但中国也有山高皇帝远的传统。而冷战造成的封锁，不能说成是中国封建专制封闭。

（二）关于自由市场国强即霸，与共同市场"国强不霸"

市场交换，如果脱离它的生产方式和法权，"配置"命题就有了很大变数，对谁优化？无限债务资本主义与殖民主义是孪生兄弟，国际霸权之国际自由霸道市场，是国强必霸的经济基础，资本主义意识形态强国必霸。

而生产共同体市场方式，是"和平与发展"的经济基础。中国古代是伦理道德和平不同，而现代进入合伙债经济之合伙和平时代。这已经反映在十六届三中全会以来的政策中"和谐社会，公平正义，共同市场。"因此，共同市场民生为本，才是"和平发展"的经济基础。

（三）关于民族独立自主尚武精神，与互利互惠的开放

（1）淡出"全方位开放"，因为只有殖民地，才会向宗主国全方位开放。开放应与互利双赢、民族独立自主、自力更生并列提出，不可单独，不可不设篱笆。孟子有曰："夫仁政，必自经界始"，这对开放也适用，国际开放不能没有边际，否则会钩起霸权主义无限贪婪欲望。

（2）重申和平崛起。保卫和平，需用尚武精神，持剑经商。中国60余年

的和平是多次打败美国及其走狗的结果，是手握两弹一星的威慑力。因此，搞经济建设、韬光养晦，不是放弃强力。而"中国威胁论"、"威权政府"、"强势政府"、"小政府大社会"正是阉割我民族国家尚武精神的陷阱。当下，列强长袖衫舞、列弱磨刀霍霍，却又装嫩"恐惧和平崛起"，中国那些东郭先生就企图把"崛起"挖掉。

和平与发展，"你中有我，我中有你"，是善良的大众愿望。而欧洲资本主义的起点是奴隶制废墟，让我们面对一群狼。与狼共舞，就不能单纯使用"亮出白肚皮"示弱的方法求得和平。修好时，不要忘记欧美俄日侵略中国史，不要忘记美国医生以协和医院为基地拿中国人做医学试验，迄今没有向中国道歉。

（3）淡出"引导外资投向重点领域和重点地区"的提法，国之利器不可示于人。

开放的主要成就，在于提高了与狼共舞的能力，增加免疫力；在于拓展了市场，增加就业机会，提高了生产力。

美国几乎把所有有点技术的项目和国土，都贴上了国家安全的标签，我们怎么可以"引导外资投向重点领域和重点地区"？大飞机的教训让中国飞机制造业失去了30年的时光，就是教训。他们还以收购为名，对中国民族品牌斩首行动。

中国引进的所有项目都是二、三流以下项目，这在穷追猛赶时期，或许是没得选择，这是中国人民渴望彻底摆脱贫困、过上富裕日子的心情使然。但是，不要指望靠引进可以成为先进国家。霸权主义"6+1"产业链，让生产国永远处于低端。如果20万亿人民币外国资产有一天撤出中国，那后果就像海啸过后，来时汹汹，撤退后留下一片垃圾和废墟。

（四）关于投资拉动、消费拉动、自给自足

建议淡出"消费拉动"，代之以拉动内需自给自足小康。否则与第三世界地位不相符。

资本主义自掘坟墓的原因在进一步深化，表现：其一，无限债务资本主义，无限过剩经济，引诱过度消费，超前消费，非循环，非持久。其二，洪水猛兽吸血鬼资本，总是企图摆脱法制驯化的笼头，资本自私自利最大化，贫富悬殊，生产过剩，经济崩溃。其三，私有制与生产社会化的矛盾。

中国作为发展中国家，还有20—30年这样一个阶段，需要投资拉动工业化、城市化经济。关于扩大内需，也是从贫困到小康，到自给自足。西方福利制度导致三怕：怕脏、怕累、怕苦，懒惰教训值得记取。勤俭节约永远不会错。

复习题：政治、民主形式与生产方式的关系，试举例？

第二十九章 中国粗放市场转型法制市场

第一节 独立自主，和平崛起

1. 中国成功的三个原因

新中国成立，结束了挨打挨饿的历史，成为世界第二大经济体，对于13亿人口的大国，是了不起的进步和成功。

中国成功的三个内在原因：民生为本，共产党领导下的经济成功，保持合法性；中国对发展中国家的"价值中立"，怀德威远，榜样的力量，中国对外基础和技术建设、维和部队、医疗队、农业技术扶贫等，极有道德吸引力；自由自耕农工商传统经济的红利，计划经济的红利。

中国和平崛起的客观因素，美国衰落，全球资本主义危机；第三次民主退潮；非西方世界的崛起，让西方价值观发生动摇。中国对西方资本主义意识形态构成挑战：其一，不用西方的"单一选举仪式"，通过协商民主选举，照样可以富裕起来。其二，以民生为本，也有自我矫正机制。其三，中国是唯一依靠自己的力量崛起的国家。和平不同，不战而能屈人之兵，互利互惠，既不依附于霸权，也不依赖于对外侵略战争扩张。这些力量，源自于中华民族5000年可持久文明。

而美国以"美国利益"为价值核心，不可能领导世界，各国也不要指望美国能满意。

2. 独立自主，和平崛起

中国古代，佛文化进入中国，北方萨满教民族两次入侵中原，两次百年国家大分裂，两次被占领，但是，中国文化包容和同化了外族文化，表现为人种面貌不变，文字不变，儒家文化传承。

19世纪中叶以前，中国是东方神秘的国度，但是，1840年鸦片战争失败，让西方觉得中国似乎是可以征服的。开始了好战的基督教文化进入中国时期，伴随着对"另类"的文化和武化征服掠夺杀灭，曾经遭遇西方坚船利炮在前，基督教文化洗脑紧随其后，演上帝骂孔子的戏。当然，也伴随着正常的有益交往，例如德先生和赛先生，西方科学技术传入中国。共产主义，实际也属于基督教文化圈，某种意义，是基督教文化的异化，不懂得基督教文化，就很难读懂马克思。

但是，中国一方面诚心诚意地向西方学习，甚至不惜自己砸碎坛坛罐罐，但是坚持真理，适时调整路线。学习西方的同时，坚持反帝，中国是两次世界大战的战胜国，唯一两次武力打败美国霸权的国家。反对大国沙文主义所谓"有限主权论"，与苏联辩论，走不结盟道路。控制住了1989年外国势力颠覆政权危机，而没有变色，在自由霸道市场包围和冲击下，坚持走社会主义市场经济道路。而许多国家或依附于苏联、或依附于美国，政治经济脆弱。

中国用了50年的时间，与东南亚、非洲和南美国家建立起相互信任和互利互惠关系。和平共处五项原则，中国不干涉他国内政，坚持主张各国的事情，由各国人民自己解决。授之以"渔"，在开发资源的同时，帮助当地人建设冶炼设施，教会当地人开发农业资源。

正是在这一大背景下，世人对和平崛起的中国刮目相看，希望在儒家文化中找到解决世界性弊病的良方。1994年，中国在韩国建立第一所孔子学院以来，15年过去，全世界已经有88个国家，设立了280余所孔子学院。中国崛起，正在成为维护世界和平的中心力量，在2011年非洲颜色动荡中，中国的态度不可小视。

从1840年起的170年来，中华民族经历了风风雨雨，经过百余年历练，搏击厚发，凤凰涅槃，浴火重生。改革开放，在短短的30年里，中国已经越升为第二大经济体，说明中华民族可持久文明高瞻远瞩，能够解读、包容和超越其他文化。

3. 儒家文化浴火重生的社会基础

从1840年起的170年来，儒家文化被基督教系统地加以否定，要把孔子扔进茅厕三百年。全盘西化格式化。中国的两代领导人（孙中山、蒋介石）笃信基督教，以至于中国儒学倍感飘零，靠不了岸。

让凤凰涅槃，浴火重生的，首先是中华民族的父母家长们。中国重视教育的文化习俗，在民间尚存，中国父母，从某种程度可以说，为子女而活，对子女看得比自己、比夫妻关系还重要。也许是出于对西方粗鄙的过度消费放纵声色文化的忧虑，是中国父母们，言传身教儒家伦理道德，在政治还惧怕被扣上封建大帽子的时候，家长们已经迫不急待地教育孩子们背颂唐诗、三字经、练习书法,"民国国语"一出版就被抢购一空。正是儒学以个人修身养性、家庭伦理道德为基础,因此消灭不了,格式化不了,它本身就是"格式"的母本格式。

台湾作家龙应台初进大陆,最深刻的印象是,大陆民众"亲和",这与400年前利玛窦的感觉一个样。就是说,中华民族的民族性,已经融化在血液中,不会随着岁月变迁。

4. 民生为本自我矫正机制,党和国家领导体制改革

有人认为,1989年那场危机后,政治改革似乎停下来了,这是不准确的。邓小平关于《党和国家领导体制改革》领导制度改革的主要内容:官僚主义,机构臃肿,权力过分集中,家长制,终身制,特权,监督机制不灵,等正在一步一个脚印地改革:

(一)成功阻止个人崇拜血统接班企图。连阿Q都可以做皇帝梦的中国,不应低估其政治意义。

废止最高领导个人崇拜终身制。邓小平同志带头彻底从领导岗位退下来。从江泽民同志开始实行2届任期制,特殊情况,最长不超过3届。已经平稳过渡到第四代领导人。

(二)国家领导人的产生,阶梯式历炼选拔制度。首先,是从基层按德智体和业绩选拔若干苗子,进行长达20年以上的历练,在最艰苦的省份工作,在改革开放的前沿工作和学习,调中央工作,进中央领导班子工作。从中央和省一级领导班子看,效果基本符合预期,被誉为是CEO型干部。

中国领导人,在第三世界是最清廉和最能干的,正是在他们身上看到希望,而甘愿忍受现实一时一地的某种不公平,社会比较稳定,国家在一步步向前推进。

(三)重大决策,征求国民意见,例如各个五年规划的制定,法律草案征求意见,听证会,法庭公开审理,征求专家教授的意见,上访习俗与制度,特别是舆论、网络监督等等。

(四)最高领导定期学习班制度化,相互沟通,与社会接触,解决权力过于集中和家长制问题。

(五)中国是有选举的,例如人代会,党代会等。问题在于,对于得到的选举权,大家要当回事。

(六)推行公务员公开招聘;官员问责制;政务公开;各级财政公开;官员个人财产监督制度等。

(七)以"爱国"为唯一政治界限,允许对民主做多样性选择。多党协商,

党外知识分子和特殊利益集团允许参与政策讨论，非政府组织"公民社会"的需求逐步得到承认。允许范围内的激进，渐进的政治改革，经济和社会公平，分层社会不同利益之间的协商妥协，更富有建设性途经达到社会、文化和政治的渐进变革。

理论辩论，也是一种纠错法。不同意见的辩论从来没有停止过。

（八）舆论监督。推动政府走向"问政于民，问计于民。听训于民，受教于民。"逐渐建立社会系统与公共领域多样性民主共治结构。

第二节　中国经济的多样性

中国的经济成功，应当归结于中国有优秀的人民和多元经济结构，中性政治领导顺应民意。

1. 顺应民意，以经济建设为中心

中国经济改革，顺应了中国人民摆脱贫穷落后、追求幸福生活的急切愿望。

中国经济改革30年道路并不平坦：

1978年，联产承包责任制推行。

1980年，国家经济体制改革委员会约请新经济自由主义学派弗里德曼来中国讲学，他所谓的自由市场的样板是香港，即法制市场。"自由市场"理论成为主流，但是，中国关于调整计划与市场的关系的争论，一直没有停止过，计划与市场是中国经济的两条腿。

1984年，市场化的第一步是"拨改贷"，层层分包制。引入资本机制，财政资本金投入下降到10%，但是上缴利税占95%没有变，导致国有企业亏损面积达15%~30%。

1988年物价改革，导致抢购风，膨胀率达到20%。

1984年中国运2飞机达到波70的水平，多次飞西藏线，1986年大飞机与美国迈道公司合作，1997年解除和约，1999年下架，让中国失去30年时间。

而法国坚持支持空中客车，在亏损19年后盈利，迎来市场。

1989年，美国政府投资非政府组织出钱出阴谋诡计，企图利用"人权、民主、自由市场"意识形态颠覆11个国家，导致1989年那场乱动。但是，人民厌倦了文革浩劫那种没完没了的互相争斗，不愿意失去刚刚获得的致富机会，有东欧解体的惨痛教训，外国在中国导演的动乱终于覆没。

1988~1998年上半年，美国高息揽储引发的国际高利贷传染到中国。利息率上升到11%，农行利息率高达24%。1998年下半年才降下来。

1994年，生产型增值税－高利贷－购买者价格法财务制度套餐，将财政赤字转嫁到企业账目上，导致国有企业全面亏损，至2000年累计负债5万亿元人民币，6000万国有企业职工集约下岗，转型手工密集和服务产业。拍卖国有资产。

1994年外汇储备制度，2011年外汇储备高达3.2万亿美元，相当于GDP的45%，有被美元绑架之虞。

1994年，市场化，煤矿、小型稀有金属矿藏私营承包。黑矿事件不断，2007年开始，不得不收回部分开采权。

1997年香港回归的第二天，由索罗斯对冲基金引发亚洲金融风暴，我政府对香港救市场。中国内没有遭遇金融风暴，外资企业纷纷转来中国，被推向出口导向型产业结构，引进的是二、三流技术。

外资企业利用中国法律不健全，报亏损面达60%，其中多数为假亏损。

1998年住房制度改革。该年下半年，利息率下降到8%左右，分期付款购房，分期付款创业，现代生产模式出现蝴蝶效应。

2000年左右，冲销坏账5万亿元。

2003年，伊拉克战争爆发的前三天，在美国媒体炒作下，中国倍受关于非典型肺炎的舆论围攻，91个国家宣布禁止中国人进入，有报道让中国城市服务业损失4000亿元。几千万农民工纷纷退回农村休养生息。政府免去服务业半年的税负，共渡难关。杨利伟傲游太空。

2004年以来，随着WTO金融放开时间表，政府、银行、开发商垄断房地产市场。1998~2010年，一线城市房地产上涨10倍。2010年以来实施控制房地产泡沫的一系列政策。3000万套保障房工程起动。

2004年以来，外国收购我名牌产品，实际为斩首行动。

2007年，美国次贷金融危机已经爆发，中国沿海200万中小企业告急。

2008年底，中国被美国"金融放水政策"裹挟，出台4万亿元救市政策，2010年再次引发房地产泡沫，地方政府债务高达7万亿元人民币。2011年，消费物价通涨超过5%，国家货币政策急刹车，造成已经铺开的项目资金断裂危险，市场内外金融乘机炒作高利贷。

2006年以来金融试点，担保公司、小额贷款公司、城市放贷，金融租赁公司、投资公司等，允许利率高于基准利率20%~80%，国家银行理财项目8.5万亿元，其中 3.2 万亿元流向融资市场。

2011 年，通货膨胀，收紧银根。地下钱庄高利贷高达 60%。高利贷成为继股市、房地产之后的又一个投机手段。

2011 年，美国回归东南亚的第一件事就是挑起南海争端。中国教练航母出海。

2011 年底，继做多人民币汇率之后，又借中国整顿房地产，西方在楼市、股市"立体做空"中国？

30 年，官僚主义、腐败、机构臃肿问题伴随政府改革左右。

因此，对经济不能采取简单的肯定或否定。例如，从宏观角度，尽管生产型增值税造成中国高技术制造业后滞，但是我们总算把钱花在了基础设施和房地产上，硬化资本为以后发展打下了基础。就好比两条腿走路，近年来中国基础设施改善，一部分人富裕起来，为招商引资创造了良好的基础设施大环境。尽管存在问题，但是没有发生危机。如果下一步能在攻克"技术性贸易壁垒"上下功夫，我们依然能获得比较全面的发展。

中国与日本、韩国一样，在经济腾飞期间，都有强势的政党和强势政府为领导。中国有党的网络机构，将人民和会社联络在一起，上下贯通，构成政策的制定、贯彻和修订网络，五年计划、十年规划、三十年战略、百年模式大战略得以实现。官员不为"选举仪式"政治黑金所累，更加能够体现为民之"中性"。政府控制着能源、金融、交通、国防的关键领域。国际贸易，持剑经商，才有平等可言。

而日本自从广场会议日元增值一倍后，经济停滞，自民党下台，"媒体"导向政府总理人选，几乎每年换一届政府，已经失落 20 年。

2. 四面八方海绵式经济结构，缓冲了货币陷阱

中国地域广阔、人口众多，经济依东、中、西、南、中、北，梯次排开，成"井"字形阶梯状、海绵状。地域差别，中国不太容易发生经济危机。

中国经济分为工具自给个体劳动经济、私有经济、集体经济、国有经济，并且生态位不同，不太容易在广袤的土地、海疆同时发生危机。

中国是多元劳务市场，当受到国际市场冲击，中国依三个劳务价格梯次进退，就业价格与货币价格不成刚性关系，不太容易同时发生危机。

中国引进外资以转化为生产装备为主体，经济结构依然以产业为主体，对货币不成比例刚性敏感。

在政治风云中坚守经济发展。中国百年经历多次"格式化"的惨痛教训，学会在变乱中保护经济。中国经济前30年，农业集体化和计划经济对货币不敏感，尽管7~8年就来一次运动，但是能够保持7%的速度增长。经济改革以来，尽管国有经济缩小到不足1/3，但是依然是持剑经商的中坚力量。同时，计划经济工业化和"大国利器"两弹一星为改革准备了持剑经商的资本，计划时期培育的高素质人员队伍、设备、技术、制度等流向了民营企业，还在发挥余热。计划经济让中国80%的公民有属于自己的住房，1995年以后参加工作的2亿年轻人尽管因高房价大户型买不起住房，但是能够租到较为便宜的房子。"计划方式"正在继续引领中国有方向、有秩序地建设和发展。中国有计划，让国际羡慕不已。

中国经济规律：有农则稳，有工则富，有商则活。中国农民有进退的余地，自由自耕农依然是社会稳定的基础。中国乡村自给经济对货币经济不敏感，中国联产承包制，土地只能租赁不能买卖，解决了中国数千年由于土地兼并引起的社会动荡问题，土地制度相当于农村的社会保险，"有恒产有恒心"。农民进城进退有序，没有出现那种没有退路的贫民窟，有别于其它发达国家历史和第三世界国家现状。

中国始终是个例外，没有发生全国性危机，缘由其一，中国是借资治产经济——农业手工业工具自给经济结构，借资治产经济下岗，可以退回工具自给小农经济和手工劳动密集型产业、服务业；其二，三元劳务市场，农民、城镇、受国际拉动的劳动三元价格阶梯。中国农民吃苦耐劳，支撑着中国经济的最后一道防线；其三，勤俭的人民把收入又存进了银行，转而用到了基础建设上。2010年中国活期和定期存款50万亿元，银行存款与债务相差不大。

相比而言，在"富裕"的阿拉伯，一个少年自杀，就引发一连串"阿拉伯之春"。而中国农民有进退的余地，自由自耕农依然是社会稳定的基础。

印度和中国是近20年里没有发生经济危机的少数国家。但是，印度实行土地私有制，佃农地租至今高达50%，种姓制度文化残余影响依然严重，有一个庞大的赤贫阶层，热衷于引进金融业，这些因素不改变，印度很难赶上中国。而日本财政赤字高达700万亿日元①（折合6.3万亿美元），相当于GDP的233%，日本企业债务高达近1万万亿日元（折合90万亿美元，此天文数字很大成分是货币升值引起旧账升值），是储蓄总额968万亿日元的10倍，特别害怕欧美债务危机传到日本本土。

---

① 参见《日本，大选过后要修宪》，载《环球时报》2003年11月10日。

3. 中国优秀劳动力，对未来 10 年世界经济的影响①

1997 年香港回归以来，对来自内地的经济压力和吸引力感知刺激相当强烈，香港摩根士丹利公司原执行董事谢国忠撰写文章《中国今后十年将主导世界经济》，认为中国在未来 10 年对世界经济的影响有：低廉的工资——生产力比；相当于各经合组织总和的巨大劳动力市场。

由于中国有重视教育的民族传统，劳动素养不比发达国家低，将面临手工密集挤出发达国家传统产业，特别是在信息、电子、轻工业领域；廉价优秀劳动市场不是采用人口流动的方法影响世界，而是采用世界工厂的方法，资本流入、廉价商品流出的方法，制成品贸易的方法来完成；将影响产业当中以下可以单独标价的五个因素：知识产权、劳动力、资本、土地和自然资源，世界普通劳动力价格将在 10 年内紧缩；高生产率低工资率，将引起世界性价格平抑，特别是信息电子轻工产业；10 年内长期处于低价格、低通货膨胀、低利息率金融市场，以及商品大众化、民主化；发达国家将采取巨额财政赤字，向军事等垄断工业转移、向服务业转移，应对生产劳动力价格下降趋势。也因此，中国贸易顺差不是货币供应问题，不能用货币汇率升值的方法对待。

中国经济趋势将对发展中国家有利，维持一般产品价格在低位运行，为它们发展本土经济提供条件。同时，中国劳动密集型产业需求国际技术密集产业的支撑，对日本、美国、欧洲装备（设备）、交通、能源设备需求，对日本、新加坡和台湾地区信息电子元件需求，对石油需求，对知识产权和资本转化为生产力有拉动作用，对世界经济布局和结构产生影响；通过国际制成品交易趋向公平，中国成本将逐渐与国际接轨，中国劳动价格逐渐上升，在未来十年消费市场将扩大，由工具自给经济走向"商品密集型"，但是价格不会过分上升。

"中国与发达国家之间在生产率和财富之间的差距是通过资本从发达国家迅速流向中国，和中国出口迅猛增长体现出来的。"随着中国劳动力以产品要素形式进入世界经济大循环，将降低国际劳动力和资本的成本，同时也会反过来影响自己，"对中国的影响在于改变经济部门与国家之间的收入分配。"国际资本绝对不会进入企业人雇用借资治产经济租费率高于国际水准 2 倍的领域，国际竞争将逼迫这些领域分配率变革。

---

① 赵国忠：《中国今后十年将主导世界经济》，载《参考消息》2003 年 2 月 20 日。

4. 新农村运动，尊重中国自由自耕农经济传统

中国的优越性正在于农民工在农村有一块土地，据报道，2011年尚占人口52.5%。7亿农民进退有序，农村反而在起着经济蓄水池作用。

2500年来的自由自耕农经济，还在发挥优势作用。自由自耕农经济，是人类与自然达成和谐的最佳状态，不仅仅是低碳，而且是供氧经济。中国地缘辽阔，地质条件复杂，应当允许农民有自己的选择，给自由自耕农这一古老的生存方式一个生存空间，这也符合文化多样性。而不要因政绩需要而一律城市化、"被上楼"。

有的地方政府或专家为了"房地产"那点眼前的蝇头小利，大肆主张农转城。如果大量农民进城后找不到适合的工作，为了生计就只有卖房子，那时候可就像毛泽东在《湖南农民运动考查报告》中所描写的"上无片瓦，下无立锥之地"。流民将是社会不稳定的巨大隐患。北京农民巨额拆迁款，引出6户灭门案，有的农民在半年内钱和房子被赌光、花光、骗光，只能挤在回迁房的楼道里。张文木先生指出，中国共产党的成功之路在于"工农联盟"，而国民党失败在与"资本联盟"。归纳中国延续5000年，关键是最大众化的"有恒产者，有恒心"，大部分农民有属于自己的土地，大部分工商有自己的场地。历史传统让中国人对"住房所有权"特别执着，因此，实行保障房制度，应制定配套措施，家庭必须保留一套住房不得买卖（可以租赁），清偿必须保护债务人家庭至少有40平方米的庇荫之地（债权人对债务人的济贫式债务减免：允许债务人留存40平米住房、转做公定价格租赁、减免租等），从而减轻纳税人负担。家家有恒产，有利于社会安全。

在成熟国家，农业产出仅占GDP仅1%~5%，但是富国的农业人口占全国人口的20%~40%，例如美国占20%，日本占34%，意大利占32%，印度占71%。中国人口众多，农业必须自给自足，这也是对世界负责。

中国是一个多元经济并存的大国，城市化过程要尊重历史习俗，城市化率也不能以成熟国家为样板。即便实现部分农业的工业化，中国农业人口也应维持在50%左右。反之，过度城市化，将导致与富国同样的后果：经济社会成刚性震荡。现代化不一定以"进城"为标志，新农村建设也是一种"城镇化"。

第三节　民生为道，建设法制经济
——法制不健全也能发展吗？

中国经济改革，正经历着三个阶段，和三个相应的法制改革阶段。

第一个阶段，穷追猛赶阶段。中国共产党顺应潮流，理解大众急切地希望摆脱贫困走向富裕的心情。粗放市场，则法律建设处于粗放"通则"阶段；效率优先，挖掉"等价有偿"阶段。粗放市场泥沙俱下与狼共舞，却也让我们民族学到了市场本领和增强了免疫力。

第二阶段，十六届三中全会以来"更加关注公平"。"社会主义，选择共同市场"，在第一卷第九章已经介绍过了。

第三阶段，"三十年战略，建设法治国家"。随着大众自发创造"共同市场，和它特有的资本生产工具法权关系"，十六届三中全会以来张扬"民生为本，和谐社会，公平正义，和平崛起"昭示，中华民族正在回归"中学民生为道，西学形、器"历史阶段。十七届六中全会提出"文化改革"任务，即是前奏。

当今，中国已经取得了经济飞速发展的巨大成就，成为全球第二大经济体。

如果有的官员问：中国法制不健全照样取得了经济飞速增长，这是为什么？

中国经济腾飞的原因，在前面已经阐明：勤劳勇敢智慧亲和的人民，多元经济的抗风险能力，中国共产党顺应民意的方针政策。例如，多样性民主体制的优越性：中性政府，不容易被利益集团俘获；地方、官员竞争体制，与经济挂钩；自下而上、自上而下的行政网络；重大决策科学化；层层"选秀"和培训制度传承；取经、试验、推广等科学的程序体制。

但是，又必须冷静清醒地认识，1978～2011 年这 30 多年毕竟还属于粗放市场阶段，某种程度可以说是以污染环境、掠夺式资源浪费为代价，合同履约率只有30%～40%，贫富悬殊迅速扩大，付出了沉重代价。这些弱点既阻碍中国经济转型，也有损中国在国际上的信誉和话语权。

问题还在于，如果能够让优秀的制度在社会中自觉运转，才可以长久继续下去，不会受到领导班子更叠的左右，而这就需要法制。

法律的作用在于把正确的东西固定下来，守成合理的市场交易的"公差与配合"，通过经济均衡，实现可持久发展。例如，英国资本是生产工具之禁止高利贷四阶梯已经被法律守成 400 年；博尔顿——瓦特模式已经被法律守护了 240 年。1898 年制定的德国民法典迄今适用，训练德国人实干和守法的品质，在百年后依然能够帮助德国第一个走出世界经济危机。三权分离相互监督的法制国家，即便政府倒台，但是有忠实于国家的议会、法院、军队看守。例如比利时 500 天没有政府、日本、意大利几乎每年换首相或总理，但是，社会按照健全的法律自觉运转。

世界经济一体化，但是中国建国 60 年尚没有设立一套可以和世界通用的量化公平的民商法，主要矛盾方面，是存在对法制的某种轻视，怕麻烦，或怕受约束？这反而不像是中国文化传统。笔者认为，一是来源于"苏联模式"热衷于行政手段，二是对美国式自由主义（Liberty）抱有幻想。三是对民商法是"资本生产工具"经济转型的充分必要条件认识空白，对该法应上升为国家基本大法认识不足。

摒弃苏联模式的束缚

苏联社会主义给人类发展道路打开了一扇新的窗户，为我们送来了马克思和保尔·柯察京。但是在微观上，苏联制度必然受到它的农奴制沙皇文化历史的影响，例如大国沙文主义军备竞赛，极少数特权阶层不知人民的疾苦，导致大众生活远远落在了资本主义国家后面，让人民失去希望而抛弃苏联政权，西方几十年的和平演变终于一时得逞。苏联科技可谓发达，资源资本可谓丰富，但是，随着 1991 年政府倒台生产力在一夜之间下降 50%。20 年后，尽管石油价格让俄罗斯富裕起来，但是中产阶级感觉不安全，已经不再愿意忍受官僚主义和腐败，在 2011 年的近三年中，移民 125 万，并不买普京红利的账。当然，俄罗斯正在以它自己的方式渐进改革，并没有完全如西方所愿。

苏联、利比亚、伊拉克，以及美国保护伞下的印尼、菲律宾、埃及等国家的命运被拴在强权政治的腰带上，一旦更迭领导，难免引起政治危机，连累全体人民遭受动荡之苦难。强权政治是有缝的鸡蛋，易被国际霸权主义叮上。

苏联解体对中国有震动，邓小平同志 28 字方针"冷静观察，稳住阵脚，沉着应对，韬光养晦，善于守拙，决不当头，有所作为。"具有长远指导意义。中国的改革以经济建设为中心，采取"不争论"政策，以实践检验真理。也正因为如此，苏联强权大国沙文主义在政治、经济、法律教科书中的痕迹，并没有得到彻底的清理，成了法制改革的拦路虎。现在有了市场实践经验，我们已经有能力、也有必要对苏联模式中糟粕的东西加以澄清和摒弃，其相关质疑现集中重复如下：

（1）马克思指出，社会主义只能建立在资本主义最新成果基础上。

而苏联完全剔除生产领域的"市场"，僵化的计划经济不知道"共同市场"为何物，当然不可能获得崭新的工具"资本生产工具"。

（2）马克思学说的核心是"以人为本"。

但是苏联迷信强权政治，被西方牵着鼻子走，掉入军事竞赛陷阱，而疏忽了民生治产，人民生活水平停滞不前，艳羡西方物质丰富，人心被西方俘获。

（3）马克思指出，"每种生产方式都创造出它所特有的法权关系和政治形式"。

而苏联政治挂帅，迷信所谓"生产资料的所有制决定分配制"，完全无视客观生产方式的主体作用。由于没有建立起生产方式与它特有的法权关系保护网，政治理性亡，经济亡。

（4）共同富裕，是社会主义意识形态之本。共同市场，为了共同驯化资本成为生产工具，寻找两大可以合作的空间。

而苏联极左思维"法律是统治阶级意志的表现"，阉割掉了马克思、列宁的后半句话"这样的政权必然被打倒、推翻"。"法律是统治阶级意志的表现"导致政治权力自由意志滥用，阻挠民法建设，资本不能成为生产工具。

（5）关于所有权是约定。

苏联"法律是统治阶级意志的表现"自由滥用，在教科书中所有权被定义成了"绝对、排他、无限、永续"权自由滥用。连资本主义法权关系"所有权是约定"，"所有权有造福义务"都没有做到，资本不能成为生产工具。

（6）马恩"公共财政"理论。而苏联"财税政治特殊强力无偿固定"最大化，资本不能成为生产工具。

（7）随着生产力提高，走低工资、低物价路线，违背货币经济的动力机制。

美国"镀金时代"历史教训值得记取

19世纪下半叶，美国政府被叫做"分赃政府"，有过不需要法律也能富裕起来的疯狂的"镀金时代"。16年后，1893年美国陷入危机，贫富悬殊、中等收入陷阱，被逼迫开始"进步主义和向海外扩张"。而美国式自由主义（Liberty），自己的自由是他人的地狱，自由大于平等、自由大于公平正义，是美国之殇，反复发作金融危机。

中国洋务运动"师夷之长技以制夷"，但是只学会了"用"，而法制没有跟上，导致官员腐败无能。同时，西方要收殖民主义制度成本，发动鸦片战争，赔款、卖国条例、割让土地，引进西制、引进人才没有救得了清王朝。中华民国，设立六合法，有过 10 年黄金时期，此法至今让台湾受益。但是当时的四大家族却千方百计逃避法制，西制没能救蒋家王朝。今天，尚有亲美派幻想在欧美俄利益集团斗争中，小政府、自由化、私有化，相信有钱能使鬼推磨，用钱铺路、摆平，传染腐败，而对依靠法律公正没有自信。中国血管中 50% 流着外国资本的血，手工密集廉价商品，就是美国在中国征收制度成本。

正如胡锦涛主席在纪念中国加入 WTO 十周年讲话中所强调的，"中国将进一步营造公平透明的市场环境。我们将按照转变职能、理顺关系、优化结构、提高效能的要求，加快建设法治政府和服务型政府，继续开展涉外经济法律法规、规章及政策措施的清理工作，深化行政审批制度改革，减少政府对微观经济活动的干预，健全制约和监督机制，推动政府服务朝着更加规范有序、公正公开的方向发展。"对外开放推动对内开放，必将推动国内法制建设。

文明需要通过制度建设加以保护和守成，文明才能够持久源远流长。或许中国最艰难而辉煌的改革才刚刚拉开序幕。

复习题：

1. 为什么，法制不健全会导致"镀金时代"、腐败时代、政治非理性时代？

第二卷

论法的精神：
规范化的道德阶梯

导论　法律是经济的形而上

第一章　世界经济一体化，民商法扁平化

第一节　经济与民商法，互为里表

一、每种生产形式都创新出它所特有的法律形式

马克思指出："每种生产形式都创造（重点符号系本文增加）出它特有的法权关系、统治形式等。"① "这种规则和秩序，正好是一种生产方式的社会固定的形式，因而它是相对地摆脱了单纯偶然性和单纯任意性的形式。"② "这种具有契约形式的（不管这种契约是用法律固定下来的）法权关系，是一种反映着经济关系的意志关系。"③ "经济关系反映为法原则"④ "确认单个人之间的现存的，在一定条件下是正常的经济关系"。⑤

那末，共同市场经济张显或创造了哪些法律诉求？马克思在《资本论》第一卷第二章"交换"中，指出："商品不能自己到市场去，不能自己去交换。因此，我们必须寻找它的监护人商品所有者"。"为了使这些物品作为商品彼此发生关系，商品监护人必须作为有自己的意志体现在这些物中的人彼此发生关系，因此，一方只有符合另一方的意志，就是说每一方只有通过双方共同一致的意志行为，才能让渡自己的商品，占有别人的商品。可见，他们必须彼此承认对方是私有者"。⑥ 马克思的这些名言，指明了商品经济关系形成所

---

① 《马克思恩格斯选集》，人民出版社1972年版，第二卷，第91页。
② 同上书，第23卷，第102页。
③ 同上书，第25卷，第894页。
④ 同上书，第四卷，第484页。
⑤ 同上书，第248页。
⑥ 《资本论》第一卷，人民出版社1975年版，第102页。

必须具备的条件，以及相应的法权表现：其一，"双方共同一致的意志行为"，即共同市场价值规律，资本生产工具法律创新。如果没有法律约束，达成"共同一致的意志行为"的成本会很高，而法学专家往往忽视了这一大前提。其二，必须要有独立的商品"监护人"，即所有者，这种法权，要求设立确认权利主体的制度，为符合公共利益，得权利义务均衡。其三，商品交换者对商品享有所有权，这种法权，要求设立确认所有权的制度，为符合公共利益，所有权是约定，有造福义务。其四，必须要商品交换者双方意思表示一致，商品才能交换，这在法权上，要求建立契约制度，为符合公共利益，是法（公平正义）的契约制度。随着商品经济的发展，以上四个基本要求的法权表现，逐步发展演变作为现代民法的四大制度——为了和平，量化的公平法律制度、民事主体制度、物权制度、债关系等制度。

因此，将市场经济的机制理解为是"价格杠杆和竞争机制"，是片面的。

二、经济是法律的内容，法律是经济的形而上

1. 内容与形式，致富内容上升为"经邦济世"形式

马克思指出，"每种生产方式都创造出它特有的法权关系，政治形式等。"王汉斌关于〈中华人民共和国民法通则（草案）的说明〉："法律形式表现了社会的经济生活条件。"北京大学法学院贡献田指出："经济是法律的内容，法律是经济的形式。"

那么，什么是"内容"、什么是"形式"？

内容与形式的关系，属于哲学"形式逻辑"中的"归纳逻辑"。在中国文化中，叫做形而下为器，形而上为道。

道、形、器。中华民族认识论：万物，表现为具体的"器用"；当器用太多，人们逐渐学会采用归类分属法，用"形、象"来归类。而道，是"形"进一步抽象，达到"无形无器"，属于"人同此心，心同此理"层面的意思。

例如，当器用太多，人们逐渐学会采用形体归类分属法："形、象、体、势、制、数、术"，是"标准样态"的抽象。而"道"，是"形"进一步抽象达到"无形无器"的境界。

具体事物有形有器，例如白马是马。

形制，有形无器，例如现实中并不存在绝对的"点、线、面"物器；马有形，但是不存在没有具体颜色的马，有形无器，马非白马。

例如，获得财富的方法有两种，生产它，或掠夺它。守法经营叫做"经济"；非法经营叫做"掠夺"。

经济是法律的内容，即经济是各种各样颜色的"马"，有形有器；而法律是被概括抽象成的"马"，有形无器。形制，就是经济之所以叫做经济的"规范"。例如，汉语"经济"，经邦济世、经国济民。

形制与它的内容。例如生产型增值税，是"手工劳动密集型产业"的法律形式，不符合资本生产工具诉求。

综合以上，内容与形式互为里表，是血与肉的关系，一件事情的两个方面，而不是可服务可不服务、作用与反作用的外在关系。

而作用于反作用，只适用于转型时期，新旧两种生产方式对"法律形式"的选择情况下。

2. 经济行为必须是合法行为，法律是经济基础规则

首先，经济行为必须按照法律规则行使，理由很单纯，不守法的人已经被抓进监狱，可以自由经济行为的人，自然是守法公民，他们的外在行为必须是守法行为。

法律是经济基础之合法权利、行为。治，法之目的。法，是经济的不可分离的运动程序、运动尺度要素，法律公正行为就是经济基础行为本身。从源，法律规则本身就是来源于人类的生计活动习惯、习俗。例如，老穆勒、马克思将"生产"分解为四大运动环节：生产预分配、生产过程、再分配、交换、消费四种运动环节，这四种运动，都属于规则行为或法律行为。因有序、规则运动而提高了效率，能够说不是生产力？劳动力是生产力，能够说治产人按法律行为就不是生产力？买卖东西，法律叫做所有权的交换，我们总不能把逛商场叫做逛上层建筑。契约分工协作生产，总不能把履约叫做上层建筑工作。

3. 民法设立必须遵循经济规律

法律的设立必须遵循经济规律，法律才是经济的形式。例如直到16世纪，复兴共同市场，互为生存条件，存在等价交换价值规律，相应地，法律设立禁止高利贷四阶梯普适，作为交换分配法律允许的波动范围，英国租地农场主资

本生产工具才能够萌芽。1689年市场习惯法上升为国家大法，资本生产工具主义才逐渐占支配地位。前前后后经历了近400年时间，迄今还在不断完善之中。反之，如果法律的设立不采信新经济的规律，那么新经济形式就会因为得不到法律保护而始终处于混乱和萌芽状态，不能够成长为占支配地位的生产方式，则经济停滞在旧有合法行为之旧有经济阶段，例如中国有专家学者设立民法的目的是"定纷止争"，恰恰反映中国新经济萌芽迄今缺少民法保护，经济确实还在古代手工密集产业怪圈中打转。

4. 上层建筑制定法律为经济基础行为服务

马克思所说法律上层建筑，是指法律由上层建筑拟制、议会通过、政府监督执行。马克思又说，政治为经济服务、上层建筑为经济基础服务。政治者，正义也，文的、中正的方法。其阶级意思是，统治与被统治阶级是共生存、共消灭关系，上层建筑为了自身的生存，在制定法律时必须尊重客观规律，否则不能避免阶级一方灭亡双方灭亡。但是，由于国际冷战环境的误导，在某些历史阶段，政治失落了其公平正义的内含，一味追求阴谋，而偏离了法律公正的制约。例如，法律上层建筑，演变成了经济基础与上层建筑两张皮，绝然分离，经济学者不学法、不懂法、不守法，主张经济不讲道德，不研究法律的经济效用，以至于经济学失落了正义，经济学正在沦为一次性效率投机技巧学。脱离正义的经济学，不可能发现公平对效率的二次方激励机制。

第二节 资本生产工具：民商平等法，上升为宪法原则

1. 民法是基本普遍法，关系国家顶级战略

社会规范（包括法律），具有一定的价值取向，赋予社会生活特定的导向，使人们参与社会活动的行为纳入普遍稳定的社会发展轨道。法是联结个人与社会的重要纽带，法是社会的调节器。民法是商品经济法的法权表现。市场经济作为人类社会发展普遍的不可逾越的阶段，本身具有共同的客观规律。当资本生产工具生产方式占支配地位，各国法制变革，逐渐把民法的这种平等原则，上升为宪法原则，明示自由、平等，所有权有造福义务，合法财产不可侵犯，这在第一卷第三、四、五章已经介绍过了。

欧洲现代民法，是三大复兴运动的产物（古希腊哲学文艺复兴，古罗马法复兴，教会法改革）。欧洲法律变革，一是从意志（假设）本位到规律（实证）本位；二是从国家到社会，罗马社会是最早形成的市民社会，而后来的资本主义社会则是发达的市民社会；三是从身份到契约，政府与市民之间成为契约关系。三大运动中，法律变革占去三分之二。并且，三大运动最后综合体现为国家法律变革，构建起转型现代经济的制度势。只不过由于文化人掌握话语文字权，许多人似乎只知道文艺复兴。

对比而言，对于后发展国家，面临两大任务，其一，民法的内容与生产共同体市场民法接轨。其二，民法应当上升到国家顶级战略高度，这关系转型现代经济。

2. 科学主义，生产关系失落了形而上

科学主义与人文主义是一个对称。

人文主义的生产关系，广义的民生为本，是天人合一，人与自然达成和谐。人与人之间是互利互惠关系，法律表现为不仅维护债权人的利益，而且维护债务人对等的利益，和劳动者的生存发展权。自身成为真正的人，是self，自爱爱人。天人合一量化的尺度，计划生育，在解决温饱以后，人文环境化，是创新生产力的途径，例如"货仓实验"人们看重团队关系，自我实现。在解决温饱以后，环境保护上升为第一位，生产力与环境达成和谐。

关于科学主义。科学主义的特征，是把人当作物、工具来对待，机械科学主义，例如，费尧的行为科学；经济科学主义，把人当作经济动物，"经济人"，把人抽象假设为自私、物质、理性。马斯洛的五种需求阶梯：生存、温饱、安全、实现自我、超越自我。科学主义的方法是萝卜加大棒，重视硬管理。中国科学主义的来源，早年西方大学分类为神学（人性）、法学（适度）、理学（博大贯通）。英文"science"有多种意思：科学、学科分类、自然科学、理科、技巧、科学研究、理论知识。多义词如果进入某种偏执，例如五四运动"赛先生"科学主义偏执于"science"意思中的技术、技巧"效率"竞争一端，实际是偏执于丛林准则范畴的东西。科学主义，利润效率最大化资源配置，把人当作"工具"使用，科学主义形制失落了民生为本形而上，资本不愿意转化为生产工具，技术转化反而最小化，停滞在行为科学主义手工密集型产业阶段。

3. 政治看守论，生产关系失落了正义

例如，苏联科学主义，一方面，帮助中国实现工业化结束了挨打受饿的历史。而另一方面，苏联政治经济学生产关系只剩下了"生产资料的所有制决定生产关系和分配制"，"生产方式"决定生产关系被阉割掉了。生产关系被当作政治上层建筑束之高阁，而与生产成了两张皮。只有技术、只有政治看守，缺失法律制度保护，是苏联在一夜之间垮塌、生产力陡然下降50%的内在原因。

4. 自由霸道法，工具自给经济

某些精英鼓吹所谓"经济不讲道德只讲利益"、自私自利最大化、定价权私有化、"小鸡自由过马路、自由轧小鸡"；限制公权，保护私权。例如，"限制公权＋定价权私有化"，2002年以来的国企业改制，反而拉长了供应链，增加了制度成本。2008年火力发电改制，煤炭出坑口价格350～400元/吨；至秦皇岛港口运输费用260元/吨；一吨电煤的生产成本为110～140元（其中人工费用50～60元，各种收费50～60元，材料费20～30元），煤电的公路运输成本240元（包括汽油钱、过路费、养路费、保险、工资，煤运公司收取地销费本省40～60元），以上合计1040元/吨电煤，最高时上涨到1200元/吨电煤。煤炭和运输费如此疯涨，在于小煤矿和运输被私人垄断承包，利润被私人和地方政府黑箱操作分割，国营电厂无利可分，偿还建设电厂的债务成了问题（按揭10%，10年期）。2002～2008年电改，沉积在火电厂建设的银行债务至少3万亿，谁来买单？①

面对国际霸权主义，弱势国家"发展是硬道理"，落后就要挨打，这是一个事实，但是如何发展，却有不同的道路。"发展硬道理——效率优先"套餐，没有了公平的位置，让经济在生产工具自给经济历史怪圈中打转，新经济自由理论家，见钱不见人，不是人民公敌是什么？

---

① 冯瑛冰、陈忠华、王炽坤《揭密：一吨煤的价格之旅》，深圳商报，2008年9月5日。

第三节　世界市场经济一体化，民法需要和可以具备国际性

一、生物进化之学习互动论，对人类也适用

殖民主义的一个方法，就是以己之长，比他人之短，妖魔化对方。把人类史，假设成阶梯，一级一级往上爬，这只不过是等级专制的一种放大。

其实，就连动物都懂得生物互动论，摹仿、学习、包容的方法，比封闭起来自我偶然变异进化来得快。例如，有一则试验，红襟雀把拴在杠子上的绳子解开，让瓶子掉到地上，以便吃到瓶子里的食物，而山雀不会，实验证明红襟雀个体比山雀个体聪明能干。然而，经英国生物学家观察发现，山雀是集体觅食，只要有一只创造了戳破纸盖吃牛奶的方法，很快其它山雀也学会了。而尽管红襟雀个体比较聪明，但是它们是自己单独觅食，即便有个别红襟雀创造了新方法，也不能在种群中传播开来。这就提出一个进化论所不能解释的现象，在条件允许的范围内，学习摹仿的方法，比肌体生理偶然变异、自然选择进化的方法来得快得多。当条件大致不变，也许某些生物会选择万年不变。山雀与红襟雀的故事，叫做生物互动学习论。

学习互动论，对人类进步也适用。例如，工业革命的创造者英国，本身就是大陆多种经济、政治、文化，逃亡到那个欧洲西北角上自然条件恶劣的边缘小岛上，相互交融学习进步的结果。学习模仿比自己缓慢进化快，例如美国用几十年就把西北欧800年艰难困苦建立起来的制度学会了，日本用了100余年，韩国用了20余年。分配率变革在中国同样有立竿见影的效果，古代例如贞观之治三、五年见成效，现代例如1949年新中国成立时期"四马分肥"三年恢复经济，1960年三年困难时期包产到户三年恢复，经济改革农村家庭承包制三、五年见成效。

相对比，往往是利益既得者为了阻挠变革，把经济问题复杂化妖魔化荆棘化，而霸权主义丛林准则更是把其他民族视为"另类"，把经济问题与文化历史、生物进化论扯到一起，误导他民族自我殖民化。例如，以"特殊、不成熟、把握不大"为借口，将中国法制倒退到400年前英国领主庄园三专制时代，律师培根将庄园公法和市场私法对立起来，拿来说事，而现成的公共财政

法却不学。

后发展国家,是被逼迫,可以、也必须采用学习交融的方法取得进步。

二、民法需要和可以具备国际性

1. 家庭伦理是民法渊源,是各民族所共有的,民法得具备基本国际通用性

由于不同民族的习俗不同,我们确实不可完全照搬照抄国外的民法。但是不等于以此为借口,而可以违背法律的基本准则,不求进步。

首先,物竞天择,自然选择适度,证明人类各民族之间的差别不大,当今基因工程也佐证,人类差别不大。其二,"生物学习互动论"证明比自然选择法进步快。其三,全人类都是由家庭繁衍和家庭进行最初最一般教育成长起来。家庭的最基本的伦理准则接近,可以归纳出世界共通的规则。其四,东亚、东南亚法制国家和台湾地区证明,儒家文化圈可以与欧洲民法接轨,而本书将逐条证明,西方民法绝大部分条款的法理在中华文化中都可以找到,中华民族的基本习俗可以与世界性法律接轨。

有人认为,中华民族没有民法,这是不对的。需要区别民法与民法典。相对照,中华法系应当包括法典、法学编纂、乡规民约、商业习俗等等。中华法典吏治、刑、民法混合,就说中华民族没有民法,真是天大的谎言,况且,迄今没有独立的民法典的国家还不少,例如英联邦国家等。英国民法由制定法、衡平法、习惯法、惯例法等部分组成,在英属联邦国家至今适用,美国民法有2万多条惯例。这些国家只有某些专门法,但是并没有完整的民法典。

由以上对比,我们有制定法和乡规民约、习俗法,可以与世界性民法接轨。

世界经济一体化,民法诉求国际性

马克思指出,社会主义只能在资本主义最新成果的基础上建立和发展。科学社会主义不是从天上掉下来的,它是历史过程,从来不拒绝进步的东西。

首先,中国合同法允许参照他国法律:合同法第126条规定:"涉外合同的当事人没有选择的,适用与合同有最密切联系的国家的法律",既然准用"最密切联系的国家的法律",为什么在立法时不可以参照"最密切联系的国家的法律",以便把"涉外合同的当事人没有选择的"这一现象降到最低限度?为什么不可以通过参照包容学习,尽量不去凭空捏造中国没有、外国也没有的逻辑和法律语汇，以免无法实施和无端造成法律行为混乱。例如《合伙企业法》硬要把国际通用的"两合公司"，却另外按美国法定名为"有限公司"，而与中国《公司法》的有限公司同名而所指不同，造成人为混乱。

随着国际市场扩展，民法参照已经成为国际惯例。例如19世纪，拿破伦法典成为许多国家立法参照的母本，20世纪，特别是魏玛宪法以后，德国民法成为许多国家立法的参照物。包括中国中华民国民法典。

德国民法典1998年最近一次修改，值得用做参照，还有以下理由：

1. 德国民法，从某种意义可以说是温和的社会主义运动的产物，适度调整两大阶级可以合作的空间，量化解决劳资关系。并且，第二次大战后，民主力量掌握政权，西德的制度成本曾经是世界上最低的，达到50%~33%，实质经济生产力超过美国。针对过度福利主义，德国经历了10年经济改革为福利"减肥"，人均收入从位列欧洲前3位，降到排第12位。2007年以来已经延续4年的世界性金融危机，德国是西方最快走出危机阴影的国家，这有良好的法律约束金融的作用在内。

2. 参照德国大陆法系的国家，经济秩序稳定，往往有较为持续的增长，特别是在儒家文化圈，例如日本、韩国、新加坡和台湾地区等。

3. 中华民国时期的宪法和民法，都参照了德国法典，法制秩序，是上个世纪20~30年代中国经济"黄金10年"繁荣的原因之一。反之，1934年以后，美、日高价收购黄金白银，中国硬通货再次大量外流，导致"输入性通缩"，1936年，不得不放弃银本位，而就此，美日反而取得了硬通货本位。而1945年以后学美国自由金融主义，无硬通货本位的纸币贬值6万倍，民国先亡于无储备之西制财政制度。引进美制及人才没能留住蒋家王朝。

台湾地区实施中华民国民法几十年，证明德国民法典的核心意思能够与中华文明接轨，参照和包容德国民法典，既有成熟经验，又有利于推进一国两制。

当然，惯例法也有优点，对现实事物能够较快地反映在法律中，例如将公共法纳入财产法。因此，立法，应遵循条例法与典型案例法相结合的路子。

由于文化断代、意识形态的失落、商业快餐文化泥沙俱下，造成中国某种程度的正义权威缺失，不能避免争论不休，很难达成共识，一个200多条的物权法（扣除本不属于物权法的公法物之归类分属部分，实际只剩下一百多条），立法研究工作进行了13年，依然难尽人意，浪费纳税人多少钱！贡献田高估了某些人，意思在于，有些人甚至还没有达到照搬照抄资产阶级（国内法律）的水准。就如某电视台所总结的，这些人的观念既不符合马克思主义也不符合反马克思主义（资本主义），而是追随国际霸权滥用自由霸道法，是对人民的不负责任。

更重要的是，加入WTO以后，中国正在进入国际市场，因此需要参照国际通行的规则，重新梳理中国的民俗、民法，努力做到既传承中国中华法系的精髓，又包容国际市场上惯用的优秀的规则，也只有这样我们才能在国际事务中有效伸张公平正义。民法的世界性，让我们民族能够参照世界性民法规则；加入WTO，我们需要参照国际通用的法律安排；从成本考量，如果选择参照物，进行加减，则事半功倍。

马克思指出，文明比野蛮脆弱得多，世界许多文明曾多次被野蛮摧毁。捍卫文明的方法，一是制度建设，二是传播。法制是保护文明的最为文明的手段，社会进步，除了法制及其传播，没有其它方法可寻。法制文明，是一个民族文明的表征，文明社会出现，总是伴随着一部优秀法典问世。有时，某个文明失落了，但是其法典不朽。随着中国成为第二经济体，世界的目光，在100余年后，再次聚焦于中华民族，建设一部体现民族智慧的优秀法典，宣示中华民族和谐社会、和平不同、世界民主、公平正义主张，是义不容辞的事情，尤其是负有使命感的知识份子的责任。

复习题：

1. 为什么民法可以也需要有国际性？

第二章 法（law），公平正义

第一节 法（law），准星、规则、公平正义

1. 法，被定义是"正义"，和实现正义的方法

在中国上古，叫做"法"的是一种"独角兽"。"独"，居中，不偏袒哪一方的意思，"法"被引伸为"准星、支点、标准，规范、法律"的意思。

法，在英文中 law 的意思是规律、定律、法律，规则、法规。法律实践的特点是：公平正义，不讲个人感情、并带有强制性质。法庭形象化表征：天平、盲目、头悬正义之剑。

查士丁尼法学阶梯，设立法律的目的，为了和平，避免强权、财权即真理。例如，罗马法第八篇第2条规定：不得滥用自己的财产权利，这是与公共利益有关的。

第一卷第一篇"正义和法律"的定义：

第1条：法律"是关于正义与非正义的科学。"是正义秩序、规则，及其科学设计。

"正义是给予每个人他应得的部分的这种坚定而恒久的愿望。"法以分配公平为正义准则。

第3条：法律的基本原则是：为人诚实，不损害别人，给予每个人他应得的部分。

其中：对人的外在行为规范：为人诚实，不损害别人。
对分配率的规范："给予每个人他应得的部分"。

那么，如何实施"给予每个人他应得的部分"？

（1）习俗认同。不用召开广场大会，大众也能够认同的规则。将心比心，人同此心，心同此理。例如，儒家"己所不欲勿施于人"；基督教"愿意人怎样待你，你怎样待人"。

（2）量化公平：不偏袒哪一方，公平、均衡。

法于阴阳，马克思指出："没有无义务的权利，也没有无权利的义务。"①

（3）量化公平，法于阴阳，和于术数。例如：等价有偿；禁止高利贷四阶梯。反之，当科斯"产权"只守望权利，总是企图不负责任，反而导致手工密集产业。

因此，法被定义是"正义"，和实现正义的方法：公平。当"法"单独出现，约定成俗表示"公平正义"。

2. 法源，形而上为道

马克思指出："法律是肯定的、明确的、普遍的规范"。②

正义是普遍规则，是"形而上为道"的内容。

《周易》中三处记载了"道"：《小畜》："复自道。何其咎（走回家的道路，就没有危险了）。"《随》："有孚在道，以明，何咎（在道路上获利，定立盟约，就可以没事）。"《履》："履道坦坦。幽人贞吉（走在道路上行为素养坦荡，就是无辜被关押也会有转机）。"说明，其一，"道"，道路，引伸到行路中的人的行为规范、相互关系，进而抽象为"方向"、"归宿"：万物本原，规律、人生观，向导、治理。其二，远行的人多为商人，因此"道"，因为商业、商人行为而丰富多彩，是从商业行为中抽象出来的普遍适用的行为"规范"，昭示中华民族农商文化早熟。其三《周易》"道"记载的是民生原本。

以民生为本，例如商君《地算》："民之性：度而取长，称而取重，权而索利。""民之性：饥而求食，劳而求佚，苦则索乐，辱则求荣，此民之情也。故曰：名利之所凑，则民道之。"《开塞》："民之性：不知则学，力尽则服。"可以说，在生存斗争阶段，中华民族对"道"的认识达到了最高境界：民生为本，天人合一，物我两忘，自然和谐。是"法"的伦理道德渊源。

3. 量化的公平：仁政必自经界始，法于阴阳，和于术数

孟子曰："夫仁政，必自经界始。贪官污吏必漫其经界。"

《易》有可能是中国最古老的记事文书。当用于占卜，它的特点，反映人们的趋利避害本能，对每件事情都做利害判断，例如《泰》与《否》、《损》与《益》、《既济》与《未济》，"咎"与"无咎"，"利"与"不利"，"吉"与"凶"的判断。但是，中国哲学趋利避害，对于"否、损、未济、咎、不

---

① 《马克思恩格斯全集》，第16卷，第16页。
② 同上书，第1卷，第71页。

利、凶"并不仅仅是杀灭和逃避,而认为事物有相互依存关系,可以转换,叫做"易",因此,相对称的关系用"阴阳"表示,可以相互转换,而非杀灭法。这比西方斗争杀灭法要人性化,也更贴近"物竞天择,自然选择适度","生态位,学习互动论"。

黄帝内经,同是一本治世之书。圣人黄帝的价值观:"上以治民,下以治身"。关心人民的疾苦,质问税赋重导致人民疾病:"余子万民,养百姓,而收其租税。余哀其不给,而属有疾病。"治病救人原理:"其知道者,法于阴阳,和于术数,食饮有节,起居有常,不妄作劳,故能形与神俱,而尽终其天年,度百岁乃去。"因此,医学"法于阴阳,和于术数"量化的正义方法,这对治理社会也适用,特别是针对市场经济,法于阴阳,权利责任衡平;和于术数,量化的公平。

4. 法,客观公平正义,是三方以上的事情

法,与非法、不法是一个对称。在欧洲文化中,如果不特加定语,借贷、委托、劳务指无偿行为;合伙,普通合伙,指无限合伙。

但是,由于新自由主义总是企图"自私自利"最大化滥用私法,本书在诠释"私法"时,不得不将"法"的"公平正义"意思亮出来,"私法"是受公平正义保护和制约的"私"。例如,新自由主义认为"双方约定即为合法",其错误在于抛弃了法是"公平正义"这一客观内涵。在这时候说"公平法与不法、非法是一个对称"并不是说有公平法就还有不公平法存在。

法,客观公平正义,是三方以上的事情,不仅双方合意,与法律、公序良俗也要合意。

第二节 法(law),阶级不可调和的产物;凌驾于阶级之上、强制调整阶级合作空间,是进步

一、"法"的多个区间范围

法,在不同区间场合有不同的称谓,例如,法;公法,主权法;私法,民法;欧洲庄园公法;公法特许专属权,私法,市场民事法;公法财产,公共财政法;公权;私权,民权。但是无论哪种法,都必须合乎法(law,公平正

义)。

其一、法(law),公平正义。

为了和平,设立公平正义价值观。例如,罗马法,来源于自然法、万民法、市民法,其中涉及"商品经济"方式的法律,是适用于人类共同的法律。

其二、公法,主权法(law);民法。

罗马法第一卷第一篇第4条,把法律分为公法与公法的对称面民法。如果不加说明,law直接指公法,并指国家主权法。而国家主权法以外,关系民事、个人的法律被称为民法,例如英文civil law。

其三,公法(law);公法特许私法,市场市民法。

公法(law)规范私人行为,禁止个人自由滥用。例如,查士丁尼《法学总论》第一卷第七篇第2条"任何人不得滥用自己的财产,这是与公共利益有关的。"摆明了公共利益限制私人不得自由霸道滥用自己的权利。例如,英文Private law公法特许私有专属法,特许民法,简称"民法"。公法与民法一般表现的是一种纵向法律关系,而民商法是关于人的基本权利的法。

其四,公权与私权。美国宪法第九、十项设立"公权",并规定"剥夺公权的法案……一律不得通过。"公权的对称面是私权。

公权的主要内容是公法财产关系。公法财产关系进入市场经济,例如公定价格法,公平价格区分财税法,劳动保险法,五险一金,居住权法,政府收购私人地产等,公法与民法是平等关系,都要遵循"等价有偿"准则。

其五,400年前欧洲庄园公法(law)。它的对称面是共同市场市民法,例如英文Private law公法特许私有专属法。"公法与私法对立,一个是财产的砥柱,另一个是政府的砥柱",是400年前的历史碎片,已经被公共财政法取代。

欧洲封建领主社会时期,由于封建领主庄园与共同市场相互独立、对立,庄园公法与市民法相互独立、相互对立。在400年前,英国变革的焦点是土地所有权,在这一特定的背景下,公法指庄园土地共同体公法,征收土地税有供养骑士教士卫国的责任,公法地租是政府的砥柱;[①] 私法(或称民法)指自由民市场共同体用捐税换取的特许土地专属权,私法是财产权的砥柱。[②] 在这一背景下,400年前的英国每一位法律家都将政府与财产相对立,公法与民法相

---

① [美]道格拉斯·诺斯、罗伯特·托马斯:《西方世界的兴起》,华夏出版社1989年版,第10页,"乡村共同体";第42页"放弃……非个人土地法是很难的。"

② 同上书,70页,1235年默顿法,1285年威斯敏斯特法,取得专属权。

对立。

需要注意的是，当时英国资本生产工具主义还处于萌芽状态，还没有形成以资本生产工具为经界的"债务人权"和公共财政法。我们需要学习现代公法、民法、"公共财政法"，相互协调，而不是相互独立、对立。更要注意那些专事搜集历史碎片垃圾，砸碎现代法制建设，取悦国际霸权、矮化中国400年的做法！

二、公法，寻找阶级之间可以合作的空间，是社会进步

生态位学习互动论，对阶级关系也适用。按照历史唯物主义阶级学说，生产方式决定阶级划分，当生产方式不变，既定的阶级双方谁也消灭不了谁，是共生关系，为了共生，惟有寻找阶级之间可以合作的区间，叫做发展阶段论。而在从一种生产方式转型另一种生产方式时期，原有的两大阶级相互消灭，按照新的生产方式派生出新的两大阶级，叫做不断发展论。

阶级斗争有两种方法。其一种，无序斗争法；其二种，按照生产方式，划分经界，有序较量和合作法。

1884年，恩格斯在《家庭、私有制和国家的起源》中指出[①]：

国家并不是从来就有的，欧洲民族国家的起源：

（1）国家"第一点就是它**按地区**来划分它的国民"，则需要边防军；"第二个不同点，是**公共权力**的设立。"需要地方军和警察维持国内秩序。当今社会，公共权力还应包括政府对市场不可替代物的供给保障：衣食住行医教安全，七必需。

（2）"为了维持这种公共权力，就需要公民缴纳费用——捐税。

官吏既然掌握着公共权力和征税权，他们就作为社会机关而凌驾于社会之上。"

（3）由于国家是从控制阶级对立的需要中产生的，同时又是在这些阶级的冲突中产生的，所以它照例是最强大的、在经济上占统治地位的阶级的国家，这个阶级借助于国家而在政治上也成为占统治地位的阶级，因而获得了镇压和剥削被压迫阶级的新手段。"例如，奴隶制、封建制社会，靠骑士看守、教会思想禁锢、贵族政治专制三专制，文暴和武暴方式控制阶级关系，是无序

[①]《马克思恩格斯选集》第四卷，人民出版社1972年版，第166~170页。

阶级斗争。马克思、列宁针对他们所处历史阶段，指出，"法律是统治阶级意志的体现。"是历史事实，但是不是真理标准，阶级统治国家，一次次被推翻，例如沙皇政府。

卢梭判定，人类自然的不平等并不大，在桀骜不驯的自由人之间，为了和平惟有约定。但是，如果谁都不肯压缩自己的自由意志，斗争不可调和，约定不能达成。因此后人认为卢梭式以个人为单元的民主并不能够施行，反而会导致民粹主义暴政。"阶级斗争不可调和"论，认为分配率由随机阶级较量、阶级地位决定，这种强者轮流坐桩之权力更迭自我轮回，不能避免丛林准则，导致生产者不参与利润分配生产工具自给经济历史怪圈。混乱无序，新的生产方式只能长期处于萌芽状态。

（4）还有一种方法，遵循"资本生产工具"诉求，量化分配经界，两大阶级有序较量法。恩格斯进一步介绍了欧洲民族国家的发展与进步："但也例外地有这样的时期，那时相互斗争的阶级达到了这样势均力敌的地步，以致国家权力作为表面上的调停人而暂时得到了对于两个阶级的某种独立性。"

例如，十七世纪和十八世纪的专制君主制，使贵族与平民保持平衡；法兰西帝国的波拿巴主义，可笑的唆使两大阶级互相反对；俾斯麦新德意志帝国，资本家和工人彼此保持平衡，保护容克地主。中国也有类似的情况，很早就出现了强势中性政府现象，中国计划经济时期有"一收就死，一放就乱"现象。

（5）国家消亡，民主政治。

题外话，一些人对"法律调整阶级均衡关系"很纠结。其实，如果国家权力表现出"均衡"的姿态，一定要看到它的背后面，那是被统治阶级"团结"较量竞争的结果，统治阶级被迫表现出伪善，"人为向善"，从某种角度，也是一种进步，相对于动武、动粗、狰狞原形毕露而言。

我们需要科学对待社会中存在的问题。社会进步是一个过程，换个角度，进步是在弊端伴随左右的情况下、在一点点克服弊端中前进，只要社会能够一点点地往前移动，就可以积少成多。同时，不要忘记人生需要奋斗的基本价值观，这也是推动制度改革的动力。而那种以外部环境不如己意为借口，就逃避正义渴望堕落、"我小人我不虚伪"、"经济不讲道德，只讲利益"这种思想行为既不可取，还有可能触犯法律。

在社会变革时期，需要注意"阶级较量"的生产方式背景

正如马克思指出："每种生产形式都创新出它特有的法权关系、统治形式等。"当萌生"生产共同体市场"资本生产工具，为了共同生存，通过艰难困苦的阶级斗争，终于摸索出两大阶级各自的疆界，资本生产工具占支配地位，通过阶级较量，劳动者争取收入与生产力同步增长。因此，这第四种阶级平衡法的出现，源于生产方式的诉求和法律"创新"。

当两大阶级谁也说服不了谁、谁也消灭不了谁，唯有寻找凌驾于两大阶级利益之上的两大阶级共同利益，为了和平，通过合众议会，设立凌驾于两大阶级之上的法律，来协调两大阶级可以合作的空间。就是说，法律是阶级不可调和的产物，法律是强制调整阶级合作空间的手段。

由此不难理解，马克思、列宁所说"法律是统治阶级的工具"，这是在批判和揭露统治阶级的虚伪和阴谋，它是某些历史事实，但不是真理标准。社会的进步与发展，总是与趋向公平正义同步。而有的法律教科书只写前面这半句是错误和有害的，不能避免误导统治阶级为了自身私利公然滥用法律制定权，引起社会混乱。更有甚者，某些人主张，稳定以牺牲公平为代价，效率以牺牲公平为代价，发展以牺牲工人农民利益为代价。"利润是财富的象征，财税是政治权利的象征"，"财税政治特殊强力无偿固定"，这些错误观点，后果是制度成本太高，生产者不参与利润分配，重复手工密集型古代经济。

第三节　民法（civil law），"法"调整民事关系

中国有学者曾经把 civil law 翻译为私法，标榜所谓"民主"是"限制公权，保护私权"，结果，公法与私法、公有与私有、国营与私营被拖进了意识形态斗争。为此，需要为 civil law 正名为"民众公平法、民法"。

民法（civil law），公法调整民事关系法

前面已经介绍，法（law），被定义是公平正义。当 law 指主权，即公法，它的对称面，需要加注定语。例如，英文 civil 的意思是国家、城邦、民族、社会的，民众的，civil law 应直译为（公平）法的民法，（公平）法调整民事关系法，民法意思才准确，而与国家主权法（law）对称。

从逻辑上讲，公的对称面是非公，包括民众，而不一定就只是"个人单元"。即与公对称的是 civil 市民私事、非公的部分，民事。civil law 既保护正当的私权，也限制私有权滥用。而中国某些人定义私法是"双方约定即为合法"，在英国 civil law 法律体系，属于私有权滥用，有非法之嫌。

第四节 民法（Private law），公法特许私有专属权

英文 civil law 民法与国家主权公法相对称；而 Private law 特许权民法，与公共土地法相对称。

在 400~600 年前，英国变革的焦点是土地所有权，公法指庄园土地共同体公法；私法（或称民法）指自由民市场共同体用捐税换取的特许专属权。

封建领主庄园土地公有法，很坚固，放弃非个人土地法是很难的。欧洲中世纪，市场财团通过捐税，贷款给国王和政府，换取专属权，例如 1235 年默顿法，1285 年威斯敏斯特法。因此，在英国，从一开始，所有权就是约定，而不是绝对权利。

《国际私法》一书承认，迄今 Private law 翻译没有达成统一，有专家坚持认为 Private law 指私法，并以此标榜突破性创新，翻译古罗马《法学总论》时，与公法对称的时候翻译为私法，其借口也许就是德文"Internationals（国际间的）Privat｜recht 被翻译为国际私法。中国一些翻译用语参照日本，当日本把"Internationals Privat｜recht"外国与本国公民或法人之间的民事，定义为"冲突法"，中国也出现对"Internationals Privat｜recht"的翻译混乱，迄今为止，就有国际民法、国际民商法、国际私法、冲突法、法律选择法、外国法之适用、界限法、涉外私法、法规之场所界限，等等多种翻译名词，130 年来一直没有权威部门加以统一。翻译上的错误或不统一不规范，造成了法理观念上的混乱。

合法私（self），不法私（ego）

我们不得不从源头，讨论为什么英文"Private law"应当翻译为民法或公法特许私法：

（1）在《英汉技术辞典》中，Private 词条解释：私人的、非公用的、非公开的、民间的、无官职的，Private 与公用、官用是一个对称，在这里，"私"既可能是个人，也可能是"民间、民众"，而作为法律，更倾向于针对某个群体，民可以包容个人，而个人不能包容民众。

（2）在西方，非基督无文化，非基督无法律，西方拼音文字首先是从法的角度界定事物。而中国是象形文字，对"法"的内涵需要另加定语。例如，在英文中，可以表示中文"自私"的有两个词汇：

self，法律公正范围内允许的自爱、自立、自利、自强、独处，以不伤及自己和他人为限；

ego，超出法律范围的、外延的自私，例如自私自利、损人利己、损人不利己、贪婪、自私自利最大化。

亚当·斯密无形的手，应当指"self"，因为"ego"行为人已经按当时的禁止高利贷法裁决被抄没了全部家产并抓进了监狱，例如莎士比亚的父亲。

（3）英国是多种文化交汇处，在不同场合使用不同外来语。例如德国燕莎商人首先大量进入英国，习惯上在商业场合使用德语外来语，例如 self。在法律场合习惯用法语外来语，例如 Private。就是说，self 和 Private 它们表示相同的意思，自私，以不伤及自己和他人为限，一个是通俗语，一个是法律用语。

（4）法律 Private law，有特殊背景。物的归类分属是宪法的内容，例如宪法法定之归公所有物、团体所有物、特许私人所有物。而 Private 的法律意思就是，公法特许私人所有、专营、专用的，特许非公用的，民间的。因此，Private law 在精细场合应翻译为公法特许之民法。这样才能区别 Private law 与 civil law。Private law 应指民法中特许私人利益的那一部分法律，翻译为"特许民法"以提醒不可以滥用私权。

2000 年前中国"私"已经演化为褒贬不一的词汇

相对汉语而言，self 与中国上古"自环为私，背环为公"的集合意思类同。中国古代道家认为，只要自己的事情做好了，家庭、国家的事情自然可以无为而治。修身伦理的意义，它是"像对待自己的事情一样对待他人"的个人伦理基础。例如道家的祖先杨朱主张"拔一根毫毛利天下而不为"、"人不为己，天诛地灭"以"自环"为规范，而以不涉及"背环"为限，是修身的边际限。

civil law、Private law 翻译为"私法"的问题恰恰出在，随着岁月的流逝，中国象形文字"私"如果不附加条件定语，在不同场合就会有不同法律含义，褒贬不一。例如，起码从《吕氏春秋·去私》时代起，"私"已经有别于"重己"、"贵生"、"先己"、"为己"，现代人已经弄不懂为什么古代同时主张"大同"、"井田制"、"人不为己天诛地灭"。并且，在中国近代习俗用语中，"私刑"、"私设公堂"、"私自"属于贬义词，往往表示利用私权泄私愤，私自者"非法"。并且"自私"往往表示自私自利、损人利己，而与 ego 意思相近。这种不确定"私"文化，引起自由"私"的滥用、个人私行为混乱。基督教文化圈视贪婪为魔鬼，而中国式全盘西化之"自私自利最大化"、"该出手时就出手"，在基督教文化圈眼里简直是群魔乱舞。受到滥用自由私的冲击，在近代130年里，给中国造成极大的伦理道德困扰和创伤，危害无穷。观念上的混乱，造成迄今无法统一思想，无法建立对"私"的公平正义保障及其限制法规。而缺失公平的自私效率，不能避免是一次性掠夺，反而与"私"的最初、最古老的目的悖反。

再者，中华民族以"民生为本"，民生是正义的最高准则。"民"，有法理正义尺度的内含。综合多方面意思，Private law 翻译为"民法"，既能传递西方 self 集合的法律意思，又能表达中华文化以民生为本的意思。正是这正反两方面的原因，"民法"、"国际民法"要比"私法"、"国际私法"意思准确。唯有正名，才能够充分表述中华法系民法以"民生为本"的核心意思。

公权与私权不能绝对分离

有人把公权与私权决然对立起来，设立成推手关系，例如有人主张，公权大就张扬私权抑制公权；私权大，就张扬公权抑制私权，这依然是斗争论作祟。

自然人是个体的人与社会人的矛盾统一体，单元个体与社会之间不能完全分离。罗马法刻意区分动产与不动产，在于不动产是边界公共权与边际内私权的混合权利。人、不动产，决定了公法与特许私法不能绝对分离，无论公权、私权，其外在表现都必须合乎法（公平正义）。

即便在西方，公法与民法并不绝然分开，古代例如罗马特许私法中，物的归公、归团体、特许私人所有的归属划分，实际是由公共利益法定的，而不是按个人利益决定的。1215年英国《权利法案》，涉及教民自由，君主、代议会、教会三权分立政体，涉及对破产债务人特加保护，涉及法定税制税率国王不得擅自干预。现代各国宪法，是公法与民法的共同渊源。公法和民法都必须遵守公平原则，把公法与民法绝然分开没有历史和现实依据。

特别是，霸权主义向第三世界兜售、标榜所谓"民主"就是"限制公权，保护私权"，名目张胆地挑起内斗，"概念"自相残杀陷阱，目的是破坏法制建设。

第五节 民法的内容：关于人的法、家业法、民商法、公法财产

民法以民生为本的基本普法

民法以民生为本，民生以治产为本，治产以生计、和保有工具权为要件，正如马克思指出，法律的实质是财用产业关系。由于专家们对民法的目的有分歧，因而目前对民法内容还有争执，例如经济法、商法是否属于民法？如果民法仅仅是为了定纷止争，则可以与经济无关，最高人民法院两次关于高利贷问题的意见，都从来没有想到要采信"治产人"的意见。但是，不遵守治产人诉求的法律被商业金融银行界滥用，造成经济活动的混乱，停滞在古代手工密集产业怪圈内。因此，不管你愿意不愿意，经济法和商法只是民法在亚层面上的细则法，不得违反民法。

市民法，以价格构成为要素的完整法

现代民法是市场经济的表现形式。市场的核心行为是"交换"，交换率即价格是否公平，是市场经济的要件或灵魂，价格要素构成，是民法不可或缺的核心内容。公平分配框架没有变，例如，20世纪30年代以后逐渐增加的技术折旧费、管理营销费、还本积累成本、政府成本，依然都必须遵守禁止高利贷普适法。反之，如果制度成本不受民法管制，将停滞在手工密集之生产工具自给经济阶段。

民法之关于人的法、家业法、商法、公法财产关系

民事法的内容，参照英国财产法设立，由"人"、家业法、民商法、公法财产关系组成。

（1）欧洲关于人的法律，源于罗马法奴隶制社会分为自由人、家长、奴隶。随着废除奴隶制，法律变革中体现了对求解放、平等、自由、博爱的诉求。值得注意的是，华盛顿《独立宣言》只对上帝的子民适用，1963年有色人种才获得选举权，瑞典妇女在20世纪70年代才获得选举权。相比较而言，中国在1911年就宣布人人生而平等，妇女有选举权。

"人"的法的主要内容：法律赋予的权利能力：生而平等，生存权，人格权，治产权，单纯财产权（无形体物）；完全与非完全行为能力人；人的法律

行为，法律禁止行为，法律高尚行为，法律中立适度行为；人身权；自助权。

（2）家业法包括婚姻家庭法，家业财产，继承法。

须知，民法的许多规则渊源于家业法，例如赠与、借用、使用权、用益权、居住权、役权、济贫、委托、合伙、亲兄弟明算账等，从家业财产关系可以帮助我们形象理解欧洲民法意思。另外，本书的目的在于集中阐述民法公正与转型现代经济的关系，则家业法从略，只涉及少数几条相关内容。

（3）民商法，主要指：债关系，物权法，担保法，合伙公司法，侵权等。

（4）公法财产：公有财产，社会保障之最低公平价格法、劳动法，居住权，相邻权，制度成本之政府成本要素等。中国民法中与私权对称的公权或公法，实际是公共法。

第六节 公法财产

前面已经介绍，"财政"被归类于"经济"，遵守民法平等。并且，成熟国家的各级政府总财政收入，扣除1/3用于政府最终消费，其余2/3的业务是"社会保险补贴"和公共事业。是与民生紧密相关的"公法"，遵守民法平等。

英国财产法规定，公法包括：财产涉及的重要的公共政策问题；消费者保护通常影响债法土地财产法日益受到公共利益立法的影响，……我们必须保留立足之地。①

转型现代经济，公法财产融入民法

公法财产进入财产法，在英国是19世纪中叶以后的事情。其一，圈地运动羊吃人在英国延续了300年，被赤身赶出家园的农奴失去了生存手段，大量逃亡农奴涌入城市，当时并没有出台应对失业的政策，而是采用杀灭法，英王亨利八世绞杀了7.2万个流浪汉，流放到殖民地的方法，远征军战争杀灭法。15~19世纪，城市贫民窟犯罪严重，传染病多次大面积流行，繁华的城市与贫民窟之间阶级矛盾日趋激化。19世纪中叶，富裕起来的城市开始治理贫民窟，为了公共健康、公共舒适和环境利益而城乡规划。工业圈地与居住权争地，同时为了解决政府机构不动产用土地，土地与公共事业联系在了一起，议

---

① F·H·劳森和B·拉登：《财产法》，中国大百科全书出版社1998年版第11页。

会法定,为了公共事业,政府有权强制购买土地,并给予合理补偿。其二,城市居民的居住问题从羊吃人时代起就一直困扰着英国市场城邦,到了1925年《租金法》之后才得到某种解决。同时,当土地可以用做某种投资存量(硬化资本),而与居住权争夺土地,"我们必须保留立足之地"摆在社会面前,从1930年起实施"地方议会租户"制度,由政府在公有土地上建设住房,为30%~50%的人口提供租屋(英国土地的地上物只有21~99年期租金售卖权,除了女王,子民没有绝对所有权),并法定租金。1980年,赋予保有权和保障购买自由继承地产的权力。其三,英国在1803年创设从源纳税之个人所得税法,直接针对富人的财产,1842年起恢复执行至今。其四,马克思主义的兴起与传播,19世纪末兴起消费者保护法、劳动保护法,直接影响债法,例如合同与侵权行为法。基于上述多个法律现实,那些代理人和商人们再也绕不开与财产相关的公共法律问题。① 其五,美国制度学派康芒斯提出"政府成本"概念,税费正式成为价格构成要素。

法国在二次世界大战以后,建立起的社会市场经济体制,可以大体分为两部分:一部分是为保障市场经济协调发展,给国家提供宏观调控手段而制定的经济行政法律法规,即公法;另一部分是为商品生产和流通而提供的基本规则,即民商法。依宪法,二者共同遵守"平等原则"。

德国民法典之公法财产散落在具体条文中,例如,第89条公法法人;第612、632条公定价格;第564B公法居住权;第138、246、609A条公定资本价格利率;第1119、1264公平裁量。台湾地区民法典第483、491条价格目录。

公权与私权平等,具有普适性

欧洲"生产共同体市场",共同市场独立于封建领主制度之外。在共同体内部是契约关系,包括商人出资组建武装,出资组建政府、市场法庭。正如马基雅佛利所指出的,雇佣政府为大众服务。因此,政府作为国家特别代理,遵守民法受托人"忠于职守、禁止越权、争利、篡权"规则。政府受到纳税人的制约,政府制度成本才能够被约制在禁止高利贷普适尺度范围内,资本才能够转化为生产工具,才有可能转型现代经济。例如,中国宪法第2条第一自然段"一切权力属于人民。"人民政府民建、民用、民享。

---

① [英]F·H·劳森和B·拉登:《财产法》,中国大百科全书出版社1998年版第13、121~122页。财政部财政制度国际比较课题组《英国税制》第48页表4-2。

法律规定公民权利的同时，规定纳税义务。公民享有权利以公民纳税为代价，是权利责任公平关系。政府财政收入与事权是对等关系。同时，宪法第13条"国家为了公共利益的需要，可以依照法律规定对公民的私有财产实行征收或者征用并给予补偿。"物权法第45条"属于国家所有即全民所有"等条款，已经设立国家机器与公民之间的平等的主体关系，这是多种所有制之间的民事活动平等的平台。

第七节　中国民法建设值得商榷的问题

民法通则最守成的条款是第四条："民事主体应遵循自愿、公平、等价有偿，诚实信用的原则。"新经济自由主义总是千方百计抹杀这一条，例如，以后制定的合同法、价格法，都对"等价有偿"只字不提。更显示出民法通则的原则性。

民法通则另一个重大贡献是设立"治产人"为完全行为能力人标准样态。例如第14条16岁以上"依靠劳动"为完全行为能力人，则有，治产人是完全权利行为人，承认财富是法律行为创造的。

民法通则制定于1986年，制定准则是"以法律形式表现了社会的经济生活条件"，① 由于历史局限，民法还仅仅是"定纷止争"解决家长里短的市井琐事。

1998年利息率下降进入"共同市场，借资治产经济"，民法通则就出现值得商榷的问题。

（一）对本民族文化、本国人民的觉悟估计不足。中国早在上世纪20年代就参照德国、瑞典民法，设立了自己的民法。过去了60年，却以本国、本地区的实践特殊为借口，拒绝学习和互动："考虑到民法通则还不是民法典，"对"一些还不成熟、把握不大的问题，可以暂不规定。"② 问题出在，恰恰把债务人权、占有、劳动关系作为不成熟关系而排除在民法通则之外，而且24年不思改变。

（二）对世界通用民商法滥砍滥阀滥改。

---

① 王汉斌：关于〈中华人民共和国民法通则（草案）的说明〉
② 同上。

民商法,是人类几千年农工商业交往活动的结晶,属于"生产方式"范畴,而现代民商法是"资本生产工具"的法律形式,是经济基础,就像财政属于经济范畴,是一个道理。随着世界经济一体化,民商法扁平化,要"引进来、走出去",我们必须尊重世界通用民商法。

《中华民国民法典》参照德国民法十之六七,参照瑞典民法十之一二,促进了20世纪30年代中期中国经济的繁荣,台湾地区逐步修改使用至今。但是,受到意识形态"凡是敌人拥护的我们就要反对"政治战争文化影响,当拒绝接受资本主义的最新成果,所剩余的空间就太小。有些民法执笔者以"本国、本地区的实践特殊"为借口,对成熟的民商法滥砍滥阀滥改。例如:

挖掉"添附、附和、加工",则中国价格法缺失了价格法计算依据。

合同法、价格法挖掉"等价有偿",价格法失落了量化公平的尺度。

物权法挖掉"对本法以前的民事没有回溯权",对"不动产"不设立今后的追述权,结果,房地产官司反而要用宪法、司法解释来为物权法补漏。

滥砍滥阀滥改,这不是批判或创新,而是因为无知,而对真理缺少敬畏,对人民缺少责任心。

(三) 关于在民法中设立"不平等主体"。

平等自由权,首先是宪法的内容,例如宪法第三十三条第二款:"中华人民共和国公民在法律面前一律平等。"第三十五条"中华人民共和国公民有言论、集会、结社、游行、示威的自由。""一切权力属于人民。"因此,"主体"一律平等是宪法所赋予的,民法无权设立主体是否平等,民法只应在其具体管辖的民事范围内实施平等,例如财产关系平等和人身关系平等。但是《民法通则》明设"平等主体",暗设"不平等主体"。以立法的技术分类为借口,把法律分类为横向平等关系法和纵向不平等关系法。其纵向关系包括:"政府对经济的管理,国家和企业之间以及企业内部等纵向经济关系或者行政管理关系,不是平等主体之间的关系,主要由有关经济法、行政法调整,民法基本不作规定。"① 依此理论,设立《劳动法》是行政法,被排斥在民法之外,长期处于无执法、司法保障状态,劳动争议告状无门,直至劳动合同法颁布后才改变。

在经济领域,一律平等,经济法只能算是民法的实施细则。但是,中国却设立经济法与民法对立。迄今认为,"经济法设立是和民商法平行的一个法律

---

① 王汉斌:关于〈中华人民共和国民法通则(草案)的说明〉

部门，公法性更强。它的内容是国家对市场和市场行为的调整，如市场准入的设定、反垄断法、反不正当竞争法，以及对产品质量、金融市场的监督规制等。它是一个公与私的互动过程。如果说合同法是横向的，那么经济法就是纵向的。二者不是一码事。"

（四）权利责任不对称，只关心"所有权和债权"。

（1）所有权的权利责任不对称。所有权依法，"依什么法"？

没有明示所有权的责任和义务：有造福社会义务、济贫义务、使用义务、转化为资本生产工具义务，守法义务。

（2）不保护治产人之占有权和债务人权。

债务人权与债权，权利责任不对称。债权债务，似乎就是债权追债，债务人还债。

没有明示：治产债务人权有平等分享利润的权利，有平等的抗暴权，有持久资产责任。债权人有以财产为担保，连带救助债务人的责任。

（3）劳动雇佣关系没有向"委托、合伙"法转型。

（4）公权与私权都必须服从"法"的制约。

（五）以资本生产工具为参照，中国《民法通则》缺少量化的公平尺度。而在成熟国家，民法制度变革已经十分简洁，即：

（1）劳动是所有权的自然公理。当前，创造价值趋向劳动报酬总额与制度成本之间对半分；

（2）禁止高利贷普适；

（3）社会契约自治，公民以纳税权，取得立法权和平等雇用政府的权利，公民有管制制度成本权，包括政府成本。故而，无论横向与纵向都诉求平等关系。

（六）设立政府代表享有所有者权益，公然以法律形式越权、篡位，是恶法。

《民法通则》法律解释认为，雇主与雇员是隶属关系，在工资上是不平等关系；认为政府与公民的收税和纳税关系是不平等关系。这是错误有害的。当今特别需要剔除家长隶属关系。而在公平契约隶属关系中，上级命令以上级承担风险责任为代价，下级服从以不承担风险责任和收取服从规则劳务费用为代价，是公平交易。

物权法第55条，政府"代表国家履行出资人职责，享有出资人权益"，从代表权篡位到主体权益，不平等。

流转税暂行条例已经17年，自己制定税法、自己征税、自己使用，不符合宪法规定。"财税政治特殊强力无偿固定"法理滞后400年，造成制度成本太高，停滞在手工密集古代经济。为什么不可以复兴中国优秀的财税法理，为什么不引进国外成熟的公共财政法？针对中国现状，建议参照英国财产法，专门设立公法财产法。

2006年修订合伙企业法，若不按美国"普通法"用词要被罚款。这完全不符合法律面前人人平等之"国民待遇、共同平等"原则。自我殖民化？

（七）没有设立"先富带后富"的法律安排。

相对照，中国《民法通则》的核心内容是"财产权、债权"，即一部分人先富裕起来的法律方法是"债权"，法律保护富裕起来的"财产权"。执行30年的后果是，财产权、债权人之资本利益最大化，资本就没有了转化的动力；治产人不参与利润分配，就没有财力改良生产，在手工密集型自给经济怪圈中打转，生产水准依然处于粗放阶段，在天堂与地狱的大门口徘徊。

以上只不过是国家所有者说和计划经济隶属关系的反映，意识形态的混乱。以"特殊、不成熟、把握不大"为借口，把公法和私法对立起来，失去自信400年？

综合以上七条问题，资本成为生产工具，才是中国民法公正改革的准则。需要从"暂行条例"政府，向法制政府过渡。

复习题：

1. 如果设立"法律是统治阶级的工具"，后果是什么？
2. 民法仅仅是关于私人的法律吗？为什么说企图设立"仅仅关于私人的法律"的经济基础反而是"自给经济"？
3. 是什么经济内容，逼迫公法财产成为民法的内容之一，试举例。

第一篇 法律人

第一章 法律权利能力

第一节 区别法律权利能力和行为能力

> 笔者建议①【民法】民法调整民事主体之间的财产关系平等和人身关系平等。
> 民事主体，指公民、法人、特别民事主体。
> 政府代表国家参与民事活动的，国家是特别民事主体，政府是特别民事主体代表。
> 国家特别民事主体与公民、法人之间是平等民事主体关系。

人是民法的民事主体。民生治产为本，以"治产"为参照，法律对人的界定，被分解为多个层面：

第一个层面，合法人与非法人。

第二个层面，合法人的法律表征，又被分离为法律赋予的权利能力和合法的行为能力。

第三个层面，以"行为"为参照，分为完全行为能力、限制行为能力人、

---

① 笔者曾经对《物权法草案》提出67条意见，该法通过后，中央电视台法制在线记者进行了采访和报道。笔者又用了两年时间系统学习了中国民法细则，台湾地区民法典，大明律，大元通治条例；汉穆拉比法典、十二铜表法、查士丁尼：《法学总论》、《摩奴法论》、《古兰经》、英国《财产法》、《拿破论法典》、《德国民法典》、《世界人权约法总览》、《《阿奎那政治著作选》、［古希腊］亚里士多德《政治学》、《法哲学原理》，等相关部分。并在2007年向人大常委办公室发去笔者"民法建议700条"（进一步修改后将在网上公布）。本书中的"本建议"就是引用。在此学习和比较基础上，写作了本书"法制资本论"和"论法的精神"两卷。

无行为能力人。

第四个层面：由第二、三条逻辑推定，无行为能力人是单纯的法律权利能力人。

有行为能力人应是既拥有法律赋予权利能力、自身又有行为能力的人（只有行为能力没有权利能力是奴隶，排除在现代民法之外）。

第二节　法律赋予的权利能力

> 笔者建议【法律权利能力】设立单纯的法律权利能力，应是由法律设立所赋予的，而与具体个人的行为能力无关的那种法律权利能力。例如，包括婴儿、未成年人、病人、神经病人等等无行为能力人、限制行为能力人、完全行为能力人，都享有的法律权利。

单纯的法律权利能力标准样态：无行为能力人

西方法律区别权利能力和行为能力的理由很单纯，无行为能力人也有生存权和财产权，例如婴儿、未成年人、病人、懒惰人、浪费人，需要设立法律赋予的权利能力保护其生存权。

中国《民法通则》设立法律权利能力的意思也是"单纯的法定权利"，例如：第二章 公民（自然人）第一节 民事权利能力和民事行为能力第九条"公民从出生时起到死亡时止，具有民事权利能力，依法享有民事权利，承担民事义务。"第十条"公民的民事权利能力一律平等。"这应包括婴儿、未成年人、病人、神经病人等等无行为能力人和限制行为能力人、完全行为能力人，而都具备的"法律权利能力"，而这些人都具备的权利，不是天赋、神赋的，也不是出生时带来的自身具备的能力，而是法律赋予的。因此，权利能力应是由法律设立所赋予、而与具体个人的行为能力无关的那种权利能力。

在市场交换活动中，分离出了无行为能力人、限制行为能力人、完全行为能力人，三类人的共同底限是"无行为能力人"。欧洲民法设立法律权利能力，原因和用途，其一，古罗马法，自由人的子女，为生来自由人，例如查士丁尼《法学总论》第一卷第三篇第1条"自由"、第四篇"生来自由人"，设立法律保护无行为能力自由人的生存权。其二，源于习惯法。古希腊亚里士多得认为货币没有生育能力，不得取息，在13世纪就发生这样的事情，有些代理人把全部遗产都用于"产权保值增值"，结果继承人什么也分不到，有些无行为能力继承人的生计都出现问题，为此，英诺森教皇三世规定，未成年人的财产、妇女的桩奁可以交付给有信誉的商人经营，获得某种进项以维持无行为能力人的生计。由此演绎为禁止高利贷普适，允许对财产"法定孳息"，是法律规定赋予的权利。其三，财产拟人化权利能力的法定孳息。其四，从源，权利能力的法定收益，实际是无行为能力人"分享"，分享行为能力人的劳动治产果实，因此法定孳息禁止高利贷（得），以保护行为能力人的收入权，符合自然公理。禁止高利贷法，是对"权利能力"的保护与限制，权利义务衡平。

例如，"财产所有权是指所有人依法对自己的财产享有占有、使用、收益和处分的权利。"在罗马法系，所有权仅指所有人享有"法律权利"，而不包括"自我占有"行为能力。反之，受自给经济影响，中国有些专家法律权利与法律行为一勺烩。权利与行为不分，应是迄今中国民法迟迟不设立权利"法定孳息"的原因之一，而所谓"权利源于能力"，实际是粉饰财产所有权。

法律权利的内容

法律权利：
（1）生命权。出生、居住、死亡登记，失踪登记等。
（2）人身权。
（3）单纯财产所有权。
（4）监护代理权。
（5）行使法律行为的"权利"。例如公民有劳动的权利和义务；合法行为，有行使的权利。

人身权的权利义务

人身权。自由是选择和承担后果责任，自由不得抛弃不得放弃。自然人有生存权、人格权、治产权（包括知识产权）、肖像权。

人身权有义务：成为人，并尊重他人成为人。

监护和代理

法律权利允许设立监护和代理（对称面，契约亲自行为，不能代理）。

财产所有权人的法律权利能力的内容

对自有物的所有权人的权利义务，其一，在法律允许和不违反他人利益的范围内，可以任意处置自己的财产。其二，其使用应有利于人民福祉，有义务转化为资本生产工具、济贫。其三，所有权出租用益权法定孳息，禁止高利贷（得）。其四，转让出借使用权，所有权人有权取得自然孳息。其五，风险责任，禁止高利贷四个阶梯普适；债务权人有生存权，所有者债权人有以财产承担风险的连带责任义务。

另外，为了统一个人所得税的税基，所有权人对自己拥有的物行使所有权的，应换算为自我劳动雇佣，自我土地租赁，自我资本货币借贷。

复习题：

1. 所有权是否包括所有者的行为能力？为什么要这样设立？

第二章 法律行为能力

第一节 治产人，完全行为能力人标准样态

> 笔者建议【完全行为能力人、成年人、治产人】具备完全行为能力、且法律允许完全承担民事责任的自然人，是法律完全行为能力人。
>
> 十八周岁以上的公民是成年人，具有完全民事行为能力，可以独立进行民事活动，是完全民事行为能力人。
>
> 十六周岁以上不满十八周岁的公民，以自己的劳动治产为主要收入和主要生活来源的，视为完全民事行为能力人。
>
> 治产人是完全行为能力人。非治产人是无行为能力人。

1. 复兴"治产人"文化，与国际交融

拿破仑法典的进步，是把"治产人"界定为完全行为能力人的标准样态，拿破仑法典 11 章"成年、禁治产及裁判上的辅助人"，非完全行为能力人，必须设立监护人和代理人。有一则提问，哲学家、商人、工人、农民，谁最聪明？西方古典经济学创始人亚当·斯密的回答是，农民。一个好农民，既要有技术会劳作，还得会预测来年收成，会在市场上卖个好价钱，惟有农民是全面行为能力的劳动者。这反映在拿破仑法典中，就是"治产人"。

对比法律。中国古代关于"治产人"的法律渊源，见王莽变法："民欲贷财以治产业者，命钱府均受之……"，起码在上世纪 80 年代以前的 2000 年里，治产是常用词，在翻译拿破仑法典时采用了这一词汇，迄今台湾地区民法典第 14、15 条使用这一词汇。中国《民法通则》第 11 条第 2 自然段"十六岁以上不满十八岁的公民，以自己的劳动为主要收入来源的，视为完全民事行为能力人。"的意思，治产人为完全行为能力人标准样态。

而在罗马法中，人，以自由人即奴隶主为标准样态，划分为生来自由人、被释自由人、家长、家属、自有权力人、受他人权力支配人。尽管罗马法在行为规范时，也已经区分消费行为人、使用（工具）行为人、浪费人。而拿破仑法典敢于选择大众人之"治产人"作为民法"人"的基本样态，是进步。

对比历史，1789年法国大革命后农民获得了属于自己的土地，但是欧洲还普遍实行农奴庄园制度，殖民主义者还在偷着贩卖奴隶。而美国在1862年才废除种植庄园奴隶制，1962年才颁布《民主宣言》，1965年有色人种才取得选举权，1968年马丁·路德·金还为了争取有色人种平起平坐的权利而被暗杀，进入21世纪，黑人的平均收入甚至下降到只有白人的58%。而拿破仑法典敢于在200年前把"治产人"设立为民法人的标准样态，不能不说是一种超越式的进步。

对比行为，人的民事行为有各种样态，例如，会料理自己的生活的人，会关心照顾他人的人，有特种肤色、颅骨的人，有优良品质的人，而拿破仑法典选择治产人为标准样态，说明，该法把劳动界定为获得财富的自然公理。

建议把民法通则11条第2自然段之"劳动者"置换为"治产人"，还有以下考虑，其一，治产人包容劳动者，但是习惯用语中的劳动者不一定包括得了治产人。中国的用语习惯，劳动似乎偏于指体力劳动，而治产的"治"字，脑体并用；产，包括劳动、技术、服务等产业。其二，复兴传统文化中包容性较强的词汇，包容一国两制地区的法律用词习惯。其三，极左思潮曾经把体力劳动当作惩罚性改造工具，而极右思潮鄙视劳动。其四，当前受到向钱看思潮的影响，例如据上海调查，愿意当工人的只有1%，为此，把广义的劳动，正名为包容性较强的"治产人"一词，各方人士应当可以理解和接受。

2. 治产是民法的核心内容

以现代民法完全行为能力人标准样态"治产人"为起点，推定，民法应以民生为本，民生应以治产为本，治产以生计和保有生产工具权为要件。

例如，以拿破仑法典为母本的现代民事法，其中，法律人法的标准样态是治产人，债法，例如买卖、借贷、租赁、劳务雇佣、委托、合伙，核心内容是治产权利和行为；物权法的核心内容也是治产人取得与所有权人平等的权利。即便家庭法，其财产的设立，也以永久治产为准则。

同时，民生以治产为本，对民法设立有纲领性作用，例如：
（1）民法人的标准样态是治产人。
（2）为治产，降低交易往成本、提高成交率，设立法律行为四个阶梯。

(3) 按治产使用物的特征，划分物。
(4) 人为物，劳动是价值尺度，有根源性、大众性、稳定性。
(5) 优先资本生产工具权，禁止高利贷普适，节制制度成本。
(6) 治产人为本，设立生计和生产工具最低公平价格框架。
(7) 对治产人特加保护、赔偿不能救助。所有权有造福义务。
(8) 治产是财产权的自然公理。所有权是约定，合法取得物；治产为本，占有人有理由取得与所有权人平等的权利；对治产人的善意推定。

第二节　法律行为

一、法律是规范化的道德阶梯

有法天下和，为了和平诉求法律公正。

人类被判定是社会动物。人是作为个人的人和社会人的矛盾统一体，个人与"共同"的关系是永恒的话题。而法律，是"共意"，是以共同利益为大前提，特许私人利益。在自由人之间，公共利益大于个人利益原则，例如查士丁尼：《法学总论》第一卷第八篇第2条："不准在没有法律上所承认的原因时"，对自己的奴隶使用暴力行为，"因为任何人不应滥用自己的财产，这是与公共利益有关的。"并且，法律设立避难港，对受虐奴隶援助，这对所有主人来说也是有利的。英文 law 应翻译为正义、公平、强制、不讲个人感情（盲目）的高尚立法。

同时，如果将社会既有的道德伦理规范化用作法律，则大众容易接受，贯彻起来成本低效率高。凡是遵循这一规律的法律，往往流传下来，具备历史持久性。由此而来，"法律是规范化的道德"，成为制定法律所必须遵守的规律。我们在著名法律中，确实可以归纳出法律的道德规范与道德阶梯。例如，以拿破仑法典为母本的立法，似乎均只有法律行为和法律禁止行为对称的两节，其实，在法律行为集合范围内，还有两个小集合，散落在大陆法各章节条文中，例如法律之道德高尚行为，法律之中立适度行为。鉴于中国法律现状，把法律行为分为四个层面：法律道德高尚行为、法律中立适度行为、法律自主行为（法律行为）、法律禁止行为。其中：

(1) 法律行为是合法行为的集合；

（2）法律禁止，是法与不法的边界线，用来界定和处理民事纠纷的是与非。

（3）法律中立适度。针对"借资治产"，为了提高交易时间效率，降低交易摩擦成本，设立适度的法律行为规范。中国《民法通则》已经区分法律行为和法律禁止行为，而第四条"自愿、公平、等价、有偿、诚实信用的原则"，就属于中立适度行为准则，但是没有能够量化尺度。

（4）法律道德高尚行为，主要表现为赠与、借用、济贫和道义（自愿）救助。

总之，民法之行为法是道德行为规范，量化的道德行为规范。

明示散落在各条文中的伦理道德法律行为。反之，"经济不讲道德只讲利益"、"只要法律不禁止就可为之"，这些逃避正义渴望堕落的观念，没有法理依据。并且，"法律是道德的底限"也不妥当，同样没有法律依据。

二、道德高尚之法律行为

美国学者最近再一次发现，人类利他行为带有先天遗传性，他们发现，几个月大的小孩子，听到其它孩子哭，会主动把玩具递过去。当然后天教育也很重要。而高尚道德教育第一人是父母，为了家庭共同利益，为了繁衍后代，牺牲自己利益。

高尚道德在民法中，主要表现为：

（1）公共利益大于个人利益原则。

（2）关于人的法律大于债法。当债务人赔偿不能，债权人以财产为担保，有豁免债务不能的义务、救助债务人的义务、连带替债务人、受雇人偿还债务的义务（有追诉权）。

（3）无偿行为，例如赠与、借用、无偿受托、无偿劳务等。

大陆法习俗，如果不特加说明，视为是"无偿"行为，例如借用、受托。

德国民法典：第598条【借用的性质】根据借用合同，物的出借人负有允许借用人无偿使用借用物的义务。

第662条【委托的性质】因接受委托，受托人负有为委托人无偿处理委托人移交事务的义务。

第690条【无偿保管时的责任】无偿接受保管的，保管人应与处理自己事务一样尽相同的注意。

台湾地区民法典：第589条 称寄托者，谓当事人一方以物交付他方，他方允为保管之契约。

受寄人除契约另有订定或依情形非受报酬即不为保管者外，不得请求报酬。

民法高尚行为，对治产的作用在于济贫，救助债务人，使得经济行为能够最大限度地持续下去。

三、治产之法律中立适度行为

中华民族2500年前的中立适度法理："子曰，舜其大知也舆．舜好问而好察迩言。隐恶扬善，执其两端，用其中于民，其斯以为舜呼！"孔子说，舜是一个大智的人啊，舜好问而且好审视分析人们的言行。他能够隐恶扬善，控制两端的极端行为，而用其中立适度的政策于民众，其所以是舜啊！中立适度的法律行为，社会摩擦系数减小，交易时间成本低，成交率高，普遍用于治产制度。

适度的法律设计，合理的经济行为

笔者考察成熟国家宏观统计数字、国际企业集团公布的数字发现，净利润率一般在5%左右、一般不超过10%，在《公平价格与持久效率》一书里，认为这是自由竞争概率大数。而在系统学习大陆民法后认识到，这是法律行为的有序规范后果，而不是什么无序行为概率。

例如，成熟国家设立禁止高利贷普适四个阶梯，如果某企业利润超过10%，在成熟国家就会发生以下再分配现象：工会将与雇主谈判，要求用超额利润增加工资；税务部门要进行审查，对超额利润征收分红累进税；债权人有权要求偿还债务；价格部门或法庭要审查其价格构成是否合理，直至实际长期利润率控制在禁止高利贷范围内。当以禁止高利贷为普适尺度，不难发现，西方经济学家一般不敢乱写，西方经济学的列举，例如利润率、利息率一般在2%~8%，而所谓的帕累托利润最大化，也仅仅限于在10%的范围内。关于利润的学说也仅限于长期利润趋向普通利润率，否则就不会有人愿意投资钢铁、母机制造等长期投资项目；而短期利润率高的项目，衰减得也越快；银行利率是攀比竞争的尺度。

前面已经论述，当资本是生产工具，惟有按照资本生产工具诉求设立现代民法，这一新生事务才能够逐渐成为占支配地位的生产方式。如果缺失法律表现形式,则古希腊式生产共同体生产方式就只能处于萌芽状态、混乱状态,而欧洲从16世纪资本主义萌芽起始,确实经历了400年的混乱和摸索,才有今天的繁荣。即便如此,当西方放纵奴隶主自由价值观之无限贪婪欲望,这种生产方式随时都有陨落的可能。就此,我们需要区别西方国家的双重标准,在国际贸易中,他们所追求利润最大化不受限制,例如,葡萄牙、西班牙瓜分地球时期,英国女王就投资海盗事业,利润率高达1400%。当今美国在石油国家投资的利润率高达28%以上;韩国在中国投资企业的利润率高达14%。国际资本利润最大化,导致生产国不参与利润分配,停滞在劳动密集型生产自给经济怪圈内。

相比而言,反而是中国一些经济学家动则设利息率为10%、设利润率为20%,这在西方人眼中简直是赤裸裸的吸血鬼行为。因此,中国实现转型现代经济,经济学界必须摒弃"自私自利最大化"这种教唆犯罪理论,必须设立法律把"自私自利最大化"高利贷犯罪行为人送入监狱。

道德中立的法律行为

为了更加清晰地把握国际民法的道德脉络,把散落在条文中的"中立、适度"尺度归纳成条文,以便加深认识,以解决边际价值观、打擦边球、做擦边人,导致社会素质不高、经济水准不高的问题。在"借用"、"占有"等章,将对中立行为略做介绍:亲自作为,按规则操作,未经许可不得任意改变用途,不得转让、或限制转让第三人;妥善使用和保管;不损害对方或损害最小;共担风险;济贫;向善推定。

四、法律适度:量化的公平尺度

量化的公平计算

市场为了降低交易摩擦成本、提高交易时间效率,而设立公定度量衡,这对交换、分配率也适用。创造财富的分配率可以归结为劳动与制度成本之间的分配;禁止高利贷普适。量化的公平,在伦理上属于善意、将心比心、不刺伤邻人、不为难借款一方等理念。大致可以归纳为以下方法:

(1)自由人差别不大,谁也说服不了谁,采用均衡分配法,例如汉穆拉比法典第九十九条"自由民以银与自由民合伙,则彼等应在神前均分其利益。"其分配率至今适用。

（2）对差别效率劳动特加保护。

（3）经验数字，例如查士丁尼参照产业利润来法定利息率谱。伯尔顿—瓦特惯例法，现代经济最困难企业能够承受的法定利率不得超过 2~8%，等等。

（4）用手做计算器，十进制。

中国古人算数学用手做计算器，例如珠算，五上、十进制。中国从周公之制，已经采用租、息、利、税什一中正之制，润泽之为百分之五。例如：中立适度的习俗，适度"己所不欲勿施于人。"在孟子《井田制》中叫做"润泽之，则在君子矣"。为此刘邦把税率降到5%，朱元璋把市税率降到3%，咸丰降到1%（厘税）。并且，为了提高交易效率和扩大交易，中国市场上已经有信义不二价、童叟无欺、赊欠的习俗。现在的任务是参照大陆法用法律的形式固定下来并上升为国家普法，加以保护。

世界屋脊之西麓，亨利八世似乎刻意要超越查士丁尼12进制，法定利息率绝对地不得超过10%，是从丝绸之路传入的吗？

中立适度法律行为之报酬计算

（一）中立适度分配，例如：

德国民法典：第243条【种类债务】（1）仅以种类确定的物为债务时，债务人应给付中等品质的物。

第950条【加工】将一件或数件材料加工或改造制成一个新的动产的人，取得对新物的所有权，但以加工或者改造的价值不明显少于材料的价值为限。……

台湾地区民法典：第200条：给付物仅以种类指示者，依法律行为之性质或当事人之意思不能定其品质时，债务人应给以中等品质之物。

第814条：加工于他人之动产者，其加工物之所有权，属于材料所有人。但因加工所增加之价值显逾材料之价值者，其加工物之所有权属于加工人。

第817条：……各共有人之应有部分不明者，推定为均等。

（二）公定劳动报酬价格，例如：

德国民法典第612条【劳务报酬】、第632条【承揽报酬】（2）未定报酬额的，有公定价格时，按公定价格支付报酬，无公定价格时，应认为约定按习惯支付报酬。

台湾地区民法典：第483条【劳务报酬】、第491条【承揽报酬】如依情形，非受报酬即不服劳务者，视为允与报酬。未定报酬额者，按照价目表所定给付之；无价目表者，按照习惯给付。

（三）中立适度的资本价格，例如：

德国民法典第246条；【法定利率】第1119条；【利息责任的扩展第】1246条。《德国商法典1998年最近一次修改．商业公司和隐名公司》第121条【分配利润和亏损】。《德国股份公司法1998年最近一次修改》第60条【盈利分配】（2）。

台湾地区民法典第203条：应付利息之债务，其利率未经约定，亦无法律可据者，周年利率为百分之五。

1984年12月14日中国家计委、财政部、建设银行《关于国家预算内基本建设投资全部由拨款改为贷款的暂行规定》规定利息率为2.4%~12%。《中华人民共和国工业企业财务制度．1993年》第六十四条（三）股息6%。但是迄今没有被法律采信。

复习题：

1. 法律的四个阶梯有哪些？

第二篇　按治产划分物

第一章　宪法对物的归类分属

第一节　宪法物的三大归属：归公、特许归团体、特许归私人所有

> 笔者建议【公法物的归属】物的归类分属，分为公有物、国家全民所有物、允许社团取得物、允许私人取得物。

1947年意大利宪法第42条"财产公有和私有两种，经济利益属于国家、机关或私人。

法律承认并保障私人财产，但法律为了保证私有财产能履行其社会职能并使其为人人均可享有，得规定获得与使用私有财产的办法以及私有财产的范围。……"

宪法对物分类归属物的内容：公有财产的范围，私有财产的范围。

宪法规定了财产权的内容：其一、保证私有财产能履行其社会职能，其二、私有财产"人人均可享有"；其三，得规定获得与使用私有财产的办法，就是债法、物权法、家业法的内容。

公有物

自然物公有，儒学叫做三无私，吕氏春秋"天下者，天下人之天下"，与基督教文化"自然赐与之物"观念相通。

自然之物是赐予大家之物，可以分为自然公有物和公有分占制，两种方式。

自然公有，因为无法分割只能公有，例如空气、太阳、大地、河流、海洋、矿山、资源等。

公有分占制，例如土地。自然是赐予大家之物，级差地租是土地原有的肥力也是自然赐予之物，理应社会再分配。相类同，知识产权级差准地租，是社会教育的肥力，是社会财富，也应当适度社会再分配。

法定公有物，主要指土地，例如为了公共利益而征收土地，为有偿占用原则。

财产与占有人的关系

当宪法物的归属，如果欲占有物，是多个法律过程：

（1）公法物的归属：公有物，特许团体取得物，特许私人取得物。

（2）公有物，不得归团体、私人所有。

（3）法律特许私有物，允许依法取得私有权。所谓所有权，是在法律允许和不违反他人利益的范围内，允许自由处置属于自己的财产。

第二节 特许私有物之历史沿革

中国有"天下者，天下人之天下"公理观，为了平均地权，农民起义打倒坏皇帝，换上一个好皇帝，人人都可以做皇帝梦，包括阿Q。我们现在需要量化这种自然平等观，学习大陆法的逻辑：公法归属与特许私有权。这一历史沿革和文化逻辑形成，举例如下：

（1）农耕文化，偏好公平分配，和平不同，并反映在伦理当中。例如，4000~5000年前，中华民族尧帝对舜帝说："天之历数在尔恭，四海穷困，天禄永终"，权利责任均衡。

（2）农牧业之奴隶制社会的特征是为掠夺奴隶而好战。好战征服文化，反映在3800年前的汉穆拉比法典中，土地是国王赐与之物，是负有养活骑士和步兵义务的所有权，辗转传到欧、西亚、非洲大陆，土地是公法所有权，相对所有权。

（3）2500年前，十二铜表法第八表"伤害法"第十八条A规定不得随财主所欲纳息；第五表"监护法"第七条B"浪荡子不得管理自己的财产"；第六表"获得物、占有权法"第八条：偷盗生产资料用于生产，处罚方法不得破坏生产，对财产（生产工具）特加保护。均说明受到汉穆拉比法典相对所有权文化影响。

（4）1500年前，罗马帝国查士丁尼法中，动产的典型就是奴隶，唯有家长对奴隶的自有权，最接近"绝对所有权"。即便如此，为了保护劳动力，该法律也规定不得随意虐待和随意杀灭奴隶，"任何人不应滥用自己的财产，这是与公众利益有关的"。并且，在该法中，不动产有役权，是公法所有权。

（5）在800年前，欧洲中世纪所有权，西方习惯叫做"特许所有权"。在欧洲基督教文化圈，一切都是上帝赐予之物，庄园公有制属于公有分占制，不得有剩余，即便有剩余，那也是自然之物原有的肥力，应当再分配，不得有私有权。而特许私有权的出现源自13世纪财团包税或贷款给政府，向国王换取特许权，例如专卖权、海上贸易权、关税权，与特许权相关的财产专属权，是特许所有权的经济和法律形式渊源。

鉴于历史的原因，欧洲民法中，私人对物的所有权，是公法特许权，首先是公与私之间的约定，在特许范围内，才允许私人与私人之间约定。因此绝对不可以"协议即法律"。

（6）在欧洲自由民市场上，私有权是用来证明"绝对是自己的、不是偷盗来的"。其绝对意思是绝对合法，而不是某些人妄想的"绝对滥用"。

对照上述历史，苏联教科书的抽象所有权"对世（客体不确定）、绝对、永续、排他"权，在现实中并不存在，包括古罗马法，也已经设立了限制奴隶主家长自有权的条款。苏联教科书的这种不负责任的假说，只会误导人们陷入奴隶主家长绝对所有权滥用权利的幻想中。

复习题：

1. 物的归属分为哪三大类？
2. 公权与私权是谁授予的？都需要服从什么规则？是互斗达成平衡，还是各自遵守"公平正义"达成平衡？监督人是什么机构？

第二章 物的归属与取得

第一节 区别归属与取得

文学"归类分属"

语言是丰富的,为了节约词汇,采用了一个词汇在不同场合表达不太相同的意思的方法。例如,英文 belong to,意思为:属于……所有;列入……类。

汉语归属是现代语词汇,只能从归与属两个字面意思组合理解其意思:

"归"的意思:(1)返回;(2)归附;(3)归任,专任,归属,例如"归任三司","责有攸归"。

"属"的意思:(1)分类属;(2)隶属;附属;(3)属于,归属。

因此,归属,应是归类分属的意思,例如空气、地球、太阳为三无私,应列入自然归公所有物。也可以是附属的归属,例如,车位所有权归属业主。

法律"归属"

法律词汇要求意思表达尽量准确,尽量避免一词多意现象。例如,中国宪法对财产的分类使用"属于"一词,与欧洲宪法 along to 物的分类意思基本接近,主要涉及物的公有、团体所有、特许私有这三大归属区间的分类设立。

民法只允许重复宪法"物的归属"内容

按照法律的渊源性,物的三大归类分属,应由权威、最高权力来设立,由宪法、公法强制决定,而不是由一些人所谓的私法(双方约定即为合法)决定。即"物"的公、私界权,应由全体公民、人民代表大会决定,设立归公所有物,和在公法特许的范围内,特许归团体所有物,特许私人依法取得物。各国宪法、基本法验证了这一法律分工。

民事法是依宪法调整"涉及个人利益"的法律设计,民法,不得超出宪法允许的范围。并且,有的民法设立,重申宪法、公法关于物的归属的相关内容,例如,拿破仑法典,物的三大归属分一章,特许私人"取得财产的各种方法"另分一章。而另有一些国家民法设立,也可以不再重复宪法物的三归属,例如德国民法典、台湾地区民法典。

而只有在所有权不确定的少数情况下,为了和平,民法强制归属。

(1) 债法归属,例如:台湾地区民法典第44条"清偿剩余归属国库";第330条"提存逾期归属国库";第581条"纪行……利益归属委托人"。第651条"归属有诉讼……"。

(2) 物权法归属,例如:台湾地区民法典第762、763条"所有权、物权归属一人……";第809条"埋藏物……归属……"等。

(3) 家庭继承法5处提到"归属"问题。

第二节 物(res),按治产分类归属

1. 古希腊哲学按治产划分物

参照黑格尔法哲学原理:"这也是罗马法中根据Obligatio[债]产生的jus ad rem[对物的权利]。"① 民法"rem 物",拉丁语作"res",特殊事件,物件、财产,英语法律用语 property 与 res 意思接近:特殊属性、物品、器材、道具,财用、产业、财产、地产,所用物、所有物、所有权。

(1) "res"的第一层意思,治产专用物,财产。

按治产划分物的第一人应是古希腊哲学家亚里士多德,对欧洲习俗有深远影响,成为欧洲民法的渊源。例如,他在《政治学》中,把物分为消费工具和当作生产工具使用的物,由此而来,欧洲对物的表述,是用不同的词汇分别表述"使用物"、"消费物"。例如"产业私有而财物公用是比较妥善的财产制度"英文财产 property,财物 wealth。英殖民者发现,这与印度村社制度遗存之"私财公用"相类似,而出现"印欧"经济学派。

近代,应是日本率先将 property 翻译为财产,将 wealth 翻译为"财物"。但是随着时间的流逝,随着生活节奏的加快,很多学者恐怕已经不能区别 property、wealth 的意思差别了。而中国是象形文字,必须要加定语或补语,才能够区别这两者的不同,为此,对于"物",需要把欧洲拼音文字中已经包含

---

① [德]黑格尔:《法哲学原理》,商务印书馆1961年版,第49页。

的消费物、当工具使用物的区别表述出来,则中国"物"的法律设立,就需要比大陆法的内容细化一些。

(2) res、property 的第二层意思,"特殊事件"、"特殊属性",应是指公法特许权、专属权的物,例如特许私人所有物,特许专营之物。

2. 民生治产之物

民法调整人们因物而产生的人与人之间的关系,与治产人使用相关的社会属性、法律属性、物理化学属性,是我们分类的依据。

3. 自然物,人为物

民生以治产为本,物,分为自然物,人为物。

人为物,专门用途生产出来的有效用的物,即财产。

4. 使用物的物理性,与相关法律调整

从习俗形成的角度,物,最初由家长定期供给、借给、租给他人使用。家长是有产者,使用者是无产者,因而按家长供给习俗,在民法中形成一套关于按照物的物理性质,规定使用方法和复归的权利责任条款。

5. 可以回复物,不能回复物,磨损物

可以回复物,例如借用牲畜,土地,可以按原样归还;加工金银,可以恢复原样。而借用牲畜的自然孳息、土地上原有的果树的果实,如果没有特别约定,自然孳息归所有者所有。

不能回复物,例如食品衣物等损耗物,不能按原样归还,允许折算为等价的其它物品或金钱归还。

磨损物,例如房屋、机械,要求按规则使用允许正常磨损,如果没有专门约定,视为不收取磨损折旧费用。若出租,租金中应包括折旧费用。

6. 不动产、动产,权利责任有区别

不能够搬动的物,为不动产。不动产的特征是,肯定存在公共边界,涉及供役权、需役权,不仅服从一般规则,而且必须设立公权与私权的混合规则,和因地置益的约定,例如空气、流水、道路、声光、垃圾等问题。

不动产以外的物,为动产。动产的边际经常在变动,只能设立归类式的公权和私权规则。例如在法律允许范围内在不违反第三者利益的情况下,有使用收益处置权。

7. 按各种经济用途使用的物

使用物，居住物，用益物。

使用物，只有使用权，没有经营收益权。

居住物，特指用于居住使用的住房（非商业用房）。

用益物，约定允许经营收益的物，回复后剩余的果实，归用益人所有。

8. 生计必需消费物，消费奢侈浪费物

对治产人生计必需消费的物特加保护。

对浪费人进行限制，例如遗嘱有权限制浪费人，不得管理自己的财产，只允许法定孳息；消费贷款只允许全额抵押贴现形式，等。

9. 权利作为物

权利作为物，是拟人化的物，按约定以财产承担责任、法定孳息等。

第三节　物的取得，债法和物权法的内容

物权法的核心是物的取得

历史把物的三大归属权划分给宪法，民法是服从。因此，民法的重点任务不是"归属"，而是取得。物权法的着力重点，是在允许私人所有物范围内，采用合法手段取得物。例如，台湾地区民法典12处提到"归属"其中：债关系4处、家庭法5处、物权法3处，而该物权法22处涉及取得，物权的取得才是物权法的重点内容。德国民法典也有相同特征。

法律取得

英文 acquire 意思为获得、求得、取得。中文"取"意思：(1) 俘获、捕获；(2) 领取，取而得之，取得；(3) 选取，采用，取法，例如依法取得，依行为取得。

归属与取得的关系，例如，公法特许私人所有物，私人还必须依合法手段才能取得。因此，分类归属与取得分别属于两个层面的法律规则。

而在物的分类中，唯有公有物，分类与取得是合一的，这可能是某些专家混淆"归属"与"取得"的原因之一。并且，法律之设计，在私人利益场合尽量避免使用"归属"，其道德意义在于，避免有了权就有了一切，依赖政治

权力不劳而获。在特许所有物的私人利益场合，尽量使用"取得"，意在传达"争取"的意思，权利是争取来的，是法律赋予权利和依法行为取得。

物权法关于属于公有物、属于集体所有物、属于私人所有物，例如，中国物权法第1、2条"明确物的归属"中，21处设立，应当是重复宪法物的"属于"分类，类似法国民法典；5处设立"所有权的归属"（第16、33条"登记所有权的归属"；第74条"车位的归属"；第149条"地上附属不动产的归属"；第185条"所有权归属"）。但是由于"归属"在汉语中一词多意，误导中国物权法"属于物"在内容上的残缺，或越权，例如"国家所有权收益权归政府"违反宪法。为此，首先需要弄清楚什么是归属，什么是取得，为什么物的归属首先是宪法的内容，为什么物权法的内容是取得，而不是归属。

复习题：

1. 物的归属与物的取得，各自属于宪法和民法当中哪个法的内容？

第三篇　合伙债关系[①]

第一章　合伙债

第一节　债关系

债，责任，诉求权利责任均衡

因物而产生的借用、租赁等债权债务关系，统称为债关系。

有差别，就会有一部分人有剩余，在人类生存斗争阶段，私有财产消灭不了。但是，如果把多余物资借贷租赁出去，或解他人之急，或当工具使用创造财富，有利民生。

当出现债关系，就不仅仅是所有权说了算。生产方式决定债关系分配率，即分配率是否公平，决定资本与技术是否能够转化为资本生产工具，及其转化效率，争取治产劳动与生产力同步增长。法制经济，是以资本生产工具为尺度，诉求债关系权利责任均衡。

相对比，一切归劳动者所有并不到位，如果分光吃光，就是原始自然经济社会。生产资料的所有权决定分配权并不到位，所有者理性存，经济存；理性亡，经济亡。

听称责以傅别

法律守望权利责任平衡。在自由人之间，法律守望权利责任平衡。例如，中国西周王朝《周礼·小司寇》就有"听称责以傅别"法理。责，"债"，债是权利责任合约。合意之债，不仅当事人彼此合意，于官府的法律也要合意，

[①] 第一卷已经阐述公平价格法，公法劳动者报酬，公平价格区分财税法，本篇从略。已经介绍禁止高利贷法，债务人权，地租，占有，所有权，本篇从简，需要两卷相关部分结合起来认识。

所以叫做"称责"。"傅别,券书也。""傅别,谓大手书于札中而别之也。"①
说明中国古代债法,比罗马法有第三人作证即为合法更合理。

债的涵盖范围

德国民法把"债关系"与"物权法"并列,有些人就此以为物权不属于债关系,这不妥当。物权是因债关系而产生的对物的权利义务:"这也是罗马法中根据 Obligatio(债)产生的 jus ad rem(对物的权利)。"

对物的权利,在物权法中叫做物权,例如自物权、他物权。而物权需要向市场经济过渡,在法定收益时,物权反而需要换算为债关系,例如,自由自耕农和小业主所有权人,自我雇佣收取工资、自我租赁自己物收取法定租金、自我借贷自己的货币法定孳息。

债原因、债伦理,债关系

告债的原因:为创造财富而告债,为生产利润而告债,因困难而告债,为消费挥霍而告债。

按道德伦理可以划分为:(1)道德济贫债关系;(2)合伙债关系;(3)自由霸道债关系,又分为随财主所欲自私自利最大化,随强盗所欲自己的自由是他人地狱。

道德债关系,缺少量化的标准,理性存济贫存,理性亡,济贫亡,非持久。

自由霸道债关系,例如,往往债务人有困难才借债,债权一方垄断财产占优势,不能避免丛林准则,高利贷两头死,债关系最小化。

合伙债关系。互利双盈分配规则。合伙债关系有利于资本生产工具经济的发展。

以上债原因、债伦理,组合为各种债关系,参见第二卷第三篇表1-1。

---

① 参见司马迁:《史记》,中华书局1959年版,第二卷344页注⑨;何建国:《民法简明教程》,劳动人事出版社1987年版,第103页。

第二卷第三篇表1-1　　　　　　　　债关系的类型

债伦理	告债原因		
	有利润的治产	贫穷	为消费而贴现
合伙：亲兄弟明算账	合伙平分利得与运气	债务人偿付不能得减免、展期债务。保障债务人生存权。	全额抵押贷款；利息率略高于借资治产利率。
理性济贫：润泽之则在君子。	缺少量化的尺度，理性、非理性的不确定性。	无力还债，豁免债务；有能力还本。有能力还本付息。	选择：有能力还本付息者
自由霸道竞争丛林准则。	债权人利润最大化，债务人生产者不参与利润分配，趋向手工劳动密集产业。	高利贷，两头死。	高利贷，两头死

第二节　合伙债关系

现代民法，是以合伙为伦理基础的债关系，中国叫做"亲兄弟明算账"，罗马法称之为古希腊式生产共同体，或"合伙"。英国叫做"合伙与债的杂然交错"，委托制和合伙制的协定，合作和竞争的所有权。[①] 合伙债，量化的互利双赢规则。

双方权利责任均衡，就是以合伙为伦理基础的债关系。例如，按周公之制，对于欠债分三种情况三种处置：济贫得豁免债务、困难得免除利息、债关系禁止高利贷，毋过岁什一。就是说，不仅保护债权人的权利，对债务人也要特加保护，要保障债务人平等的参与利润分配权，面临亏损最低限度也要保护债务人及其家人的生存权。

合伙之债的家庭伦理基础。家庭伦理中划分两条路线，中国伦理归纳为长

---

① ［美］罗伯特·托马斯：《西方世界的兴起》，华夏出版社1989年版，第59、62页。

幼隶属关系和兄弟关系。中华民族伦理"亲兄弟明算账",是合伙债关系的家庭伦理基础,在各个民族习俗中应该都可以找到。

合伙之债的社会伦理基础,四海之内皆兄弟。家庭亲兄弟明算账伦理,可以扩展到邻里之间,可以信赖的人之间,可以扩展到老乡之间,老乡见老乡,两眼泪汪汪。信用,成为合伙之债的社会伦理基础。

合伙之债的宗教伦理基础。欧洲合伙之债,属于教会法改革的成果。教民都是上帝的子民,则子民之间是兄弟关系,以不刺伤邻人为尺度,可以接受"亲兄弟明算账"伦理。

合伙伦理基础的债关系。中华民族"井田制"禁止高利得(贷)什一中正之制;"儒有委之以财货,淹之以乐好,见利不亏其义"。汉穆拉比法典"自由民以银合伙,得在神前均分其利润。"罗马法古希腊式生产共同体,或"合伙";英国"合伙与债的杂然交错"。

契约类型与分离的所有权

(1)按标的物划分租赁类型。罗马法把有偿契约一律归纳为租赁。查士丁尼《法学总论》第三卷第二十四篇租赁之注解①,租赁以标的物之不同得分三种,物的租赁,业务租赁(相当于雇佣),完成一定工作的租赁(相当于承揽)。

委托应是特殊业务租赁关系,查士丁尼《法学总论》第二十六篇委第13条"委任……如果订明报酬的,就成为租赁契约了。"

合伙是租赁,查士丁尼《法学总论》第二十五篇"合伙"第2条"因为某些合伙人的劳动往往是如此可贵,以致应该使他们在合伙条件中获得较优越的待遇。"说明,合伙既可以是物的合伙,也可以是物与业务的混合式合伙。

(2)分离的所有权。在市场上,所有权需要向市场过渡,分离为各种权能,按质论价出让,分离的所有权的役权,分为:所有权的法律标记,使用权,用益权,占有权,在契约时间内,所有权与它的役权,相分离(参见所有权章)。

(3)组合式租赁规则。通过分析德国民法之债关系,不难发现租赁之组合规律。例如:借用、租赁、贷款、雇佣、委托、合伙,与分离的所有权之使用、用益、占有、消费奢侈,对应进行组合。使得五类约30种债关系之间的区别之处一目了然,以便于掌握其规律性。参见第二卷第三篇表1-2。

---

① [罗马]查士丁尼:《法学总论》,商务印书馆1996年版,第177页。

第二卷第三篇表 1-2　有因之债，分离的所有权，收益分配

合同类型		分离的所有权			单纯所有权法律标记	债务人权法定平分普通利润的另一半 ± 分享超额利润	用益劳务行为收入 = 劳动报酬 + 分享超额利润
		所有权权能分离					
		对物使用权	对物用益权	对物占有权	法定收益		
借用		使用借用	消费借用	用益借用	回复		
物的租赁	租赁	使用租赁	消费租赁	用益租赁	法定租金	V	
	贷款	使用贷款	消费贷款	用益贷款	法定孳息	V　资产	
业务的租赁	劳务	使用劳务		用益劳务	利润		V
	承揽	完成一定工作的租赁					V
	委托	代理民事，保管，中介，委托经营占有权			利润		V
物或业务租赁	合伙	完全合伙，无限合伙，有限合伙，两合伙，规则参照用益租赁。					
	担保	人事担保，抵押，质压，留置。					
买卖		买卖，样品买卖，拍卖。			所有权的交换。		
租赁+买卖		分期付款购置生产装备有利 =（按揭+用益租赁+延时买卖）= 资本生产工具					
赠与		所有权的无偿让与，继承					

见英国财产法"分离的所有权"。德国民法第 2 编第 7 章第 3 节"使用租赁和用益租赁"。

第三节　债权人，债务人权

债权之成立

在延时契约中，承诺先行给付、延时受领者，为先行债务人。先行债务人按合同履约先行给付完成，先行标的转移完成，先行债务人转化为债权人，债权始成立。

（一）债权责任。

（1）基于债关系，债权人必须先行给付。债权人先行给付延迟，造成债务人损失的，赔偿债务人损失，限制在延迟期间损失范围内。先行一方履行责任不符合约定的，后履行一方有权拒绝其相应的履行要求。

（2）债权成立，债权人不得随意侵入已经转移之标的。

（3）债权人因修缮或监督需要侵入的，应通知债务人，债务人不得拒绝。

（4）因紧急原因而不得以而侵入的，事后应通知债务人，造成损失的，应酌定赔偿。

（二）债权权利，基于债关系，有权向债务人要求给付。给付也可以是不作为。

债务人权

在延时契约中，约定先行受领、延时给付的，为先行债权人。先行标的转移完成，先行受领完成，先行债权人转化为债务人，债务人权始成立。

（一）价债务权人的责任：

（1）债务人权成立，债务人有诚实信用履行合同内容的义务；

（2）诚实信用按合同要求期限给付的义务。债务人给付延迟、责任事故等造成债权人损失的，应赔偿债权人损失，并限制在延迟期间损失范围内及其可承受范围内。

（二）债务人的权利：

（1）平等权。在合同条款中，债务人有要求与债权人平等分享利润的权利。

（2）生存教育权。由于不可抗拒的原因，或无给付能力，为保障债务人及家人基本生存权、子女教育权，债务人有要求展期、豁免或部分豁免债务的权利。

（3）基于债关系，债务人有权要求债权人先行履约转移标的。

依合同，债务人给付也可以是不作为，例如赠与、借用。

第四节　债务人权，平等的权利

一、债务人权的历史沿革

共同市场，不仅关心债权人的利益，而且关心债务人的利益和生计。例如，公元前 350 年左右，春秋战国时期孟尝君的弹铗食客冯欢，已经把借贷与产业利润的关系表述清楚明白："之所以贷钱者，为民无以为本业也；所以求息者，为无以奉客也。今富给者以要期，贫穷者燔券属以捐之。"① 比欧洲早了近 1600 年。

在古代，往往债务人有困难才借债。债权一方垄断财产，在权利上占优势。比如，公元前 449 年，十二铜表法法定月利息率为 1%，不再"随财主所欲纳息"，这是对债权的限制。但是，债权人对债务人的其他权力几乎不受限制，债务人以身家性命为担保，形同预期奴隶。

公元前 326 年，古希腊平民反抗取得了进展，通过了债务人只以其所有财产对债权人负责的法案。

13 世纪，复兴古希腊合伙（community），禁止高利贷法，直接对债务人生存权的保护条款才出现。1206 年教皇英诺森三世允许委托合伙，"关于妆奁的问题，在给热内亚大主教的信中明白地劝告：在某些场合，妆奁'应委托给某商人'，由之，'用诚实获利的方法'可取得一种进款"，明令"于某些场合，有钱的人，为得到'有名誉的获利'，可以'委托商人'。"② 委托合伙，债权与债务权共担风险。

1215 年英国大宪章第 11 条规定，对债务人的生存权和其子女的教育权特加保护。这可以算是最早的破产法。

阿奎那主教寻找中庸的利息率，其尺度是"不得刺伤邻人"，与债权人相关的邻人，就是债务人。

15 世纪德国商人组成合名公会，平分利得与运气。

1575 年法国马丁派教主加尔文（继德国马丁·路德之后的改革派）的一封信被公开，他认为："对于需用款项的人，不应要求取息，而当生产性借款需付利息时，那么，借款者至少应该为他的劳动获取与他所支付借款利息同样多的收入。"③ 再确切一点，借款人在扣除自己的劳动工资和全部成本后，借款人有权在利润中获得个与债权人利息同等的利润的另一半。1763 年，亚当·斯密介绍英国习俗"借款经营业务的人，用利润之半支付利息，也许是合理的"。

---

① 司马迁：《史记》，中华书局 1959 年版，第 2360 页。
② 威廉·詹姆斯·亚斯莱：《英国经济史及学说》中国台北幼狮文化事业公司 1974 年第 155 页。
③ [英] 埃德蒙·惠特克：《经济思想流派》，上海人民出版社 1974 年版，第 36 页。

现代民法，债务人过错赔偿不能的部分，允许赔偿酌减，或以财主所出租财产承担连带赔偿责任，例如，台湾民法典218、188条，德国民法典第831条。中国民法通则第48条、中国司法《借贷意见》第18条，以财产承担民事责任，推定应包括因雇员赔偿不能的酌情连带责任。各国慈善事业减免税等。

中华民国新民法已经明文规定"对于债务人的利益特加保护。"[①]

1991年，香港破产法规定破产5年以上，债务湮灭，允许重新创业。

从法的衡平、善意、良心本意出发的自由裁定，例如一些著名大法官"防止债权人要求获得超过损害程度的赔偿，强制受托人为信托人利益持有、使用和管理受托财产"，延续至今叫做"法院合理价值"。例如法院裁决企业主获得相当于一个利息率的利润率。由于有上述规则，现实中确实存在均衡利率现象，例如："持久资产纯利率复计两次"，其中一次归债务人所有；1997年，美国跨国公司净利润率为6.19%，趋向一个利息率（6.9%）。

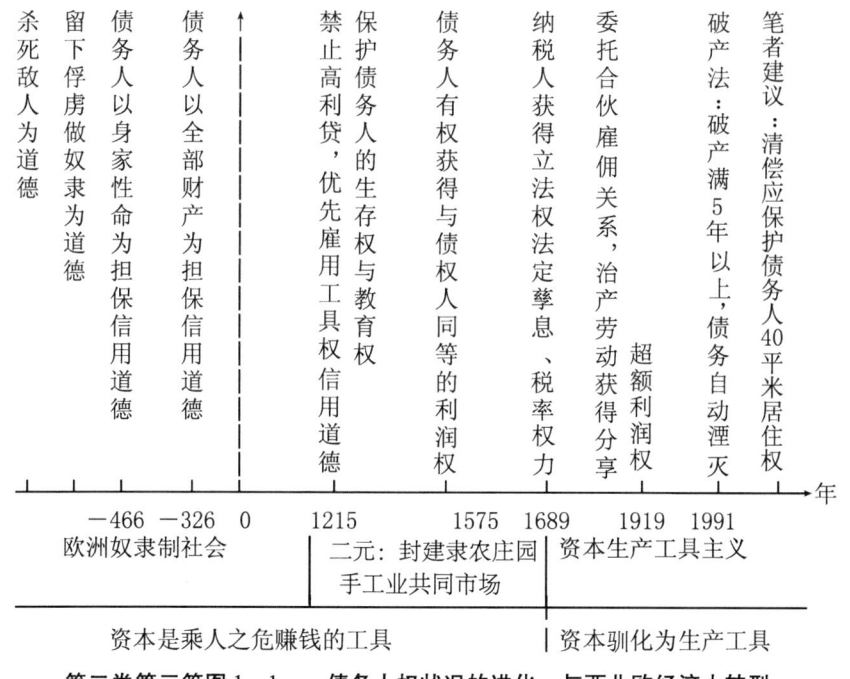

第二卷第三篇图1-1　　债务人权状况的进化，与西北欧经济大转型

---

① 杨鸿烈：《中国法律思想史》下册，商务印书馆1936年版，第351页。

债法的提法上也在进步，例如，在罗马法中，"债"被直接用"债务"表述，绝大部分条款是债权人对债务的权利，债权人对债务人违约惩罚。而1804年《拿破仑法典》改为"债"篇，《德国民法典》（1896年通过1998年最近一次修改）改为"债关系"。

对债务人权的保护，是从禁止高利贷、避免"随财主所欲纳息"、法定中庸的利息率和侵权法、自由裁量法反射保护。但是，也许由于法律的惯性作用，却少有关于债务人权的专门命名及其专门法律条文，就给人以错觉，似乎债法就是债权和追缴债务，债权债务，人们只问债务人"谁借了银行的钱不还？"随着社会进步，就还要站在债务人立场上反问一句债权"企业是财富的创造者，总能有1倍剩余率，为什么银行长期实行高利贷，导致企业全面高负债、大面积破产？"市场机制的进步与人类道德进步同步，与债务人的生存发展权同步，见第二卷第三篇图1-1。

二、债务人权收入的相关法律

债务权有以下法律推定权利，得请求分割普通利润率的另一半：

法律以及伦理保护债务人的权利责任，平分利得与运气。

通过法定中庸利息率，保障债务权获得普通利润的另一半。

法定20年期租金售卖与复归模式，保障"借资治产"债务权用所收入利润另一半赎买持久生产线。

市场普通利润率趋向2倍利息率，债务人获得一个利息率。

公开价格构成，优先一个普通利润率，包括债务权收入。

借款投资合同约定优先付息和还本的积累，客观保障债务权资产化收入。

财务制度保障。成熟国家"偿债积累"列入财务会计法中，股份制叫做公积金偿债专项，用于偿还债务的积累或自筹资金扩大再生产，并法定负债表上的净利润才能用于股息分配。

议会财税法对利润用于投资实行退税、抵免、折扣政策，保护债务权资产化收入。

成熟国家价格公式中，高倍折旧率政策，变通式保障债务权资产化收入不小于一个利息率。

法官自由裁量权有权保护债务人权收入趋向一个利息率。

单纯的债务人权，与债权法定孳息一样，是分享，无作为，习惯法约定收入。

由以上法律法规可知，持久经济在法律保护、选择项目、定向借款合同约定、监督等方面，保障债务权获得普通利润率的另一半。

以上法律法规，都是以生产的分配顺序，来规定债务人权的预分配，不难发现债务人权的净利润收入是在合同中已经约定货币利润的一半，用于偿还本金，并且，是在生产准备阶段已经资本物化的收入。如果以生产准备和"负债表"顺位，也很容易归纳出契约还本积累机制。

反之，如果从价格后果和收入角度研究，例如，收入分别来源于劳动工资、资本利润、土地地租、预扣财税，人们就很难理解利润是"租"，并且是资本物化的生产工具。收入分配法的缺陷是只注重后果分配，只注意理性节约积累，疏忽了预先还本积累安排。

而在贱买贵卖市场上，债务人的收入"利润－利息"是暗箱操作，是后果。"自由市场"由经营者自己定价，法律反而不保护经营者获得一个普通利润率，雇用资本（工具）没有法律保障。

三、债务权收入，持久治产责任

现代民法，债权、债务权收入，各自承担持久经济的责任

在古代，租金和价差利润一样，是偶然价格后果，一项偶然收入，不再承担义务，可以用来最终消费。

但是，在现代民法中，按照合伙法理，租金连带有责任，例如不得任意撤资而造成停产，有赔偿不能连带责任，应对不可抗拒灾害责任等。例如：

（1）禁止买卖7种贪婪，买卖价差，要承担货物瑕疵赔偿责任、保存、运输损耗责任、不可抗拒责任。

（2）使用租赁租金，是支垫资本责任回报，和正常修复的责任的费用；

（3）用益租赁租金，是支垫资本责任的回报，不得任意撤资，不得任意解除合同。

用益租赁，承租人的法定收益，承担着回复承租物和盈亏风险的责任。

（4）借资治产利息，承担资本支垫责任，不得任意撤资破坏生产。

借款人的收入，承担生产线的持久运转责任，盈亏风险责任；

（5）消费贷款利息，承担着抵押物贬值风险责任；

（6）雇主、定制人、委托人的法定收入，是承担着标的物支垫资本责任的回报，和以财产为担保，承担治产劳动者过失连带责任的风险费用。

雇员、承揽人、受托人以行为收取劳动报酬和费用，不承担盈亏和风险责任。

（7）合伙，是债权、和以债权为抵押贷款的债务人权的混合关系：以股权收益法定孳息；以借资治产债务人权收入利润的另一半用于还本配送股，持久资产；超额利润分红。

例如，对企业主需要按债关系进行分离：他同时可能是债权人、债务权人、普通劳动者、创新劳动者，各部分收入：

企业主是债权人，法律权利收益：法定利息、法定股息、法定租金；

企业主是债务人权，法律权利收益：普通利润的另一半，配送股，自负盈亏。

企业主自己充当企业家，法律行为人收入：公定劳动者报酬；差别效率创新劳动分享超额利润；干股派息、配送股、分红。例如单纯企业家，受雇、承揽、受托人等的收入。

四、资本是生产工具，对债务人的特别救助①

第二卷第三篇表1-3　　对债务人、劳动者、无产者的特别救助

	中国合同法	德国民法典	台湾地区民法典
（1）所有权人济贫责任	第91、105、117条	第831条	第188、189、213~218、
对债务人责任酌减		第277~285条	220~231条
赠与人不能	第194条	第528条	
借用人不能	-	第606条	-
（2）减免租金	-	-	第457条
（3）居住权		英国1925年租金法	
（4）租用耕作地人	-	第587条	第457条
（5）借资治产人	《借贷意见》第18条	第556c、594f条	第218、255

---

① ［德］黑格尔：《法哲学原理》，商务印书馆1961年版，第129~130页第127节。

(续表)

	中国合同法	德国民法典	台湾地区民法典
（6）受雇人劳动报酬		第612、632条	第483、491条
受雇人赔偿不能			第188条
雇主连带责任			第188条
法院和政府责任			
（7）承揽不能			第189条
（8）受托人不能	第117条	第831条	第118条
（12）保证人	—	—	第756-6条
（13）担保	《借贷意见》第18条	第556b	第446条
抵押			
质押			
留置	物权法第233条		
（14）侵权	民法通则一百零九条		
饥饿			

古代对债务人的救助，仅限于慈善行为，如前面已经介绍，1215年英国权利法案，不得剥夺债务人及其家人的生存和受教育权。

当资本是生产工具，为了维持生产持续持久，对债务人的救助，成为实质经济的一个组成部分。单纯的债务人是无产者，为生存权，必须计算需要紧急救助的量化尺度，债务人一定财产免于扣押的利益（beneficium competentiae）[1]。中华民国新民法的一个特点，就是声明对债务人的特加保护。相关法律条文，参见第二卷第三篇表1-3。

中国经济改革之初，国家经济体制改革委员会特别约请新经济自由主义学派弗里德曼来中国为决策者讲学，他曾指出，当今自由市场的标准样态是香港，而香港是法制自由市场，法（law）框架内的自由。而中国一时间充斥资本自私自利最大化高利得、自由霸道市场，企业主债务人权不参与利润分配，停滞在手工密集古代经济。

---

[1] ［德］黑格尔：《法哲学原理》，商务印书馆1961年版，第129~130页第127节。

第五节　等价有偿债关系：中国价格法值得商榷的问题

（一）价格法挖掉了"等价有偿"

文化差异误读欧洲自由价格法意思

我们应当在欧洲背景下，理解哈耶克、佛里德曼的新经济自由主义。第二次大战后，高利贷基本在欧洲绝迹，欧洲各国普遍实行生活必需品票证配给制（中国票证还是从欧洲学来的），传说那时英国女王每天早晨也只能吃一个鸡蛋。德国在1947年才取消童工制度，1972年才取消票证（只比中国早10余年），而欧洲生计品公定价格一直维系至今。2007年，有一宣传其经济自由主义的记录片，说的是，上世纪50年代欧洲黑市猖獗，按照自由派理论放开市场后，黑市价格马上降了下来。实际情况应当是，在最低公平价格和配给制的大环境下，适度自由市场，黑市价格马上降了下来。因此，我们只能从法制社会背景中理解他们的所谓"绝对"、"自由"。

相比较而言，把绝对自由价格奉为圭臬，反而是国内农商资本主义价值观在作怪，而与国际霸权之国际贸易自由霸道法相共鸣。例如，自由价格法，劳动力价格绝对柔性直至为零，反而是古代生产自给经济，劳动力成本可以摊进自给农业中的现象，因此新经济主义自由价格不是什么新玩艺儿，它只不过是古代自给经济自由市场价格法的简单重复。

中国价格法中的一些问题

（1）价格法第四、七条挖掉了价值规律的核心"等价交换"，合同法挖掉了"等价有偿"。

（2）《民法通则》第58条"禁止恶意串通。"而《价格法》第14条挖掉了"恶意"二字，变成"相互串通"为非法行为，这违反宪法。宪法规定公民有集会结社出版、言论自由，集会结社者，串通。需要对"串通"进行甄别，区别是否"恶意"，是否"私下暗箱操作"，仅"串通"二字，就成了价格法律强制中国只允许存在以经营者为单元的一盘散沙的市场，是中国恶性竞争、价格过低的内在原因，后果是市场失落了自我保护公平能力，商会关于价格的诉求，每次都以"串通"之罪被政府某些部门否决，每战必败，任由外国资本、国内恶势力个人宰割，造成贫富悬殊，停滞在手工密集型古代经济阶段，资本不能成为生产工具。2009年收购铁矿力拓公司失败，再一次验证，面对国际老牌垄断价格话语权，中国必须扶持行业商会统一对外，这对国内价格公平也适用。

建议："禁止恶意串通"；并建议设立最低公平价格构成法，判定是否恶意。

（3）第47条第二款"利率、汇率、保险费率、证券及期货价格，适用有关法律、行政法规的规定，不适用本法。"价格法失落了资本价格法，则差价率、利润率没有了普遍的尺度。而中国自1987年设立民法通则以来，迄今没有正式的禁止高利贷的相关法律，价格法缺失了量化的普适公平尺度。

（4）只字不提民法通则"等价有偿"，例如第6条规定经营者"依本法自主定价"，但是该法没有公定劳动力价格，则劳动力价格成了后果。例如市价砖1毛钱1块，黑窑主依该法自主定价承包每万块300元（窑主净利润为70%），包工头依该法自主定价每年赚10万元人民币，后果是劳动者拿不到工资成了现代奴隶。

只字不提民法通则"等价有偿"，例如第14条禁止"相互窜通"，第6条规定经营者"依本法自主定价"，后果是允许个人垄断价格，例如允许国美电器黄光欲垄断家用电器价格长达10余年，把生产企业利润压到1%以下，但是行业价格维权却被裁定是"窜通"而所谓"违法"。

（5）只字不提民法通则"等价有偿"，例如第7条，该法价格构成公式为"价格构成＝生产经营成本±市场供求"。该价格构成过于粗糙，没有明示生产经营成本所包含的内容，显然不保护治产人经营者应获得正常利润，资本不能成为生产工具。

（6）该法只字不提生计品最低公平价格目录；只字不提商会在价格法中应有的作用。

鉴于中国需要从农商资本主义价格法向资本生产工具主义价格法过渡，建议设立"价格"一章，从"民事"的角度，把分散在各个条文中的民法价格与公法价格比较完整集中地表述出来。

（7）没有对"劳动者报酬公定价格"的条款，没有公定资本价格的条款。没有价格构成条款。价格法残缺不全，不适用于现代经济对价格法的诉求。

（8）《企业财务通则》，《工业企业财务制度》，如果使用了购买者价格法，则重置折旧率应当计算价格中所包袱的用贷款或折旧所支付的利息和生产型增值税。

（9）加入WTO，争取"国民待遇，共同适用"国际平等之完全市场经济地位，应当逐渐与欧盟价格法接轨。

（10）有待建立"公平价格构成法"，治产人借贷法，公平价格区分财税法。

法律缺陷，停滞在手工密集型产业

资本利益最大化，财政利益最大化，企业与商业是收购、代销关系，不能避免商业高利得挤干榨尽生产企业，重复退出第二产业进入第三产业的历史怪圈。例如，中国有企业的困境之一，就是延续计划经济生产与销售脱节的毛病。造成这一现象的关键是"自由市场"不保护一个普通利润率，受到重商主义围剿，后果是生产不参与利润分配，反过来，企业普遍没有利润积累可以建立自己的商业网点以控制商业环节。同时，价格法缺陷导致商会保护价格缺少法理依据，每战必败，必被"自由价格法"否定。例如，彩电价格大战中29英寸彩电零售价降到2000元上下，一种报道是全行业亏损，另一种报道是盈利2%，也比资本价格低了1/2。更有甚者，上海一个体户用300万元承包某商场后转出租柜台，在3年里变成亿万富翁；产品上柜台，厂家要给售货员好处费，产品进商场要交5万元，等等。2007年8月披露百安居商场对摊点收取销售额17%~52%的摊位费，相当于消费者要多花一倍的钱交给百安居，这合理吗？买办经济，工、商业两张皮，商业靠压迫企业降价，商业利润以企业亏损为代价；代销方式商业只赚取利润，不承担风险责任，也就缺少开辟新市场的动力。买办商业经济与产业相独立，赚取买端、卖端，两端生产者的全部利润，中国商业利润是国际水准的6倍，是导致制造业总体负债的原因之一。

（二）财务会计准则，应保持中性

2006年颁布的会计准则与国际会计准则十大区别，包括：固定资产采购计价、借款费用资本化、非货币性交易、短期投资、长期投资商誉、研究与开发费用、开办费、资产类政府补助、债务重组、所得税。其中有一半涉及"公允价值"，而中国准则对实质经济采用成本与市价孰低计量，仅对上市公司采用"公允价值"计量，是适宜的。中国的问题出在，成本似乎没有包括一个普通利润率。

中国会计准则的最大问题似乎是，挖掉了"为企业服务"准则，例如，其一,"金融工具"被挖掉了"服务"准则,由此而不禁止对资本生产工具侵犯的条款。其二,购买者价格法包袱。开办费,中国准则规定开办费先在长期待摊费用中,待企业开始生产经营当月起一次计入开始生产经营当月的损益,用折旧进入成本。20年待摊法,等于税收20年预提。而国际准则规定开办费发生当期确认为费用,避免当前利润虚高,给企业增加当前税收负担。其三,长期投资商誉。中国准则规定股权投资以投资成本计价,债权投资以成本贷项,计入资本公积金。而国际准则规定,持有至到期日债务证券的投资以成本,按取得的可辨认应折旧/摊销资产的加权平均剩余年限摊销,超过部份立刻确认为收益。其四,所得税采用递延法,或损益表负债法。国际会计采用资产负债表负债法。

(四)统计中的金融自由主义

"利润是财产权的象征,税收是政治权力的象征。"表现在统计中,就是将利息计算在金融增加值内,给人以金融创造价值又多又快的错觉。与联合国统计规则并不吻合。

(1)损益表中的问题。

A. 实际劳动者报酬总额 = 劳动者报酬总额 × (1 − 17% 消费资料增值税)

但是,正规工业企业损益表(购买者价格法)没有"工资总额"一项,也许是因为工资总额仅销售收入的10%,或占创造价值的30%左右,太难看了?

B. 财务成本一项,不包括长期利息,被包在了投资贷款支付中。

C. 企业人实际税赋 = 企业当期支付财税 + 企业应缴纳生产型增值税

  + 企业人缴纳生计必需品价外税

  = 企业当期支付财税 + 企业应缴纳生产型增值税

  + 劳动者报酬总额 × 17%

正规工业企业人缴纳财政内利税,没有包括转移不出去的"购进设备价外税",而包在了折旧和贷款支付中,即另一张基本建设或更新改造表中。

(2)负债表中的问题。

正规工业企业使用者价格法与购买者价格法在负债表上的净利润,自然差出了"长期利息 + 购进设备价外税"。

(3)企业实收资本,应扣除"长期利息 + 购进设备价外税。",多级管理雁过拔毛费用。

例如，上世纪90年代，广州一星火炬项目，科技委批准的是2亿元贷款，被广州市调用8000万元，建成后产品销路成了问题，于是以标的形式4000万卖给了广州市科技委某下海，以还本付息形式偿还（实际是无抵押贷款）

（4）正规工业企业使用者固定资产价值形成，按联合国SNA使用者的资产价格与购买者价格法相差一倍。

（5）正规工业企业人使用百元持久资产营业剩余率。

按联合国SNA，营业剩余 = 当期营业剩余支付（利息 + 税收 + 上交上级利润或管理费 + 企业所得税后利润）

（6）使用者净产值（国民收入）

国民收入对工业而言相当于"工业净产值"：

工业企业净产值 = 劳动者报酬总额 + 营业剩余

= 劳动者报酬总额 + 用当期营业剩余支付（利息 + 税收 + 上交上级利润或管理费 + 税后利润）

（7）工业企业的工业增加值计算。

工业企业生产增加值（使用者价格法）

= 劳动者报酬总额 + 营业剩余 + 固定资产折旧

= 劳动者报酬总额 + 当期剩余价值支付（利息 + 税金 + 固定资产折旧 + 税后利润）

但是，现行工业企业增加值 = 劳动者报酬 + 折旧费

（8）企业人创造价值

企业人创造价值 = 工业增加值 + 管理营销费用 - 重复计算

= 劳动者报酬 + 营业剩余 + 折旧 + 年纯管理营销费用

= 劳动者报酬 + 当期剩余价值支付（利息 + 税金 + 所得税后利润）+ 折旧费 + 企业内部管理营销费 + 上交上级管理费

治产劳动者创造价值在统计部门已经不作计算了。如何体现社会主义精神？

复习题：

合伙债的道德边际是什么？量化的尺度是什么？

第二章　借用，是债关系的道德样板

第一节　债关系，源头是"借用"习俗
（好借好还，再借不难）

有些人对实践与真理孰先孰后有不同理解。黑格尔指出，雅典娜的猫头鹰在黄昏的时候起飞。真理是被实践所验证以后才成为"真理"。仅就实践出真知，真理是后果，然后真理才是指导未来实践的"先知"。这对法律设立也适用。对法律有历史、伦理、宗教、政治、生物学、经济学、社会工程、偶然著名人的心血，等等多种解释。那么，哪种解释或方法所设立的法律，执行起来效率高成本低？民法的历史、伦理起点在哪里？

1. **借用的伦理基础："兄弟、伙伴、邻居"**

《明朝那些事》的作者80年代后施悦先生认为，历史是发生过的、曾经活生生的事情，读历史书就是感悟和复活其人性的东西，这对法律也适用。法律是道德的规范化阶梯，与人类的历史发展肯定有脐带关系。我们从法律中寻找人类发展足迹和人性表露，就会比较容易掌握它的脉络和分寸。

法律带有从源性，成"法律树"状态。从源，人类社会最早期的对物的"债关系"，应渊源于亲戚、邻居之间的借出借入，为了和平，自然以家庭伦理之兄弟、伙伴为最基本的规范，法律叫做"合伙"关系，而后才延伸到自由人之间的"借用"。

台湾民法典没有设立"借用"法。而是以买卖作为"有偿债关系"的"范"，例如第347条"本节规定，于买卖契约以外之有偿契约准用之。但其契约性质所不许者，不在此限。"第378条"买卖契约之费用，由双方平均负担。"并设立第三款"买回"，而唯有符合"等价交换"价格准则时，买回才能够运行，买回与等价交换在伦理上可以相互置换。

2. **借用是"债关系"的参照尺度**

家业法之兄弟、伙伴关系是债关系的树根，而借用是债关系的树干，其它

债关系由"借用"延伸而来，以借用为道德样板。例如，无偿委托、无偿劳务，是借用劳务；而等价交换"买卖"，是对等无限期借用。而有偿之债也是借用的一种延伸，例如，中国语言习俗中，"租借"与租赁所指同一，借贷往往指贷款，在基督教会法中，无偿使用借贷（拉丁语 commodatum）；"租赁"，被定义是法定租金的有偿借贷（commodatum）。以此追溯渊源，借用，不仅是是租赁行为道德"榜样"，而且是量化公平的出发点、伦理基础和尺度。既然"东家"借出分文不取，以此为榜样，那么"西邻"出租也应当让承租人有所收获，租金不应太高。人同此心，心同此理。没有借用伦理，就再没有什么可以禁止"随财主所欲"，禁止高利得。相对称，债务人支付比较低的租金，就有责任义务参照借用人的行为规范约束自己；法律得以参照借用人行为，制定法律行为规范。正是从历史渊源，民法的起点是法律高尚，民法要求大众行为适度。例如，基督教会法，以"不刺伤邻人"为取息的尺度准则。

顺着"借用"这一源头，不难发现，针对借出人和借用人的法律行为规定，例如占有人"亲自作为、未经同意不得擅自改变用途、妥善保管、最少损害、未经同意不得转让第三人、共担风险、向善推定"；债权人先行履约、未经允许不得入侵出让物、以财产为担保连带责任、济贫责任"等，对买卖、租赁、贷款、雇佣、承揽、委托、合伙等，债行为也适用。这样一来，上千条财产关系，就可以简约为"借用行为准则＋……"，而让臃肿的法律条文简约了许多。

第二节 借用（占有）人法律行为规范

亲自作为

借用、承租、受雇、承揽、受托一方必须亲自作为。例如，德国民法典、台湾地区民法典必须亲自作为的规定。并且，必须在征得债权人同意的情况下，只允许辅助工作转移第三人。或者说，禁止高利得，中介利润自然限制在"10%÷分包次数"范围内，合法利益决定了转租赁只能一次，多次转租将无利可收。例如：

德国民法典第278条【辅助人的过失；重大过失】债务人对其法定代理人或者为其清偿债务而使用的人所犯的过失，应与自己的过失，负同一范围的责任。第276条第2款的规定不予适用。

德国民法典：第605条【预告解除通知】2. 借用人违反合同约定使用物，

特别是未经借出人同意将借用物交付第三人使用，或者怠于其应尽的注意义务，致明显危及借用物。

第664条【受托个人义务；助手责任】（1）在发生疑问时，受托人不得将受托事物转托于第三人。转托得到同意的，受托人仅对可归责于自己的过失负责。对其助手的过失，受托人根据278条的规定负责。（2）在发生疑问时，处理委托事物的请求权不得转让。

第691条【不得存放于第三人处】在发生疑问时，保管人无权将存放物存放于第三人处。经同意放于第三人处的，保管人仅就存放时可归责于自己的过失负责。保管人根据第278条的规定，对其辅助人的过失负责。

台湾地区民法典：第458条 耕作地租赁于租期届满前，有左列情形之一时，出租人得终止契约：

三、承租人将耕作地全部或一部转租于他人者。

五、耕作地依法编定或变更为非耕作地使用者。

第484条 雇用人非经受雇人同意，不得将其劳务请求权让与第三人，受雇人非经雇用人同意，不得使第三人代服劳务。当事人之一方违反前项规定时，他方得终止契约。

第592条 受寄人应自己保管寄托物。但经寄托人之同意或另有习惯或有不得已之事由者，得使第三人代为保管。

第594条 寄托物保管之方法经约定者，非有急迫之情事，并可推定寄托人若知有此情事，亦允许变更其约定方法时，受寄人不得变更之。

而中国合同法的一大缺失，就是没有规定借用、承租、受雇、承揽、受托方必须亲自作为，反而推行所谓层层分包，导致制度成本过高，真正用在生产上的财力、人力效率只有美国的25%，出现豆腐渣工程。例如，山西黑砖窑、黑煤窑，首先不是由于生产力低下，反而是由于不限制高额利润。

为此，本建议特别规定借用、承租、受雇、承揽、受托一方必须亲自作为。并通过禁止高利贷，从源头禁止所谓层层分包，克服合同法的不足。

妥善保管，未征得同意不得改变用途

妥善保管，未征得同意不得改变用途，对环境保护、保证耕地总量意义重大。

例如，中国民法通则、合同法、物权法等多处使用的"妥善"，在《德国民法典1998年最近一次修改》、台湾地区民法典中是用语言生动优美感人就像诗歌一样上口、可操作性强的语言表现：例如：

德国民法典第 665 条：如果根据情况，受托人可以推定，委托人若知悉情况后，亦允许偏离指示时，受托人有权偏离指示；……

第 683 条：进行事务管理符合本人利益或者其真正或者可推知的意愿的，……

第 690 条：无偿接受保管的，保管人应与处理自己事物一样尽相同的注意。

台湾地区民法典第 172 条：未受委托，并无义务，而为他人管理事物者，其管理应依本人（指他人）之明示或可得推知之意思，以有利于本人之方法为之。

第 223 条：应与处理自己事务为同一注意者，……。

第 468 条：借用人应以善良管理人之注意，保管借用物。

第 486 条：无约定，依习惯；……

第 535 条：受任人处理事务，应依委托人之指示，并与处理自己事务为同一之注意，其受有报酬者，应以善良管理人之注意为之。

第 594 条"并可推定寄托人若知有此情事，亦允许其变更其约定方法时……"

第 672 条：合伙人执行之合伙事物，应与处理自己事务为同一注意。其受有报酬者，应以善良管理人之注意为之。

第 888 条，质权人应以善良人之注意，保管质物。

3. 最少损害

台湾地区民法典：第 854 条　地役权人，因行使或维持其权利得为必要之行为，但应择于供役地损害最少之处所及方法为之。

共担风险，债权人以财产为担保连带责任

债关系中，债务人的责任以不伤及生存权为限，相对称，出借、出租、雇用、定作、委托，债权人以财产拟人承担风险责任，这让法定挚息带有了保险责任的内含。例如，在日常生活中，某雇员过失伤害了第三人，如果需要赔偿的金额较大，第三人肯定会去找雇主理论。因此，不管愿意不愿意，依习惯，一但成为雇主，就要对雇员过失承担连带责任风险。表现在民法中，就是债权人以财产承担民事责任和风险。各民法中，对法人以财产承担民事责任规定得清清楚楚，但是对债权自然人，例如出借、出租、雇佣、定作、委托一方以财产拟人承担风险责任，写得有些含糊。这是由于，在自然人之间，还必须按照具体情况来分摊各自的责任。现代民法，债权人的连带责任条款，例如：

德国股份公司法第 1 条【股份公司的性质】（1）股份公司是具有独立法人资格的公司。对于公司的债务，仅以公司的财产向债权人负责。

德国民法典第 278 条【辅助人的过失；重大过失】

台湾地区民法典第 188 条　受雇人因执行职务，不法侵害他人之权利者，由雇用人与行为人连带负损害赔偿责任。但选任受雇人及监督其职务之执行，已尽相当之注意或纵加以相当之注意而仍不免发生损害者，雇用人不负赔偿责任。

如被害人依前项之规定，不能受损害赔偿时，法院因其声请，得斟酌雇用人与被害人之经济状况，令雇用人为全部或一部之损害赔偿。

雇用人赔偿损害时，对于为侵权行为之受雇人，有求偿权。

4. 以不伤及债务人生存权为限，济贫

台湾地区民法典：第 218 条：损害非因故意或重大过失所致者，如其赔偿致赔偿义务人之生计有重大影响时，法院得减轻其赔偿金额。

第 446 条 …… 承租人如因执行业务取去其物，或其取去适于通常之生活关系，或所留之物足以担保租金之支付者，出租人不得提出异议。

德国民法典：第 556b 条……对事后出现的情形只能做对承租人有利的考虑。

而中国只对不可抗拒因素有豁免债务的规定。

5. 向善推定

台湾地区民法典：第 943 条　占有人于占有物上，行使之权利，推定其适法有此权利。

第 944 条　占有人，推定其为以所有之意思，善意、和平及公然占有者。经证明前后两时为占有者，推定前后两时之间，继续占有。

第 948 条　以动产所有权，或其它物权之移转或设定为目的，而善意受让该动产之占有者，纵其让与人无让与之权利，其占有仍受法律之保护。

而在中国，刑法已经设立无罪推定条款，但是物权法却刻意删除了草案中关于善意推定的条款。

6. 按规则行为

例如，中国那些在国外施工的单位发现，提前完成任务要被罚款，理由是，原上报合同计划不科学不准确；或者，违反劳动法，让员工加班加点。转

承包，也要罚款，理由是，工程费用核算有猫腻，有超出的利润；或者，主合同单位没有施工能力而承揽项目，合同撒了谎。

第三节　借用，约定所有权与它的权能分离

在"物"一章已经介绍，按照物理特征可以划分为可以回复物，和不可以回复物。而正是在借用活动中，人们约定成俗，针对磨损物，在使用时要求按规则正常使用。针对消耗物，被要求按原价值回复。

同时，从经济角度，也是在借用活动中，人们约定成俗，从所有权中分离出使用权、居住权、用益权。

使用借用，不涉及增益，例如借房屋居住，不得转租赁。自然孳息约定归所有者所有，例如，借用牛耕地和使用牛奶，则牛奶归借用人使用，而生出小牛归所有者。

用益借用，出借人同意增益归借用的用益人，则自然孳息归用益人所有，经所有权人同意可以转租赁，但是借用人要保证归还时"回复"。

由以上，所有权的分离渊源于"借用"这一事实。

中国民法设立中的问题。以市场经济中使用得少为由，似乎在法律设立时，完全取消了"借用"关系。这使得针对青少年的行为教育中，缺少"借用"法律训练，少小时不能妥善处理"借"、"拿"、"偷"，长大后自然不能妥善处理"租借"，增加了社会摩擦成本。同时，缺少"借用"道德样板，导致中国改革开放30年，然而迷信"自私自利最大化"，禁止高利贷法迟迟不能出台。

复习题：
借房子住与借房子做商铺用，所遵守规则有什么不同？

第三章 使用租赁，用益租赁

第一节 使用租赁，用益租赁

《德国民法 1896 年通过 1998 年最近一次修改》区分使用租赁和用益租赁，是一大法律进步。而许多国家的民法租赁条款比较混乱，把使用租赁与用益租赁混同起来，而二者的规则有所不同，如表 5-1：

第二卷第三篇表 5-1　租赁类型及其权利责任的均衡划分

契约类型	材料所有权 原始财产权	自然果实所有权	创造果实所有权	正常维修责任	租金 支垫责任 分享：法定孳息 法定租金	租金 盈亏风险 分享：普通利润 另一半	租金 维修责任 折旧费收取与专用
回复物使用租赁	出租人	出租人		出租人	＊出租人		
磨损物使用租赁	出租人			出租人	＊出租人		
居住房屋租赁	出租人			出租人	＊出租人		＊出租人
商业房用益租赁	出租人	承租人	承租人	承租人	出租人	承租人	承租人
委托合伙租赁	出租人	共有	共有	承租人	出租人	承租人	承租人

＊普通居住租金，应不大于较低工薪收入的三分之一，政府有责任对低收入家庭提供平价和廉价租赁房。

承租人的法律行为遵守与"借用使用"相同的规则，例如亲自使用、按规则正常使用、妥善保管、未征得同意不得改变用途、最少损害等。承租人作为占有人的"行为"规范、平等的权利，参见"借用"和"占有"章节。

1. **使用租赁**

维修由出租人负责，租金税由出租人支付。

（1）出租物，针对不同的物，承租人分别遵守不同的规则，例如在前面介绍过，可复归物，自然孳息归所有者；对磨损物要求按规则正常使用；对消费物，允许用价值相同的替代物归还。

（2）使用租赁租金法

使用租赁，仅限于"使用"，不涉及经营，因此租金与经营无关，例如租赁住房的租金，只与市场价有关。

租金水准，应不违反政府租金法。

2. **用益租赁**

（1）用益租赁，是约定允许承租人通过治产经营获得利润的合同。例如，英国财产法规定："承租人向所有者支付一笔固定的数额（该数额可能不时变化），然后剩余部分归自己。"果实归承租人所有，承租人自负盈亏风险，债务法大于地租法，普通利润的另一半归承租人，优先偿还资本生产工具债务（还本付息），否则他就不租土地，而去租赁资本。

用益租赁，承租人的法律行为遵守与"用益借用"相同的规则，例如亲自使用、按规则正常使用、妥善保管、未征得同意不得改变用途、最少损害等。

有按规则正常使用承租物的义务，维修由承租人负责。租金税由出租人支付。而商用租赁房屋的维修按合同规定执行。

（2）用益租赁租金

用益租赁最低公平租金 = 雇主支垫资本的利息

随着承租人经营情况的变化，对租金进行调整。例如，承租人当年没有收获、发生亏损、优先偿还银行债务，得免除租金或展期租金；如果连续3~5年有超额利润，出租人有权请求适度提高租金。例如《德国民法典》第588条。

第二节　承租人保有权，法定租金

法律保护实际占有权人的利益。土地不是生产出来的，因此土地没有劳动价值，这就使得地主可以用调整价格的方法，占有超额利润，英国到1925年才制定《租金法》，地产业利润率才受到法律限制。1949年才取消农业税，统一税制。

英国立法限制纯粹的商业主义，加强租借人的安全感。19世纪垄断性级差地租不断上扬，英国农业衰落，农民大量移民国外，为了保护本国经济，制定凌驾于自由合同之上的法律，强制保护承租人的利益，以达到出租人与承租人在身份权利上的平衡。现仅介绍租金法的主要内容：

（1）时效。《英国农业租地法1948年》规定承租人有无限延续合同的权利。如撤销合同，提前1年通知，补偿2年损失费。

（2）法定租金（及抵押权益）。

（3）营业场所。1927年《地主与租佃人法》规定，如果地主终止合同，要提前6个月通知，并且承租人有权获取商誉和改良的补偿。

（4）住所。1915年通过第一部《租金法》保护平民居住权。立法创立了一种保护机制，只支付"公平的租金"（由租金估价官员估价）；承租人没有找到新的蔽荫之地之前，出租人不得将承租人逐出住所，并且有权继承租赁保有权。

（5）有利于承租人习惯者，从其习惯。例如：

德国民法典第564b条。

台湾地区民法典第450条"有利于承租人之习惯者，从其习惯"；第488条"有利于受雇人之习惯者，从其习惯。"

用益租赁租金和债务人权收入的用途

当进入市场经济，生产要素是购买来的。要素必须有用途，否则就不购买或租赁这个要素。反之，如果脱离生产需求而从权利争论租金，则失落了义务责任，只剩下"身份、强权"，就失去了分配的正义准则。

就是说，现代生产之所以分为要素，是化腐朽为有用，单纯消费制度成本转化为责任制度成本，例如，分工为劳动、工具支垫、盈亏风险、持久工具责任、社会保障，各司其职，并且，它们的价格计算规制不同。

因此，在现代市场上，租金是一份责任：

资本家先履约支付资本，生产出利润后，才允许在利润中受领法定孳息；债务人（企业主）先使用资本转化为持久生产线，资本转化为债务资产，生产出利润后，债务人才允许受领普通利润的另一半，并优先用于还本，受领持久资产形态的利润，有持久生产责任，而不能用于消费。以上三种收入简约表述为：

(1) 劳动收入"工资＋超额利润再分配";
(2) 资本家支垫资本收入"利息率租金率＋分红";
(3) 债务人企业主承担盈亏风险和持久生产责任:

企业主收入

＝利润－法定孳息＝普通利润的另一半转为配资产股±自负盈亏

在现代经济中,利润是"租",而租是一份持久生产责任。

租金构成,法定租金率

(1) 租金率。由于有银行贷款相攀比,禁止高利贷四个阶梯普适,对租金计算也适用,即最低公平纯租金率趋向一个利息率。

(2) 视出租人的责任,而在毛算租金时,附加有必须支付的费用、折旧、税金等。

(3) 承租人的支付能力,政府有提供平价和廉价居住房屋的义务。

公民有居住权,居住使用租赁的租金,还与工薪阶层的支付能力相关。租金应不大于平均收入的三分之一。公民有居住权,政府有义务公定房屋租金,并提供平价和廉价租房。

比如,1998年,中国储蓄利息率由22%（包括保值）下降到了2.25%,但是当时北京房地产价格、房租没有什么太大变化。2007年房屋价格猛涨,但是租金上涨率幅度较小,说明,住房租金最终由一般工薪阶层的支付能力决定。

按恩格尔计算法,对5%最低收入人群,公租房房租超过家庭收入的25%,政府应考虑住房补贴。

法定地租

由于土地是自然赐与之物没有劳动价值表现,不能避免用抬高土地价格的方法,抬高地租。在土地垄断情况下,通过不断涨价,收走全部超额利润,就是房地产和股市泡沫经济的实质。

《英国农业租地法1948年》规定,租金由"农地仲裁委员会"裁断,以公开市场价值为基础进行估价。

为此,建议,土地租金应当像最低工资制一样,定期计算和公布。

中国租赁法值得商榷的问题

中国租赁法的问题,其一,没有对租金禁止高利得的约束,租金制度成本过高。其二,没有设立承租人亲自作为的义务和只允许辅助工作在发包人同意的情况下转租第三人（一般不得再转租第二次）的条款。中国层层转包，租金成本过高，导致豆腐渣工程。其三，没有资本生产工具债务优先，租金在超额利润中收取顺位，权力与权利最大化，生产者不参与利润分配，导致手工密集型产业。其四，没有区分使用租赁和用益租赁，条款的针对性不清楚。其五，只有对债权的保护，缺少对债务权人生存权平等权的保护。

复习题：
1. 租住房，和租商铺，租金计算有什么不同？
2. 为什么所承租物（或项目）的主体部分不得转租赁？

第四章 货币借贷，以治产为本

第一节 货币的用益、使用、消费租赁（借贷）

货币租赁的类型

有偿货币借贷，就是货币租赁，货币租赁价格就是利息率。

按用途分：治产性借贷、公法民生权借贷、消费性借贷、高利贷。

按货币租赁价格的确定方法，分为随财主高利贷法，合伙法定孳息法。

西方货币租赁，中国习惯称之为"借贷"（西方"借贷"，相当于中国的"借用"，不得取息）。

法定孳息的使用借贷（commodatum）。人们会简单地认为，英文 loan capital，仅仅是借贷双方的事。其实不然，因为基督教会法禁止高利贷，在英国必须遵守禁止高利贷法四阶梯，否则是贷不到款的，或因为放高利贷要被关进监狱，就像莎士比亚的父亲。这就是为什么黑格尔拐着弯儿以古罗马法的教会法拉丁语 commodatum "无偿使用借贷"为参照，定义法定租金的货币使用借贷租赁。

（一）借资治产，货币用益租赁

货币用益租赁的特征是，预期有利润，才会借贷，借贷抵押物的价值可以适度小于借贷资本额度。

借资治产，货币用益租赁，例如王莽变法"民欲贷财以治产业者，命钱府均受之，除其费，记其所得，受息，毋过岁什一。"

欧洲中世纪货币的用益租赁。古希腊亚里士多德认为，货币没有生育能力，因此借贷取息违背自然准则。受其影响，基督教会法禁止高利贷，《法学阶梯》中就没有关于借贷（取息）的章节或条款。但是，出租土地用于种庄稼，允许收取租金。13 世纪以来的欧洲，逐渐允许像土地用益租赁一样，出租货币用于有利润的生产，货币借贷粘上了"委托合伙"、"生产"、"租赁"的属性，叫做货币用益租赁。就此货币用益租赁被规定是生产范畴的法律行为。

禁止高利贷，允许委托合伙，双方平分利得与运气。禁止借贷取息，允许委托合伙，人们转而使用变相或隐蔽的方法躲避借贷，用租赁替代抵押借贷，用隐名合伙代替人们之间的借贷，货币借贷叫做货币租赁、货币委托合伙，或故意诉诸法律，而由法庭判定违约赔偿金，叫做"法定孳息"，被形容为"负债与合伙的杂然交错"①，"通常以委托形式出现的合伙制，除了作为逃避高利贷禁令的一种狡计之外，还产生了极为重大的后果。"②英国习惯法"在普通利润率在百分之八或百分之十的国家，借用资金来经营业务的人，以所得利润之半作为利息，也许是合理的。""英国商人把相当于两倍利息的利润，看作适中合理的利润。"③凯恩斯"发现"了相同的现象，持久资本之边际效率有趋向2倍利息率的规律。

按生产共同体分配法理，债务人的收入也成为"借贷"需要计算的内容。借资治产、资本生产工具，它们和货币借贷禁止高利贷四阶梯的充分必要条件关系，参见第一卷第一篇、第二篇，以及附：笔者建议设立《治产人借贷法》提案。

(二) 使用抵押借贷

商业周转金，生产周转金。为了维持简单再生产，以库存和半成品为抵押贷款，用做周转金。

周转金并不转化为生产工具，就不能扩大再生产，不能创造利润，因此遵守全额抵押贷款规则，利息率相当于货币消耗。

西方发达国家为了鼓励资本生产工具，通常让周转金利息率略高于"借资治产贷款"利息率；而周转金利息率低于消费贷款利息率。

---

① [英] 威廉·詹姆斯·亚斯莱:《英国经济史及学说》,中国台北幼狮文化事业公司1974年翻译出版，第598页。
② 同上书，第599页。[美] 詹姆斯·W·汤普逊:《中世纪晚期欧洲经济社会史》,商务印书馆1996年版，第598页"委托形式出现的合伙制"。
③ [英] 亚当·斯密:《国民财富的性质和原因的研究》上卷，商务印书馆1972年版，第89页。

(三) 消费抵押借贷

消费借贷，实际是全额或超额抵押贴现，利息率相当于货币消耗。

消费借贷中，借方往往处于弱势地位，财主的愿望无穷，随心所欲高利贷，二者之间没有尺度可以遵循。

禁止高利贷四个阶梯成刚性规则，消费借贷才有了尺度参照。但是，由于消费贷款用于损耗烟灭性奢侈消费，还本付息能力不确定风险要大得多，消费贷款利息率以借资治产利息率为参照，应高于借资治产之资本价格，才保险。并且，为了鼓励资本流向生产领域，一般法定消费借贷利息率要略高于借资治产利息率，例如美国市场的实质经济贷款利息率平均为 6.19% 时，房贷或车贷，消费借贷利息率一般为 7.5%~10%（具体与个人信誉记录有关）。

消费借贷资本价格，抵押贴现。消费借贷必须有等额或高于本金的抵押物，消费性借贷实际是抵押贴现，只不过贴现的中介费用利息率，以货币用益租赁价格为参照。

消费性借贷不创造财富，因此借方支付利息相当于自己"货币贬值"，等于贷方收取利息货币增值。高利贷与商业主义一样，贱价租进高价贷出，套取使用价值和价值之间的价差：

消费性租赁的货币价格
= 借方货币贬值率
= 贷方货币增值率
= 参照资本价格或高利贷 ± 货币供求

因此，消费借贷的货币贬值与通货贬值是两个概念，消费贬值是支付管理费或高利贷。

(四) 公法民生权借贷

公法民生权借贷，例如，大学生助学低息或无息贷款；首套住房低息贷款；孵化科技项目低息或无息贷款；小企业专项贷款；农村小额低息贷款。等等。

第二节 禁止高利贷

一、禁止高利贷贪婪

西北欧变革的核心是禁止高利贷，禁止市场14种贪婪，资本成为生产工具。这对中国经济转型也适用。

设立禁止高利贷的尺度，在成熟国家，利息率超过10%（扣除通货因素后）为高利贷，要受到刑法制裁。

高院把禁止高利贷的尺度设立为中央银行基准利息率的4倍，农业银行利息率曾经达到24%，难道允许利息率为96%？这是中国高利贷的一个借口，截止2010年，政府已经批准2000余家民营融资公司、担保公司、小额贷款公司等，批准单位允许的利息率约为20%，约为法定利息率的4倍，已经成了低价从国家银行贷入，高利率向民营中小企业贷出，高利贷链，让民营中小企业处境十分困难。

"禁止高利贷7种贪婪"，例如：（1）利息率高于法律禁止的利息率尺度，或高于二倍中立适度的利息率或法定利息率。（2）在支付本金时就先扣除利息，或在还没有建成生产线、没有生产出产品、没有创造出利润，就收取利息。（3）利息总量超过一倍本金。详细见"附"：第45、55条。

高利贷的原因，双方的经济地位不对称，借高利贷，往往是被生活所迫，或败家子。当财主垄断货币，财主的纳息欲望没有上限，纳息越多越好，逼迫债务人以全部财产、身家性命做担保。同时，没有设立法律禁止高利贷。

二、高利贷随财主所欲，与货币供应无关

高利贷货币贬值，与货币发行过量贬值利息率是两个范畴，两种计算方法：

货币高利贷价格＝实际高利贷价格（随财主所欲）＋保值率

而当货币紧张，可以采用票据的办法归避。因此，高利贷与货币供应没有

必然关系，仅仅是舆论造势，或短期现象。

美元发行过量，但是美国存在消费高利贷，例如黑社会高利贷，信用卡违约惩罚性利息率可以达到25%。在亚洲国家，存在治产和消费同利高利贷，例如，日本规定黑社会合法，允许场外私人之间利率高达27%，受其影响，韩国存在高利贷。台湾地区民法第203条公定利息率为5%；第204条允许约定利息率高达12%，付息超过2倍本金，应是禁止高利贷边际；第205条约定利率最高允许20%以内，应是刑法边际。这些国家和地区各有几百万人深受高利贷祸害。被美国和日本控制的亚洲开发银行贷款利率高达10%～20%，它的中国代表小额贷款利率也高达10%～20%，是中国高利贷的一个借口，一直遭国人质疑。

三、中国高利贷现状：误导"市场化等于高利贷"?

1. 高利贷，是因为法制缺失，而不是流动性问题造成

至2010年末，中国银行储蓄余额约为65万亿元人民币，其中居民存款约26万亿元人民币，定期存款恢复到相当于GDP（34万亿元）的37%。中国债务约40万亿元人民币（包括地方政府隐形债务7万亿元、和外资20万亿元），因此，中国的债权略有盈余，金融的稳定性、流通性都在正常范围内。

中国借贷问题出在局部层面：

（1）将金融放开误导为"市场化等于放高利贷"。目前批准的5种民间借贷中介手段，都以允许高利贷为条件。国家银行以计划经济的储蓄率吸纳资金，转为"理财"产品，在2011年9月，已经达到8.9万亿元人民币。

上市股份制银行的一大问题是，失落了股东企业之间的"合伙"互助机能，单纯"追逐利润最大化"嫌贫爱富，对资金短缺企业见死不救。例如，2011年稳健货币政策银根紧缩，有资金断裂危险，但是银行不作为，逼得民营企业老板借高利贷、逃债失踪、以至于跳楼自杀。再看看银行利用"紧缩气氛"转身"理财"放高利贷，银行税后净利润突破1万亿元大关。2011年真是冰火两重天。

（2）中小企业在国有银行贷款困难，且中介成本高，原因不仅仅是歧视问题。由于国家基础建设项目摊子铺得过大、时间过长，国家银行确实按规划偏于给国有企业注资。但是1998年以来，对房地产的投资和个人其他消费贷

款，上升到了占银行业务的 30%～40%。因此，说只有国有企业贷得到款，是不确切的，而是银行缺失"邮票"以丰补短机制，只追逐自私自利最大化。

（3）民间钱庄已经持续 30 年得不到承认。据报道，至 2010 年，全国民间钱庄的总规模已经达到 3.2 万亿元，但是承担风险能力差，一遭遇金融风暴或政策性"忽悠"，就发生高利贷现象。还缺少日本八大财团那种坚守"禁止高利贷"的正义价值观，身在民间却能够贯彻政府意图，共同实现民族大业，这种文化自觉和自信。

2. 财产、权力利润效率优先最大化
＝治产劳动者收入最小化帕累托修改，贫富悬殊，工具自给经济

任何事情，设立"度"必须要有依据，例如法制经济的原则是"对治产人有利"，脱离这一尺度，只对放贷人有利，不能避免高利贷——手工劳动密集工具自给经济。

中国自上古直至 1992 年，5000 年来，中华民族的政权部门一直坚持禁止高利贷，在《红楼梦》中也有记载。延续至 1984 年三部位颁布 2.4%～12% 法定利息率区间，1992 年财政部企业财务准则，一般股息为 6%。

高利贷在唐朝经丝绸之路传入中国民间。当中国近代处于军阀混战时期，民间流行两头死高利贷。新中国前 30 年消灭了高利贷。但是自 1994 年三税制以来，迄今没有设立禁止高利贷的正式法律，场内基本是跟着国际资本价格走，而场外放任高利贷。

1985 年原经济体制改革委员会有一个研究课题"效率优先，兼顾公平"，1993 年正式出台，按文件原本意思，是为了克服平均主义大锅饭问题，而按劳分配本身就是以治产劳动为正义的效率优先，如果仅仅在劳动分配领域使用"效率优先"，则与按劳分配原则不悖。但是，"效率优先，兼顾公平"，的问题出在，把"按劳"这一正义原则给挖掉了，问题就起了本质变化，不能避免放任"财产权利、权力"效率优先，"随财主所欲纳息"、"随权力征税"放出了高利得（贷），后果是债务权不参与利润分配，停滞在手工劳动密集产业。

并且，效率还优先于公平正义，把效率与公平对立起来，引起社会价值观混乱，贫富悬殊社会不稳定，捡了芝麻丢了西瓜。

效率优先没有了公平的位置，观念上出了问题，进入教科书之后，演绎为"财产法"的本质是效率，财产利润最大化是财产法的目标，没有了公法特许

和限制私法的位置。

高利贷（得）逻辑：

财产、权力利润效率最大化＝治产劳动者收入最小化贫富悬殊

私法是财产的砥柱＋公法是政权的砥柱＝治产人隶属于财产、政权

＝利润是财产的象征＋财税是政治权力的象征

＝治产人不参与利润分配工具自给经济（帕累托修改）

3. 金融放开，以高利贷为激励机制？借贷六层塔[①]

金融放开，受到"产权效率最大化"的误导，它们的共同问题是，用计划经济低利息率吸纳储蓄，转身通过这些金融中介放高利贷。近年所批准的5项民间借贷机构，以高利贷为激励机制，允许比法定利息率高出20%~80%。

股市有风险，楼市有路障，高利贷成了最赚钱的行当之一，甚至出现了某种全民卷入"放水"的疯狂。自2006年，按加入WTO进度要求，放开金融以来，借贷六层塔正在形成：

（1）国有银行，制度严格，利息率浮动5%都困难。

（2）国有股份制银行。

国有企业银行采用提高个人贷款比例的办法增加利润。以前个人消费贷款控制在占10%，现在达到30%~40%，例如购房贷款，中小企业、个人不动产抵押，银行不关心用途。

有40%是活期存款，年利息仅为0.5%。发放个人消费贷款可以上浮20%，再加上手续费等，可以上浮30%，银行个人贷款月息0.8%（年息9.6%）。再通过自家担保公司以月息1.5%（年息18%）贷出，是官方价格的2.8倍。

企业原本可以贷到的钱，现在担保公司、投资公司"雁过拔毛"，催生了新的寻租方式，杀人不见血。

（3）信用社和城市商行，40%是活期存款，年利息为0.5%，法定贷款利息为6.35%，允许高于80%的价格放贷，抬高到年11.43%。财政存款年利息为0.3%~0.4%，信用社、城行拿到后，高利率放出，利差高达11%。

[①] 翁海华、王小波《地下融资链》《财经国家周刊》2011第7期。张襦心：《疯魔高利贷》《新民周刊》2011年第31期。

（4）融资性担保公司管理暂行办法，七部委颁布日期：2010年3月8日。

一开始，是在地方试行，仅河南一省两年内就已经批准500多家，两年担保额度增加10倍，有公司的担保额度已经20亿元。用房子抵押担保，年息30%，动产担保，年息50%。

《金融租赁公司管理办法》，中国银行业监督管理委员会令（2007年第1号），允许利息率为20%以内。

《国务院关于鼓励和引导民间投资健康发展的若干意见》果发（2010）13号5月7日发。

北京小额贷款公司，对外宣称利息率上浮15%～20%，实际加上各种手续费、担保费、抵押品验证费等多种名目，实际上浮动40%都不止。

信托投资公司管理办法，中国人民银行令〔2001〕第2号。

信托三方管理办法，主要是房地产。贷款人将物业抵押给银行，由银行发信托理财产品，并提供担保，然后由信托公司合法放贷。以高于中央银行的利息率吸收存款，发行理财产品，然后以20%以上的利率放贷，加上各种手续费，利息率在周年30%。

创业投资企业管理暂行办法，2006年3月1日起施行。创业投资公司与股份制银行联手，"雁过拔毛"。

（5）民间地下钱庄。

由于国有银行对民间企业的放贷较少，地下钱庄，几乎与经济改革同步兴起，30年过去，迄今没有获得承认。其实，有民间银行与国有银行竞争，对民生有利。关键不在于民间股份制银行吸纳了资金与国家银行争资金，而是禁止高利贷，为治产服务。

在产业链上的民间地下钱庄，多数是家族和产业链上的关系人建立起来的钱庄，在熟人、可靠人之间进行交易。由于有比较稳定的借贷双方，有报道，在经济运行比较正常的年间，利率稍高于国家贷款利率，在8%。但是，1990年、1997年、2007年，这些经济遭遇动荡的年代，资金链断裂，导致利息率攀升。例如，2007年金融风暴袭来，浙江200万中小企业告急，地下钱庄月息在1%～2%；黑社会高利贷月利息率高达10%～15%。

（6）赌场，日息5%。

2008年末，被美国"同舟共济"忽悠，跟着美国学，4万亿元救市投资，放得太快，造成基本建设面铺得太大，例如高铁，一下子铺开上万公里。2010

年以来马上表现为货币过剩通涨压力,又收得太快太紧,造成银行断供。而这些制度灾害都得中小企业来承担,只有赌政策,借高利贷救命。许多中小企业,靠国有企业工程预付款、材料采购预付款存活,例如,重庆——成都段高铁业主,并没有工人,而是中小企业为它们提供劳动力,钢铁也是大部分通过中小企业去采购。无论宏观经济往上还是往下,高利贷都往上走,既是热度指标,也是风险指标,年息60%～100%,已经很危险。当下的另一个危险就是,国际游资看好中国高利贷,凭借国际利息率较低,打入中国借贷市场,高利贷长期化国际化。

4. 关于中小企业困境,和禁止高利贷

中国民营企业得到银行贷款较少,但是民营企业占了半壁江山,外国人的视角理解为,这说明中国中小企业是用民营企业自己积累起来的资本在运转,很独立。

中国中小企业困境是多方面原因造成。例如,最大问题是,大环境中金融、服务、矿业、房地产等高利贷(得),就会引诱资本脱离实质经济。如果对微小企业征收房产税、"机头税"、税务部门代征2%培训费工会费等苛捐杂税,就会压得企业抬不起头来。中小微企业确实存在技术与管理水平较低需要扶持的问题。解决办法:

(1)凡是国家批准的金融机构,应遵守区间借贷利率规则,即存款利率不低于基准存款利率,贷款利率不高于基准贷款利率;对次级贷款适度提高利息率,但是不得超过10%(未包括通涨因素),在此规则下,地下钱庄合法化,以弥补国有信贷机构的不足。

(2)设立专门针对中小企业的金融机构。

向大型国有银行下达针对特殊企业行为的指标,例如20%～30%等。对那些不愿意为中小企业服务的大型国有银行征收33%所得税,专用于补贴对中小微企业、科技孵化、农村小额贷款。参照"邮票统一价格"的法理。

对银行向中小微企业放高利贷,而由财政予以补贴的做法,坚决予以禁止。

东南亚那个放小额高利贷的诺贝尔奖,主办单位承认是失误,应坚决禁止引入中国。

(3)参照农业技术站的做法,设立中小微企业技术、管理、法律综合服

务站，扶持中小企业转型。

（4）切实落实减税政策。

四、"利率不封顶"，新自由主义高利贷陷阱

货币融通的四个要件：利息率、汇率、国内资本流通、国际资本流通，最基本、最优先的是利息率。

当下，在美国压人民币增值的同时，关于利息率市场化、自由化的言论不断。例如有人主张学东南亚小额贷款高利贷每日收利息；主张思想二次解放，把沿海高利贷、和中国没有位列世界金融主导地位，归咎于没有"金融开放"；认为中国"面临利率自由化大好时机"，主张利率不设上限。但是，他们不告诉公众，美国企业贷款的实际利率的上限从来没有取消过。

"存款利息率上不封顶"6 年，始于 1980 年美国废止银行法 Q 条，是针对当时无限制通货膨胀，在 6 年内不设立存款货币保值利率上限。却被新自由主义无限放大成了"利率上不封顶"，1997 年亚洲金融危机时期，国际货币基金组织借此出馊主意，结果是印尼的贷款利息率上涨到 1000%，造成大量企业破产。自此以来，这一馊主意被当作反面教材遭到广泛批判。10 多年前，中国确实有某银行行长附和并公开主张利率上不封顶、贷款总量不设限。在 2007 年至今的世界金融危机中，欧美纷纷出台严格管理金融机构的措施情况下，还在重复过气的西方经济学理论，是不负责任。

1. 美国 6 年停止银行法 Q 条，储蓄率仍有上限，不得超过货币价格膨胀率

2011 年末仍旧有专家主张利率不设上限，市场自由化。首先，利息率究竟该不该封顶，应以民生借资治产为真理的标准。大众的目标是创造财富。大众不指望能够通过放高利贷者的善心救济而富裕起来。让大众借得起钱改良生产，惟有禁止高利贷。我们小时候都做过玩具，这就要求玩具零件有一定的尺度范围，叫做公差与配合。禁止高利贷四阶梯，就是经济领域的公差与配合。其次，利率所指，是货币价格利息率，资本价格名义利息率，资本实际价格利息率的哪一种？

货币名义价格＝货币价值±货币存款保值利息率

货币保值利息率＝货币价格涨缩因素 −3%~5%（允许的波动范围）

资本实际价格利息率＝资本名义价格利息率±货币保值利息率

例如，美国银行法在1929年制定Q条例的意思，对活期存款不得支付实际利息，并设立有上限（英联邦国家基督教会法禁止超过10%）。而美国1980年银行法修改Q条例所谓"不设上限"原因是，到20世纪50年代中后期，特别是进入60年代之后，依据当时的情形，美国通货膨胀率曾一度高达20%，而"Q条例"规定存款利息率上限为10%，则有：

Q条例的储蓄保值利息率＝法定允许储蓄利息率上限－货币通涨率＝10% －20% ＝－10%

存款将遭遇－10%的货币价值损失，使银行存款率吸引力急剧下降。

而停止Q条例，所放开的是货币保值利息率的上限，但是在实施时仍有限制，应以通货膨胀率为尺度：

储蓄保值利息率不设法定上限＝约定不得超过货币通涨率＝20%

则有：　　储蓄实际利息率＝20% －20% ＝0

而美国贷款实际利息率从未违反禁止高利贷法，资本价格利息率最高时依然维持在6%左右，参见表10－2。计算如下：

1981年资本名义价格利息率为18.87%，物价指数为10.3%：

资本实际价格利息率＝18.3% －10.3% －3% ～5% ＝6%

即便如此，造成大量小业主破产以至于自杀。美国高通涨高利率，但是他国并没有高通涨，相当于美国高息揽储。美国通过高息揽储和逼迫日元、马克增值1倍，赚取世界2000亿美元对汽车工业进行改造。1987年格林斯潘上任，回复"法定基准利率"行政手段，结束了美国高通涨高利贷货币政策。并不是什么"通过自由化"而回归均衡。

同时，自1861年以来，美国的绿背纸币发行是以美国政府的财政收入为担保。美联储每天都在公布基准利率，不是闹着玩的，因为对那些不遵守规则的银行，政府将不予以财政担保。尽管美联储是私人银行联合会，但是直接对国会负责，下属银行贷款利息率略低于基准利息率，储蓄利息率略高于基准利息率。并且，个人贷款与信用记录挂钩，信用分数在760分以下者，利率越高，但是并不超过10%。美国信用卡惩罚性利息率为25%，遭到反对。即便如此，放松对金融监管，操纵"通涨"，依然给美国引来多次金融危机。

2. 警惕金融自由化陷阱

由以上，美国的所谓的利率不设上限包括三层意思：

A. 即便个别时候货币存款保值利率在银行基准法中临时取消上限,但是在"约定法"中仍然有限制:货币保值利息率 = 通货膨胀率 − 3% ~ 5%

B. 资本实际价格利息率只允许在在 2% ~ 8% 之间波动,是"区间自由"。

C. 为了分期付款借资治产大众化,美国私人银行贷款利息率略低于基准利息率,储蓄利息率略高于基准利息率,否则美国政府财政将不予以担保。

并且,个人贷款利息率与信用记录挂钩。

以此为参照研究中国利率问题。

(1) 中国迄今没有设立"禁止高利贷法",因此是无法无天最绝对的"自由化",民间赌博高利贷高达日 5%,权力和产权对此很满意,西方霸权主义依然不满意。"自由化"是否包括高利贷?某先生可以向澳国律师打听一下。

(2) 我中央银行大约在 1995 年开始公布法定利率,这是跟发达国家学来的,例如美国,不是中国的错。

(3) 关于中国控股银行贷款的去向。房地产和其它个人贷款占去了 30% ~ 40%,中小企业贷款占 20%,因此贷给其它国有工业企业的贷款仅占 40%。并且只要存在老牌国际霸权主义,第三世界就一定要保持一定力量的国有企业,因此,把中小企业与国有企业对立起来、"取代国有企业"的"自由化"设想,是有害的。

(4) 关于"如果利率抬高",则物价同时会抬高,"如果"得太随意了,那将是多少企业倒闭的景象,我们能否多一些理性,少一点砸碎坛坛罐罐?并且,中国 1989 - 1998 年 10 年高利贷,包括国际资本在中国放 16% 的高利贷,在 1998 年是通过行政手段徒然降下来的,而不是什么"货币充裕"。

(5) 警惕新自由主义放火烧屋。

新自由主义渐进式"极端陷阱":

美国在 1980 年通货膨胀超过 20%,膨胀率就是上限,所以有 6 年对存款利率不设上限→自由化、市场化→利率不设上限,高利贷→受骗国企业雇用不起资本工具手工密集经济。

关于禁止高利贷 7 种贪婪,参见附:笔者建议《治产人借贷法》。

第三节 中国借贷法值得商榷的问题

物权法颁布后,江平先生在凤凰卫视大讲堂上指出,当前民法的立法难点在于禁止高利贷法。不设立禁止高利贷,是只有定性没有定量的法律设置,是画龙没有点睛,是没有准星的秤、没有尺度的公平,反而失落了公平。

(一) 法律建设问题

当今,禁止高利贷如此困难,问题也许出在以下几个方面:

(1) 不知道"资本生产工具法律创新",没有扎好禁止高利贷四阶梯篱笆。

(2) 亚洲开发银行施行高利贷,遭到广泛批评(参见 2007 年 4 月 8 日参考消息:《亚洲日益富裕,亚行极待转型》)。但是有些专家为亚行聘用,打着亚行的旗号公然在中国实施高利贷模式小额贷款,迄今利息率高达 15% ~ 20%,成为极坏榜样。

(3) 立法和执法界对产业界禁止高利贷诉求视而不见。中国民法尚处于"定纷止争"阶段,尚没有把"治产"当作第一要务。1984 年 12 月国家计委、财政部、银行部门共同规定投资贷款利息率为 2.4% ~ 12% 之间,工业企业财务制度规定中立的利息率为 6%,但是治产人的这一诉求没有被民法通则采信。而明眼人和大众对禁止高利贷的诉求从来没有停止过。

(4) 1988 年最高人民法院《民法通则执行意见》第 122 条"生活贷款利率可以低于生产经营贷款利率",其"生活"不分贫、富、浪费人、投机,导致富人低息贷款炒房地产,穷人发生居住权危机;银行热衷于炒房地产,而对治产业惜贷,并施行高利贷规则。

(5) 关于人民法院审理借贷案件的若干意见(1991 年 7 月 2 日最高人民法院审判委员会第 502 次会议讨论通过):

> 六、民间借贷的利率可以适当高于银行的利率,各地人民法院可根据本地区的实际情况具体掌握,但最高不得超过银行同类贷款利率的四倍(包含利率本数)。超出此限度的,超出部分的利息不予保护。

七、出借人不得将利息计入本金谋取高利。审理中发现债权人将利息计入本金计算复利的，其利率超出第六条规定的限度时，超出部分的利息不予保护。

八、借贷双方对有无约定利率发生争议，又不能证明的，可参照银行同类贷款利率计息。

1991年最高人民法院《利息意见》第6条"私人贷款利率允许达到中央银行利率的4倍"，这样一来，逾期惩罚性利息率可以为8倍？这违反了中央银行利率为"中央"中立平均值的法律计算意思，违背了中立和边际之间的2倍差别之习惯计算常理。从尺度把握上，放出了高利贷。

同时，该意见只是针对"私人"之间的借贷，第八条依然尊重法定利息率。但是，金融改革理财，官方批准的民间金融组织也按第六条执行，就是高利贷。

（6）以王安石高利贷变法（利息率高达20%）为借口，复辟高利贷。

（7）金融界选择高利贷法，例如1993年农业银行24%的高利贷，高息揽储造成的坏账，至2001年，挂在那里没有解决；至今，央行某些人主张市场化利息率不设上限。允许银行借差额担保"承兑"等空壳操作，准备金率形同银行自我制造假债权、真债务，制造货币"白条"。

（8）对治产人施行高利贷。中国现行中央银行法定基准利息率不算高，是与美元挂钩的表现。但是在高利贷驱使下催生了一批金融衍生物，则治产人的综合支出依然接近于高利贷；对治产，使用了消费借贷模式，对工业建设要求仿照农业地租从第一年末开始付息，在还没有建成生产线、还没有投产、还没有生产出利润就付息，对治产人是高利贷；经营者借款利率高于浪费人借款利率，对治产人是高利贷。

（9）中介高利贷，利差2%～3.78%，远远高于国际的1%～2%，在高于国际习惯的同时高于储户的收入储蓄利息率，金融管理成本过高，金融行业收入远远高于平均收入。

（10）嫌贫爱富，机构设置垄断高利贷。2000年，以利润最大化为由，国家金融机构在没有替代机构的情况下，从乡镇撤出，撤消了面向农村和偏远地区3.2万个信贷网点，农民告贷无门已经有8年之久。而邮政只有储蓄功能，形同每年从农村抽血6000亿元；对农村分散居住区以成本高为由，小额贷款实行高利贷，为什么不可以采用邮政以丰补歉平均邮资的方法？

（11）2006年7月银行进行的民营金融机构试点，例如山西融资租赁、广东农村小额贷款、中小型企业贷款、担保公司等，政府允许利息率均为15%—20%。后果将是中央对三农问题的补贴，以高利贷的形式落入富人手中。

（12）一边是在国外储备3万亿美元，另一边是民族工业信贷困难重重；一边是银行界高利贷冲动和垄断、是国外银行大举进入，另一边是多年至今千方百计阻止民间工商联合为治产服务的金融机构的合法化，阻止禁止高利贷法的民间金融机构的设立，等等弊端。

就是说，某些法律法规从来没有考虑治产人的偿还能力，也从来没有尊重过治产人所制定的资本价格框架。金融自由主义正在让银行堕落为古代钱庄、银楼、当铺。

（13）银行金融机构脱离产业管制？

现代银行，最初是由在工业革命中发了财的企业、为了筹集资金而合股设立的，按照企业的意志，现代银行是专门为专业企业服务的金融机构，例如"通用银行、建设银行、商业银行"，设置银行是中介机构，必须忠于借、贷双方，不得越权、篡权，不得争利。同时，资本价格利息率是市场分配的一般尺度，正是这双重意义上，银行应当接受监管、利息率不得由银行擅自决定，各国都是由议会监管。

（14）禁止高利贷，只抓了几个大案。需要更加坚决认真。高利贷，在基督教文化圈、伊斯兰文化圈，在中国古代近代，是与赌博、偷盗、诈骗、抢劫同等的罪恶。特别是，高利贷是中国经济转型的拦路虎。

为了弱化中国，国际霸权主义特别在中国兜售"资本自私自利最大化"，生产国不参与利润分配，将停滞在手工劳动密集古代经济。

（15）财务会计法，购买者价格法包袱；价格构成缺失普通利润率要素，制度要素缺失禁止高利贷四个阶梯尺度。

（二）文化断代问题

1. 文化断代，失落了借资治产的法制文化

中国长期处于农商自给经济阶段，工具基本由家庭内部自己解决，因此，中国学者对就业、工具、价格没有多少概念，早已经不知王莽变法"民欲贷财以治产业者"为何物。既然没有了资本生产工具文化功底和训练，就恐难

有几个专家懂得怎样做才能让"资本是生产工具",不知道、不承认马克思说过"资本是生产工具"。

20世纪70年代新自由主义抬头,诺贝尔奖哈耶克价格无限柔性、弗里得曼自由市场理论,撒切尔—里根华盛顿模式金融自由主义利润最大化,被奉为圭臬,成为金融中介机构自私自利最大化越权、争利的理论借口,2008年金融风暴,让全世界为美国买单,才有所觉醒。

由于文化断代,失落了自家文化功底,又不能辨别西方的精华与糟粕。特别是受到文化浩劫近传统影响只会打倒一切,却没有耐心坐冷板凳潜心研究,提出建设性意见。当今中国知识分子难有大成就的一个原因有可能是,条件太好,赚钱太容易,稍有成绩,各种头衔纷至踏来,几百万个企业争相挖掘"名头"红利,竞聘专家为顾问、独立董事,现在科研经费又疏于管理等等,接电话、赶场子都来不急,那有时间搞研究。当需要拿出建设性法制方案,却因为知识的贫乏而造成法律建设中的种种缺憾,结果是没有扎好自家篱笆,就开放、就"自由"。那些没有量化的法律条文代表的只是手工劳动密集经济。

中国是禁止高利贷文化的发祥地之一,有租、息、利、税什一中正文化传统。我建国后1949~1992年期间,法定利息率是由治产管理部门、财政部门、银行部门共商规定,基本能够与成熟国家资本价格框架通融。

但是改革初期,急缺资本,采用优惠政策引进资本,负面后果是,资本利益最大化、资本生产工具趋向零,高利润没有引来高科技产业,迄今,在生产者不参与利润分配手工密集自给经济怪圈中打转。

3. 高利贷模式让第三世界至今处于古代经济阶段

当银行高利贷规则及其衍生物成为一般尺度,在中国工业商品价格成本中,资本利息、股息、衍生物占创造价值的22%,管理营销费占23%,税费占35%,综合制度成本高达91%,均比美国高出1倍。导致贷款100元,只有不到50元用来做成生产工具,加上技术壁垒,资本与技术转化效率只有美国的8%。放纵资本高利贷,就不愿意充当技术转化载体,转化率为零,就是生产环节自给经济历史怪圈。不禁止高利得(贷)引进的是高利贷投机资本,反而造成中国至今还在天堂与地狱的大门口徘徊。

为什么热衷于把贷款当作生活消费小事?正是急功近利,让资本至今没有成为一般大众也雇用得起的生产工具,让中国经济至今没有进入自我循环式工业化持久经济阶段。

因此，不是中国没有禁止高利贷文化基础，不是民众没有觉悟和素养。而是迄今为止，禁止高利贷普适这一关系转型现代经济的举国大事，在立法、司法界、经济学界却当成了与卖淫、赌博、吸毒连在一起的风化小事（当然也不算小）。

复习题：
1. 高利贷主要是由于什么原因造成，高利贷与"流动性"是什么关系？
提示：高利贷囤积货币，和货币价格太高，造成流动性阻滞。

第五章 委托，忠于职守、不争利篡权、竞业禁止

第一节 委托规则，委托类型

（一）定义。所谓委托，是一方授权他方以委托人名义处理其事务的行为。

信用是委托的基础。其中：委托人以财产为担保，自负盈亏，并对受托人过失赔偿不能的部分，承担连带责任。受托人不以财产担保，而以信用担保，有忠于职守、不争利、不篡权、不越权、竞业禁止义务。

（二）委托的类型。无偿委托与有偿委托。

（1）无偿委托。在欧洲大陆法中，没有特别约定，为无偿委托。

无因取得，有在时效范围内的托管责任。

（2）有偿委托，包括托管，代理，中介，所有权与经营权分离。

A. 保全委托：托管、寄存、运输。收取管理费用（约定是否保险）和劳动报酬。

B. 委托经营。委托人以财产承担有限责任。

委托人的权利责任

委托，以信用、法律、经营等特殊技能和品质为标的租赁。例如：

"委托"名称的意思，委托人因为技术缺乏、没有精力或懒惰，而请求于受托人。而受托因其特殊的技能和品质，而取得与委托人平等的契约地位。

委托合同规则，委托人先给付标的物，后受领，并自负盈亏风险。

委托人支垫费用，收取法定孳息；承担有限风险责任，收取普通利润的另一半。

受托人的权利责任

受托人行为适用借用、占有规则，例如：亲自使用；按规则正常使用；妥善保管；未征得同意不得改变用途；标的主体业务部分不得转移第三人，未征

得同意不得将辅助部分转移第三人；最少损害等。

受托人先受领，后给付，要件是忠于职守、不争利、不得篡权。

受托人一般仅以自己的能力、道德品质、名誉、信誉为担保，现代社会已经不需要以身家性命、财产、劳动债务承诺为抵押担保，不必用财产担保（也没有多余财产），不承担风险责任。是无抵押担保而管理使用他人之物。承诺忠于职守，不得越权，竞业禁止不得争利。

受托人不以财产为抵押，以受托行为，仅收取劳动报酬，不承担风险责任义务。

第二节　委托经营，所有权与经营权分离

以海上贸易为例，比较容易理解英国"所有权与经营权分离"法律安排。

海上贸易，地缘所有权与经营权分离

12～15世纪在地中海出现的一种叫做"康枚达（拉丁语 commenda）"的经营方式，有些专家误以为它是资本主义萌芽。

海上贸易委托式合伙，岸上的伙伴出资，是委托人；海上的伙伴管理和经营，是受托人。由于大海的阻隔，当受托人把委托货物装上船离开海岸，岸上的所有人只保留着对物所有权的法律标记权能，而船上的经营者取得对该物的占有、使用、处置（改变物的形态）、分配利润权。这样的权利责任安排，在英国财产法中被界定为"所有权与经营权分离"。

如果海上的经营者一旦发生事故，生命不保，不可能承担风险责任；海上经营者自己没有财产，只收取工资和分享超额利润，一但发生海难或其它引起的货物损失，仅靠工资也没有办法弥补财产亏损。并且，岸上的法庭只能找到所有权人，不得不选择设计岸上委托人以财产为担保承担民事责任。

受托人不承担亏损责任的法律依据。查士丁尼《法学总论》第三卷第二十五篇第2条"毫无疑问可以组织这样的合伙，一方出资，他方不出资，而利益仍由双方共同取得，因为一方的劳务往往等于金钱。……甚至人们承认，可以约定一方只分享利益而不分担损失……"，其中，海上经营者"一方只分享利益而不分担损失……，"才有人肯冒险海上贸易。康枚达规定，受托人收取管理费和工资，并参与分配利得与运气，可以取得1/3净利润。或者有了钱的经营者投资占1/4，对半分利。这种海上合伙贸易一般一次贸易签一次约，

结一次账。有限风险责任，有限时效经营。康枚达，资本仅限于商业周转，靠贩运贱买贵卖价差获得高额商业利润，资本没有首先转化为生产装备，不是资本主义萌芽。

相对比，中国在改革之初的政府和企业的层层分包制"所有权与经营权分离"，问题出在，权利责任不规范，政府所有权人收取的全部利税，而总是企图不承担"债务责任"；而企业不参与利润分配，却被要求"还本付息"，造成大面积亏损以至于破产。

第三节　资本生产工具，委托合伙法改造雇佣关系

委托与劳务契约法律适用

委托与劳务契约法律相互适用，例如，台湾地区民法典第529条　关于劳务给付之契约，不属于法律所定其它契约之种类者，适用关于委任之规定。

前面已经介绍"交谷租种、分益耕种"，以劳动能力入股，相互租赁，相当于无限合伙。此种合伙，劳动者有对物权，参与管理，收取劳动者报酬，分享利润。但是劳动者不以财产为抵押，只收取劳动报酬和只分享超额利润，不承担亏损责任。

还有海上贸易合伙，委托与合伙的混合法律关系。岸上出资人是以财产承担责任的有限责任合伙人，船上经营者是以劳动入股的无限合伙人。可贵的劳动获得与财产所有人平等的契约地位。

综合起来比较，雇佣、委托、合伙三种劳务关系中，委托和合伙比较尊重劳动者及其劳动价值，最具人性。而雇佣，带有把劳动当作物来使用的奴隶制文化遗存。

资本生产工具，诉求委托合伙债关系，在马克思主义得到广泛宣传的19世纪末，扩展到了劳动与制度成本之间。

当资本是生产工具，劳动大军被机器大生产集合于企业组织之内，劳动力趋向集约和均质。庞大的劳动阶层团结一致，也有了力量诉求公平。劳动工资适度上升，对效率有二次方激励机制，现代民法只不过把古罗马法中的委托合伙规则，通用、普及化、大众化。

通过阶级较量，一般劳动取得了委托合伙法理的保护，一般劳动者的地位上升到了可以与产权平等的地位，就像委托合伙中的治产劳动者。

反之，欧洲由于奴隶制文化的遗存，不能避免把劳动力当作单纯的物来对待。同时，普通劳动者因为其"普通"、无产、存在失业大军、是个体单元、信息不对称，而雇主有财产、团体、话语文字权、制定法律权、信息权，则有，个体无产普通劳动者显然处于弱势地位，不能避免不平等契约。普通劳动者的贫困，首先是由于不平等。

而帕累托改进派认为，企业家与雇主是委托关系；而雇员与雇主是雇佣关系，劳动者不参与利润分配。这只不过是奴主雇佣关系的反雏，而不是什么创新。

复习题：
委托人的权利责任是什么？

第六章 合伙，共同所有、共同债务责任

第一节 关于合伙的一般规定，合伙类型

1. 合伙的类型

按照大陆法系，合伙分类为：无限合伙、有限责任合伙、两合合伙、隐名合伙等。

有限责任合伙，又可以分类为，按财产有限合伙，合伙人限制在50人以内；股份制上市公司，以1元为单位的股权，以100股（1手）为单位进行买卖。市商合伙制，以1元为单位的股权，可以在柜台买卖，中国曾试行，后被取消。

两合合伙分两种，一种是无限合伙公司吸纳有限责任合伙人，以扩大资金。另一种是海上贸易式，经营管理者个人或团体为无限合伙人，股权为1%，分享利润为5%~20%。

除了需要遵守"合伙"的一般规则，不同合伙按照投资人和经营劳动者的不同承诺，法律分别设计各自对称的权利责，如第二卷第三篇6-1表所示。

2. 合伙，共同目标、共同所有、共同拘束、共同善意、持久治产

合伙是一个古老的范畴，《周礼》、汉穆拉比法典、古罗马法，都已经有关于合伙的规则。

孔子曰："儒有委之以货财，淹之以乐好，见利不亏其义"，明、清家训、增广贤文有"搭伙求财，心甘情愿"，"搭伙如夫妻，同财同性命"的训导，搭伙，应指出外同吃同住合伙经营的人们，用"合伙"翻译德语 Gesellschaft，"吃一片面包喝一杯酒的人们"合名公会，应当是准确的。

在德文中，民法"合伙"与经济组织"公司"是同一个词：Gesellschaft。而英文 company of limited liability 有限债务责任公司，"liability"债务、责任。英国有一习惯，法律用语渊源于法语，才有法律"合伙"与经济"合伙"用词不同现象，因此，在西北欧，上层建筑法律"公司"与经济基础"公司"是合而为一的，互为里表。20世纪初，中国曾经把合伙组织翻译为会社、局，似乎是日本翻译为"公司"，传入中国而被沿用下来。"司"原指一级政府机构。相对照，公司就是在"合伙债"法律框架内运作的经济组织。

第二卷第三篇表 6-1 合伙的类型

		无限合伙	有限责任	两合合伙	少量特殊两合合伙
无产劳动经营者入伙		可以入伙	不可以入伙	无限合伙人	无限合伙个人
有产者入伙		劳动和财产	有限财产责的任私人或法人		
合伙人债务责任			全体合伙人无限连带责任	以入伙财产限责任	无限合伙人无限连带责任;投资人以投资财产承担有限责任。	无限合伙个人无限债务责任;投资人以所投资财产承担有限责任
代表权			全体有	全体有	无限合伙人有;有限合伙人无。	无限合伙个人有有限合伙人无
亲自管理权	无限合伙人	无限合伙人内部选或聘用	*选举或另聘用	无限合伙人内部选或聘用。有限合伙人无权	无限合伙人有有限合伙人无
	有限责任合伙人				
竞业禁止责任	无限合伙人	全体有	50人以下,领导人,经纪人	无限合伙人有责有限合伙人无责	无限合伙人有责有限合伙人无责
	有限责任合伙人				
利益分配	无限合伙人	按入伙比例分配利润,承担无限连带责任	按入伙比例分配利润,有限责任。	德国民商法:有限股在利润中先分4%股息。	无限股占1%,团队分享利润5%-20%;有限股在利润中先分4%股息。
	有限责任合伙人				
资金提取权	无限合伙人	得全体通过	可以买卖,不得撤资。	德国民商法:有限责任合伙人可提取股权的4%	有限责任合伙人可提取股权的4%
	有限责任合伙人				
保险办法	无限合伙人	无限连带责任	有限责任	无限股连带责任有限股有限责任	无限合伙人投保、设保险基金。有限股有限责任
	有限责任合伙人				
法律来源		民法、商法、德国股份公司法、中国合伙企业法			

*有限责任股份制上市公司,一股一票制,一律施行代理聘用制度。

合伙的基本原则：

合伙生产共同体方式，是现代经济的原本的样式，当今市场，是以合伙为伦理规范的为外在行为准则。合伙是现代经济的形式。尽管合伙有多种形式，但是其合伙原则不变。例如：

（1）个人合伙共同所有、共同管理原则。例如：中国《民法》通则第五节；德国《魏玛宪法》规定劳动者和受雇者有参加管理和分享利润的权利；《德国民法》第706条"合伙人的出资也可以是提供劳务"。

（2）共同目标原则，合伙人为共同目标而签订合同。例如：《德国民法》第705条"根据合伙合同，各合伙人互相负有以合同规定的方式促进达到共同目的，特别是提供约定的出资义务"。《德国公司法》第88条"监事会、董事会、公司业务部门人员不得为自己和他人的盈利从事商业活动"。

（3）共同拘束。例如：《德国民法》第719条"合伙人无权要求分割合伙财产"。第721、722等条"共同或按份承担盈亏和债务责任"。德国股份制公司管理由董事会、监事会和经理部三方构成，《职工参与决策法》规定"监事会中股东和雇员各占一半，按情况包括一定数量其他成员组成"。

（4）共同善意原则。例如：《德国民法》第708条"合伙人在履行所负担义务时，应当与处理自己的事物一样尽相同的注意"；第709条"合伙业务应由全体合伙人共同执行，每项事物需经全体合伙人同意（超过一定人数）"。

（5）"永久治产"。中国《民法》通则第四章第二节"代理"；《德国民法》第713条"根据第664条至667条关于委托的规定加以确定，但合伙关系另有其他规定的除外"。公司财产共同所有不得撤资，自负盈亏和偿债积累责任；股息率与送配股率在利息率上下波动，超额利润在全体企业人之间均衡分红，包括按资虚拟企业人。

第二节 无限合伙

1. 财产与治产劳动能力混合无限合伙

古罗马法"合伙"所指是无限合伙，在欧洲俗中，没有特别说明时，被认定是无限合伙，例如德国、法国"民法·合伙"实际是无限合伙的内容，而在商法中才细化分离出无限合伙、有限责任合伙、两合合伙、隐名合伙。

财产和劳动共同合伙。查士丁尼《法学总论》第三卷第二十五篇第1条"人们所组织的合伙，或者包括双方的全部财产，这种合伙希腊人称之为'共同体'，或者为了经营某种特定业务，例如买卖奴隶、油、酒或小麦。"对合伙分享利润的规定，"如未特别商定分配损益的比例，应视为平均分配。"

近代合伙方式，起源于中世纪德国的"合名公会"，源自亲情家族"食一片面包、喝一杯酒的人们"，共同经营一个商店，这种习俗扩延到无亲缘关系的工商业。合名公会，以公会（法人的前身）名义对外承担债务责任；公会内部，共同所有、相互无限连带责任。

2. 财产无限合伙制

如果合伙企业不借资，是单纯的股份制，就会出现一个经济上的重要事实："利润是作为资本所有权的报酬获得的"，"因为利润在这里纯粹采取利息的形式，所以那些仅仅提供利息的企业仍然可以存在。"这种公司制没有债务，也就没有偿债积累机制。

3. 无限责任合伙制的局限性

无限责任合伙制的局限性，其一，无限责任，相互代理，责任连带，如果只有一人有钱，就要求他一人偿还全部债务。其二，动议必须全体通过才能执行，容易延误时机。其三，每更换一个成员，原合伙解散，就需要重新组织一次合伙。这样，合伙制只适用于少数人合伙。其四，由于责任没有落实到个人，就容易发生逃避债务的事，名声下降，以致有的企业，特别以独资"没有组成为公司（合伙）"来标榜自己的信誉。

第三节　有限债务责任合伙

所谓有限责任合伙，就是以所出资额度，承担有限债务责任。

一般有限债务责任合伙，自然人为合伙人。

股份制有限债务责任公司，是以标准单位股份，来计算股权，例如1000元人民币为一股。

上市股份制有限责任公司，以1元人民币为1股单位。股东可以随意进出，由于股东不确定性，为了保证股民的利益，要接受证监会的审批和监督，国家财政为担保。

有限债务责任股份制公司的优点

有限债务责任股份制公司的特点：有限债务责任；可以无限经营；合伙人数量不限，以买卖股权的方法自由进出；财产共有，收益分享，同股同利，优先偿债积累；股东以所占股份承担有限债务责任，不能撤资；收益权与经营权分离。

股份制投资分散，风险和债务分散，是大生产筹集资金的好方法。但是，需要用禁止高利贷法制约股份制，否则依然会向商业资本主义赌博方向滑坡。

第四节　两合合伙的类型

古罗马法，将无产劳动经营者合伙人归类为无限合伙人。允许以劳动力入股的两种合伙形式，例如无限合伙，两合合伙。

治产劳动者的无限责任也有界限，如债法所规定，法律以保护债务人及其家人的生存教育权为偿还债务的界限。

无限责任合伙与有限责任合伙之间的合伙，大陆法叫做两合合伙。

两合合伙实际是委托、无限责任合伙、有限责任合伙的组合法律。

两合合伙的实践应用，大致有三种类型：

（1）古代地中海海上贸易两合合伙。

（2）投资两合合伙。

无限合伙公司为了募集资金，而吸纳有限责任股，两合合伙。其中的无限合伙人既有财产股权也有经营管理权。有限责任股没有经营管理权，没有禁业禁止责任。

无限合伙人与有限合伙人之间可以转换。

（3）"创业风险投资代理公司"两合合伙，参照了海上贸易两合合伙。

1. 两合合伙不具备法人权

两合伙企业不具备完全的法人地位。其中，无限责任股不能以有限财产承担法律责任，不具备成为法人的财产资格。

两合合伙企业对外不是独立的法人，但是可以是独立行为规则的"团体"，以团体与第二方签订有限责任合同。

2. 古代地中海海上贸易委托合伙规则。

岸上的所有权与海上的经营权两权分离,两合合伙。风险投资者以所投资财产为限,是有限责任合伙人,海上经营者以身家性命担保,是"无限责任合伙人"。

(1) 岸上的出资人是有限责任合伙人。岸上有限合伙人的权利责任,仅以投资股本为限,承担有限责任,同股同利分享利润;无代表权、无经营管理权、无竞业禁止义务,其他权利义务与公司法有限合伙人基本相同。

(2) 海上经营者是单纯无限合伙人。海上无限合伙人的权利责任:

A. 必须是有"专业知识和专门技能"的经营管理者为无限合伙人。

B. 按委托法,受托经营管理,对所受托物,有占有、使用、处置权、分配权;有忠于职守、不篡权、竞业禁止义务;有收取管理费和劳动报酬权利。

C. 按无限合伙法,无限合伙人有无限责任和无限连带责任。

有分享利润的权利,其分享比例,按风险程度、技术含量、利润率而有不同的约定。例如地中海海上贸易,参照罗马法"可贵的劳动的合伙分配率",允许无限责任经营者分享利润的1/3。如果入股1/4,则允许对半分利润。

第五节 私募基金两合合伙的7个特设篱笆

一、美国私募基金,金融黑市"避法港"

1. 美国私募基金豁免,是金融黑市避法港

两合合伙、美国统一有限合伙、隐名合伙,都属于公开合伙。而美国私募基金是"豁免",是远离公共利益的少量情况下,法律允许"自治"豁免,但是"避法港"必须遵守习惯法七项篱笆规则,否则必然引起金融灾难。

私募基金,可追溯到14世纪地中海康枚达(commanded)。例如16世纪下半叶英国伊丽莎白女王投资海盗事业"私下黑市",女王是岸上投资者有限责任合伙人,海盗是海上冒险经营者是一般无限责任合伙人。美国法制理念,政府应当监管金融机构与普通公众间的交易,以保护普通公众免受欺诈和蒙受损失。为降低政府成本,对于少量的与公众关系遥远的,可以有某种"豁免",因此,"safe harbor"应翻译为"避法港"似更准确,直译为"安全港"

抹掉了历史背景，以及法律豁免的同时，对私募基金人要求"有罪恶感，有自律品质"的意思。其豁免规则集中于1933年《证券法》第4（2）、27、27A条和1982年《D》第506条中。私募基金的法律特征，有点像贵族俱乐部：

（1）特定投资者，必须具备法律规定的资格（诚信记录）；

（2）有足够能力对基金经理人的活动进行监管。

（3）免于核准或注册，也不公开信息。

（4）发行有人数上的限定，例如美国在1992年以前，全国只批准了100人。

（5）发行的规模和总量受限制，每人不得超过500万美元（现在折合2亿美元），总价不能很大，例如全国总量控制在5000万美元（折合现在的20亿美元）以内。

（6）发行方式受限制，不能公开。

（7）转售受限制，保证没有向公众转售意图。

私募基金避税法。在美国，有两种税，一种是投资收益税为15%，一种是一般收益税为35%。美国黑石上市时，引起了朝野很大的议论：作为有限合伙人享受15%的所得税是应该的，作为普通合伙人就不应该享受15%所得税，他不是投资收益税，而是管理咨询顾问等一般性收益。

1992年以来，美国滥用该法，引发了链式反应社会危机：

问题一：美元门槛贬值，1996年以后，注册的已达到4200家，投机诈骗现象严重。问题二，逃避监管，黑箱操作。私募基金是小型合伙制，不设董事会，不是法人，可以规避企业所得税。例如从实质经济33%归避到虚拟经济的15%。仅由"一般合伙人"个人负责基金日常管理和投资决策，而有限合伙投资人无权；可以在第三国注册。问题三，"一般合伙人"空手套白狼，500倍杠杆操作。其管理者的目的在于仅以投机策略获得高额利润，经营机制灵活，没有利润指标和资金投向的限制，在投资工具、财务杠杆、投资策略、注册等方面没有限制。例如长期资本管理公司（LTMC），金融衍生交易仓盘，总杠杆比率高达568倍。特别是，一般合伙人股权仅占1%，承担无限连带债务责任，要命有一条，要钱没有。这绝对不适用于大众金融。问题四，把"债务"当作利润分享。其团队除了获得相当于基金的2%的管理费，还可以提取投资利润的5%～20%作为奖励，美国私募基金年平均收益率高达18.5%，是以股市"逐日盯市公允价值"计算利润。而股市价格是预期利益，对未来的"虚拟信心"是现在的"债务"责任。相对比,美国实质经济投资或综合债券指数只有8.3%,成倍的收益差引诱资本和人才流出生产领域。问题五,道德、经济、政治风险。私募基金将"自私自利最大化"推向极致,道德沦丧。私募基金已经占创业投资的80%,数量巨大;最主要的操作手段是进行对冲操作,投机与保值处于对立面上,这些金融衍生工具大大地放大了市场风险。宏观基金,例如美国以索罗斯的量子基金为代表的对冲基金,专事祸害他国金融。

美国在格拉索任证监会首席期间,1992年以来银行开始混合业务,1999年通过了《证券改革法》,修改1933年证券法,允许银行同时进行借贷与投资"混业",并拆掉了私募基金的7个限制条件。直接诱发美国股市托市套利泡沫。2000年,股市缩水50%,90%的创业版倒闭;并延伸导致2007年以来,波及全世界的金融危机。鉴于美国的教训,中国创业投资两合合伙的改进意见,其一,恢复7个篱笆,其二,禁止高利贷普适。

资本主义渊源于基督教适度禁止高利贷,终结于华尔街海盗式高利贷文化?美国放纵私募基金的10年来,已经引起多次国际范围的金融危机,实践证明它是毒瘤,害己害人,且不可凡是美国的就是有"利益"的。

二、私募基金"创业风险投资代理公司"两合合伙的运作

2006年,按照中国加入WTO的时间表应放开金融市场,主权基金投资公司正在筹建中,遇到的第一笔交易,就是投资"美国黑石私募基金有限(合伙)公司"30亿美元。按大陆法,它应叫做两合合伙。中国颁布的"特殊普通合伙企业法"似乎就是针对这一经济活动,量身打造的法律。

私募基金给美国造成2000年、2007年两次金融危机,它们转而到中国寻找机会。主要投机项目是,包装"创业公司"上市创业版。有5~8个单位直接参与其中活动,其中只有"WB-B"这一家是两合合伙。

(一)机构

(1)Q创业公司,具备Q创业项目,有愿望上市创业版。

(2)A大型有限责任合伙公募或私募基金,以有限责任股份公司注册,有意愿对好的创业项目投资,并充当上市担保。

(3)W中小型基金,有某些背景,例如国家之间高科技合作投资基金。

（4）B"创业风险投资代理"经营管理团队，是 Q、A、W 之间的中介；团队个人入股与 W 基金结成有限公司。

（5）b 无限合伙人，是 B 团队的首领人物。

按照《合伙企业法》第五十五条"以专业知识和专门技能为客户提供有偿服务的专业服务机构，可以设立为特殊的普通合伙企业"，实际是无限合伙个人的两合合伙。无限股权至少为 1%。

中国《合伙企业法》第五十九条"特殊的普通合伙企业应当建立执业风险基金、办理职业保险。"承担无限债务责任。

（6）代理银行；代理律师事务所；代理会计事务所。

（二）B、W 组成有限责任基金

设立 WB 有限责任股份基金，其中，W 基金入股 65%，允许 B 公司员工入股合计 35% 以下。WB 相当于岸上的有限责任投资人。

WB 基金，不设经营班子。设立董事会，由董事会或共同设立一个投资决策委员会进行项目决策，由无限合伙人 b 负责内部经营管理。

（三）b 普通（无限）合伙人、WB 基金，组建 WB–b 的两合合伙

WB–b "创业风险投资代理公司"，以有限（两合）合伙规则注册。

（四）B 团队运作

（1）B 猎取优秀的创业项目公司 Q，签订中介合同。
B 对 Q 进行可行性评估。

（2）B 猎取 A。
B 包装 Q 后，游说介绍给 A 大型基金，并且促成 A 与 Q 达成合同，A 承诺投资给 Q，A 基金对 Q 项目的风险投资和担保。

（3）A 基金不设经营班子，而是设立 AQ 基金分公司，与 B 管理公司之间就项目 Q 的代理契约，叫委托经营协议，期限包括 Q 项目投产后 5 年。

WB–b "创业风险投资代理公司"与 A 之间的中介合同。由 B 团队负责包装和撰写上市申请报告书，准备待审查的各项报告书。

由 Q 项目公司向证监会申请，由 A 基金推荐和担保，在创业板上市。

（五）管理费用和收益

（1）WB-b 公司向 Q、A、W 收取管理费用，按公定"中介"价格，为所代理资金的 1%~3%。

（2）激励机制。日本、韩国、台湾地区允许私人之间借贷利率最高限度为 20%~27%，美国信用卡债务惩罚性最高利率允许高达 25%，以此为参照，制定激励机制。例如，委托投资的净利润的 5%~20% 奖励给受托的 WB-b 公司，其中，WB 有限股可以分得 80%，无限合伙股以 1% 股权可以分得 20%，团队与领导班子对半分，5 年滚动收取。

由以上，B 经营团队的收入：

（1）管理费为代管资金的 1%~3%，一般为 2%；

（2）35% 有限责任股权参与利润分配，折合为净利润的 28%；

（3）无限合伙人以 1% 股权分享净利润的 5%~20%，领导与全体员工各分一半；

这样，经营团队既可以按无产无限合伙人或委托法，实现所有权与经营权分离，可以按经营权分享利润（略低于海上贸易），团队又可以按有限合伙法分享利润。

问题出在，该分享利润是股市价格，美国"逐日盯市公允价值"实际是将预期利润现在的债务当作"利润"在分，托市套利投机。而不是 Q 公司实质经济的利润。

建议配套法律：

1. 尽快制定《个人破产法》。

2. 尽快制定《无限责任法》。

3. 要明确有限合伙企业的诉讼权和非诉讼权。如果普通合伙人出问题了，投资人到哪里找他，尤其是拿外国护照的华人担任 GP，并不是要他这个人，而是要他个人的财产还债，怎么知道他有哪些财产，有哪些股票、现金、房子，在国外有多少？

4. 要完善司法制度，完善各种配套措施，比如工商登记，必须按照规范的要求和规范的程序办理，目前这些都还很不完善。

5. 尽快出台鼓励投资中小高新技术企业的财税政策，例如投资额的 70% 可以抵扣应纳税所得。

6. 这次全球金融危机的深刻教训就是创新与监管的统一性．如果离开规范化监管，创新就将呈盲目性，甚至导致欺诈性。

7. 七个篱笆。

大陆法与美国普通法名词对照

美国统一有限合伙402条规定，GP普通合伙人是一个自然人；第（7）款普通合伙人实际上是以信托机构的信托人的职能作为普通合伙人行事；（8）普通合伙人是一个独立的合伙；（9）普通合伙人是一家公司。第404条，合伙人既是普通合伙人又是有限合伙人。因为GP有无限责任，不得是法人，不可以上市。

第二卷第三篇表6-2 大陆法与美国普通法名词对照表

大陆法，中国公司法，《词海》	美国统一有限合伙， 中国《合伙企业法.2006年》
无限合伙	普通合伙
两合合伙	美国统一有限合伙
无限合伙人	GP 美国有限合伙中的普通合伙人 中国2006年特殊普通合伙普通合伙人
有限责任合伙人	LP 美国有限合伙中的有限责任合伙人
有限债务责任合伙	有限债务责任合伙

复习题：

1. 合伙的共同原则有哪5项？
2. 私募基金的7个篱笆有哪些？

第四篇 物权法

第一章 物权法，以治产为本

第一节 治产物权法（Real Right Law）

1. 物权法的定义

在前面已经介绍，商品交换的四个法律要件：法（公平正义）；民事主体、物权法和债关系。其中，独立的商品"监护人"权利主体，商品所有权的制度，属于物权法的内容。

1804年《拿破伦法典》，第二编"财产及对于所有权的各种限制"：财产的分类（中国叫做财产的归属，归类分属）；所有权；用益权、使用权及居住权；役权或地役权。第三编"取得财产的各种方法"。

> 参照英国财产法定义，物权法"调整人们之间因物而产生的法律关系"，[①]"避免强权即真理"。对物的实际利用，特加保护。[②]
>
> 物权法的主要内容是：物的合法取得方法，权利人对物的法律权利，实际占有利用物，占有行为规范。

2. 物权法，因债而产生的对物关系

前面已经介绍，德国民法把"债关系"与"物权法"并列，有些人就此以为物权不属于债关系。物权"这也是罗马法中根据Obligatio［债］产生的jus ad（正义权利）rem（物）［对物的权利］。"所不同，是把债关系中所涉及的对物权，专门进行梳理。

[①] ［英］F·H·劳森 B·拉登：《财产法》，中国大百科全书出版社1998年版第1页。
[②] 同上书，第6~10页及第二~九章：对物的实际使用权利；第11页：对物的实际使用。

3. 鼓励对物的实际利用

物权法在不同场合，使用不同的英文对照，例如，在通则条款中，物的拉丁语对照为"res"，例如 jus ad rem，其中 jus、rem 泛指对各种对物的正义权利，所有权 ownership 泛指各种所有权。但是在物权法的具体条款中，所用最多的还是 property 财产，财产权，地产权，所有权。前面已经区别 property 与 wealth。古希腊哲学家亚里士多德在《政治学》第卷一 A 第四章中，把物划分为消费工具和当作生产工具使用的物，并且是日本率先将 property 翻译为中文财产（财用、产业，所用物＝所有物，所有权），将 wealth 翻译为"财物"。并且观上下文，property 着力点在"生产工具、财用产业"之"用"，治产人行为权的意思，因此，财用产业法不能简单认为就是私法、归属法、私有权法。

4. 调整人们之间因物而产生的法律关系

物权法的重点，是放在合法取得和利用上，通过合法取得、合法作为来实现"发挥物的效用"。尽管对某些行为加以包容，但是，依然是在公平允许范围内的"对物的实际利用特加保护"。是人的合法作为"发挥物的效用"，不可以见物不见人。

5. 共同市场，治产物权法

在第一卷第一章，已经介绍了欧洲共同市场萌芽，及其物权法（Real Right Law）。

中国物权法的英文对照为 Real Right Law，这包含着一段欧洲历史故事。英国《财产法》一书恰好特别简单介绍了与"Real Right Law"相对应的那种市场。欧洲黑暗的中世纪，也有一个最大例外，就是"free（或 open、commun）market 公开、公共、共同市场"，"在早期，消费者通常是从制造者那里购买物品，从种植者那里购买食品。"叫做生产商制度。在以后，出现了代理商，欧洲中世纪"一个最大的例外就是公开市场，在那里卖主既不是制造者，又不是农民，而仅仅是生意人，为了保护消费者利益，（同时也是为了增强市场信誉和提高市场利润量），逐渐形成了这样的规则，即在公开市场购买物品的人可以获得对物的绝对产权。"[①]其中，第一层意思，"对物的绝对产权"所对照英文应是"Real right"[②] 物权，意思是"绝对是合法的，不是有产权瑕疵的、不是偷盗来的"。第二层意思，即"公开市场公平合理的（价格）"。当

---

① ［英］F·H·劳森 B·拉登：《财产法》，中国大百科全书出版社 1998 年版第 45 页。
② 同上书，第 256 页 Real rights 物权。

出现代理商制度以后，代理商收取的费用和普通利润，是在生产商价格基础上后来加上去的，要公开价格构成，公开收取中介费用和一个普通合理的利润率（禁止高利贷普适），即"公开市场（价格）"。

由以上两层意思的逻辑关系，公开市场，以"制造者"治产人利益为基准的法律公正，劳动是所有权的自然公理，遵守等价交换价值规律。并且，在前面多处专门介绍，欧洲"公开、共同、公共市场"，其法律变革核心正是禁止14种贪婪，禁止高利贷为普适价值观，资本成为生产工具。

中国在20世纪20至30年代，引进德国民法，民族资本家（例如荣氏兄弟等），在上海、天津、广州等沿海工业化地区，学习效仿现代企业管理模式，有过短期经济繁荣，说明，公开市场，这种渊源大众诉求的生产方式，学习起来并不难。

综上所述，在物权法中，治产物权法是物权法的主体部分或核心内容，而消费物权法，是次要和从属法，服从治产物权法。

物权法，绝对正义权利（Right），非是绝对滥用权利

中国"物权法"英文对照为 Real Right Law，意思是绝对正义权利。例如：
（1）拉丁语 rem 物质、实物、实体，应是英文 real 的词根来源。

在公开市场上，代理商吆喝叫卖、对上帝发誓"real"的意思应当是，真正现实存在的东西，而绝对是禁止14种贪婪的。

（2）Right 一多义词，但是"正确、正常、真正、正义权利"意思不变。在公开市场上，代理商吆喝叫卖、对上帝发誓"Right"的意思应当是：真正的，如实的；正确、对，正义公理（对待），礼俗、天理、绝对是正义权利，特许优惠权。绝对是禁止14种贪婪的、绝对不是偷盗来的、绝对不是产权不完整的，不是滥用权利。

并且，只有在英国《财产法》专著中，这个词汇有表示"财产权、物权"意思。就是说，在共同市场上，正义权利，大量的是关于"财产权"的法律公正问题。这个词汇因为在"财产权、物权"场合大量使用，成为一种习俗用法，是 Rights 意思。

延伸，rights 可以直接当作财产权、① 物权②使用

反之，如果买卖的是偷盗来的物，这时善意受让人购买的是有瑕疵的

---

① F·H·劳森 B·拉登：《财产法》中国大百科全书出版社1998年版第255页 rights 财产权。

② 同上书第59、61注13；第256页：rights 对物权，物权。

"绝对产权",购买人依然有可能失去这"绝对产权",法官有可能裁决将赃物退还给受害人——原所有权人。①

right 的治产"加工"意思

（1） right 矫正,从不是到是的运动过程,包括精确加工,例如 right boring 精镗。因此,"加工"取得属于物权法的内容,而不应当挖掉。

（2） rights 财产权,特许优惠权,例如,欧洲特许私有权,专属权,专卖权。例如, mineral rights 开采权。

（3） rights 对物权,包括对物占有（标记、把握、改变性状）。

（4） real 和 right 都强调现存事实,应包括占有（标记、把握、改变性状）。

由以上, real right 物权应包括占有（标记、把握、改变性状）。

公平法的治产物权法（Real Right Law）

由 Real Right 上述意思, Real Right Law 公法之绝对公正的治产物权法,而绝对不是滥用权利。

第二节　物权的内容

物　权

笔者建议【物权】称物权,是在法律允许和不违反第三人利益的范围内,权利人对特定的物享有直接占有支配的权利,并排除他人的非法干涉。

物权的分类,包括占有、所有权、对他人物占有权。

物权有义务,其使用应同时有利于公共福祉。

对权利人依法直接占有利用物,特加保护。

笔者建议【分离的物权】物权人可以依据自己对占有物的权利,在占有物上,分别设立法律标记、占有、使用（居住）、用益、收益、处置权;不动产役权、相邻、地役权能。

案由：中国《物权法》对"物权"和"所有权"的定义不够全面统一。

---

① F·H·劳森 B·拉登:《财产法》中国大百科全书出版社 1998 年版,第 45 页。

物权的主要内容是所有权、占有权、占有（占有权＋占有行为），其中所有权的权利能力最完整，因此，物权的"权利能力最大边际"定义和内容应与所有权"重合"。而在许多成熟国家，所有权由宪法定义。因此各国民法似乎并没有对物权、物权法特别定义。中国既然定义，就要参照德国、意大利、日宪法之"所有权"将内容写全：物权的权利范围；物权的分类；物权的造福义务。

修改《物权法》第2条第三款："依法"修改为"在法律允许和不违反第三人利益的范围内" 案由：（1）使用"法律允许的范围内"替代"不违反法律"，避免误导人们把注意力放在"法律不禁止为自由"、"不犯法即合法"打擦边球钻法律空子上，而缺少文化自觉自律修为。（2）将"依法"修改为"在法律允许和不违反第三人利益的范围内"从条文法和道德规范双限制。

修改《物权法》第2条第三款："排除他人干涉"修改为"排除他人的非法干涉"，把排他限制在合法的范围内。理由，合法的干涉是允许的，例如，他人有权干涉并阻止所有权人放火烧自己的房屋。

增加"役权、占有物权、使用（居住）权" 理由：占有权、使用权、用益权的内容有所不同，而居住权是宪法赋予的权利，一个都不能少。

法律参照： 中国《民法通则》第七十一条。《中华民国宪法第36年公布》：第15、142、143条。德意志联邦共和国宪法第14条（2）。1947年日本宪法第29条。《阿奎那神学大全》第六十六章。美国弗吉尼亚权利法案。

1. 物权的内容

《物权法》第三十九条"所有权人对自己的不动产和动产，依法享有占有、使用、收益和处分的权利。"即所有权的权能可以分离为所有权法律标记、占有、使用、居住、用益、收益、处置权。

物权的内容：例如，《德国民法典·物权法》的内容，物权包括自物权（所有权），他物权（占有权），占有，占有行为，权利作为物的物权。

其中：

占有＝占有权＋实际占有行为

占有行为，例如，黑格尔占有行为三表征：标记、把握、改变物的性状。

2. 占有权是物权的要件

所有权与占有权，谁是要件？从逻辑上，所有权、占有权、占有、占有行为中都包含"占有权"，因此占有权是要件。同时，这种设定，也与生产方式有关。

综上所述，物权应包括占有、所有权和占有权。

第三节　分离的物权的用途，鉴定产权瑕疵

1. 惯例法之对物诉讼：对物权能

划分物权，应渊源于罗马法"以要物方式缔结的债务"。例如，查士丁尼《法学总论》第三卷第十四篇注解（C）"要物契约，包括消费借贷、使用借贷，寄托和质押；诺成契约，包括买卖，租赁，合伙和委任。"英国财产法之惯例法，特征是实用，我们可以从其所介绍的要物契约之语句形式，理解"物权法"究竟想表达什么意思，有什么用途。① 例如：

"我向图书馆借了一本书。"我在借期内占有它，但是没有所有权。

"我取得了对牛奶的所有权（诉体物），并欠下他人的牛奶钱。他人便享有我欠他的债，这一抽象物（权利物权，对人诉讼）。"

门外汉认为所有权的意思，就是简单的"我的"，"你的"，"我的，我拥有它"。但是，例2"我"虽然拥有牛奶，但是我这个所有权人为此负有债务责任。关于所有权人的"债"责任，属于债的内容。而判断完全或不完全意义上的所有权，这是物权法的内容。因此，物权法的目的或侧重点，对所有权而言，在于各种情况下可能出现的状况或瑕疵，例如：

A类，"产权"意义上的瑕疵，例如，绝对合法的所有权，部分利益的永久治产，直至包括济贫责任，往往用在不动产买卖让与时，对产权在完整性"品质"的评估与鉴定。

B类，"实际使用"意义上的权利：对物的实际占有使用，获取物之收益权利，实施管理处置权。往往用在对所有物的利用和收益计算。

C类，所有人在自己的物上设立对物权能，占有人在期限内取得此权能，例如设立分离的所有权，分离的占有权，往往用在延期买卖、借用、租赁、贷款、承揽、委托、合伙契约当中，按质论价转让所有权或占有权的部分权利。例如，抵押贷款，有的人一套房子在多个债权人处抵押，就属于有严重瑕疵的

---

① ［英］F·H·劳森 B·拉登：《财产法》，中国大百科全书出版社1998年版第6页。

"财产权"。

产权，物权品质或权利瑕疵

物权法的一个用途，是在买卖、让与、分割财产时，评估界定对物权利的完整性或瑕疵。例如：买二手房，关于所有权问题，首先要弄清楚是否有产权证，证书的真实性，卖房人是否是本人，这个房屋产权的有效期。所有权的完整性，这个房屋是否被出租、借给了熟人（某种熟人之间君子抵押?）；购房款是否本人全款，如果涉及父母兄弟筹集资金，卖房他们是否知道，他们同意吗，他们很可能有优先购买权，等等。

由此，产权瑕疵的鉴定：

（一）物权的品质：优先、内容完整度、安全度（质量）。完整的物权是所有权。

物权以实际占有为表征，在地役、优先、顺位、时效各个环节上质量不同。英国财产法用不动产的财产权要素（公式）评价：①

（1）占有。例如，所有、保有、用益、租赁、转租赁、使用、地役权状况，与所有权对照，"内容完整"意义上的品质不同；

（2）时间。优先、顺位、时效；

（3）转让权。有所有权转让权，有保有权转让权、有转租赁权，没有转让权。

（4）产权，最优权利意义上的产权。

（5）所有权的要件：财产权归属界定、地役权界定、转移自由度、登记。

例如，中国物权法第106条，无处分权人让与的动产或不动产，在"产权"上就属于"不安全"的产权，或有权利瑕疵的产权，受让人所受让的是有权利瑕疵的产权。由于中国物权法对"不动产转移"只设立"善意受让"，而没有设立"在时效期内，受害人有追诉权"，司法界只有求助于"宪法居住权"，将"无处分权人让与的不动产"予以追回。

必须在超过法律规定的占有时效后，才能转为安全产权，并受法律保护。

（二）因物本身的瑕疵，而涉及权利人的权利瑕疵，和因责任人的权利行为瑕疵，而承担责任，例如台湾地区民法典：

第351条买卖标的瑕疵；第354条权利瑕疵；第355条价值瑕疵；第356

---

① F·H·劳森 B·拉登：《财产法》，中国大百科全书出版社1998年版第87－92页。第三章。

条出卖人担保责任瑕疵。第424条住房瑕疵；第466、467条借用物瑕疵；第492条使用瑕疵。第493、495～498、500、501—1条承揽人工作瑕疵，第494条瑕疵修补；第509条定作人提供材料有瑕疵，第514条定作人提供材料瑕疵修补。第514－11条旅游所购物有瑕疵；第584条委托出卖物有瑕疵；第596条寄托物有瑕疵；第635条运送之包装皮有瑕疵；第887条质权物有瑕疵；第947条继承物的瑕疵。

由以上，为了鉴别所有权的瑕疵，而将所有权分离为所有权法律标记、占有、使用、居住、用益、收益、处置权，按质论价有限转让。

第四节　中国物权法值得商榷的问题

物权法内容不全

物权法应包括物的合法取得，对物权的合法行使，造福义务。

（1）大陆法之物权法22处设立"取得"条款，取得才是物权法的主要内容。而中国物权法缺少特许私人取得财产的各种方法全面介绍。

（2）对物权和所有权的权能几乎没有设立什么规则，实际是企图复辟古罗马法奴隶主家长绝对所有权，只守望权利（权势货利），而缺少所有权对世义务规定。

（3）缺少对"占有"的保护与限制。

（4）他们挖掉罗马法量化的"禁止高利得普适"法，例如物权法第116条第2自然段"法定孳息"双方约定即为合法，是复辟3800年以前"随财主所欲纳息"？法律成了没有尺度的裁量？资本不能转化为生产工具。

物权法挖掉造福和济贫条款，挖掉占有，只剩下所有权，北京大学教授贡献田批评物权法实际成了所（私）有权法，富人法，是有道理的。

复习题：

1. 物权法，为什么在英文中用"Real Right Law"定名，它反映了一段怎样的历史背景？

第二章 占 有

第一节 取得占有

1. 占有以取得为起点

德国民法典把"占有"编排在物权法的第一章。

德国民法典占有的定义："占有,因对物的实际控制而取得。"罗马法占有:"占有的种类跟取得不属于我们之物的原因一样多,如买受人的占有、基于赠与的占有、基于遗赠的占有、对嫁资的占有、继承人的占有、基于损害投偿的占有、对自己之物的占有,以及对我们从地上、海上及敌人那里取得之物或我们自己生产之物的占有。总之,占有的性质是一样的,其种类却不胜枚举。"① 罗马法中,"占有"法是如此丰富,这与罗马帝国奴隶制社会中的自由民市场经济有关。奴隶制社会,奴隶是自由民替代边际,劳动力廉价,奴隶分工协作生产力提高、商品供应丰富。自由民有话语权,有对于公平的追求,因而法理、法律文化比较丰富。取得占有的方法,见第二卷第四篇表2-1。

第二卷第四篇表2-1 取得占有

债法取得占有		占有通则
(1) 债务权占有	(7) 分离物权占有	(12) 一、占有
债权间接占有	(8) 他人物的占有	(12) 占有权
债权留置占有	(9) 取得占有权	(13) 占有行为权
(2) 卖方占有	(10) 占有时效取得	(13) 占有平等权
买方占有	自然孳息	(14) 用益权

---

① [意]桑德罗·斯契巴尼《查士丁尼物与物权》中国政法大学出版社1999年出版72页。

(续表)

债法取得占有		占有通则
（3）承租人占有	法定孳息	（15）使用权、居住权
出租人间接占有	拾得先占	（16）二、占有人：直接
出租人留置占有	占有时效取得	间接占有人
（4）受托占有	占有加工取得	占有使用人
委托人间接占有	（11）担保占有	自我占有（所有权）
（5）受雇使用占有	抵押占有	共同占有（合伙）
雇主占有	质权占有	（17）三、无因占有
（6）侵权占有	留置占有	善意占有、恶意占有

2. 占有（Besitz｜recht）= 占有权 + 占有行为

德文 Besitz 事实占有，德国民商法 Besitz｜recht 是一个复合词，合法占有、占有权、所有权。

在"法律权利能力和法律行为能力"已经介绍，法律设立自然人法律权利"从出生起"，而刚出生的人没有法律行为能力，因此，单纯的法律权利，是不作为而被法律赋予的权利，这对占有权也适用。

黑格尔界定，占有行为，包括标记、把握、改变物的性状。而对物的实际控制，属于占有行为，因此：

占有 = 占有权 + 占有行为

台湾地区民法典和中国物权法，都忽视"占有"的设立，也许与中国长期处于土地自给经济有关，更多出现的是土地所有权的交换，而租赁双方协议即合法，租佃占有往往没有上升到国家法律层面，与这一历史现象有关？

3. 占有法的内容

占有的内容：占有；占有权的权利义务，分离的占有权；占有取得；合法占有行为；占有人平等分享利润权，占有人平等的抗暴权。

4. 占有的分类

（1）占有分为有因占有、无因占有。

（2）他物占有，自物占有

"占有"，因"取得不属于我们之物"而产生，全部都叫做占有。占有是因为取得对他人物而产生的权利义务,"他物权"。

当设立占有,所有权反而需要换算为占有例如,德国民法典第854条"对自己之物的占有"。

第二节 占有权

1. 设立占有权是权利能力,资格权

在"法律权利能力和法律行为能力",已经介绍,法律设立自然人法律权利"从出生起",而刚出生的人没有法律行为能力,因此,单纯的法律权利,是不作为而被法律赋予的权利,这对占有权也适用。同时,占有权被设立是已经合法的那种占有,从文字中可以说明,例如:

德语:Besitz 占有物、所有物,占有、所有,产业、地产;

英语:Right of possession 占有权。

由以上推定,占有权在治产债关系中是法律赋予的权利能力。

2. 占有权与所有权

占有权与所有权的区别是,其一,所有权是对世权,第三人不确定,而当分离为占有权,则有确定的第三人。其二,所有权被约定是无限期的,而分离出来的占有权约定有时间限制。其三,因对世权的特征,所有权的权利义务由宪法规定,而占有权还增加了特定的民法约定、双方约定权利义务不得伤及第三人。其四,分离的所有权,有所有权法律标记权。

3. 分离的占有权

占有权分离,分两种情况:取得分离的占有权;经所有权人同意,允许占有权人将辅助的部分转让第三人。

例如,所有权人可以在所有物上设立分离的权能,相对应,占有权人取得分离的权能,例如,占有权、使用权、用益权、占有经营权、担保权、法律标记等。例如《物权法》第117条用益权人的占有权;第152条宅基地使用权人依法享有占有和使用的权利。

征得所有权人同意,允许占有权人将其辅助占有权分离转让第三人,例如:借用、租赁使用权中的一部分转移第三人;用益租赁之承租用益权部分转移第三人;雇佣、承揽,占有人将使用权转移给使用占有权人;受托人可以将非主要的部分转移给第三人。

4. 占有使用权

在"使用物"、使用借用、使用租赁关系中，受雇佣人，是占有使用人。占有使用人劳务价格，系公定价格，或市场价格、习惯价格。

5. 占有用益权

用益权所得利润在所有权人和用益权人之间"平分利得与运气"，用益权收入有还本付息的义务，转化为资产收益，持久资产，前面已经介绍过了。

用益权，未经所有权人或政府许可，用益权不得改变物的用途，例如不得改变所借用、承包、租赁耕地的用途，不得改变所借用、租赁居住房屋为商用房，不得改变建设用地使用权合同所规定的用途，等等。例如，

《物权法》第一百一十七条 用益物权人对他人所有的不动产或者动产，依法享有占有、使用和收益的权利。

第一百一十八条 国家所有或者国家所有由集体使用以及法律规定属于集体所有的自然资源，单位、个人依法可以占有、使用和收益。

第一百二十五条 土地承包经营权人依法对其承包经营的耕地、林地、草地等享有占有、使用和收益的权利，有权从事种植业、林业、畜牧业等农业生产。

第一百三十五条 建设用地使用权人依法对国家所有的土地享有占有、使用和收益的权利，有权利用该土地建造建筑物、构筑物及其附属设施。

6. 占有经营权

与用益权不同，海上经营者的占有物权，有权改变物的用途。

例如，地中海康枚达（commanded），离岸的海上经营者，取得对货物的占有、使用、处置（改变物的性状但有保值增值责任）、分配或支配利润的权利（决定积累与消费收益的比例）。

7. 担保权

担保的特征是，按担保约定，把法律标记寄存在法律公证处。担保人、债务人不转移财产的占有，可以按约定使用、用益，但是不能买卖所有权，不能转移负有担保责任的财产。

例如《物权法》第一百七十九条 为担保债务的履行，债务人或者第三人不转移财产的占有，将该财产抵押给债权人的，债务人不履行到期债务或者发生当事人约定的实现抵押权的情形，债权人有权就该财产优先受偿。

前款规定的债务人或者第三人为出质人，债权人为质权人，交付的动产为质押财产。

质押的特征是，取得对抵押担保物的实际占有，但是没有使用、用益和买卖所有权的权利。例如《物权法》第二百零八条 为担保债务的履行，债务人或者第三人将其动产出质给债权人占有的，债务人不履行到期债务或者发生当事人约定的实现质权的情形，债权人有权就该动产优先受偿。

前款规定的债务人或者第三人为出质人，债权人为质权人，交付的动产为质押财产。

留置，例如《物权法》第二百三十条 债务人不履行到期债务，债权人可以留置已经合法占有的债务人的动产，并有权就该动产优先受偿。

第二百四十条 留置权人对留置财产丧失占有或者留置权人接受债务人另行提供担保的，留置权消灭。

8. 分离的占有权在税制中的实用意义

随着对收入征税分类的细化，已经有必要进行分离。例如：企业主，依靠对占有物的经营管理行为的收入为工薪；依靠所有权人之债权的收入为利息股息地租；依靠治产债务人占有权的收入为资产化的利润配股，差别效率分红并自负盈亏。各自的权利责任不同，相对应的税制税率不同。

第三节　占有行为准则

在第二卷第三篇第二章"借用"，介绍了借用人亲自行为，限制转移第三人，按规则行为，妥善保管，最小妨害，对占有行为也适用，并增加了善意推定一项。

亲自行为，主体工程不得转移第三人，按规则行为

借用、承租、受雇、借贷、承揽、受托等债关系，必须亲自施行合同，主体部分工作不得转移第三人；辅助工作需要转移第三人的，需经过出让人同意，并且承担连带责任，禁止高利贷法限制只允许转包一次。受雇佣人，不得让其他人代替其工作。

例如，在德国民法典和台湾地区民法典中，承揽不得转承包，没有设立转移第三人的条款，也没有这种事情发生。这是由于，禁止高利贷普适，公平价格法，净利润不得超过10%，如果转成包，将无利可图，用限制经济利益的方法，限制转让次数基本不得超过一次。

中国当前存在占有行为不规范问题，合同履约率只有30%～40%。

关于层层分包豆腐渣工程。例如，1998年长江大堤决口，发现是用竹竿代替钢筋造成；世博会结束才半个月，2010年11.15上海那场大火，烧死58人，据悉，是由于转包四次，自然安全质量达不到要求。2011年7.23高铁追尾事故，在微博掀起"轩然大波"，其中原因之一，是由于此前一年已经查出贪腐问题，最主要手段就是层层转包，就在发生事故的2011年7月，此时此刻，由中交四航局承揽的云南段，打伤讨薪老农民工，盖子才被揭开，在建高铁3次转承包，"这次我们是第三手转包的，从老乡手里购买施工权，每条隧道都要交总工程款的13%作为施工权购买费。"不得不借高利贷支垫。"云桂铁路业主"打着"百年精品工程"的名头，当然得到上级赞许，也是必要的。但是，他们的做法却是，动则要求停工检查，20大项100多分项，要延期几个月，停工费却落在承包单位身上，而云桂铁路业主，工程还在建设，已经让他们名利双收。不难发现，其主要矛盾方面，是制度灾害逼迫施工单位偷工减料。① 每一次事故后，该抓的抓该判的判刑，这是对的。但是，面对20多年来不断遭全民诟骂、有规律可查的案例，为什么不采取修改法律的措施呢？建议，参照德国民法典，对"占有行为"进行规范，特别是占有人亲自作为，主体工程不得转让第三人，辅助工程转让只允许一次。参见第二卷第四篇表2—2。亲自行为、妥善保管他人物、妨害最小，在"借用"等处已经介绍过了。

第二卷第四篇表2-2 占有人行为规范——主体工程不得转移第三人

不得或限制转移第三人	中国合同法	德国民法典	台湾地区民法典
（1）借用人	—	第603条	第467条
（2）使用承租人	第224条	第594条	第425条
（3）用益承租人	第230条	第571等条	第425条
（4）租用耕作地人		第581等条	
（5）借资治产人			
（6）雇用		第613条	第458条

---

① 《高铁欠薪质量难保障》，《第一财经日报》2011年8月2日。

(续表)

不得或限制转移第三人	中国合同法	德国民法典	台湾地区民法典
(7) 承揽人工程	第254条	第278条	
建设总承包人	第272条	第278条	
(8) 受托人	第400条	第664条	
(9) 保管人	第371条	第691条	第592~594条
(11) 技术研究			
(12) 占有			

第四节　占有人平等的权利

一、占有，治产人取得工具的唯一方法

占有是劳动的前提条件

占有是生产或劳动的前提条件。劳动者首先必须是生产资料的占有者，然后他的劳动才能成为财富的源泉。特别是当资本生产工具一般化，资本是借贷，占有成为最普遍的获得工具方式。

> 马克思指出，"所有制（占有），是生产的一个条件……这样一来，现在情况就变成了这样：个人必须占有现有生产力的总和，这不仅是为了达到自主活动，而且一般说来是为了保证自己的生存。"[1]"黑格尔论法哲学，是从主体的最简单的法的关系即占有开始的，这是对的。"[2]

例如，在基督教社会，占有权的意义比所有权普遍。基督教社会，自然之物的所有权属于上帝，子民实际只有占有权；并且鼓励占有人为上帝而工作，要求他物权人或债务权人，同时是"对物的实际利用者"、财富果实的实际创造者。富人被界定成是"替上帝管理财产的人"。

---

[1] 《马克思恩格斯选集》人民出版社1972年版，第二卷第90页，第三卷第5页。
[2] 同上书，第二卷，第104页。

例如英国并不存在罗马法意义上的家长绝对自有权,只有女王一人代表上帝所有权。因此,占有反而成为民法中最丰富的内容。英国民法中的所有权,实际是"约定的占有专属权",超过"依法"的限度,国王可以收回的。占有是所有权核心的内容,黑格尔说:"占有就是所有权。"

从生产方式角度。生产共同体市场,逼迫80%的人依靠借贷租赁雇佣他人之物取得生产工具。正是在这个意义上,占有人是对物权人中的大多数,为民生计,法律的设计者不得不注意这个庞大群体的法律诉求。同时,劳动与工具相分离之日,就是所有权与占有权相分离之时,占有实际是对生产工具的直接或间接把握。资本生产工具,是占有人创造的,包括债务人企业主、经营者企业家、占有使用人。也许正是从这多个因素出发,占有在欧洲是非常丰富而重要的一种法权。

中国"占有"文化习俗。在电影《白毛女》中,旧社会土地所有权人兼高利贷者黄世仁极尽恶毒,但是也还并没在秋收前收租子,也没有敢于派狗腿子到土地占有人杨白劳所租种的地里,直接抢收麦子,而是在秋收后向杨白劳收租。并且账房穆仁智到杨白劳租种的地里面搞破坏,被乡亲们理骂了回去。地主是采用高地租、高利贷法逼迫杨白劳卖喜儿。说明,中国民俗中存续有"占有权",而问题是失落了量化的公平尺度,禁止高利贷执法不严,双方协议即合法,民不告官不纠,不能避免自由霸道法,占有、强占、霸占、侵占、善意占有、恶意占有,它们之间的量化界限模糊不清。

对治产占有行为特加保护

罗马法刻意设立"占有"的原因,其一,为了保护生产,保护对物的实际占有利用,法律赋予占有人平等的权利;其二,在物的所有权处于不确定状态下、或不知情的情况下,保护善意占有人的劳作成果不受侵害。其三,即便是恶意占有,对恶意占有人的生产或管理行为,也采取宽容和保护措施。其四,为了社会生产稳定,对所有权长期不确定,长期无因占有的,允许时效取得所有权。由以上,"法律占有",特别保护事实占有者的平等权利。

当治产人是完全行为能力人的标准样态,保护治产人的事实占有权的习俗与法律设计,例如:

法律占有行为设立,区别劳动行为与过失行为,保护劳动行为,惩罚过失行为以不得伤及劳动工具为限。例如,十二铜表法第六表获得物、占有权法第七条,规定"所有者不得触动或取去属于他的,而被他人用作建筑房屋或培植葡萄园用的木料或木柱。"第八条规定"不许取去或要求把被偷窃去的用作建筑或培植葡萄园用的木材或木柱作为自己的所有,但同时允许按这些材料的价值之双倍对负有使用材料之责任者起诉。"在欧洲至今适用。因此,对收缴的偷盗船,不应简单做付之一炬的处理。

二、占有人平等的抗暴权

平等占有

"占有的性质是一样的","取得不属于我们之物","对自己之物的占有",在占有法律面前平等。所有权人和债务权人的"占有权"平等,具体实现民法"主体之间的平等权利责任"意思。

对占有的保护

合法占有受到与所有权几乎同等保护,不允许以暴力取得占有,也不得以暴力剥夺占有,① 占有者有保有占有权的法律权利,财主不得以纯粹商业主义的方式驱赶实际占有者。中国、德国民法典等也承认"占有权之诉"。例如:

中国《物权法》第二百四十五条占有的不动产或者动产被侵占的,占有人有权请求返还原物;对妨害占有的行为,占有人有权请求排除妨害或者消除危险;因侵占或者妨害造成损害的,占有人有权请求损害赔偿。

占有人返还原物的请求权,自侵占发生之日起一年内未行使的,该请求权消灭。

台湾地区民法典第960条【占有人之自力救济】占有人对于侵夺或妨害其占有之行为,得以己力防御之。

占有物被侵夺者,如系不动产,占有人得于侵夺后,实时排除加害人而取回之。如系动产,占有人得就地或追踪向加害人取回之。

第961条【占有辅助人之自力救济】依第九百四十二条所定对于物有管领力之人,亦得行使前条所定占有人之权利。

---

① [意]桑德罗·斯契巴尼选编《查士丁尼物与物权》,中国政法大学出版社1999年出版第72~73页。罗马法大全选译《物与物权》第183-193页。古罗马保罗《告示论》第54卷

第962条【占有人之物上请求权】占有人,其占有被侵夺者,得请求返还其占有物。占有被妨害者,得请求除去其妨害。占有被妨害之虞者,得请求防止其妨害。

第963条【占有人物上请求权之消灭时效】前条请求权,自侵夺或妨害占有,或危险发生后,一年间不行使而消灭。

第964条【占有之消灭】占有,因占有人丧失其对于物之事实上管领力而消灭。但其管领力仅一时不能实行者,不在此限。

第965条【共同占有】数人共占有一物时,各占有人,就其占有物使用之范围,不得互相请求占有之保护。

1925年英国《租金法》规定,如果不能保证承租人往后有荫庇之地,地主即便按合同支付了钱,仍然不能就此收回租地把承租人赶出家园,租金法远离纯粹的商业主义。①

第二卷第四篇表2-3 占有权人取得与所有权人平等的权利

法律来源	所有权人与占有权人互不侵犯			占用人权利	
	不得干涉用益物权人行使权利	不得擅自撤资	不得擅自中断终止解除合同	抗暴权	自助权
物权法	第4、40、42、120、241~245条			第245条	
德国民法典	第541a条,第三编第3章第4节"基于所有权的请求权"第985~1007条			858、862、986条	第846~859条
台湾民法	第428、790、483-1条不得侵犯雇员			第962条	第960条

三、中国"占有"值得商榷的问题

占有条款不全

缺少关于占有、占有权、使用权、居住权、用益权的定义;权利占有行为

---

① [英]F·H·劳森和B·拉登:《财产法》,中国大百科全书出版社1998年版第227页。

规范条款；缺少对治产人占有行为特加保护的条款；取得占有的方法，缺少公共法、家业法、无因占有。

缺少对治产人占有的特加保护

中国已经有6亿城镇人口和失去土地的无产自由农民，他们当中的90%，从业人员必须涉足"占有"，占有已经成为物权法当中占90%的人们最关心的权利义务。

前面已经论述，英国法律定义，物权法，是以治产为本，发挥人的治产能力法，是人对物的权利能力和行为能力，人是主体，物是客体；行为是创造财富的动力，权利是分享。而中国物权刻意挖掉"占有行为"，只字不提对占有人利用物的行为特加保护，反而将物作为"主体""发挥物的效用"，是制度灾害。

复习题：

为什么要设立占有人平等的抗暴权？

第三章 约定所有权

第一节 所有权的内容

所有权是宪法的内容,前面曾介绍过。

> **所有权的定义**
>
> 笔者建议【所有权】在法律允许和不违第三人利益范围内,所有权人对自己的不动产和动产,依法享有占有、使用、收益和处分的权利。
>
> 所有权有义务,其使用应有利于公众福祉。公民的合法的私有财产不受侵犯,排除他人的非法干涉。

修改案由:(1)与"物权"同,鉴于中国正在建设法制国家,建议把所有权的"权利和限制"在一条内写完全,以避免"剑偏"。(2)中国没有哪一部法律设立所有权有造福义务,为此,可以在民法中设立。这也是为了防止所有权人"想干什么就干什么"自由滥用。

中国语言习俗中,有本分、责任、义务之分。例如所有权人的本分是依法、或不犯法,本分不要求造福义务。相对于"本分",义务有"可义务",可不义务之选择。而"责任"的法律界限比较清楚严格。相比之下,义务一词已经比较宽松。

法律遵循,《中华人民共和国宪法》第13条1999年修正案:"公民合法的私有财产不受侵犯。"

法律参照:中国《民法通则》第七十一条。《中华民国宪法第36年公布》:第15、142、143条。德意志联邦共和国宪法第14条(2)。1947年意大利宪法第47条,日本宪法第29条。《阿奎那神学大全》第六十六章。美国弗吉尼亚权利法案。

所有权的内容

在第一卷第三章已经介绍，治产劳动是创造财富的充分必要条件，产权是必要条件。为民生计，所有权有造福义务、济贫义务、当作工具使用的义务、保值增值责任、分离的所有权义务。

意大利是罗马法的故乡，能够比较完整地表述"所有权"的意思，可以作为参照。1947年意大利宪法第42条"财产公有和私有两种，经济利益属于国家、机关或私人。

法律承认并保障私人财产，但法律为了保证私有财产能履行其社会职能并使其为人人均可享有，得规定获得与使用私有财产的办法以及私有财产的范围。……"

由以上所述，财产所有权的内容，应包括以下几层意思：

其一，是特许私人所有物；

其二，是特许私人所有物范围内，合法取得；

其三，是特许私人所有物范围内，合法取得，合法使用。

所有权合法使用，其法律权利行为四个阶梯，法律高尚，所有权有造福义务；法律适度，所有权法定孳息；合法，在法律允许和不违反第三人利益范围内；法律禁止，不得触犯法律和第三人利益。

其四，生产共同体市场，所有权有造福义务：(1)守法；(2)济贫；(3)优先转化为生产工具的义务；(4)委托合伙式债关系中的连带责任；(5)不动产相邻权、供役权与需役权；(6)国有、团体所有或遗嘱永久产权，负有保值增值责任的所有权；所有权与经营权分离，所有者权益法定孳息，分配顺位最后。

第二卷第四篇表 3-1　物权法之取得财产所有权

	中国合同法	德国民法典	台湾地区民法典
(1) 占有取得所有权	-	第 953 ~ 957 条	
(2) 自然孳息	第 116 条	第 953 条	第 70、766 条
(3) 法定孳息	第 116 条	第 246、1119、1246 条	第 203、954 条
(4) 拾得先占	第 109 ~ 114 条	第 958 ~ 964 条	第 808 ~ 810 条
(5) 占有时效取得	第 106 ~ 108 条	第 1006、1007 条	第 761、767 ~ 772、759、801、802 条

(续表)

	中国合同法	德国民法典	台湾地区民法典
(6) 混合取得	-	第948条	第813条
(7) 附合取得	-	第946、947条	第811条
(8) 加工取得	-	第950条	第814条
(9) 共有分割	-	-	第826条
(10) 担保	-	-	第860、862、884、
抵押时效	第117条	第1155条	928、929条
质权时效	第208条	第1205条	第878、885、898条
留置时效	第230条	-	第936、938条
(11) 地役权时效取得	-	-	第852条
(12) 取得典物所有权	-	-	第923、924、926条
(13) 取得权利	-	-	第118条

依法取得财产所有权的方法

通过前面介绍，私人取得财产的三个法律程序：物的分类，物的合法取得，合法所有权。

债法取得，物权法取得，家业法取得。例如，拿破仑法典一共三编，第一编人，第二编"财产（分类归属）及对所有权的各种限制"，第三编"取得财产的各种方法"。其中，取得财产的方法归在一编介绍。而德国民法体系是分在三编中介绍：债法取得，物权法取得，家庭法取得。例如，台湾民法典49条涉及物的取得，其中债关系20条、物权法取得22条，家庭法取得7条。物权法取得所有权，参见第二卷第四篇表3-1。

第二节　所有权需要明确的几个问题

（一）所有权的权利和责任

（1）当所有权是两个人以上的事情时，肯定是约定，不可能是绝对权。

所有权不是独立的范畴，所有权是因债关系而产生的对物的法律关系。如果只有一人，例如孤岛上的鲁滨逊，鲁滨逊对孤岛的所有权，就好比是他一个人使用语言一样可笑和没用。

民法规定了禁止法律行为范畴，所有者也必须遵守，则所有权受到外在行为规范的限制，外在表现为守法，就是相对所有权，而不是绝对所有权。

（2）单纯的所有权是权利责任能力资格权，不是行为能力。

所有权是法律赋予的权利能力，但是并不意味着所有人真正有使用、处置的行为能力。因此，个案所有人出租所有物的租金，与"如果我自用"不一定有关系。

（3）所有权有自我义务，以不伤及全世界的他人为下限。

有的人认为所有权是独立支配权，是无限、排他、永续权。权利主体是所有人，义务主体是所有人以外的人，是对世权。还应该有另一半，才全面：不确定的"世人"是被动责任主体，而所有权人是主动责任主体权利主体，对全世界负责，所有权以不伤及全世界的任何人为限。切不可以做唯我独尊来理解"对世权"。例如，按法理，可以判定所有权人不可以随意烧掉自己的房屋，因为会殃及邻居，这叫做纵火罪，他人有权依法干涉。

（4）不动产所有权有供役权、需役权。

不动产相邻关系，是相互权利义务，有供役权、需役权。

自然是赐予大家之物，知识产权是社会智慧的结晶，财产是级差地租，渊源于自然和社会，有回归社会的义务，所有权有承担风险、济贫、转化为资本生产工具的义务。

（二）财产权不得滥用

不存在"完全按主人的意志行事的工具"

幻想"独立支配权，无限、绝对、永续、排他权"，渊源于欧洲古希腊奴隶制文化，动产的标准样态就是"奴隶"。例如古亚里士多德"所用物、所有物＝所有权"，主人的自由意志欲望无穷，希望存在"完全按主人的意志行事的工具"，① 现代专家叫做"勿需以特定义务方的积极作为条件"的永动机，迄今未能实现。就是在奴隶制社会也未必允许奴隶主滥杀、滥伤奴隶，已经介

---

① ［古希腊］亚里士多德：《政治学》，商务印书馆1965年版，第11～12、16～18页。

绍过了。

家长绝对所有权，对待所有权

在古代法中，存在两种所有权：家长自有权，对称面是负有义务的所有权。

奴隶制家长，对奴隶几乎只有权利，没有义务。是罗马法绝对所有权。马克思诅咒的是古罗马法中主人家长绝对私有权、准奴隶雇佣关系。在《资本论》中主张合伙债的重建个人所有制，即生产共同体 community，需要加以区别。

绝对所有权的后果：奴隶制、自给经济

"私有财产"有造福责任，有转化为生产工具、保值增值永久治产、济贫责任，分离的所有权责任。

但是，绝对所有权追求"随财主所欲"，法律刻意所有权的"绝对"性，只规定"合法的私有财产不受侵犯"，而不规定责任。

绝对所有权的后果反而是，富人不能避免有暴发户心态，缺少博爱仁慈济贫文化素养，对家族不能避免富不过三代，对他人不能避免自己是他人的地狱。所有权法律设立的极右主义后果是，资本利益最大化，趋向生产者、生产国不参与利润分配之工具自给经济。

（三）所有权"法律设计"值得商榷的问题

（1）"依法"不确定。前面已经介绍，中国关于所有权"依法"确实存在法律盲点或空洞。

（2）缺乏积极的所有权义务，例如造福义务。

（3）分离的所有权内容不全、与定义不对称，例如设立占有权、使用权、用益权，占有担保权、占有经营权。

（4）没有设立所有权禁止高利得（贷）法，所有权人的债权法定孳息无法可依。

（5）合法取得方法挖掉了附合、混合、加工、债关系取得法。

中国物权法"物的取得"大约只有 10 条，并且内容不全。

鉴于中国的状况，参照拿破仑法典，建议把物的取得方法综合介绍齐全。

（6）没有设立"不得追溯权"，却设立不动产没有"追诉权"。

例如，第 106 条无处分权人出让物，善意受让人取得所有权，没有设立时效期。据悉，参与制定法律的某些人，说是为了降低房地产交易时间，提高交易效率而刻意这样设立的。后果是，无处分权人出让住房的案件陡然增加。律师们只有借助宪法"公民有居住权"，为受害人讨回住房。

复习题：
1. 所有权就是自己想怎么用就怎么用的权利吗？

第四章　社会保障之居住权

第一节　居住权

> 笔者建议【公民居住权】公民有居住的权利。政府有义务调整财产关系，提供庇荫之地，使公民依靠自己的劳动报酬，过上有尊严、体面的生活。
> 建议【居住权的取得】居住物权的取得方法：
> （一）取得住房所有权：
> （1）购买资本房地产市场的住房。
> （2）政府公定最低公平价格的住房，专门供给中低收入家庭，包括限制是第一套住房、限制面积在60～90平米。
> （3）领受被赠与住房。
> （4）继承住房。
> （5）时效取得住房所有权。
> （二）借用住房使用权：
> 供给、借用取得居住物权，准用使用借用住房合同之规则。
> （三）租用住房使用权：
> （1）市场租赁取得居住物权，准用使用租赁房屋合同之规则。
> （2）公定租赁价格住房。对于租金超过5%的最低收入家庭收入25%以上的部分，给予适当补贴。
> （四）农村宅基地使用权。
> 本条没有特别规定的，准用赠予、借用房屋、使用租赁住房的一般规则。
> 设立居住权，应当向登记机构进行居住权登记。

一、公法居住权

政治国家是用领土地域圈定权力范围，由此而来，国家公民的标准样态是，自愿为本国公民，并在本国有长期住所，是"本国"公民的要件。国家政权标榜的公民的居住权，例如各国宪法均有"住宅不可侵犯"的条款，中国宪法第39条："中华人民共和国公民的住宅不受侵犯。禁止非法搜查或非法侵入公民的住宅。"1949年德意志联邦共和国基本法第十三条，"（1）住宅不受侵犯；（3）此外，本项不可侵犯的权利依法可能遭到剥夺或受限制，其目的是为防止公共利益受到危害或危及个人生命，……特别是在解决住房缺乏问题……而采取措施时"。

居住权也是民法的内容。中国《民法通则》第二章公民（自然人）第15条"公民以他的户籍所在地居住地为住所，经常居住地与住所不一致的，经常居住地视为住所。"

按等价交换原则，普通劳动者建造的普通住房，普通劳动者应当购买、租赁得起。政府的责任：政府有保障居住权的义务。土地公有制，政府加倍有保障公民居住权的责任。

参照欧洲，居住权是民法的内容之一。

在早期奴隶制社会，家长无偿借出或赠与居住权是主要形式，这反映在古罗马查士丁尼《法学总论》第二卷"地役权、用益权、使用权、居住权"，居住权是"使用权"的内容之一。

拿破伦法典第二编"所有权、用益权、使用权及居住权、役权或地役权"；第三编第六章第1065条；第八章第二节第二目，关于房屋租赁的特别规定。

英国《1925年租金法》规定，"如果不能保证承租人往后有庇荫之地，地主即便按合同支付了钱，仍然不能就此收回租地把承租人赶出家园"，"租金法远离纯粹的商业主义"。

德国民法典"使用租赁"分为土地使用租赁、住房使用租赁、工作用房屋租赁、雇佣劳动住房租赁。其中，第535～580条，对住房使用租赁都适用。而仅第580A条是船舶动产使用租赁。值得借鉴的条款，例如第537（3）"住房的租赁关系中偏于对承租人不利的约定无效。"第541a【保存措施】"住房的承租人应容许为改善租赁的住房或者建筑物而入侵租赁物的必要行为。第541b【改善措施】。等。特别是第564b条【出租人对预告解约的合法利益】中，罗列"州政府"关于保障公民居住权问题的规定，例如该条规定：

（1）撤销合同后，仍然必须用于居住："如果会严重危及一个乡或一个镇的在适当条件下其居民提供充足的租赁住房，则本条款2句规定的期限延长至

5年;"

（2）果出租人改变出租屋辅助部分的用途，对承租人不利，承租人可以拒绝增加租金，或要求减少租金；如果辅助部分改建成住房，承租人可以要求降低租金；

（3）出租人有不超过两套住房，或者

（4）出租人有三套住房……

（5）对多余住房，政府有权要求出租，以解决当地住房紧张问题。并收取房产税。

由以上而言，起码两千年来，居住权是法律保护的对象。

在中国古代，以自给经济为主体，住房问题自己解决。少量住房借用和租赁，政府规定寺庙有收留无家可归者的义务，并有少量义庄。而中国20世纪上半叶军阀混战，社会规则陷于混乱。由以上对比，中国自由派主张把住房问题推给市场自由解决，反而是中国古代自给经济的做法，后果是市民大众买不起大户型、租不起高租金住房，市场弱势群体将面临没有房子可住的困境。

而台湾地区民法典"租赁"一章，没有区别使用租赁、用益租赁，房屋租赁条款。

二、住房分类供应制度

城市化后，居住权成为社会保障问题

国家必须保障100%的公民有居住之地，避免有人长时间露宿街头。例如，根据国际货币基金组织有关统计，在其187个成员国中，有137个成员国对非本国居民在本国投资房地产进行管制。又例如，美国有70%的公民有属于自己的住房（30%租赁住房）。

城市贫民窟，是欧洲资本主义的伴生物。其原因前面已经介绍，欧洲废止奴隶制不彻底，逼迫大量农奴赤身逃亡到罗马法、教会法允许的"避难港"教堂周围的集市上，特别是英国羊吃人时代，逃亡农奴大量涌入城市。而随着工业革命城市化进程，在教堂、王宫、政府机关周围，这些基督教允许避难的场所，聚居了大量贫民，形成贫民窟，疫病流行成了常事，居住权成为社会重大问题，并反映在民法中，到了19世纪，居住权问题散落在财产权、买卖、租赁多个法律中。而工业劳动者住房制度起源于1836年，发了财的德国企业家克虏伯修建工人住宅供给他的员工。1880年俾斯麦时代，开始实行劳动福利保险制度,居住权进入公法的视野。1930年,英国开始实行政府供给住房和公定最低公平价格租金的制度(英国不存在土地及其地上不动产永久私有权),受惠者由30%增加到今天占80%。

按收入差别,住房分类供应制度

居住权的标准样态,公民有权依靠自己的劳动报酬取得居住权,过上体面、有尊严的生活。政府应保证100%的公民有居所,包括享受最低生活保障补贴者应当有居所,流浪者有救助居所。

1929年爆发的波及全球的经济危机肆虐最盛之时,1930年美国政府决定介入住房问题,推行住房分类供应制度新政,随后是"二战",这一段时间里,国家和居民投入住房的经济能力有限,因而他们当时建设的让中等收入者买得起的社会住宅,主要是低于100平方米的小户型低造价住房,20年为一个政策时期。以后才随着经济发展而加大户型和提高造价,减少社会保障(例如住房贴息贷款利率由3%逐步上升至接近商业贷款利率),并相应减轻调控力度。因而它们第一步是明确划分高中低收入者的界限,并予以公布(美国是每年公布一次)。即力争达到100%的覆盖面。

美国住房分类供应,是对100%的公民居住权都有安排:

(1)商品房。对占住户总数20%的高收入者供应商品房;

(2)双限保障房。对占住户总数62%的中等收入者供应最低公平价格的"社会住宅",政府调控"社会住宅"的户型、价格、供应量;

(3)公定房租房。对占住户总数18%的低收入者,让他们到市场上去租用政府规定房租标准线上下的住宅。

(4)房租超过低收入住户家庭收入的25%的部分由政府补贴,亦称廉租屋。

而2007年以来的次贷危机反其道,在政府允许次贷高利率的引诱下,对借贷信用次等的人不惜供应简易别墅式大户型,贷款额度高达50万美元(2000年以前,纽约80平米公寓住房为8~10万美元一套),次贷利率高达9%~10%,几乎是基准利率的2倍。消费拉动经济政策,导致美国消费过度,许多家庭已经有多套住房,多辆家用汽车。

新加坡政府,于上世纪五十年代决定介入住房问题。实行新政之初,经济比较落后,因而上世纪五十至七十年代建设的组屋,主要是40—70平房米的小户型低造价住宅,也坚持了20多年。进入上世纪八十年代,人均国内生产总值超过1万美元(2004年达到2.5万美元),才适当扩大户型。但政府考虑到新加坡地少人多的国情，决定仍然坚持建设较小户型的组屋，并仍然坚持严格管理。例如，从 1998 年至 2004 年建设的组屋，除少量 140 多平方米户型外，主要是 85—125 平方米户型。其中 85—99 平方米户型占 70%，100 平方米以上户型占 30%。

新加坡住房分类供应制度，覆盖率 100%：

（1）商品房。鉴于土地紧张，对占住户总数 3% 的富人供应富人住宅，收取很高的土地出让金，入住后收取高额物业税。

（2）公定最低公平价格买卖住房。对占住户总数 80% 的中低收入者供应由政府控制户型、房价、供应量的组屋。

（3）对占住户总数 8.5% 的困难户供应经政府补贴、价格很低的、旧的、小面积的（60~70 平方米）组屋；

（4）对占住户总数 8.5% 的特困户租给旧的、更小面积（42 平方米左右）的组屋，每月十分低廉地收 10 几新元房租。

日本自上世纪 80 年代房地产泡沫崩溃后，改革住房政策，只要转为正式职工，就可以由企业担保，分期付款买一套经济适用住房。

美、新两国在施行新政之初，建设了大量小户型低房价住宅，由于建设的质量高和使用时维护保养好，多数住房可以使用七八十年甚至百年以上。这些小户型住房在使用三四十年后产生的重要作用是：为廉租屋提供了充足的房源，为中低收入者提供了梯度购房的起步基础。

自由市场，中低收入家庭买不起房，逼迫政府供应保障房

1998 年中国废止了福利分房，实施房地产市场化。由于有农村自给住房，和城市计划经济福利分房等存量 68 亿平方米，中国维持 80% 的居民有属于自己所有权的住房，缓解了住房问题。

住房问题激化，是由于 1995 年以来参加工作的 40 岁以下的新增就业人员买不起住房，三大问题：这群人工资偏低，承受不了商品房价格；供应的小户型只占不足 5%，其中 3% 是经济适用房的一部分，被利益集团垄断；2005 年下半年以来，京、沪等一线城市，政府、银行、开发商联合起来垄断市场，权力、权利最大化，政府不作为，商品住房价格失去控制，攀升了 5~10 倍。

1998—2007 年以来，中国净增住房建筑面积 45.6 亿平方米，新增城镇人口 2.15 亿，按 3 口之家计算，相当于新增城镇家庭 7100 万个，每户平均 65 平米，说明建设用地供应基本足够。但是由于自由建设，造成大户型占 95%，2888 万套大户型当中，至少 40% 以上出售后空置和转商用，约为 1130 万套。

2006年下半年,按中国对WTO的承诺开放金融业,政府与开发商分享房地产利益,放任地产价格上涨,在钢铁铝材等原材料价格仅上涨了30%~50%、劳动力价格仅上涨20%~30%的情况下,2007—2008年两年中,五大城市房地产价格上涨了1—3倍,北京环线内外,每年上涨100%,上海更高。相对比,小户型供应仅占需求的5%,缺口至少2500万套。

同时,国办发(2003)18号文的安居经济适用房,实施中仅占1%~3%,成了形象工程。经济适用房实施的阻力:其一,由于经济适用房几乎是无偿或极低土地价格供给,遭到地方政府惜供,实际成为面子工程。其二,由于定价利润只有3%,没有私商愿意做,遭遇流拍。其三,现行对个人收入监督和统计很不规范,前阶段骗购经济适用房的人,95%是找单位开一个低收入证明。因为,即便是900~2300元每平米的最低价格,低收入户照样拿不出这个钱。其四,"低收入"会因时间而变化、房地产价格成上涨趋势,用户脱贫以后,政府收回经济适用房将遭遇阻力,几乎不可行。其五,原本买不起住房的群体的社保家庭,如果以政府手段取得"经济适用房"所有权允许5年后上市,将诱惑人们弄虚作假,炒经济适用房之房地产,是恶法。

据报道,有官员承认,放开市场商品房,并没考虑供应中低收入家庭。大户型、高房价、稀密度。按世界城市人均用地,每1平方公里居住1万人是合理水平,而中国城市和农村建设用地共计34万平方公里,接近世界水平的3倍。以日本、新加坡为参照,中国人均住房面积是他们的140%。1998~2009年,一边是空1100万套大户型,另一边是急缺2500万套小户型。在要求政府解决住房问题的强烈呼吁下,2010年以来近两年的人代会,终于硬指标决定修建3000万套保障房,其中2011年要完成1000万套,分配到无房户手中。然而,重灾区北京、上海所占比例不相称,是被保障。国家最近一轮抑制房地产泡沫政策,出台已经有1年半,但是房地产市场依然僵持,几个重灾区,甚至"稳中有升",可见,资本逻辑并不关心民生。说明,在市场经济条件下,对无可替代的商品,必须由政府出面主持公道。

中国古代"无形的手"理论,叫做趋利避害:"天下熙熙,皆为利来;天下攘攘,皆为利往。""若水之趋下,日夜无休时,不招自来,不求而民出之。"但是司马迁和亚当·斯密都没有讨论,在供求不平衡到平衡的这段时间差期间,会发生什么事情。在19世纪20年代,马尔萨斯的"人口论"才说清楚,当放任市场,将以人口数量的增(生)、减(饿死、冻死、病死、战争杀死)来完成市场"供求平衡",在经济学中一个简单的均衡公式,在欧洲却是以几千万（例如欧洲黑死病）、上亿人（例如第一次、第二次世界大战）的死亡为代价，是欧洲刚性社会结构的最大软肋。因此，寄希望于所谓市场无形的手去"供求平衡"，在这个自发缓慢的轮回过程中，早有大量民众得冻死、饿死了。法制，就是将无形的手有形化、规范化、阳光化，有什么不好？例如，婚姻法的漏洞让它几乎沦落为"离婚法"；物权法的漏洞，让"房子"成了婚姻的拦路虎。而司法解释，立竿见影地让那些借婚姻敲诈"房子"的女骗子们顿时销声匿迹。

第二节　公定住房价格计算

一、房价—收入比的计算

国发（1998）23号第二条"（六）停止住房实物分配后，房价收入比（即本地区一套建筑面积为60平方米的经济适用住房的平均价格与双职工家庭年平均工资之比）在4倍以上，……"用到了一个尺度："房价收入比"，经济适用房是4倍以上。如果分期付款购房，就需要计算支付利息的费用，则房价收入比则需要提高产1倍，达到7~8。

> 住房价格公平尺度："房价—收入比"的法理：
> 价格最终由劳动力价格决定。普通住房，是普通劳动者必须的财产，因此，普通住房应由普通材料和普通劳动力建设而成，按照等价交换规则，普通住房价格是普通劳动者收入按照分期付款方式能够承担得起的价格。

公式计算：

（1）居住权支付月供，应不高于占中低家庭税前收入的三分之一。

参照：美国奥巴马政府规定，中低收入家庭贷款购房每月还贷（还本付息）应不超过家庭税前收入的31%~38%。

（2）首套房，贷款利息率，略高于借资治产利息率，略低于消费贷款利息率，约为7.5%；按揭20%。

（3）用收入的33%还本付息，其中16.5%支付购房本金，16.5%支付利息；1/3用于"食"，1/3用于其它。贷款期限20年：

平均工薪收入家庭能够承受的贷款额度
=20年期家庭收入×33%用于购房还本付息
=6.6年的家庭收入（不吃不喝，不失业，不降低收入）
（4）按揭为20%，
（5）2010年，城市家庭年平均工薪约7.2万元，
购房贷款额度=7.2万元×16.5%×20年=23.76
按揭=23.76÷80%=30万元
公定价格住房价格=30万元÷60平米=5000元/平米

用在公定价格住房，本地区一套建筑面积为60平方米的经济适用住房（相当于日本和新加坡的中间水准）。

"住房价格—收入比"简单公式：月家庭收入与每平米面积价格相等时，应有能力分期付款购买一套60平方米的住房。

二、公定"造价—零售"价格比

普通劳动者得购买得起普通劳动者建设的普通住房，"造价"尺度价格法。

价格最终由劳动力价格决定。普通住房，是普通劳动者必须的财产，普通住房由普通材料和普通劳动力建设而成，按照等价交换规则，是普通劳动力收入按照分期付款方式能够承担得起的价格。

（一）新建保障住房出售价格实行政府指导价，按禁止高利贷普适之中立适度的利润率原则确定。

其中：住房的造价成本包括：征地和拆迁补偿费、勘察设计和前期工程费、建筑安装工程费、住宅小区基础设施建设费（含小区非营业性配套公建费）、管理费、税金、承揽工程业主利润，等7项因素。净利润率控在4%～8%之间，不得高于10%（未包括通货膨胀因素）。

（二）按造价、普通利润率、费用添附、价格构成和计算。

住房最低公平价格
=住房单位面积建筑造价
×［1+（城市七通一平辅助设施费用转移+土地租金售卖金额及各种税

收）+（开发商支垫资本+费用+利益）+零售中介费］+购买人支付各种税费×物价变动等不可预计系数

> 简单经验计算公式：
> 普通住房零售价/每方米建筑面积之合理价格≈2~3倍普通住房造价
> 以上未计算地理位置因素。

验算：(1) 1997~2005 年上半年以前，北京市高层混凝土住房建筑造价（已包括建筑商利润）平均为每平方米 2500 元，建筑造价构成，大致为材料、工资、承揽商费用利益各占三分之一左右。而 6 层砖混无电梯住房造价 1000 元左右。

三环以外附近的商品房价为 6200 元每平方米（南三环外嘉园附近为 4500 元每平米）。三环以内为 7500 元每平米，为造价的 2.5~3 倍。并且，2005~2007 年，国际钢材等建筑材料价格上涨 30% 以上，建筑业劳动者报酬大致平均增加 1/3：建筑价格应增加到 3400 元左右，高层住房最低公平价格应为 8500 元~10200 元，北京三环内外 70 平米高层保障房最低公平价格应为 60~72 万元。

但是 2006 年下半年以来，北京三环内外房地产价格每年上涨 1 倍，2007~2008 年，二手房卖到 20000 元每平米。2009 年上涨到 35000 元/平米。2011 年上升到 40000 元/平米。

(2) 重庆市试点城乡一体化，占有农民土地农户转城镇户口和待遇试点区，政府控制房地产价格年增长不得超过 10%。2006 年以前高层住宅造价为 1700 元，2008 年 1 月，渝中区大坪商业区市场价维持在 3100~3500 元每平米，有价无市。

(3) 广州是三限房试点区，自 2007 年公布政策以来，住房价格迅速回归理性。

(4) 上海是土地入股模式试点区，地产飞涨。

三、平均收入家庭租赁住房，最低公平租金计算

房屋租赁的普通租金构成。出租人负责出租物在合同期间完整，得收取折旧费、管理劳务费用、相当于适度利息率的法定租金。折旧费作为租金的组成

部分，有专款专用之义务。为民生计，租赁房屋的最低公平租金计算：

（一）以资本价格为一般尺度，计算房租

  出租普通住房一般年租金

= 房屋价格 × （年利息率 3% + 折旧率 2%） + 管理费

（二）以平均收入为尺度，计算最高公平住房租金水准：

参照美国公定普通住房租赁价格设立为占家庭收入的 25%～33% 为尺度。例如，在中国四口之家中低等收入家庭，租用 70 平米左右公寓。

（三）政府供给保障房出租房租金，应不高于（二），不低于（一）。

（四）最低收入租用 40 平方米普通房之租金高于承租人家庭收入 25% 的部分，由政府财政补贴。

验算：（1）利息率为一般尺度的租金计算

出租 60 平方米之普通住房月租金

= 所出租普通住房价格 × （相当于年存款利息率的租金率 + 折旧率） + 物业管理费

= 36 万元 × （3% + 2%） ÷ 12 个月 + 每平米 1 元 × 60 平米

= 1560 元/月

出租 40 平方米之普通住房月租金 = 1040 元/月。

（2）按平均收入计算城镇居民能够支付的最高租金

家庭平均有能力支付的租金

= 平均收入 × 2 人 × 25%～30% 用于支付房租

= 3000 × 2 人 × 25%～30%

= 1500～1800 元

例如，2007 年 10 月份以后，北京三环外附近的二室一厅 70 平方米的房屋，卖价已经上升到 110 万元左右，如按租金利率计算法，房租应为 5500 元左右，但是实际房租价格依然停留在 2500 元左右，上升比较缓慢。说明，市场租赁价格是由工薪阶层租房族的支付能力决定，而不是由资本房地产市场之局部货币供应量过剩局部货币贬值决定、不是由房屋的货币价格周年翻倍之局部通货膨胀决定。

说明，工资政策应注意，达到结婚年龄的工薪阶层，其 80% 的人工资应达到平均水平（10% 高收入，5% 最低收入），才有成家的起码物质条件。从分配率保障居住权。

第三节　建议中国住房分类供应制度

一、分类供应制度的原则

（1）参照国际尺度，每平方公里平均居住 1 万人的平均水平，中国现有建筑面积占用 37 万平方公里，接近 3 倍，因此建议：

A. 在 20 年内冻结为住房而大面积征地行为。

B. 住房用地的来源，以城市内部空地和危旧房改造为主（55 年以上，经鉴定的危旧房）。

（2）鉴于中国人多地少，建议参照日本、新加坡住房分类供应模式，为"工作宜居型"。

（3）为保障社会的包容稳定性，文化延续性，经济的多样性、进退柔性，制定法律和政策保障 85% 以上的家庭有属于自己所有权的住房。中华民族能够延续 5000 年的一个历史原因，或许就是"井田制"分配率和社会伦理，实现"有恒产者，有恒心"最普及化。

A. 在 10 年内，政府的主要任务就是按需求预测，建设保障房。

B. 土地出让金全部用于与住房相关的建设。不得用于财政最终消费。

二、资本房地产市场控制

（1）对占住户总数 10% 的高收入者供应商品房。

土地供应，10 年内，控制在占总土地供应的 5%～10% 以内。主要通过市场消化至 2011 年以前积累的 1300 万套 150 平米以上大户型空置房。

有的地方政府施行公价商品房，面积限制在 120 平方米以内，可以起到指导市场价格的作用。

（2）购买商品房。

A. 首套住房，首付按揭应不底于 20%。

B. 第二套住房，首付按揭应不低于 50%。

C. 利息率，信誉良好的公民，首套住房利息率应高于当期治产贷款的 0.5 个百分点。

购买第二套住房贷款利息率，应高于当期治产贷款的 2 个百分点，但是不得超过 10%。

购买第三套以上住房，不得予以贷款。

（3）财产税。

A. 对超过 200 平米部分的住房面积征收财产税。

B. 对第二套住房征收财产税。考虑到历史原因，跨地区允许有一套住房免征税。

C. 鼓励出租空置住房。对按市场公定平均出租价格出租第二套住房，免税。

（4）退出机制。

A. 买卖住房时，得留存净余 40～60 平米住房不得买卖和不得用于担保、抵押。以避免二次无住房，增加国家负担，和退贫后多花纳税人的钱。

也可以出示承租住房合同和预交 20 年租房的租费发票。

也可以出示在银行存有自有居住权保证金，只允许租房或购房使用。

B. 政府登记部门应予以确认。对超出 40～60 平米的部分买卖，法律不予保护。

C. 户籍所在社区机构有义务调解，并追回被卖出的最低限度居住权。

D. 债务清偿，应对债务人的生存特加保护。应保障债务人家庭至少有 40～60 平面住房，不得用于清偿。

如有能力，允许清偿连带出租合同，租金按公定房租规则交纳。允许优先按原价赎回此 40～60 平米住房。

三、居住权市场

（一）保障房建设和公定价格

对新增无房户，占无房户总数 80% 的中等以下收入者，供应最低公平价格的"社会住宅"。

（1）政府调控"社会住宅"的户型为：40～60～70 平米/2～3 口之家；80～90 平米/三代人之家或中级以上职称人员家庭。

保障单元住房建筑面积不得超过 90 平米。

（2）所谓无房，包括在外地无房，但是家庭在偏远地区和农村的除外。保证只享受一次社会保障房待遇。公民可以采用出租方式变通"住房"流动。

（3）公定价格简明计算：

A. 每平米面积的零售价格，相当于社会平均税后月家庭收入左右；

B. 或每套住房相当于 7~10 年的税后家庭收入（还本付息）。

C. 或普通住房零售价 = 普通住房造价的 2~3 倍。

社会平均工资 = 3 倍最低工资

中等收入 = 2~3 倍平均工资

（4）土地供应量：应占住房土地供应的 80%~90%。

（5）保障房可以购买；可以先租赁后购买；可以租赁。

（6）政府有义务控制居住权房地产市场价格。当社会平均工资率偏低，政府得采取措施：降低土地租金售卖价格、土地税；降低城市七通分摊转移的份额，部分公共设施由财政负担；减低住房公积金居间利差和存贷款利率；减少商业中间环节；提高最低工资率，等方法，促使"造价－零售价－家庭收入"公式，到达均衡，以保障普通工薪阶层买得起、租得起住房。

（7）以上未计算地理位置因素。

（二）保障房之公定租赁房

对占无房户总数 20% 的低收入者，可以到市场上去租用政府规定房租标准线上下的住宅。

（1）公定房租价格计算

A. 15~20 平米标准间/2 人，月房租，为 2 人社会平均月工资收入的 30%。

B. 政府提供普通住房出租的租金率应等于住房公积金率。住房折旧率按 2% 计算。

C. 回收房租之"房价×（利息率＋折旧率）"部分，应纳入保障住房基金。

D. 房屋使用期超过 30 年，随房屋折旧，允许适度调整租金。

（2）供应量：保障房租赁，标准间租赁。其中标准间公寓应占住房土地供应的 10%~20%。

（3）占无房户 5% 的最低收入者，房租超过户收入 25% 的部分由政府补贴，亦称廉租屋。

（4）不得转租赁。不得长期空置超过 3 个月。

（5）租赁房有租赁继承权和优先购买权。

（6）5%~10% 无房户，投奔亲戚，市场租赁房，作为社会缓冲地带。

（三）建设保障房和资金来源

（1）建设方式。

A. 国有企业建设。

B. 招标由有信誉、有社会责任感的房地产开发商建设。减少中间环节，保障他们获得社会平均年利润率（6%～10%）。对由于政府政策变动引起的损失，应由政府给予补偿。

但是不得以"商品房比例"为诱饵。

（2）资金来源：

A. 住房公积金；

B. 出让土地70年使用权的租金中，应有50%用于保障房建设，50%用于城市基础建设，不得用于财政最终消费。

C. 由政府调整金融政策，调集金融资本。

D. 社会保障房经营回收资本。

E. 开发商自有资金应不低于40%，合同签订后，此基本资金不得挪做它用，银监会监督。

F. 首套住房按揭首付应不低于20%。

（3）利息率，住房公积金利息率按规定；商业贷款购买第一套住房的利息率，应稍高于法定借资治产利息率，低于其它消费抵押贷款利息率。

（四）公价房和公租房的退出机制

（1）租赁住房退出。

A. 如果本地区保障房供过于求，如果承租人申请、出租人同意，可以买卖。

B. 租赁住房，如果住房人收入超过规定的水准，应适度增加房租。当收入超过中等水平，房租应上涨到公定市场平均价格。

C. 公租房不得转租赁，如果空置房屋3个月以上或出租，主管部门有权或以司法形式收回该出租公房。

D. 如果自己购置了住房，应退出公租房。

（2）购买保障房的退出机制。

A. 保障住房卖出，由政府回购，价格按折旧法计算，并考虑货币价格变动因素。

B. 购买住房，必须同时办理退出社会保障房手续，不退房，不得购买住房，断了利用国家优惠政策炒房地产的念想。

C. 所购买保障住房一般不得转租赁。不得空置超过 6 个月以上（特殊情况除外）。

D. 短期异地工作（5 年以内），需要出租本地住房，在异地租房的，得经过该住房管理部门同意，其中物业主管部门有权充当租房中介。

（五）农民居住权和宅基地

（1）国家征地，农民转市民的，应将拆迁费用的一个部分，为农转市民上五险，以减轻财政额外负担。

（2）进城农民如果愿意，可以退回农村做农民。

（3）进城农民转为城市户口市民后，其原籍的宅基地首先应由村委员会供给等待分配宅基地的农户，或者回归农用、山林用地。以备有农民退回农村时使用，或市民转为农民时使用。

（4）除城市周边少量集体性征地以外，严厉禁止将农转城农民的土地划归城镇所有，不得转卖。断了地方政府炒作土地的念想。对别墅征高额财产税。

（5）建设新农村运动。

第四节　中国住房问题的探讨

一、比照日本新加坡，中国城镇住房已被供大于求40%

当法制不健全，自由霸道市场不能保障公民的就业、养家糊口最低工资、医疗教育、居住权，大众自然把希望寄托于政府；土地公有制，政府有保障居住权的责任。

例如，按照中国对最低、中低、高收入家庭的划分，则1998年国办发23号文第（七）条规定应理解为：最低收入（占5%）由政府供应廉租房；中低收入家庭（占85%）购买经济适用房；高收入家庭（占10%）购买市场价商品房。基本接近美国和新加坡的制度安排。

同时，经济适用房包括合作、集资建房，据统计，2003年以前各种经济适用房供应占40%。多种渠道竞争，市场商品房价格趋向理性，1998—2003

年，5年商品房价格仅上升了15%（325元）。

但是，2003年国发18号文改变了政策，例如：

该政策（三）逐步实现多数家庭购买或承租普通商品住房；

问题：如何保证是"普通商品住房"？结果是大户型高房价。

该政策（四）经济适用住房是具有保障性质的政策性商品住房。

……任何单位不得以集资、合作建房名义，变相搞实物分房或房地产开发经营。

问题：政策与商品的关系是什么？后果是符合1998年政策的经济适用房下降到占3%~5%，中低收入家庭基本无政策住房可以买。

2003年以后几乎停止集资建房，而合作建房似乎就从来没有被批准过。导致政府、银行、开发商垄断房地产市场，直至2011年才恢复批准集资建房。

因此2003年第18号文是明知故犯。2010年以来尽管国家出台了一系列调控政策，但是，如果民生为本的观念不牢固，利益集团随时会卷土重来。

中国城镇住房已经被供大于求40%

中国人多地少，水资源、矿产资源都趋于紧缺，按理，中国住房应走科学技巧紧凑节约"工作易居"型路线，并以此为荣，像日本、新加坡才是我们的榜样。例如，城镇居民人均住房建筑面积，日本是10平米、新加坡是27平米、香港地区是21平米，而这些国家或地区人均收入是中国内地的20倍。然而，中国走的是大户型低密度高价格"休闲易居"路线，2009年人均住房面积达到28平米，已经是上述"工作宜居"国家平均住房面积的140%。

因此中国住房出现问题，不是由于"供不应求"，而是因为分配不均衡，是大户型高房价低工资造成，可以归结为政府、银行、开发商垄断市场，囤积居奇的后果。

这里一定要戳破供求派的耸听危言：85%居民买不起房，不等于85%的人无房可住。实际情况是，计划经济红利让80%的人有属于自己的住房，其它约有2亿人需要租房居住，许多人有工作单位提供的简单居住条件。而这2亿人当中，基本是住房改革后参加工作或调动了工作的40岁以下的中低收入年轻人（城市二元结构）。而中国城乡二元社会结构，造就了社会弹性，农民工可以进退，中国城镇周边少有无家可归者或贫民窟。目前中国城镇化率已经达到47.2%，应当开始减速了。

以北京为例，2010年已经达到人均住房建筑面积34~36平米，北京现在拥有800万套单元住房（不包括筒子楼），北京户籍人口1600万，平均每户

1.5 套，北京有 30% 的人有两套以上住房。

同时，1996~2009 年，北京户籍人口从 1300 万增加到 1600 万，新增 300 万年轻就业人员，15 年间北京新增住房面积 1.7 亿平方米，相当于每个新增家庭被摊有 170 平方米（未扣除老职工小换大因素），但是，由于大户型高房价低工资，让北京新增 300 万年轻人中，约有 90% 买房无望，体面地租房困难。北京五环以内的房价已经涨到 2~3 万元每平米，家庭月收入也必须达到这个水准，才买得起一套 70 平米的住房，北京有多少 40 岁以下的人能够达到这一水准，并且保证 20 年不失业不降薪？这样一来，高价住房只能用作富人的资本存量，像黄金白银首饰古董那样空置在那里，有交换价值、预期价值，但是不发挥使用价值。

重庆的住房剩余率也在 30% 以上，当时鼓励农民工进城买房，但是由于生计问题，又有农民在卖房，并要求退回农村把土地还给他们。

二、土地使用权出让金，是财税

土地财政，效仿于香港政府卖地，发端于浦东区开发用土地换取资金，成型于重庆"八大投"，危机膨胀于"4 万亿"。

地方政府土地财政的原因：

其一，1994 年分税制，地方政府分税 30%，但是事权占 70%，作为补偿，中央实际把土地审批权下放给了地方政府。

法律法规政府由代表权越权为"所有权的权益主体"。例如，1993 年 11 月 21 日"国有资产产权"暂行办法第二条第二款，国有"产权……不包括债权"；物权法第 55 条，对国有资产政府享有"出资人权益"，政府使用国有土地和资产收益，属于"财政外"。须知，国有土地、资本金是全民的，民有民治民享，而不是政府的，政府只有代表权而没有"享有出资人权益"的权利。

其三，政绩工程。北京为奥运会已经大量开发地产，刚结束，2009 年又决议东扩 3 公里，2010 年决议长安街西扩 6.4 公里。势必消化不良，公共品空置。上海市世博会还没开，又决定要上迪斯尼，又要上两条磁浮。

条、块管理，不等于地方各自为战诸侯经济。我们看不到各省到中央政府述职，看不到中央钦差大臣到基层巡视，地方政府犯错误，看不到中央相关领导承担监管责任。有报道，一个县、乡都可以自定招商引资优惠条件，任意违反法律规定，只管墙外服务不敢对墙内监督。

其四，货币主义。2000年金融政策，是成立投资公司，剥离政府高税赋高利贷造成企业破产5万亿坏账，把国有资产贱卖给外资和私人；第二件，以利益最大化为名，关闭了县乡3.2万个信贷网点；第三，贷款上不封顶，融资利率允许高达20%（4倍），"4万亿"项目贷款上不封顶，导致2009年贷款扩大5倍，产生房地产泡沫。

政府卖地收入是"税"

土地归全民所有，使用土地所交纳"租金"，应归全民所有才公平。土地使用权出让金实际是"税"。由于这种税以"土地价格"形式表现，就存在通过价格链转嫁负担的问题，拐着弯落到转移不出去的弱势群体身上，表现为土地成本高—工资率水准低—买不起住房或租不起体面居住权。有人说，住房改革反而从民众身上收走了7万亿元土地税，老百姓交了7万亿元买房子的钱，但是改革后新增从业人员反而住房困难，是确切的：

地方政府收取土地出让金
1998—2002年 5000万元
   2003年 5421万元
   2004年 5894万元
   2005年 5500亿元
   2006年 7000亿元
   2007年 12763亿元
   2008年 9600亿元
   2009年 15910亿元
   2010年 29000亿元

2007年，中国人民币增值20%，导致沿海对外加工中小企业破产，2000万民工失业，年底，世界金融风暴袭来，浙江200万民营中小企业告急，面对2007年下半年又一轮房地产涨价泡沫，2008年上半年货币稳健政策，在房地产领域紧缩银根抑制房地产冲动原本是正确的。但是被美国忽悠"同舟共济"，2008年末金融大转身，货币宽松政策，跟着美国扩大政府债务救市路线，扩大投资4万亿元，所谓保GDP增长7%、保就业，但是实际情况是，流动性中有1/3流向房地产炒作。这4万亿元中，中央出资1.13万亿元，其余由2/3地方自酬。为此放开地方政府融资平台，各种方法中，政府城投公司土地储备抵押为主要形式，撬动银行贷款。但是由于试点不规范，口子被放大了5倍，地方省市县设立多达3000个城建投融资公司。

由于流动性过度，这些空头钱流入消费市场，导致2010年下半年以来的消费物价上涨。2011年人代会后，为保障房、为挤出房地产泡沫，开始又一轮货币稳健的政策，准备金率在半年内由11%上生到21%，银行向中央告急的同时，以此为借口"理财"吸纳游资，部分被转身放高利贷，这却伤及实质经济。例如，2009~2010年批准开工的大批项目已经不能停下来，资金压力转嫁给了那个最后一个承包人，真正干活的群体，资金断裂和高利贷让他们苦不堪言。

环球时报2010年6月25日报道，2009年末中国债务风险：

中央债务占22%其中：国债6.47万亿元，外债2.7万亿元

地方政府融资平台债务7.4万亿元

城投债券及中央代发债券5000亿元

铁路债券8680亿元

不良资产3.6万亿元

合计21.5万亿元

财政债务是年财政收入（8万亿元人民币）的2.7倍，占2009年GDP的63%，超过国际划定的60%的警界线。美国财政债务是94%，日本财政债务是280%。

1978~2011年，中国财政收入主要用于基础建设，成果辉煌，城镇面貌一新，建设速度飞快，这些都是有目共睹的。现在的问题是要有度，在解决大面子的同时，现在急需照顾到小民的体面与尊严，这也是大面子，是拉动内需的工程。

三、急缺3000万套社会保障房、空置1300万大户型，谁之过？

急缺3000万套社会保障房、空置1300万套大户型，这是1998~2010年末积累下来的矛盾，在这其间，中国城市化率从38%提高到了47.2%，新增年轻的就业人员2个亿。我们想到了每年2000万就业需求（包括农民工），想到了GDP增长7%增加就业机会，却疏忽了让他们住在哪，他们买得起、租得起尊严体面的住房吗？政府不作为难辞其咎。

（1）政府对高利得（贷）不作为，任由私人开发商利润最大化高达14%~200%。

（2）政府、金融、房地产利益最大化，挤占公民居住权。这方面例子太

多。例如，政府与开发商合谋，撬动银行贷款；政府与开发商合谋私抬房地产价格，政府与开发商私分利益；银行与开发商联手做假账，无抵押贷款，私分利益。权贵把土地批给亲朋致爱，国家利益私有化；物权法把"土地使用权"设立成所有权，国家利益集团化，等等。

政府似乎把房地产当成了单纯资本市场，为了增加GDP政绩，不控制大户型，不禁止囤积住房。

（3）政府对所出让土地的建设管理不力，囤积土地的现象比较严重。

（4）价格不透明。在2004年以前，据房地产商自己披露，房地产价格是政府相关部门批准的。但是在2005年下半年开始起了变化，原因，没有人出来解释。

购房的特征是，个人购房者面对开发商，个人肯定是弱者，政府必须充当公平执法者。公平价格的唯一有效方法，是房地产价格构成公开透明，地产商只允许获取合理的利润。

（5）政府迟钝因素。公众要求提供小户型，应从1998年开始，10年过去迄今政府下不了决心，对私人开发商抵制行为，显得束手无策。

（6）税制。吃一口馒头要纳17%的税。但是，倒卖房子最多只交纳"5%+2%=7%"的各种税。不论状况支付同样的税。

（7）将房地产定为资本逻辑支柱产业，导致高房价大户型。

国发1998第23号文一、（一）促使住宅业成为新的经济增长点。世界上有选择建筑业为支柱产业的，但是没有选择住宅为支柱产业的。因为房地产占用土地太多，并且一旦成为资本产业，房屋将成为资本存量或商业用房，而最大化背离房屋的"居住权"社会功能，是对土地的最大浪费，社会居住权的极大不公平。

（8）错误设立消费抵押贷款利率低于基准利率0.5个百分点。

2009年11月美国基准利率维持0.25%，个人住房按揭贷款利率为5.3%，次级贷款利率可到9%。但是，中国一年期基准存款利率为2.25%，贷款利率为5.3%，而个人住房按揭商业贷款优惠利率为4.158%。

（9）银行中介越权、争利最大化，追捧房贷。

例如，1998年~2005年依靠20%按揭贷款，相当于楼市扩大了4倍。深圳有人购买了800套住房囤积居奇，80%依靠贷款。某些银行与中介联手作弊，用虚假高房价套取贷款，囤积人就捂盘等着房价再涨。这些商业囤积、抛售行为，与"居住权"毫无关系。高利贷，是造成房地产利润最大化的法律诱因。

（10）金融自由主义，游资因素。

房地产价格上涨，起始于 WTO 时间表，中国承诺金融放开之前一年的 2005 年下半年，与国际游资准备进入和炒作相关。例如，2006 年房地产行业外商投资合同 2398 个，2010 年又有 1000 多家外商正在中国设立房地产商务部。2011 年 1～8 月，中国房地产企业资本金来源 54738 亿元，同比增长 23.4% 似乎货币稳健政策并没有影响房地产。其中外资约 600 亿元，增长 75%，数量虽小，但是增长快。外资在中国房地产正在撤离，例如高盛投资 3 年赚得 100%，年利润率是 33%。① 目前，大国不正是联手对付美国次级房贷危机吗？面对金融开放、游资攻击，中国居住权市场和债务资本房地产市场亟待剥离。

（11）中介托市套利因素。

综合以上量化计算结论，建议：

（一）目前问题是区别居住权和资本之房地产市场，分而治之。

（二）政府有建设公定价格保障住房的责任，解决占 90% 的新增中低收入家庭的居住权问题。让劳动者买得起、租得起住房，其市场应当更广阔，同样可以适度增加就业机会、3 倍拉动产业链经济，并且可持久。

公民能够依靠自己的劳动获得居住房屋，养家糊口，是社会稳定的基本要素。公民过上体面舒适有尊严的居住生活，这是最大的形象工程，例如日本利用奥运会建立国民形象之机会，劳资达成合意，解决住房问题和实施工资翻倍计划。

（三）目前国际游资高达 7 万亿美元，中国储蓄 40 万亿人民币，不要指望仅靠一个中国政府增加供应能够满足 7 万亿美元游资的巨大胃口（它是来投机的，你供应，它就跑了）。面对游资"集结"和"集结流向"所引起房地产局部通货膨胀，唯一有效的办法是"集权公平价格"。Law 公法，集结公平。

（四）设立民生治产禁止高利贷法体系。金融业有均衡的责任。对贫困无房户适用低利率或贴息贷款，对中高收入者适用稍高于基本利率的消费抵押贷款利率。金融中介信守委托法，忠于职守，不越权，竞业禁止。有利于资本回归实质经济。

（五）对超大户型和第二套住房收取房产财产税。对购买第二套住房，要

---

① 金微：〈外资撤离预示中国楼市冬天〉，〈国际先驱报〉11 月 3 日。

求50%以上的按揭，减少资本流入量。

（六）政府卖地收益，有义务用收益解决公民居住权，赋予地方政府、银行开发商法律责任。

（七）将"90%土地供应用于公价房建设"列为考核政府和官员的指标，对那些渎职者，坚决予以免职。

由以上为民生计，请专家们不要跟着游资和开发商忽悠土地供应问题。

复习题：
1. 为什么平民应当买得起住房？

附：

笔者建议设立《治产人借贷法》的提案

案由：

中国正进入"市场首先是大众谋生场所——资本优先是生产工具"借资治产经济阶段，设立"治产人借贷法"，为经济转型保驾护航，迫在眉睫。

外部，随着世界经济一体化，民商法扁平化。为争取WTO完全市场经济"国民待遇，共同适用"之平等地位，中国急待与大陆法接轨。又者，世界金融危机后通货膨胀，中国"12·5"规划设定了稳定物价目标，而资本价格利息率水准，是一般尺度。

民生以治产为本，治产人借得起钱改良生产、借得起钱创业、创造就业机会，应是借贷法的唯一符合大众意愿的合理依据，和刚性度量衡尺度。本建议名称《治产人借贷法》，简明宣示了现代经济的主体和机制，更加具备现代气息。用"治产人借贷法"，宣示新经济主体，是适宜的。

方案要点：

一、与公平价格法的链接

（1）按照汉穆拉比法佃农定理，劳动与非劳动之趋向均衡对半分：

公平价格法"普通创造价值"分配率构成

= 劳动者报酬总额占创造价值的份额 + 制度成本占份额

≈ 50% + 50%

（2）禁止高利贷四个阶梯普适，对制度成本各个要素适用，是本建议的内容。

参照中国什一中正法，基督教会法"禁止刺伤邻人"为限度，禁止高利贷四个阶梯普适，对制度成本各个要素也适用：

= 支付劳动者报酬（包括企业家）+ 资本家的收入（利息）

+ 企业主债务人权收入（还本积累）+ 补偿过去劳动的磨损（折旧）

+ 物耗（管理营销费用）+ 雇用政府的费用（纳税）

= 劳动者报酬总额率 + 10% × （资本价格 + 还本积累 + 折旧成本 + 管理营销 + 纳税）

$$=50\%+10\%\times5$$

（其中：马克思将职能资本家（企业家）划在治产劳动者范畴，可以入党。而单纯的资本家食利者是单纯的剥削者。）

二、定义。

中国市场首先是大众谋生的场所，共同市场"借资治产"为主体导向。

以民生借资治产有利为本，法定资本价格四个阶梯，合理资本资源的配置，增加就业机会。

三、借资治产有利，资本价格法，驯化资本成为生产工具

"治产劳动——雇用资本生产工具"价格关系，需要界定各自的经界，规范合伙的空间，量化等价有偿的公平尺度，设立价格公式，在欧美法中迄今适用。

（1）借资治产，禁止高利得（贷）四阶梯：法律禁止、法律中庸、法定、约定。

资本价格利息率，以10%为分水岭：

大区间，决定资本与技术是否能够转化为生产力。欧洲经验，超过10%，资本与技术就高利得，就不愿意转化，转化效率为0。表现为资本利润最大化，生产国（者）不参与利润分配，就买不起先进工具，借不起钱改良生产，停滞在手工劳动密集古代工具自给经济阶段。

在小区间2%～8%以内、5%左右，资本成为技术的超越时空、廉价丰富、20年期持久的载体，公平对资本与技术转化为生产装备的效率、吸引投资、增加就业机会，有二次方激励机制。

四、"借资治产有利，分期付款购置生产装备"法律设计。

资本生产工具有利，优先分期付款式贷款，购置和建设生产线。

五、量化资本价格波动幅度，设立"蓝、黄、红、黑"警示信号尺度。

第一章　借贷一般规则

第一节　总则，资本公平价格四阶梯

建议第1条【借资治产市场】中国市场，首先是大众谋生的场所，是共同（合伙）、公共、公开市场。市民或贷款创业、或受雇劳动，借资治产为主体导向。

借资治产，得规范劳动与制度成本可以合伙的空间、企业主与债权人可以合伙的空间，企业主与债权人各自的行为经界，制定本法。

贷款改良生产，最困难企业还本付息的利润水准，决定资本价格尺度，制定本法。

以民生借资治产为主体，规范资本价格行为，发挥资本价格合理配置资本资源的作用，增加就业机会，稳定市场资本价格总水平，促进社会主义市场经济健康发展，制定本法。

共同适用。自给经济可以换算为自我借资治产，消费借贷不得冒犯治产借贷。所谓自由市场，也得遵守本建议法，为法制自由市场，不得自由滥用利益最大化，这与共同利益相关。

在中华人民共和国境内发生的借贷行为，适用本法。

法律参照：

（1）当市民只有靠市场谋生一条出路，为了共同生存，欧洲复兴古希腊"生产共同体"生产方式，法律叫做"合伙"，这种特定的市场叫做共同市场。

（2）民生治产为本，见《民法通则》第11条第二款，完全民事行为能力人的标准样态：十六岁以上"以自己的劳动收入为主要生活来源的"；大陆法"治产人"；台湾民法典第14条"禁治产"，第15条"禁治产人"。劳动法：就业。

（3）法律必须设立量化的经界，见孟子《井田制》"夫仁政，必自疆界始。……是故暴君污吏必慢其经界"。

（4）共同适用，解决工农业价格剪刀差问题；超越国际霸权主义双重标准。

学理参照：孔子《论语》：所重民生，食生养祭。《孟子》：民为重，社稷次之，君为轻。管子：以人为本。《吕氏春秋．本生、贵公》：天下者，天下人之天下。[古罗马]查士丁尼《法学总论》第1卷第1篇"正义和法律"第1条，第8篇第2条，财产权不得自由滥用，这与公众利益有关。

案据："互通有无"功能，在萨缪尔森经济学中被翻译成"优化资源配置"，成西化霸权话语，为谁优化？而国际自由市场导向优化霸权，资本导向资本利润最大化，生产国、治产者不参与利润分配，手工劳动密集古代工具自给经济。

建议第2条【定义，资本价格】资本价格是利息率。

生产共同体（合伙），或借资治产，资本价格利息从普通利润中支付，资本价格利息是企业制度成本的一个要素。

参照：黄达《货币银行学》106页"资本价格是利息率。"修改价格法第24条同。1953年，中国"四马分肥"财政政策。

建议第3条【禁止高利得四阶梯】禁止高利得的四个阶梯：法律禁止高利得（贷），法律中立的利息率，法定基准利息率，约定利息率。

法律禁止资本价格周年利息率超过百分之十（扣除通货价格因素后），市场中立适度的周年利息率为百分之五左右，中央银行法定利息率和约定利息率绝对地不得超过法律禁止的利息率。

法律法规批准的国有、民营和合资银行、投资公司、担保公司、融资公司、小额贷款银行等，均得遵守本禁止高利贷四个阶梯。

法律参照：1984年12月14日国家计委、财政部、中国人民建设银行《关于国家预算内基本建设投资全部由拨款改为贷款的暂行规定》规定年利率为2.4%到12%。儒家维护"什一中正"直至1991年以前适用："夏后氏五十而贡，殷人七十而助，周人百亩而彻，其实皆什一也"。台湾民法典。

拿破伦法典第1907条"法律禁止、法定、约定利息率"，德国民法典"法律禁止高利贷，适度利息率为4%"。查士丁尼法学编纂"有利的借贷四阶梯"；英国亨利八世1545年法定禁止高利贷法的四个阶梯在欧美迄今适用："借贷利息率绝对地不得超过10%（未包括货币膨胀因素），市场利息率为普通利润的一半是合理的利息率，政府国债利息率得稍高于市场利息率"。日本产业专业银行制度及其资本利息率统计数字为 2%～8%（扣除通货膨胀因素后）。世界银行投资贷款法。洛克《政府论》，劳动是所有权的自然公理，是基督教文化圈禁止高利得的哲学基础。英国 400 年利息率维持在 2%～8%。美联储是私人银行联合会，但是直接对国会负责，是在公法监督下，私有财产履行造福义务，自律遵守法定基准利息率。日本八大财团百年自觉遵守利息率在 2%～8%（扣除价格因素后）。

案据：借资治产有利润，合伙平分利得，是禁止高利贷尺度的唯一合理依据，边际成刚性，被传承。而消费借贷没有法理依据，不能避免高利贷两头死。

法定孳息与高利贷是一个对称。而《物权法》116 条，法定孳息与自然孳息是一个对称，值得商榷。

建议废止最高人民法院 1991 年报 2 月《利息意见》第六条"公民之间借贷利率不超过中央银行利率的 4 倍"。废止最高人民法院 1988 年《民法通则意见》第 122 条"生产经营借贷利率可以高于生活借贷利率"。

建议第 4 条【利息总量控制】依习惯，利息总量等于贰倍原本金价值量，则租金售卖合同完成，债关系自行消灭，法院不与徵理。

于本条准用土地租金售卖规则，避免债务奴隶之嫌。

法律参照：唐疏令至清朝适用："如未辨计会，其利止于一倍，不得虚立倍契。"英国财产法：租金售卖规则之货币租赁，其利息总量等于本金。

建议第 5 条【中立适度的利息率】中立的周年利息率为百分之五（未包括通货膨胀因素）。法律禁止尺度的一半，为适度中立的利息率尺度。

参照：《工业企业财务制度》第 64 条第（三）款：一般股权利润分配的一般年利息率、股息率为 5% 到 6%。孔子中庸之道；孟子井田制什一中正之制"润泽之，则在君子亦"，约为 5%；汉刘邦定市税为 5%；王莽变法"民欲贷财以治产业者，命钱府均授之，除其费记其所得受息，毋过岁什一。"约为 4%～5% 的年利息率；朱元璋定市税、市息率为 3%。德意志国宪法第 7、13 款，德国民法典第 138、246、1119、1264 条。《德国股份公司法 1998 年最近一次修改》第 60（2）条，《德国商法 1998 年最近一次修改》第 121 条。台湾地区民法典第 203 条。

建议第 6 条【基准利息率】法定基准利息率,为资本价格均衡水准。以法律不禁止为限。

为保障就业机会,普通公民借得起钱创业或改良生产,法定基准利息率,应以最困难企业还本付息的边际承受能力为限。

法定基准利息率＝法律中立适度的利息率±通货膨胀因素

法定贷款利息率与法定储蓄利息率之价差通常不得超过百分之三点三(法律禁止利息率的三分之一),适度为 1%~2%。

周年和中长期法定利息率水准,应由国务院国家发展改革部门会同国家金融储备部门、中央银行、银行联合会、工商业联合会等,共同决定并公示,直接对全国人民代表大会负责。

在法定基准利息率允许范围内活动的负责任的银行,国家以财政收入为担保,承诺信贷风险之资本的本金赔偿责任。

法律参照:由《工业企业财务制度》第 64 条第(三)款,可以多少了解工业界对资本价格水准的诉求是周年利息率为 5%~6%。＊与修改价格法 28 条同。

案据:现代银行,最初是借资治产企业投资设立,是中介服务机构,必须忠于职守、不篡权、不争利、不得有独立的利益机制,因此重大的法定基准利息率决策和金融政策,是由议会决定,金融机构对议会负责。农工商业联合会、财政、工业部门、信贷公民有监督、建议和否决权。而不是由银行自行决定。

但是,银行界的精英们却主张高利贷,以华尔街为首的金融界精英们主张高利贷,"市场利率"不设限,贷款额度不设限,金融杠杆不设限,多次引发世界金融危机。

建议第 7 条【合同约定利息率】贷款人给付本金,借款人在约定期限支付贷款人的价款,为约定利息。

合同约定利息率,得超过法定基准利息率,但不得超过法律禁止的限度。并且,当事人有约定的,按照约定取得;没有约定或者约定不明确的,依据法律适度中立的利息率取得,为百分之五。

参照:德国民法典第 246、1119 条。台湾地区民法典第 203 条。

建议第 8 条【货币价格,保值利息率】因货币供求引起的货币价格与货币价值偏离，偏离比率称为"货币价格"，又叫做货币的保值利息率。

市场价格正常波动允许在百分之三至百分之五之间，在计算货币价格时应予以扣除：

货币价格＝货币保值利息率
　　　　＝通货膨胀率－（3%至5%）

案据：由于中国正进入"借资治产"经济，缺少实践的专家似乎不能区别资本价格与货币价格。与修改价格法29条同。

建议第9条【资本名义价格】资本名义价格，是指因货币供求引起的货币价格与货币价值偏离，从而资本名义价格对资本实际价格的偏离。公式表示：

资本名义价格利息率公式
＝资本实际价格利息率＋货币（保值）价格利息率
≤10%＋（10%－3%～5%）
≤15%

未包括通货膨胀因素，资本价格利息率不得超过10%，为中长期底限。

包括通货膨胀因素，法律禁止资本名义价格利息率超过15%，为民法界限。

包括通货膨胀因素，法律禁止资本名义价格利息率超过20%，为刑法界限。

政府有义务采取法律措施禁止高利贷，回归借贷允许的范围。

本条建议对私人之间的借贷也适用。

法律参照：台湾民法典第205条。

案由：中国1988年物价改革，物价膨胀高达20%，改革失败。1991年左右，允许农行利息率为24%，坏账严重。中国两起非法集资死刑案，其高利贷为24%，说明不能承受20%以上的利息率。日本黑社会合法民间高利贷允许27%、韩国允许21%、台湾地区允许20%，深受高利贷之苦。

建议废止1991年《关于人民法院审理借贷案件的若干意见》第6条，"贷款利息允许是中央银行利息的四倍"，已经引起社会问题。

建议第10条【金融中介价格利差控制】借方、贷方、金融中介三方共同体，可以接受的中介价格边际是，三方平均分配资本利息。当资本实际价格利息率在 2%～10%之间波动，允许金融中介价格的波动区间允许是 0.7%～3.3%，超过者为高利得，法律禁止。

市场自由竞争，金融中介服务价格成为中介服务的一般尺度。

与修改价格法 31 条同。

建议第 11 条【借资治产法定孳息为一般尺度】借资治产之法定孳息制度和法定孳息率，为贷款的一般尺度，并成为分配率的一般尺度。

（一）价格计算，划分为绝对法、比例法。比例法以合伙禁止高利贷为一般尺度。于本条准用关于修改《价格法》提案之建议第 9 条。

（二）制度成本五要素，禁止高利得为一般尺度。于本条准用本建议第 12 条。

（三）雇用资本产工具的租费，即普通利润率，趋向 2 倍利息率。于本条准用关于修改《价格法》提案之建议第 12 条。

（四）债务人权与债权平等分享利润的权利。于本条准用本提案之建议第 36 条。

（五）借资治产优先，资本生产工具债务价格法优先大于税务价格法。于本条准用第 41 条。

（六）借资治产，中介服务价格计算。于本条准用本提案之建议第 56 条。

（七）买卖价格的四个阶梯。于本条准用关于修改《价格法》提案之建议第 18 条。

（八）法定价格自由波动的区间。于本条准用关于修改《价格法》提案之建议第 19 条。

（九）法定价格警示区间。于本条准用关于修改《价格法》提案之建议第 20 条。

参照：人民网 E 政广场：蒋延星雨"关于修改《价格法》提案"。

建议第 12 条【禁止高利得普适·制度五要素之公平价格】

（一）借资治产，约定制度成本受生产雇用，有法定用途和义务，不得用于奢侈消费。

（二）按财务会计法，普通企业制度成本由折旧费用、管理营销费用、资本价格利息股息租金、债务人还本积累权、政府成本，五要素之和组成。

（三）制度成本，应不超过普通企业创造价值的一半。

（四）制度成本各要素额度的控制，采用相对比例价格法，资本价格禁止高利得为一般尺度。例如，资本价格利息股息租金、折旧费用、管理营销费用、偿还债务的积累公积金、政府成本，所占创造价值的份额，各自应不超过10%，但允许相关要素互为消长。

政府成本之综合税率尺度，也得遵守禁止高利得尺度，并专税专用。

（五）净超额利润部分，在劳动要素和制度5要素之间均衡分配。

大陆法、惯例法参照：德国民法典第1119条。［美］萨缪尔森：〈经济学〉1979年版上册第171页第6-2表、第176页第6-3表，蒋爱群《公平价格与持久效率》第259页图18-1，介绍了自16世纪英国租地农场主"资本生产工具"主义萌芽以来，剩余价值逐渐用于支付各种费用要素；当存在以禁止高利贷四个阶梯为尺度的现代银行，由于竞争和流动，禁止高利得成为一般尺度，价格的费用要素也承诺禁止高利得。20世纪的100年来至今，欧美工业企业的宏观制度成本5要素，各自占创造价值的比例维持在10%左右。

案据：关于制度成本。汉穆拉比法典规定财产权有供养军队的义务，为制度成本，辗转传到欧洲，《公平价格与持久效率》第259页图18-1显示，领主庄园制度成本占收成的50%，其中雇佣骑士（30%）、支付庄园主管理费（10%）、教会什一税。工业革命，经过劳动者的抗争，对半分规则被延续下来，但是制度用途变了。"借资治产"制度成本，用来雇佣资本生产工具支付租费等，提高了生产力。因此，3800年来，雇佣劳动者报酬总量占创造价值趋向一半没有大变化，现代治产劳动者通过争取报酬与生产力同步提高，分享利益。

中国有5000年禁止高利贷文明，是发源地，但是没有对剩余价值的用途进行法律规定，王莽变法失败失传，资本生产工具不受法律保护。而中国自1991年高院"意见"设立"四倍法定利息率为合法"，等于废止了禁止高利贷法，后果是，1994~2002年，中国工业创造价值分配比例为：利息股息金融衍生物占22%；多级管理营销费占23%，税费占35%，折旧占1.9%~10%，四项合计制度成本为91%，比成熟国家高出近一倍。生产型增值税价税包袱和重置利息，待摊20年，实际是把贷款当利润、用贷款支付税费、利息。而劳动者报酬占25%左右，其中18%是债务，胆敢借资治产，就让治产者背上18%的债务。导致资本逃离生产工具领域，手工劳动密集古代工具自给经济。

建议第 13 条【资本价格警示区间】因货币总量供求不平衡，资本价格在价值上下波动，应限制在民生、社会可以承受的范围内，以禁止高利贷为一般尺度：

（一）资本价格贷款利息率在 2%～8% 区间，为适宜借资治产区间。但是，应关注 7.5% 界限，准备干预，为蓝色预警区间。

（二）利息率在接近 8%～10%，资本与技术转化效率成几何级数下降，装备制造业负债过重，濒临破产，政府有权采用宏观调控手段。为黄色预警区间。

（三）利息率接近 10%～15%，手工劳动密集产业资金周转困难，面临萎缩，政府有权采取紧急调控手段。为红色预警区间。

（四）利息率接近 15%～20%，为异动区间，或遭遇局部流动性操纵，为黑色预警区间。

（五）利息率超过 20%～50%，或遭遇天灾人祸、战争破坏，失去控制。

理由：中国是新兴大国，允许波动尺度应适度大于成熟国家。

法律参照：台湾民法典第 203 条；205 条，法律不保护超过 20% 的利息率。以此为尺度，台湾价格法规定，在供求发生剧烈波动时，经营者自行调价不得超过 20%，例如非典时期台湾对米醋价格的管制。各国也有类似规定。

第二节　借贷一般规则

建议第 14 条【贷款，类型】贷款，是指借款人向贷款人借款，贷款人在约定期限内移转金钱所有权于借款人，借款人按期还本付息的合同。

贷款必须约定专门用途，依照贷款用途，分为治产贷款、因生活困难而告借、消费抵押贷款。其中：

（1）货币的用益租赁，例如治产有利的贷款，于本章没有特别规定的，准用用益租赁规则。

（2）消费抵押贷款，于本章没有特别规定的，准用消费物租赁规则。

（3）生活困难而告借，于本章没有特别规定的，准用债关系之济贫规则。

法律参照：《周·泉府》"赊，祭祀丧纪，免息。"王莽变法"民欲贷财以治产业者"。德国民法典"使用租赁、用益租赁、消费物租赁"规则扩展到贷款。拿破伦法典之"使用借贷、消费借贷"。

修改《合同法》第 196 条案由：不同用途，借贷合同内容不同，建议给予介绍。要避免出现合同法"第 200 条【利息的预先扣除】"这样的错误。

建议第 15 条【贷款合同内容】贷款合同的内容准用合同法第 200 条，并增加以下内容：借款用途、抵押担保、借款种类、币种、数额、利息率、期限和还款方式等条款。

贷款合同采用书面形式。约定的利息率，应书面规定。

修改《合同法》第 197 条案由：(1) 与合意之债合同内容统一起来，贷款合同才完整。(2) 删掉"自然人之间借贷另有约定的除外"理由：进入市场经济，自然人需要练习法律规范的贷款格式，以减少因不规范引起的诉讼。

建议第 16 条【善良风尚，禁止高利贷】以欺诈、胁迫、利诱或乘人之危等形式使对方在违背真实意思的情况下所形成的借贷关系无效。

法律参照：德国民法典第 138 条。

建议第 17 条【贷款人不得擅自撤出资本】贷款人应于租赁关系存续期间，不得擅自撤出资本。如果擅自撤出资本，得赔偿撤出资本造成的停产经济损失、雇员失业损失，赔偿承租人附加有益物价值、品牌无形价值，及其它损失。不得适用使用租赁法中关于预告解约通知的规定。

参照：德国民法典第 558、609a 条。台湾地区民法典第 456 条。

建议第 18 条【贷款人之监督义务，借款人财务真实公开义务】依贷款合同专款专用，贷款人按照约定应检查、监督借款的使用情况。借款人应当按照贷款人的要求提供与借款有关的业务活动、资金流向和财务状况的真实情况。

综合《合同法》第 199、202 条。　**参照**：《德国民法典第 259、260 条。

建议第 19 条【借款人返还借款义务，催告】借款人应当按照约定的期限返还借款。对借款期限没有约定或者约定不明确，借款人可以随时返还；贷款人可以催告借款人得定一个月以上之相当期限，催告返还，还款延迟之解约通知。

法律参照：德国民法典第 609、609a 条。台湾地区民法第 478 条。

修改《合同法》第 205、206 条案由：还本付息与"期间"相关，已经与 200 条合并为本建议仅保留催告部分。

建议第20条【贷方的济贫责任】借贷济贫，不得取息，直至豁免债务。因不可抗拒的因素，或债务人破产，不得取息直至豁免债务。

法律参照：《合同法》第117条："免去债务"。德国民法典第556c、594f条。台湾地区民法典第218、225条。《阿奎那神学大全》第六十六题。

建议第21条【借资治产义务】政府以财政收入为担保，实施创业之无风险、无抵押或低息、贴息中长期贷款，适用范围：

（一）高科技孵化项目，适用无风险、无抵押、贴息、中长期贷款。

（二）贫困地区、贫苦公民为生计而小额贷款，适用无风险、无抵押、贴息、中长期贷款。

（三）贫困学生为生计而小额贷款。适用无风险、无抵押、贴息、中长期贷款。

（四）优先借资治产的借贷。对于高新技术项目，贷款利率得适度低于基准利息率。降低抵押品比例，直至无抵押贷款。

前项，纪录并公布信用记录。

案由：为什么不可以采用"邮票"价格法统一全国资本价格，以丰补歉保护弱势？美日控制的亚洲开发银行，在中国农村实施高利贷小额贷款，利息率在10%~20%，它的中国代表茅的理由是，只要有人借，就可以贷。这也传染给了中国，例如允许农业银行利息率高达24%；对分散农村的贷款，利息率高于城市；追求利润最大化，关闭3.2万个基层信贷网点，加之邮政只储蓄，导致农村只存不贷金融"抽血"；主张市场化利息率不封顶。四倍法定利息率为合法利息率，消费利息率低于企业贷款利息率等。亚行行径，是中国高利贷的一个借口，一直遭国人质疑。

建议第22条【禁止资本空转】

（一）贷款必须按约定全额专用于建设生产装备，在没有生产出利润之前，不得强迫借方用贷款支付利息，或不得在资本物价格中包袱利息；不得设置价税包袱强迫企业用贷款支付税金。

（二）不得以新贷款支付旧贷款之本息债务。

（三）贷款必须专款专用，不得低息借进，高息贷出。违反者，按扰乱金融秩序过失损害处置。

案由：这是金融黑招。生产型增值税和利息重置价税包袱，是对贷款收税，资本空转到了中央政府手中。地方与企业合谋，企业贷款交纳地方税，地方再投资给该企业，以完成财政收入指标，是资本空转。

第 23 条【贷款展期】照搬：《合同法》第 209 条。

建议第 24 条【贷款期限】贷款最长期限一般为 20 年。除有特别约定，可以延长至 30 年。

修改《合同法》第 214 条案由：这是禁止高利贷的另一个尺度。

第 25 条【贷款人延迟】照搬：《合同法》第 201 条。
第 26 条【未按约定使用借款】照搬：《合同法》第 203 条。
第 27 条【借款人延迟受领】照搬：《合同法》第 207 条。

建议第 28 条【贷款人解除预约】借贷可以预约，其约定之借款人有利息或其它报偿，当事人之一方于预约成立后，成为无支付能力者，预约贷与人得撤销其预约。
参照：德国民法典第 610 条。台湾地区民法典第 475-1 条。

第 29 条【借款人提前履约】照搬：《合同法》第 208 条。
第 30 条【违约利息率】照搬：《合同法》第 207 条。

第三节　借款担保

建议第 31 条【投资固定资产贷款，允许差额担保】订立贷款合同，贷款人可以要求借款人提供担保。

借资治产的固定资产贷款允许差额抵押。依借款项目预期和借款人的信誉级别，允许本项目借款转化的债务资产后，同时转为本贷款抵押担保的一个部分，治产的固定资产贷款抵押物金额或质押金额可以降低到贷款额度的三分之一。但是借方必须允许贷方随时监控该贷款的流向，必须符合同规定的用途。违反规则，允许随时中止合同，直至解除合同，损失由过失一方自负。准用违约规则。

前项，必须核定所抵押物或质押物是净资产，并且至债权完成清算之前，不得将抵押物、质押物提前偷逃转移。

修改《合同法》第198条案由：贷款治产专用于转化为生产装备，本身就是预期抵押物，因此贷款担保额度可以稍低一些。

建议第32条【周转金贷款，动产抵押】以库存为抵押之周转金贷款，准用全额抵押贷款规则。

建议第33条【无因贷款按100%担保】不要求专款专用的贷款为无因贷款或消费（奢侈）贷款。

商业周转金贷款、浪费人消费（奢侈）贷款，或其它无因承兑，担保金的计算：

不动产担保额度公式＝不动产估价×（1－折旧率×贷款年数）
动产担保额度公式＝动产估价×（1－折旧率×贷款年数）÷130%

前项，担保物必须是净资产，债务资产不可以用作担保物。

建议第34条【第三人担保，不得在债务人清算以前收回担保物】第三担保人不得要求用所担保贷款偿还第三人担保额度。金融机构、承兑借款人、第三担保人恶意串通套取银行贷款的，按扰乱金融市场罪处置。

第二章 借资治产，分期付款

建议第35条【治产贷款有利】公民欲贷财以治产者，约定贷款专用于转化为生产装备，进行有利润的生产经营，为治产贷款。

优先治产贷款，但治产贷款不得挪做它用。

法律参照：德国民法典第609a条（4）另有公定的贷款规则。王莽变法"民欲贷财以治产业者，命钱府均授之，除其费，计其所得取息，毋过岁什一。"世界银行投资贷款规则。

建议第36条【借资治产·债务人与债权人平等权利，节制资本价格】

（一）借贷行为主体双方，应遵循自愿、公平、公开、等价有偿、诚实信用原则。《中华人民共和国民法通则》第四条适用于本条。

（二）平等分配权。依合伙规则，贷款以治产业者，除其费，计其所得利润，借贷双方有平等分享普通利润的权利，公式表示：

（1）企业主贷款净收入≈资本家法定孳息

（2）普通利润率

＝企业主贷款净收入＋资本家法定孳息

≈2倍利息率

（3）最低公平利息率＝1/2普通利润率

（三）义务平等。债权人收取利息，必须承担不得撤资义务，承担债务风险，和对无偿付能力的债务人济贫的义务，济贫减免利息，直至豁免全部债务。

企业主债务人，收取普通利润的另一半，用于分期付款购买生产线，得承担还本积累的责任，承担债务生产线持久运转的义务，不得自由滥用普通利润。超额利润分成，才可以自由支配。公式表示：

（4）企业主收入权利义务

＝利润－分期支付利息＋相当一个利息分期付本＋超额利润分成

＝分期付款之还本的积累＋超额利润分成自主用途

法律参照：法律参照：宪法"平等、公平、法制"原则；《民法通则》第四、十条。汉穆拉比法典第99条"倘自由民以银与自由民合伙，则彼等应在神前均分其利益"。法国教主加尔文1575年的一封信件，债务人有与债权人平等的权利责任。英国财产法：用普通利润的一半支付利息，是合理的利息率迄今适用。斯密、马克思三位一体的公式"企业主收入＝利润－利息"。

案据：（1）借资治产有利润，合伙平分利得，是禁止高利贷尺度的唯一合理依据，边际成刚性，被传承下来。而消费借贷没有尺度可以遵循，或古希腊亚里士多德认为金钱没有生育能力不得取息；或只要有人借，就可以高利贷，不能避免高利贷两头死。（2）由于中国刚进入"借资治产"经济，有的专家，似乎不懂斯密、马克思三位一体的公式"企业主收入＝利润－利息"，不能区别利息和利润，不懂得利息、税收来源于利润，利息、利润都是非劳动所得，是不劳动分享剩余价值，因此必须接受管制，承担义务。

建议第37条【借资治产有利，分期付款】

资本生产工具。公民欲贷财以治产者,约定借款专用于转化为生产装备,为资本生产工具。

资本生产工具有利,是分期付款式贷款,建设生产线。

(1) 约定是生产有利润的租赁合同。利润来源于剩余价值,创造出剩余价值才允许还本付息。

(2) 年租金率=1/租金售卖年数

(3) 租金总量不大于一个本金。

借款人支付利息总量=1/年数×历年还本债务递减×年数<1个本金

(4) 分期付款,回复本金。

债务人有权收入与债权人平等的利润,最低相当一个利息率,则有:

积累总额=1/年数×年数=1个本金

到期本金全部回复,生产线归企业主债务人所有,向股东配股。

法律参照: 马克思:"资本,别的不说,也是生产工具,也是过去的、客体化了的劳动。……使生产工具、积累下来的劳动成为资本的那个特殊……""固定资产、持久资产、资本物"的法律形式,是"资本生产工具",应当是资本的约定成俗的完整定义。中国王莽变法"民欲贷财以治产业者,命钱府均授之,除其费,计其所得取息,毋过岁什一。"详细见本书第二章。

建议第38条【借资治产有利,利息来源于利润】

(一)治产贷款利息,只允许在收获收益之后,在建成生产线、生产出产品、销售产品、获得利润后,才允许收取利息。

(二)如治产贷款之收益有季节的,于收益季节终了时开始支付利息。

(三)如借资治产周期在一年以上才有收获的,例如动物养殖业、工业建设,于有利润收益的第一周期终了时开始分期支付利息,持久生产以后在一年之末支付利息和还本。

(四)借资治产建成投产需要四年以上的,有建设、试制、生产、销售收益周期的,还本付息最长期限准用20年期治产贷款规则:适度的利息率为1/20,允许第7年开始支付利息(分摊年利息率为1/14),第13年开始还本(分摊年还本公积金积累为1/8),第20年末还清本息。

法律参照:《合同法》第226条。德国民法典第587条推定。台湾民法典第439、457、457-1条。王莽变法。英国财产法租金售卖。世界银行投资贷款法。

建议第 39 条【有利润分期付款，契约强制积累】分期付款购买资本生产工具，得强制契约积累，优化资本资源配置：

（1）利息率的水准控制，应保障大多数企业有还本付息能力，借得起钱改良生产，并约定贷款专用于购买或制造先进生产装备生产力。

（2）为保障贷方利益和降低风险，借方的预期利润应不低于 2～4 倍利息率，优先贷款。无抵押或以 1/3 价值财物为抵押，借方未来的资本债务资产实为抵押品。

（3）分期付款购买生产线，普通利润优先用于还本付息，政府成本、所有者权益在超额利润中收取。

（4）契约强制用利润还本的积累，周年综合积累率为 7.5% 左右，其中：法定孳息 5% 左右，债务人权契约积累率为 5% 左右，2.5% 为债权人的投向平均偏好。

（5）以劳动者报酬总额占创造价值应在 50% 左右为尺度，得争取劳动者报酬按 7% 左右递增。

（6）生产力 10 倍提高。分期付款购买资本生产工具，与自有资本比，投资力度增强 10 倍；资本与技术固化在债务资产中，技术有了超越时空无限丰富的资本作为载体。向借资治产经济转型，20 年期财富翻两番。公式表示：

20 年期创造财富 =（1＋综合积累率）20 =（1.075%）20 ≈ 4 倍

（7）永久产权，保值增值。不得撤资，可以买卖债务资产，所有者可以改变，但是生产线像火炬一样传递，持久经济。

法律参照：（1）世界银行、成熟国家分期付款购买生产线法。16 世纪英国租地农场主贷款改良沼泽地。中国对外产业项目参照世界银行法，并降低前期成本，超越西方殖民主义傲慢与官僚主义。

案由：1984 年拨改贷的正确做法应当是，国有企业"分期付款购买生产线"，必须要用利润还本付息，国家只有按股权配股的权利，和派息权。但是，计划经济没有长期利息和还本付款这两项，中国财务会计制度沿用计划经济格式，1984 年拨改贷时，将分期支付的利息和生产型增值税，都计算在了固定资产形成价格包袱中，是用新贷款还旧贷款，是待摊 20 年的债务、预提 20 年的利润，来提高当前税收。国有企业总负债量，大约与生产型增值税相等，至 2002 年已经高达 5 万亿元。因此，尽管中国市场已经是大众谋生场所，借资治产已经是最常用形式，但是必须设立法律规则，否则将始终处于萌芽混乱状态，而经济不能成熟。理性积累，理性存，积累存；理性亡，退回古代经济，非持久。

商业周转金借贷，不具备固定资产固化物理要求，不具备强制契约积累的功能。

建议第40条【借资治产·优先顺位还本付息】本建议对资本生产工具之债务优先偿还特加保护。创造价值偿还债务顺位：支付工资顺位第一；符合政策导向的资本生产工具的还本付息顺位第二、第三；地租和税赋只允许在偿还到期资本生产工具债务后，在超额利润中收取，顺位第四；股东只允许请求分配债务表上的净利润，所有者权益分配顺位最后。

政府产业政策导向，准予采用减免税、抵扣、退税等政策实现优先资本生产工具的积累。

法律参照：世界银行借资治产还贷顺位。英国税赋法，积累法。美国财务制度"债务（利润留存）专项"。

建议第41条【资本生产工具债务价格法，优先大于税务价格法】为保障资本与技术转化为生产装备的效率最大化，设立资本生产工具债务价格法优先于、大于税务价格法、地租法，地租和税费只允许在超额利润中收取，不得对符合产业政策的、雇用资本生产工具的租费（普通利润率）收税。

法律参照：发达国家减免税价格目录，各国产业导向，对资本用于生产工具退税政策。萨缪尔森《经济学》1979年版上册第176页第6-3表"债务专项"。

案据：如果没有生产有利，哪里来的税收。因此，建成生产线、投产生产出利润，排在税收之前。古代周年收税，是因为庄稼一年一收。王安石变法违反自然，遭世人唾骂1000年。（1）人类与动物的区别是会使用工具，有对有形体工具特加保护的传统，例如对耕牛特加保护的法令与习俗。当今，需要对借贷货币债务转化的生产工具也特加保护。（2）税收有济贫的责任，对破产企业应当豁免滞纳税金。（3）优先还本付息信誉，才愿意投资有风险的产业，包括税法必须承诺偿还资本生产工具债务优先。因此，从创造财富扩大税源税基、信用、济贫，资本生产工具债务价格法优先大于税务价格法。

但是，由于缺失"资本生产工具法"，政府与银行正联手杀灭"资本生产工具"，其一，价税包袱，生产型增值税实际是对贷款征17%的税，谁敢贷款买资料就在柜台上收取17%的价外税；其二，对投资贷款采用消费贷款法，周年末开始收取利息，还没有建成投产，只能用贷款还利息。其三，固定资产价格中的价税包袱、价息包袱、制度包袱：用贷款支付17%的税、24%的利息、15%的多级管理费。

建议修改增值税法。建议修改《工业企业财务制度》第80条：第（三）与第（二）对换。改革生产型增值税法，改革包袱长期利息财务会计法。与修改《价格法》第13条同。

建议第42条【分期付款购买住房·积累】分期付款购买住房，首先，银行审查贷款人的中长期收入状况及其支付能力。依习惯，购房消费贷款年息应略高于治产贷款，约7%～10%。合同期间，分期付款的还本付息月供应不超过家庭收入的1/3，以此确定可以贷款的额度。

由于变故，无偿还能力，银行有权拍卖该资产，清偿债务。

法律参照：政府颁布的"分期付款购买住房合同书"样本。

案由：1998年住房改革以来，全民热衷"分期付款购买住房"，以大众熟知的东西为参照，给资本生产工具"分期付款购买生产线"设立一个公正的法则。

建议第43条【租金售卖与回复，利息来源于利润】

（一）所谓租金售卖，按出卖若干年数未来年土地租金的计算方法，贴现未来租金作为借款额度，将土地用益权在约定年数内让予承租人。承租人按生产周期收取货币地租（利息），改良生产收取超额利润。贷款人收取货币地租（利息），承担货币价格变动风险、和欠收引起的风险；到期回复土地，收入改良生产的固定资产和技术。

（1）约定是生产有利润的租赁合同。利润来源于剩余价值，利息来源于利润。创造出剩余价值才允许还本付息。

（2）租金售卖借款金额＝法定领主收入的年地租×土地数量×年数

（3）年租金率＝1/租金售卖年数

（4）年租金＝土地使用权租金售卖价格÷年数

（5）允许的租金总量不大于一个本金。

租金售卖人（借款人）支付地租（利息）总量

＝1/售卖租金年数×售卖租金年数＝1（1个本金）

限制租金总量不大于一个本金，避免无限债务奴隶之嫌。

本条适用于土地使用权租金售卖等。

（二）股票价格之计算

股票年租金率＝负债表上的年净利润率

市盈率＝每股市价÷每股年净利润率＝股本复归的年限

股票市价＝股票年租金×出售年限＝每股年净利润（年租金）×市盈率（收回股本之年限）

法律参照： 中国土地使用权70年期租金售卖。英国财产法之土地租金售卖。德国民法典第759~761条（3），推定租金售卖与回复。台湾地区民法典第732条推定。

案据： 法律有根源特征。为学习"还本付息来源于利润，利润来源于所创造价值"，还得设立租金售卖法。

货币租赁从地租售卖复归习俗中攀比吸取到了规则：其一，租金售卖属于买卖法，可以规避借贷取息的争论，同时货币利息率，有了竞争替代对象，而稳定在与租金售卖率相同的水平上，例如5%左右。其二，所借用本金是土地的价格，土地、本金没有生育能力，不得将利息加入本金，不得计复息；其三，售卖与复归的特点是，利息总和等于本金，避免债务奴隶之嫌。到期土地复归，和到期本金复归，允许用同样的名义价格回复，所收取利息，承担货币价格变动的风险。中国唐代已有类似法律。

建议第44条【税务价格法大于高利贷价格法】当"利息率＋金融衍生物"之和超过资本的8%（未包括通货膨胀因素），为保障财政税收，税务部门有理由在支付利息前征收企业所得税。

案由： 成熟国家经验数字，7.5%为中等偏高的分界限，为警戒线，当利息率超过8%，则开始有大面积企业高负债破产。同时，避免恶意高利贷，逃避纳税。

建议第45条【借资治产，禁止高利得7种贪婪】所谓禁止高利得，指禁止贷方要求的利息率超过普通（最困难）治产人用普通利润还本付息的能力：

（一）超过10%的资本价格利息率（未包括货币通涨因素），或超过法定基准利息率的2倍（包括货币通涨因素），对贷款治产人是高利贷。中央银行应保证不得违反禁止高利贷准则。

（二）对借资治产使用消费贷款规则，例如不考量建设周期，而要求在贷款第一周年末开始用贷款支付利息、收取生产型增值税,对贷款治产人是高利贷。

(三)对资本利息率,不区分治产借贷、消费借贷,不考量最困难企业的还本付息能力决定利息率,对贷款治产人是高利贷。

(四)对治产惜贷,是对治产人的高利贷。

(五)消费贷款利息率低于或等于借资治产利息率,对治产人是高利贷;

(六)债务清偿侵犯债务人生计与家庭生存的最低费用,和侵犯最低限度居住权,对债务人是高利贷。

(七)地租和财税价格法大于资本生产工具债务价格法,对治产人是高利贷法。

法律参照:英国财产法。美联储是私人银行联合会,但是直接对国会负责,是在公法监下,私有财产履行造福义务,法定基准利息率,就是要让大众能够借得起钱治产。美国有2700万个企业主,每5个就业人员当中就有1人是老板,中小企业占了99%;美国发明创新巨无霸中81%来自中小企业。

建议废止《关于人民法院审理借贷案件的若干意见》第6条,"贷款利息允许是中央银行利息的四倍"。废止《关于贯彻执行<中华人民共和国民法通则>若干问题的意见(试行)》第122条"生活贷款利息率可以低于经营性利息率"。当今中国消费贷款利率低0.5个百分点。银行热衷于商业低息贷款给富人炒作房地产,给房地产中介下达贷款指标,收取回扣,而对治产企业惜贷。

第三章　金融机构居间合同

建议第46条【金融机构的设立,以民生借资治产为本】在禁止高利贷法允许的范围内、不违反第三人利益的,经申请和政府相关部门批准,建立金融居间机构。

本建议设立金融机构是受托中介机构,有为治产人筹集资金的义务,有济贫的义务,有风险责任。金融居间机构必须遵守受托人忠于职守、不争利、不篡权、竞业禁止义务。于本条准用法人规则,准用受托代理规则。

本建议规定,在中华人民共和国范围内的金融机构有以民生为本、借资治产为本的义务。

理由：与45条同。古代银楼和钱庄，只为赚取利差。而现代银行，在17世纪最初由发了财的企业合股组建，法定孳息，并设计银行是受托中介机构，专门为治产人筹集资金，银行必须遵守受托规则。

而上世纪80年以来的美国金融高利得，是双重标准，西方文明的陨落。高利得金融给中国引来的是手工劳动密集型产业和贫富悬殊，1984年拨改贷，用金融控制国企，在法律设计上是颠倒的，导致胆敢使用技术装备的企业，在固定资产价格包袱债务≈价格包袱（生产型增值税+3年投资利息价格+超标准多级管理费）≈50%。以及，技术装备企业制度成本=91%=22%支付长期利息债务+10%折旧+多级管理费23%+35%税收（其中17%增值税）。

建议第47条【维护中央银行准则】 办理贷款业务的金融机构贷款的约定利息率，应当按照中国人民银行规定的贷款利率的上下限确定。但是绝对地不允许超过禁止高利贷的尺度。

金融机构应遵守下列规则：约定存款利息率等于或高于法定存款利息率；约定贷款利息率等于或低于法定贷款利息率准则。

遵守上述规则的金融机构，政府以财政担保风险，破产予以清偿本金。

不遵守上述规则的，政府不予以担保。

放高利贷者，依法予以取缔。

案由：与45条同。修改《合同法》第204条理由：量化"上下"的尺度。参照《拿破仑法典》第1907条。

建议第48条【居间费用的限制】 借方与贷方之间的居间人，为受托管理，所收取受托居间管理费用，通常为1%至2%，超过2%者，政府财政取消风险担保。利差超过2%的部分，收取累进所得税，专用于补贴偏远地区小额贷款。

约定利差超过3.3%的，参照禁赌规则处分。

法律参照：英格兰银行300年来的居间利差，美国、日本1961年以来一般金融银行居间利差为1%～2%，但豪华服务除外。凯恩斯《就业利息与货币通论》。《大元通制条格》卷第十八关市之牙行"验价取要牙钱，每十两不过贰钱"。

建议第49条【公法金融的民生治产责任，扶贫责任】

（一）经政府批准在工商部门注册，可以成立金融机构。

金融机构有遵守禁止高利贷法的义务,有济贫的义务。因不可抗拒的原因,法院得裁决减免利息,直至豁免本息。(二)金融机构,特别是政府财政投资的银行,有在网点范围内实行"均衡"管理费的责任。有在农村和贫困地区设立信贷机构、或者指导监督责任。扶贫小额贷款利息率应等于或低于法定利息率。

(三)对只为富人服务的部分,国家不予担保,应加收消费奢侈营业税,专用于扶贫贷款。

建议第50条【金融中介,禁止高利贷7种贪婪】

(一)禁止中介高额利差。银行储蓄利息率与贷款利息率之差为利差,利差超过2%为高利贷预警,超过3.3%,为高利贷。

(二)禁止歧视治产人。于本条准用第41条。

(三)违反竞业禁止规则,受托人经营与客户相同的业务,监守自盗高利贷;违反保密原则,通风报信,为高利贷行为。

(四)采用"空壳承兑"等方法,自我制造债权债务,为高利贷行为。

将客户债务二次包装为债权销售,非法。

不对称霸王条款为非法。例如恶意发放信用卡,不承担风险责任,为非法。

(五)禁止嫌贫爱富高利贷。

(1)怠于采用以丰补歉均衡中介成本建议,对偏远地区、中小微型企业高利贷。

(2)禁止歧视。例如拒绝为散户、小户服务,或额外收费,为高利贷行为。

但允许规定最少存取金额,得为公定最低工资率的1/3~1/2左右。

(六)禁止垄断。阻止企业自主组建金融互助机构,阻止企业参股金融机构,阻止资本家合伙组建守法股份金融公司,为金融机构垄断行为。

(七)拒绝借贷双方监督,拒绝公示报告,不服从委托人、经济部门、财政部门和民众的意思,为高利贷行为。

于本条准用委托、居间规则。

案由:(1)关于禁止中介贪婪。上世纪20至30年代,中国私营产业界曾经合伙组建行会式金融互助信贷机构,但是没有成气候。1984年拨改贷时,主要是想让银行遏制"短缺经济学"所谓企业资本饥渴症。由于政府不作为,加上自由市场理论的误导,对"分期付款购置生产线"运作当中,银行的中介服务脚色基本没有概念。(2)美国恶搞了几十种中金融衍生物,防不胜防,这是海盗文化、资本生产工具主义的陨落,金融地震不断。我们只有以合伙禁止高利得中介法,来鉴别真伪。(3)恶意发放信用卡,不是不知,而是不为。保险业已经联网,如果投保人在一家投了保,就不可以在其它处投同样的保。但是,信用卡发放单位却不设这样的规则,北京的典型案例,4000元工资,每个都按此额度办,共办了7个信用卡,则每月债务最大额度为21万元,不可能有偿付能力,特别是失业了、有人告诉了,银行既不核实、也不停止信用业务,银行至少应承担50%的责任。美国、台湾地区的滥发信用卡教训值得注意。

第四章　自然人借贷

建议第51条【自然人贷款】

(一)自然人之间借贷,得有书面证明,和第三善良人当面书面作证。无书面借据的,应提供必要的事实根据。证明要求加摁手指印。

(二)自然人之间双方愿意的贷款合同约定支付利息的,于本条准用"资本价格四阶梯"相关条款。

(三)自然人之间明示为有偿借款合同,或贷款合同,对支付利息没有约定或者约定不明确的,得周年取息率为百分之五。

(四)自然人之间明示为借用货币,不得收取利息。

前项出借人要求借款人偿付逾期利息,或者不定期无息贷款经催告不还,出借人要求偿付催告后利息的,可以参照银行同类贷款的利率计息。

(五)公民有优先借资治产的义务。公民之间的生产经营性借贷的利率,应低于浪费人借贷利息率。

(六)公民之间借贷有济贫的义务。因借款人经营困难、家庭生计困难,经贷方同意得延期、分期、减少、免除当期利息,直至豁免债务。因不可抗拒的原因,法院得裁决豁免本息。

于本节没有特别规定的,准用第一、二、三章规则。

修改《合同法》第197、210、211条案由:中国民间借贷有以言为信的习俗，但是因对道德要求太高，反而容易出现问题。建议采用字据法、第三人字据证明法，降低借贷的道德门槛。

法律参照：最高人民法院1991年7月21日《关于人民法院审理借贷案件的若干意见》第4、8、9、19条。德国民法典第246条。台湾地区民法典第203、205条。

建议第52条【无借善意推定】 以借款人的名义出具借据代其借款，借款人不承认，行为人又不能证明的，由行为人承担民事责任。

本条适用于夫妻共同财产关系。夫妇一方借款，拿不出证据证明另一方知情的，只允许用共同财产之半支付债务，直至承担刑事责任，以保障无过错方的正常生计。夫妇另一方愿意代为还债者除外。对近亲关系也适用。

法律参照：《关于人民法院审理借贷案件的若干意见》第14条。

建议第53条【不知善意推定】 合伙经营期间，个人以合伙组织的名义借款，用于合伙经营的，由合伙人共同偿还；借款人不能证明借款用于合伙经营的，由借款人偿还。本条适用于夫妻共同财产关系。

法律参照：《关于人民法院审理借贷案件的若干意见》第15条。

建议第54条【劳务还债，避免债务奴隶之嫌】双方当事人协商以债务人劳务清偿贷款债务的，以不伤及债务人的生计和人格尊严为限。遵守以下规则：

（一）还债不能者，经双方协商同意，签订劳务合同，允许采用劳务方式还债。

（二）不得要求债务人以全部劳动报酬偿还债务，商定劳动报酬，债权雇主至少得给付债务人公定最低工资部分，并对每个月已经以劳务偿还债务的数额记录并双方签字，直至债务全部清偿完毕。

（三）债务人有权随时要求解除劳务合同，但得提前一个月通知。

（四）债务劳务合同以三年为限。满三年债务不能的部分，法院得裁定与以豁免。

修改《关于人民法院审理借贷案件的若干意见》第20条案由：中国民间存在以劳务还债的习俗，可以承认这种方式，但是建议增加限制条款，避免不平等。

建议第55条【善良风尚．禁止高利贷7种贪婪】违反善意的法律行为无效，借贷应禁止下列贪婪行为：

（一）借贷不是为了济贫、消费贴现、或共同创造财富，而纯粹为了赚取高利贷，或利息率超过10%（未包括通货膨胀因素），该法律行为无效。

（二）不限制贷款期限、不限制合同期间收取利息的总量不得超过本金，不能避免债务奴隶制之嫌，该行为法律无效。

（三）高利贷二道贩子，平价借入高价贷出，该行为法律无效。

（四）恶意压低抵押品价格，赚取抵押品，该行为法律无效。

（五）在借出时就预先扣取利息，该行为法律无效。

（六）借钱给生产商，以只收取利润不承担责任为条件，该行为为法律行为无效。

（七）借钱给贫苦的人，要求以3倍的劳务偿贷，该法律行为无效。

本建议禁止暴利行为、禁止高利得、禁止高利贷。

法律参照：中华禁止高利贷法系、《合同法》第200条。基督教会法、英国惯例法禁止14种贪婪迄今适用，见［英］威廉·詹姆斯·亚斯莱《英国经济史及学说》第159~160页。

第五章　消费抵押借贷

建议第56条【全额抵押式消费贷款】

（一）消费性贷款，设立全额抵押贴现式借贷方式。定有不动产或动产品用作抵押。但是不得恶意压低抵押品价格。

消费贷款，以不动产提供担保的人，准予不动产估价全额作为抵押担保。

消费贷款，以动产提供担保的人，只能以动产估价的三分之二的价额作为抵押担保，并减除担保期间的折旧。准用担保规则。

（二）抵押物预期价值计算：

（1）抵押物到期价值：

抵押物到期价值

＝原价值×（1－物理折旧率－技术折旧率）

（2）消费性贷款自有资本物贬值

贷款现价值=贷款原价值×（1－利息率×贷款年数）

法律参照：台湾地区民法典第481条。德国民法典第237条。

修改《合同法》第198条案由：消费奢侈贷款，不动产抵押为全额抵押，动产抵押要考虑折旧和丢失风险因素。

建议第57条【消费贷款利息率】消费贷款利息率准参照当期法定基准利息率。

消费贷款利息率无约定，按年息5%计算。

建议第58条【消费禁止高利贷】全额抵押消费性贷款利息率，应禁止高利贷，最高不得超过10%（不包括物价因素），或允许为二倍法定基准利息率，不得超过20%（包括物价因素）。超过的部分无效。

消费性贷款亦不得在贷款起始在本金中事先扣除利息。

借款人不得放弃禁止高利贷的义务。

建议第59条【消费借贷支付利息之时期】利息或其它报偿，应于契约所定期限支付；未定期限者，应于借贷关系终止时支付。但其借贷期限逾一年者，应于每周年终支付。

法律参照：德国民法典第608条。台湾地区民法典第477条。

建议第60条【替代物折算借贷】以货物或有价证券折算金钱而为借贷者，纵有反对之约定，仍应以该货物或有价证券按照交付时交付地之市价所应有之价值，为其借贷金额。

法律参照：德国民法典第607条。台湾地区民法典第481条。

第六章　法律责任

建议第61条【非法借贷，没收资本】

贷款人明知借款人是为了进行非法活动而借款的，其借贷关系不予保护。对双方的违法借贷行为，没收全部借贷资本，并按刑法规定予以制裁。

法律参照：德国民法典第138条。

建议第62条【高利贷罪与罚，准用禁赌规则】依习惯，高利贷行为收入被判定是赃物，对高利贷行为的处罚和非法收入的处置，准用禁止强盗规则或禁赌规则。

已经发生高利贷行为的处置：

（一）借方已经给付的利息不得请求反还。

（二）借贷关系无效由债权人的行为引起的，只返还本金；

（三）借贷关系无效由债务人的行为引起的，除返还本金外，还应参照银行同类贷款利率给付利息。

（四）双方愿意高利贷，折衷裁定可以适当高于银行的利率，但最高不得超过10%，或银行同类贷款利息率的二倍，但是包含通货价格因素亦不得超过周年20%的利息率。超出此最高限度的，超出部分的利息不予保护。

（五）高利贷获利达到赌博处罚规定的，没收本金和利息，参照相关刑法规定进行处罚。

法律参照：唐疏令、宋刑统、大明律法、大清律法：高利贷强收利息总量超过本金的1倍："诸负债不告官司，而强牵财物过本契者，坐赃论"。《关于人民法院审理借贷案件的若干意见》第10、11、14条。民法通则第134条第3款及《关于贯彻执行＜中华人民共和国民法通则＞若干问题的意见（试行）》第163条、164条。

欧洲习俗，高利贷按强盗论处，抄没全部家产并按强盗罪判刑坐牢。

案由：禁止高利贷，资本才能转化为生产工具，西方习惯将高利贷者当强盗处理。第二次大战以禁止高利贷为由对犹太人使用灭绝政策后，基督教社会已经杜绝高利贷。伊斯兰社会对高利贷严刑峻法。日本和韩国的市场内均实行欧式禁止高利贷的四个阶梯规则。但是日本承认黑社会合法，日本、韩国、台湾地区由黑社会掌控的场外高利贷不可取。被美国日本控制的亚行不可取，面临改革。东南亚小额高利贷诺贝尔奖获得者不可取，评委会承认失误。

建议修改刑法第175条案由：在民间，高利贷往往与嫖、赌、吸毒相联系，有将高利贷与赌博同罪的习俗。而在世界屋脊之西，有将高利贷与偷窃、强盗同罪的习俗。而刑法第175条，按高利贷收益超过5万元才进行处罚，禁止高利贷的力度太小。建议禁止高利贷按禁赌操作。刑法238条"债务"应当包括禁止高利贷。

主要参考文献

1. 《四书五经》，上海古籍出版社 1987 年版。
2. 胡寄窗：《中国经济思想史简编》，立信会计出版社 1997 年版。
3. 吴承明：《中国资本主义与国内市场》，中国社会科学院出版社 1985 年版。
4. 陈曦文：《英国 16 世纪经济变革与政策研究》，首都师范大学出版社 1995 年版。
5. 潘维：《中国模式》，中央编译出版社 2010 年版。
6. 左大培《混乱的经济学·经济学到底教给了我们什么？》石油出版社 2002 年版。
7. 薄一波：《若干重大决策与事件的回顾》，中共中央党校出版社 1993 年版。
8. 黄达主编：《货币银行学》，四川人民出版社 1992 年版。
9. 吴兆辛：《中国税制史》，商务印书馆 1937 年版。
10. 杨鸿烈：《中国法律思想史》，商务印书馆 1937 年版。
11. 财政部财政制度国际比较课题组：《外国财政制度丛书》，中国财政经济出版社 1998 年版。《外国税收制度丛书》，中国财政经济出版社 2000 年版。
12. 《中华传世法典》，法律出版社 1999 年版。
13. [古希腊] 亚里士多德：《政治学》，商务印书馆 1965 年版。
14. [德] 黑格尔：《法哲学原理》，商务印书馆 1961 年版。
15. 《汉穆拉比法典》，法律出版社 2000 年版。
16. 《十二铜表法》，法律出版社 2000 年版。
17. [罗马] 查士丁尼：《法学总论》，商务印书馆 1989 年版。
18. [英] F·H·劳森和 B·拉登：《财产法》，中国大百科全书出版社 1998 年版。
19. 《拿破论法典》，商务印书馆 1979 年版。《德国民法典》，法律出版社 1999 年版。

20. 德国民法典。
21. 台湾民法典。
22. 马恩选集,《资本论》。
23. 《世界人权约法总览》,四川人民出版社 1990 年版。
24. 埃瑞克·G·菲吕博顿《新制度经济学》,上海财经大学出版社 1998 年版。
25. ［美］萨缪尔森:《经济学》,商务印书馆 1979 ~1982 年版。
26. ［韩国］赵淳:《韩国的经济发展》,中国发展出版社 1997 年版。
27. ［日］佐佐木信彰:《中国现阶段经济分析》,吉林人民出版社 1999 年版。
28. ［英］亚当·斯密:《国民财富的性质和原因的研究》,商务印书馆 1972 年版。
29. ［英］大卫·李嘉图:《政治经济学及赋税原理》,商务印书馆 1962 年版。
30. ［英］凯恩斯:《就业利息和货币通论》,商务印书馆 1983 年版。
31. ［英］威廉·詹姆斯·亚斯莱（W·G·Ashley, 1860 ~1927）:《英国经济史及学说》,中国台北幼狮文化事业公司 1974 年翻译出版。
32. ［美］康芒斯:《制度经济学》,商务印书馆 1962 年版。
33. ［美］斯塔夫里阿诺斯:《全球通史》,上海社会科学出版社 1992 年版。

纪 念

家父家母接连去世,我感觉自己就像是断了线的风筝。怀着对父母的思念,开始写作。尽管是政论文章,但依然浸润着父辈们身体力行的教诲。

家父原名蒋雄,后改名罗坦,上海人。

苏州虎丘山北面山脚下一片连着一片的茉莉花田,坐落着一个小村庄,名叫"旺港",1915年我父亲就出生在这里。我的祖父有绘画手艺,祖母是地道的农民出身,家父继承了祖父的灵秀和祖母要强的秉赋。小时候曾经在教会学校读过三年书。受到南方大环境和祖母的影响,家父从小不信鬼神,不信什么"穷"是命里注定,家父深信"荒年饿不死手艺人,靠本事吃饭。"在他12、13岁时,祖母和祖父相继因病无钱医治而去世。家父13岁开始在上海打零工谋生,后来在公平路"和兴机器厂"学徒,学成镟工和钳工手艺。自打进入社会,一直在饥饿线上挣扎,在屈辱中求生存。

当时,正遭遇大革命失败,加之共产国际极左思潮,极大地伤害了上海工人阶级,被杀害、被开除的严重事件常有,连累到他们的家庭妻子儿女受苦挨饿。在革命低潮时期,那些过来的"赤色工会"老工人有一种认识,认为可以为党工作,但是不一定要入党,这对家父影响颇深。我父亲在1932年开始接受进步思想的影响,时不时发现有人影闪过,会在偏僻的窗台上、矮墙上发现进步读物,例如封面是"科学",里面则是共产党的党章等。1935年,在进步青年的带动下,家父参加了沈均儒等人领导的"上海各界救国会"职工救国会组织、上海抗日青年团秘密读书会,每周学习讨论一次,发送传单、站岗放哨等等。

抗日战争爆发,国破家亡,一个普通产业工人"凭手艺吃饭"的那一点点愿望也破灭了。家父在上海失业后回到苏州家乡,靠打零工维持生计。苏州成为第二防线,苏州红十字会成立了救护队,家父被选为队长。一次,救护队正在火车站接应伤病员,一节载着军火的车箱被日机炸中着火,家父毫不迟疑地跳上车头,将火车开出车站,然后解脱了着火车厢的挂钩,将未着火的部分列车开走,保护了火车站,也保存了火车上的弹药,被当作英雄广为流传,这件事在《苏州人民抗日斗争故事》中有记载。当时的名人刘良模做了专门采访,在吴县日报和上海报纸上多有刊登。

苏州失守后,家父带领救护队来到南京,投奔第三战区李明扬将军下属的城防第二救护总队。在蒋公谷的《陷京三月记》中是这样记载的:"苏州红十字救护队计有男女队员二十人,都是爱国热心的青年,他们于十一月三十日徒步来京,投效本处;……此时所有重要命令的传达,伤病员过江的护送,都是他们不避艰险地负责担任的。队长蒋雄君尤富胆识,的确可以担任重大责任的人,今日(12月12日)护送千余伤兵过江,二时许派队员来报告:'江面缺乏船只,无法运送。'正拟向卫戍部洽商拨发,又悉他们已在上游找着了一只破坏的汽船,经他们自行修理,居然可以开行了;当即输送过江数百名。及后情形混乱,他们能否安然转回,则不得其详了。"后来知道,家父拿到的卫戍长官8号通行手令,是民国政府南京卫戍长官签发的最后一道手令,由家父修好并驾驶的那艘船,是最后一艘离开南京的船只,待到天亮,南京已经失陷了。

渡过长江之后投奔汉口,救护队自行解散。由于没有证明人,汉口八路军办事处不予接待,家父只得南下广州,投奔他的二哥蒋柯夫所负责的上海文化界"八一三"救亡歌咏团(其中包括星海歌咏队)。1938年辗转来到湖南长沙刘良模办的军人服务部工作。经介绍,终于经由徐特立同志主持的长沙八路军办事处审查同意,批准家父家母去延安。1938年6月他们到达延安,在乔儿沟兵工厂工作,从此再也没有离开过中国共产党的军工战线。

1942年"整风运动",康生大搞扩大化"抢救运动",搞所谓抓辫子用"过臣"的政治谋术。家父家母被关进自己人的监狱,在提审时,家父不屈服,指责"扩大化"是"不让阿Q革命"(在军事法庭上的这些对话,后来成了老一辈闲暇时的笑谈)。白区来的同志是在国民党、汪精卫、共产党三条道路中,选择来延安。当时国民党来人到延安拉家父入国民党,但是家父选择了共产党。抗战胜利,我们全家来到358旅所属的晋绥边区第四兵工厂,家父先后担任技术科长、副厂长。在那些艰难困苦的岁月中,我的大哥延星、三弟三宝、还没有名字的五妹,永远地埋在了那绵延苍凉的黄土高原上,就像延河夜空偶然划过的流星,凄清而悄无声息。

1949年11月30日,我们全家随一野刘邓大军进入重庆,大约1950年4、5月间来到泸州西南公署。我很快就复学了,当时民众对解放军极为友好,下学路过,总有那些大妈们叫住我,"这个罗罗(因为缺钙,腿是弯的)好看,来,坐!给我们唱支解放区的歌吧。"但是泸州刚解放不久,土匪猖獗,经常能看到从山上抬下来的伤员。工人们还在观望怠工，家父曾经亲自下到矿井下，劝解并恳请工人们复工，以至于劳累过度而昏倒在矿井里。多少共产党干部以自己身体力行，终于感动了民众，泸州的生产和市场得以迅速恢复。

1950年10月抗美援朝战争爆发，1951年当时西南工业部部长带着家父面见国家领导人，立下军令状，按时完成了试制生产三七高炮的任务。1953年家父调来北京，曾在老一机部、老二机部、老三机部、六机部工作，曾担任基建局长、物资局长、生产局长、第五设计院院长，第六机械工业部副部长。上世纪50年代学苏联实行岗位责任制，人浮于事工作不饱满的情况常有发生。在国家物资短缺的情况下，这种"本位"制缺陷，更是加剧了物资调拨阻滞问题。家父过去在上海当产业工人期间，曾经接触到欧美式满负荷高效率工作制，在此经验基础上，创建了在物资供应系统很著名的"物资一级站"制度（类似于今天的物流中心一级站）。在那个时代，敢于和苏联专家持不同意见，并得到部门领导支持，是需要胆识和科学真知的。家父在长期国防工业工作岁月里，在常规武器、导弹、核潜艇等研制和生产指挥工作中做出了自己的贡献。

"文革"难逃厄运，延安整风时的"小辫子"又被揪了出来，被批斗30余次。一直到文革结束后才做定论。

父亲的人生道路，是一个从产业工人到国家部长的道路，也是一个伴随中国百年社会转型而成长的道路。让我最感动的是，无论遭遇了怎样的艰难、怎样的委屈，但是父亲的信仰从未动摇，对国家人民的全身心奉献不变。

家母原名宋启文，后改名于影，苏州人，初中文化。热爱生活，总是把自己收拾得整整齐齐。做得一手好菜，在任何困难情况下总能为我们改善生活，例如将馒头发酵，然后晾晒做成酱。自己烤饼干，自己做衣服。学着当地农民的样子在我的鞋子上绣上花。家母是一个善良的、总为别人着想的好妈妈，非常爱自己的孩子，对在解放前死去的三个孩子也总是念念不忘。因为多次运动受了刺激，家母常常会在凌晨三、四点中起来念念有词，翻看那些老照片。重复着说，大哥延星，在3岁时送给了老百姓，4岁时病得不行了，要等到父亲到了鼻孔中才流出血来、才合眼。给我看她最喜欢的"三宝"的照片，后来才知道那只是一个长得像三弟的孩子的照片，五妹是因为缺药而死去的，母亲对那个见死不救的人，永不原谅。此情此景，总让我暗中心酸落泪。

在艰难困苦的岁月中，我是侥幸活下来的一个。我在3岁时送给了老百姓，那个穿着黑色工装裤，戴着红五星八角帽，一声不响、流着眼泪的，那个站在崖畔上，整天望着山下蜿蜒的小路的孩子，就是我。因为小时候有过这段反差太大的经历，我对"家"的观念是很强烈的。

受到传统文化、上海欧美文化、苏联教育模式的影响，我从小受到的家庭教育是：平等、自由（自觉自律）、人格独立发展（敬畏真理，不盲从）。严父慈母，父亲错了，也会向子女做检讨。三年困难时期，爸爸和妈妈特别注重对我们的教育，至今大弟爱平还保留着1961年爸爸妈妈给他的信。鼓励我们到最艰苦的地方去，到工农兵当中去。父母去世时，没有给我们留下多少财富，但是留下了一个好人缘、好口碑。这些年，全靠家父战友帮助，我们才回到北京，安排工作、解决住房。

中国在近代是一个多难的国家，千百万人的流血和牺牲，几代人的努力才有了今天，中国人已经可以在宇宙中遨游了，千万不要被腐败分子给毁了。我总在想，什么是中国人的秉赋？我的父亲母亲"天下兴亡匹夫有责"的信仰，"宽以待人，严以律己"的人生态度，热爱生活、亲和、文明的人格魅力，应当是中国百年艰难转型所塑造的新一代人的人格写照，既是传统的，也是包容现代的。

这部书凝聚着三代国防人的心血。特别是第三代人，随着市场经济时代的到来，他们独立自主自谋职业，不停脚步地更新知识，学外语、学金融、学法律、学技术，关心和研究评论国家政策，无形中为我带来社会上、年轻人当中清新前卫的思想。在自己走出去"学与问"的同时，我发现了年轻人这条管道，通过他们转而向名专家质疑，解答我写作中遇到的疑难问题，让这本书在25年漫长的写作过程中，能够做到与时俱进，有所超越和创新。

这部书凝聚着三代人共同的理想。在父辈光辉人生历程影响和教诲下，这部书试图表达三代人对民族前途的诉求：惟有建设法制国家，中国才有前途。

父母已经去世25年有余，但是对父母的思念永远在心！谨以这本书纪念我的父亲罗坦，我的母亲于影。

蒋爱群
2011年11月28日

图书在版编目（CIP）数据

法制经济学：经济转型和法制改革 / 蒋爱群著．
— 北京：中央编译出版社，2012.2
ISBN 978-7-5117-1240-0

Ⅰ. ①法⋯
Ⅱ. ①蒋⋯
Ⅲ. ①法制经济
Ⅳ. ① F045.5

中国版本图书馆 CIP 数据核字 (2011) 第 275996 号

法制经济学：经济转型和法制改革

出 版 人	和 龑
责任编辑	邓 彤
责任印制	尹 珺
出版发行	中央编译出版社
地 址	北京西城区车公庄大街乙 5 号鸿儒大厦 B 座（100044）
电 话	（010）52612345（总编室） （010）52612361（编辑室） （010）66161011（团购部） （010）52612332（网络销售） （010）66130345（发行部） （010）66509618（读者服务部）
网 址	www.cctpbook.com
经 销	全国新华书店
印 刷	北京中印联印务有限公司
开 本	787 毫米 × 960 毫米 1/16
字 数	626 千字
印 张	36.25
版 次	2012 年 2 月第 1 版第 1 次印刷
定 价	86.00 元

本社常年法律顾问：北京大成律师事务所首席顾问律师　鲁哈达
凡有印装质量问题，本社负责调换，电话：(010)66509618